KB270831

新選明文東洋古典大系

新完譯

十八史略

下卷(上)

唐・五代十國

陳 起 煥 譯註

▲ 唐三彩(당삼채)의 말

明文堂

▲ 李淵(이연, 唐 高祖)

▲ 李世民(이세민, 唐 太宗)

▲ 步輦圖(보련도): 토번의 사신을 접견하는 당 太宗(태종)

◪ 李白(이백, 시인)

◪ 杜甫(두보, 시인)

◪ 則天武后(측천무후)

◪ 無字碑(무자비)

🔺 唐의 宮樂圖(궁악도)　　🔺 중국 강서성에 위치한 滕王閣(등왕각)

🔺 王維(왕유)의 輞川圖(망천도)

新選明文東洋古典大系

新完譯

十八史略

下卷(上)

唐・五代十國

陳 起 煥 譯註

▲唐三彩(당삼채)의 말

明文堂

바른 역사 공부

흔히 '文史哲은 不分家'라고 말한다. 文學, 史學, 哲學은 모든 공부의 기초로 同一한 분야라 할 수 있고 同時에 학습해야 하며 同心으로 연찬해야 할 하나의 지향점이며 목표이다.

배움 길을 걷는 사람이라면 文學으로 감성 순화와 직관을 얻고, 역사를 통해 통찰과 지혜를 터득하며, 哲學(經學)으로 思惟(사유)와 함께 주관을 굳건히 해야 한다. 그러하기에 역사상 유명한 시인은 누구라도 史書를 읽었으며, 역사가도 시를 읊고 명문장의 저술을 남겼고, 朱子같은 經學者도 史書를 남겼다.

이를 본다면, 文史哲은 과거는 물론 현재와 미래에서도 여전히 유용한 융합된 학문의 진수라 할 수 있다.

그러나 중국은 물론 우리나라에서도 훌륭한 시인이나 유명한 문장가는 많지만 저명한 역사가는 많지 않다고 한다. 唐 나라의 劉知幾(유지기)는 《史通》이라는 명저를 남긴 사람이다. 유지기는 "史家라면 응당 才, 學, 識의 3가지 特長을 갖추어야 한다."고 말하였다.

　여기서 才는 문학적 재능, 學은 깊이 있는 학문, 識은 역사를 보는 바른 인식이라 할 수 있다. 역사가는 才學을 겸비한 바탕 위에 역사의 시비를 가리고 바르게 이해할 수 있는 식견을 갖추어야 하기에 史家가 文士보다 많을 수가 없을 것이다.

　사실, 지난 역사를 읽고 공부하여 정확하고 많은 지식을 축적하기도 쉽지 않지만, 여러 저술과 방대한 史料를 취사선택하여 진실에 가까우며 공정하게 평가하고 서술하는 일은 결코 쉬운 일이 아니다.

　역사를 배우는 사람은 우선 부지런한 공부로 역사적 지식을 축적하면서 史實을 직시하며 義를 추구하여야 한다. 거기에 문장력을 바탕으로 공정한 기록이나 서술을 남겨야 할 것이다. 이러한 과정은 역사공부에 대한 熱情과 바른 인식을 위한 사명감이 없다면 이룰 수 없을 것이다. 우리가 文史哲을 함께 공부하는 목적은 그것이 역사를 바르게 인식하는 빠른 길이기 때문이다.

꽃피는 마을을 찾아서

　敎學相長을 생활신조로 생활했다지만, 필자는 여전히 배움 길을 걸어가야만 하는 사람이다. 駑馬十駕(노마십가)라는 말처럼 勤學만이 필자가 살아갈 방편이며, 勉學해야만 청송처럼 山嶺에 우뚝 설 수 있다고 믿지만 가끔 흔들리는 나를 발견하고 자책한다.

　그전에 필자의 공부과정을 바탕으로 《史記講讀》을 明文堂에서 출간했었다. 또 《史記人物評》으로 역사 인물에 대한 나름대로의 평가를 시도해 보았었다. 그리고서는 소설문학에 관심을 갖고 몇 권의 저서를, 그리고 《三國演義 原文 註解》를 통해 同學들에게 원전을 읽도록 도움을 주려고 했다. 또한 《논술로 읽는 論語》를 집필하여 젊은이의 孔子에 대한 이해를 도왔다.

　필자가 《十八史略》 上卷과 《十八史略》 中卷(上)을 강술하신 故 玄玉 張基瑾 박사님의 뒤를 이어 역주 작업을 계속하는 것은 狗尾續貂(구미속초)와 같다고 생각하였다. 새로운 史書의 집필도 아니고 이미 널리 읽혀지고 있는 《十八史略》의 譯註 작업이지만 천학둔재인 필자에게 이것도 쉬운 일이 아닐 것이다.

　그러나 필자는 더 열심히 새롭게 공부할 수 있는 기회로 생각하고 부단한 노력과 열성이라면 가능할 것이며 필자의 공부 경험으로 후학의 면학을 도울 수 있다면 이 또한 '좋은 일'이라고 생각하였다.

　목마른 사람에게 물 한 그릇을 주려면 나는 물 한 통을 미리 준비해야 한다. 더 열심히 노력하여 한 통의 물을 준비하면서 한 그릇을 떠서 後學들에게 주는 것도 의미 있는 일이라 생각하였다. 구미속초일지언정 하기로 했다면(一做) 끝까지 해야만 한다(二不休).

　'산에 산, 물에 물이라 길이 없는 듯하더니
　　(山重水複疑無路)
　버들 무성하고 꽃이 핀 곳에 또 마을이 있네.
　　(柳暗花明又一村)'

　이 시를 읊은 宋나라의 시인은 변화를 위한 노력을 했고 새로운 길과 마을을 보았다. 나는 이 시인이 그랬던 것처럼 꽃이 환하게 핀 마을까지 쉬지 않고 걸어야 한다.

　나의 一善을 위하여 그리고 새로운 地境에 도착하도록 나는 힘쓸 것이다.

2013년 4월
진기환

〖 일러두기 〗

1 《新完譯 十八史略》下卷(上)에서는 이제까지 출간된 《新完譯 十八史略》上卷, 中卷(上)과 中卷(下)의 뒤를 이어 唐(618~907년)과 五代(907~960년)의 역사를 譯註했다.
앞으로 나올 《新完譯 十八史略》下卷(下)에서는 北宋과 南宋의 역사를 다룰 것이다.

2 《十八史略》의 原文은 通史의 시대구분에 따라 편과 장을 나누었다. 매 편의 머리에는 【時代 概觀】을 설명하고 【主要 年表】를 만들어 그 시대 전체에 대한 이해를 도왔다.

3 原 《十八史略》의 原文은 왕조와 통치자, 연대순으로 서술되어 있는데 필자는 그 원문의 서술을 그대로 두고 다만 서술 내용에 따라 단락을 지었다.

4 번역은 원문의 단락 내용을 원문의 문장에 맞춰 직역하였다. 原文과 직역을 대조하며 읽으면 한문 문장의 틀을 이해할 수 있다.

5 어구 설명은 단락의 내용을 문장에 따라 해석하고 어려운 한자의 뜻풀이와 문법적 설명, 또 이해를 위한 年代나 보충설명을 추가하였다. 한문 독해에서 필요한 문법적 설명이나 특히 부사, 접속사나 助詞 등을 설명했다.
아울러 人名이나 地名에 나오는 僻字(벽자)를 풀이했다. 그리고 여러 音訓과 거기에 해당하는 우리말을 보충했다. 또 人物에 대해서는 생존연대나 재위연대를 추가했다. 地名에

대해서는 그 위치가 대략 어디쯤인지 이해할 수 있도록 현재 중국의 지명을 보충했다. 단, 인명이나 지명의 중국어 발음은 다루지 않았다.

6 《十八史略》은 《자치통감》의 요약인 《少微 通鑑節要》를 원전으로 요약한 책이라서 왕조와 帝位의 교체나 정치적 업적을 중심으로 서술한 책이다. 여기에는 경제나 사회, 문화에 관한 내용이 매우 적다. 따라서 그 시대나 서술 내용과 연관이 된 【참고】자료를 보탰다.
필자의 【참고】자료는 그 시대와 인물이나 역사적 사건, 문화적 성취나 후세에 대한 영향이나 역사적 意義를 설명하여 독자들이 흥미를 갖고 읽을 수 있도록 필자가 심혈을 기울여 보충하였다. 이 【참고】의 목차를 따로 만들어 쉽게 재활용할 수 있도록 도왔다.

7 본서의 내용과 관련이 있는 많은 삽화 자료를 삽입하여 독자들의 이해와 흥미를 갖도록 하였다.

8 본서의 말미에 주요한 인물이나 사건, 왕조 이름이나 지명에 대한 색인을 첨부하였다.

9 본서의 최초 편찬 목적은 史書의 原文 讀解能力의 增進이다. 따라서 본서에서는 漢字(한글)식으로 표기하였으며 2번, 3번 나오는 경우에는 한글 음을 생략하기도 하였다.

차례

참고
●자료●
목록

제14편
● 唐의 건국과 융성

제3장 **高宗과 則天武后**

제15편
● 唐의 쇠퇴와 멸망

黠戛斯
室韋
鞨羯
恒羅斯
突騎施
薛延陀
回紇
突厥
靺鞨
松漠都督府
契丹
高句麗
碎葉
疏勒鎮
庭州
焉耆鎮
伊州
饒樂都督府
奚
龜茲鎮
西州
安西都護府
沙州
勝州
代州
幽州
檀州
涼州
靈州
百濟
新州
于闐鎮
蘭州
鄯州
秦州
蒲州
汴州
徐州
魏州
倭
吐谷渾
羊同
黨項
長安
襄州
揚州
蘇州
多彌
茂州
梁州
熊襲隼人
吐蕃
益州
瀘州
荊州
越州
戎州
灊州
洪州
福州
桂州
漳州
流求
六詔
廣州
海
崖州
驩州
林邑
南海
陸真臘
水真臘

貞觀元年(627年)太宗卽位時唐朝疆域
至貞觀二十二年(648年)時增加的唐朝疆域
太宗時最大疆域
◉都城 ◎道治 ◻府治 ◌州治 ●其他重要城鎮
▣都護府 ◼安西四鎮

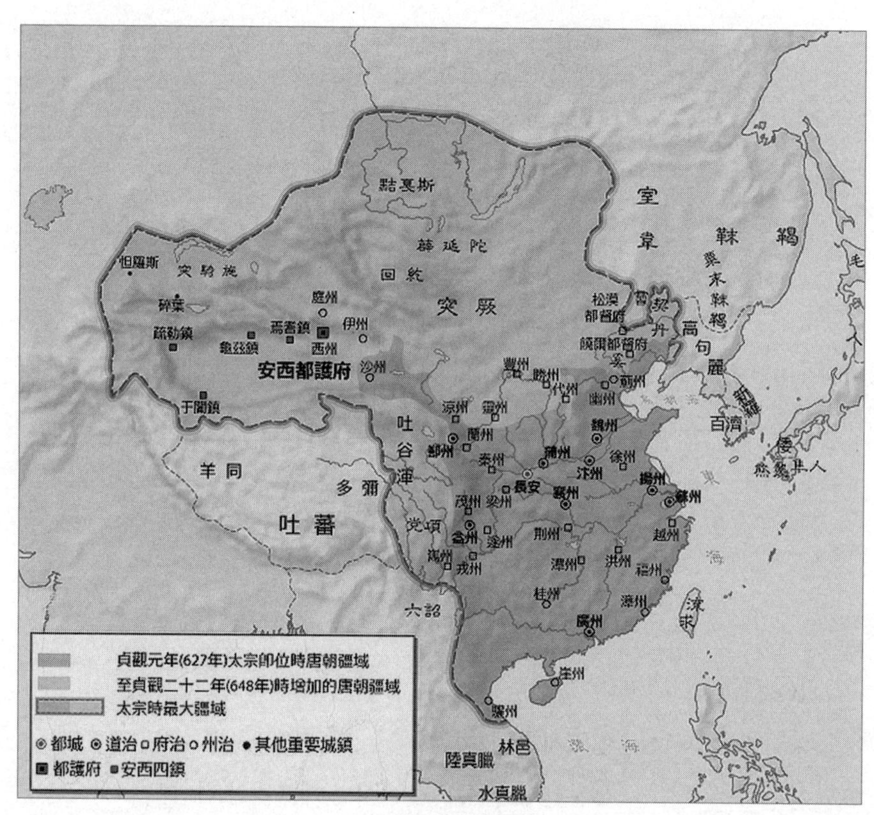

당 태종시의 영토

제**14**편
唐의 건국과 융성

〚 時代 概觀 〛

‘역사의 수레바퀴’나 ‘一治一亂’ 같은 말에는 역사의 순환 곧 ‘되풀이 된다’는 의미를 내포하고 있다. 중국의 역사를 땅 위에 가득 펼쳐놓고 하늘에 내려다본다면 순환이라는 말이 실감이 날 것이라고 필자는 생각한다.

중국 역사는 夏, 殷, 周의 三代로 시작한다. 이 시대는 先史時代에서 역사시대로의 진입이며 지배와 피지배의 관계가 형성되는 시기였고 나아가 중국 고대사가 본격적으로 전개되는 시기였다고 할 수 있다.

東周, 곧 春秋戰國 시대는 고대사의 발전과정에서 겪어야 하는 곧 成長에 따른 통증의 시대였다. 그러나 이 시대를 통하여 諸子百家 사상이 꽃을 피웠는데 그야말로 百花齊放의 화려한 전개가 있었다. 춘추전국시대는 前代에 볼 수 없었던 엄청난 분열, 곧 一亂의 시대였으나 그 一亂에는 분열과 함께 성장하는 발전의 시대였다. 때문에 춘추전국시대가 중국의 문화나 국력이 쇠퇴하는 시대였다고는 아무도 생각하지 않는다.

이러한 춘추전국시대의 분열과 혼란은 秦의 통일로 귀결되며 진에서는 중국 역사 발전의 기초가 만들어진다. 예를 들면, 강력한 황제 독재권의 확립이나 능력 본위 인재 등용은 고대 중국의 관료 제도를 탄생시켰으며 이후 시대가 흘러도 거의 변화가 없었다. 또한 군현제의 실시나 문자와 도량형의 통일은 문화와 경제 발전의 토대가 되었으며, 춘추전국시대 이래 귀족 계급의 몰락 역시 사회 발전의 한 모습이었다고 볼 수 있다.

그러나 秦의 통일은 단명으로 끝났다. 진시황의 통일완성(기원전 221년)에서 2세 황제의 멸망(기원전 207년)까지는 불과 15년이었다. 그러나 진의 중국통일이라는 성과가 있었기에 前漢과 後漢의 420년의 역사가 이루어졌다.

이 前·後漢은 중국 고대사의 종결이며 중국 고대 문화의 완성이라고 누구나 인정하고 있다. 그렇다면 후한의 멸망은 곧 一治의 시대가 끝났다는 뜻이며 다음에는 一亂의 시대가 올 것이다.

그 一亂의 시작은 魏·蜀·吳 삼국의 분립이고 다시 西晉 짧은 통일, 그리고 본격적인 혼란의 시대인 5호 16국과 남북조 시대가 이어진다. 이를 위진남북조 시대라 하는데 370년간의 분열이었다.

이를 도표로 정리해 보면 다음과 같다.

분열(一亂)	통일	번영(一治)	비 고
춘추전국	秦	前漢, 後漢	중국 고대문화의 완성
약 550년	15년	420년	
위진남북조	隋	唐	중국 중세문화의 완성
약 370년	30년	290년	

여기서 治世란 太平盛世(태평성세)를 의미한다. 치세라 하여 백성들의 살림살이에 걱정이 없던 시대라는 뜻은 아니었다.

일반적으로 역사가들이 생각하는 태평성세는 漢 초기 文帝(재위 기원전 180~157년), 景帝(경제, 재위 기원전 157~141년) 때의 文景之治(기원전 180~141)의 40년과 당 태종 때의 貞觀의 治(정관, 626~649년)의 24년, 당 현종 전기의 開元의 治(713~741년) 29년 정도가 태평성세로 꼽는다. 그러나 이 기간에도 수시로 가뭄, 홍수, 蝗蟲(황충, 메뚜기)의 피해는 계속 있었다. 거기에다가 횡포한 지방관의 폭정은 언제 어느 시대에나 있었다.

중국 역사에서 치세란 외적의 침입이나 내부 민란이 없이 정치적으로 비교적 순탄했던 시대를 의미한다. 전체적으로 난세는 길었고 거기에 비해 치세는 훨씬 짧았다는 것을 염두에 두어야 한다.

통일제국 당나라는 고조의 개국에 이어 隋末에 전국적으로 일어난 봉기세력들을 진압하고 통일을 완성한다. 이어 태종 이세민의 貞觀(정관)의 治를 통해 군주정치의 모범을 보이면서 안정과 번영을 이룩한다.

당 高祖 李淵과 太宗 李世民의 정책들은 성공을 거두어 貞觀(정관, 627~649년)에서 玄宗의 開元(713~742년)에 이르는 100여 년은 경제가 발전하며 영토 확장과 함께 번영을 누렸다. 이 기간 중에는 則天武后(측천무후)의 정변 이외에는 대외적으로 큰 兵亂(병란)은 없었다. 역사에서는 이 시대를 평화롭고 번영했었으며 모범적인 군주정치가 이루어졌던 시기로 평가를 한다.

그러나 武后의 집권기간 이후 토지 매매가 허용되며 균전제는 서서히 붕괴되면서 균전제를 바탕으로 한 부병제도 무너져 兵農 分離(병농 분리)의 모병제로 바뀌었다. 이 모병제의 가장 큰 병폐 중 하나가 節度使(절도사)들의 병권을 중앙정부에서 제한할 수 없다는 점이었다.

당은 건국 초부터 국내 정세를 안정시키면서 대외적으로도 세력을 확장했고, 사회 경제적 안정을 이룩하며 제국 융성의 기초를 닦아 300년 이상 그래도 다른 시대에 비해 상대적으로 정치적 안정을 유지했다.

당은 수나라의 통일과 제도 정비, 그리고 대운하 개통 등 앞 시대의 열매를 수확하면서 국가의 경제적, 사회적 기반을 확실히 다졌다. 또 남북조시대의 문벌 귀족과 관료층을 두루 흡수하여 지배층의 인적자원을 확보하였고 과거제도의 발전적 시행으로 새로운 관료층을 확충하면서 문벌 귀족의 출현을 미연에 방지하였다.

또한 균전제의 토지제도와 조용조의 세금제도, 그리고 병농 일치의 부병제로 국력을 키우면서 이민족에 대한 견제정책도

성공을 거두었다. 이처럼 이민족을 견제하거나 균형을 유지하며 군사적으로, 또 사회적으로 안정되었기에 당의 문화가 어느 시대보다 찬란하였다.

당 문화의 특색은 漢代 이후 계속 발전해온 전통적 고전문화의 바탕에 위진남북조 시대의 귀족문화, 주변 이민족의 여러 문화적 특성을 포용하고 흡수하면서 개방적이고 국제적인 문화특색을 보여주었다. 특히 문학에서 唐詩의 융성은 지금까지도 중국 문화의 두드러진 특색으로 나타나고 있다.

지금 중국의 중등학교 학생들 중 어지간하면 唐詩 三百首를 외운다는 사실을 어떻게 받아들여야 하는가? 약 1500년 전 시인들의 작품을 중국 청소년들에게 암송을 권장하는 그 문화의 깊이를 우리는 한 번쯤 생각해 보아야 한다.

唐은 중국 역사에서 여러 가지로 공헌한 바가 크다. 당은 중국 본토를 실질적으로 가장 오랫동안 지배한 국가였다.(淸의 국가 존속 기간이 唐보다는 길지만 明 멸망 이후의 지배기간은 唐보다 짧다.) 당은 강대한 국력과 국부를 바탕으로 하는 국제적 문화를 이룩하였으며 세계에서 최고 수준의 문화를 자랑하였다.

본 13편에서는 당의 건국(618년)에 이은 당의 전성기 太宗과 高宗, 그리고 측천무후 시대와 玄宗 재위 기간(서기 712~756년)까지의 역사를 다룰 것이다.

〔 主要 年表 〕

서기	帝位	주요 내용	비고
618	高祖	이연 즉위(高祖), 양제 피살.	
621		지방 봉기군 평정.	
626	太宗	현무문의 변. 李世民 즉위.	
629		방현령, 두여회 정치 참여.	
630		이민족 – 태종을 天可汗 추대.	
637		신 율령반포.	
645		당 태종 고구려 원정 실패.	
649		태종 붕어, 高宗 계위.	
655	高宗	武則天 황후가 되다.	
668		고구려 멸망.	
683		고종 죽음, 中宗 즉위.	
684	睿宗	중종 폐위, 예종 즉위, 무후섭정.	
690	武周	則天武后, 국호 周. 稱帝.	
705	中宗	측천무후 퇴위, 韋后 專政.	
710		韋后, 中宗을 독살.	
	睿宗	예종 즉위.	
712	玄宗	현종 즉위.	
		杜甫 출생(712~770).	
713		연호 開元(713~742).	
736		간신 李林甫 專權.	
740		玄宗과 楊貴妃의 만남.	
742		연호 天寶(742~755).	
		안록산 평로절도사가 되다.	
745		楊玉環 貴妃로 책봉.	
751		중국제지법 서양에 알려지다.	
755		안록산의 亂 시작.	

제1장 唐의 건국과 제도의 정비

1) 唐 高祖 李淵

(1) 唐 高祖, 神堯皇帝, 姓李氏, 名淵. 隴西成紀人也, 西涼武昭王暠之後. 祖虎仕西魏有功, 封隴西公, 父昞於周世封唐公, 淵襲爵. 隋煬帝以淵爲弘化留守, 御衆寬簡, 人多附之. 煬帝以淵相表奇異, 名應圖讖忌之. 淵懼, 縱酒納賂以自晦. 天下盜起, 以淵爲山西 · 河東撫慰大使, 承制黜陟. 討捕羣盜多捷, 突厥寇邊, 詔淵擊之. 淵次子世民, 聰明勇決, 識量過人. 見隋室方亂, 陰有安天下之志, 與晉陽宮監裴寂 · 晉陽令劉文靜相結.

唐 高祖 신요황제의 성은 이씨, 이름은 연이다. 농서의 성기 출신으로 서량 武昭王(무소왕) 이고의 후손이다. 조부 이고는 서위에 출사하며 공을 세워 농서공에 봉해졌고, 부친 이병은 북주에서 당공으로 봉해졌는데 이연은 작위를 세습했다. 수나라 양제는 이연을 홍화군 유수에 임명했는데 이연은 사람을 거느리면서 너그럽고 단순하였기에 많은 사람이 따랐다.

양제는 이연의 외모가 기이하고 이름이 당시의 도참과 일치하여 이연을 싫어하였다. 이연은 두려워 술에 취하기도 하고 뇌물을 받는 등 자신의 재능을 숨겼다.

온 나라에서 도적이 봉기할 때, (조정은) 이연을 산서와 하동의 무위대사로 임명하였는데 황제의 칙명을 받들어 마음대로 관리를 파면하거나 임명하고 승진을 시킬 수 있는 권한을 주었다. 도둑 무리를 토벌하고 잡는데 여러 번 이겼고, 돌궐이 변경을 침범하자 이연에게 명하여 격퇴하게 하였다.

이연의 차남 이세민은 총명하고 용기와 결단력이 있고, 식견과 도량이 남달랐다. 수나라 황실이 어지러운 것을 보고 천하를 안정시켜야 한다는 마음을 혼자 품고서 진양의 이궁 감독인 배적과 진양의 현령 유문정 등과 관계를 유지하고 있었다.

唐 高祖(고조) 李淵(이연)

어구 설명

○ 唐 高祖, 神堯皇帝, 姓李氏, 名淵. 隴西成紀人也, 西涼武昭王
暠之後. : 唐 高祖 神堯皇帝의 姓은 李氏이고, 이름은 淵(연)이다.
隴西(농서)의 成紀(성기) 사람으로 西涼 武昭王 李暠(이고)의 후
손이다.

 - 唐 ; 618～907년 존속. 國君의 姓이 李씨이기에 李唐이라고
도 부르며 높이는 뜻에서 大唐이라 호칭. 隋의 정치, 제도를 거의
그대로 수용했고 수 왕실과의 관계에서 보통 隋唐이라 合稱한다.
수도는 長安. 副都 洛陽(東都). 본거지였던 太原(北都)을 합하여
三都라 지칭.

 - 姓李氏 ; 國姓 李氏, 老子가 李氏이기에 唐에서는 老子에게
'太上玄皇帝'라는 존호를 올렸고 道敎를 장려하였다.

 - 淵 못 연. 水出地而不流者. 池, 潭과 같다. 唐에서는 淵字를
避諱(피휘)하여 고구려의 淵蓋蘇文을 泉蓋蘇文(천개소문)으로 표
기했다.

 - 李淵 ; 在世 565～635. 재위 618～626년. 高祖는 廟號이며
처음에는 太武皇帝라는 시호를 올렸다가 674년에 神堯皇帝로 바
꾸었다.

 - 隴 고개 이름 농(롱)   隴西 ; 甘肅省 天水 일대.

 - 成紀(성기) ; 감숙성의 지명. 甘肅省의 東南部 平凉市 근처.
李姓의 근거지. 보통 隴西 李氏라 통칭. 당나라 황제의 성. 농서
이씨로서 正史에 立傳된 사람이 600여 명이라 함. 西漢의 飛將軍
인 李廣, 大詩人 李白도 농서 이씨이다.

─ 西涼(서량) ; 5호 16국의 하나. 400∼421년 존속. 漢人 李暠 건국(武昭王) 暠 흴 호. 하얗다. 〔※ 대법원 인명용 한자의 표기는 고다(本書의 音은 고다)〕

○ 祖虎仕西魏有功, 封隴西公, 父昞於周世封唐公, 淵襲爵. 隋煬帝以淵爲弘化留守, 御衆寬簡, 人多附之. ; 조부 李虎는 西魏에 출사하며 공을 세워 隴西公(농서공)에 봉해졌고, 부친 李昞은 北周에서 唐公으로 봉해졌는데 이연은 작위를 세습했다. 隋 煬帝는 이연을 弘化留守에 임명했는데, 이연은 사람을 거느리면서 너그럽고 단순하였기에 많은 사람이 따랐다.

─ 昞 밝을 병. 襲爵(습작) ; 작위를 세습함. 弘化(홍화) ; 감숙성의 옛 郡名. 御 거느릴 어. 寬簡(관간) ; 너그럽고도 간단명료하다.

○ 煬帝以淵相表奇異, 名應圖讖忌之. 淵懼, 縱酒納賂以自晦. : 煬帝는 이연의 외모가 奇異하고 이름이 당시의 도참과 일치하여 이연을 싫어하였다. 이연은 두려워 술에 취하기도 하고 뇌물을 받는 등 자신의 재능을 숨겼다.

─ 相表(상표) ; 외모. 겉보기. 讖 참서 참. 조짐. 확실하지는 않지만 미래에 대한 예언.

─ 圖讖(도참) ; 미래의 길흉화복을 예언하는 말이나 글, 또한 그러한 표시.

─ 名應圖讖(명응도참) ; 이름이 도참의 내용과 일치하다. 당시에 '深水에 黃楊이 잠긴다.'는 참설이 떠돌았는데 深水(심수)는 곧 淵(연못)이고, 黃楊(황양)은 버드나무, 곧 수나라의 楊氏를 지

칭한다고 보았다. 깊은 못이 황양을 빠지게 한다. 곧 이연이 수나라를 멸망시킨다고 해석하고 이연을 두려워한 것이다.

 - 懼 두려울 구.　縱 늘어질 종. 풀어 주다. 버리다. 멋대로 하다.　縱酒(종주) ; 술에 취하다.

 - 賂 뇌물 줄 뇌(뢰).　納賂(납뇌) ; 뇌물을 받다. 受賂와 같음. 晦 그믐 회, 어둘 회. 감추다.

 - 自晦(자회) ; 자신의 비범함을 감추다.

○ 天下盜起, 以淵爲山西·河東撫慰大使, 承制黜陟. 討捕羣盜多捷, 突厥寇邊, 詔淵擊之. : 天下에서 도적이 봉기할 때, (조정은) 이연을 山西와 河東의 撫慰大使로 임명하였는데 황제의 권한에 의거 (관리들을) 파면하거나 임명하고 승진을 시켰다. 도둑 무리를 토벌하고 잡는데 여러 번 이겼고, 돌궐이 변경을 침범하자 이연에게 명하여 격퇴하게 하였다.

 - 撫 어루만질 무.　慰 위로할 위.　撫慰(무위) ; 소란한 민심을 다독거리며 위로하다.

 - 承制(승제) ; 황제의 명을 받다. 황제의 권한을 대신하여.　黜 내칠 출.　陟 오를 척. 승진하다.　黜陟(출척) ; 파면과 임명하고 승진을 시킴.

 - 捷 이길 첩.　寇 도둑 구. 외적.　寇邊(구변) ; 외적이 변경을 침략하다.

○ 淵次子世民, 聰明勇決, 識量過人. 見隋室方亂, 陰有安天下之志, 與晉陽宮監裴寂·晉陽令劉文靜相結. : 이연의 次子 李世民은 聰明하고 용기와 결단력이 있고, 식견과 도량이 남달랐다. 수나

라 황실이 어지러운 것을 보고 천하를 안정시켜야 한다는 마음을
혼자 품고서 진양의 이궁 감독인 裴寂과 진양의 현령 劉文靜 등
과 관계를 유지하고 있었다.

  – 李世民 ; 599~649年. 재위 627~649년. 晉陽(진양) ; 山西
省의 縣名. 宮監 ; 隋 煬帝의 別宮 관리인.

  – 裵 옷 치렁치렁할 배(裴와 같음). 寂 고요할 적.

【참고】 李淵의 후원자 裴寂(배적)

  ❖ 裴寂(배적, 573~632년)은 唐 高祖 때의 宰相을 지내며 이연
의 신임을 받았던 인물이다. 여러 벼슬을 거쳐 수 말기에 晉陽의
宮監으로 있었고 태원 유수 이연과 잘 어울렸다. 이연은 배적을
따라 양제의 별궁에 가서 술을 마시곤 했다.

  그 이전에 젊은 이세민은 큰 재물을 가지고 가서 배적과 도박을
했는데 이틀 연속 크게 잃었다. 돈을 많이 따고 싱글벙글하는 배
적에게 이세민이 말했다.

  "숙부님! 隋의 천하를 놓고 도박을 해서 이긴다면 그 재물은 자
자손손을 내려가도 다 쓰지 못할 것입니다."

  이에 배적은 천하를 건 도박을 결심한다. 이세민은 晉陽슈 劉文
靜(유문정, 568~619년)과 거사를 다 준비했고 배적에게 이연을
설득해 달라고 부탁했다.

(2) 文靜謂世民曰, 今主上南巡, 羣盜萬數. 當此之際, 有眞主驅駕而用之, 取天下如反掌耳. 太原百姓收拾, 可得十萬人, 尊公所將兵復數萬, 以此乘虛入關, 號令天下, 不過半年, 帝業成矣. 世民笑曰, 君言正合我意. 乃陰部署, 而淵不知也. 會淵兵拒突厥不利, 恐獲罪. 世民乘間說淵, 順民心興義兵, 轉禍爲福. 淵大驚曰, 汝安得爲此言. 吾今執汝告縣官. 世民徐曰, 世民覩天時人事如此, 故敢發言. 必執告, 不敢辭死.

유문정이 이세민에게 말했다. "지금 주상은 남쪽을 순행 중에 있고, 도적 무리는 만 단위로 세어야 합니다. 이러한 때를 당하여 진정한 천자가 군사를 일으키면서 기회를 이용한다면 천하를 차지하는 것은 손바닥 뒤집는 것과 마찬가지입니다. 태원의 백성을 모은다면 십만 명을 얻을 수 있고 당신 아버님께서 거느린 장병이 수만이니, 이 빈틈을 타서 관중 땅에 들어간다면 천하를 호령하기 반년이 안 되어 제업을 이룰 수 있습니다."

이세민이 웃으며 말했다. "당신의 말씀이 저의 뜻과 딱 맞습니다." 그리고서는 비밀리에 할 일을 안배하였는데 이연은 알지 못했다. 때마침 이연의 병력은 돌궐을 맞아 싸

우는데 불리하였고
벌을 받을지도 몰랐
다. 이세민은 틈을 보
아 "민심에 순응하여
의병을 일으켜 전화
위복해야 합니다."라
고 이연을 설득하였
다.

　이연은 크게 놀라며
말했다. "너는 어찌
이런 말을 하는가?
나는 지금 너를 잡아

唐 太宗(태종) 李世民(이세민)

현관에게 알려야 하겠다." 이세민은 태연하게 말했다. "제
가 천시나 인사를 보면 이럴 수밖에 없어서 감히 말씀드렸
습니다. 꼭 잡아서 알리시겠다면, 감히 죽음도 마다하지
않겠습니다."

어구 설명

○ 文靜謂世民曰, 今主上南巡, 羣盜萬數. 當此之際, 有眞主驅駕
而用之, 取天下如反掌耳. 太原百姓收拾, 可得十萬人, 尊公所將兵
復數萬, 以此乘虛入關, 號令天下, 不過半年, 帝業成矣. : 劉文靜
이 李世民에게 말했다. "지금 主上은 남쪽을 순행 중에 있고, 도

적 무리는 萬 단위로 세어야 합니다. 이러한 때를 당하여 진정한 천자가 병력을 몰아 기회를 이용한다면 천하를 차지하는 것은 손바닥 뒤집는 것과 마찬가지입니다. 太原의 百姓을 모은다면 십만 명을 얻을 수 있고 당신 아버님께서 거느린 장병이 수만이니, 이 빈틈을 타서 관중 땅에 들어간다면 天下를 호령하기 반년이 안 되어 제업을 이룰 수 있습니다.”

 − 主上 ; 煬帝.　南巡(남순) ; 남쪽을 순행하다. 당시 양제는 江都에 순행 중이었다. 煬帝의 南巡은 실제로는 무책임하고 무대책의 도피라고 볼 수 있다.

 − 眞主(진주) ; 진정으로 천자의 자격을 갖춘 人物.　驅駕(구가) ; 말을 달리다. 몰아내다.

 − 用之 ; 추세나 형세를 이용하다.　掌 손바닥 장.　反掌(반장) ; 손바닥을 뒤집다. 쉬운 일.

 − 尊公(존공) ; 남의 부친에 대한 존칭. 李淵.　以此乘虛入關(이차승허입관) ; 이러한 빈틈을 타서 關中 땅에 들어가다.

 − 帝業(제업) ; 帝王으로서 나라를 통치하는 일.

○ 世民笑曰, 君言正合我意. 乃陰部署, 而淵不知也. 會淵兵拒突厥不利, 恐獲罪. 世民乘間說淵, 順民心興義兵, 轉禍爲福. : 이세민이 웃으며 말했다. “당신의 말은 나의 뜻과 딱 맞습니다.” 그리고서는 비밀리에 할 일을 안배하였는데 이연은 알지 못했다. 때마침 이연의 병력은 돌궐을 맞아 싸우는데 불리하였고 벌을 받을지도 몰랐다. 이세민은 틈을 보아 “민심에 순응하여 의병을 일으켜 전화위복해야 합니다.”라고 이연을 설득하였다.

 ─ 陰 그늘 음. 비밀리에. 部 거느릴 부. 부분. 배치하다. 통솔하다. 署 관청 서. 部署(부서) ; 배치하다. (人力이나 임무를) 안배하다.

 ─ 會 모을 회. 모임. ~을 이해하다. ~을 잘 하다. 잠깐 동안. 때마침, 공교롭게도. 恐 두려울 공. 두려워하다. 아마.

 ─ 轉禍爲福(전화위복) ; 因禍得福(인화득복).

○ 淵大驚日, 汝安得爲此言. 吾今執汝告縣官. 世民徐曰, 世民觀天時人事如此, 故敢發言. 必執告, 不敢辭死. : 이연은 크게 놀라며 말했다. "너는 어찌 이런 말을 하는가? 나는 지금 너를 잡아 현관에게 알려야 하겠다." 이세민은 태연하게 말했다. "제가 天時나 人事를 보면 이럴 수밖에 없어서 감히 말씀드렸습니다. 꼭 잡아서 알리시겠다면, 감히 죽음도 마다하지 않겠습니다."

 ─ 驚 놀랄 경. 汝 너 여. 安 ; 어디, 어느 곳(의문대명사). 어찌, 어떻게(의문부사). 執 잡을 집. 체포하다.

 ─ 徐 천천히 할 서. 觀 볼 도. 睹(도)와 같음. 不敢辭死(불감사사) ; 감히 죽음을 마다하지 않겠습니다.

【참고】 당 개국공신 유문정

 ❖ 唐朝의 開國功臣인 劉文靜(568~619년)은 대범, 대담하면서도 웅략을 가진 사람이었다. 유문정은 수나라 말기에 진양현령으로 진양궁감으로 있는 배적과 친구였다. 유문정은 이세민을 만나본 뒤 이세민이 걸출한 인물임을 단번에 알아보았다고 한다.

앞 권의 수나라에서 설명한 '소의 뿔에 《漢書》를 걸어 놓고 읽던 李密'이 양현감을 따라 반기를 들었을 때, 이밀과 사돈관계이던 유문정은 잡혀 감옥에 있었다. 위에 나온 말은 李世民이 감옥으로 유문정을 면회 갔을 때 유문정이 한 말이다.

유문정은 이연이 태원에서 봉기할 수 있도록 모든 일을 꾸몄지만 당 건국 후에는 이연과 배적이 군신관계 이전의 벗처럼 가까웠지만 유문정과는 소원해졌다. 지위도 배적보다 아래인 유문정은 "기필코 배적을 죽여 버리겠다."며 불평불만을 토로했고, 이를 밀고한 첩이 있어 결국 모반을 꾀했다는 죄목으로 유문정 형제는 사형을 당했다. 유문정은 형장에 가면서 가슴을 치며 "날아다니는 새를 잡고 나면 좋은 활도 처박혀진다(飛鳥盡 良弓藏) 하더니 사실이구나!"라고 탄식했다.

(3) 淵曰, 吾豈忍告, 汝愼勿出口. 明日復說曰, 人皆傳, 李氏當應圖讖. 故李金才無故族滅. 大人能盡賊, 則功高不賞, 身益危矣. 惟昨日之言, 可以救禍, 此萬全策, 願勿疑. 淵歎曰, 吾一夕思汝言, 亦大有理. 今日破家亡身, 亦由汝, 化家爲國, 亦由汝矣. 先是裴寂私以晉陽宮人侍淵. 淵從寂飲, 酒酣寂曰, 二郎陰養士馬, 欲擧大事, 正爲寂以宮人侍公, 恐事覺倂誅耳.

이연이 말했다. "내가 어찌 차마 고발하겠느냐? 너는 삼가 입 밖에 내지 말라!" (이세민은) 다음 날 다시 설득하며 말했다. "세상 사람들은 도참에 떠도는 말처럼 이씨가 천하를 차지한다고 말하고 있습니다. 그래서 이금재는 아무 까닭도 없이 일족이 죽어야 했습니다. 아버님께서는 적을 소탕하는 큰 공을 세웠지만 상은 없고 몸은 더욱 위험해졌습니다. 어제 말씀 드린 그것만이 재앙에서 빠져나올 수 있으며 가장 안전한 대책이오니 걱정하지 마십시오."

이연은 탄식했다. "나는 밤새 네 말을 생각해 보았는데 옳은 말이다. 지금 가문의 파멸이나 죽는 것도 다 너에게 달렸고, 가문을 세워 나라를 여는 것도 또한 너에게 달렸다."

이에 앞서 배적은 몰래 진양의 궁녀가 이연을 모시도록 했었다. 이연은 배적의 집에 가서 술을 마시는데 술이 취했을 때 배적이 말했다. "둘째 아드님이 몰래 군사와 군마를 준비하여 大事를 일으키려 하는 것은, 바로 제가 궁녀로 하여금 당신을 모시게 한 것이 발각되면 모두가 다 죽어야 하기 때문입니다."

어구 설명

○ 淵曰, 吾豈忍告, 汝愼勿出口. 明日復說曰, 人皆傳, 李氏當應圖讖. 故李金才無故族滅. 大人能盡賊, 則功高不賞, 身益危矣. 惟昨日之言, 可以救禍, 此萬全策, 願勿疑. : 이연이 말했다. "내가 어

찌 차마 고발하겠느냐? 너는 삼가 입 밖에 내지 말라!" (李世民
은) 다음 날 다시 설득하며 말했다. "세상 사람들은 도참에 떠도
는 말처럼 이씨가 천하를 차지한다고 말하고 있습니다. 그래서
李金才는 아무 까닭도 없이 일족이 죽어야 했습니다. 아버님께서
는 적을 소탕하는 큰 공을 세웠지만 상은 없고 몸은 더욱 위험해
졌습니다. 어제 말씀 드린 그것만이 재앙에서 빠져나올 수 있으
며 가장 안전한 대책이오니 걱정하지 마십시오."

 - 豈 어찌 기. 어찌 ~하겠는가? 反問을 나타내는 의문부사.
忍 참을 인. 서운해 하다. 차마~하다.

 - 李氏當應圖讖(이씨당응도참) ; 이씨는 틀림없이 도참의 말 그
대로 응할 것이다. → 양씨 천하를 이씨가 대신할 것이라는 도참
의 말은 그대로 실현될 것이다.

 - 李金才(이금재) ; 人名. 大業 11년에 양제는 이금재의 일족 30
여 명을 주살했다.   大人; 부친. 李淵.

 - 益 더할 익. 더욱 더.   萬全(만전) ; 조그만 실수도 없다. 아주
확실하다.

○ 淵歎曰, 吾一夕思汝言, 亦大有理. 今日破家亡身, 亦由汝, 化家
爲國, 亦由汝矣. : 이연은 탄식했다. "나는 밤새 네 말을 생각해
보았는데 옳은 말이다. 지금 破家亡身도 다 너에게 달렸고, 化家
爲國도 또한 너에게 달렸다."

 - 化家爲國 ; 家門이 나라로 바뀌다. 한 사람이 천하를 차지하다.

○ 先是裴寂私以晉陽宮人侍淵. 淵從寂飮, 酒酣寂曰, 二郎陰養士
馬, 欲擧大事, 正爲寂以宮人侍公, 恐事覺倂誅耳. : 이에 앞서 배

적은 몰래 진양의 궁녀가 이연을 모시도록 했었다. 이연은 배적의 집에 가서 술을 마시는데 술이 취했을 때 배적이 말했다. "둘째 아드님이 몰래 군사와 군마를 준비하여 대사를 일으키려 하는 것은, 바로 제가 궁녀로 하여금 당신을 모시게 한 것이 발각되면 모두가 다 죽어야 하기 때문입니다." → 둘째 아들이 그런 계획을 세운 원인은 당신과 나한테 있다는 은근한 협박임.

- 私 ; 몰래, 비밀리에. 宮人 ; 宮에 있는 여인. 侍 모실시. 잠자리를 같이하다. 從寂(종적) ; 裵寂의 집에 따라가서.

- 酣 술 즐길 감. 술에 취하다. 二郎(이랑) ; 둘째 아들. 李世民. 事覺(사각) ; 일이 발각되다. 併 아우를 병. 모두.

【참고】 자의 반? 타의 반?

❖ 《舊唐書》와 《新唐書》에는 高祖 李淵은 처음부터 隋에 반기를 들 생각이 없었다고 기록하였다. 이연은 정치권력에 매력을 느끼지 못하고 山水에 노닐면서 酒色을 즐기는 전형적인 귀족 스타일의 취향을 갖고 있었다. 그러나 차남 李世民은 隋의 정치가 문란해지는 것을 보고 隋에 대한 반기를 계획했었다는 것이다.

이연은 晉陽에 있는 煬帝의 별궁 감독관인 친구 배적과 어울려 술에 취했고, 술에 취한 이연은 양제의 궁녀와 관계하였다. 모두가 이세민과 裵寂(배적)이 꾸민 일이었다. 이것이 탄로가 날 것이라 예상하자, 이세민은 부친에게 거병을 권유했다고 기록하였다.

그러나 이연의 거병은 이연 본인의 뜻이라고 보아야 한다. 거병하는 617년에 이연은 52세, 이세민은 겨우 18세였다. 이연의 장남 이건성은 당시 28세였다. 정말로 이연이 아들과 이런 중차대한 문제를 상의하려 했다면 먼저 장남과 상의했을 것이다.

　이러한 기록은 뒷날 태종 李世民의 英明함과 과단성을 강조하며, 아버지에게는 효자이며 모범적인 군주라는 모습을 형상화하다 보니 이러한 이야기를 만들어 기록했을 가능성은 충분했다고 볼 수 있다.

(4) 會煬帝以淵不能禦寇, 遣使者執詣江都. 世民與寂等, 復說曰, 事已迫矣. 宜早定計. 且晉陽士馬精强, 宮監蓄積巨萬. 代王幼冲, 關中豪傑竝起. 公若鼓行而西, 撫而有之, 如探囊中物耳. 淵乃召募起兵, 遠近赴集, 仍遣使借兵於突厥. 世民引兵擊西河拔之, 斬郡丞高德儒, 數之曰, 汝指野鳥爲鸞, 以欺人主. 吾興義兵, 正爲誅佞人耳. 進兵取霍邑, 克臨汾・絳郡, 下韓城降馮翊.

　마침, 양제는 이연이 적(돌궐)을 막지 못한다고 사자를 보내 잡아서 강도로 데려오라고 했다. 세민은 배적 등과 함께 다시 설득하며 말했다. "일은 이제 급박해졌습니다. 빨리 계책을 결정해야 합니다. 또 진양의 병사들은 정병으로 강하며, 궁감은 거만의 재산을 축적했습니다. 代王은 나이가 어리고, 관중의 호걸들은 모두 봉기하였습니다. 公이 만약 북을 치며 행군하여 서쪽을 향하여 위무하면서 나아간다면 땅을 차지하는 것은 주머니 속의 물건을 찾아내는 것처럼 쉬운 일입니다.”

이연이 마침내 의병을 모집하고 기병하니, 원근에서 모여들었으며 사자를 보내 돌궐에 원병을 요청하였다. 이세민은 병력을 이끌고 서하를 격파하여 점령하고 군승 고덕유의 목을 베었는데, 그 죄상을 책망하며 말했다. “너는 들새를 난새라고 말하며 황제를 속였다. 내가 의병을 일으킨 것은 바로 아첨하는 무리를 죽이려는 뜻이다.” 그리고 군사를 몰아 곽읍을 차지하고 임분과 강군을 쳐부수고 한성과 풍익을 함락시켰다.

어구 설명

○ 會煬帝以淵不能禦寇, 遣使者執詣江都. 世民與寂等, 復說曰, 事已迫矣. 宜早定計. 且晉陽士馬精強, 宮監蓄積巨萬. 代王幼冲, 關中豪傑竝起. 公若鼓行而西, 撫而有之, 如探囊中物耳. : 마침, 煬帝는 이연이 적(돌궐)을 막지 못한다고 使者를 보내 잡아서 江都로 데려오라고 했다. 世民은 배적 등과 함께 다시 설득하며 말했다. “일은 이제 급박해졌습니다. 빨리 계책을 결정해야 합니다. 또 晉陽의 병사들은 정병으로 강하며, 宮監은 거만의 재산을 蓄

積했습니다. 代王은 나이가 어리고, 關中의 호걸들은 모두 봉기하였습니다. 公이 만약 북을 치며 행군하여 서쪽을 향하여 위무하면서 나아간다면 땅을 차지하는 것은 주머니 속의 물건을 찾아내는 것처럼 쉬운 일입니다.”

- 禦 막을 어.　寇 도둑 구. 외적.　詣 이를 예. 도착하다.　江都 ; 揚州.　執詣江都(집예강도) ; 잡아서 江都로 데려 오다. 당시 양제는 강도에 머물고 있었다.

- 宜 마땅할 의.　宜早定計(의조정계) ; 빨리 계책을 결정하는 것이 마땅하다. 빨리 거병하는 것이 좋다.

- 士馬精强(사마정강) ; 병사들은 훈련이 되어 있고 강하다. 士馬 ; 兵馬. 여기서는 兵力.　精 ; 精兵이다.

- 宮監蓄積巨萬(궁감축적거만) ; 宮監인 배적은 (별궁에) 巨萬의 재산을 축적해 놓았다.(모두 우리의 것이란 뜻).

- 代王 ; 양제의 손자. 뒷날 이연에 의해 황제로 즉위한 恭帝. 이름은 侑.　冲 비어있을 충.　幼冲(유충) ; 나이가 어리다.

- 撫而有之(무이유지) ; 위무하면서 (지역을) 차지하다.　探 찾을 탐. 더듬다.　囊 주머니 낭.

- 如探囊中物耳(여탐낭중물이) ; 주머니 속의 물건을 찾는 것과 같다. 아주 쉬운 일이다.

- 耳 ; ~뿐이다(而已). ~이다(矣). 限定하는 종결어미.

○ 淵乃召募起兵, 遠近赴集, 仍遣使借兵於突厥. 世民引兵擊西河拔之, 斬郡丞高德儒, 數之日, 汝指野鳥爲鸞, 以欺人主. 吾興義兵, 正爲誅佞人耳. 進兵取霍邑, 克臨汾·絳郡, 下韓城降馮翊. ː 이연

이 마침내 의병을 모집하고 起兵하니, 遠近에서 모여들었으며 사자를 보내 突厥에 원병을 요청하였다. 世民은 병력을 이끌고 西河를 격파하여 점령하고 郡丞 高德儒의 목을 베었는데, 죄상을 책망하며 말했다. "너는 野鳥를 鸞(난)새라고 말하며 황제를 속였다. 내가 의병을 일으킨 것은 바로 아첨하는 무리를 죽이려는 뜻이다." 그리고 군사를 몰아 곽읍을 차지하고 臨汾(임분)과 絳郡(강군)을 쳐부수고 韓城과 馮翊(풍익)을 함락시켰다.

 ─ 召 부를 소. 募 모을 모. 赴 나아갈 부. 赴集(부집) ; 모여들다. 拔 빼앗을 발. 뽑다.

 ─ 引兵擊西河拔之 ; 引兵하고 공격하여 西河를 점령하다. 郡丞(군승) ; 군의 행정관. 태수의 보좌관. 丞 도울 승.

 ─ 數 셀 수. 자주 삭. 세면서 말하다. 책망하다. 數之(수지) ; 죄를 열거하며 책망하다. 鸞 난새 난. 봉황처럼 상상속의 새.

 ─ 佞 아첨할 녕(영). 霍 빠를 곽. 霍邑 ; 山西省의 地名. 絳 아주 붉은 강. 翊 도울 익. 馮翊(풍익) ; 陝西省의 地名.

(5) 淵留兵圍河東, 自引兵西. 遣世子建成, 守潼關, 世民徇渭北. 關中羣盜, 悉降於淵. 合諸軍圍長安, 克之, 立恭帝. 淵爲大丞相·唐王, 加九錫, 尋受禪. 立子建成爲皇太子, 世民爲秦王, 元吉爲齊王. ○ 隋東都留守越王侗, 煬帝之孫也. 亦爲衆所立, 稱帝於

洛陽.　○ 秦主薛擧卒,　子仁杲立.　○ 魏公李密,　與
隋兵戰,　大敗降於唐.　○ 宇文化及,　弑其所立主浩,
自稱許帝.　○ 涼王李軌稱帝.　○ 唐秦王世民破秦,
秦王薛仁杲降,　送長安斬於市.　○ 李密之將徐世勣,
據密舊境降唐,　賜姓李.

　이연은 병력을 일부를 남겨 하동을 포위하여 방어케 하
고, 자신은 병력을 이끌고 서쪽으로 나아갔다. 세자 건성
을 보내 동관을 지키게 하고, 세민은 위수 북쪽 지역을 돌
아다니며 백성들을 설복하여 따르게 하였다. 관중의 여러
도적들은 모두 이연에게 투항하였다.

　(이연은) 여러 군사를 모아 장안을 포위하고 함락하면서
공제를 즉위케 하였다. 이연은 대승상에서 唐王이 되어 구
석을 받고 얼마 안 있어 선양을 받았다. 장남 건성을 황태
자로, 차남 세민을 진왕으로, 원길을 齊王으로 봉했다.

　○ 수나라의 동도유수이며 월왕인 侗(동)은 양제의 손자
이다. 역시 여러 사람에게 추대되어 낙양에서 칭제하였다.

　○ 秦(진)의 군주 설거가 죽고, 아들 인고가 즉위하였다.

　○ 위공인 이밀이 수의 군사와 전투를 벌였으나 대패하
고 당에 투항하였다.

　○ 우문화급이 자신이 옹립한 양호를 죽이고, 許(허)의
황제라 자칭하였다.

○ 涼王(양왕)인 이궤가 칭제하였다.

○ 당의 진왕인 이세민이 秦(진)을 격파하자 秦王(진왕)인 설인고가 항복했으나 장안에 보내 거리에서 참수하였다.

○ 이밀의 장수인 서세적이 이밀의 옛 근거지에서 당에 투항하였고, 이씨 성을 하사받았다.

李勣(이적)

어구 설명

○ 淵留兵圍河東, 自引兵西. 遣世子建成, 守潼關, 世民徇渭北. 關中羣盜, 悉降於淵. : 이연은 병력을 일부를 남겨 河東을 포위하여 방어케 하고, 자신은 병력을 이끌고 서쪽으로 나아갔다. 世子 建成을 보내 潼關(동관)을 지키게 하고, 世民은 위수 北쪽 지역을 돌아다니며 백성들을 설복하여 따르게 하였다. 關中의 여러 도적들은 모두 이연에게 투항하였다.

 − 河東(하동) ; 今 山西省 內, 黃河以東. 산서성 지역이라 생각하면 됨.

 − 建成 ; 이연의 장남, 589∼626년. 高祖의 太子로 책봉되었다가 동생 李世民이 일으킨 玄武門의 變을 당해 화살에 맞아 죽었고, 그의 여섯 아들이 모두 죽음을 당해 후손이 없다.

 − 潼關(동관) ; 황하 하류지역에서 關中에 들어가려면 꼭 거쳐야 하는 섬서성의 교통 要害地.

 − 徇 두루 순. 순행하다(循, 巡과 같음.) 渭北(위북) ; 위수 북쪽 지역. 渭水는 황하 제1의 지류로 감숙성에서 발원하여 長安 북쪽을 지나 흘러가다가 황하 본류로 합쳐진다.

 − 悉 다 실. 모두

○ 合諸軍圍長安, 克之, 立恭帝. 淵爲大丞相·唐王, 加九錫, 尋受禪. 立子建成爲皇太子, 世民爲秦王, 元吉爲齊王. : (이연은) 여러 군사를 모아 長安을 포위하고 함락하면서 恭帝를 즉위케 하였다. 이연은 大丞相으로 唐王이 되어 九錫을 받고 얼마 안 있어 선양을 받았다. 장남 建成을 皇太子로, 차남 世民을 秦王으로, 元吉

(셋째 아들)을 齊王으로 봉했다.

 - 尋 찾을 심. 얼마 안 있어.   元吉(원길) ; 이연의 三子. 李世民의 동생.

○ 隋東都留守越王侗, 煬帝之孫也. 亦爲衆所立, 稱帝於洛陽. : 隋의 東都留守이며 越王인 侗은 煬帝의 손자이다. 역시 여러 사람에게 추대되어 낙양에서 칭제하였다.

 - 侗 클 동. 바보.   亦 또 역. 또한.   爲衆所立(위중소립) ; 衆人에 의해 추대되어.

○ 秦主薛擧卒, 子仁杲立. : 秦의 군주 薛擧(설거)가 죽고, 아들 仁杲(인고)가 즉위하였다.

 - 薛擧(설거) ; 隋代 末年 群雄의 한 사람. 金城(今 甘肅省 蘭州 일대)의 校尉로 있다가 칭제하였다.

 - 杲 밝을 고.

○ 魏公李密, 與隋兵戰, 大敗降於唐. : 魏公인 李密이 隋兵과 전투를 벌였으나 大敗하고 唐에 투항하였다.

○ 宇文化及, 弑其所立主浩, 自稱許帝. : 宇文化及이 자신이 옹립한 楊浩를 죽이고, 許의 帝라고 자칭하였다.

 - 宇文化及(우문화급) ; 江都에서 양제를 죽이고 반기를 들었었다.

○ 涼王李軌稱帝 : 涼王인 李軌가 稱帝하였다.

 - 軌 길 궤. 규범. 바퀴자국.

○ 唐秦王世民破秦, 秦王薛仁杲降, 送長安斬於市. : 唐의 秦王인 이세민이 秦을 격파하자 秦王인 薛仁杲(설인고)가 항복했으나 장

안에 보내 거리에서 참수하였다.

○ 李密之將徐世勣, 據密舊境降唐, 賜姓李. : 李密의 장수인 徐世
勣(서세적)이 이밀의 옛 근거지에 웅거하다가 唐에 투항하였고,
李씨 성을 하사받았다.

 – 徐世勣(서세적) ; 唐의 國姓인 李氏 하사. 太宗 이름의 世는
사용불가, 李勣(이적)으로 호칭. 勣 공적 적. 업적.

【참고】 徐世勣(서세적)의 改名

❖ 李勣(이적, 594~669년)의 原名은 徐世勣이었다. 당 고조로
부터 李씨 성을 하사 받았고 李世民의 '世'를 피휘하여 李勣(이
적)으로 개명하였다. 唐初의 명장으로 동돌궐을 격파하고 高句麗
원정에도 큰 공을 세웠다. 高祖, 太宗, 高宗 삼대를 섬기며 특별한
신임을 받았고 당나라를 지켜주는 長城이라 인식되었었다. 그러
나 이적의 死後는 측천무후와의 관계에서 그리 순탄치가 않았다.

(6) ○ 竇建德取河北諸州, 自稱夏王. ○ 李密叛唐, 唐
人獲而斬之. ○ 夏主竇建德, 破宇文化及誅之. ○ 隋
主侗立一年, 王世充廢之, 而自立爲鄭帝, 尋弑侗.
○ 唐遣將襲涼主李軌, 執歸殺之, 河西平. ○ 沈法
興稱梁王於毗陵. ○ 李子通稱吳帝於江都. ○ 杜伏

威降唐. ○ 唐秦王世民, 擊定陽將宋金剛破之. 定
陽可汗劉武周及金剛, 皆走死. 唐秦王世民, 督諸軍
伐鄭. ○ 吳主李子通襲梁, 梁主沈法興走死.

○ 두건덕이 하북의 여러 주를 차지하고, 하왕이라 자칭
하였다.

○ 이밀이 당에 반기를 들으니 당나라 사람들이 이밀을
잡아 죽였다.

○ 하주 두건덕이 우문화급을 격파하여 죽였다.

○ 隋主인 양동이 낙양에서 즉위한 지 일년이 되었는데,
왕세충이 폐위하고 자립하여 정제라 칭했다가 곧 양동을
시해했다.

○ 唐이 장수를 보내 양주 이궤를 급습하여 잡아 데려와
서 살해하니 하서 일대가 평정되었다.

○ 심법흥이 비릉에서 梁王을 자칭했다.

○ 이자통이 강도에서 吳帝라 자칭했다.

○ 두복위가 당에 투항했다.

○ 당의 진왕 이세민이 정양의 장수 송금강을 공격하여
격파하였다. 정양 可汗(가한) 유무주와 장수 송금강은 패
주하다가 모두 죽었다. 당 진왕 이세민이 제군을 지휘하여
정을 토벌하였다.

○ 吳主인 이자통이 梁을 공격하니 양주 심법흥은 달아
나다가 죽었다.

어구 설명

○ 竇建德取河北諸州, 自稱夏王. : 竇建德이 河北의 여러 州를 차지하고, 夏王이라 자칭하였다(618년).

 - 竇 구멍 두. 姓氏. 竇建德(두건덕, 573~621) ; 隋末 봉기군의 한 사람. 618년 夏 건국 칭제. 621년에 虎牢之戰(호뢰의 싸움)에서 李世民에게 패해 포로로 잡혀 죽었다.

○ 李密叛唐, 唐人獲而斬之. : 李密이 唐에 반기를 들으니 唐人이 이밀을 잡아 죽였다.

○ 夏主竇建德, 破宇文化及誅之. : 夏主 竇建德이 宇文化及을 격파하고 죽였다.

 - 宇文化及 ; 江都에서 양제를 죽인 뒤 許帝라 자칭한 자.

○ 隋主侗立一年, 王世充廢之, 而自立爲鄭帝, 尋弑侗. : 隋主인 楊侗이 낙양에서 즉위한 지 一年이 되었는데, 王世充이 폐위하고 自立하여 鄭帝라 칭했다가 곧 侗을 시해했다.

 - 侗 클 동. 無知하다.

○ 唐遣將襲涼主李軌, 執歸殺之, 河西平. : 唐이 장수를 보내 涼主 李軌를 급습하여 잡아 데려와서 살해하니 河西 일대가 평정되었다.

 - 襲 엄습할 습. 軌 길 궤. 두 바퀴간의 거리.

○ 沈法興稱梁王於毗陵. : 沈法興이 毗陵(비릉)에서 梁王을 자칭했다.

 - 毗 도울 비. 陵 큰 언덕 능(릉). 毗陵(비릉) ; 지금의 江蘇省 南部의 常州市. 大運河가 지나는 곳. 延陵(연릉).

○ 李子通稱吳帝於江都. : 李子通이 江都에서 吳帝라 자칭했다 (619년).

○ 杜伏威降唐. : 杜伏威(두복위)가 唐에 투항했다.

○ 唐秦王世民, 擊定陽將宋金剛破之. 定陽可汗劉武周及金剛, 皆 走死. 唐秦王世民, 督諸軍伐鄭. : 唐의 秦王 이세민이 定陽의 장 수 宋金剛을 공격하여 격파하였다. 定陽可汗인 劉武周와 송금강 은 패주하다가 모두 죽었다. 唐 秦王 이세민이 諸軍을 지휘하여 鄭을 토벌하였다.

 – 劉武周(?~622년) ; 隋 末年 地方割據勢力 중 하나. 근거지 ; 馬邑(今 山西省 朔州). 돌궐족이 定陽可汗에 봉함(617~621 재 위).

○ 吳主李子通襲梁, 梁主沈法興走死. : 吳主인 李子通이 梁을 공 격하니 梁主 沈法興은 달아나다가 죽었다.

(7) ○ 夏主竇建德救鄭, 唐秦王世民, 大破擒之, 鄭 主王世充降. 世民至長安, 被黃金甲, 二十五將從其 後, 鐵騎萬匹, 甲士三萬. 獻俘太廟, 斬建德於市, 赦世充, 尋使人潛殺之. ○ 竇建德故將劉黑闥, 始 起兵於漳南. ○ 唐遣將李靖伐梁, 梁主蕭銑降. 送 長安斬之. ○ 杜伏威擊吳主李子通, 執送長安, 伏

誅. ○ 劉黑闥自稱漢東王. ○ 楚主林士弘卒, 其衆
遂散. ○ 漢東將執黑闥降唐, 斬之. ○ 唐淮南道行
臺僕射輔公祏, 反於丹陽. 唐將擊斬之. ○ 慶州都
督楊文幹反, 遣秦王世民討平之. ○ 突厥入寇, 遣
秦王世民禦之. 遇於豳州, 世民帥騎馳詣虜陣, 告之
曰, 我秦王也. 虜不敢戰, 受盟而退.

○ 夏(하)의 왕인 두건덕이 정나라를 구원하였기에 당 진
왕 이세민이 이를 대파하고 사로잡았는데 鄭(정)의 우두머
리 왕세충은 투항했다. 세민이 장안에 개선하는데 황금의
갑옷 투구를 입고 25명의 장수가 뒤를 따르고 쇠 갑옷으로
무장한 기병이 만 명, 갑옷을 입은 무장한 병사가 3만 명
이나 되었다. 태묘에 포로를 바친 다음에 두건덕을 거리에
서 참수하고 왕세충을 사면하였으나 얼마 뒤에 사람을 시
켜 몰래 죽여 버렸다.

○ 두건덕의 무장이었던 유흑달이 장남에서 처음 기병하
였다.

○ 당이 장수 이정을 보내 梁(양)를 공격하니 양주 소선
이 항복했다. 이를 장안에 보내 참수했다.

○ 두복위가 吳(오)의 우두머리 이자통을 공격하고 사로
잡아 장안으로 보내 주살했다.

○ 유흑달이 한동왕이라 자칭하다.

○ 초주 임사홍이 죽었고, 그 무리는 그대로 흩어졌다.

○ 한동의 장수가 유흑달을 사로잡아 당나라에 투항하니 유흑달을 참수하였다.

○ 당 회남도의 행대복야인 보공석이 단양에서 반란을 일으키자 당의 장수가 공격하여 죽였다.

○ 경주 도독인 양문간이 배반하자, 진왕 이세민을 보내 토벌하고 평정하였다.

○ 돌궐족이 쳐들어오자 진왕 이세민을 보내 막게 하였다. 빈주에서 적과 맞서자, 이세민이 기병을 거느리고 적진 앞에 달려 나가서 말했다. "나는 진왕이다." 이에 적들은 감히 싸우지 못하고 화친을 약속하고 물러갔다.

어구 설명

○ 夏主竇建德救鄭, 唐秦王世民, 大破擒之, 鄭主王世充降. 世民至長安, 被黃金甲, 二十五將從其後, 鐵騎萬匹, 甲士三萬. 獻俘太廟, 斬建德於市, 赦世充, 尋使人潛殺之. : 夏主인 竇建德이 鄭나라를 구원하였기에 唐 秦王 이세민이 이를 大破하고 사로잡았는데 鄭主 王世充은 투항했다. 世民이 長安에 개선하였는데 黃金의 갑옷을 입고 25명의 장수가 뒤를 따르고 무장한 기병이 만 명, 甲士가 三萬이나 되었다. 태묘에 포로를 바친 다음에 두건덕을 거리에서 참수하고 왕세충을 사면하였으나 얼마 뒤에 사람을 시켜 몰래 죽여 버렸다.

- 擒 사로잡을 금. 被 이불 피. 입다. 甲 ; 갑옷. 껍질. 鐵騎(철기) ; 무장을 갖춘 기병.

- 甲士(갑사) ; 갑옷을 입은 무장한 병사. 俘 사로잡을 부. 포로. 赦 용서할 사. 潛 잠길 잠. 몰래.

○ 竇建德故將劉黑闥, 始起兵於漳南. : 竇建德의 무장이었던 劉黑闥(유흑달)이 漳南(장남)에서 처음 기병하였다.

- 闥 문 달. 출입문. 劉黑闥(유흑달) ; 唐初 割據勢力 중 하나. 두건덕의 친우. 漳 강 이름 장. 漳南 ; 지명(今 河北省 故城).

○ 唐遣將李靖伐梁, 梁主蕭銑降. 送長安斬之. : 唐이 장군 李靖(이정)을 보내 梁(양)를 공격하니 梁主 蕭銑(소선)이 항복했다. 이를 長安에 보내 참수했다.

- 靖 편안할 정. 蕭 맑은 대 쑥 소. 성씨. 銑 끌(연장 이름) 선.

○ 杜伏威擊吳主李子通, 執送長安, 伏誅. : 杜伏威(두복위)가 吳主 李子通을 공격하고 사로잡아 長安으로 보내 주살했다.

- 伏誅(복주) ; 형벌을 받아 죽다.

○ 劉黑闥自稱漢東王. : 劉黑闥이 漢東王이라 자칭하다.(在位 623~624년)

- 闥 문 달. 출입문에 대한 총칭.

○ 楚主林士弘卒, 其衆遂散. : 楚主 林士弘이 죽었고, 그 무리는 그대로 흩어졌다.

○ 漢東將執黑闥降唐, 斬之. : 漢東의 장수가 유흑달을 사로잡아 당나라에 투항하니 유흑달을 참수하였다.

○ 唐淮南道行臺僕射輔公祏, 反於丹陽. 唐將擊斬之. : 唐 淮南道의 行臺僕射(행대복야)인 輔公祏(보공석)이 丹陽(단양 - 鎭江)에서 반란을 일으키자 唐의 장수가 공격하여 죽였다.

 - 行臺 ; 전쟁이나 정벌의 임무를 수행하기 위해 임시로 설치한 관청. 祏 위패 석.

○ 慶州都督楊文幹反, 遣秦王世民討平之. : 慶州 都督인 楊文幹(양문간)이 배반하자, 秦王 이세민을 보내 토벌하고 평정하였다.

 - 慶州 ; 지금의 감숙성 慶陽市.

○ 突厥入寇, 遣秦王世民禦之. 遇於豳州, 世民帥騎馳詣虜陣, 告之曰, 我秦王也. 虜不敢戰, 受盟而退. : 突厥(돌궐족)이 쳐들어오자 秦王 이세민을 보내 막게 하였다. 豳州(빈주)에서 적과 맞서자 이세민이 기병을 거느리고 적진 앞에 달려 나가서 말했다. "나는 秦王이다." 적들은 감히 싸우지 못하고 화친을 약속하고 물러갔다.

 - 遇 만날 우. 조우하다. 豳 나라 이름 빈. 豳州 ; 지금의 陝西省 彬縣(빈현) 서남. 帥騎(솔기) ; 기병을 거느리다.

 - 馳 달릴 치. 詣 이를 예. 나아가다. 학문이 깊은 경지에 이르다. 虜陣(노진) ; 적진.

【참고】 어찌 사적 감정으로 장사를 죽입니까?

❖ 李靖(이정)은 隋末 唐初 將軍이며 문무를 겸비한 저명한 군사전문가이다. 당나라에서 衛國公(위국공)에 봉해졌기에 보통 李

衛公이라 불렀다.

양제 때, 이정은 馬邑의 郡丞(군승)으로 근무하면서 돌궐과 대치하고 있는 이연을 만나게 된다. 이정은 이연이 隋를 배신할 뜻이 있음을 간파하고 江都로 가서 이를 양제에게 알리려고 하였으나 長安에서 더 나가지 못하고 머물다가 장안을 점령한 이연의 포로가 된다. 이연은 그전부터 미워하던 이정을 죽이려 하자 이정이 큰 소리로 말했다.

"공이 義兵을 일으킨 것은 천하를 위해 폭정을 제거하려는 뜻일 터인데, 어찌 사적인 감정으로 장사를 죽이려 하시오?"

이를 본 이세민이 적극 구원을 해서 이정은 사형을 면한다. 이정은 이적과 함께 돌궐을 격파하여 당의 가장 큰 걱정거리를 해결하였으며, 이세민을 위하여 여러 가지 공적을 쌓고 끝까지 충성을 다하다가 649년에 79세로 죽었다.

2) 唐의 정치 제도

(1) ○ 唐興七年, 僭僞皆亡, 天下旣定. 是歲初置州縣鄕學, 帝親詣國子學, 釋奠于先聖先師. 始定官制, 頒新律令, 定均田租庸調法. 丁中之民, 給田一頃, 篤疾減十之六, 寡妻妾減七. 皆以十之二爲世業, 八爲口分. 每丁歲入租粟二石, 調隨土地所宜, 綾絹絁布. 歲役二旬, 不役則收其傭, 日三尺. 有事而加役者, 旬有五日免其調, 三旬租調俱免. 水旱蟲霜, 十損四以上免租, 損六以上免調, 損七以上, 課役俱免.

唐이 건국된 지 7년에 참칭하거나 거짓 칭호를 사용한 자들이 모두 멸망하여 천하는 안정되었다. 이 해에 주와 현과 향에 학교를 처음 설치하였고, 황제는 국자학에 친히 나가서 공자와 선현에게 석전의 예를 행했다.

처음으로 관제를 정하고, 새 법령을 반포하며, 균전제와 조용조의 법을 제정했다.

丁中에 해당하는 백성들에게 토지 1경을 지급하고, 병약자는 감해서 6할을 지급하고, 남편이 없는 처나 첩은 7할을 지급하게 했다. 모두에게 10분의 2는 세업전으로 하고, 8은 구분전으로 하였다. 모든 정남은 해마다 租(조)로 속 2

석을 납부해야 하며, 調(조)는 토지에 따라 적당한 것으로 비단이나 면포 등을 바치게 하였다.

　1년에 노동력을 징발하는 용역은 20일인데, 역을 하지 않으면 품앗이로 계산하여 하루에 (삼베) 3척으로 하였다. 특별한 일이 있어 역을 더 많이 한 사람의 경우 15일을 더 하면 調를 면해 주고, 30일이면 租와 調를 다 면제해 주었다. 수해, 한해, 충해, 서리 피해로 10에서 4할 이상 감소했다면 租를 면해 주었고, 6할 이상의 피해를 입었으면 調를 면제해 주었고, 7할 이상 손실을 보았다면 과세와 부역을 다 면제해 주었다.

어구 설명

○ 唐興七年, 僭僞皆亡, 天下旣定. 是歲初置州縣鄕學, 帝親詣國子學, 釋尊于先聖先師. : 唐이 건국된 지 7년에 참칭하거나 거짓 칭호를 사용한 자들이 모두 멸망하여 천하는 안정되었다. 이 해에 州와 縣과 鄕에 학교를 처음 설치하였고, 황제는 國子學에 친히 나가서 공자와 先賢에게 석전의 예를 행했다.

　− 唐興七年 ; 唐이 興起한 지 7년. 武德 7년, 서기 624년.

　− 僭 참람할 참. 분수에 지나친 행동. 무자격자가 행세를 하는 것.　僞 거짓 위. 가짜.　僭僞 ; 隋末唐初에 각지에서 무장봉기를 일으킨 사람들.

　− 天下旣定(천하기정) ; 天下가 安定되었다.　初 ; 처음으로. 비

로소.　置州縣鄕學(치주현향학) ; 州, 縣, 鄕에 學校를 설치하였
다.

 - 國子學 ; 국립대학. 唐에서는 中央의 官學이며 最高學府인 國
子監을 설치하고 국자감 내에 國子學, 太學, 四門學과 律學, 書
學, 算學을 교육하는 과정을 두었다. 국자감은 禮部에 소속되어
있으면서 國家 敎育을 主管하는 동시에 科擧 시험 집행에 협조하
며 귀족 자제의 교육과 품행을 규찰하는 기능을 수행하였다.

 - 釋 풀 석. 깨닫다. 석가모니.　奠 제사지낼 전. (尊 높을 존)

 - 釋奠(석전) ; 文廟(문묘)에서 음력 2월과 8월에 공자를 제사하
는 의식. (釋尊 ; 석존(석가모니)과는 전혀 다름.)

 - 先聖(선성) ; 돌아가신 聖人, 孔子.　先師(선사) ; 前代 賢人.
공자의 孫子 子思, 제자인 顔回(안회)와 曾子(증자) 그리고 亞聖
인 孟子 등등.

○ 始定官制, 頒新律令, 定均田租庸調法. : 처음으로 官制를 정하
고, 새 법령을 반포하며, 균전제와 조용조의 법을 제정했다.

 - 頒 나눌 반. 반포하다.　律令(율령) ; 律은 刑法, 令은 행정 명
령.　여기서는 법령.(※武德 7년에 공포한 율령을 무덕 율령이라 칭
한다.)

 - 均田(균전) ; 농민들에게 토지를 均分하는 토지제도.

 - 租(조) ; 토지에 대한 세금.　庸(용) ; 국가에 노동력을 제공하
는 것.　調(조) ; 지방 특산물을 바치는 제도.

○ 丁中之民, 給田一頃, 篤疾減十之六, 寡妻妾減七. 皆以十之二
爲世業, 八爲口分. 每丁歲入租粟二石, 調隨土地所宜, 綾絹絁布. :

丁中에 해당하는 백성들에게 토지 一頃(1경)을 지급하고, 병약자는 감해서 6할을 지급하고, 남편이 없는 처첩은 7할을 지급하게 했다. 모두에게 十의 二는 世業으로 하고, 八은 口分田으로 하였다. 모든 丁男은 해마다 租로 粟 二石을 납부해야 하며, 調는 土地에 따라 적당한 것으로 비단이나 면포 등을 바치게 하였다.

– 丁中 ; 각종 부과의 대상이 되는 나이. 성인 남자를 대상으로 각종 세금이나 요역을 부과하기 위하여 호적을 정리하고 나이에 따라 등급을 나누었다. 이는 나라에 따라 다른데 당나라에서는 16세를 中, 21세를 丁이라 하고, 60세를 老로 구분하였다. 따라서 丁과 中에 해당하는 백성이라면 16세 이상 60세 까지의 성년 남자를 지칭한다. 이들은 토지 지급의 대상이면서 국가에 여러 가지 의무를 수행해야 하는 계층이었다.

– 丁中之民 ; 16세에서 60세까지의 남자.

– 頃(경) ; 토지의 넓이 단위. 1頃은 100畝(무).

– 篤疾(독질) ; 병이 위독함. 여기서는 질병을 앓는 자.

– 減 뺄 감. 빼다, 덜다. 제하다. 減十之六(감십지육) ; 十의 六으로 감했다. 곧 60%를 지급. 十에서 六을 減한다는 뜻이 아님.

– 寡 적을 과. 寡妻妾(과처첩) ; 남편이 없는 妻나 妾. 減七(감칠) ; 七로 減했다. 감해서 7이지, 7을 감한다는 뜻이 아님. 곧 1경의 70%를 지급.

– 十之二爲世業(십지이위세업) ; 十의 二(2할, 20%)는 世業田(永業田)으로 했다. 장정 1인이 받은 1경의 20%는 후손에게 물려줄 수 있었다.

- 八爲口分(팔위구분) ; 8할의 땅은 口分田이라서 본인이 죽으면 반납해야 하는 토지.
- 粟 조 속. 벼, 찧지 아니한 곡식. 每丁歲入租粟二石(매정세입조속이석) ; 丁男(만 20세)마다 1년에 租로 二石의 곡식(粟)을 납입해야 한다.
- 隨 따를 수. 調隨土地所宜(조수토지소의) ; 調는 土地에 따라 적당한 것을 바치는 이다. 調는 지역특산물을 바치는 것임.
- 綾 비단 능(릉). 絹 명주 견. 絁 깁 시. 명주. 絁布(시포) ; 면포.

○ 歲役二旬, 不役則收其傭, 日三尺. 有事而加役者, 旬有五日免其調, 三旬租調俱免. 水旱蟲霜, 十損四以上免租, 損六以上免調, 損七以上, 課役俱免. : 1년에 노동력을 징발하는 庸役(용역)은 20일인데, 役을 하지 않으면 품앗이로 계산하여 하루에 (삼베) 三尺으로 하였다. 특별한 일이 있어 역을 더 많이 한 사람의 경우 15일을 더하면 調를 면해 주고, 30일이면 租와 調를 다 면제해 주었다. 수해, 한해, 충해, 서리 피해로 十에서 四할 이상 감소했다면 租를 면해 주었고, 六할 이상의 피해를 입었으면 調를 면제해 주었고, 七할 이상 손실을 보았다면 과세와 부역을 다 면제해 주었다.

- 役 부릴 역. 賦役(노동력을 징발함). 旬 열흘 순. 傭 품팔이 용.
- 旬有五日(순유오일) ; 10일 + 5일 = 15일. 免 면할 면. 俱免(구면) ; 모두 면해주다. 旱 가물 한. 水旱蟲霜(수한충상) ; 수해, 가뭄 피해, 蟲害, 霜害(서리가 일찍 내려 농작물이 피해를 입음) 損 덜 손. 손해를 당하다.

【참고】 균전제 – 조용조 – 부병제

❖ 당나라는 우선 호적을 마련하여 출생자를 등록하고, 등록된 호적을 바탕으로 나이를 계산하게 된다. 그리하여 성인이 된 남자에게 국가에서 均田制(균전제)에 의하여 토지를 지급하고, 토지를 경작하는 대가로 租庸調(조용조)의 징수체계를 운영하여 국가의 수입을 올리고, 府兵制(부병제)에 의거하여 국방체계를 갖추게 된다.

그런데 어느 제도도 다 마찬가지이지만 새 제도가 마련되면 거기에 따라 새로운 모순이 나타나고 그러한 모순 속에서 제도의 문란을 초래한다. 이는 곧 백성들의 불만으로 연결되며 불만은 곧 민란이나 봉기로 확산된다.

당나라 제도 중 가장 핵심은 성인 남자에게 토지를 지급하는 均田制이다. 균전제에 바탕을 둔 租庸調는 正稅 곧 기본적인 징세였지만, 이외에도 여러 가지 잡세가 많아 농민들의 생활은 언제나 곤궁했다. 또 농민들은 농한기에 부병제에 의거 군사훈련을 받거나, 수도에 가서 衛士(위사)로 근무하거나, 변방에 가서 防戍(방수)의 임무를 수행하여야 했다.

균전제는 세월이 지나면서 나중에는 丁男에게 지급할 토지가 없게 된다. 조용조의 세법은 兩稅法(양세법)으로 전환되어 운용되지만 농민에 대한 착취는 여전하였다. 부병제의 모순은 節度使(절도사)의 세력팽창으로 이어진다. 그리고 절도사의 권력 강대는 뒷날 안록산의 난을 초래하게 된다. 안록산의 난 이후에도 절도사 제도에 대한 개혁이 이루어지지 않아 결국 당나라는 절도사에 의해 멸망하게 된다.

(2) 民貲業分九等. 百戶爲里, 五里爲鄕, 四家爲鄰, 四鄰爲保, 在城邑者爲坊, 田野者爲村. 食祿之家, 無得與民爭利, 工商雜類, 無預士伍. 男女始生爲黃, 四歲爲小, 十六爲中, 二十爲丁, 六十爲老. 歲造計帳, 三歲造戶籍.

백성들은 재산에 따라 9등급으로 분류하였다. 민가 100호를 里(리)라 하고, 5리를 향이라 하였으며, 4가를 1鄰(린), 4린을 保(보)라 하였으며, 성읍의 마을을 坊(방), 농촌 마을은 촌이라 하였다. 관록을 받는 자는 일반 백성과 이익을 다투지 못하게 하였으며, 공(工業)상(商業)이나 잡류들은 사족에 참여하지 못하게 하였다. 남녀가 처음 태어나면 황이라 하고, 4세면 소, 16세면 중이라 하고, 20세를 정이라 하였으며, 60세를 老(노)라고 분류하였다. 해마다 각종 장부를 만들었는데 3년마다 호적을 고쳐 작성하였다.

어구 설명

○ 民貲業分九等. 百戶爲里, 五里爲鄕, 四家爲鄰, 四鄰爲保, 在城邑者爲坊, 田野者爲村. 食祿之家, 無得與民爭利, 工商雜類, 無預士伍. : 백성들은 재산에 따라 9등급으로 분류하였다. 民家 百戶를 里라 하고, 五里를 鄕이라 하였으며, 四家를 1鄰(린), 4린을 保

라 하였으며, 城邑의 마을을 坊(방), 농촌 마을은 村이라 하였다. 관록을 받는 자는 일반 백성과 이익을 다투지 못하게 하였으며, 工商이나 雜類들은 사족에 참여하지 못하게 하였다.

 - 貲 재물 자. 貲業(자업) ; 재산. 分九等 ; 上之上에서 下之下까지 9등급(上之上, 上之中, 上之下, 中之上, 中之中, 中之下, 下之上, 下之中, 下之下). 鄰 이웃 린(인). 隣과 同. 坊(방) ; 도시의 마을.

 - 食祿之家(식록지가) ; 관리로서 녹봉을 받는 집.

 - 預 미리 예. 참여하다. 伍 대오 오. 5인을 1조로 하는 편성 단위. 벗. 士伍(사오) ; 士族의 계층.

 - 無預士伍(무예사오) ; 士族에 끼지 못하게 하다. 벼슬할 수 있는 기회가 없다.

○ 男女始生爲黃, 四歲爲小, 十六爲中, 二十爲丁, 六十爲老. 歲造計帳, 三歲造戶籍. : 男女가 처음 태어나면 黃이라 하고, 四歲면 小, 16세면 中이라 하고, 20세를 丁이라 하였으며, 60세를 老라고 분류하였다. 해마다 각종 장부를 만들었는데 三년마다 호적을 고쳐 작성하였다.

 - 黃 ; 黃口, 갓난아이. 造 만들 조.

【참고】 당의 중앙권력 기구 - 三省六部

 ❖ 중국 역사에서 어느 왕조에서든 황제의 전제 권력은 거의 절대적이었다. 다만 황제 아래 어떤 권력구조가 운영되었는가가 약

간씩 차이가 있을 뿐이었다.

당나라의 중앙 정치 조직은 이후 중국의 왕조뿐만 아니라 고려와 조선의 정치제도에도 영향을 주었다. 그런 의미에서 당나라의 중앙 정치 조직의 골격을 이해할 필요가 있다.

황제의 명령을 어떻게 立案하고 누가 그 내용을 검토하여 황제의 결심을 받아내고 그것을 어느 부서에서 실행하는가는 바로 권력의 가장 핵심적인 내용이다. 이러한 황제 중심 권력은 3성 6부로 집약된다. 三省의 中書省(최고 책임자는 中書令)은 정책을 입안하고 詔書(조서)를 작성한다. 문하성(최고위직은 門下侍中)은 조서의 초안이나 정책의 입안 내용을 심의하고 수정하였으며 황제의 최종 결재를 받는다. 따라서 문하성의 우두머리인 문하시중은 首相이라 할 수 있으며 이러한 제도는 곧 당나라가 황제와 귀족의 합의체제로 운영되었다고 볼 수 있다. 이러한 공식 직제 외에도 필요에 따라 三師(太師, 太傅, 太保)와 三公(太尉, 司空, 司徒)을 두었다.

이렇게 결정된 정책은 尙書省(책임자 尙書令)의 吏, 戶, 禮, 兵, 刑, 工部에서 집행이 된다. 그리고 御史臺(어사대)는 관리의 비행을 감찰하는 기구가 있었고 일반 서무를 분장하는 九寺(구시)와 五監으로 國子監(국자감 ; 교육), 少府監(소부감 ; 궁중 기물 제작, 관리), 將作監(장작감 ; 궁전, 성벽 건축과 관리), 軍器監(군기감 ; 무기제조 수리), 都水監(도수감 ; 하천관리)이 있었다.

그리고 황제를 위한 기구로서는 秘書省(황실 및 국가의 도서, 문서의 보관 관리), 殿中省(황실 의복, 車馬 관련), 內侍省(궁내 제반 서무 담당)이 있었다.

3) 玄武門의 變

(1) ○ 初唐之起晉陽, 皆世民之謀. 帝欲以世民爲儲嗣, 世民固辭而止. 太子建成, 喜酒色遊畋, 齊王元吉多過失, 而世民功名日盛. 建成乃與元吉, 協謀傾世民, 曲意諂事諸妃嬪, 世民獨不事之, 由是左右皆譽建成 · 元吉, 而短世民. ○ 武德九年六月, 太白經天, 見秦分, 建成 · 元吉欲殺世民. 秦府僚屬, 勸王行周公之事, 力請乃決. 於是密奏, 兄弟專欲殺臣, 似爲世充 · 建德報讐.

○ 최초에, 당이 진양에서 기병한 것은 모두 이세민의 계략에 의한 것이었다. 이연은 이세민을 태자로 삼으려 했지만 이세민이 고사하여 그만 두었다. 태자 건성은 주색과 사냥을 좋아하였고, 齊王인 원길은 과실이 많았지만 세민의 공명은 날로 높아졌다.

건성은 이에 원길과 세민을 쓰러뜨리고자 원길과 같이 모의를 하였고 여러 비빈들에게 뜻을 굽혀 아부를 하였지만 이세민은 그러하지 않았기에 황제의 측근이 모두 건성과 원길을 칭찬하고 세민을 헐뜯었다.

○ 무덕 9년 유월에, 태백성이 한낮에 남쪽 하늘에 보였고, 건성과 원길은 세민을 죽이려 했다. 진왕부의 관료와

속관들은 이세민에게 옛 주공이 했던 일을 실행하라고 건의하였는데 힘써 간청하니 겨우 결정을 하였다. 이에 이세민은 황제에게 비밀리에 글을 올려 "형제들이 오로지 저를 죽이려 하는 것은 왕세충과 두건덕을 위해 복수를 해주는 것과 비슷합니다."라고 말했다.

어구 설명

○ 初唐之起晉陽, 皆世民之謀. 帝欲以世民爲儲嗣, 世民固辭而止. 太子建成, 喜酒色遊畋, 齊王元吉多過失, 而世民功名日盛. : 최초에, 唐이 晉陽에서 기병한 것은 모두 이세민의 계략에 의한 것이었다. 李淵은 이세민을 태자로 삼으려 했지만 이세민이 고사하여 그만 두었다. 태자 建成은 酒色과 사냥을 좋아하였고, 齊王인 元吉은 過失이 많았지만 世民의 功名은 날로 높아졌다.

- 儲 쌓을 저. 예비하다. 嗣 이을 사. 儲嗣(저사) ; 태자. 세자. 遊 놀 유. 유람. 畋 밭 갈 전. 사냥하다.

- 元吉 ; (603~626년) 高祖의 第三子. 建成, 世民, 元吉 모두 同母 형제였다. 元吉의 구체적 비행이 무엇인가는 명확히 밝히지 않았다.

○ 建成乃與元吉, 協謀傾世民, 曲意諂事諸妃嬪, 世民獨不事之, 由是左右皆譽建成·元吉, 而短世民. : 建成은 이에 元吉과 世民을 쓰러뜨리고자 같이 모의를 하였고 여러 비빈들에게 뜻을 굽혀 아부를 하였지만 이세민은 그러하지 않았기에 황제의 측근이 모

두 건성과 원길을 칭찬하고 세민을 헐뜯었다.

 - 協謀(협모) ; 같이 모의하다.   傾 기울 경. 뒤집다.   曲意(곡
의) ; 일부러 뜻을 굽혀, 수단방법을 안 가리고.

 - 諂 아첨할 첨.   由是(유시) ; 이로 말미암아.   左右(좌우) ; 황
제의 측근.   譽 기릴 예. 칭찬하다.

 - 短 짧을 단. 모자라다. 헐뜯다.

○ 武德九年六月, 太白經天, 見秦分, 建成 · 元吉欲殺世民. 秦府
僚屬, 勸王行周公之事, 力請乃決. 於是密奏, 兄弟專欲殺臣, 似爲
世充 · 建德報讐. : 武德 九年 六月에, 태백성이 한낮에 秦의 방향
에 보였고, 建成과 元吉은 世民을 죽이려 했다. 진왕부의 관료와
속관들은 이세민에게 옛 周公이 했던 일을 실행하라고 건의하였
는데 힘써 간청하니 겨우 결정을 하였다. 이에 이세민은 황제에
게 비밀리에 글을 올려 "형제들이 오로지 저를 죽이려 하는 것은
왕세충과 두건덕을 위해 복수를 해주는 것과 비슷합니다."라고
말했다.

 - 武德 九年 ; 서기 626년.

 - 太白經天, 見秦分(태백경천, 현진분) ; 태백성(金星)이 한낮에
秦王의 방위에 나타났다. 太白星은 새벽에 동쪽, 해 질 무렵에 서
쪽에 보이는 것이 정상인데 한낮에 남쪽(南方의 午位)에 나타났
다는 뜻이며, 이는 天變(革命)이 일어날 징조라 해석하였다.

 - 秦府僚屬(진부요속) ; 진왕부의 관료와 속관들.

 - 勸王行周公之事(권왕행주공지사) ; 秦王 이세민에게 周公의
事를 실행하라고 권했다. 周 왕실의 周公 旦(단)은 兄 管叔(관숙)

과 아우 蔡叔(채숙)의 연합세력을 격파하고(이를 역사에서는 三監之亂이라 함) 成王을 대신하여 섭정을 했고 나중에 成王에 왕권을 돌려주었다. 즉 형제를 제거하여 자신의 몸도 지키고 나라를 제대로 운영해야 한다는 뜻.

 — 力請乃決(역청내결) ; 힘써 청해서 겨우 결정을 보았다.

 — 似爲世充·建德報讐(사위세충·건덕보수) ; (그전에 이세민이 주살한 반역세력인) 왕세충이나 두건덕을 위해 원수를 갚아주려는 것과 비슷하다.

【참고】 피할 수 없는 형제 갈등

❖ '玄武門의 變'은 정확하게 武德 九年(서기 626년) 六月初四 庚申日(7월 2일)에 일어났다. 수도 장안성 안에 황궁의 성이 있고 황궁의 북쪽 정문이 현무문인데 이곳에서 李世民은 親兄인 皇太子 建成을 직접 활로 쏘아 죽였고, 동생 元吉은 울지경덕이라는 장군이 쏘았다. 이 유혈 사태로 이세민은 皇太子가 되었다가 同年 八月 初九 甲子日(9월 4일)에 황제로 즉위하니, 곧 唐太宗이다.

▶ 사건의 배경과 진행

617년, 이연의 起兵과 수양제의 손자를 찾아 허수아비 恭帝로 즉위케 한 것이 모두 李世民의 지모였다. 이때 아버지 李淵은 '化家爲國'의 큰 꿈을 그리면서 이세민에게 말했다. "만약 일이 제대로 이루어지면 그것은 네가 천하를 움켜 쥔 것이니 너를 황태자로 삼을 것이다."

그리고 이연이 唐王이 되었으니 世子를 세워야 했고, 이세민은 사양하는 제스츄어를 넘어 굳이 사양하기에 장남 建成을 세자로 세웠고, 618년 황제가 되어 武德으로 개원하며 건성은 저절로 황태자가 되었다.

《資治通鑑》의 기록에 의하면, 太子 建成은 性情이 게으르고 술을 좋아하며 여색을 탐하고 사냥을 좋아하였다. 때문에 高祖의 寵愛를 잃어 가는데 世民의 공적과 名望은 날로 높아졌다. 建成은 心中不安을 느껴 동생 元吉을 '즉위 이후에 皇太弟로 삼겠다.' 면서 자기편으로 끌어들인다.

역사 기록은 언제나 勝者의 입장에서 기록한다는 것을 염두에 두어야 한다.

돌궐의 침입에 대해 고조 이연은 수도 장안을 버리고 천도하려는 계획을 갖고 있었는데 이에 대하여 태자는 찬동하는 입장이었지만 이에 이세민은 적극적으로 대처했고 또 공을 세웠다.

李世民은 돌궐과의 전투, 국내 반항세력의 격파에서 확실한 전공을 거듭 세우게 되자, 이연은 이세민의 벼슬을 높여 司徒(三公의 一) 이상의 天策上將(천책상장)에 임명하여 천책부를 설치 운영하게 되자 이세민의 권력은 그 어느 누구보다도 막강해진다.

그러면서 이세민을 둘러싼 인재그룹은 건성의 太子黨 못지않게 적극적이고 능력이 있는 인물로 채워진다. 거기에다가 이연의 우유부단한 성격도 일조를 하면서 처음에는 정치적인 의견 충돌이 정치적 대결로 확대되고 결국 무력에 의한 해결방법만이 남게 된다.·

황궁 내에서 건성은 황제의 신임을 회복하기 위하여 황제의 비빈이나 후궁들에게 잘 보이려 애를 썼고 그들이 건성을 칭찬하고 세민을 헐뜯었다는 여러 가지 기록이 있는데, 이에 관한 내용은 여기서 생략한다.

▶ 건성과 세민, 원길 등 4형제를 낳은 母親 太穆皇后(태목황후, 추증) 竇氏(두씨)는 이연이 기병하기 전에 죽었다. 말하자면, 똑똑한 아들을 낳아 잘 키웠지만 황제가 되기 전에 죽었기에 황후로서의 혜택은 엉뚱한 사람이 누리고 있었다. 거기에 이연 또한 고령이라서 비빈들의 말에 휘둘리게 되어 있었다.

여기에 동생 元吉이 建成을 위해 世民을 죽여 버리겠다는 뜻을 표시했지만 건성이 만류하였다는 이야기도 있었다. 또 태자당에 속하는 太子中允인 王珪(왕규)나 太子洗馬인 魏徵(위징)도 건성을 위해 여러 책모를 건의하기도 하였다. 태자 건성은 건장한 장병 2천여 명을 모아 東宮 衛士(위사)로 삼아 동궁 주변 長林門 밖에 주둔하고 있었는데 이를 '長林軍'이라 불렀다.

그렇다면 태자 자리를 둘러싼 형제간의 감정적 갈등, 정책적 충돌 거기에 각자 한번 겨뤄볼만한 무력을 소유하고 있었으니 충돌이 언제 터지느냐는 단순한 시간표상의 문제였고 충돌은 일어날 수밖에 없었다.

▶ 태자 건성과 진왕 세민과의 갈등과 불화는 아버지 이연도 알고 있었다. 언젠가 한 번은 건성이 세민을 불러 동궁부에서 밤에 술을 마셨는데 술 속에 독약이 들어 세민이 피를 토하고 쓰러졌던 일도 있었다.

아버지 이연은 작은아들의 병세를 직접 확인하고 세민에게 '다 같이 장안에 머물면 사고가 일어날 수 있으니, 너는 낙양에 가서 머물면서 낙양 동쪽에서 일어나는 일을 다스리라.'고 말했다. 세민은 부친 곁을 떠날 수가 없어 아니 가겠다고 말했다. 이를 알게 된 건성은 세민이 낙양으로 가면 그곳 병력을 장악할 것이고 나중에는 그를 꺾을 수 없다 생각하여 세민이 낙양으로 옮겨 가는 일을 반대하였고 이 일은 그냥 중지되었다.

위에서 太白星이 대낮에 나타났다며 여론이 분분하며 뒤숭숭할 때 태자당 쪽에서 '이는 세민이 병력을 동원해 큰일을 저지르려는 뜻'이라는 상주문을 올렸고, 이연은 이를 세민을 불러 보여주며 힐책하자 세민은 결백을 주장하며 '이는 역적 왕세충과 두건덕을 대신하여 그들의 원수를 갚아주려는 것과 같다.'는 말을 하면서 설령 죽더라도 영혼만은 부친을 지켜드리겠다고 말한다. 그러자 이연은 내일 건성을 불러 확인하겠다는 말을 한다. 그런데 이러한 부자간의 대화를 후궁 중 한 사람이 건성에게 알린다.

이에 건성과 원길은 논쟁 끝에 정말 아버지의 뜻이 그러한지 사전에 궁에 들어가 확인하기로 한다. 그리고 이들이 다음 날 황궁의 현무문을 들어올 때 사건은 간단하게 종결이 된다.

▶ '현무문의 변'의 원인은 아버지 이연에서 찾는 견해도 있다. 당의 건국에 결정적인 공로를 세운 이세민을 당연히 태자로 삼았어야 했는데, 이연이 唐王으로서 세자를 세울 때 이세민이 사양한다 하여 건성을 책봉한 것이 과연 순리이며 현명했느냐를 따져볼 필요가 있다. 고조 이연이 황제가 된 이후에도 분쟁을 예견하고

교통정리를 했어야 했는데 그러지를 못한 것은 결국 이연의 무능
이라 할 수 있다.

그리고 장남 建成도 자신의 능력이나 공적이 아우만 못하다는
것을 알았다면 吳나라의 泰伯(태백)처럼 아버지 곁을 스스로 떠났
어야 했었다.

현무문의 변은 결과적으로 이세민의 즉위와 ‘貞觀의 治’라는 태
평성대를 이룩하였지만 ‘형제 살육’이라는 나쁜 전례로 길이 남
았다.

전체적으로 우유부단한 고조 이연을 가운데에 두고 건성＋원길
의 태자당과 세민을 중심으로 한 秦王黨의 충돌에서 결단성이 부
족한 태자가 결국 동생한테 당했다고 볼 수 있다.

▶ 형제 살육도 생존 경쟁인가?

도덕군자만이 훌륭한 통치자인가? 정치인은 도덕적으로 완벽한
사람이어야 하는가? 지난 역사에서 훌륭하거나 영명한 군주는 그
러한 재능을 발휘했다고 보아야지 그들이 도덕군자였다고 단정할
수는 없을 것이다.

태종은 형과 아우를 죽였기에 즉위할 수 있었다. 같은 어머니
뱃속에서 나온 친형제였다. 그렇게 형제를 죽이고 아버지에게 유
언무언의 압력을 넣어 황제 자리를 물려받았다. 보통 서민의 통념
으로는 도저히 할 수 없는 일을 태종은 해냈다.

이세민이 동생 元吉을 죽인 것은 권력을 둘러싼 투쟁이기에 그
렇다 치지만, 필자가 정말로 이해를 못하는 것은 동생 원길의 처
양씨(楊氏)를 후궁으로 데리고 살았다는 사실이다. 원길의 처는

궁중에서 '巢剌王妃(소자왕비)'로 불리면서 이세민의 사랑을 받았고 태종의 황후 문덕황후가 죽은 이후에 유일하게 皇子를 낳은 후궁이었다. 이는 유가의 도덕관념으로서는 도저히 받아들일 수 없는 패륜이지만 유목민족의 관습으로 동생의 아내를 데려다가 같이 살면서 보살펴 주는 것은 당연했는지도 모를 일이다.

　동생을 죽이고 그 아내―분명 시아주버니에 대한 제수로 가족 간에 상면한 일도 있었을 것이다―를 전리품처럼 품에 넣을 수 있다는 것이 유목민족의 생활 관념이었는지는 모르지만 중국 전통의 유가 도덕으로서는 있을 수 없는 일이었다.

(2) 明日帥兵伏玄武門. 建成·元吉入, 覺有變欲還. 世民追射建成殺之, 尉遲敬德射殺元吉. 遂立世民爲太子, 軍國事悉委太子處決, 然後聞奏. 初東宮官屬魏徵, 屢勸建成除世民. 及是世民召徵, 責以離間兄弟, 徵擧止自若對不屈, 世民禮之. 王珪亦嘗爲建成謀, 皆以爲諫議大夫. 帝自稱爲太上皇帝, 詔傳位於太子. 是爲太宗文武皇帝.

　다음 날, 이세민은 병력을 거느리고 현무문에 매복했었다. 건성과 원길이 입궁하다가 사태가 바뀐 것을 알고 돌아가려 했다. 세민은 달려 나가 건성을 쏘아 죽였고, 울지경덕은 원길을 사살했다.

드디어 이연은 세민을 세워 태자로 삼았고, 군국기무(軍事〔군사〕와 國政〔국정〕)에 관한 일을 태자에게 다 위임하고 처리한 뒤에 아뢰도록 하였다. 그 전에 동궁의 관속이었던 위징은 건성에게 세민을 제거하라고 자주 건의를 했었다. 이때 세민이 위징을 불러 형제간을 이간하였다고 꾸짖자, 위징의 행동거지는 태연하였고 대답을 하면서도 굽히지 않았기에 세민은 그를 예우해 주었다.

왕규 또한 건성을 위해 세민을 제거할 것을 꾀했었는데 둘 다 간의대부로 삼았다. 황제(이연)는 태상황제라 자칭하고 조서를 내려 태자에게 전위하였다. 태자가 즉위하니, 태종 문무황제이다.

어구 설명

○ 明日帥兵伏玄武門. 建成·元吉入, 覺有變欲還. 世民追射建成殺之, 尉遲敬德射殺元吉. : 다음 날, (이세민은) 병력을 거느리고 玄武門에 매복했었다. 건성과 元吉이 입궁하다가 사태가 바뀐 것을 알고 돌아가려 했다. 세민은 달려 나가 건성을 쏘아 죽였고, 尉遲敬德(울지경덕)은 원길을 사살했다.

－ 明日 ; ‘玄武門의 變’이 일어나는 당일 세민은 건성과 원길의 입궁을 예상하고 있었다.

－ 帥兵(솔병) ; 병력을 거느리고.　伏 엎드릴 복. 매복하다. 이

세민은 長孫无忌(장손무기), 尉遲恭(울지공, 울지경덕), 房玄齡(방현령), 杜如晦(두여회) 등을 거느리고 있었다.

 - 玄武 ; 玄은 검은색. 북방을 상징. 玄武는 四神 중에서 북방을 지키는 상상 속의 神獸(신수).

 - 變 변할 변. 바뀌다. 고치다. 轉變(전변) ; 갑자기 일어난 사건. 모반 반란. 有變(유변) ; 상황이 예상과 달리 어그러지다.

 - 欲還(욕환) ; 되돌아가려 하다. 건성과 원길이 臨湖殿(임호전) 앞에 도착했는데 낌새가 이상하다 생각하며 돌아가려고 말머리를 돌렸다. 현무문 안쪽에 있던 세민은 앞으로 나서면서 큰 소리로 이들을 불렀는데, 心弱한 원길이 놀라면서 이세민을 향해 화살촉을 끼우지도 않은 채 화살을 날렸다. 순간 이세민은 건성을 향해 활을 쏘았다고 한다.

 - 追射(추사) ; 추격해서 쏘다. 尉 벼슬 위(尉 wèi). 다리미 울(yù, 熨과 같음), 성씨 울. 遲 늦을 지.

 - 尉遲敬德(울지경덕, 585∼658년) ; 尉遲 Yùchí '울지'로 읽는 것이 정확함. 複姓. 본명은 尉遲恭(울지공). 凌烟閣(능연각) 24 공신 중 한 사람. 수염이 많았던 사람. 초상화에도 수염이 많은 모습 → 귀신도 두려워함 → 민간 신앙에서는 門神으로 추앙.

○ 遂立世民爲太子, 軍國事悉委太子處決, 然後聞奏. 初東宮官屬 魏徵, 屢勸建成除世民. 及是世民召徵, 責以離間兄弟, 徵擧止自若 對不屈, 世民禮之. : 드디어 이연은 世民을 세워 太子로 삼았고, 군국기무(軍事〔군사〕와 國政〔국정〕)에 관한 일을 태자에게 다 위임하고 처리한 뒤에 아뢰도록 하였다. 그 전에 東宮의 관속이었

던 魏徵(위징)은 건성에게 세민을 제거하라고 자주 건의를 했었다. 이때 세민이 위징을 불러 형제간을 이간하였다고 꾸짖자, 위징의 행동거지는 태연하였고 대답을 하면서도 굽히지 않았기에 세민은 그를 예우해 주었다.

 - 軍國事(군국사) ; 군사와 국사. 국가의 주요 업무.　悉 다 실. 모두.　委太子處決(위태자처결) ; 태자가 처리, 결정토록 위임했다.

 - 聞 들을 문. 알다. 들려주다.　聞奏(문주) ; 임금에게 아뢰다.

 - 徵 부를 징.　魏徵(위징, 580~643) ; 直諫(직간)을 잘 했다.

 - 責以離間兄弟(책이리간형제) ; 兄弟를 離間하였다고 꾸짖다.

 - 擧止(거지) ; 모든 행동.　自若(자약) ; 마음이 흔들리지 않고 태연함. 평상시와 같다.

 - 對不屈(대불굴) ; 대답을 하면서도 굽히지 않았다.

○　王珪亦嘗爲建成謀, 皆以爲諫議大夫. 帝自稱爲太上皇帝, 詔傳位於太子. 是爲太宗文武皇帝. : 王珪 또한 건성을 위해 세민을 제거할 일을 했었는데 둘 다 諫議大夫로 삼았다. 황제(이연)는 太上皇帝라 자칭하고 조서를 내려 태자에게 전위하였다.(서기 627년) 태자가 즉위하니, 太宗 文武皇帝이다.

 - 珪 홀 규.　王珪(왕규, 570~639년) ; 房玄齡, 魏徵, 杜如晦와 함께 唐初 四大名相에 꼽히는 인물.

 - 諫議大夫(간의대부) ; 관직명.

 - 詔傳位於太子(조전위어태자) ; 조서를 내려 태자에게 황제 자리를 넘겨주다.

【참고】 태종의 잠자리를 지켜준 울지경덕

❖ 역사상의 여러 용장들은 중국 민간 신앙 속에서 가정을 지켜 주는 門神으로 등장한다. 당나라의 장군 尉遲敬德(울지경덕)과 秦 瓊(진경)이 바로 그 주인공인데 두 장군은 李世民을 도와 천하를 평정하는데 큰 공을 세운 사람들이다.

이세민은 천하를 차지하는 과정에서 많은 사람들을 죽였으며 '현무문의 변'에서 형을 직접 쏘았고 그 자식들을 모두 다 죽였 다. 즉위 후 건강이 나빠졌고 밤에는 악귀들이 온 궁궐 지붕의 기 와를 집어 던지는 등 소란을 피우는 꿈을 꾸기도 했다.

태종은 걱정이 되어 여러 신하들에게 이야기하자 대장 진경과 울지경덕이 밤에 황궁 정문을 수위하겠다고 하였다. 그날 밤 이후 로 태종은 숙면을 취할 수 있었다.

태종은 크게 기뻐하면서 화공에게 명하여 갑옷에 무장을 갖추 고 성난 눈을 크게 뜨고서 당당히 궁문 양쪽을 지키는 두 장수의 모습을 그려 궁문 곳곳에 붙여 두게 했다. 이후 모든 잡귀들의 소 란이 그쳤기에 후세에도 이 두 장수는 문신으로 자리 잡았다고 한 다. 그리고 진경과 울지경덕 신상 양옆으로 다음과 같은 대련이 써 붙었다.

'옛날엔 당의 장군, 지금은 집을 지키는 신(昔爲唐朝將 今作鎭 宅神).'

이런 무장 문신의 그림은 보통 큰길 쪽 대문에 붙여 놓아 악마 나 재앙의 침입을 막는다고 한다. 중국 민간신앙에서는 전문적으 로 후문만을 지키는 문신이 있는데, 후문의 외짝 문에 붙어 있는

鍾馗(종규)와 魏徵(위징)이 바로 그들이다.

당 태종을 잘 보필한 위징이 후문만을 지키는 門神으로 등장한 것은 《서유기》 때문이다. 《서유기》에서 위징은 나쁜 짓을 저지른 涇河(경하)의 늙은 용왕을 죽인다. 그러자 용왕의 혼령이 당 태종의 목숨을 빼앗으려 황궁의 정문으로 달려간다. 그러나 거기에는 진경과 울지경덕이 지키고 있어 후문에 가서 밤새 소란을 피웠다. 이에 위징이 밤에 誅龍寶劍(주룡보검)을 들고 뒷문을 지키자 잡귀들이 모두 없어졌다고 한다. 위징은 본래 文臣이지만 후문의 門神으로 칼을 차고 성난 눈을 크게 뜨고 있어 영웅의 기개가 넘친 모습으로 그려있다.

魏徵(위징)

제2장 太宗과 貞觀의 治

1) 정치적 안정

(1) 太宗文武皇帝, 名世民. 幼日有書生, 見之曰, 龍鳳之姿, 天日之表. 其年幾冠, 必能濟世安民. 書生去, 高祖使人追之, 不見, 乃探其語爲名. 年十八擧義兵. 李密降唐, 初見高祖, 色尙傲, 及見秦王, 不敢仰視, 退而歎曰, 眞英主也. 高祖, 以秦王功高, 特置天策上將, 位在王公上, 以秦王爲之. 開府置屬, 開館以延文學之士. 杜如晦·房玄齡·虞世南·褚亮·姚志廉·李玄道·蔡允恭·薛元敬·顔相時·蘇勗·于志寧·蘇世長·薛收·李守素·陸德明·孔穎達·蓋文達·許敬宗爲文學館學士, 分爲三番, 更日直宿.

태종 문무황제의 이름은 세민이다. 어렸을 적에 어떤 書生이 세민을 보고서 말했다. "용봉의 자태에 천일의 모습이로다. 관례를 치를 때쯤에는 틀림없이 제세안민을 할 수 있으리라.” 서생은 가 버렸고 고조는 사람을 보내 찾았지만 만나지 못했고, 그 말에 따라 이름을 세민이라 했다.

(이세민은) 나이 18세에 의병을 일으켰다. 이밀이 당에 투항한 뒤, 처음에 고조를 만나보고서는 오히려 거만한 표정이었으나 진왕 그다음 세민을 보고서는 감히 바로 보지를 못하고 물러나와 감탄했다. “정말 영명한 군주로다!”

고조는 진왕의 공적이 너무 높아 특별히 천책상장이라는 왕공보다 높은 자리를 만들어 거기에 진왕을 임명했다. (진왕은) 천책부를 설치하고 속관을 두었으며 경연을 개설하여 선비들을 불러모았다.

두여회, 방현령, 우세남, 저량, 요지렴, 이현도, 채윤공, 설원경, 안상시, 소욱, 우지령, 소세장, 설수, 이수소, 육덕명, 공영달, 개문달, 허경종 등을 문학관 학사로 맞이하여 이들을 3반으로 나누어 교대로 숙직케 하였다.

어구 설명

○ 太宗文武皇帝, 名世民. 幼日有書生, 見之曰, 龍鳳之姿, 天日之表. 其年幾冠, 必能濟世安民, 書生去, 高祖使人追之, 不見, 乃採其語爲名. : 太宗 文武皇帝의 이름은 世民이다. 어렸을 적에 어떤 書生이 세민을 보고서 말했다. “龍鳳의 자태에 天日의 모습이로다. 관례를 치를 때쯤에는 틀림없이 濟世安民을 할 수 있으리라.” 서생은 가 버렸고 高祖는 사람을 보내 찾았지만 만나지 못했고,

그 말에 따라 이름을 世民이라 했다.

 - 太宗 ; 在世 599～649년(51歲), 재위 626～649년(28세 즉위, 23년 재위), 연호 貞觀(627～649년).

 - 文武皇帝 ; 文皇帝(649년의 처음 시호), 문무황제는 647년에 추가한 시호임. 754년에는 시호가 文武大聖大廣孝皇帝로 늘어났다.

 - 幼日(유일) ; 어렸을 적에. 史書에 의하면 이세민이 4세 때 부친을 따라 山川에 놀러간 적이 있었다고 함.

 - 有 ; 명시되지 않은 사람, 사물, 날짜를 의미함. 某와 용법이 비슷함. (用例 ; 有一天은 어느 날). 有書生 ; 어떤 書生. '書生이 있었다.' 로 해석하지 않음.

 - 龍鳳之姿(용봉지자) ; 용과 봉황의 자태. 용과 봉황이 실존하지 않는데 '龍鳳之姿' 표현은 매우 관념적인 표현일 것이다. 그러나 대체적으로 ①뛰어난 인물, ②뛰어난 인상(人相), ③귀인(貴人)의 상(相)을 가진 모습을 뜻한 것으로 표현된다.

 - 天日之表(천일지표) ; 하늘의 해와 같은 儀表(모습). 엄숙한 모습. 天子의 상.

 - 其 그 기 . 여기서는 부사적 용법. 아마도. 幾 거의 기, 가까울 기 冠 갓 관. 성인. 20세. 幾冠(기관) ; 관례를 치를 때쯤. 이세민은 18세에 기병하였다.

 - 採 캐낼 채. 채용하다. 취하다. 濟世安民(제세안민－세상을 구원하고 백성을 편안하게 함.)에서 世와 民을 취함. 그렇다면 최초 이름에서 改名한 것임.

○ 年十八擧義兵. 李密降唐, 初見高祖, 色尙傲, 及見秦王, 不敢仰視, 退而歎曰, 眞英主也. : (이세민은) 나이 18세에 義兵을 일으켰다. 李密(이밀)이 唐에 투항한 뒤, 처음에 高祖를 만나보고서는 오히려 거만한 표정이었으나 秦王을 보고서는 감히 바로 보지를 못하고 물러나와 감탄했다. "정말 영명한 군주로다!"

 − 色 ; 안색. 尙 받들 상. 오히려. 傲 거만할 오. 英主 ; 英明한 人主. 英特한 君主.

○ 高祖, 以秦王功高, 特置天策上將, 位在王公上, 以秦王爲之. 開府置屬, 開館以延文學之士. : 高祖는 秦王의 공적이 너무 높아 특별히 天策上將(천책상장)이라는 왕공보다 높은 자리를 만들어 거기에 진왕을 임명했다. (秦王은) 天策府(천책부)를 설치하고 속관을 두었으며 문학관을 열고 文學之士를 초빙하였다.

 − 延 끌 연. 끌어들이다.

○ 杜如晦·房玄齡·虞世南·褚亮·姚志廉·李玄道·蔡允恭·薛元敬·顔相時·蘇勗·于志寧·蘇世長·薛收·李守素·陸德明·孔穎達·蓋文達·許敬宗爲文學館學士, 分爲三番, 更日直宿. : 杜如晦(두여회), 房玄齡(방현령), 虞世南(우세남), 褚亮(저량), 姚志廉(요지렴), 李玄道(이현도), 蔡允恭(채윤공), 薛元敬(설원경), 顔相時(안상시), 蘇勗(소욱), 于志寧(우지령), 蘇世長(소세장), 薛收(설수), 李守素(이수소), 陸德明(육덕명), 孔穎達(공영달), 蓋文達(개문달), 許敬宗(허경종) 등을 文學館 學士로 맞이하여 三番으로 나눈 뒤 교대로 숙직케 하였다.

 − 晦 그믐 회, 감출 회. 虞 헤아릴 우. 褚 솜옷 저. 姚 예쁠

요. 薛 맑은 대 쑥 설. 勖 힘쓸 욱.
 – 于 어조사 우. 穎 이삭 영. 蓋 덮을 개. 更日(경일) ; 1일
씩 바꾸어. 直宿 ; 宿直하다.

【참고】 멧돼지를 사냥하는 이세민

❖ 李世民은 젊어서 힘으로도 한 명성을 누렸다. 이세민이 지니
고 다닌 무기 중 가장 유명한 것은 2m가 넘는 巨闕天弓(거궐천궁)
이라는 활이었고 거의 백발백중이었다는 기록이 있다.

태종 이세민의 모친이 선비족이었기 때문에 그의 몸에는 유목민
족의 기질이 있었고 그래서 그런지 사냥을 무척이나 좋아했었다.

태종이 재위 중 어느 날, 사냥을 나가서 멧돼지 떼를 만났다. 태
종이 연속 4개의 화살로 4마리를 죽였는데도 한 마리가 이세민을
향해 돌진했다. 그때 이부상서인 唐儉(당검)이 급히 말에서 내려
멧돼지와 육박전을 벌렸다. 이에 태종이 칼로 멧돼지를 죽인 뒤
농담으로 말했다. "천책부 장사는 上將인 내가 적을 무찌르는 것
을 못 보았는가? 무엇을 두려워하는가?"

그 이부상서 당검은 전에 천책부 소속의 長史(장사)였었다. 그
러자 당검이 즉시 대답했다. "漢 고조는 馬上에서 천하를 얻었지
만 馬上에서 통치하지 않았습니다. 폐하께서는 神武로 四方을 평
정하고서도 어찌하여 산짐승을 상대로 雄心(웅심)이나 자랑하고
싶습니까?"

태종은 당검의 말을 옳다고 인정하고 다시는 사냥을 하지 않았
다고 한다.

(2) 王暇日輒至館中, 討論文籍, 或至夜分. 使閻立本圖像, 褚亮爲贊, 號十八學士. 士大夫得預其選者, 時人謂之登瀛洲. 時府僚多補外, 如晦亦出. 玄齡曰, 餘人不足惜, 如晦王佐才, 大王欲經營四方, 非如晦不可. 王卽奏留之, 使參謀帷幄, 剖決如流. 玄齡每入奏事, 高祖曰, 玄齡爲吾兒謀事, 雖隔千里, 如對面語. 秦王功蓋天下, 身幾危, 賴玄齡·如晦決策. 至是卽位, 首放宮女三千餘人.

진왕은 한가할 때마다 문학관에 와서 학문을 논했는데 때로는 밤중이 될 때도 있었다. 또 어느 때 염입본에게 초상을 그리게 하고 저량에게 贊(찬)을 짓게 하여 '십팔학사' 라고 불렀다. 사대부로 거기에 뽑혀 참여하는 사람을 그때 사람들이 '신선이 사는 영주에 들어갔다' 고 말하였다.

당시 천책부의 관료로 지방에 내려가는 사람들이 많았고 두여회도 전출되었다. 방현령은 "다른 사람이야 아쉽지 않지만 두여회는 王者를 보좌할 인재이니, 대왕께서 천하를 경영하고자 한다면 두여회가 아니면 안 됩니다." 진왕은 상주하여 두여회를 유임케 하여 막하의 참모로 일하게 했는데 판단이 물 흐르듯 막힘이 없었다.

방현령이 들어가 일을 상주할 때마다 고조가 말했다. "방현령이 내 아들을 위해 일을 도모하니 비록 천 리나 떨

어져 있어도 얼굴을 마주하고 이야기하는 것 같다.” 진왕
의 공적이 천하에 미쳤지만 신변에는 몇 번이나 위기가 있
었고 그때마다 방현령과 두여회의 방책에 의지하였었다.
이때에 즉위하면서 맨 먼저한 일은 궁녀 3천 명을 대궐에
서 내보냈다.

어구 설명

○ 王暇日輒至館中, 討論文籍, 或至夜分. 使閻立本圖像, 褚亮爲
贊, 號十八學士. 士大夫得預其選者, 時人謂之登瀛洲. : 진왕은 한
가할 때마다 문학관에 와서 학문을 논했는데 때로는 밤중이 될
때도 있었다. 또 어느 때 염입본에게 초상을 그리게 하고 褚亮(저
량)에게 贊을 짓게 하여 ‘十八學士’라고 불렀다. 士大夫로 거기
에 뽑혀 참여하는 사람을 그때 사람들이 ‘신선이 사는 영주에 들
어갔다’고 말하였다.

　- 王 ; 秦王, 李世民.　暇 겨를 가. 틈, 한가하다.

　- 輒 문득 첩. 갑자기.　館 ; 문학관.　分 ; 나누다. 전체 중의
일부분(份과 같음),　夜分(야분) ; 밤.

　- 閻 거리 염. 閭閻(여염).　閻立本(염입본) ; (601~673) 唐代
著名 畵家. 당 中宗 때 右丞相에 올랐다. 人物, 車馬를 잘 그렸고
특히 초상화나 역사 인물화에 뛰어났는데 그가 그린 〈秦府十八學
士〉, 〈凌煙閣功臣二十四人圖〉는 太宗의 명에 의한 작품이었다. 그
의 현존 작품으로는 〈步輦圖〉, 〈古帝王圖〉, 〈職貢圖〉 등이 있다.

- 圖像 ; 모습을 그리다.

- 褚 솜옷 저. 亮 밝을 량(양). 褚亮(저량, 560~647년) ; 杭州 錢塘人. 문학관 학사. 명필인 褚遂良(저수량)의 父. 贊 도울 찬, 문체 이름 찬.

- 預 미리 예. 참여하다. 즐기다. 得預(득예) ; 참여하다. 瀛 바다 영. 전설상 신선이 거주하는 땅.

○ 時府僚多補外, 如晦亦出. 玄齡曰, 餘人不足惜, 如晦王佐才, 大王欲經營四方, 非如晦不可. 王卽奏留之, 使參謀帷幄, 剖決如流. : 당시 천책부의 관료로 지방에 내려가는 사람들이 많았고 두여회도 전출되었다. 방현령은 "다른 사람이야 아쉽지 않지만 두여회는 王者를 보좌할 인재이니, 大王께서 천하를 經營하고자 한다면 두여회가 아니면 안 됩니다." 진왕은 상주하여 두여회를 유임케 하여 막하의 참모로 일하게 했는데 판단이 물 흐르듯 막힘이 없었다.

- 僚 동료 요(료). 벼슬에 있는 사람. 補外(보외) ; 外職(지방관)을 받다. 如晦 ; 人名. 두여회. 齡 나이 령(영).

- 餘人(여인) ; 다른 사람. 王佐才(왕좌재) ; 王者를 補佐(보좌)할 人才. 四方 ; 천하. 帷 휘장 유. 幄. 휘장 악.

- 帷幄(유악) ; 군사나 야전 업무를 지휘하는 천막. 지휘소.

- 剖 쪼갤 부. 剖決(부결) ; 판결을 내리다. 일을 결정짓다.

○ 玄齡每入奏事, 高祖曰, 玄齡爲吾兒謀事, 雖隔千里, 如對面語. 秦王功蓋天下, 身幾危, 賴玄齡·如晦決策. 至是卽位, 首放宮女三千餘人. : 방현령이 들어가 일을 상주할 때마다 고조가 말했다.

"방현령이 내 아들을 위해 일을 도모하니 비록 천 리나 떨어져 있
어도 얼굴을 마주하고 이야기하는 것 같다." 秦王의 공적이 天下
에 미쳤지만 신변에는 몇 번이나 위기가 있었고 그때마다 방현령
과 두여회의 방책에 의지하였었다. 이때에 즉위하면서 제일 먼저
궁녀 3천 명을 내보내는 일이었다.

– 身幾危(신기위) ; 신변이 몇 번이나 위태로웠다.   賴 힘입을 뢰
(뇌).   決策(결책) ; 결정된 책략이나 방법.

– 首放宮女三千餘人(수방궁녀삼천여인) ; 맨 먼저 宮女 3천 명을
내보냈다.

【참고】 18학사–신선의 거처에 들어가다.

❖ 이들 문학관 18학사의 전직은 대개 秦王府와 天策府에서 이
세민을 보필하던 속관들이 많았고 그 외에 국자감 등에서 젊고 유
능한 문사들을 끌어 모았다. 당시 태종은 수시로 문학관에 가서
이들과 어울려 담소하거나 시정을 논하고 때로는 바둑을 두었다.
  당시 사람들은 이와 관련하여 〈十八學士弈棋圖(십팔학사혁기
도)〉를 남기기도 하였다. 이들 18학사의 전 소속을 보면 진왕부
소속의 관료들이 많았다. 이는 이세민이 젊고 유능한 인재를 뽑아
들였다는 뜻과, 함께 한 번 뽑아 쓸 경우 신뢰하였기에 君臣간의
끈끈한 유대가 형성되었다고 볼 수 있다. 두여회와 방연령은 유명
한 재상이었으며 공영달은 훈고학자로도 유명했다. 이들 18학사
들의 전 소속과 직책은 아래와 같다.

1) 진왕부 소속(10명)

두여회(秦王府 屬官), 방현령(진왕부 기실), 이현도(진왕부 주부), 우세남(진왕부 기실), 채윤공(진왕부 참군), 안상시(진왕부 참군), 설원경(진왕부 참군), 소욱(진왕부 자의전첨), 저량(진왕부 문학), 요지렴(진왕부 문학).

2) 천책부 소속(4인)

우지령(天策府從事中郎), 소세장(천책부 군자제주), 설수(천책부 기실), 이수소(천책부 창조).

3) 국자감 출신 및 기타(4인)

개문달(國子助敎), 육덕명(국자조교), 공영달(국자조교), 허경종(宋州總管府戶曹).

杜如晦(두여회)

(3) ○ 突厥頡利 · 突利二可汗, 合十餘萬騎入寇, 進至渭水便橋之北. 上自與房玄齡等六騎, 徑詣渭水上, 與頡利隔水語, 責以負約. 突厥大驚, 皆下馬羅拜. 俄而諸軍繼至, 旗甲蔽野. 頡利懼請盟而退. ○ 置弘文館, 聚四部二十餘萬, 選天下文學之士, 虞世南等以本官兼學士. 聽朝之隙, 引入內殿, 講論前言往行, 商榷政事, 或夜分乃罷. 取三品以上子孫, 充弘文館學士.

○ 돌궐족의 힐리와 돌리 2명의 가한이 모두 10여만 기병으로 위수의 편교 북쪽까지 침입하였다. 태종은 친히 방현령 등 여섯 기를 거느리고 곧장 위수 가에 이르러 힐리 가한과 강을 사이에 두고 이야기를 하며 약조를 어기고 군사를 일으킨 것을 따졌다. 돌궐족은 크게 놀라며 모두 말에서 내려 줄지어 절을 하였다. 곧이어 모든 군사들이 계속 도착하여 군기와 갑옷을 입은 병사들이 들을 뒤덮었다. 힐리가한은 두려워 화친을 약속하고 물러났다.

○ 홍문관을 설치하고서 4부의 도서 20여만 권을 모았으며 천하의 문학지사를 선발하였는데, 우세남 등은 본래의 관직을 유지하면서 홍문관 학사를 겸했다. 정사를 펴는 틈틈이 (홍문관 학사를) 내전으로 불러들여 전대 인물의 언행을 강론하거나 정사를 헤아려 결정하기를 밤이 돼서야

그치기도 했다. 3품 이상 관리의 자손 중에서 골라 홍문관 학사로 보충하였다.

○ 突厥頡利 · 突利二可汗, 合十餘萬騎入寇, 進至渭水便橋之北. 上自與房玄齡等六騎, 徑詣渭水上, 與頡利隔水語, 責以負約. : 돌 궐족의 힐리와 돌리 2명의 가한이 모두 10여만 기병으로 위수의 편교 북쪽까지 침입하였다. 태종은 친히 房玄齡 등 여섯 기를 거 느리고 곧장 渭水 가에 이르러 힐리가한과 강을 사이에 두고 이 야기를 하며 약조를 어기고 군사를 일으킨 것을 따졌다.

  - 頡 곧은 목 힐.　可汗(가한 kèhàn) ; 돌궐, 回紇(위구르), 몽 고 종족의 군주. 汗 땀 한 ; 汗(hán)이라 쓰고, 'khàn 칸' 이라 읽 는 것은 可汗의 준말(例, 成吉思汗). 可汗의 부인은 可敦(가돈, kèdūn)이라 호칭.

  - 頡利可汗(힐리 칸) ; 東突厥 汗國의 最後 可汗(칸). 620~630 년, 在位 10년. 이들은 태종이 즉위하던 626년에 쳐들어 왔다. 태 종은 정관 3년과 4년에 연속해서 李靖(이정)을 보내 이들을 공격 하여 동돌궐을 멸망시켰고 힐리가한을 생포해 장안으로 데려다 가 살게 하였다.

  - 入寇(입구) ; 침입하다.　便橋(편교) ; 장안성 서북쪽의 출입 문(便門) 앞에 있는 교량(다리). 이곳에서 위수를 건너 함양으로 갈 수 있다.

– 徑 지름길 경. 곧장.　詣 이를 예. 도착하다. 학예가 깊은 경지에 이르다.　隔水(격수) ; 강을 사이에 두고.

– 負約(부약) ; 약속을 어기다.

○ 突厥大驚, 皆下馬羅拜. 俄而諸軍繼至, 旗甲蔽野. 頡利懼請盟而退. : 돌궐족은 크게 놀라며 모두 말에서 내려 줄지어 절을 하였다. 곧이어 모든 군사들이 계속 도착하여 군기와 갑옷을 입은 병사들이 들을 뒤덮었다. 힐리가한은 두려워 화친을 약속하고 물러났다.

– 羅拜(나배) ; 줄 지어 절을 하다.　俄 갑자기 아. 러시아제국. 俄而(아이) ; 곧. 머지않아.

– 諸軍繼至(제군계지) ; 모든 군사가 계속 도착하여.　旗甲(기갑) ; 깃발과 갑옷을 입은 병사.　蔽 덮을 폐.

○ 置弘文館, 聚四部二十餘萬, 選天下文學之士, 虞世南等以本官兼學士. : 弘文館을 설치하고서 四部의 도서 20여만 권을 모았으며 天下의 文學之士를 선발하였는데, 虞世南 等은 본래의 관직을 유지하면서 홍문관 學士를 겸했다.

– 聚 모일 취. 모으다.　四部 ; 모든 도서의 총칭. 중국에서는 도서를 經(경서), 史(역사서), 子(諸子의 書), 集(문집)으로 분류.

– 選 뽑을 선. 선발하다. 고르다.　虞 헤아릴 우. 짐작하다.

– 虞世南(우세남, 558~638) ; 唐朝의 政治人, 詩人, 書法의 大家.

– 以本官兼學士(이본관겸학사) ; 본래의 관직을 유지하면서 홍문관 학사를 겸했다.

○ 聽朝之隙, 引入內殿, 講論前言往行, 商榷政事, 或夜分乃罷. 取三品以上子孫, 充弘文館學士. : 정사를 펴는 틈틈이 (홍문관 학사를) 내전으로 불러들여 전대 인물의 언행을 강론하거나 政事를 헤아려 결정하기를 밤이 돼서야 그치기도 했다. 三品 이상 관리의 자손 중에서 골라 弘文館 學士로 보충하였다.

 － 聽朝(청조) ; 朝會를 통하여 大臣과 政事를 논의하다. 隙 틈 극. 引入內殿(인입내전) ; 내전으로 불러들이다.

 － 前言往行(전언왕행) ; 前代 사람들의 言行. 역사적 행적.

 － 商 헤아릴 상. 權 외나무다리 각. 헤아리다. 商榷(상각) ; 商量과 같음. 어떤 일을 헤아려 결정하다. 商推(상각) 同.

 － 罷 그만둘 파. 내쫓다. 充 찰 충. 채우다. 보충하다.

【참고】 서예가로서의 당 태종

 ❖ 당 태종은 書法(書道)을 지나치게 좋아하였고 또 배우는데도 열심이었다. 당 태종의 隸書(예서)는 상당한 수준이었다고 공인을 받고 있다. 태종은 특히 王羲之(왕희지)의 작품을 좋아하고 수집하였다고 한다.

 어느 날 태종은 왕희지의 〈蘭亭序 난정서〉 (蘭亭詩集序文) 서첩을 보지 못했다며 울적해 했다고 한다. 왕희지와 그 아들과 벗들이 東晋 穆帝(목제) 永和 九年(353년) 三月에 난정에 모여 禊(계)를 하면서 시를 지었고 그 서문을 왕희지가 썼다. 〈난정서〉는 총 324자의 서문으로, 그중에 '之'가 21번 들어있는데 모두 서체를 달리해서 썼으며 이 서첩은 왕희지 行書의 최고봉으로 알려진 명품이었다.

　수소문 끝에 왕희지의 7세손 智永은 승려가 되었고 그 난정서첩이 지영의 제자인 辯才和尙이 갖고 있다는 것을 알아냈다. 당시 감찰어사이던 소익이란 사람이 변재화상을 찾아가 바둑을 두며 우정을 쌓은 다음 그 원본을 훔쳐다가 태종에게 바쳤다는 이야기가 전해지는데 하여튼 태종은 난정서첩 진본을 손에 넣었다.

　태종은 즉시 당시의 명필인 우세남, 저수량, 馮承素(풍승소), 歐陽詢(구양순) 等을 시켜 그 모사품을 많이 만들어 여러 사람들에게 나누어주었다. 그 모사품을 '唐人摹本(당인모본)' 이라 하는데 그중에서도 '神龍本' 을 가장 알아준다고 한다.

　〈난정서〉 원본은 태종이 죽으면서 부장품으로 넣었다. 그리하여 진품 난정서첩은 이 세상에 존재하지 않았다고 한다. 그런데 당 태종의 昭陵(소릉)은 五代 시대에 완전히 도굴을 당했는데 그 이후 〈난정서〉가 출토되었다는 기록은 없다고 한다. 그러면

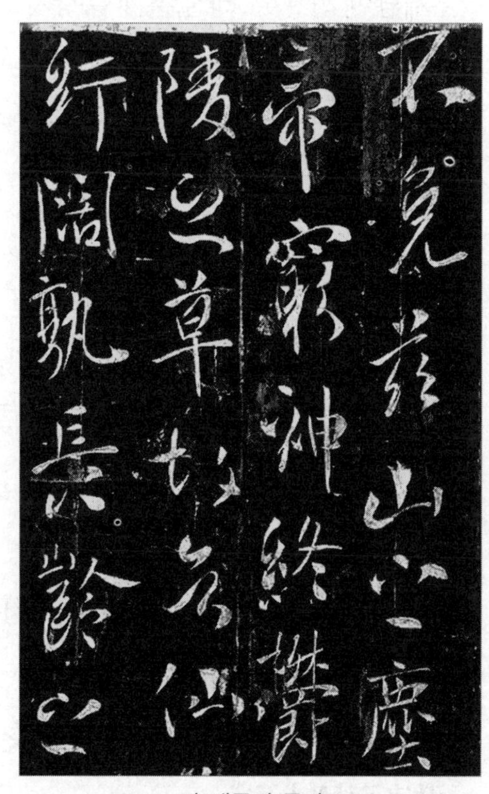

당 태종의 글씨

서 진품은 태종의 아들 高宗과 則天武后의 합장묘인 乾陵에 부장
되었을 것이라고 추측하고 있다.

　虞世南(우세남)은 歐陽詢(구양순), 褚遂良(저수량), 薛稷(설직)
과 함께 '初唐四大家'에 꼽히는 명필이다. 태종 때 十八學士의 한
사람이었고 凌烟閣(능연각) 24공신에도 포함되었다. 태종도 우세
남의 德行, 忠直, 博學, 文詞, 書翰(서한, 서예)를 '五絶'이라며 칭
찬하였다.
　우세남이 편찬한《北堂書抄 북당서초》는 중국에서 현존하는 唐
代 類書(백과사전 종류의 책) 중 가장 오래된 것이다. 현재 전해지
는 우세남의 詩로는 〈出塞 출새〉, 〈結客少年場行〉, 〈怨歌行 원가
행〉 등이 유명하다.

(4) ○ 有上書請去佞臣者. 曰, 願陽怒以試之, 執理
不屈者直臣也, 畏威順旨者佞臣也. 上曰, 吾自爲
詐, 何以責臣下之直乎. 朕方以至誠治天下. 或請重
法禁盜. 上曰, 當去奢省費, 輕徭薄賦, 選用廉吏,
使民衣食有餘, 自不爲盜, 安用重法邪. 自是數年之
後, 路不拾遺, 商旅野宿焉. 上嘗曰, 君依於國, 國
依於民. 刻民以奉君, 猶割肉以充腹, 腹飽而身斃,
君富而國亡矣.

어떤 자가 아부하는 신하를 제거하라고 글을 올려 말했다. "거짓으로 화를 내어 신하를 시험해 보면, 이치를 따지며 굽히지 않는 자는 정직한 신하이고, 위세를 두려워하며 뜻을 따르는 자는 아부하는 신하입니다." 그러자 태종은 "내가 거짓말을 하면서 어떻게 신하에게 정직하라고 할 수 있겠는가? 짐은 다만 지성으로 천하를 통치할 뿐이다."라고 하였다.

어떤 사람이 법을 엄히 적용하여 도적을 없애야 한다고 글을 올렸다. 태종이 말했다. "당연히 사치를 없애고 지출을 줄이며 요역(=부역)과 세금을 가볍게 해야 하며 청렴한 관리를 뽑아 등용하여 백성들의 衣食에 여유가 있다면 도적질을 하지 않을 것인데, 어찌 법을 엄하게만 적용하겠는가?" 이로부터 몇 년 뒤, 길에 떨어진 물건을 줍는 사람은 없고 상인과 여행자는 노숙을 할 수 있었다.

태종은 전에 이렇게 말했었다. "임금은 나라에 의지하고 나라는 백성에게 의지를 한다. 백성의 것을 빼앗아 임금을 섬기는 것은 자기 살점을 베어 배를 채우는 것과 같으니 배는 부르겠지만 몸은 망가지며 임금은 부자가 되겠지만 나라는 망할 것이다."

어구 설명

○ 有上書請去佞臣者. 曰, 願陽怒以試之, 執理不屈者直臣也, 畏

威順旨者佞臣也. 上曰, 吾自爲詐, 何以責臣下之直乎. 朕方以至誠治天下. : 어떤 자가 아부하는 신하를 제거하라고 글을 올려 말했다. "거짓으로 화를 내어 신하를 시험해 보면, 이치를 따지며 굽히지 않는 자는 정직한 신하이고, 위세를 두려워하며 뜻을 따르는 자는 아부하는 신하입니다." 그러자 태종은 "내가 거짓말을 하면서 어떻게 신하에게 정직하라고 할 수 있겠는가? 짐은 이제 지성으로 천하를 통치할 뿐이다."라고 하였다.

– 佞 아첨할 영.　陽 볕 양. 속이다. 거짓으로(佯과 同).　陽怒以試之(양노이시지) ; 거짓으로 화를 내어 신하를 시험해 보다.

– 執理不屈者(집리불굴자) ; 이치를 따지며 굽히지 않는 자.

– 畏威順旨者(외위순지자) ; 위세가 두려워 뜻에 순응하는 자.

– 詐 거짓 사.　何以責臣下之直乎(하이책신하지직호) ; 어떻게 신하에게 정직하라고 나무랄 수 있겠는가?　朕 나 짐. 自稱(자칭).

– 方 방법, 방위, 지금, 바야흐로, 이제, 막, 비로소.

○ 或請重法禁盜. 上曰, 當去奢省費, 輕徭薄賦, 選用廉吏, 使民衣食有餘, 自不爲盜, 安用重法邪. 自是數年之後, 路不拾遺, 商旅野宿焉. : 어떤 사람이 법을 엄히 적용하여 도적을 없애야 한다고 글을 올렸다. 태종이 말했다. "당연히 사치를 없애고 지출을 줄이며 요역(=부역)과 세금을 가볍게 해야 하며 청렴한 관리를 뽑아 등용하여 백성들의 衣食에 여유가 있다면 도적질을 하지 않을 것인데, 어찌 법을 엄하게만 적용하겠는가?" 이로부터 몇 년 뒤, 길에 떨어진 물건을 줍는 사람은 없고 상인과 여행자는 노숙을 할 수 있었다.

- 重法(중법) ; 엄한 법. 법을 엄중히 집행함. 去奢省費(거사성비) ; 사치를 없애고 지출을 줄이다.

- 徭 구실 요. 요역, 부역, 노동력 징발. 薄 엷을 박. 가볍게 하다. 賦(부) ; 각종 賦稅. 세금. 廉吏(염리) ; 청렴한 관리.

- 安用重法邪(안용중법야) ; 어찌 엄한 법을 적용하겠는가? 그러할 수 없다는 뜻으로 하는 反問.

- 遺 끼칠 유. 떨어진 물건. 商旅(상여) ; 상인과 여행자. 野宿(야숙) ; 노숙하다. 焉 어찌 언. 이에. 단정 어기사. ~다.

○ 上嘗曰, 君依於國, 國依於民. 刻民以奉君, 猶割肉以充腹, 腹飽而身斃, 君富而國亡矣. : 태종은 전에 이렇게 말했었다. "임금은 나라에 의지하고 나라는 백성에게 의지한다. 백성의 것을 빼앗아 임금을 섬기는 것은 자기 살점을 베어 배를 채우는 것과 같으니 배는 부르겠지만 몸은 망가지며 임금은 부자가 되겠지만 나라는 망할 것이다."

- 刻 새길 각. 각박하게 하다. 奉君(봉군) ; 주군을 먹여 살리다. 奉은 임금의 음식, 의복, 궁궐, 비용 등을 의미함.

- 猶 같을 유. 割肉(할육) ; 자신의 살점을 베어내다.

- 充腹(충복) ; 배를 채우다. 飽 배부를 포. 斃 넘어질 폐. 죽다.

【참고】 言路를 터놓기

❖ 당 태종 건국의 바탕은 武力이었다. 隋 말기의 起兵도 무력

에 의한 것이었고, 각지에 웅거한 봉기세력을 7년여에 걸쳐 평정할 수 있던 것도 무력이었다. 그러한 반대 세력을 타도한 뒤 '玄武門의 變'을 통해 형제를 죽였고 이어 고조의 양위를 받아 즉위할 수 있었다.

그러나 태종은 즉위 이후 文治로 재빨리 그리고 성공적으로 전환한다. 태종은 "난세에는 무력으로, 치세에는 文治를 하는 것은 시대에 따라 달라야 한다."고 말했다. 이제는 난세가 아니니 문치 정책으로 전환하겠다는 뜻이었다.

위에서 이야기한 十八學士나 弘文館(홍문관)의 설치와 전적 20만 권의 수집 등은 태종 문치 정책의 상징이라고 볼 수 있다.

그 문치 정책의 첫 번째 과제는 모든 신하들이나 백성들에게 언로를 넓게 열어주어야(廣開言路) 한다. 다시 말해, 누구나 자기 할 말을 할 수 있게 분위기를 조성하는 것이다. 그러나 그 언로가 열려 있느냐 닫혀 있느냐는 황제가 하기 나름이었다. 언로가 열려 있지만 그렇게 들어오는 바른말, 곧 直諫(직간)을 황제가 받아들이지 않는다면 언로는 저절로 닫히게 된다.

이런 점에서 태종은 영명한 군주였다. 貞觀(태종 재위기간의 연호) 초기만 해도 관리가 뇌물을 받는 일은 그저 흔한 일이었다. 태종은 고의로 사람을 시켜 관리에게 비단 한 필을 뇌물로 주었고 관리는 뇌물을 받았다. 태종의 시험은 성공했고 뇌물을 받은 관리를 일벌백계로 죽이려 했다.

그러나 호부상서 裵矩(배구)가 사형에 반대했다. 관리가 뇌물 받은 것은 잘못이고 벌을 받아 마땅하지만 사형은 지나치다는 주장이었다. 아마 보통의 군주라면 화를 내며 뜻을 관철하겠지만 태종은 호부상서의 직언을 그대로 받아들였다.

사실 태종에게 반대 의사를 표명한 배구는 隋 煬帝를 섬긴 인물로 양제에게 고구려 원정을 건의한 사람이었다. 그렇다면 배구의 경력을 알고 있는 태종이 그를 채용하고 그의 간언을 받아들인 것은 그의 능력을 믿었기 때문이었고 그의 말이 사리에 맞았기 때문이었다. 바른말을 들을 줄 알았기에 언로가 열렸고, 그렇게 열린 언로가 있어 황제는 시행착오를 겪지 않고 중국 역사상 가장 훌륭했다는 '정관의 치'를 이룩할 수 있었다.

(5) 又嘗謂侍臣曰, 聞西域賈胡得美珠, 剖身而藏之, 有諸. 曰, 有之. 曰, 吏受賕抵法, 與帝王徇奢欲而亡國者, 何以異此胡之可笑邪. 魏徵曰, 昔魯哀公謂孔子曰, 人有好忘者, 徙宅而忘其妻. 孔子曰, 又有甚者, 桀·紂乃忘其身, 亦猶是也.

그리고 한 번은 近侍(근시)에게 물었다. "서역에서 장사하는 호인은 좋은 구슬을 손에 넣으면 살을 갈라 감춘다고 들었는데 그런 일이 있겠는가?" "실제로 있다고 들었습니다." "관리가 뇌물을 받아 법에 걸리는 것이나, 제왕이 사치와 욕심을 따라가다가 나라를 망치는 것과, 이 호인의 우스운 짓거리가 무엇이 다르겠는가?"

　위징이 옆에 있다가 "옛날에 노의 애공이 공자에게 말하기를, '어떤 잊기를 잘 하는 사람은 이사를 가면서 妻(처)를 잊고 갔습니다.'라고 말하니, 공자께서는 '더 심한 자가 있는데 하나라(夏)의 걸왕과 은나라(殷)의 주왕은 그 자신의 몸을 잊어버렸습니다.'라고 말씀했는데, (폐하의 말씀도) 이와 같습니다."

어구 설명

○ 又嘗謂侍臣曰, 聞西域賈胡得美珠, 剖身而藏之, 有諸. 曰, 有之. 曰, 吏受賕抵法, 與帝王徇奢欲而亡國者, 何以異此胡之可笑邪. : 그리고 한 번은 近侍(근시)에게 물었다. "서역에서 장사하는 호인은 좋은 구슬을 손에 넣으면 살을 갈라 감춘다고 들었는데 그런 일이 있겠는가?" "실제로 있다고 들었습니다." "관리가 뇌물을 받아 법에 걸리는 것이나, 제왕이 사치와 욕심을 따라가다가 나라를 망치는 것과, 이 호인의 우스운 짓거리가 무엇이 다르겠는가?"

－ 侍臣(시신) ; 近侍(근시). 侍衛(시위)하는 신하.

－ 西域(서역) ; 玉門關의 서쪽 지역에 대한 총칭. 좁게는 新疆省, 天山南路 지역을 지칭한다.

－ 賈 값 가. 장사할 고. 賈胡(고호) ; 장사를 하는 胡人.

－ 剖身而藏之(부신이장지) ; 살을 갈라 거기에 美珠를 감추다. 도둑에게 들키거나 빼앗길 염려 때문에 그러했을 것이다.

- 諸 모두 제. 어조사 저(之於, 之乎의 合音). 종결어미(焉, 乎와 같음.) 有諸(유저) ; 有之乎? 있는가?

- 賕 뇌물 구. 抵 거스를 저. 저촉되다. 徇 두루 순. 주창하다. 좇다. 따라가다. 奢 사치할 사.

- 何以異 ～邪 ; ～과 무엇이 다른가? 똑같다.

○ 魏徵曰, 昔魯哀公謂孔子曰, 人有好忘者, 徙宅而忘其妻. 孔子曰, 又有甚者, 桀·紂乃忘其身, 亦猶是也. : 魏徵이 옆에 있다가 "옛날에 노의 애공이 孔子에게 말하기를, '어떤 잊기를 잘 하는 사람은 이사를 가면서 아내를 잊고 갔습니다.' 라고 말하니, 공자께서는 '더 심한 자가 있는데 걸왕과 주왕은 그 자신의 몸을 잊어버렸습니다.' 라고 말씀했는데, (폐하의 말씀도) 이와 같습니다."

- 徵 부를 징. 징발하다. 징계하다. 魯 哀公 ; 재위 前 494～468년, 공자께서는 기원전 479년에 죽었다.

- 徙 옮길 사. 桀紂(걸주) ; 夏의 桀王(걸왕)과 殷의 紂王(주왕). 둘 다 폭군임.

【참고】 태종과 위징의 直諫(직간)

❖ 魏徵(위징, 580～643년)은 젊었을 때 빈곤했고 시운도 따르지 않았다. 위징은 나중에 태자 建成을 섬겼지만 건성이 현무문에서 죽으면서 위징은 또 한 차례 위기에 봉착한다.

이세민은 위징의 강직한 성품을 알고서 죽이지 않고 바른말을 하라는 뜻으로 諫議大夫(간의대부)로 임명한다. 위징은 이후 秘書

監과 侍中을 역임했는데 죽을 때까지 태종의 심기를 건드리는 직간을 2백여 차례나 했다고 한다.

언젠가는 태종이 정말 좋은 사냥매를 얻었다. 태종은 수시로 이 사냥매를 데리고 놀았다. 그런데 갑자기 위징이 나타나자 태종은 위징의 바른말을 듣기 싫어 사냥매를 얼른 품속에 집어넣었다. 위징은 태종에게 성현들의 이런저런 이야기로 시간을 끌었다. 태종은 품속의 매가 숨이 막혀 죽을까 걱정이 되었지만 어쩔 수가 없었다. 한참 뒤 위징이 떠나고 품에서 사냥매를 꺼내보니 이미 죽은 뒤였다.

한번은 태종이 조회를 마친 뒤 얼굴이 벌겋게 상기되어 내전으로 돌아오며 중얼거렸다.

"내가 다음에는 그 늙은이를 꼭 죽여 버리겠다." 이를 본 문덕황후〔長孫氏〕가 물었다.

"누가 폐하의 심기를 건드리셨습니까?"

"위징은 조회 때마다 나를 모욕합니다."

황후는 잠시 뒤, 황후의 정복을 입고 나와 태종에게 절을 올렸다. 태종이 깜짝 놀라 까닭을 물었다. 황후는 "제가 듣기로는 주군이 명철하면 신하가 곧바르다(直)고 하였습니다. 지금 위징이 바른말을 한다는 것은 폐하께서 영명하시기 때문입니다. 제가 어찌 경축하지 않을 수 있겠습니까?"(이는 정관 6년(서기 632년)의 일이었다.)

정관 17년(서기 643년) 정월에 위징이 죽었다. 태종은 심하게 서러워했고 그 비문을 직접 썼다고 한다.

중국 역사상 최고의 치세라고 하는 貞觀의 治는 이처럼 바른말을 직간할 수 있는 신하와 그러한 바른말을 수용할 수 있는 황제가 있었기에 가능했었다.

(6) ○ 張蘊古獻大寶箴. 有曰, 以一人治天下, 不以天下奉一人. 又曰, 壯九重於內, 所居不過容膝. 彼昏不知, 瑤其臺而璿其室. 羅八珍於前, 所食不過適口. 惟狂罔念, 丘其糟而池其酒. 又曰, 勿沒沒而闇, 勿察察而明. 雖冕旒蔽目, 而視於無形, 雖黈纊塞耳, 而聽於無聲. 上嘉其言.

장온고가 〈대보잠〉이란 글을 올렸다. 거기에는 '한 사람이 천하를 통치하지만 천하로 하여금 한 사람을 받들게 해서는 안 된다.' 라 하였고, 또 '아홉 겹(九重)의 莊麗(장려)한 대궐 문을 두어 대궐을 지어도 눕는 곳은 무릎을 뻗을 만한 공간이다. 저들이 우매하여 알지 못하기에 집이나 방을 온갖 옥으로 꾸민다. 팔진미를 차려 놓아도 먹는 것은 입에 맞는 것 일부분뿐이다. 마음이 미쳐 있고 생각이 없기에 술지게미가 산을 이루고 술이 연못을 만들 뿐이다.' 라는 말이 있었다.

또 말하기를, 황제된 자는 '어느 하나에 푹 빠져 어리석은 짓을 하지 말 것이며, 작은 것을 살피고 또 살피면서 명철하다 하지 말라! 비록 황제의 면류관이 눈을 가리지만

心眼(심안)으로 보이지 않는 것의 옳고 그름(曲直)을 보아야 하며, (면류관의) 귀막이 솜이 귀를 막지만 소리가 없어도 바르고 삿됨(正邪)은 들어야 한다.' 라고 하였다. 황제는 그 말을 가상하다고 했다.

○ 張蘊古獻大寶箴. 有曰, 以一人治天下, 不以天下奉一人. 又曰, 壯九重於內, 所居不過容膝. 彼昏不知, 瑤其臺而璚其室. 羅八珍於前, 所食不過適口. 惟狂罔念, 丘其糟而池其酒. : 張蘊古가 〈大寶箴 대보잠〉이란 글을 올렸다. 거기에서 쓰여 있기를 '한 사람이 천하를 통치하지만 천하로 하여금 한 사람을 받들게 해서는 안 된다.' 라 하였고, 또 '아홉 겹(九重)의 장려한 대궐 문을 두어 대궐을 지어도 눕는 곳은 무릎을 뻗을 만한 공간이다. 저들이 우매하여 알지 못하기에 집이나 방을 온갖 옥으로 꾸민다. 팔진미를 차려 놓아도 먹는 것은 입에 맞는 것 일부분뿐이다. 마음이 미쳐 있고 생각이 없기에 술지게미가 산을 이루고 술이 연못을 만들 뿐이다.' → 생각이 없는 군주가 사치하고 주색에 빠진다는 뜻임.

 - 蘊 쌓을 온. 간직하다. 포용하다. 獻 바칠 헌. 올리다.

 - 大寶(대보) ; 天子의 자리. 箴 바늘 잠. 경계하다. 충고하다. 지위 높은 사람의 경계. 문체의 하나. 마음이나 행동을 경계하는 내용을 주로 한 운문.

 - 膝 무릎 슬. 容膝(용슬) ; 무릎을 펼만한 공간. 집이 매우 좁음. 昏 어둘 혼. 우매하다.

- 瑤 아름다운 옥 요. 璚 옥 이름 경.   八珍(팔진) ; 여러 珍味. 適口(적구) ; 입에 맞는 음식.

- 罔 그물 망. 그물질하다. 없다.   丘 언덕 구. 언덕을 이루다. 糟 술지게미 조. 술을 거르고 난 찌꺼기.

- 丘其糟而池其酒(구기조이지기주) ; 술지게미가 언덕을 이루고, 술이 연못을 이루다. 많은 술.

○ 又曰, 勿沒沒而闇, 勿察察而明. 雖冕旒蔽目, 而視於無形, 雖黈纊塞耳, 而聽於無聲. 上嘉其言. : 또 말하기를, 황제된 자는 '어느 하나에 푹 빠져 어리석은 짓을 하지 말 것이며, 작은 것을 살피고 또 살피면서 명철하다 하지 말라! 비록 황제의 면류관이 눈을 가리지만 心眼(심안)으로 보이지 않는 것의 옳고 그름(曲直)을 보아야 하며, (면류관의) 귀막이 솜이 귀를 막지만 소리가 없어도 바르고 삿됨(正邪)은 들어야 한다.' 라고 하였다. 황제는 그 말을 가상하다고 했다.

- 勿 말 물. ～하지 말라. 禁止辭. 다음의 闇(암)까지 걸림. 沒 빠질 몰. 沒沒(몰몰) ; 매몰되다. 푹 빠지다. 가라앉아 없어지다.

- 闇 닫힌 문 암. 어둡다. 어리석다. 察 살필 찰. 察察(찰찰) ; 아주 작은 것까지 살피고 또 살핌. 조사가 세밀한 모양.

- 冕 면류관 면. 旒 깃발 류. 冕旒(면류) ; 天子나 大夫들이 쓸 수 있는 관. 겉은 검고 속은 붉은 직사각형 판에 구슬을 꿴 旒(류)를 매달았는데 천자는 12줄이고 제후는 9줄이었다. 보아서는 안 될 것은 보지 말라는 의미와 함께 마음으로 상대를 통찰하라는 의미가 있다. 宋代 이후에 신하들은 쓸 수 없었다.

– 蔽 가릴 폐.　黈 누런빛 주. 귀막이 솜.　纊 솜 광. 누에고치 솜.　黈纊(주광) ; 누런 빛의 솜을 면류관 양옆에 달았는데 이는 天子가 들어야 할 말이나 소리는 듣고, 들어서는 안 될 소리를 듣지 말라는 뜻이었다.

– 塞 막을 색. 요새 새.　上 ; 천자.　嘉 아름다울 가. 아름답게 여기다.

【참고】 인재 등용 – 長點만을 취하는 것.

❖ 貞觀의 治가 모범적이었다는 2번째 근거는 言路 열어 놓기에 이어 인재등용에서 찾아야 한다. 태종의 인재등용은 성공적이었다.

예를 들어 본다면 어느 시대이든 천재는 있었다. 다만 그 천재가 천재성을 살릴 수 있는 기회가 주어졌느냐? 아니냐에 따라 천재가 존재했거나 죽었을 뿐이다.

어째서 당 태종 그 시절에만 훌륭한 재상감이나 인재들이 많았겠는가? 어느 시대인들 글씨 잘 쓰는 사람은 있었다. 그러나 태종이 書道에 관심을 갖고 인재를 찾고 키웠기에 그 시절에 뛰어난 명필이 줄줄이 나왔다.

魏徵(위징)은 태자 建成의 막료로 '진왕 世民을 제거하라'고 여러 번 건의했었다. 건성이 죽은 뒤 이세민 앞에 잡혀온 위징은 당당했다.

"그때 太子가 내 말을 받아들였으면 오늘의 이런 일은 없었을 것입니다!"

이 얼마나 당당한 사나이인가? 보통 사람이라면 위징을 당장 죽였을 것이다. 그러나 이세민은 위징을 살려주었을 뿐만 아니라 오히려 신임했다.

太宗의 重臣 중에는 煬帝(양제)를 섬긴 사람, 태자 건성을 섬긴 관료는 물론 왕세충의 장군도 있었고, 당나라에 저항하는 봉기를 일으킨 장군도 있었다. 태종이 그들을 모두 받아들인 것은 인재란 제각각 뛰어나고 잘하는 영역이 있기 때문이었다. 마치 칼은 날카롭기에 무기로 쓰고, 바퀴는 둥글기에 수레에 쓰이는 것과 마찬가지였다.

태종은 隋에서 시작한 과거제도를 보다 확충하는 정책을 폈다. 과거제도는 문벌에 의한 인재 등용이 아니라 학식과 능력에 의한 인재 등용이며 인재 등용의 폭을 그만큼 넓히는 효과가 있었다. 곧 중소지주계층에게 정치참여의 기회를 확대해 준 것이었다.

당 왕조에 369명의 재상이 있었는데 그중 절대다수가 과거를 통해 등용된 사람이었다고 한다. 그렇다면 중, 고급 관료나 지방관을 포함한다면 과거 합격자가 당의 정치를 이끌었다고 말할 수 있다.

당 태종의 인재 등용은 우선 그 문호를 넓혔다는 점과 지난날을 따지지도 묻지도 않았으며 오늘의 그가 무엇을 할 수 있는가를 고려하여 채용하는 인재 등용이었다.

같은 물건이라도 누가 쓰느냐에 따라 활용도는 엄청난 차이가 있다. 컴퓨터를 가지고 게임만을 하느냐, 아니면 유익한 정보를 얻을 수 있는 도구로 활용하느냐는 사용하는 사람에게 달렸다. 인재의 특성에 맞게 인재를 활용하는 것은 당 태종 시절이나 현대의 경영에서나 똑같이 중요하다.

2) 唐의 대외관계

(1) ○ 分天下爲十道. 因山川形便, 曰, 關內·河南·河東·河北·山南·隴右·淮南·江南·劍南·嶺南. ○ 遣將討梁師都. 其下殺之以降, 以其地爲夏州. ○ 太常祖孝孫, 奏唐雅樂. ○ 貞觀二年, 又出宮女三千餘人.

○ 貞觀(정관) 원년, 태종은 천하를 10도로 나누었다. 이는 산천의 형세에 따른 것으로 관내, 하남, 하동, 하북, 산남, 농우, 회남, 강남, 검남, 영남도이다.

○ 장수를 보내 양사도를 토벌했다. 그 아랫사람이 양사도를 죽이고 투항하여 그 땅을 夏州(하주)로 삼았다.

○ 태상시인 조효손이 당의 아악을 지어 상주하였다.

○ 정관 2년에, 다시 궁녀 3천여 명을 내보냈다.

어구 설명

○ 分天下爲十道. 因山川形便, 曰, 關內·河南·河東·河北·山南·隴右·淮南·江南·劍南·嶺南. : 貞觀 원년, 태종은 天下를 十道로 나누었다. 이는 山川의 형세에 따른 것으로 關內, 河南, 河東, 河北, 山南, 隴右, 淮南, 江南, 劍南, 嶺南道이다.

─ 十道 ; 이를 '貞觀 十道' 라고 한다. 이 十道에는 存撫使(존무

사) 또는 按察使(안찰사)를 보냈는데 이는 監察官으로 필요에 의해 파견하였으며 十道의 고정된 治所도 없었다. 개원 21년에는 전국을 15道로 나누었는데 '開元 十五道'라 하고 고정된 감찰관인 觀察使를 파견하고 고정된 治所를 두었다.

 － 隴 고개 이름 농(롱).　 劍 칼 검.　劍南 ; 지금의 사천성 일대.

○ 遣將討梁師都. 其下殺之以降, 以其地爲夏州. : 장수를 보내 梁師都(양사도)를 토벌했다. 그 아랫사람이 양사도를 죽이고 투항하여 그 땅을 夏州로 삼았다.

 － 梁師都(양사도) ; 朔方(지금의 陝西 靖邊 白城子)을 근거로 돌궐과 연합하여 존속된 지방 정권의 우두머리(재위 617～628년). 당이 공격하자 양사도의 사촌이 양사도를 죽이고 당에 투항했다.

○ 太常祖孝孫, 奏唐雅樂. ; 太常寺(태상시)의 조효손이 당의 아악을 지어 상주하였다.

 － 太常寺(태상시) ;　宗廟 祭祀 및 제사용 음악을 담당하는 관청. 우두머리는 太常寺卿. 이때 寺는 '절 사'의 뜻이 아니라 '관청 시', '내시 시'로 읽는다.

 － 祖孝孫(조효손) ; 曆法과 數學에 정통했고 고대의 음악과 여러 夷狄(이적)의 음악에서 선택하여 雅樂을 제정했다.

○ 貞觀二年, 又出宮女三千餘人. : 정관 2년에, 다시 궁녀 3천여 명을 자기 집으로 보냈다.

【참고】 기술 관련 업무 부서

❖ 국가의 통치에는 재상과 3성 6부만으로는 이루어지지 않는다. 이미 중앙관제를 설명하면서 國子監 등 5감에 대해서는 설명했었다. 九寺(9시)의 업무는 다음과 같다.

太常寺(태상시 ; 의례, 종묘나 산천에 대한 제사, 음악 담당)

光祿寺(광록시 ; 황실의 음식 관련 업무)

衛尉寺(위위시 ; 兵器, 의장 담당 업무)

宗正寺(종정시 ; 황실족보기록 및 관리)

太僕寺(태복시 ; 황실용 거마 관리)

大理寺(대리시 ; 재판, 형벌 관련 업무)

鴻臚寺(홍려시 ; 주변국 외교 사신 접대)

司農寺(사농시 ; 비축 군량, 창고 관리)

太府寺(태부시 ; 재정 지출)

(2) ○ 故事, 軍國大事, 中書舍人, 各執所見, 雜署其名, 謂之五花判事. 中書侍郎·中書令省審之, 給事中·黃門侍郎駁正之. 上謂王珪曰, 國家本置中書門下, 以相檢察, 卿曹勿雷同也. 時珪爲侍中, 房玄齡·杜如晦爲僕射, 魏徵守祕書監, 參預朝政. 玄齡謀事, 必曰, 非如晦不能決. 及如晦至, 卒用玄齡策, 蓋玄齡善謀, 如晦善斷, 二人同心徇國. 故唐世

稱賢相, 推房·杜焉. 徵嘗告上曰, 願使臣爲良臣,
勿使臣爲忠臣. 上曰, 忠良異乎. 徵曰, 稷·契·皐
陶, 君臣協心, 俱享尊榮, 所謂良臣. 龍逢·比干,
面折廷爭, 身誅國亡, 所謂忠臣. 上悅.

당나라에서는 전부터 관례에 따라, 군사와 국정의 중요
한 일은 중서성의 사인들이 각자의 의견을 첨부하며 거기
에 자신의 이름을 써 올리는데 이를 '오화판사' 라 하였다.
그 文案(문안)은 중서시랑과 중서령이 살펴 심의하고 (문
하성의) 급사중과 황문시랑이 이를 최종적으로 심의하고
결정하였다.

태종이 왕규에게 말했다. "나라에 중서성과 문하성을 설
치한 근본은 서로 검토하고 살피라는 뜻이니, 경들은 함부
로 남의 말에 따라하지 마시오." 그때 왕규는 문하시중이
었고, 방현령과 두여회는 (상서성의) 복야였고, 위징은 비
서감의 낮은 자리에서 나라의 정치에 참여하고 있었다.

방현령은 국사를 구상하는데 있어 꼭 "두여회가 없으면
결정할 수가 없다."고 하였다. 두여회가 들어오더라도 끝
내는 방현령의 대책을 채용하게 되는데, 아마도 이는 방현
령은 기획을 잘하고, 두여회는 결단을 잘했기 때문이었으
며 두 사람이 한마음으로 국가에 헌신하였다. 그래서 당나
라 사람들은 현명한 재상으로 방현령과 두여회를 꼽았다.

위징이 태종에게 말했다. "제가 좋은 신하가 될 수 있게 해주시고 충신이 되지 않도록 해주시기를 바랍니다." 그러자 태종이 물었다. "충신과 좋은 신하는 다릅니까?" 위징이 대답했다. 舜(순)을 섬긴 "후직과 설, 고요는 주군과 신하가 협심하여 같이 존경과 영화를 누렸으니 좋은 신하라 말할 수 있습니다. 夏(하)의 桀王(걸왕)을 섬긴 관용봉과 비간은 주군의 고집을 꺾으며 조정에서 논쟁을 했습니다만, 몸은 죽었고 나라는 망했으니 충신이라 할 수 있습니다."

이에 태종이 기뻐하였다.

房玄齡(방현령)

어구 설명

○ 故事, 軍國大事, 中書舍人, 各執所見, 雜署其名, 謂之五花判事. 中書侍郎·中書令省審之, 給事中·黃門侍郎駁正之. : 당나라에서는 전부터 관례에 따라, 군사와 국정의 중요한 일은 中書성

의 舍人들이 각자의 의견을 첨부하며 거기에 자신의 이름을 써 올리는데 이를 '五花判事'라 하였다. 그 文案(문안)은 중서시랑과 中書令이 살펴 심의하고 (문하성의) 급사중과 황문시랑이 이를 최종적으로 심의하고 결정하였다.

　- 故事(고사) ; 예로부터 내려오는 규칙이나 정례, 관습.

　- 中書舍人(중서사인) ; 중서성의 舍人. 舍人은 군왕 또는 귀족의 近臣이라는 뜻. 《新唐書 · 百官志二》에 의하면 '중서사인은 6인이며 정 5품 이상이다. 황제에게 상주할 문건이나 의논에 붙일 업무, 조칙이나 책명 등을 起草'하는 일을 담당했다.

　- 署 관청 서. 나누어진 부서. 쓰다. 적다. 手決(수결)을 하다.

　- 各執所見, 雜署其名 ; 각자 자기의 의견을 붙여 그 이름을 중간에 쓰다. → 이는 실무자의 의견을 반영한다는 의미가 있다.

　- 五花判事 ; 五花紙라는 다섯 가지의 美麗(미려)한 종이에 의견을 표시하였기에 이런 말이 생겼다.

　- 中書侍郎 ; 중서성의 시랑.　侍郎은 副 責任者.

　- 中書令 ; 중서성의 책임자.　省審(성심) ; 살펴 심의하다.

　- 給事中 ; 문하성의 관직명.　黃門侍郎 ; 문하성의 부 책임자. '문하시랑'이라고 했다. 문하성의 책임자는 侍中(문하시중).

　- 門下省(문하성) ; 신하들이 올리는 내용이나 중서성에서 초안을 잡아 올린 조칙의 옳고 그름을 따져 반박하였는데 이를 封駁(봉박)이라 하였다. 초안을 되돌려 주는가, 아니면 상주하는가의 결정은 거의 給事中의 권한이었다.

　- 駁 얼룩말 박. 어긋나다. 그릇되다. 駁正(박정) ; 잘못을 따져 바로 잡다.

○ 上謂王珪曰, 國家本置中書門下, 以相檢察, 卿曹勿雷同也. 時珪爲侍中, 房玄齡 · 杜如晦爲僕射, 魏徵守祕書監, 參預朝政. : 태종이 王珪에게 말했다. "國家에 中書省과 門下省을 설치한 근본은 서로 검토하고 살피라는 뜻이니, 경들은 함부로 남의 말에 따라하지 마시오." 그때 왕규는 문하시중이었고, 房玄齡과 杜如晦는 (상서성의) 僕射(복야)였고, 魏徵은 祕書監의 낮은 자리에서 나라의 정치에 참여하고 있었다.

 − 王珪(왕규, 570~639년) ; 처음에는 태자 이건성의 심복, 현무문의 변 이후 태종이 중용. 初唐 4대 名相 중 한 사람.

 − 檢察(검찰) ; 점검하고 따져 보다. 卿 벼슬 경. 曹 마을 조, 관청 조, 무리 조. 여기서는 '卿들은 ~'

 − 雷同(뇌동) ; 덩달아 찬성하다. 僕射(복야) ; 관직명. 射 쏠 사. 맞힐 석. 벼슬이름 야.

 − 尙書僕射(상서복야) ; 尙書省의 부 책임자. 좌복야 우복야 2인. 尙書令이 대개의 경우 비워 있었기에 尙書僕射가 尙書省의 실질적 책임자로 6部를 각각 3개씩 장악하고 있었다.

 − 守 지킬 수. 직무, 지방관. 벼슬의 지위는 낮지만 관직은 높은 지위(位卑攝高官). 祕書省의 책임자인 비서감은 낮은 자리이지만 고관을 역임했던, 곧 품계가 높은 사람을 그 자리로 발령을 내는 것.

 − 祕書監(비서감) ; 황실 및 국가의 도서, 문서의 보관 관리하는 祕書省의 책임자(祕가 正字, 秘는 俗字).

 − 參預朝政(참예조정) ; 나라의 정치에 참여하다.

○ 玄齡謀事, 必曰, 非如晦不能決. 及如晦至, 卒用玄齡策, 蓋玄齡

善謀, 如晦善斷, 二人同心徇國. 故唐世稱賢相, 推房·杜焉. : 방현령은 국사를 구상하는데 있어 꼭 "두여회가 없으면 결정할 수가 없다."고 하였다. 두여회가 들어오더라도 끝내는 방현령의 대책을 채용하게 되는데, 아마도 이는 방현령은 기획을 잘하고, 두여회는 결단을 잘했기 때문이었으며 두 사람이 한마음으로 국가에 헌신하였다. 그래서 당나라 사람들은 현명한 재상으로 방현령과 두여회를 꼽았다.

－玄齡 ; 방현령.　如晦(여회) ; 두여회.　卒 군사 졸. 마침내, 마지막에, 갑자기.　蓋 덮을 개. 아마도.

－徇 따를 순, 주창할 순. 殉과 동. 여기서는 헌신하다.　同心徇國(동심순국) ; 한마음으로 국가에 헌신하다.

○ 徵嘗告上曰, 願使臣爲良臣, 勿使臣爲忠臣. 上曰, 忠良異乎. 徵曰, 稷·契·皋陶, 君臣協心, 俱享尊榮, 所謂良臣. 龍逢·比干, 面折廷爭, 身誅國亡, 所謂忠臣. 上悅. : 위징이 태종에게 말했다. "제가 좋은 신하가 될 수 있게 해주시고 忠臣이 되지 않도록 해주시기를 바랍니다." 그러자 태종이 물었다. "충신과 좋은 신하는 다릅니까?" 위징이 대답했다. 舜(순)을 섬긴 "후직과 설, 고요는 주군과 신하가 협심하여 같이 존경과 영화를 누렸으니 좋은 신하라 말할 수 있습니다. 夏(하)의 桀王(걸왕)을 섬긴 관용봉과 비간은 주군의 고집을 꺾으며 조정에서 논쟁을 했습니다만 몸은 죽었고 나라는 망했으니 충신이라 할 수 있습니다." 이에 태종이 기뻐하였다.(태종에게 폭군이 되지 말라는 당부의 뜻이었다.)

－願使臣爲良臣 ; 臣으로 하여금 良臣이 되게 해주시기 바란다.

忠良異乎(충량이호) ; 忠臣과 良臣이 다른가?

 - 稷 기장 직.   后稷(후직) ; 周를 건국한 周族, 姬姓(희성)의 시조. 이름은 弃(기), 舜 임금의 신하. 농업(곡식)의 神으로 숭배됨.

 - 契 맺을 계. 종족 이름 글(契丹 → 글란 → 거란). 사람 이름 설.〈姓은 子, 名은 契, 帝嚳(제곡)의 아들. 禹임금의 치수 사업을 잘 도와준 사람.〉

 - 皐 연못 고. 명령할 호, 현이름 호. 皋와 동자. 대법원 인명용 한자음은 고이다.   陶 질그릇 도, 기쁠 도. 화락하게 즐길 요. 皐陶(고요) ; 舜임금의 신하. 법을 제정하고 감옥을 만들었다.

 - 俱享尊榮(구향존영) ; 같이 존경을 받으며 영화를 누리다.

 - 龍逢(용봉) ; 關龍逢(관용봉), 夏 왕조의 桀王을 섬긴 大臣. 걸왕의 폭정을 여러 차례 직간했지만 끝내 걸왕에 의해 죽음을 당함.

 - 比干(비간) ; 商(殷)나라의 폭군 紂王(주왕) 때의 승상. 紂王의 三大忠臣의 한 사람.《論語》에서는 微子(미자), 箕子(기자), 比干(비간)을 '殷 三仁' 이라 했다.

 - 面折廷爭(면절정쟁) ; 왕의 면전에서 왕의 고집을 꺾으려 하고 조정에서 논쟁을 하다.

 - 身誅國亡(신주국망) ; 몸은 죽음을 당했고, 나라는 망했다.

 - 上悅 ; 皇上이 기뻐했다.

唐의 統治組織(통치조직)

皇帝(황제)

(三省)
中書省(중서성)
尙書省(상서성)
門下省(문하성)

(六部)
工部(공부)
刑部(형부)
兵部(병부)
禮部(예부)
戶部(호부)
吏部(이부)

어사대
내시성
전중성
비서성

(九寺)
태상시, 광록시
위위시, 종정시
태복시, 대리시
홍려시, 사농시
태부시

(五監)
국자감, 소부감, 장작감
군기감, 도수감

【참고】 三省六部(삼성육부) 제도의 장단점

❖ 唐의 3성 6부 제도는 오늘날의 3권 분립과는 다르지만 나름대로 상당히 민주적이며 합리적인 제도였다. 특히 세습 전제군주제에서 이러한 제도가 잘 운영이 되면 황제의 독주를 막을 수 있으며, 또 용렬한 군주가 있더라도 그 결점을 보완하여 왕조의 수명을 연장할 수 있었다. 실제로 고려와 조선의 정치를 대략 조감해 보아도 영명한 군주보다 보통이거나 보통 이하의 능력을 가진 국왕이 많았지만 나라의 수명이 500년 전후로 유지되었다는 것은

이러한 제도의 덕분이라 할 수도 있다.

3성 6부 제도의 우수한 점으로는

ㄱ) 재상이 정권을 오로지 할 수 있는 길을 막았다. 즉 황제의 명령이라도 그것의 초안을 마련하고 심의하며 실천하는 기관이 서로 견제할 수 있어 황제의 신임을 받는 재상의 독재를 예방할 수 있는 기능을 갖고 있었다.

ㄴ) 君權과의 균형을 유지할 수 있었다. 모든 정책의 최초 입안은 중서성에서 담당하고 황제는 可, 不可를 선택하는데 可가 된 정책만이 상서성에서 실행할 수 있다. 중서·문하성에서 이를 초안하고 심의하지 않으면 황제 명령은 시행될 수 없었다.

ㄷ) 재상들의 합의체로 운영되었다. 中書, 門下, 尙書의 三省은 수시로 한데 모여 정책의 대강을 논의하였고, 결재 과정에서 반드시 실무자의 의견을 첨부하고 서명토록 한 것은 최고위직만이 의사 결정을 하는 것이 아니고 실무자의 의견을 최대한 반영할 수 있는 합의제라 할 수 있다.

ㄹ) 分明한 업무구분과 적정 규모의 인원을 갖춰 운영되었다. 三省六部의 권한과 책임은 분명히 구분되어 있고 조직도 완비되어 있었다. 6부는 조정의 업무를 담당하였고 황제와 황실을 위한 업무는 九寺(9시)에서 분담하였다. 이는 우리나라에서 행정부의 부서 업무와 대통령의 참모라 할 수 있는 비서실의 업무를 구분한 것과 같다고 할 수 있다.

3성 6부 제도의 단점으로는

ㄱ) 정책의 구상과 심의와 실천의 구분은 상호 견제와 책임소재를 분명히 할 수 있다는 측면도 있지만, 실제로는 시비에 대한 논쟁이 끊임없이 일어나 비효율과 함께 정책결정이 불가능할 경우도 있었으며,

ㄴ) 당대에는 수상에 해당하는 명칭과 자리가 너무 많았다. 태종과 같은 영명한 황제가 있을 때는 문제가 표면화되지는 않았지만 이는 비효율적 분산이라는 비판을 받을 수밖에 없었다.

(3) ○ 初突厥旣强, 敕勒諸部分散, 有薛延陀 · 回紇等十五部, 皆居磧北. 頡利政亂, 薛延陀 · 回紇等叛之, 加以民大飢, 羊馬多死. 奉使者還, 及邊帥, 皆言突厥可取之狀. 詔以李靖爲定襄道行軍總管, 統諸軍討之. 靖襲破突厥於陰山, 頡利可汗遁走, 唐將擒之以獻. 時突利可汗先已入朝, 上處突厥降衆, 東自幽州, 西至靈州, 分突利地爲四州, 分頡利地爲六州. 左置定襄都督, 右置雲中都督, 以統其衆, 以突利爲順州都督, 頡利爲右衛大將軍.

그 전에, 돌궐족이 강성했을 때에 敕勒(칙륵)의 여러 부족은 薛延陀(설연타)나 回紇(회흘) 等 15부로 분산되어 모

두 몽고 사막(지금의 내몽고) 북쪽에 살고 있었다. 東突厥 (동돌궐) 힐리가한의 정치가 어지러워지자 설연타와 회흘 등이 돌궐에 반기를 들었고 거기에다가 종족은 크게 굶주 리고 말과 羊이 많이 죽었다.

이때 당나라에서 명을 받아 사신으로 갔다가 돌아온 사 람과 변방의 장수들은 모두 돌궐을 빼앗을 수 있는 상황이 라고 말했다. 태종은 이정을 정양도행군총관으로 삼아 제 군을 거느리고 나가 토벌하라고 명했다. 이정은 음산에서 돌궐을 격파하였고, 힐리가한은 피해 달아났으나 당의 장 수가 생포하여 황제에게 바쳤다.

이때, 돌리가한은 이미 당에 입조했었는데 태종은 돌궐 의 항복한 사람들을 다스리기 위해 동쪽으로는 유주로부 터, 서쪽으로는 영주까지 돌 리가한이 통치하던 땅을 4주 로 나누었고, 힐리가한이 다 스리던 땅은 6주로 나누었다. 그리하여 좌측에는 정양도독 을 두고, 우측에는 운중도독 을 두어 그 무리들을 통치하 게 하였으며, 돌리를 순주도 독으로, 힐리를 우위대장군 으로 임명했다.

李靖(이정)

○ 初突厥旣强, 敕勒諸部分散, 有薛延陀·回紇等十五部, 皆居磧北. 頡利政亂, 薛延陀·回紇等叛之, 加以民大飢, 羊馬多死. : 그전에, 돌궐족이 강성했을 때에 敕勒(칙륵)의 여러 부족은 薛延陀(설연타)나 回紇(회흘) 等 15부로 분산되어 모두 몽고 사막(지금의 내몽고) 북쪽에 살고 있었다. 東突厥(동돌궐) 頡利可汗(힐리가한)의 정치가 어지러워지자 薛延陀(설연타)와 回紇 등이 돌궐에 반기를 들었고 거기에다가 종족은 크게 굶주리고 말과 羊이 많이 죽었다.

－突厥(돌궐) ; 흉노족의 별종. 오늘날 土耳其(터키)인들이 그들의 직계 후예로 알려졌다. 돌궐 汗國(한국)이 583년에 분열하여 東突厥(583～630年)이 됨. 唐朝에서는 629년 出兵하여 그 우두머리 頡利可汗을 생포하여 東突厥은 멸망하였다.

－敕 조서 칙. 勅과 同. 勒 말 재갈 늑(륵). 敕勒(칙륵) ; 부족 이름. 鐵勒이라고도 씀.

－薛延陀(설연타) ; 흉노족에서 갈라진 敕勒(칙륵)의 한 부족. 준가르 분지 일대에 高車國을 세우기도 했다.

－回紇(회흘) ; 위구르 족. 囬＝回(돌 회)의 고자 磧 서덜 적. 모래톱. 사막. 磧北 ; 몽고 고비사막 북쪽. 飢 굶주릴 기.

○ 奉使者還, 及邊帥, 皆言突厥可取之狀. 詔以李靖爲定襄道行軍總管, 統諸軍討之. 靖襲破突厥於陰山, 頡利可汗遁走, 唐將擒之以獻. : 이때 당나라에서 명을 받아 사신으로 갔다가 돌아온 사람과 변방의 장수들은 모두 돌궐을 빼앗을 수 있는 상황이라고 말했

다. 태종은 李靖을 定襄道行軍總管으로 삼아 諸軍을 거느리고 나가 토벌하라고 명했다. 이정은 陰山에서 돌궐을 격파하였고, 頡利可汗은 피해 달아났으나 당의 장수가 생포하여 황제에게 바쳤다.

 - 奉使者還(봉사자환) ; 명을 받은 사자가 돌아와서는,

 - 邊帥(변수) ; 변방의 장수.　皆言突厥可取之狀 ; 모두 돌궐을 뺏을 수 있는 상황이라고 말했다.

 - 李靖(이정, 571~649년) ; 정관 3년 629년에 定襄道行軍總管에 임명되었다.　定襄(정양) ; 지금 山西省에 있던 지명.

 - 行軍摠管(행군총관) ; 출정군의 총 대장.

 - 陰山(음산) ; 고비사막 남쪽 하북, 산서, 섬서성의 북쪽에 있는 산맥.　遁 달아날 둔, 피할 둔.

 - 擒 사로잡을 금. 唐將 張寶相이 사로잡았다.

○ 時突利可汗先已入朝, 上處突厥降衆, 東自幽州, 西至靈州, 分突利地爲四州, 分頡利地爲六州. 左置定襄都督, 右置雲中都督, 以統其衆, 以突利爲順州都督, 頡利爲右衛大將軍. : 이때, 突利可汗은 이미 당에 入朝했었는데 태종은 돌궐의 항복한 사람들을 다스리기 위해 동쪽으로는 幽州(유주)로부터, 서쪽으로는 靈州(영주)까지 突利可汗이 통치하던 땅을 四州로 나누었고, 頡利可汗이 다스리던 땅은 六州로 나누었다. 그리하여 左측에는 定襄都督을 두고, 우측에는 雲中都督을 두어 그 무리들을 통치하게 하였으며, 突利를 順州都督으로, 頡利를 右衛大將軍으로 임명했다.

 - 幽 어둘 유. 가두다. 幽州 ; 오늘의 北京, 天津 일대.

(4) ○ 林邑遣使入貢. ○ 伊吾來降, 置伊西州. ○ 高昌王麴文泰入朝. ○ 先是, 四夷君長詣闕, 請帝爲天可汗. 上曰, 我爲大唐天子, 又下行可汗事乎. 羣臣及四夷, 皆稱萬歲. 自是後璽書賜西北君長, 皆稱天可汗. ○ 貞觀四年, 蔡公如晦卒. 上語及必流涕. ○ 是歲大有秊. 上之初卽位也, 常與羣臣語及敎化. 曰, 大亂之後其難治乎. 魏徵對曰, 饑者易爲食, 渴者易爲飮. 封德彝曰, 三代以還, 人漸澆訛. 故秦任法律, 漢雜霸道. 蓋欲化不能, 豈能之而不欲邪.

○ 林邑(安南)에서 사신을 보내 조공했다.

○ 伊吾(이오)가 투항해 와서 이서주를 설치하다.

○ 서역의 고창왕인 국문태가 입조했다.

○이보다 앞서, 四夷의 군장들이 궁궐에 모여 황제에게 天可汗이 되어줄 것을 요청했다. 태종은 "나는 대당의 천자인데 또 아래로 가한의 일을 해야 한단 말이냐?" 하였다. 여러 신하와 四夷들이 모두 만세를 불렀다. 이로부터 서북의 군장들에게 내리는 옥쇄에는 '天可汗(천가한)'이라 쓰기 시작했다.

○정관 4년에, 蔡公(채공)인 두여회가 죽었다. 태종은 두여회 이야기를 할 때는 꼭 눈물을 흘렸다. 이 해에는 대 풍년이었다. 태종이 처음 즉위했을 때, 자주 여러 신하들과

교화에 대하여 이야기를 나누며 말했다. "대란을 겪은 뒤에는 다스리기가 어려운 것인가?" 위징이 대답하였다. "굶주린 자에게는 먹이기 쉽고, 목마른 자에게는 마시게 하기가 쉽습니다." 봉덕이가 이를 반박하며 말했다. "삼대 夏(하), 殷(은), 周(주) 이후로 백성들은 점차 나쁜 물이 들었습니다. 그래서 진에서는 엄한 법률에 의지하여 통치했고, 한에서는 패도와 왕도 정치를 뒤섞어 시행했습니다. 아마도 교화하고 싶어도 할 수 없었던 것이지, 어찌 할 수 있는데도 하지 않았겠습니까?"

어구 설명

○ 林邑遣使入貢. : 林邑에서 使臣을 보내 조공했다.

– 林邑(임읍) ; 지금 安南(베트남)에 해당하는 지역에 있던 나라. 占城과 同. 入貢(입공) ; (唐의 입장에서) 들어와 조공하다.

○ 伊吾來降, 置伊西州 : 伊吾(이오)가 투항해 와서 伊西州를 설치하다.

– 伊吾(이오) ; 지금의 新疆(신강) 위구르 자치구 내의 哈密市(합밀시) 부근.

 ○ 高昌王麴文泰入朝. : 高昌王인 麴文泰가 入朝했다.

– 高昌 ; 今日의 新疆城(신강성) 吐魯番(투르판) 地區에 있던 나라. 張氏, 馬氏, 鞠氏의 고창국이 있었다. 서기 640년에 당에 의해 멸망한다.

  – 麴 누룩 국. 麴文泰(재위 623~640년 在位) ; 大唐西域記를
저술한 玄奘(현장)이 천축국에 갈 때 국문태의 열렬한 환영을 받
았다.

○ 先是, 四夷君長詣闕, 請帝爲天可汗. 上曰, 我爲大唐天子, 又下
行可汗事乎. 羣臣及四夷, 皆稱萬歲. 自是後璽書賜西北君長, 皆稱
天可汗. : 이보다 앞서, 四夷의 君長들이 궁궐에 모여 황제에게
天可汗이 되어줄 것을 요청했다. 태종은 "나는 大唐의 天子인데
또 아래로 可汗의 일을 해야 하는가?"라고 하였다. 여러 신하와
四夷들이 모두 만세를 불렀다. 이로부터 西北의 君長들에게 내리
는 옥쇄에는 '天可汗' 이라 쓰기 시작했다.

  – 四夷(사이) ; 華夏(화하)와 蠻夷(만이)의 구분에서 四夷는 東
夷(동이), 南蠻(남만), 西戎(서융), 北狄(북적)을 지칭함. 中國의
皇帝는 天子이고, 中國의 조정은 天朝이지만, 其他 國家와 조공
을 바치는 나라에서는 王이라 하여 구분하였다.

  – 君長 ; 정치적 우두머리. 詣闕(예궐) ; 황제의 궁궐에 모이다.

  – 天可汗(천가한) ; 汗(한)은 황제, 可汗(가한)은 大皇帝(대황제)
可汗은 흉노의 單于(선우)와 같은 존재인데 모든 이민족의 가장
상위의 존재이니 天을 붙인 호칭임.

  – 又下行可汗事乎 ; 그리고도 아래에 있는 可汗의 일까지 해야
하는가? → 唐 이외 지역의 통치는 '이미 可汗들에게 맡겼는데
거기까지도 내가 또 챙겨 주어야 하느냐?' 며 반문하면서 '그렇다
면 내가 할 수 없이 하겠다.' 는 뜻으로 수락하였다. → 지극히 中
華的인 발상에서 나온 기록임.

- 皆稱萬歲(개칭만세) ; 모두 만세를 불렀다.

- 萬歲(만세) ; 皇帝또는 君主에 대한 祝福의 의미로 부르는 구호. 大臣이 황제를 처음 만나면 '吾皇萬歲! 萬歲! 萬萬歲!'라 했던 말이 우리나라와 일본, 월남 지역에 퍼졌다.

- 自是後(자시후) ; 이로부터.   璽 도장 새, 옥새.

○ 貞觀四年, 蔡公如晦卒. 上語及必流涕. : 貞觀 4年(640년)에, 蔡公인 두여회가 죽었다. 태종은 두여회 이야기를 할 때는 꼭 눈물을 흘렸다.

- 語及(어급) ; 言及(언급)과 같음.   涕 눈물 체.

○ 是歲大有季. 上之初卽位也, 常與羣臣語及敎化. 曰, 大亂之後其難治乎. 魏徵對曰, 饑者易爲食, 渴者易爲飮. 封德彝曰, 三代以還, 人漸澆訛. 故秦任法律, 漢雜霸道. 蓋欲化不能, 豈能之而不欲邪. : 이 해에는 대 풍년이었다. 태종이 처음 즉위했을 때, 자주 여러 신하들과 교화에 대하여 이야기를 나누며 말했다. "大亂을 겪은 뒤에는 다스리기가 어려운 것인가?" 魏徵이 대답하였다. "굶주린 자에게는 먹이기 쉽고, 목마른 자에게는 마시게 하기가 쉽습니다." 封德彝(봉덕이)가 말했다. "三代 이후로 백성들은 점차 나쁜 물이 들었습니다. 그래서 秦에서는 엄한 법률에 의지하여 통치했고, 漢에서는 패도와 왕도 정치를 뒤섞어 시행했습니다. 아마도 교화하고 싶어도 할 수 없었을 뿐이지, 어찌 할 수 있는데도 하지 않았겠습니까?"

- 大有季(대유년) ; 대 풍년.   季 해 년(年의 本字).

- 大亂之後其難治乎(대란지후기난치호) ; 큰 혼란을 겪은 뒤에

는 혹시 통치가 어려운가? (추측하며 의문을 표시함.)

 - 饑者易爲食(기자이위식) ; 굶주린 자는 음식을 먹이는 일이 쉽다. → 큰 변란을 겪었다면 백성들을 교화하기가 오히려 쉬울 것이라는 뜻.

 - 彝 떳떳할 이.(彝는 彝의 俗字)   封德彝(봉덕이) ; 568~627년, 隋의 重要大臣, 唐朝 初年 宰相.

 - 三代 ; 夏, 殷, 周.   漸 물 스며들 점. 澆 물댈 요. 물을 뿌리다. 訛 그릇될 와. 澆訛(요와) ; 점점 경박해지다.

 - 秦任法律(진임법률) ; 秦나라에서는 법률에 의해 통치했다.

 - 漢雜霸道(한잡패도) ; 漢에서는 (왕도에) 패도를 혼합했다.

 - 蓋欲化不能(개욕화불능) ; 아마 교화정책을 펴고 싶었어도 할 수 없었을 것이다.

 - 豈能之而不欲邪(기능지이불욕야) ; 할 수 있었는데도 어찌 하려 하지 않았겠는가?

【참고】 음악과 교화

 ❖ 앞에서 태상시의 조효손이 아악을 만들었다는 내용이 있었는데 그때 태종이 말했다.

 "예악이란 聖人이 사물에서 느낀 바가 있어 지어낸 것이지 그것이 정치의 성패와 무슨 관련이 있겠는가?"

 그러자 어사대부인 杜淹(두엄)이 말했다.

 "남조의 齊(제)가 망할 무렵에 '伴侶曲(반려곡)'을 지었고, 陳(진)이 망할 때 '玉樹後庭花(옥수후정화)'란 곡을 지었는데 그

곡이 너무 애잔하고 슬퍼서 길을 가다 듣는 사람들이 모두 눈물을 흘렸습니다. 그런데 어찌 나라의 융성쇠퇴와 관련이 없겠습니까?"

그러자 태종이 다시 말했다.

"그렇지 않소! 음악이란 사람에게 감동을 주기 때문에 기분 좋은 사람에게는 기쁘고, 슬픈 사람에게는 슬픈 것이다. 그리고 기쁨과 슬픔은 사람 마음에 달린 것이지 어찌 음악에 달렸겠는가? 나라가 망할 때가 되면 그 정치에 백성들이 괴로워하고 있는데 그런 노래를 들었다고 슬프겠는가? 지금 두 곡을 공에게 들려준다면 공이 슬퍼지겠는가?"

그러자 위징도 음악의 목적 자체는 人和를 이루는 것이지 음률 자체에 있지 않다는 말을 하였다. 이는 정관 2년의 기록이다.

그러나 음악이 그 시대상을 반영하는 점은 인정해야 할 것이다. 그리고 敎化란 시대의 분위기를 이끄는 것이다. 건전하고 진취적인 시대사조를 위해서는 정직하고 건전한 생활과 근면한 노력이 있어야 한다. 정치가나 사회지도층의 언행이 사회에 영향을 끼친다는 것을 깊이 인식해야 하며 노블레스 오블리주(noblesse oblige)란 단순한 재산의 기부만을 뜻하지는 않을 것이다.

(5) 徵曰, 五帝·三王, 不易民而化, 湯·武皆乘大亂之後, 身致太平. 行帝道而帝, 行王道而王. 顧所行何如耳. 上卒從徵言. 元年, 關中饑, 斗米直絹一

匹. 二年, 天下蝗, 三年, 大水. 上勤而撫之, 未嘗嗟
怨. 至是天下大稔, 米斗三四錢. 終歲斷死刑, 纔十
九人. 東至于海, 南及五嶺, 皆外戶不閉, 行旅不齎
糧, 取給於道路焉. 上曰, 魏徵勸我行仁義, 今旣效
矣. 惜不令封德彝見之. 蓋德彝元年六月死矣.

위징이 말했다. "五帝와 三王은 선정을 베풀어서 백성의 생활과 생각들을 바꾸지 않고도 잘 교화를 했으며, 은의 탕왕과 주의 무왕은 모두 대란의 뒤에 다스렸지만 몸(仁義의 道)으로 태평세대를 이룩하였습니다. 황제의 道를 행하면 황제가 되고, 왕의 道로 다스리면 왕이 되는 것입니다. 자신이 황제나 왕이 되는 데는 어떻게 행한 바를 돌아보면 그뿐입니다." 태종은 마침내 위징의 말을 따랐다.

정관 원년에는 관중 땅에 흉년이 들어 쌀 한 말 값이 비단 1필과 같았다. 정관 2년에는 온 나라에 蝗虫(황충)의 피해가 있었고, 정관 3년에는 수해가 났었다. 황제가 부지런히 또 격려하고 위무했기에 한탄하거나 원망이 없었다. 동 4년에는 천하에 대풍이 들어 쌀 한 말이 겨우 3, 4전이었다.

일 년 동안 사형에 처해진 자는 겨우 19명이었다. 동으로는 바다에, 남으로는 오령산맥까지 모두가 밖의 문을 닫지 않았고 여행자들은 양식을 갖고 다니질 않았으며 길에서 끼니를 해결할 수 있었다. 이에 태종이 말했다. 전에 "위징

이 나에게 인의를 행하라고 권했는데 지금 효과가 나타났
도다. 위징의 의견에 반대했던 봉덕이가 이를 보지 못하는
것이 아쉽도다.”
  이미 봉덕이는 정관 원년 6월에 죽었다.

어구 설명

○ 徵曰, 五帝·三王, 不易民而化, 湯·武皆乘大亂之後, 身致太
平. 行帝道而帝, 行王道而王. 顧所行何如耳. 上卒從徵言. ： 위징
이 말했다. “五帝와 三王은 백성들을 바꾸지 않고도 교화를 했으
며, 湯王과 武王은 모두 大亂의 뒤에 다스렸지만 몸(仁義의 道)으
로 태평세대를 이룩하였습니다. 황제의 道를 행하면 황제가 되
고, 왕의 道로 다스리면 왕이 되는 것입니다. 자신이 황제나 왕이
되는 데는 어떻게 행한 바를 돌아보면 그뿐입니다.” 태종은 마침
내 위징의 말을 따랐다.
  – 徵 부를 징. 微(작을 미)와 혼동하기 쉬움. 魏徵 ; 人名.
  – 五帝 ; 少昊 金天氏(소호 금천씨), 顓頊 高陽氏(전욱 고양씨),
帝嚳 高辛氏(제곡 고신씨), 帝堯 陶唐氏(제요 도당씨), 帝舜 有虞
氏(제순 유우씨). 三王 ; 夏의 禹王(우왕), 殷의 湯王(탕왕), 周
의 文王(문왕) 武王(무왕).
  – 不易民而化(불역민이화) ; 백성들의 근본 생각을 바꾸지 않고
도 교화했다. 이는 仁義로 통치한다면 어떠한 백성이든 교화할
수 있다는 뜻임.

 - 乘 탈 승. 이용하다. 다스리다.   身致太平(신치태평) ; 몸으로 태평한 시대를 이룩하엿다.

 - 行帝道而帝(행제도이제) ; 황제(천자)의 도를 실천하면 황제가 된다. 끝의 帝는 동사로 쓰였다.

 - 顧 돌아볼 고.   顧所行何如耳(고소행하여이) ; 자신이 行한 것(所)이 어떠한가(何如)를 돌아볼 뿐입니다. 자신이 황제나 왕이 되는 데는 어떻게 한 것을 돌아보면 자신이 황제가 될만한지, 아니면 王이 될지 알 수 있다는 뜻. 耳는 斷定을 뜻을 갖는 語尾.

○ 元年, 關中饑, 斗米直絹一匹. 二年, 天下蝗, 三年, 大水. 上勤而撫之, 未嘗嗟怨. 至是天下大稔, 米斗三四錢. : 정관 원년에는 관중 땅에 흉년이 들어 쌀 한 말 값이 비단 1필과 같았다. 정관 2년에는 온 나라에 황충의 피해가 있었고, 정관 3년에는 수해가 났었다. 황제가 부지런히 또 격려하고 위무했기에 한탄하거나 원망이 없었다. 동 4년에는 천하에 대풍이 들어 쌀 한 말이 겨우 3, 4전이었다.

 - 元年 ; 정관 원년.(서기 627년)   饑 굶주릴 기. 흉년.   直 곧을 직. 값 치.   絹 비단 견.

 - 一匹(일필) ; 一疋(일필)과 同. 옷감의 길이 단위.   蝗 ; 누리 황. 메뚜기 계통의 곤충.   大水 ; 水害.

 - 撫 어루만질 무. 백성들을 구휼하다.   嗟 탄식할 차.   怨 원망할 원.   未嘗嗟怨(미상차원) ; 백성들이 원망하지 않았다.

 - 稔 곡식 익을 임.   大稔 ; 큰 풍년.

○ 終歲斷死刑, 纔十九人. 東至于海, 南及五嶺, 皆外戶不閉, 行旅

不齎糧, 取給於道路焉. 上曰, 魏徵勸我行仁義, 今旣效矣. 惜不令封德彝見之. 蓋德彝元年六月死矣. : 일 년 동안 사형에 처해진 자는 겨우 19명이었다. 동으로는 바다에, 남으로는 오령산맥까지 모두가 밖의 문을 닫지 않았고 여행자들은 양식을 갖고 다니질 않았으며 길에서 끼니를 해결할 수 있었다. 이에 태종이 말했다. 전에 "위징이 나에게 인의를 행하라고 권했는데 지금 효과가 나타났도다. 위징의 의견에 반대했던 封德彝(봉덕이)가 이를 보지 못하는 것이 아쉽도다." 이미 봉덕이는 정관 원년 6월에 죽었다.

 - 終歲(종세) ; 1년 내내, 1년 동안.　斷 자를 단. 처단하다.

 - 纔 겨우 재.　海 여기서는 중국의 동해, 우리의 서해.　五嶺(오령) ; 광동, 광서, 호남성에 걸쳐있는 산맥. 양자강과 珠江(주강)의 분수령.

 - 行旅(행려) ; 여행, 여행자.　齎 가져올 재. 싸 가지고 가다.

 - 惜 아낄 석. 안타깝다. 아쉽다.　蓋 덮을 개. 대개, 아마. 위에서 말한 것을 이어주는 語氣辭.

(6) ○ 五年, 林邑·新羅入貢. ○ 黨項內附, 開其地爲十六州. ○ 七年, 春宴玄武門, 奏七德九功舞. 徵欲上偃武修文, 每侍宴, 見七德舞, 輒俛首不視. 七德舞者, 秦王破陣曲也. 見九功舞, 則諦觀之. 王珪罷, 徵爲侍中. ○ 上親錄囚徒, 見應死者閔之, 縱

使歸家, 期以來秋就死. 仍赦天下死囚, 皆縱遣, 至
期來詣京師. 至是皆如期自詣朝堂, 上皆赦之, 凡三
百九十人. ○ 上奉太上皇, 置酒未央宮. 上皇命頡利
可汗起舞, 馮智戴詠詩. 笑曰, 胡越一家, 古未有也.

○정관 5년에, 임읍과 신라가 들어와 조공하였다.

○ 당항족이 내부(귀순)하였는데 그 땅을 개척하여 16주
를 설치했다.

○ 정관 7년 봄, 현무문에서 연회를 하면서 칠덕무와 구
공무를 공연했다. 위징은 황제가 정벌을 그치고 문치에 힘
쓰기를 바라고 있었기에 칠덕무를 공연할 때는 고개를 수
그리고 보지 않았다. 칠덕무란 진왕 이세민이 적진을 격파
하는 악곡이다. 구공무를 공연할 때는 자세히 보았다. 왕
규가 파직되고 위징이 시중이 되었다.

○ 그 전에, 皇上이 직접 죄수들을 심문했는데 응당 사형
에 처할 자들을 보고서는 불쌍히 여겨 풀어 귀가시켰다가
기일을 정하여 가을에 와서 사형을 받도록 하였다. 아울러
칙명으로 천하의 사형수들을 다 풀어 집에 보냈다가 날짜
가 되면 장안에 모이도록 하였다. 이에 모든 죄수가 기일
에 맞춰 관청에 도착하니 황상이 모두 사면하였는데 총
390명이었다.

○ 태종이 태상황을 모시고 미앙궁에서 주연을 베풀었

다. 상황은 힐리가한에게 춤을 추라고 하였고, 남만족의 풍지대에게는 시를 읊게 하였다. 태상황은 웃으면서 "호인 과 월 사람이 한집 식구처럼 지내는 일은 예전에 생각도 못했었다."고 말했다.

어구 설명

○ 五年, 林邑·新羅入貢. 黨項內附, 開其地爲十六州. : 정관 5년 에, 林邑과 신라가 들어와 조공하였다. 黨項族(당항족)이 내부(귀 순)하였는데 그 땅을 개척하여 16주를 설치했다.

 - 五年 ; 서기 631년. 신라 진평왕 53년. 632년 1월에 진평왕이 죽자 선덕여왕이 즉위한다.　林邑(임읍) ; 지금의 베트남.

 - 黨項(당항) ; 中國 西北쪽에 거주하던 羌族(강족)의 한 갈래. 黨 項羌(당항강). 西夏(서하 1038~1227년 존속)는 이들이 건국했다.

 - 內附(내부) ; 來附와 同. 복종하며 따르다. 來하여 歸附하다. 開 ; 개척하다.

○ 七年, 春宴玄武門, 奏七德九功舞. 徵欲上偃武修文, 每侍宴, 見 七德舞, 輒俛首不視. 七德舞者, 秦王破陣曲也. 見九功舞, 則諦觀 之. 王珪罷, 徵爲侍中. : 정관 7년 봄, 玄武門에서 연회를 하면서 七德舞와 九功舞를 공연했다. 위징은 황제가 정벌을 그치고 문치 에 힘쓰기를 바라고 있었기에 七德舞를 공연할 때는 고개를 수그 리고 보지 않았다. 七德舞란 태종이 秦王 이세민으로 있을 때 도 둑의 괴수 劉武周(유무주)를 격파한 일을 작곡한 것이어서 몹시

살벌하였기 때문이다. 적진을 격파하는 악곡이다. 九功舞를 공연할 때는 자세히 보았다. 구공의 춤은 文(문)의 춤으로 평화적인 것이기 때문 이었다. 王珪가 파직되고 위징이 시중이 되었다.

 - 貞觀 七年 ; 서기 633년.   奏 아뢸 주. 윗사람 앞에서 연주하다. 풍악을 잡히다.   七德九功舞(칠덕구공무) ; 칠덕무와 구공무. 태종이 즉위한 후 연회 때에는 반드시 이 춤을 추게 함.

 - 七德(칠덕)의 춤 ; ①횡포를 금함(禁暴). ②싸움을 그만둠(休兵). ③큰 것을 보전함(保大). ④공을 정함(定功). ⑤백성을 편안히 함(安民). ⑥대중을 화락하게 함(和衆). ⑦재물을 풍족하게 함(豊財)의 일곱 가지를 말한다.

 - 구공의 춤이라는 것은, 64명의 아이들이 자줏빛 바지를 입고, 긴소매를 휘두르고, 머리를 옻으로 물들이고, 발에 아름다운 신을 신고, 유창하게 추는, 文德(문덕)을 나타낸 춤이다. 9공이란 6부(府) 3사(事)의 공을 말하는 것인데, 6부는 화(火), 수(水), 금(金), 목(木), 토(土), 곡(穀)이요, 3사는 정덕(正德), 이용(利用), 후생(厚生)이다.

 - 偃 쓰러질 언, 누울 언. 그치다. 그만두다.   偃武修文(언무수문) ; 전쟁을 멈추고 文治에 힘쓰다.

 - 侍宴(시연) ; 황제가 참석한 연회에서 황제를 모시다.   輒 문득 첩. 번번이.   俛 힘쓸 면. 구부리다.   俛首(면수) ; 고개를 숙이다.

 - 諦 살필 체. 울 제.   諦觀(체관) ; 자세히 보다. 諦視.

○ 上親錄囚徒, 見應死者閔之, 縱使歸家, 期以來秋就死. 仍敕天下死囚, 皆縱遣, 至期來詣京師. 至是皆如期自詣朝堂, 上皆赦之,

凡三百九十人. : 皇上이 직접 죄수들을 심문했는데 응당 사형에 처할 자들을 보고서는 불쌍히 여겨 풀어 귀가시켰다가 기일을 정하여 가을에 와서 사형을 받도록 하였다. 아울러 칙명으로 천하의 사형수들을 다 풀어 집에 보냈다가 날짜가 되면 장안에 모이도록 하였다. 이에 모든 죄수가 기일에 맞춰 관청에 도착하니 황상이 모두 사면하였는데 총 390명이었다.

 - 錄 기록할 록(녹). 살펴보다. 조사하다. 囚 가둘 수. 囚徒(수도) ; 죄수 무리. 閔 위문할 민. 마음아파하다.

 - 縱 놓아줄 종. 풀어주다. 期 기약할 기. 기약을 하다. 秋 ; 죄수는 가을이나 冬至 이전에 사형을 집행했다.

 - 仍 인할 잉. 거듭하다. 따르다. 敕 조서 칙. 황제의 명령. 死囚(사수) ; 사형수. 皆縱遣(개종견) ; 모두 풀어주어 집에 보내다.

 - 來詣京師(내예경사) ; 京師(장안, 수도)에 와서 모이다. 如期(여기) ; 약속한 기일에. 朝堂(조당) ; 담당 관청. 赦 용서할 사.

○ 上奉太上皇, 置酒未央宮. 上皇命頡利可汗起舞, 馮智戴詠詩. 笑曰, 胡越一家, 古未有也. : 태종이 太上皇을 모시고 未央宮에서 주연을 베풀었다. 上皇은 頡利可汗에게 춤을 추라고 하였고, 남만족의 馮智戴(풍지대)에게는 시를 읊게 하였다. 태상황은 웃으면서 "호인과 越 사람이 한집 식구처럼 지내는 일은 예전에 생각도 못했었다."고 말했다.

 - 太上皇 ; 唐 高祖. 李淵. 未央宮(미앙궁) ; 未央은 아직 半이 되지 않았다. 끝나지 않는다는 의미가 있다. 前漢 高祖 7년에 蕭何(소하)가 미앙궁을 설계하고 공사를 감독하는데 高祖가 보고서

는 너무 크고 화려하다고 화를 내었다. 소하는 태평성대가 되었을 때 황궁이 크고 웅장하지 않으면 권위가 서지 않으며, 또 후대의 황제들이 증축할 필요성을 느끼게 해서는 안 되기에 크고 화려하게 지어야 한다고 대답하였다. 西安(서안)에 있는 대궐.

— 頡利可汗(힐리가한) ; 東 동궐족 칸으로 당에 잡혀온 사람. 起舞(기무) ; 일어나 춤을 추다.　馮智戴(풍지대) ; 南蠻族 추장의 아들. 人名.

(7) ○ 八年, 吐蕃遣使入貢. ○ 九年, 太上皇崩. 上皇卽位九年而禪位, 至是又九年. ○ 吐谷渾先是入寇涼州, 以李靖帥諸軍討. 破之. ○ 十年, 吐谷渾遣子入侍. ○ 治書侍御史權萬紀言, 宣 · 饒銀大發, 采之歲可得數百萬. 上曰, 卿未嘗進一賢才, 而專言銀利. 昔堯 · 舜抵璧於山, 投珠於谷, 漢之恒 · 靈, 乃聚錢爲私藏. 卿欲以桓 · 靈俟我耶, 黜之.

○ 정광 8년에, 토번에서 사신을 보내 조공을 하였다.

○ 정관 9년, 태상황이 죽었다. 상황은 즉위한지 9년에 선위했었고 다시 9년이 지났다.

○ 吐谷渾(토욕혼)은 이보다 앞서 涼州(양주)에 침입한 적이 있었는데 이정이 군사를 거느리고 가서 토벌했었다.

○ 정관 10년에 토욕혼에서 왕자를 보내 입시했다.

○ 치서시어사인 권만기가 말했다. 安徽(안휘)의 선주와 江西(강서)의 요주에 은이 대량으로 생산되고 있으니, 이를 채굴하면 1년에 수백 만의 이득을 얻을 수 있습니다. 태종은 "경은 한 사람의 인재도 추천한 적이 없으면서 은광의 이득만을 말하고 있소. 옛날에 요와 순 임금은 큰 옥을 산에 던지고 구슬을 강에 버렸으나 한나라의 환제와 영제는 돈을 모아 사적으로 쌓아두었소. 경은 내가 환제나 영제가 되기를 기대하는가?"라고 말하고서 그 건의를 물리쳤다.

어구 설명

○ 八年, 吐蕃遣使入貢. : 정광 8년에, 토번에서 사신을 보내 조공을 하였다.

 − 八年 ; 정관 8년(서기 634년). 吐 토할 토. 버리다. 蕃 우거질 번, 울타리 번. 소수 민족, 제후국.

 − 吐蕃(토번) ; 靑藏高原(Tibet＝西藏)의 왕국의 한 종족. Lhasa(랏사)를 중심으로 그 일대를 지배. 당과 우호관계 성립. 松贊干布(송찬간포)가 貞觀 8年(634年) 唐과 修好하고 12년(638년)에 당나라에 청혼, 15年년에 황실의 文成公主를 출가시킴.

○ 九年, 太上皇崩. 上皇卽位九年而禪位, 至是又九年. : 정관 9年, 태상황이 죽었다. 上皇은 卽位한지 9년에 선위하고 다시 9년

이 지나 죽었다.

- 崩 무너질 붕.   太上皇 李淵 ; 565년 生 → 618년(54세) 즉위 → 627년(63세) 선위 → 635년(72세) 죽었다.

○ 吐谷渾先是入寇涼州, 以李靖帥諸軍討. 破之. 十年, 吐谷渾遣子入侍. : 吐谷渾(토욕혼)은 이보다 앞서 涼州(양주)에 침입한 적이 있었는데 이정이 군사를 거느리고 가서 토벌했었다. 정관 10년에 토욕혼에서 왕자를 보내 입시(천자를 모시게 함)했다.

- 谷 골짜기 곡. 나라 이름 욕.   渾 물 흐릴 혼.

- 吐谷渾(토욕혼) ; 선비족 모용부족의 또 한 갈래. 靑海高原에서 목축생활. 현재 靑海省, 甘肅省 一帶 土族(토족)의 조상.(티벳의 한 종족)

- 李靖(이정) ; 唐의 名將.

○ 治書侍御史權萬紀言, 宣 · 饒銀大發, 采之歲可得數百萬. 上曰, 卿未嘗進一賢才, 而專言銀利. 昔堯 · 舜抵璧於山, 投珠於谷, 漢之恒 · 靈, 乃聚錢爲私藏. 卿欲以桓 · 靈俟我耶, 黜之. : 治書侍御士인 權萬紀가 말했다. 安徽(안휘)의 宣州와 江西(강서)의 요주에 은이 대량으로 생산되고 있으니, 이를 채굴하면 1년에 수백 만의 이득을 얻을 수 있습니다. 태종은 “卿은 한 사람의 賢才를 추천한 적도 없으면서 은광의 이득만을 말하고 있소. 옛날에 요와 순 임금은 어진 사람을 보배로 여겨 큰 옥을 산에 던져버렸고 구슬을 강에 버렸으나 한나라의 환제와 영제는 돈을 모아 私的으로 쌓아두었소. 경은 내가 환제나 영제가 되기를 기대하는가?”라고 말하고서 그 건의를 물리쳤다.

– 治書侍御史(치서시어사) ; 관직명. 6급 이하의 관리를 감찰하는 직책. 宣州(선주) ; 안휘성의 지명.

– 饒 넉넉할 요. 饒州(요주) ; 江西省의 지명.

– 發 ; '대량의 재물을 얻어 왕성하게 일어나다'의 뜻이 있어 중국인이 아주 좋아하는 글자임. 大發(대발) ; 많이 생산된다.

– 采 캐낼 채. 歲 해 세. 일 년에. 專言銀利(전언은리) ; 探銀의 이득만을 말하다. 抵 막을 저, 밀 저. 내던지다.

– 璧 둥근 옥 벽. 藏 감출 장. 저장하다. 桓帝 ; 後漢 황제, 재위 146~167년. 靈帝 ; 재위 168~169년. 俟 기다릴 사. 기대하다. 黜 물리칠 출.

(8) ○ 定府兵. 凡十道, 置府六百三十四, 而關內二百六十一, 皆隷諸衛及東宮六率. 上府兵, 凡千二百人, 中府千人, 下府八百人. 三百人爲團, 團有校尉. 五十人爲隊, 隊有正. 十人爲火, 火有長. 每人兵甲糧裝各有數, 輸之庫, 征行給之. 二十爲兵, 六十而免. 能騎射者爲越騎, 其餘爲步兵. 更命統軍·別將, 爲折衝·果毅都尉, 每歲季, 各折衝都尉, 帥以教戰. 當給馬者官與直, 當宿衛者番上. 兵部以遠近給番, 遠疎近數, 皆一月而更.

부병제도를 확정하였다. 총 10도에 절충부 634개소를 설치했고, 그 중 관중의 땅에 261개소를 두었는데 (농민들은) 모두 친위군이나 동궁 6솔에 소속되게 하였다. 큰 절충부는 총 1,200명, 중간 절충부는 1,000명, 작은 절충부는 800명이었다.

300명이 團(단)이 되고, 단에는 교위를 두었다. 50명이 隊(대)를 이루고 대에는 대정이 있었다. 10명을 火라 하였고, 화에는 장이 있었다. 각자의 병기, 갑옷, 군량, 장비는 정해진 수가 있었고 창고에 보관했다가 출정할 때 지급했다. 20세에 부병이 되었다가 60이면 면제되었다.

말 타고 달리며 활을 쏠 수 있는 자는 기병이 되었고 나머지는 보병이 되었다. 통군과 별장을 절충과 과의도위로 바꾸게 하였고, 매년 12월에 각 절충도위가 거느리고 전투를 가르쳤다. 병마를 공급하는 자에게는 나라에서 그 값을 주었고, 숙위가 되는 자는 교대로 올라가게 하였다. 병부에서는 원근에 따라 순번을 배당했는데 원거리에서는 적게, 근거리에서는 자주 서게 하였지만 모두 한 달이면 교대를 하였다.

어구 설명

○ 定府兵. 凡十道, 置府六百三十四, 而關內二百六十一, 皆隸諸衛及東宮六率. 上府兵, 凡千二百人, 中府千人, 下府八百人. ： 府

兵제도를 확정하였다. 총 10도에 절충부 634개소를 설치했고, 그 중 관중의 땅에 261개소를 두었는데 (농민들은) 모두 위군이나 동궁 6솔에 소속되게 하였다. 府(부)에는 上(상), 中(중), 下(하)가 있어 큰 절충부는 총 1,200명, 중간 절충부는 1,000명, 작은 절충부는 800명이었다.

 - 府兵制 ; 兵農一致(병농일치)의 군사제도.

 - 府 ; 折衝府(절충부) 절충은 '충돌(공격)을 좌절시킨다.'는 의미. 군의 사령부.　隷 붙을 예. 따르다. 부리다. 종, 노예, 죄수.

 - 諸衛 ; 여러 곳의 衛(위). 親衛軍 ; 左右羽林(좌우우림), 左右龍武(좌우용무), 左右神武(좌우신무)의 여섯 軍(군) 군부대.　東宮六率(동궁육솔) ; 동궁의 여섯 개의 左右衛率(좌우위솔), 左右宗衛率(좌우종위솔), 左右監門率(좌우감문솔)의 여섯 衛府(위부). 上府兵 ; 상급부대의 부병.

○ 三百人爲團, 團有校尉. 五十人爲隊, 隊有正. 十人爲火, 火有長. 每人兵甲糧裝各有數, 輸之庫, 征行給之. 二十爲兵, 六十而免. : 300명이 團(단)이 되고, 단에는 우두머리로 校尉를 두었다. 50명이 隊(대)를 이루고 대에는 우두머리로 隊正(대정)이 있었다. 10명을 火라 하였고, 화에는 우두머리로 長(장)이 있었다. 각자의 병기, 갑옷, 군량, 장비는 정해진 수가 있었고 창고에 보관했다가 출정할 때 지급했다. 20세에 부병이 되었다가 60이면 면제되었다.

 - 團 둥글 단. 덩어리. 모임.　校尉(교위) ; 장교.　隊 무리 대. 火에는 동행자, 동반자의 뜻이 있다. 伙伴(화반)과 같음.

 - 兵甲糧裝(병갑량장) ; 병기, 갑옷, 군량. 裝備(장비).　輸 나를

수.　征行(정행) ; 출정하다.

○ 能騎射者爲越騎, 其餘爲步兵. 更命統軍·別將, 爲折衝·果毅都尉, 每歲季, 各折衝都尉, 帥以敎戰. 當給馬者官與直, 當宿衞者番上. 兵部以遠近給番, 遠疎近數, 皆一月而更. : 騎射를 할 수 있는 者는 越騎(월기)가 되었고 나머지는 步兵이 되었다. 統軍과 別將을 折衝都尉(절충도위)와 果毅都尉(과의도위)로 바꾸게 하였고, 매년 12월에 각 절충도위가 거느리고 전투를 가르쳤다. 兵馬를 공급하는 자에게는 나라에서 그 값을 주었고, 숙위가 되는 자는 교대로 올라가게 하였다. 병부에서는 원근에 따라 순번을 배당했는데 원거리에서는 적게, 근거리에서는 자주 서게 하였지만 모두 한 달이면 교대를 하였다.

　－騎射(기사) ; 말을 타고 달리며 활을 쏘다.　越 넘을 월.　越騎 ; 唐代 騎兵의 칭호.

　－折 꺾을 절.　衝 찌를 충.　毅 굳셀 의.　歲季(세계) ; 한해의 끝. 12월.　帥以敎戰(솔이교전) ; 거느리면서 전투를 가르치다.

　－當給馬者官與直(당급마자관여치) ; 말(馬)을 공급하는 자에게는 관에서 값을 주다.　直 ; 곧을 직. 값 치. 삯.　宿衛(숙위) ; 밤에 경계근무를 함.　衛는 衞의 속자. 지킬 위

　－以遠近給番(이원근급번) ; 원근에 따라 番兵을 소집했다.

　－遠疎近數(원소근수) ; 원거리에 사는 사람은 적게, 가까운 곳은 자주 서게 하였다.

【참고】 부병제 – 당의 군사제도

❖ 부병제는 宇文泰가 건국한 西魏에서 시작되어 北周, 隋, 唐으로 이어지다가 당 현종 때 모병제로 바뀌면서 사라진 兵農一致(병농일치)의 군사제도이다.

봄~가을에는 농사를 짓지만(三時耕稼), 겨울에는 각지의 折衝府(절충부)에 나가 군사훈련을 받는다(一時治武). 절충이란 적의 공격을 꺾는다는 의미이며 이는 싸우지 않고도 이긴다는 염원이 들어있는 명칭이라고 한다. 이 부병제의 특징은 平時에는 농민이고 戰時에는 兵卒이라는 원칙 아래 兵은 不識將하고 將도 不知兵하는 제도이다. 이는 장군이 군대를 私兵化할 수 있는 소지를 없앤 제도이다.

평소에 훈련을 잘 받아두면 전시에 유용하게 쓸 수 있는 제도로 常備軍은 아니지만 평상시 국가 경제의 바탕이 되는 농민을 확보할 수 있는 제도라는 점에서 매우 이상적이라고 받아들여졌었다. 이는 균전제를 바탕으로 성립되었지만 균전제가 붕괴되면서 곧 농민에게 국가에서 토지를 지급하지 못하면서 부병의 의무도 없어지게 되었다.

그런데 기동성이 뛰어난 북방 유목민족의 군대에 신속히 대응할 수 없는 점이 이 부병제의 결정적 약점이었다. 또 당 태종 때와 같은 안정적 발전 시기에는 유용하지만 정치가 문란해지면서 또 흉년이나 재해로 농민들이 원적지에서 이탈하거나 호적이 제대로 관리가 되지 않으면 운영이 어려운 제도가 이 부병제였다.

결국 당 현종 이후 각지에 節度使(절도사)가 설치되고 각 절도사가 능력껏 상비군으로 병력을 모집하는 제도로 바뀌면서 이 부병제는 폐지되었다. 결국 절도사의 발호는 安祿山(안록산)의 난 (755년)으로 발전했고, 안록산의 난 이후에도 절도사의 세력과 권력은 약화되지 않는다.

당이 당나라에서 키운 절도사 朱全忠에게 멸망한 것은 어찌 보면 아이러니이고 五代와 宋의 건국자가 모두 절도사 출신이었다는 점은 군사제도의 운영이 결코 만만한 일이 아님을 보여주었다.

(9) ○ 十三年, 夏旱. 詔五品以上言事, 魏徵言, 陛下比貞觀初, 漸不克終者十條. 上深獎歎. ○ 十四年, 上詣國子監, 親釋奠. 是時大徵天下名儒爲學官, 數幸國子監, 使之講論. 學生能明一經已上者, 皆得補官. 增築學舍, 千二百閒, 增學生滿三千二百六十員. 自屯營·飛騎, 亦給博士授經, 有能通經者, 聽得貢擧. 於是四方學者, 雲集京師. 乃至高麗·百濟·新羅·高昌·吐蕃諸酋長, 亦遣子弟, 請入國學. 升講筵者, 至八千餘人, 上以師說多門, 章句繁雜, 命孔穎達, 與諸儒定五經疏, 謂之正義.

정관 13년, 여름에 가뭄이 들었다. 조서를 내려 5품 이상의 관리들에게 정사에 관한 의견을 올리라 했는데, 위징이

'폐하가 정관 초에 비해 점차 끝을 못 내는 일 10가지'를 말했다. 태종이 깊이 칭찬하면서 탄식했다.

정관 14년, 황제가 국자감에 가서 친히 석전제를 올렸다. 이때에 천하의 명유를 많이 초빙하여 학관으로 임명하였고 자주 국자감에 행차하여 학관들에게 강론케 하였다. 학생으로서 한 가지 경전 이상에 밝은 자는 벼슬을 받을 수 있게 하였다. 學舍(학사)를 1,200칸 증축하고 학생을 3,260명을 증원하였다.

각 둔영과 친위병의 부대에도 박사를 보내 경전을 가르치게 하였고, 경전에 능통한 자가 있으면 추천하여 천거케 하여 관리에 채용하였다. 이에 사방의 학자들이 구름처럼 장안으로 모여들었다. 그리고 고구려, 백제, 신라, 고창, 토번의 여러 나라 왕들이 자제를 보내 국학에 들어가기를 청했다. 경전을 강연하는 자리에 나가는 사람이 8천여 명이나 되었는데, 황제는 가르치는 사람의 학설이 제각각이고 경전의 장구가 번잡하다고 생각하여 공영달에게 명해서 여러 유생과 함께 오경의 뜻을 밝히게 하였는데, 이를 《오경정의》라 하였다.

어구 설명

○ 十三年, 夏旱. 詔五品以上言事, 魏徵言, 陛下比貞觀初, 漸不克終者十條. 上深獎歎. : 정관 13년, 여름에 가뭄이 들었다. 조서를

내려 五品 以上의 관리들에게 정사에 관한 의견을 올리라 했는데, 위징이 '폐하가 정관 초에 비해 점차 끝을 못 내는 일 10가지'를 말했다. 태종이 깊이 칭찬하면서 탄식했다.

― 투 가뭄 한. 오랫동안 비가 내리지 않다. 言事(언사) ; 정사에 관해 자신의 뜻을 아뢰다.(上表) 漸 물 스며들 점. 점차로.

― 克終(극종) ; 완전히 끝을 내다. 마지막까지 잘 해내다.(全終) 有終의 美를 거두지 못할까 걱정이 되는 10가지. ①사신을 보내어 여러 나라에서 거두어들이는 일. ②사치하여 남의 힘을 빌리려고 생각하는 일. ③욕심을 부리어 남을 수고롭게 하는 일. ④ 소인을 가까이하고 군자를 멀리하는 일. ⑤진기한 물건을 귀하게 여기고 헛일을 하는 일. ⑥순리로 賢者(현자)를 쓰지 않고 수월하게 仁人(인인)을 버리는 일. ⑦함부로 사냥을 하는 일. ⑧지방의 관원이 공사를 아뢰는데, 만나보지 않는 일. ⑨교만해서 욕심이 깊어지고 아무 까닭없이 함부로 군사를 일으키는 일. ⑩關中(관중)의 백성을 부려서 疲弊(피폐)케 하는 일.

― 獎歎(장탄) ; 칭찬하며 탄식하다.

○ 十四年, 上詣國子監, 親釋奠. 是時大徵天下名儒爲學官, 數幸國子監, 使之講論. 學生能明一經已上者, 皆得補官. 增築學舍, 千二百閒, 增學生滿三千二百六十員. : 정관 14년, 황제가 國子監大學에 가서 친히 석전제를 올렸다. 이때에 天下의 名儒를 많이 초빙하여 學官으로 임명하였고 자주 국자감에 행차하여 학관들에게 강론케 하였다. 학생으로서 한 가지 경전 이상에 밝은 자는 벼슬을 받을 수 있게 하였다. 學舍를 1,200칸 증축하고 학생 정원을

3,260명으로 늘렸다.

 - 國子監 ; 唐代 국가 최고 교육기관. 고려 시대에 국자감. 조선 시대 成均館을 두었음.

 - 釋奠(석전) ; 文廟(공자를 모신 사당)에서 공자를 제사하는 의식. 음력 2월과 8일의 上丁日에 행했다. 아울러 先師(선사=顏回〔안회〕)도 제사를 지냈다. 우리나라의 성균관, 지방 향교, 書院에는 문묘가 설치되어 있었다.

 - 徵 부를 징. 징발하다.   大徵(대징) ; 크게 선발하다. 많은 인원을 초빙하다.

 - 數 자주 삭.   幸 다행 행, 바랄 행. 거동. 임금의 외출. 行幸.

 - 已 이미 이. 벌써. 以와 通. 未의 반대.   已上(이상) ; 以上과 同.   築 지을 축. 增築(증축) ; 더 짓다.   學舍(학사) ; 기숙사.

 - 增 더할 증. 늘리다. 늘어나다.   滿 가득찰 만. 이루다(成).   三千二百六十員 ; 자치통감에는 2,260명으로 되어 있다가 옳다고 봄.

○ 自屯營·飛騎, 亦給博士授經, 有能通經者, 聽得貢擧. 於是四方學者, 雲集京師. 乃至高麗·百濟·新羅·高昌-(新疆)·吐蕃諸酋長, 亦遣子弟, 請入國學. : 屯營과 飛騎의 부대에도 博士를 보내 경전을 가르치게 하였고, 경전에 능통한 자가 있으면 추천하여 천거케 하였다. 이에 사방의 학자들이 구름처럼 京師(장안)으로 모여들었다. 그리고 고구려, 백제, 신라, 고창-(신강), 토번의 여러 나라 왕들이 자제를 보내 국학에 들어가기를 청했다.

 - 屯營(둔영) ; 근위 무관의 부대.   飛騎(비기) ; 친위병.

 - 授經(수경) ; 경전을 교수하다.   貢擧(공거) ; 천거하여 선발

하다. 雲集(운집) ; 많은 사람들이 모임. 高麗 ; 고구려.

○ 升講筵者, 至八千餘人, 上以師說多門, 章句繁雜, 命孔穎達, 與諸儒定五經疏, 謂之正義. : 경전을 강연하는 자리에 나가는 사람이 8천여 명이나 되었는데, 황제는 가르치는 사람의 학설이 제각각이고 경전의 장구가 번잡하여 공영달에게 명하여 여러 유생과 함께 오경의 뜻을 밝히게 하였는데, 이를 《오경정의》라 하였다.

 - 升 되 승. 오르다. 나아가다. 昇과 같음. 講 익힐 강. 외우다. 筵 대나무로 만든 자리 연. 講筵(강연) ; 경전을 강론하는 자리.

 - 多門(다문) ; 학파가 여럿이다. 章句(장구) ; 경전의 章과 句. 繁 많을 번. 뒤섞이다.

 - 穎 이삭 영. 孔穎達(공영달, 574~648년) ; 공자의 32대손. 訓詁學(훈고학)의 集大成者. 疏 트일 소. 경전의 뜻을 밝혀 설명하다. 正義 ; 《五經正義》 ; 孔穎達(공영달)에게 명하여 顔師古(안사고), 司馬才章(사마재장) 등 여러 유학자들과 함께 5經(경)의 細註(세주)를 달게 하여 교수의 기준을 삼게 하였다.

【참고】 공영달의 《五經正義》

❖ 孔穎達(공영달)은 공자의 32代孫으로 8세에 취학하여 하루에 1,000자씩 경전을 배워 외웠다고 한다. 經傳에 밝았고 문장을 잘 지었으며, 당이 건국된 이후 국자감의 학장이라 할 수 있는 國子監 祭酒(국자감 좨주)가 되었고 18학사의 한 사람이었다. 태종의 명에 의거 편찬한 《五經正義》는 詩, 書, 易, 禮記, 春秋 5經에 대

한 南北 經學家들의 견해를 종합하여 뜻을 밝힌 책으로 魏晉 이래의 경학을 집대성했다는 평가를 받았다.

유가의《오경》을 주석하는데 여러 사람이 집필에 참여하였고 공영달은 편집 총책임자였다. 이 책은 정관 16년에 완성하였지만 더 보완과정을 거친 뒤, 高宗 때 반포 간행하였다. 더군다나 이 책이 과거 시험과목으로 지정되면서 자유로운 학문 발달을 저해했다는 평가를 받았으며 후대 학자들에 의한 평가는 높지 않다고 한다. 공영달은 75세의 수를 누리고, 정관 22년(648년)에 죽었다.

(10) ○ 高昌王麴文泰, 先是多遏絕西域朝貢, 及拘留中國人. 以侯君集爲交河大總管, 將兵擊之. 至是滅高昌, 以其地爲西州. ○ 十五年, 吐蕃求婚, 以文成公主嫁之. ○ 十七年, 鄭公魏徵卒. 上曰, 以銅爲鏡, 可正衣冠. 以古爲鏡, 可見興替. 以人爲鏡, 可知得失. 徵沒朕亡一鏡矣. 徵葬, 上自製碑書石. ○ 圖畫功臣長孫無忌·趙郡王孝恭·杜如晦·魏徵·房玄齡·高士廉·尉遲敬德·李靖·蕭瑀·段志玄·劉弘基·屈突通·殷開山·柴紹·長孫順德·張亮·侯君集·張公謹·程知節·虞世南·劉政會·唐儉·李勣·秦叔寶等於凌煙閣.

○ 고창왕 국문태는 그전부터 서역에서 당에 들어오는 조공 사절을 막거나 중국인을 잡아가두곤 했다. 그래서 후군집을 교하대총관으로 삼아 군사를 동원하여 공격케 하였었다. 이때 고창국을 멸하고, 그 땅을 서주라 하였다.

○ 정관 15년, 토번의 왕이 구혼하여 문성공주를 출가시켰다.

○ 정관 17년에, 정공 위징이 죽었다. 태종은 "사람은 구리로 거울을 만들어 의관을 바로 한다. 옛일을 거울로 삼아 흥망을 알 수 있으며, 사람을 거울로 삼아 잘잘못을 알 수 있다. 지금 위징이 죽었으니, 나는 거울 하나를 잃었도다!" 위징을 장례했고, 태종은 몸소 비문을 썼다.

○ 공신 장손무기, 조군왕 효공, 두여회, 위징, 방현령, 고사렴, 울지경덕, 이정, 소우, 단지현, 유홍기, 굴돌통, 은개산, 시소, 장손순덕, 장량, 후군집, 장공근, 정지절, 우세남, 유정회, 당검, 이적, 진숙보 등의 공신을 능연각에 그림으로 그렸다.

○ 高昌王麴文泰, 先是多遏絕西域朝貢, 及拘留中國人. 以侯君集爲交河大總管, 將兵擊之. 至是滅高昌, 以其地爲西州. 十五年, 吐蕃求婚, 以文成公主嫁之. : 高昌王 麴文泰는 그전부터 서역에서 당에 들어오는 조공 사절을 막거나 중국인을 잡아가두곤 했다.

그래서 侯君集을 交河大總管으로 삼아 군사를 동원하여 공격케 하였었다. 이때 고창국을 멸하고, 그 땅을 西州라 하였다. 정관 15년, 토번의 왕이 求婚하여 文成公主를 출가시켰다.

  - 高昌 ; 今日의 新疆城(신강성)의 吐魯番(투르판) 地區에 있던 나라.

  - 麴 누룩 국. 곡식을 발효시켜 말린 것이 누룩이다. 성씨. 麴文泰(국문태, 재위 624~640년).

  - 遏 막을 알. 遏絕(알절) ; 차단하다. 域 지경 역, 땅의 경계 역. 侯君集(후군집) ; 人名. 交河 ; 신강성의 郡名.

  - 吐蕃求婚(토번구혼) ; 토번 국왕 松贊干布는 걸출한 국왕이었다. 그가 당에 사자를 보내 구혼했고, 태종은 조카딸 文成公主를 시집보냈는데 중국 농산물의 씨앗과일, 약재, 누에 종자를 가져갔고 여러 기술자를 데리고 가서 티베트 문화발전에 크게 기여했다.

○ 十七年, 鄭公魏徵卒. 上曰, 以銅爲鏡, 可正衣冠. 以古爲鏡, 可見興替, 以人爲鏡, 可知得失. 徵沒朕亡一鏡矣. 徵葬, 上自製碑書石. : 정관 17년에, 鄭公 魏徵이 죽었다. 태종은 "사람은 구리로 거울을 만들어 의관을 바로 한다. 옛일을 거울로 삼아 흥망을 알 수 있으며, 사람을 거울로 삼아 잘잘못을 알 수 있다. 지금 위징이 죽었으니, 나는 거울 하나를 잃었도다!" 위징을 장례했고, 태종은 몸소 비문을 썼다.

  - 鄭公 ; 封號임. 鄭國公. 魏徵 卒 ; 정관 17년(서기 643년) 향년 64세.《隋書》를 편찬하기도 했음.

  - 銅 구리 동. 古 ; 역사. 興替(흥체) ; 흥성과 쇠퇴. 盛衰(성

쇠)와 같음. 以人爲鏡(이인위경) ; 타인의 행동을 거울이라 생각
하다.

 - 得失(득실) ; 행동의 옳고 그름. 沒 가라앉을 몰. 죽다.   朕
나 짐. 신분 구별이 없는 自稱에서 天子의 自稱으로 바뀜.

 - 製 지을 제. 옷이나 약을 만들다. 글을 짓다.

○ 圖畫功臣長孫無忌 · 趙郡王孝恭 · 杜如晦 · 魏徵 · 房玄齡 · 高士
廉 · 尉遲敬德 · 李靖 · 蕭瑀 · 段志玄 · 劉弘基 · 屈突通 · 殷開山 · 柴
紹 · 長孫順德 · 張亮 · 侯君集 · 張公謹 · 程知節 · 虞世南 · 劉政會 ·
唐儉 · 李勣 · 秦叔寶等於凌煙閣. : 공신 長孫無忌(장손무기), 趙郡
王孝恭(조군왕 효공), 杜如晦(두여회), 魏徵(위징), 房玄齡(방현
령), 高士廉(고사렴), 尉遲敬德(울지경덕), 李靖(이정), 蕭瑀(소
우), 段志玄(단지현), 劉弘基(유홍기), 屈突通(굴돌통), 殷開山(은
개산), 柴紹(시소), 長孫順德(장손순덕), 張亮(장량), 侯君集(후군
집), 張公謹(장공근), 程知節(정지절), 虞世南(우세남), 劉政會(유
정회), 唐儉(당검), 李勣(이적), 秦叔寶(진숙보) 等의 공신을 凌煙
閣(능연각)에 그림으로 그렸다.

 - 圖畫(도화) ; 그림으로 그리다. 畵 그림 화. 畫(그을 획. 그림
화)의 俗字. 정관 17년에 그림을 그렸다.

 - 長孫無忌(장손무기) ; 복성. 柴 땔나무 시. 紹 이을 소.

 - 凌 능가할 능. 煙 연기 연. 凌煙(능연) ; 凌雲(능운)과 같음.
구름 위로 높이 솟아오르다.(공적이 크고 명성이 높다는 뜻) 志氣
가 고상하여 세상의 名利를 초월하다.

【참고】 유종의 미?

❖ 전투 지휘관이 승리를 거듭할수록, 또 기업의 CEO가 사업목표를 연속 달성하다보면 승리나 자신감에 도취되어 더 큰 목표나 더 많은 성과를 얻기 위해서 브레이크가 고장 난 자동차처럼 질주하게 된다. 이를 승자 효과(Winner's Effect)라고 한다.

우리가 일상생활에서 自信滿滿(자신만만)하다는 말을 자주하는데, 그러다 보면 멈춰야 할 때 멈출 줄 모르고 만족하질 못한다. 적당한 어느 선에서 끝을 내야 하는 데 과욕이 생겨 끝내지 못하게 될 경우 그 최후는 패망으로 치달을 수밖에 없다. 패망은 멈출 수 없는 자의 운명적 비극이다.

사실 태종은 英明한 군주로 文治와 武功 어디서든 큰 공적을 이룩하였다. 자신이 근검한 생활을 하였고, 신하들의 말을 경청하였다. 사람을 가리지 않았고, 능력이 있는 그대로 적재적소에 활용했기에 국내외 모든 면에서 성공을 거둘 수 있었다.

즉위하고 13년이면, 그리고 그동안 계속된 성공이 축적해 놓은 성과가 있기에 점차 初心을 잃어갈 때가 되었는지 그 폐단이 나타나기 시작한 것이다. 때문에 위징이 간파한 10가지 염려되는 사항을 올렸던 것이다.

그 첫째는, 태종이 점차 직간을 싫어한다는 것이었다. 정관 초기에 그렇게 적극적으로 신하의 말을 경청하더니 이제는 자세와 결심이 다르다는 것이었다. 두 번째로, 위징이 지적한 것은 사치의 풍조가 점차 늘어나고 있다는 것을 지적하였다.

즉위 초기의 清淨한 생활은 점차 사치 쪽으로 흘러가게 되어 있다. 그래서 궁전을 다시 짓고 泰山에서 封禪(봉선)을 하겠다는 계획을 추진하기도 했었다. 물론 백성들이 너무 오랫동안 태평성대를 즐기다 보면 백성들을 부리기가 어려울 수 있고 그러니 적당한 부역과 징발이 필요하다고 생각할 수는 있다. 그러나 그것이 치국의 바른길이라 할 수는 없을 것이다.

하여튼 태종의 재위 기간 중에 전체적으로 功은 많고 過失이 적었기에 축적된 결과가 남아있었다고 볼 수 있다. 후대는 그 속에 안주하게 되고 그러면서 점차 기울어가다가 결국 멸망이라는 공식에 도달할 것이다. 위징은 그런 조짐을 찾아 태종을 깨우치려 했던 것이다.

(11) ○ 太子承乾不才, 魏王泰多能有寵, 潛有奪嫡之志. 侯君集負功怨望, 以承乾暗劣欲乘釁, 因勸之反, 事覺, 廢爲庶人, 君集坐誅. 泰亦以險詐不立, 立晉王治爲太子. 魏徵嘗薦君集, 上始疑徵阿黨. 又有言, 徵自錄前後諫辭, 示起居郎褚遂良. 上愈不悅. 徵臨終, 上面指公主, 欲妻其子叔玉, 至是停其婚, 踣所立碑.

○ 태자인 이승건은 재능이 없었고, 魏王(위왕) 이태는 재능이 많아 태종의 총애를 받으면서 몰래 적장자의 지위

를 뺏으려는 뜻이 있었다. 후군집은 자신의 공을 믿고 태종을 원망하고 있으면서 태자 승건의 열등감의 틈을 이용하려고 반란을 권유했다가 발각이 되자, 태자는 폐하여 서인으로 만들고 후군집은 주살되었다. 이태도 역시 음험한 거짓이 있어 세자가 되지 못하여 晉王(진왕) 이치를 세워 태자로 삼았다.

　위징은 그 전에 후군집을 추천하였었는데 태종은 (후군집이) 위징에게 아부하는 한 무리인 것으로 의심하였다. 또 '위징이 황제에게 올린 간언을 모두 적어 문하성의 기거랑인 저수량에게 보여주었다.' 는 말도 있었다. (이에) 태종은 더욱 불쾌하게 생각하였다. 위징이 죽기 전에 태종은 위징을 만나보고 공주를 위징의 아들 숙옥의 처로 보내려 했었는데 그 혼인을 중지시켰고 (자신이 비문을 지었던) 위징의 비석을 치워버리라 하였다.

어구 설명

○ 太子承乾不才, 魏王泰多能有寵, 潛有奪嫡之志. 侯君集負功怨望, 以承乾暗劣欲乘釁, 因勸之反, 事覺, 廢爲庶人, 君集坐誅. 泰亦以險詐不立, 立晉王治爲太子. : 太子인 李承乾은 재능이 없었고, 魏王 李泰는 재능이 많아 태종의 총애를 받으면서 몰래 적장자의 지위를 뺏으려는 뜻이 있었다. 侯君集은 자신의 공을 믿고 태종을 원망하고 있으면서 태자 승건의 열등감의 틈을 이용하려

고 반란을 권유했다가 발각이 되자, 태자는 폐하여 서인으로 만들고 후군집은 주살되었다. 李泰도 역시 음험한 거짓이 있어 세자가 되지 못하여 진왕 李治를 세워 태자로 삼았다.

- 李承乾(이승건) ; 長孫皇后 소생, 장남. 정관 19년(645년)에 나이 28세에 죽었다.

- 魏王 李泰 ; 長孫皇后 소생. 書道에 재능이 많아 태종의 총애를 받았다고 함.   嫡 정실 적. 본처 소생의 아들. 태종의 第 三子.

- 潛有奪嫡之志(잠유탈적지지) ; 몰래 적장자의 지위를 뺏으려는 뜻이 있었다.

- 侯君集(후군집) ; 人名. 능연각 24공신 중 한 사람.

- 負功怨望(부공원망) ; 공적은 크지만 그만한 대우를 못 받았다고 怨望하다. 후군집은 高昌國 정벌에 공을 세웠지만 정벌에서 얻은 보물을 빼돌린 사실이 발각되어 면직되었었다.

- 劣 모자랄 열(렬).   釁 틈 흔. 갈등.   暗劣欲乘釁(암열욕승흔) ; 은밀히 열등의식으로 틈을 이용하려 하다.

- 廢爲庶人(폐위서인) ; 폐하여 서인으로 만들다.   險 험할 험. 詐 속일 사. 거짓.

- 立晉王治爲太子 : 晉王인 李治(장손황후 소생, 太宗에게는 제9자)를 세워 太子로 삼다. 뒷날 高宗으로 즉위.

○ 魏徵嘗薦君集, 上始疑徵阿黨. 又有言, 徵自錄前後諫辭, 示起居郎褚遂良. 上愈不悅. 徵臨終, 上面指公主, 欲妻其子叔玉, 至是停其婚, 踣所立碑. : 魏徵은 그 전에 후군집을 추천하였었는데 태종은 위징에게 아부하는 한 무리인 것으로 의심하였다. 또 '위징

이 황제에게 올린 간언을 모두 적어 문하성의 기거랑인 저수량에게 보여주었다.' 는 말도 있었다. 태종은 더욱 불쾌하게 생각하였다. 위징이 죽기 전에 태종은 위징을 만나보고 공주를 위징의 아들 숙옥의 처로 보내려 했었는데 그 혼인을 중지시켰고 (자신이 비문을 지었던) 위징의 비석을 치워버리라 하였다.

 - 薦 천거할 천. 추천하다. 阿 언덕 아. 아첨하다. 阿黨(아당) ; 아첨하며 편들다. 前後 ; 앞뒤로, 그간의.

 - 諫辭(간사) ; 황제에게 직간했던 말. 起居郎(기거랑) ; 황제의 일상생활 언행을 기록하는 문하성의 관리. 기거랑이 기록한 내용은 史官에게 보내진다.

 - 褚遂良(저수량) ; 정치인. 書法家. 愈 나을 유. 더욱. 面 ; 상면하다. 만나보다. 指 손가락 지. 지정하다.

 - 欲妻其子叔玉 ; 위징의 아들 숙옥의 처로 삼으려 했었다. 기록에 의하면 衡山公主(형산공주)를 위징의 아들과 결혼시키려고 했다.

 - 停 머무를 정. 멈추다. 취소하다. 踣 넘어질 북(부). 넘어뜨리다.

【참고】 태자 자리를 둘러 싼 암투

❖ 당 태종은 성공한 모범 군주이지만 황제가 되기 위하여 형제를 죽여야만 했었다. 자신이 그러했듯이 태종 말년에 태자 자리를 둘러 싼 암투가 벌어진다.

태종의 長子 承乾(승건)은 長孫皇后 所生으로 8살에 太子로 책봉되었다. 성년이 되어 동성연애의 기질도 나타났고 여색과 사냥에 빠지기도 하였으며 성행이 불량했다. 정관 16년에 승건은 태종의 동생 李元昌과 합세하여 무력을 동원하여 태종을 살해하려는 음모가 발각되어 정관 17년에 庶人으로 강등되었다가, 정관 19년(서기 645년)에 울분 속에 죽었다. 이승건의 반란 계획을 도왔던 趙節, 侯君集은 즉시 처형되었다.

이어 齊王이던 5남 李祐(이우)가 반란을 일으켰다가 서인으로 쫓겨났고, 장손황후 소생의 4남인 魏王 李泰(이태) 역시 태자 자리를 노렸으나 유폐되었다.

결국 태종은 측근인 長孫無忌(장손무기, 장손황후의 오라버니, 태종의 손위 처남)가 지지하는 장손황후 소생의 9남 李治를 643년에 태자로 책봉한다. 이치는 뒷날 高宗으로 즉위한다.

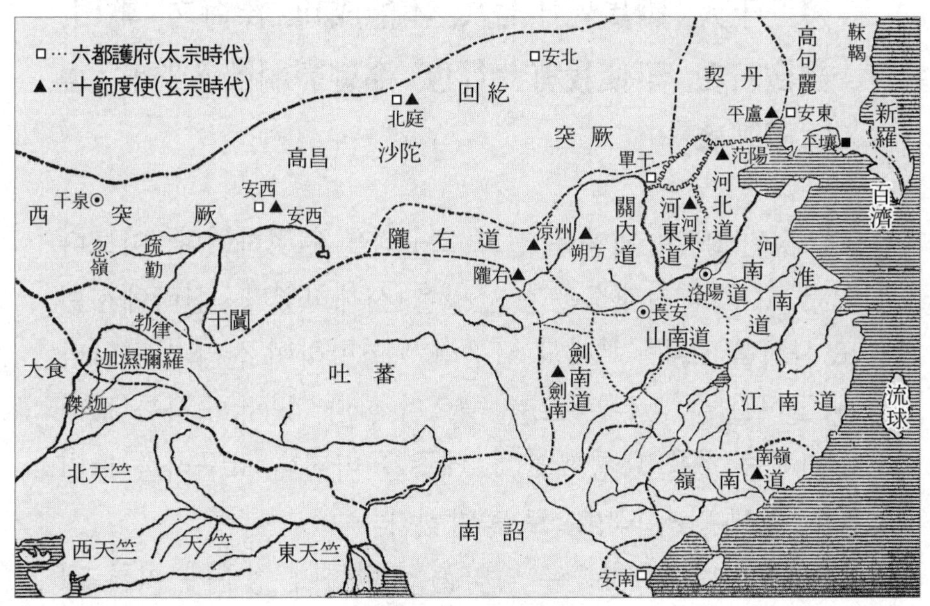

唐代領域圖(당대영역도)

(12) ○ 十八年, 上親征高麗. 先是高麗泉蓋蘇文弑
其君. 新羅又遣使言, 百濟與高麗, 連兵謀絶新羅入
貢之路, 乞兵救援. 上遂討之, 先如洛陽.
○ 十九年, 上發洛陽至定州, 進諸軍. 上渡遼水, 拔
遼東城, 降白巖城, 攻安市城, 大破其救兵於城下.
安市城險兵精, 堅守不下. 議者欲拔烏骨城, 渡鴨綠
水, 直取平壤, 覆其本根, 則餘可不戰而降. 或又謂,
親征異於諸將, 不可乘危. 上以遼左早寒, 草枯水
凍, 士馬難久留, 且糧將盡, 敕班師. 是行拔十城,
徙戶口七萬, 三大戰, 斬首四萬餘級. 然戰士死者,
幾三千人, 戰馬死什七八, 不能成功. 深悔之, 歎曰,
魏徵若在, 不使我有此行也. 命馳驛祠徵以少牢, 復
立所製碑.

○ 정관 18년, 태종은 친히 고구려를 원정하였다. 이보다
앞서 고구려 천개소문은 군왕을 시해하였다. 신라에서는
또 사신을 보내 '백제와 고구려가 연합하여 신라가 당나라
에 들어갈 수 있는 통로를 끊으려 한다.' 면서 군사를 보내
구원해줄 것을 요청했었다. 태종은 마침내 고구려를 토벌
하기 위해 먼저 낙양으로 출발했다.
○ 정관 19년, 태종은 낙양을 출발하여 정주에 이른 뒤

대군을 진격케 하였다. 태종은 요수를 건너 요동성을 함락시키고 백암성을 항복케 하였고, 안시성을 공격하면서 도착하는 구원병을 대파시켰다. 안시성은 지세가 험하며 병사들은 훈련이 잘 되어 있고 수비가 견고하여 함락시키지 못했다.

의견이 분분하여 논자에 따라 오골성을 점령하고 압록강을 건너 평양성을 곧바로 함락시켜 본 뿌리를 뽑아버리면 다른 곳은 싸우지 않아도 항복받을 수 있다고 하였다. 또 황제의 친정은 보통 장수와 달라 위험을 무릅써서는 안 된다고 말하는 이도 있었다. 태종은 요하 동쪽이 일찍 추워져 풀이 마르고 물이 얼며, 병사와 군마가 오래 머물 수도 없고, 또 군량이 떨어지려 하여 칙명으로 회군하였다.

이번 원정에서 10개 성을 함락시키고 7만여 호를 이사시켰고, 3차례 전투에서 4만여 급을 참수했다. 그러나 전사자가 3천 명에 가까웠고 군마 7, 8할이 죽었기에 성공하지 못했다. 태종은 이 원정을 뼈저리게 후회하며 탄식했다. "위징이 만약 살았었더라면 내가 이 원정을 못하도록 했을 것이다." 태종은 역마를 보내 위징의 묘에 羊을 바쳐 제사토록 하고 만들었다가 넘어뜨린 비석을 다시 세우게 하였다.

어구 설명

○ 十八年, 上親征高麗. 先是高麗泉蓋蘇文弑其君. 新羅又遣使言,

百濟與高麗, 連兵謀絶新羅入貢之路, 乞兵救援. 上遂討之, 先如洛陽. : 정관 18년, 태종은 친히 고구려를 원정하였다. 이보다 앞서 고구려 泉蓋蘇文은 君王을 시해하였다. 신라에서는 또 사신을 보내 '百濟와 고구려가 연합하여 신라가 당나라에 들어갈 수 있는 통로를 끊으려 한다.' 면서 군사를 보내 구원해줄 것을 요청했었다. 태종은 마침내 고구려를 토벌하기 위해 먼저 낙양으로 출발했다.

　－ 十八年 ; 서기 644년.　泉蓋蘇文(천개소문) ; 淵蓋蘇文(연개소문 603~666년). 고조 李淵을 휘하여 泉으로 고쳐 씀.

　－ 弑其君(시기군) ; 고구려의 대막리지 연개소문은 榮留王(영류왕)을 폐하고 寶藏王(보장왕)을 세움.(서기 642년)

　－ 新羅 ; 善德女王.　百濟 ; 義慈王.　高句麗 ; 寶藏王.　新羅入貢之路 ; 수원 앞 남양만에서 당과 통교하고 있었다.

　－ 先如洛陽(선여낙양) ; 먼저 낙양으로 갔다.　如 ; 가다

○ 十九年, 上發洛陽至定州, 進諸軍. 上渡遼水, 拔遼東城, 降白巖城, 攻安市城, 大破其救兵於城下. 安市城險兵精, 堅守不下. : 정관 19년, 태종은 낙양을 출발하여 定州에 이른 뒤 대군을 진격케 하였다. 태종은 遼水(요수)를 건너 遼東城을 함락시키고 白巖城(백암성)을 항복케 하였고, 安市城을 공격하면서 도착하는 구원병을 대파시켰다. 安市城이 험하며 병사들은 훈련이 잘 되어 있고 수비가 견고하여 함락시키지 못했다.

　－ 十九年 ; 서기 645년.　定州(정주) : 지금 河北省의 縣 이름. 保定市와 石家莊의 중간.

－ 遼 멀 요(료).　遼水(요수) ; 遼河, 河北, 內蒙古, 吉林, 遼寧省 지역을 흘러 발해로 들어가는 약 1,400km의 강.

－ 拔 뽑을 발. 함락시키다.　遼東城(요동성) ; 요하 동쪽. 遼陽市(요양시).　白巖城(백암성) ; 요양성 부근.

－ 安市城(안시성) ; 今 요령성 鞍山市(안산시). 요동성 남쪽. 후세 소설에서는 城主 楊萬春이 분전하였다고 한다. 뒷날 665년에 李勣(이적)이 함락시키고, 이후 고구려는 멸망(668년).

－ 堅守不下(견수불하) ; 수비가 견고하여 함락하지 못했다.

○ 議者欲拔烏骨城, 渡鴨綠水, 直取平壤, 覆其本根, 則餘可不戰而降. 或又謂, 親征異於諸將, 不可乘危. 上以遼左早寒, 草枯水凍, 士馬難久留, 且糧將盡, 敕班師. : 논자에 따라 烏骨城(오골성)을 점령하고 압록강을 건너 평양성을 곧바로 함락시켜 본 뿌리를 뽑아버리면 다른 곳은 싸우지 않아도 항복받을 수 있다고 하였다. 또 황제의 친정은 보통 장수와 달라 위험을 무릅써서는 안 된다고 말하는 이도 있었다. 태종은 요하 동쪽이 일찍 추워져 풀이 마르고 물이 얼며, 병사와 군마가 오래 머물 수도 없고, 또 군량이 떨어지려 하여 칙명으로 회군하였다.

－ 烏骨城(오골성) ; 지금의 봉황성 부근.　鴨 오리 압.　綠 푸를 록.　鴨綠水 ; 압록강.　壤 흙 양.

－ 平壤 ; 당시 고구려 國都.　覆 뒤집을 복. 전복시키다.　親征異於諸將(친정이어제장) ; 황제가 친히 원정에 나서는 것은 다른 장수의 원정과 다르다.

－ 乘危(승위) ; 위험을 무릅쓰다.　早寒(조한) ; 일찍 추워지다.

且 또 차.   糧將盡(양장진) ; 군량이 떨어지려 한다.

 - 敕 조서 칙. 황제의 명령.   班 나눌 반. 차례, 지위, 돌이키다.
班師(반사) ; 군사를 되돌리다.

○ 是行拔十城, 徙戶口七萬, 三大戰, 斬首四萬餘級. 然戰士死者,
幾三千人, 戰馬死什七八, 不能成功. 深悔之, 歎曰, 魏徵若在, 不
使我有此行也. 命馳驛祠徵以少牢, 復立所製碑. : 이번 원정에서
10개 성을 함락시키고 7만여 호를 이사시켰고, 3차례 전투에서 4
만여 급을 참수했다. 그러나 전사자가 3천 명에 가까웠고 군마 7,
8할이 죽었기에 성공하지 못했다. 태종은 이 원정을 뼈저리게 후
회하며 탄식했다. "위징이 만약 살았었더라면 내가 이 원정을 못
하도록 했을 것이다." 태종은 역마를 보내 위징의 묘에 양을 바쳐
제사토록 하고 만들었다가 넘어뜨린 비석을 다시 세우게 하였다.

 - 是行 ; 이번 행군, 이번 원정.   徙 옮길 사. 고구려 주민을 당
나라로 잡아가다.   級 순서 급. 首級(수급, 전투에서 벤 적의 머
리.)

 - 幾三千人 ; 거의 3천 명. 3천 명은 넘지 않는다는 뜻.

 - 戰馬死什七八(전마사십칠팔) ; 戰馬가 죽은 것이 10에 7 또는
8이다. 전과는 크게 과장되었고 피해는 축소되었다.

 - 深悔之(심회지) ; 뼈저리게 후회하다.   不使我有此行也 ; 나
로 하여금 이번 원정을 하게 하지는 않았을 것이다.

 - 馳 달릴 치.   驛 역참 역. 관리 출장이나 관수물자를 호송하
는 驛站(역참)제도.   馳驛 ; 역마를 보내다.

 - 祠 사당 사. 제사지내다.   牢 우리 뇌(가축을 기르는 곳). 감

옥. 희생물.   少牢(소뇌) ; 羊. 大牢 ; 天子 제사에 쓰는 소, 양,
돼지.

  - 復立所製碑 ; 위징의 비석을 태종이 직접 쓰고 만들게 하였으
나 侯君集의 사건 이후 비석을 넘어뜨렸었다.

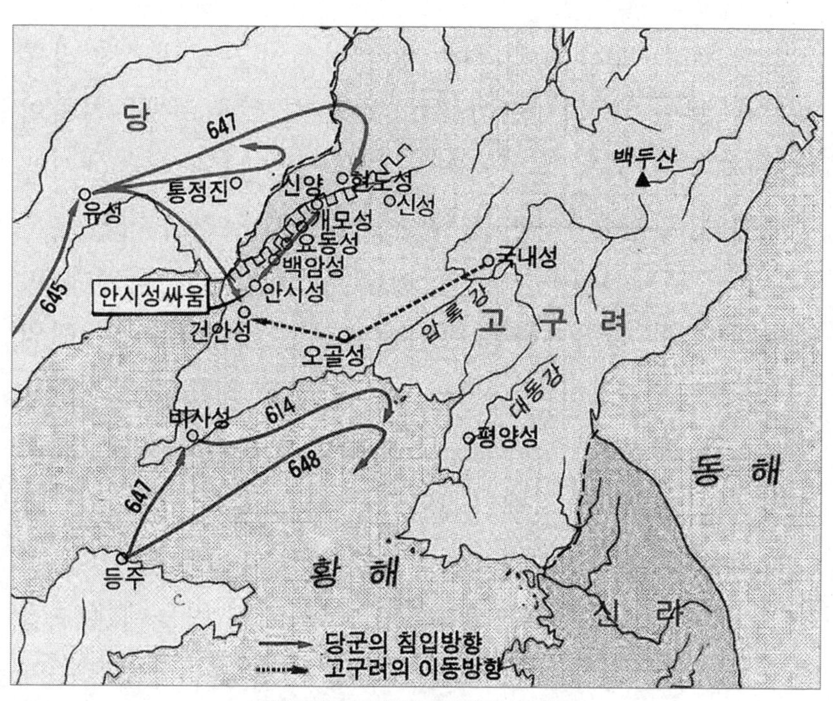

高句麗(고구려)와 唐(당)의 전쟁도

3) 守成의 어려움

(1) ○ 二十年, 上如靈州, 遣李世勣擊薛延陀. 破降之, 招諭敕勒諸部. 回紇等十一姓, 各遣使歸命, 乞置官司. 詔曰, 朕聊命偏師, 逐擒頡利, 始弘廟略. 已滅延陀, 鐵勒百餘萬戶, 請爲州郡. 混元以降, 殊未前聞, 宜備禮告廟. 仍頒示天下. 上爲詩曰, 雪恥酬百王, 除兇報千古. 刻石於靈州.

정관 20년, 태종은 영주에 가서 이세적을 보내 설연타를 공격케 하였다. 이세적이 격파하여 항복케 하자, 칙륵의 여러 부족을 불러 무마하였다. 회흘 등 11개 부족에서는 황제에게 복종하겠다면서 관청을 설치해 달라고 하였다.

태종이 조서를 내렸다. "짐이 겨우 약간의 군사에게 명하여 돌궐의 힐리가한을 쫓아내고 사로잡아 나라의 권위를 널리 떨쳤다. 이미 설연타족을 멸했고 칙륵〔勅勒＝鐵勒 (철륵)〕의 백여만 호가 주군이 되기를 청하였다. 이는 천지개벽 이래 특히나 전례가 없는 것이니, 예를 갖춰 종묘에 고하여야 한다." 이에 이런 사실을 천하에 널리 알렸다. 태종이 시를 지어 말했다. "치욕을 갚아 여러 왕들에게 보답하고, 흉악한 족속을 없애 천고에 알린다." 이 시를 영주에 석각하여 세웠다.

어구 설명

○ 二十年, 上如靈州, 遣李世勣擊薛延陀. 破降之, 招諭敕勒諸部. 回紇等十一姓, 各遣使歸命, 乞置官司. : 정관 20년, 태종은 영주에 가서 李世勣을 보내 薛延陀(설연타)를 공격케 하였다. 이세적이 격파하여 항복케 하자, 칙륵의 여러 부족을 불러 무마하였다. 회흘 등 11개 부족에서는 황제에게 복종하겠다면서 관청을 설치해 달라고 하였다.

 - 二十年 ; 서기 646년. 靈州(영주) ; 甘肅省(감숙성)의 지명. 李世勣(이세적) ; 594∼669년. 당 고조, 태종, 고종을 섬긴 武將.

 - 薛延陀(설연타) ; 흉노족에서 갈라진 敕勒(칙륵)의 한 부족. 薛 맑은 대 쑥 설. 諭 깨우칠 유. 招諭(초유) ; 불러서 타이르다.

 - 紇 질 낮은 명주실 흘, 사람 이름 흘. 十一姓 ; 11개 부족. 歸命(귀명) ; 歸順과 같음. 官司(관사) ; 관청.

○ 詔曰, 朕聊命偏師, 逐擒頡利, 始弘廟略. 已滅延陀, 鐵勒百餘萬戶, 請爲州郡. 混元以降, 殊未前聞, 宜備禮告廟. 仍頒示天下. 上爲詩曰, 雪耻酬百王, 除兇報千古. 刻石於靈州. : 태종이 조서를 내렸다. "朕이 겨우 약간의 군사에게 명하여 돌궐의 힐리가한을 쫓아내고 사로잡아 나라의 권위를 널리 떨쳤다. 이미 설연타족을 멸하고 칙륵의 백여만 호가 주군이 되기를 청하였다. 이는 천지개벽 이래 특히나 전례가 없는 것이니, 예를 갖춰 종묘에 고하여야 한다." 이에 이런 사실을 천하에 널리 알렸다. 태종이 시를 지어 말했다. "치욕을 갚아 여러 왕들에게 보답하고, 흉악한 족속을 없애 천고에 알린다." 이 시를 영주에 석각하여 세웠다.

– 聊 귀가 울릴 료(요). 의지하다. 멋대로. 애오라지. 겨우.   偏 치우칠 편. 偏師(편사) ; 약간의 군사.

– 逐 쫓을 축.   擒 사로잡을 금.   逐擒(축금) ; 왕의 자리에서 축출하고 사로잡다.   頡利(힐리) ; 可汗의 이름.

– 弘 넓을 홍. 넓히다. 영향력을 행사하다.   廟略(묘략) ; 종묘에서 결정하는 나라의 책략. 국가의 정책.

– 混元(혼원) ; 우주의 원기가 섞여 있다. 천지가 개벽하다. 아주 먼 옛날.   以降(이항) ; 이후로.

– 殊 죽일 수. 달리하다. 특히, 유달리.   宜備禮告廟 ; 의례를 갖추어 종묘에 고하는 것이 당연한 일이다.

– 頒 나눌 반. 반포하다. 頒示(반시) ; 널리 반포하여야 한다.

– 雪 눈 설. 씻다. 雪恥酬百王(설치수백왕) ; 이민족에게 당한 치욕을 갚아 수많은 왕들에게 보답하다.

– 報千古(보천고) ; 千古(옛날)의 제왕들에게 아뢰다. 周 大王이 岐山(기산)으로 근거지를 옮긴 것이나 漢 高祖가 平城에서 흉노에게 포위당해 위기에 처했던 일들이 모두 夷狄(이적)에게 당한 치욕이었었다. 그런데 이제 그들을 모두 신하로 굴복시켰다는 자신의 업적을 옛 중국의 제왕들에게 아뢴다는 뜻.

(2) ○ 二十二年, 司空梁公房玄齡卒. 上悲不自勝. 玄齡佐上定天下, 及終相位三十二年, 號爲賢相, 然無迹可尋. 上定禍亂. 而房·杜不言功, 王·魏善諫

諍, 而房·杜讓其賢, 英·衛善將兵, 而房·杜行其
道. 理致太平, 善歸人主, 爲唐宗臣.

○ 二十三年, 上有疾. 謂太子曰, 李世勣才知有餘,
然汝與之無恩. 我今黜之, 我死用爲僕射親任之. 若
徘徊顧望, 則當殺之耳. 乃左遷疊州都督, 受詔不至
家而去.

  정관 22년, 사공인 양공 방현령이 죽었다. 태종은 슬픔을
이기지 못했다. 방현령은 태종을 도와 천하를 평정케 했
고, 죽을 때까지 재상의 자리를 포함하여 32년을 근무하여
현명한 재상이라 불렸으나 특별히 볼만한 업적은 없었다.
  태종이 화란을 평정할 때 방현령과 두여회는 자신의 공
을 말하지 않았으며, 왕규와 위징이 간쟁을 잘할 때 방현
령과 두여회는 그들에게 현명하다는 칭송을 양보하였으
며, 이세적과 이정이 용병을 잘할 때 방현령과 두여회는
자신의 일을 다하였다. 정치가 태평성대를 이루었지만 칭
송은 황제에게 돌렸기에 당의 宗臣이 되었다.
  ○ 정관 23년, 태종이 병에 걸렸다. 태자를 불러 "이세적
은 재주와 지략이 뛰어났으나 너는 그에게 베푼 은혜가 없
다. 내가 지금 그를 내쫓을 것이니, 내가 죽으면 등용하여
복야로 임명하여 믿고 맡기도록 하라. 만약 꾸물대거나 딴
마음을 품는다면 곧바로 죽여 버리겠다." 그리고 첩주도독

으로 좌천시켰는데 이세적은 황제의 명을 받고서는 집에
들르지도 않고 임지로 떠나갔다.

어구 설명

○ 二十二年, 司空梁公房玄齡卒. 上悲不自勝. 玄齡佐上定天下,
及終相位三十二年, 號爲賢相, 然無迹可尋. : 정관 22년, 司空인
梁公 房玄齡이 죽었다. 태종은 슬픔을 이기지 못했다. 玄齡은 태
종을 도와 天下를 평정케 했고, 죽을 때까지 재상의 자리를 포함
하여 32년을 섬겨 현명한 재상이라 불렸으나 특별히 볼만한 업적
은 없었다.

 − 二十二年 ; 서기 648년.　房玄齡(방현령, 579~648) ; 名은
喬(교). 玄齡은 그의 字. 처음부터 이세민을 섬겼다. 정관 16년에
三公의 하나인 司空이 되었다.

 − 及終相位三十二年 ; 방현령은 태종 이세민을 秦王 시절부터
섬겨 재상의 자리까지 32년을 근무했다.　迹 자취 적.　尋 찾을
심.

○ 上定禍亂. 而房·杜不言功, 王·魏善諫諍, 而房·杜讓其賢,
英·衛善將兵, 而房·杜行其道. 理致太平, 善歸人主, 爲唐宗臣. :
태종이 (수 말 당 초의) 禍亂을 평정할 때 방현령과 두여회는 자
신의 공을 말하지 않았으며, 왕규와 위징이 간쟁을 잘할 때 방현
령과 두여회는 그들에게 현명하다는 칭송을 양보하였으며, 이세
적과 이정이 용병을 잘할 때 방현령과 두여회는 자신의 일을 다

하였다. 정치가 태평성대를 이루었지만 칭송은 황제에게 돌렸기
에 당의 宗臣이 되었다.

　－ 房·杜 ; 방현령과 두여회.　王·魏 ; 왕규와 위징.　諫諍(간
쟁) ; 主君에게 바른말로 건의함.

　－ 英·衛 ; 英公 이세적과 衛公 이정.　房·杜行其道(방·두행
기도) ; 방현령과 두여회는 자신의 길을 걸었다. 문신이며 재상으
로서 장군의 用兵에 이런저런 것을 따지지 않고 후방에서 지원을
해 주었다는 뜻.

　－ 理 다스릴 이(리).　統理(도맡아 다스리다.)　致 이를 치. 이루
다.　善歸人主 ; 잘한 것은 人主(주군)에게 돌렸다.

　－ 宗臣(종신) ; 중요한 직위에서 추앙을 받는 신하. 重臣.

○ 二十三年, 上有疾. 謂太子曰, 李世勣才知有餘, 然汝與之無恩.
我今黜之, 我死用爲僕射親任之. 若徘徊顧望, 則當殺之耳. 乃左遷
疊州都督, 受詔不至家而去. : 정관 23년, 태종이 병에 걸렸다. 태
자를 불러 "李世勣은 才知가 뛰어났으나 너는 그에게 베푼 은혜
가 없다. 내가 지금 그를 내쫓을 것이니, 내가 죽으면 등용하여
복야로 임명하여 믿고 맡기도록 하라. 만약 꾸물대거나 딴마음을
품는다면 곧바로 죽여 버리겠다." 그리고 첩주도독으로 좌천시켰
는데 이세적은 황제의 명을 받고서는 집에 들르지도 않고 임지로
떠나갔다.

　－ 二十三年 ; 서기 649년.　才知有餘 ; 재능과 지략이 뛰어나
다.　汝 너 여. 太子 李治.　與之無恩(여지무은) ; 그에게 베푼 은
혜가 없다.

- 黜 물리칠 출. 내쫓다.　用爲僕射親任之(용위복야친임지) ; 등용하여 복야로 삼아 믿고 맡기다.

- 僕射(복야) ; 상서성의 책임자. 좌, 우복야를 두었다.　若 같을 약. 너. 만약, 그렇지 않다면.

- 徘徊(배회) ; 이리저리 노닐다.　顧望(고망) ; 두루 살펴보다. 徘徊顧望 ; 마음이 흔들리며 이리저리 살피며 딴마음을 품다.

- 左遷(좌천) ; 직위를 떨어트림. 전보다 낮은 지위에 임명함. 疊 겹쳐질 첩.　疊州 ; 감숙성의 지명.

- 受詔不至家而去 ; 명을 받고서는 집에 들르지도 않고 임지로 가다. 변함없는 충성을 보여준 것임.

【참고】 집념의 질투 - 식초를 마시다.

❖ 房玄齡은 당나라 초기의 명재상이었다. 지금의 산동성 濟南(제남) 출신으로 18세에 관직에 나가 秦王 李世民을 섬기기 시작한 이래 진왕의 참모로 역할을 다했다. 626년 현무문의 변 때 방현령과 杜如晦, 長孫無忌(장손무기), 尉遲敬德(울지경덕), 侯君集(후군집) 5인의 공적이 제일이었다. 太宗이 즉위 후에 中書令이 되었다가 636年에 梁國公에 봉해졌고, 貞觀 16년(642年)에 司空이 되었다.

房玄齡은 기획과 일을 구상하는 데는 뛰어났으나 약간 우유부단하여 쉽게 결단을 내리지 못하고 꼭 두여회를 불러 같이 논의하고 결정을 보았다. 그래서 당시 사람들이 '房謀杜斷(방모두단)' 이라 하였다. 그 자신이 부지런했고 모든 사람들에게 똑같이 잘 대해 주었고 특히 행정업무에 밝았다고 한다.

이렇게 행정과 처세에는 달인이었지만 대단한 애처가(? = 공처가)였던 방현령이었다. 방현령이 나이가 많기에 집에서 편히 시중을 받으라고 태종이 2명의 미녀를 특별히 하사하였다. 그런데 방현령이 부인이 한사코 젊은 미녀를 집에 들이는 것을 반대하였다. 그 소식을 들은 太宗은 불같이 화를 내며 황후를 시켜 방현령의 부인을 황궁으로 불러 말했다.

"부인이 어찌 내 뜻을 감히 거역하는가? 질투를 그치고 두 미인을 받아들이거나, 아니면 여기 독주를 마시고 내 앞에서 죽든지 선택하시오."

그러자 방현령의 부인은 두말도 하지 않고 독주를 단숨에 마셔 버렸다. 그러나 사실은 독주가 아니라 식초(醋 식초 초)였다. 이를 본 太宗은 탄식하며 말했다. "夫人을 이리 핍박한 것을 원망하지 마시오. 차라리 죽을지언정 남편만을 위하겠다는 부인의 마음을 잘 알았으니 내 명을 거두겠소!"

이후로 '식초를 마시다(吃醋 chīcù)'는 '질투하다, 시기를 하다.'라는 뜻으로 통한다.

(3) ○ 上崩. 在位二十四年, 改元者一, 曰貞觀. 上雖以武功定禍亂, 終以文德綏海內. 常自以驕侈爲懼, 嘗曰, 人主惟一心, 攻之者衆. 或以勇力, 或以辯口, 或以諂諛, 或以姦詐, 或以嗜欲, 輻輳各求

自售. 人主少懈而受其一, 則危亡隨之, 此其所以難
也.

  태종이 죽었다. 재위 24년에 개원은 1번인데 정관이라
하였다. 태종은 비록 무력으로 환란을 평정하였지만 뒤에
는 문치로 천하를 편안케 하였다. (태종은) 늘 스스로 교만
과 사치를 두려워하였다. 일찍이 "人主의 마음은 오직 하
나인데, 이를 공격하는 것은 여럿이다. 어떤 자는 용력으
로, 혹은 구변으로, 혹은 아첨, 혹은 간사한 짓으로, 혹은
좋아하는 것을 가지고 나에게 모여들며 자기가 잘하는 것
으로 나에게서 (벼슬을) 얻어내려 한다. 人主가 조금이라도
해이하여 그 중 하나라도 받아들이면 위기와 멸망이 뒤따
라오니 이것이 바로 군주의 어려움일 것이다."라고 말했다.

어구 설명

○ 上崩. 在位二十四年, 改元者一, 曰貞觀. 上雖以武功定禍亂, 終
以文德綏海內. : 태종이 죽었다(五月). 재위 24년에 개원은 1번인
데 정관이라 하였다. 태종은 비록 무력으로 환란을 평정하였지만
뒤에는 문치로 천하를 편안케 하였다.
  - 在位 二十四年 ; 서기 626~649년.　貞觀(정관) ; 627~649년.
  - 文德 ; 文敎와 德治.　綏 편안할 수. 깃발 장식 유. 나라를 안
정시킴.

－ 以武功定禍亂(이무공정화란) ; 무력으로 화란을 평정하고,

－ 以文德綏海內(이문덕수해내) ; 文德으로 海內를 편안케 하였다.

－ 海內 ; 온 천하, 국내. 海 ; 큰 정원 안의 연못. 四方의 땅 끝. 北海는 '북쪽 바다'라는 의미가 아니고, 북쪽 끝의 황량한 땅을 의미한다. 중국인이 생각하는 실제 바다는 東海뿐이었다.

○ 常自以驕侈爲懼, 嘗曰, 人主惟一心, 攻之者衆. 或以勇力, 或以辯口, 或以諂諛, 或以姦詐, 或以嗜欲, 輻輳各求自售. 人主少懈而受其一, 則危亡隨之, 此其所以難也. ; (태종은) 늘 스스로 교만과 사치를 두려워하였다. 일찍이 "人主의 마음은 오직 하나인데, 이를 공격하는 것은 여럿이다. 어떤 자는 勇力(힘)으로, 혹은 辯口(구변), 혹은 諂諛(첨유, 아첨), 혹은 姦詐(간사), 혹은 嗜欲(기욕, 좋아하는 것)으로 나에게 모여들며 자기가 잘하는 것으로 나에게서 (벼슬을) 얻어내려 한다. 人主가 조금이라도 해이하여 그 중 하나라도 받아들이면 위기와 멸망이 뒤따라오니 이것이 바로 군주의 어려움일 것이다."라고 말했다.

－ 驕 교만할 교. 侈 사치할 치. 懼 두려워할 구.

－ 人主惟一心(인주유일심) ; 군주는 오직 하나의 마음인데 ~,

－ 攻之者衆(공지자중) ; 황제의 마음을 뺏으려는 자는 많다. 곧 勇力(용력), 辯口(변구), 諂諛(첨유), 姦詐(간사), 嗜欲(기욕) － 이러한 것으로 황제에게 잘 보이려 한다.

－ 輻 바퀴살 통 폭(부). 모여들다. 輳 모일 주. 輻輳(폭주) ; 바퀴살이 바퀴 통으로 모이듯이 사람이나 사물이 한 곳으로 쏠림.

- 售 팔 수. 자신이 내세울 수 있는 것. 懈 게으를 해. 느슨해
지다. 隨 따를 수.
- 此其所以難也 ; 이것이 人主 노릇하기가 어려운 점이다. 나라
의 황제, 기업의 CEO, 부대의 지휘관, 조직의 長이 규모나 성격
은 다르지만 최고위직에 있는 것이 결코 쉬운 일은 아닐 것이다.

**(4) 嘗問侍臣, 創業守成孰難. 玄齡曰, 草昧之初,
羣雄竝起, 角力而後臣之, 創業難矣. 魏徵曰, 自古
帝王, 莫不得之於艱難, 失之於安逸, 守成難矣.
上曰, 玄齡與吾共取天下, 出百死得一生, 故知創業
之難. 徵與吾共安天下, 常恐驕奢生於富貴, 禍亂生
於所忽. 故知守成之難. 然創業之難往矣. 守成之
難, 方與諸公愼之. 自知神采爲臣下所畏, 常溫顔
接羣臣, 導人使諫, 賞諫者以來之. 惟末年東征之
役, 褚遂良嘗諫不聽. 太子立, 是爲高宗皇帝.**

(태종이) 일찍이 입시한 신하들에게 창업과 수성 어느 것
이 어려운가에 대해 물었었다. 방현령은 "일의 시작 초기
에는 여러 영웅들이 한꺼번에 일어나 힘을 겨룬 뒤에야 신
하로 거느릴 수 있으니 창업이 어려운 것입니다."라고 말
했다. 위징은 "자고로 제왕은 모두가 간난을 겪으며 얻었

지만, 안일함 속에서 나라를 잃었으니 수성이 어려운 것입니다."

태종이 말했다. "현령은 나와 같이 천하를 얻는 과정에서 여러 번 죽을 고비를 넘기며 살아났기에 창업의 어려움을 알고 있다. 그리고 위징은 나와 같이 천하를 안정시키면서 교만과 사치는 부귀에서 비롯되고 재앙과 분란은 소홀히 하는 데서 나오는 것을 늘 걱정했었다. 그래서 수성의 어려움을 잘 알고 있는 것이다. 그러나 이제 창업의 어려움을 이겨내었다. 그래서 수성의 어려움을 지금 여러분과 같이 신중하게 생각하는 것이오."

太宗의 고상한 풍채는 신하들의 두려움이라는 것을 자신이 알고 있었기에 늘 부드러운 표정으로 여러 신하들과 만났고, 신하들이 바른말을 하도록 이끌었으며 충간하는 자에게 상을 주어 황제에게 다가오도록 하였다. 다만 말년의 고구려 원정 전쟁은 저수량이 일찍부터 간했지만 듣지 않았다. 태자가 즉위하니, 이가 고종황제이다.

어구 설명

○ 嘗問侍臣, 創業守成孰難. 玄齡曰, 草昧之初, 羣雄竝起, 角力而後臣之, 創業難矣. 魏徵曰, 自古帝王, 莫不得之於艱難, 失之於安逸, 守成難矣. : (태종이) 일찍이 입시한 신하들에게 창업과 수성 어느 것이 어려운가에 대해 물었었다. 방현령은 "일의 시작 초기

에는 여러 영웅들이 한꺼번에 일어나 힘을 겨룬 뒤에야 신하로 거느릴 수 있으니 창업이 어려운 것입니다."라고 말했다. 위징은 "自古로 帝王은 모두가 간난을 겪으며 얻었지만, 안일 속에서 나라를 잃었으니 守成이 어려운 것입니다."

　－ 孰 누구 숙. 어느 것.　難 어려울 난. 힘이 들다.

　－ 草 풀 초. 일의 시작이나 처음.　昧 새벽 매. 동틀 때.　草昧 ; 사건이 발생한 초기. 국가 건설 초기.

　－ 角 뿔 각. 모서리. 뿔을 바로잡다. 겨루다. 경쟁하다.　角力 ; 힘을 겨루다.　臣之 ; 신하로 삼다. 신하로 거느리다.

　－ 莫 없을 막. 아무도~하지 않다. ~하는 자가 없다. 설마 ~인가?　莫不 ;~하지 않는 자가 없다. 모두~한다.

　－ 艱 어려울 간.　艱難(간난) ; 곤란을 겪다. 어려움.

　－ 莫不得之於艱難, 失之於安逸 ; 모두가 어려움을 통해 얻고 안일 속에서 잃는다.

○ 上曰, 玄齡與吾共取天下, 出百死得一生, 故知創業之難. 徵與吾共安天下, 常恐驕奢生於富貴, 禍亂生於所忽. 故知守成之難. 然創業之難往矣. 守成之難, 方與諸公愼之. : 태종이 말했다. "현령은 나와 같이 천하를 얻는 과정에서 여러 번 죽을 고비를 넘기며 살아났기에 창업의 어려움을 알고 있다. 그리고 위징은 나와 같이 천하를 안정시키면서 교만과 사치는 부귀에서 비롯되고 재앙과 분란은 소홀히 하는 데서 나오는 것을 늘 걱정했었다. 그래서 수성의 어려움을 잘 알고 있는 것이다. 그러나 이제 창업의 어려움을 이겨내었다. 그러기에 수성의 어려움을 지금 여러분과 같이

신중하게 생각하는 것이오.”

　- 禍亂生於所忽(화란생어소홀) ; 재앙과 분란은 소홀한데서 나
온다. 忽 ; 소홀할 홀. 경시하다. 밝게 깨닫지 못하는 것.

○ 自知神采爲臣下所畏, 常溫顏接羣臣, 導人使諫, 賞諫者以來之.
惟末年東征之役, 褚遂良嘗諫不聽. 太子立, 是爲高宗皇帝. : 太宗
의 고상한 풍채는 신하들의 두려움이라는 것을 자신이 알고 있었
기에 늘 부드러운 표정으로 여러 신하들과 만났고, 신하들이 바
른말을 하도록 이끌었고 충간하는 자에게 상을 주어 황제에게 다
가오도록 하였다. 다만 말년의 고구려 원정 전쟁은 저수량이 일
찍부터 간했지만 듣지 않았다. 태자가 즉위하니, 이가 고종황제
이다.

　- 神采(신채) ; 고상한 풍채(風采). 태종 이세민의 초상화에서도
그런 기운이 느껴질 정도이니 실제로 신하들이 그 앞에서 주눅이
들었을 것이다.

　- 爲臣下所畏(위신하소외) ; 신하들에게 두려움이었다.　溫顏
(온안) ; 부드러운 안색.

　- 東征之役(동정지역) ; 고구려를 정벌하려는 전쟁.　役 ; 힘쓸
역. 변경을 수비하는 일. 싸움, 전쟁.

【참고】 어려운 줄 알면 어렵지 않다.

　❖ 흔히들 ‘창업은 쉽지만 그를 지켜나가기는 어렵다(創業容易
守業難).’고 말한다. 비슷한 뜻으로 ‘상호를 만들어 걸기는 쉬워

도(創名牌容易), 상호를 지켜나가기는 어렵다(護名牌難).'라는 말도 있다.

그러나 창업을 해 본 사람은 '천만 가지가 다 어렵다지만, 창업보다 어려운 것은 없다(千難萬難 莫過於創業難).'고 한다. 또 어떤 사람은 '창업 역시 어렵고(創亦難), 수성 역시 어렵지만(守亦難), 어렵다는 것을 알면 어렵지 않다(知難不難).'고 말하는데, 아마 이 말이 진리일 것이다.

실제로, 근면은 모든 사업의 보배이고, 신중함은 자신을 지킬 수 있는 근본이다. 창업 이후 열심히 노력하면 운이 트인다. '막혔던 하나가 통하게 되면 만 가지가 다 통한다.'라는 말은 바로 그 증거이다.

사실 한 가지 이치(일)에 능통하면 모든 일이 잘 이루어지듯(一法通 萬法通), 한 가지 사업이 잘 되면 모든 사업이 융성한다(一業興 百業旺). 그러다 보니 계열사가 늘어나는 것이다.

그러나 '창업한 지 백 년이라도 망하는 것은 하루면 된다(創業百年 敗家一天).'는 말은 역시 수성의 어려움을 강조한 말이다.

그러다 보니 '근면으로 창업하고(創業在於勤), 검약으로 업을 키우다가(守業在於儉) 나태하면 패가한다(敗家在於懶).'는 말은 창업—수성—패망의 단계를 요약한 말이다.

국가 경영 역시 이와 꼭 같을 것이다. 태종은 창업과 수성의 어려움을 잘 알고 있고 그만큼 튼튼한 기초를 다져 놓았기에 唐은 당시 세계에서 국제적 성격이 강하면서도 아시아와 유럽을 통해 초일류 국가를 이루었고 국가의 수명도 길었다.

제3장 高宗과 則天武后

1) 高宗과 武后의 섭정

(1) 高宗皇帝, 名治, 母長孫皇后. 承乾廢, 長孫無忌, 力勸太宗立治. 在東宮七年. 太宗嘗作帝範十二篇以賜, 曰, 脩身治國盡在其中. 一旦不諱, 更無言矣. 至是卽位, 長孫無忌·褚遂良, 受先帝遺詔輔政. 以李勣爲左僕射, 尋爲司空.

고종황제의 이름은 치이고, 모친은 장손황후이다. (장남) 승건이 폐위되자, 장손무기는 태종에게 治(치)를 책립할 것을 강력히 권했다. 7년 동안 태자로 동궁에서 살았다. 태종은 일찍이 《제범》 12편을 지어 내려주며 말했다. "수신과 치국의 요체가 모두 이 가운데 있다. 내가 죽더라도 다시 더 할 말이 없다."

이에 고종이 즉위하자, 장손무기와 저수량이 선제의 유조를 받아 정사를 보필했다. 이적을 좌복야로 삼았다가 곧 사공으로 임명했다.

어구 설명

○ 高宗皇帝, 名治, 母長孫皇后. 承乾廢, 長孫無忌, 力勸太宗立治. 在東宮七年. 太宗嘗作帝範十二篇以賜. 曰, 脩身治國盡在其中. 一旦不諱, 更無言矣. : 高宗皇帝의 이름은 治이고, 母親은 長孫皇后이다. (장남) 承乾이 폐위되자, 長孫無忌는 太宗에게 治를 세울 것을 강력히 권했다. 7年동안 태자로 동궁에서 살았다. 太宗은 일찍이 《帝範》十二篇을 지어 내려주며 말했다. "脩身과 治國의 요체가 모두 그 가운데 있다. 내가 죽더라도 다시 더 할 말이 없다."

- 高宗 ; 22세 즉위. 649~683년까지 35년 재위. 재위 중 서돌궐을 멸망시키고 백제(660년), 고구려를 멸망(668년). 최대 영토 차지.

- 長孫皇后 ; 태종의 황후. 長孫無忌(장손무기)의 누이동생. 《女則》十篇을 저술했다지만 전해오지 않는다. 親蠶禮(친잠례)를 행했다. 고종은 장손황후의 9男.

- 承乾(승건) ; 태종과 장손황후의 長男, 貞觀 16년(642년) 태자 폐위.

- 長孫無忌(장손무기) ; 장손은 複姓. 長孫皇后의 오빠. 高宗의 외숙.

- 在東宮七年 ; 정관 17년(643년)에 태자로 책봉되어 7년간 東宮에서 생활. 성격이 온화하여 효성스러웠으나 소극적인 성격이었다고 한다.

- 《帝範 제범》; 정관 22년(648년) 태종이 태자를 가르치기 위해

자신의 정치 경험과 자신의 功過를 저술한 책. 君體, 建親, 求賢, 審官, 納諫(납간), 去讒(거참), 誡盈(계영), 崇儉(숭검), 賞罰(상벌), 務農(무농), 閱武(열무) 등 12편.

– 賜 줄 사. 하사하다. 盡 다할 진. 다하다. 전부. 여기서는 備의 뜻. 旦 아침 단. 一旦 ; 어느 날, 갑자기.

– 諱 거릴 휘. 피하다. 不諱(불휘) ; 꺼림이 없음. 죽음. 죽음은 피할 수 없는 것(不可諱).

○ 至是卽位, 長孫無忌 · 褚遂良, 受先帝遺詔輔政. 以李勣爲左僕射, 尋爲司空. : 이때에 卽位하자, 長孫無忌와 褚遂良이 先帝의 遺詔를 받아 政事를 보필했다. 李勣을 左僕射(좌복야)로 삼았다가 곧 司空으로 임명했다.

– 至是(지시) ; 이에(是) 이르러, 이때에. 褚 솜옷 저. 遂 이를 수. 성취하다. 드디어. 先帝 ; 太宗. 遺詔(유조) ; 황제의 유언.

– 勣 공적 적. 李勣(이적) ; 본 성명 徐世勣. 李淵이 李氏 賜姓. 태종의 世字을 피하여 李勣이 되었음. 태종 23년에 일부러 疊州 都督(첩주도독)으로 좌천시켜 속마음을 떠본 일이 있는데, 이때 이적은 칙명을 받고서는 집에도 들리지 않고 임지로 향했다.

– 射 쏠 사. 맞힐 석. 싫어할 역. 벼슬 이름 야. 僕射(복야) ; 상서성의 책임자. 좌, 우복야. 재상급에 해당. 尋 찾을 심. 곧이어.

【참고】 고종의 치적?

❖ 당 高宗 李治는 능력으로 따진다면 아주 평범한 제왕이었다.

재위 기간 중 이렇다 할 치적이 없었다. 다만 태종의 정치적 업적과 그 기반 위에서 최대의 영토를 누리며 안정을 취했을 뿐이었다. 굳이 고종의 의지에 의한 치적을 꼽는다면 年上의 아버지 후궁을 정식 황후로 맞이한 것이 최대의 치적(?)이라 할 수 있는데 그 결과는 당 황실로서는 최고의 비극이었다. 나라 이름조차 바뀌었고 많은 황족이 죽어야 했다. 중국 최초의 女帝의 출현은 모두 고종의 무후를 선택한 그 결과였다.

측천무후는 학식이나 정치적 능력에서 고종보다 여러 면에서 우수했었다고 보아야 한다. 물론 고종의 건강 이상, 특히 眼科 질병이 있어 글을 오래 보지 못한다는 치명적 약점이 있었기에 고종 재위 중의 모든 정치 행위는 무후의 정치적 치적이라 할 수 있다.

唐 高宗(고종)

(2) ○ 永徽五年, 以太宗才人武氏爲昭儀. ○ 六年, 上欲廢皇后王氏, 立武昭儀爲后. 許敬宗 · 李義府贊之, 褚遂良不可. 以問李勣. 勣曰, 此陛下家事. 何必更問外人. 事遂決. 褚遂良貶, 義府參知政事. 義府貌若溫恭, 與人嬉怡, 而狡險忌克. 人謂, 笑中有刀. 柔而害物, 謂之李猫.

○ 영휘 5년에, 태종의 재인이던 무씨를 소의로 삼았다.

○ 영휘 6년, 고종은 황후 왕씨를 폐위하고 무소의를 황후로 삼으려 했다. 허경종과 이의부는 이에 찬성했지만 저수량은 불가라 했다. 고종이 이를 이적에게 물었다. 이적은 "이는 폐하의 가정사입니다. 이를 왜 남에게 물어야 합니까?"라고 대답했다. 일은 드디어 결정되었다.

저수량은 폄직되었고, 이의부는 조정의 정사에 참여하였다. 이의부는 온순하고 공손한 외모로 다른 사람에게 상냥한 것 같지만 교활하며 음험하고 시샘이 많았고 남을 이기려 했다. 사람들은 그를 두고 '웃음 속에 칼이 있다.'고 하였다. 온유하면서도 해를 끼치기에 그를 '李 고양이'라 하였다.

어구 설명

○ 永徽五年, 以太宗才人武氏爲昭儀. : 永徽 5年에, 太宗의 才人이던 武氏를 昭儀로 삼았다.

- 徽 아름다울 휘. 永徽(영휘) ; 고종의 첫 번째 연호(650~655년) 영휘 5년 ; 서기 654년.

- 才人(재인), 昭儀(소의) ; 女官의 명칭. 皇后 아래에 三妃(正一品에 해당)가 있고 그 밑으로 六儀(正二品, 6명. 昭儀는 여기에 해당)가 있으며, 이어 美人(正三品), 才人(正五品에 해당)의 품계가 있었다. 高宗이 太子로 있을 때, 4세 연상인 아버지의 후궁 武才人과 通姦했다. 태종이 죽자, 삭발하고 女僧이 되어 感業寺에 머물렀는데 高宗이 옛정을 못 잊어했다. 당시 王皇后와 蕭淑妃(소숙비)가 서로 고종의 총애를 다투고 있었는데 王皇后가 소숙비를 내치기 위한 방편으로 무씨를 궁으로 불러들였다. 결국 왕황후나 소숙비 모두 무소의에게 내쫓겨 죽음을 당했다.

○ 六年, 上欲廢皇后王氏, 立武昭儀爲后. 許敬宗·李義府贊之, 褚遂良不可. 以問李勣. 勣曰, 此陛下家事. 何必更問外人. 事遂決. : 영휘 6년, 고종은 皇后 王氏를 폐위하고 武昭儀를 황후로 삼으려 했다. 許敬宗과 李義府는 이에 찬성했지만 褚遂良은 不可라 했다. 고종이 이를 李勣에게 물었다. 이적(=李世勣)은 "이는 陛下의 家事입니다. 外人에게 물어야 할 필요가 없습니다."라고 대답했다. 일은 간단하게 결정되었다.

- 六年 ; 서기 655년. 許敬宗(허경종) ; 武皇后를 지지하면서 저수량을 내쫓고, 장손무기와 上官儀를 죽였으며 영달하고 장수

했다.

 - 李義府(이의부, 614~666년) ; 어려서 太宗 앞에서 총명을 뽐내기도 했었다. 武后 편이 되었지만 만년은 유배지에서 죽었다.

 - 贊 도울 찬. 찬성하다.   陛 섬돌 폐.

 - 陛下(폐하) ; 신하가 황제를 지칭하는 말.   何必(하필) ; 구태여 ~할 필요가 있는가? ~할 필요가 없다.

○ 褚遂良貶, 義府參知政事. 義府貌若溫恭, 與人嬉怡, 而狡險忌克. 人謂, 笑中有刀. 柔而害物, 謂之李猫. : 저수량은 潭州(담주)의 도독으로 좌천되어 폄직되었고, 李義府는 政事에 참여하였다. 이의부는 온순하고 공손한 외모로 다른 사람에게 상냥한 것 같지만 교활하며 음험하고 시샘이 많으며 남을 이기려 했다. 사람들은 '웃음 속에 든 칼'이라 하였다. 온유하면서도 해를 끼치기에 그를 '고양이 이가'라 하였다.

 - 貶 떨어트릴 폄. 폄직. 직위를 강등하다.   參 석 삼. 간여할 참. 뵙다.   知 알 지. 듣거나 보아서 알다. 아는 바가 많은 일.

 - 貌 얼굴 모. 용모.   嬉 즐길 희.   怡 기쁠 이.   嬉怡 ; 상냥한 얼굴에 붙임성이 있다.

 - 狡 교활할 교.   險 험할 험. 험악하다.   忌 꺼릴 기. 시샘하다.   克 이길 극. 꺾어 누르다.

 - 笑中有刀 ; 웃음 속에 칼을 품었다. 笑裏藏刀(소리장도)와 같음.   柔而害物(유이해물) ; 온유한 것 같지만 남을 해치다.

 - 猫 고양이 묘.

【참고】 李勣(이적)의 책임은?

❖ 이적(이세적)은 태종의 특별한 부탁을 받은 사람이다. 태자에게 보위를 넘겨주기 전에 일부러 테스트를 했고, 그런 테스트에 통과했었기에 고종이 즉위하면서 곧바로 불러들였던 것이다. 그만큼 고종은 이적을 신뢰했었다.

만약 폐비 문제에 이적이 저수량과 같은 입장을 취했다면 고종은 추진하지 않았을 가능성도 충분하였다. 고종이 신하에게 물었던 것은 그만둘 수 있다는 의미인데 이적의 찬성은 곧 결론이었다. 이적은 '이는 家事'라는 의견으로 자신의 의견은 없는 것처럼 말했다. 그러나 그것이 어찌 황제 개인의 일인가?

이적은 젊은 황제에게 忠諫(충간)해야 하는 의무를 저버렸을 뿐만 아니라 오히려 권장한 꼴이었다. 그 결과는 결코 저수량의 폄직과 죽음으로 끝나지도 않았으며 고종 자신의 불행만은 아니었다. 당나라 皇室은 中絕되었고, 그 餘震(여진)이 남아 中宗은 황후 韋氏(위씨)에게 독살되었다. 다행히 玄宗의 즉위로 수습은 되었지만 그 폐해가 결코 적지 않았다.

太宗은 이적을 일부러 지방관으로 보내어 이적의 충성심을 떠보았지만, 이적이 지켜야 할 忠이라는 大節은 결코 이런 것이 아니었다.

이적은 668년에 고구려 평양성을 함락시키고 그 다음 669년에 76세로 죽는다. 고종은 7일 동안 輟朝(철조)하면서 大臣의 죽음을 애도했다. 그러나 뒷날 이적의 손자 徐敬業이 武則天에 대항하다가 일족이 주살당하고 이적 역시 剖棺斬屍(부관침시) 당했으나 中宗이 재 즉위하면서 복위, 복권되었다.

(3) ○ 武后以長孫無忌不助己, 深怨之. 顯慶四年, 削無忌官, 黔州安置. 遂良先一年卒. 至是無忌與初議者, 柳奭·韓瑗, 皆被殺. ○ 乾封元年, 上封泰山. 至亳州, 尊老君爲太上玄元皇帝. ○ 以李勣爲遼東大總管, 伐高麗. ○ 總章元年, 李勣拔平壤, 降其王. 高麗悉平, 置安東都護府. ○上元元年, 帝稱天皇, 后稱天后.

○ 무후는 장손무기가 자신을 돕지 않았다 하여 깊이 원망하였다. 현경 4년에 장손무기의 관직을 박탈하고 검주로 귀양을 보냈다. 저수량은 1년 전에 죽었다. 이때 장손무기와 같은 뜻을 가졌던 유석, 한원 등은 모두 피살되었다.

○ 건봉 원년에, 고종은 태산에서 봉선제를 지냈다. 박주에 이르러 노자를 태상현원황제로 추존했다.

○ 이적을 요동대총관으로 삼아 高麗(=高句麗)를 정벌케 했다.

○ 총장 원년에, 이적은 평양성을 함락시키고 고구려 왕을 항복케 했다. 고구려가 다 평정되자 안동도호부를 설치했다.

○ 상원 원년에, 고조는 천황이라 칭하고, 황후는 천후라 칭했다.

어구 설명

○ 武后以長孫無忌不助己, 深怨之. 顯慶四年, 削無忌官, 黔州安置. 遂良先一年卒. 至是無忌與初議者, 柳奭·韓瑗, 皆被殺. : 武后는 長孫無忌가 자신을 돕지 않았다 하여 깊이 원망하였다. 顯慶 4年에 장손무기의 관직을 박탈하고 검주로 귀양을 보냈다. 저수량은 1년 전에 죽었다. 이때 장손무기와 같은 뜻을 가졌던 유석, 한원 등은 모두 피살되었다.

- 以 써 이. ~에 의해서, ~때문에, ~함으로써, (방위를 나타내는 단어 앞에서) 시간·장소·방향·수량의 한계를 나타냄.

- 以長孫無忌不助己(이장손무기부조기) ; 長孫無忌가 자신을 (己) 돕지 않았다(不助) 하여(以).

- 深怨之(심원지) ; 깊이(深) 장손무기를(之) 원망하다(怨). 주어는 앞에 있는 武后이다.

- 顯慶(현경) ; 고종의 2번째 연호. 656~661년. 顯慶四年 ; 서기 659년.

- 削 깎을 삭. 削官 ; 관직을 박탈하다. 당시 장손무기는 太尉로 趙國公이었는데 관직과 작위를 모두 박탈당했다. 高宗은 장손무기와 대신들의 반대를 예상하고 그 무마책으로 무소의와 함께 장손무기의 저택을 방문하기도 했고, 많은 선물을 보내면서 王황후의 소생이 없어 무소의를 황후로 삼으려는 뜻을 여러 번 내비쳤지만 장손무기는 끝까지 고종의 뜻을 따르지 않았다. 이는 결과적으로 關隴(관농)집단의 파멸로 이어졌다.

- 黔 검을 검. 黔州(검주) ; 지금의 重慶市 彭水의 苗族(묘족)

과 土家族(토가족) 自治縣에 해당(四川省). 安置(안치) ; 大臣
을 귀양 보냄.

 − 奭 클 석. 瑗 도리옥 원.

○ 乾封元年, 上封泰山. 至亳州, 尊老君爲太上玄元皇帝. : 乾封
元年에, 고종은 태산에서 封禪祭를 지냈다. 亳州(박주)에 이르러
老子를 太上玄元皇帝로 추존했다.

 − 乾封(건봉) 元年 ; 서기 666년. 封 봉할 봉. 封地. 封禪(봉
선). 천자가 泰山에서 天地神靈에게 제사함.

 − 泰山 ; 五嶽 중 東嶽. 해발 1532.7m. 天子가 封禪禮를 행하는
명산.

 − 亳 땅 이름 박.(亳 가는 털 호와 혼동하기 쉬움.) 亳州(박주) ;
현 안휘성 서북의 박주시. 옛 譙郡(초군).

 − 老君 ; 老子. 李耳, 字 伯陽, 또는 老聃(노담). 太上玄元皇帝
; 唐에서 추존한 시호.

○ 以李勣爲遼東大總管, 伐高麗. : 李勣을 遼東大總管으로 삼아
高麗를 정벌케 했다. 高麗 → 高句麗

 − 總管(총관) ; 지방주둔군의 지휘관 都督을 총관이라 통칭.

○ 總章元年, 李勣拔平壤, 降其王. 高麗悉平, 置安東都護府. : 總
章 元年에, 李勣은 평양성을 함락시키고 고구려 왕을 항복케 했
다. 고구려가 다 평정되자 安東都護府를 설치했다.

 − 總章(총장) 元年 ; 서기 668년. 拔 뺄 발. 공략하다. 平壤
(평양) ; 고구려 국도 평양성.

 − 降其王(항기왕) ; 그 왕을 굴복시켰다. 其王 ; 고구려 寶藏王

(보장왕, 재위 642~668). 666년 淵蓋蘇文 사후에 고구려 內紛이 일어났었다. 668年 보장왕은 포로가 되어 장안에 끌려가 工部尙書에 임명되고 武后의 조카와 결혼도 했었다. 676년에 遼東州都督朝鮮王에 임명되었으나 말갈족과 연합하여 고구려 부흥을 꾀한다 하여 681년에 四川에 유배되었다가 682년에 죽었다.

- 悉 다 실. 남김없이.   都護府(도호부) ; 漢代 설치한 西域都護府가 그 기원. 국경 지역의 이민족을 督察(독찰)하기 위한 군사기구. 唐에서는 安西도호부(투르판 지역 지배), 安北(동돌궐 지배), 單于(선우, 내몽고 지역 지배), 安東(고구려 故土 지배, 697년 폐지), 安南(월남 지역 지배), 北庭(북정, 준가루부 지배)도호부 등 6개 도호부 설치했었다.

- 安東都護府 ; 668년 고구려를 멸망시킨 뒤 고구려 영토를 지배하기 위해 평양에 설치하였다. 이후 8년간의 羅唐戰爭(나당전쟁, 668~676년)에 당이 패하면서 안동도호부는 遼城을 거쳐 新城으로 옮겨가 699년까지 존속하다가 大祚榮(대조영)의 渤海(발해)가 건국되자(699년) 幽州(유주, 지금의 북경)로 옮긴다. 이후 몇 군데로 옮겨가면서 761년까지 존속하다 폐지되었다.

○ 上元元年, 帝稱天皇, 后稱天后. : 上元 元年에, 고조는 天皇이라 칭하고, 황후는 天后라 칭했다.

-上元 元年 : 서기 674년.   天皇, 后稱天后.

【참고】 고구려와 당의 전쟁

❖ 고구려와 唐의 전쟁은 전후 3차에 걸쳐 진행되었다. 당으로서는 隋 멸망의 직접적 원인이 고구려 원정 실패에 있었으니 무척 신중하게 대처하였다.

고구려와 唐의 1차전은 644년에서 645년 사이 太宗 재위 기간에 있었다. 그때 태종이 親征했지만 안시성을 함락시키지도 못하고 부득불 철수할 수밖에 없었던 대참패였다. 野史에는 당 태종의 한쪽 눈이 화살에 맞았고 唐軍은 대패하였다. 그렇지만 당 태종의 이러한 완전한 대참패가 正史에 기록될 리가 없다. 중국 측의 실패는 당 태종의 "만약 위징이 살아 있었더라면~" 하는 이 한 마디가 결정적인 증거이다.

고구려 당의 2차 전쟁은 660년 百濟 멸망 후, 唐 高宗은 그 여세를 몰아 남북에서 고구려를 공격했지만 아무런 성과도 없었다. 당은 연개소문이 살아 있는 동안 또다시 고구려를 공격할 엄두도 내지 못했다.

666년 고구려의 淵蓋蘇文(연개소문)이 죽었고, 연개소문의 세 아들의 권력다툼이 일어났다. 장남 淵男生(연남생)이 대막리지 지위를 계승했지만 男建과 男産의 핍박으로 당나라에 망명했다. 唐에서는 右驍衛大將軍(우효위대장군) 契苾何力(계필하력)을 요동안무대사로 임명하고 8만 명의 군사로 남생을 지원한다. 男生은 平壤道行軍大摠管의 직책을 부여받고 고구려를 공격하면서 대권을 되찾으려 했다. 이런 내분으로 당은 고구려의 주요 군사 정보를 계속 얻어냈다.

668년 12월 李勣(이적)은 遼東道行軍大總管 겸 按撫大使는 총 15만의 대군을 거느리고 진격해 들어간다. 한편 백제의 옛 땅을 지키던 劉仁願(유인원)과 신라 金仁問이 남쪽에서 공격해 들어온다. 고구려의 전략 요충지 新城(지금의 요령성 撫順 무순)을 탈취하고 겨울을 보낸 뒤 668년 봄, 당군은 압록강 입구에 모여 전열을 재정비한 뒤에 평양성을 공격한다. 여기에 연개소문의 동생 淵淨土(연정토)는 신라 김유신의 공격과 회유에 넘어가 신라에 투항하는 내분도 있었다. 668년 9월까지 고구려는 항쟁했으나 견디지 못하고 결국 항복하게 된다. 貞觀 18년(644년)부터 시작된 당의 고구려 원정은 高宗 總章 원년(668년)에 끝났으니 전후 25년이 걸린 셈이다.

안시성 전투

(4) ○ 初帝以賤妾子忠爲太子. 武后廢之, 立后之子弘. 弘仁孝, 中外屬心, 忤后意. 鴆之立其次, 曰賢, 又以事廢之, 而立其次哲. ○ 上在位改元者十三, 曰永徽·顯慶·龍朔·麟德·乾封·總章·咸亨·上元·儀鳳·永隆·開耀·永淳·弘道. 凡三十四年, 而政在中宮者三十年矣. 自褚遂良等死後, 羣臣無敢諫者. 李善感, 嘗因事一諫, 人以爲鳳鳴朝陽. 上崩, 太子哲卽位, 是爲中宗皇帝.

○ 처음에 고종은 천첩의 아들 이충을 태자로 삼았었다. 무후가 이를 폐위하고 자신의 소생인 아들 홍을 태자로 삼았다. 홍은 인자하고 효성을 다하여 내외의 촉망을 받았으나 무후의 뜻을 거슬렀다. 무후는 홍을 독살하고 동생 현을 세웠으나 또 일이 있어 폐하고, 또 그 다음 아들 이철을 태자로 세웠다.

○ 고종은 재위기간에 연호를 13번 바꿨는데, 영휘·현경·용삭·인덕·건봉·총장·함형·상원·의봉·영륭·개요·영순·홍도이다. 재위 총 34년에 중궁(무후)이 정사를 장악한 것이 30년이었다. 저수량 등이 죽은 뒤로 신하들 중에 감히 간쟁하는 이가 없었다. 이선감이 전에 사안에 따라 한 번 간했는데 사람들은 '이를 매우 희귀한 일(鳳鳴朝陽 봉명조양)'이라 했다. 고종이 죽고, 태자 이철

이 즉위하니, 이가 중종황제이다.

어구 설명

○ 初帝以賤妾子忠爲太子. 武后廢之, 立后之子弘. 弘仁孝, 中外屬心, 忤后意. 鴆之立其次, 曰賢, 又以事廢之, 而立其次哲. : 처음에 고종은 賤妾의 아들 李忠을 태자로 삼았었다. 무후가 이를 폐위하고 자신의 소생인 아들 弘을 태자로 삼았다. 弘은 인자하고 효성을 다하여 내외의 촉망을 받았으나 무후의 뜻을 거슬렀다. 무후는 홍을 독살하고 동생 현을 세웠으나 또 일이 있어 폐하고, 또 그 다음 李哲을 태자로 세웠다.

 - 初 처음 초. 처음에, 그전에. 以賤妾子忠爲太子(이천첩자충위태자) ; 천첩 劉氏(유씨)에게서 난 아들 忠을 태자로 삼았다.

 - 立后之子弘(입후지자홍) ; 무후의 아들 弘을 태자로 정했다.

 - 中外 ; 內外. 屬 엮을 속. 무리. 이을 촉. 모이다. 屬心(촉심) ; 희망을 걸다. 囑望(촉망)과 같음. 忤 거스를 오.

 - 鴆 짐새 짐. 독살하다. 酖과 동자. 자신의 아들을 독살할 정도로 권력욕이 강한 武后였다. 又以事廢之 ; 또 일이 있어 태자를 폐하다.

○ 上在位改元者十三, 曰永徽·顯慶·龍朔·麟德·乾封·總章·咸亨·上元·儀鳳·永隆·開耀·永淳·弘道. 凡三十四年, 而政在中宮者三十年矣. : 高宗은 在位기간에 연호를 13번 바꿨는데, 永徽(영휘), 顯慶(현경), 龍朔(용삭), 麟德(인덕), 乾封(건봉), 總章(총장), 咸亨(함형), 上元(상원), 儀鳳(의봉), 永隆(영륭), 開耀(개

요), 永淳(영순), 弘道(홍도)이다. 재위 총 34년에 중궁이 정사를 장악한 것이 30년이었다.

 - 改元者十三 ; 개원을 13번 했다. 儀鳳(의봉) 다음에 調露(조로)가 누락되었다. 十三은 十四의 착오.

 - 徽 빛날 휘. 顯 나타날 현. 朔 초하루 삭. 麟 기린 인(린). 咸 다 함. 亨 형통할 형. 儀 거동 의. 隆 클 융(륭).

 - 耀 빛날 요. 淳 순박할 순. 凡三十四年 ; 연호로는 34년이다. 649년 정관 24년 7월에 즉위하였지만 650년부터 연호를 정했다.

 - 中宮(중궁) ; 皇后가 거주하는 궁궐. 皇后.   政在中宮者三十年矣 ; 정사가 中宮에서 이루어진 것이 30년이었다. 고종은 우유부단하고 소극적 성격이었으나 무후는 4살 연상에 經史를 두루 섭렵하여 박식하기도 했었다. 거기다가 고종은 두통과 안질로 고통을 받았는데 특히 만년에는 시력을 거의 잃었었다고 한다. 결국 35년 재위 중 30년을 무후가 정치를 전담할 수밖에 없었다.

○ 自褚遂良等死後, 羣臣無敢諫者. 李善感, 嘗因事一諫, 人以爲鳳鳴朝陽. 上崩, 太子哲卽位, 是爲中宗皇帝. : 褚遂良 등이 죽은 뒤로 신하들 중에 감히 간쟁하는 이가 없었다. 李善感이 전에 사안에 따라 한 번 간했는데 사람들은 이를 매우 희귀한 일이라 했다. 고종이 죽고, 태자 李哲이 즉위하니, 이가 中宗皇帝이다.

 - 自 ; ~로부터.   羣臣無敢諫者(군신무감간자) ; 신하들 중에 감히 간하는 자가 없었다.   李善感(이선감) ; 인명. 고종이 五嶽(오악)에 제사 지내려 할 때 "돈이 많이 듭니다. 지금은 백성들이 곤란에 빠져 있으니 그만 두시는 것이 좋겠습니다."하고 간한 일

이 있었을 뿐이다. 하도 희귀한 일이라서 사람들은 "鳳凰(봉황)이 朝陽(조양)에 울었다."고 했다.

 – 嘗因事一諫(상인사일간) ; 전에 정사 때문에 한 번 간쟁을 했는데.   以爲(이위) ; ~라 생각하다.

 – 鳴 울 명.(嗚 '탄식소리 오'와 혼동하기 쉬움.)

 – 朝陽(조양) ; 산의 동쪽.   鳳鳴朝陽(봉명조양) ; 봉황이 산의 동쪽에서 울었다. '매우 희귀한 일'.《詩經 大雅》卷阿(권아)편의 구절.

 – 上崩 ; 고종은 683년 12월에 죽었다.

【참고】 황제의 연호

 ❖ 이전에는 해(年)를 기록하는 방법으로 제왕의 재위 연도를 표기했고 연호가 없었다. 中國에서 年號를 최초로 사용한 사람은 전한 武帝로 建元(기원전 140~135년)이 최초의 연호이다. 이후 이 전통은 20세기까지 계속 되었다.

 皇帝가 즉위하면 改元을 하였지만 재위 중에도 수시로 연호를 바꾸었다. 천재지변이 일어나거나 天文 현상 또는 도참설이나 정치적 필요에서 연호를 바꾸었다. 당 태종은 재위기간 중 내내 貞觀이라는 연호를 사용했지만 고종은 즉위하던 해는 정관의 연호를 쓰고 다음 해부터 새 연호를 사용하여 34년 중 14번 개원하였다. 측천무후는 稱帝하는 15년간에 16번 개원을 하여 중국 역사상 가장 많은 연호를 쓴 황제이다.

 一帝一元의 제도가 확립된 것은 明代부터이다. 明과 淸代에는 연호가 곧 황제의 호칭으로도 통했다. 예를 들어, 洪武帝는 洪武를 연호로 사용한 明 太祖 朱元璋이고, 乾隆帝(건륭제)는 청나라 高宗을 지칭한다. 명 청 이전의 시대는 年號早見表를 보아야만 알 수 있다.

(5) 中宗皇帝, 初名顯, 改名哲. 旣卽位, 立韋妃爲后, 改元曰嗣聖. 明年, 武后廢帝爲廬陵王, 而立其弟旦. 旦擁虛器者七年, 改元曰垂拱, 曰永昌. 太后廢旦爲皇嗣, 而稱帝. 是爲則天武氏.

중종황제는 처음 이름은 顯(현)이었으나 哲로 개명하였다. 즉위한 후 韋妃(위비)를 황후로 삼았고 嗣聖(사성)이라 개원하였다. 이듬해에 무후는 중종을 폐위하여 여릉왕으로 삼았고, 그 아우 旦(단)을 황제로 즉위케 했다. 단은 이름뿐인 자리를 7년간 지켰는데 개원하여 수공과 영창이라 했다. 태후는 단(예종)을 폐위하여 황사로 삼고 스스로 자신이 황제라 칭했다. 이가 則天武氏(측천무씨)이다.

<u>어구 설명</u>

○ 中宗皇帝, 初名顯, 改名哲. 旣卽位, 立韋妃爲后, 改元曰嗣聖. : 中宗皇帝는 처음 이름은 顯(현)이었으나 哲로 개명하였다. 卽位

한 후 韋妃를 황후로 삼았고 嗣聖(사성)이라 개원하였다.

　– 中宗 ; 高宗의 7남. 武后 所生. 재위 ; 683년(癸未)년 12월 즉위하여 2개월 재위. 재차 제위에 올라(復辟 복벽) 705∼710년 재위.

　– 顯 나타날 현.　旣 이미 기.　韋 부드러운 가죽 위.　嗣 이을 사.

○ 明年, 武后廢帝爲盧陵王, 而立其弟旦. 旦擁虛器者七年, 改元曰垂拱, 曰永昌. : 明年에 武后는 중종을 폐위하여 盧陵王으로 삼았고, 그 아우 旦(단)을 황제로 즉위케 했다. 旦은 이름뿐인 자리를 7년간 지켰는데 개원하여 垂拱(수공)과 永昌이라 했다.

　– 明年 ; 甲申년, 684년.　盧 오두막 려(여).　武后廢帝爲盧陵王 ; 武后는 중종을 폐위하여 盧陵王(여능왕)으로 강등했다.

　– 旦 아침 단.　李旦 ; 高宗의 8남. 무후 소생. 睿宗(예종) ; 재위 684∼690년. 2차 재위 710∼712년.

　– 擁 안을 옹. 잡다. 소유하다.　虛器(허기) ; 실권이 없고 명목뿐인 자리.　垂 드리울 수.　拱 두 손 맞잡을 공.

○ 太后廢旦爲皇嗣, 而稱帝. 是爲則天武氏. : 太后는 旦(단, 예종)을 폐위하여 皇嗣로 삼고 자신이 황제라 칭했다. 이가 측천무씨이다.

　– 太后廢旦 ; 서기 690년.　皇嗣(황사) ; 황제의 後嗣. 皇太子. 皇儲(황저).

　– 稱帝 ; 무후 자신이 황제를 칭함. 역사적으로 인정받은 유일한 女皇帝〈공식 재위기간 690∼704년(15년)〉.

- 則 법칙 칙. 곧 즉. 본받을 측.   則天武氏(측천무씨) ; 則天武后.

【참고】 中宗 폐위 사건의 전말

❖ 中宗(改名한 이름 李哲)은 고종의 아들로 武后 소생이다. 우여곡절 끝에 태자로 있다가 高宗이 죽자, (陰) 683년 12월 11일에 즉위했다. 즉위 당시 28세였으니 그간 정치상황을 보면서 나름대로의 계획이 있었을 것이다.

중종은 우선 황제의 업무보다는 고종의 장례를 마치는 일이 더 급했다. 그러다 보니 잠시 정치는 여전히 무후의 손에 있었다. 중종은 자신의 정치적 입지를 강화하려면 모친의 세력을 꺾어야만 했으나 고종 재위 중 30여 년의 정권을 오로지 했던 무후의 역량은 너무 강했다. 중종은 자신의 개혁 추진을 도와줄 인물로 韋(위)황후의 부친 韋玄貞(위현정)을 侍中(시중)으로 임명하려 했다. 그러나 이에 무후의 측근인 裵炎(배염)이 정면으로 반대를 하고 나섰다. 배염과 이야기 중에 중종은 화가 나서였는지 "만약 그분(배현정)이 원한다면 천하를 줄 수도 있다."는 말이 튀어나왔다. 이 말을 전해들은 무후(이때는 황태후였음.)는 곧장 즉위한 지 2달도 되지 않은 중종을 폐위시킨다. 중종은 폐위되고 廬陵王(여릉왕)으로 강등되어 均州(지금의 湖北省 丹江口市)에 유폐된다.

어머니가 자기 아들을 내쫓은 이 사건은 中宗의 자제되지 않은 말 한마디가 초래한 엄청난 비극이었다. 그러나 그 못지않게 武后

의 욕망에서 그 원인을 찾을 수 있다. 우선 고종이 제위 중에도 무후는 사실상 황제 역할을 스스로 다 했다. 그런데 이제 아들한테 통제를 받는 것은 생각하기도 어려운 일이었다. 고종의 장례기간에 내내 정권을 휘두르다가 '장인에게 천하를 넘겨줄 수도 있다.'는 말 한마디를 꼬투리 잡아 즉시 폐위하고 또 다른 아들 旦(단, 예종)을 즉위시킨다. 물론 이 과정에서 친위대인 羽林軍이 관여하게 되면 무후의 계획은 물거품이 된다. 그러나 무후도 그 정도는 미리 계산하고 있었다. 중종폐위와 예종의 즉위 순간에 羽林軍은 침묵했다.

武后가 中宗을 폐위시킨 정변은 李世民의 '현무문의 변'만큼 중대한 역사적 사건이었다. 현무문의 변은 유혈사태를 촉발했지만 무후의 이번 정변은 유혈사태가 벌어지지 않았다. 중종의 폐위와 예종의 즉위는 '唐朝의 中絶'과 중국 역사상 '유일한 여황제의 출현'과 '새 왕조(武周, 則天朝) 출현'의 서막이었다.

무후는 예종을 세우고 7년간 정식으로 수렴청정을 하였다. 그리고서는 690년에 정식으로 황제로 즉위하여 국호를 周로 바꾸고 15년간을 군림했다. 705년 2월 宰相 張柬之(장간지)가 중심이 되고 羽林軍이 동원되어 무측천을 압박하여 중종에게 양위를 하게 한다. 이를 역사에서는 '神龍(신룡)혁명'이라 한다. 중종은 705년에 다시 즉위하고(復辟 복벽), 국호를 다시 唐으로 되돌린다.

그러나 중종은 결국 황후에게 독살 당하는데 이는 뒤에서 다시 언급할 것이다. 父子, 母子, 또 夫婦之間의 일은 정말로 그리 간단하지가 않다.

(6) ○ 則天武氏, 故荊州都督武士彟之女也. 太原
人, 年十四, 太宗聞其美, 召入後宮, 以貞觀十一年
爲才人. 時天下歌曲, 名斌媚娘, 已成讖. 貞觀末,
太白屢晝見, 太史占云, 女主昌. 又傳祕記, 唐三世
後, 女王武王代有天下. 太宗惡之, 嘗與羣臣宴, 令
各言小名. 武衛將軍李君羨, 官稱封邑, 皆有武字,
而小名五娘. 太宗愕曰, 何物女子, 乃爾健邪. 或奏,
君羨謀不軌, 遂誅之.
密問太史李淳風, 對曰, 臣仰觀天象, 俯察曆數, 其
人已在陛下宮中. 不過三十年, 當王天下, 殺唐子孫
殆盡, 其兆已成矣.

측천무씨는 형주도독을 지낸 고 무사확의 딸이다. 태원
출신인데 나이 14세에 태종이 그 미모를 소문으로 듣고 후
궁으로 불러들여 정관 11년에 재인으로 삼았다.

이 무렵 세상에 알려진 가곡으로 '무미랑'이란 노래가
마치 참언처럼 불리었다. 정관 말년에, 태백성이 낮에 자
주 보였는데 태사가 점을 치고 말하기를, '여 군주가 일어
날 것'이라 하였다. 또 전해오는 비기에는 '당이 삼세 후
에 여왕인 무왕이 천하를 차지할 것'이라 하였다. 태종은
이를 몹시 싫어하였는데, 전에 여러 신하와 잔치를 하면서

각자 어렸을 때의 이름을 말하게 하였다. 무위장군 李君羨 (이군선)은 관직 이름과 봉읍(무련현공)이 모두 武(무)자가 들어가고, 어렸을 적 이름이 오랑(다섯째 딸)이라고 여자와 같은 이름을 하였다. 태종은 놀라면서 "무슨 여자아이가 이처럼 건장한가?"라고 말했다. 어떤 사람이 이군선이 반역을 꾀한다고 아뢰자, 곧 이군선을 주살했다.

(태종이) 은밀히 태사 이순풍에게 물어보니 대답하기를, "신이 천상을 관찰하고 역수를 살펴보니 그 사람은 이미 폐하의 궁중에 있습니다. 30년 이내에 천하를 차지할 것이고 당나라의 자손을 거의 다 죽일 것인데 그 조짐은 이미 생성되었습니다."라고 하였다.

어구 설명

○ 則天武氏, 故荊州都督武士彠之女也. 太原人, 年十四, 太宗聞其美, 召入後宮, 以貞觀十一年爲才人. : 則天武氏는 荊州都督을 지낸 故 武士彠(무사확)의 딸이다. 太原 출신인데 나이 14세에 太宗이 그 미모를 소문으로 듣고 後宮으로 불러들여 貞觀 11년에 才人으로 삼았다.

ㅡ 則天 ; 하늘을 법으로 삼다. 《論語 泰伯》편에 '唯天爲大, 唯堯則之' 이라는 말이 있다.　武氏 ; 則天武后.

ㅡ 故 측천무씨가 入宮할 때 그 부친은 이미 죽고 없어서 故라 하였음.　彠 자(尺) 확. 법. 矱(확)과 같음.

　－ 武士彠(무사확, 559～635) 太宗 시 工部尙書, 荊州都督 역임.

　－ 太原 ; 이연과 이세민이 처음 起義한 곳. 古稱 晋陽, 別稱 幷州(병주), 山西省의 省都.

　－ 年十四 ; 武后의 初名은 未詳. 624～705년. 생존 14살이면 정관 11년(서기 637년)이었음.

　－ 才人(재인) ; 正 5品의 女官.

○ 時天下歌曲, 名斌媚娘, 已成讖. 貞觀末, 太白屢晝見, 太史占云, 女主昌. 又傳祕記, 唐三世後, 女王武王代有天下. : 이 무렵 세상에 알려진 歌曲으로 '斌媚娘(무미랑)' 이란 노래가 마치 참언처럼 불리었다. 貞觀 末에, 太白星이 낮에 자주 보였는데 太史가 占을 치고 말하기를, '女 君主가 일어날 것' 이라 하였다. 또 전해오는 비기에는 '唐이 三世 後에 女王인 武王이 천하를 차지할 것' 이라 하였다.

　－ 斌 아리따울 무.　媚 아양 부릴 미.　娘 아가씨 낭(랑).　讖 참서 참. 미래의 길흉에 대한 징조.　讖言(참언) ; 앞일의 길흉을 예언하는 말.　太白 ; 太白星. 금성.

　－ 屢 여러 루. 자주. 매양.　晝 낮 주.　見 볼 견. 나타날 현. 太史 ; 역사편찬, 天文, 曆法을 관장하는 관직.

○ 太宗惡之, 嘗與羣臣宴, 令各言小名. 武衛將軍李君羨, 官稱封邑, 皆有武字, 而小名五娘. 太宗愕日, 何物女子, 乃爾健邪. 或奏, 君羨謀不軌, 遂誅之. : 太宗은 이를 몹시 싫어하였는데, 전에 여러 신하와 잔치를 하면서 각자 어렸을 때의 이름을 말하게 하였다. 武衛將軍 李君羨(이군선)은 관직 이름과 封邑(武連縣公)이 모

두 武字가 들어가고, 小名이 五娘이라고 여자와 같은 이름을 하였다. 太宗은 놀라면서 "무슨 여자아이가 이처럼 건장한가?"라고 말했다. 어떤 사람이 이군선이 반역을 꾀한다고 아뢰자, 곧 이군선을 주살했다.

 - 惡 미워할 오. 증오하다.　宴 잔치 연.　令各言小名 ; 각자 어릴 적 이름을 말하게 하다.

 - 衛 지킬 위.　羨 부러워할 선. 묘도(墓道) 연.(羨 '넓을 이, 고을 이름 이' 는 다른 글자.)　官稱 ; 관직 이름.

 - 五娘(오랑) ; '다섯째 딸' 이란 뜻. 남자의 兒名을 五娘이라 지은 것이 무슨 뜻인가는 不明.　五(wǔ) 와 武(wǔ)는 발음이 같다. 곧 태종은 五娘을 武娘으로 생각하였고 하여튼 이 때문에 죽어야 했다.

 - 愕 놀랄 악.　何物女子(하물여자) ; '무슨 여자란 것이~' 정도로 번역.　乃爾(내이) ; 이와 같이, 이처럼.

 - 邪 간사할 사. 어조사 야(의문이나 감탄의 뜻을 나타냄). 耶(야)와 같음.　或(혹) ; 或人(혹인). 어떤 사람.

 - 軌 길 궤. 법도, 법칙.　不軌(불궤) ; 불법을 저지르다. 반역을 꾀하다.

○ 密問太史李淳風, 對曰, 臣仰觀天象, 俯察曆數, 其人已在陛下宮中. 不過三十年, 當王天下, 殺唐子孫殆盡, 其兆已成矣. : (태종이) 은밀히 太史(天文官) 李淳風에게 물어보니 대답하기를, "臣이 천상을 관찰하고 역수를 살펴보니 그 사람은 이미 폐하의 궁중에 있습니다. 30년 이내에 천하를 차지할 것이고 당나라의 자손을

거의 다 죽일 것인데 그 조짐은 이미 생성되었습니다.”라고 하였
다.

 - 仰 우러를 앙. 올려보다. 俯 구부릴 부. 내려다 보다. 仰觀
天象(앙관천상) ; 천문현상을 관찰하다.

 - 俯察曆數(부찰역수) ; 역법의 수를 내리 살펴보다. 其人(기
인) ; 천하를 차지할 여 군주.

 - 不過三十年 ; 30년이 지나지 않아, 30년 이내에. 殆 위태할 태.
거의. 盡 다할 진. 죽다. 兆 조짐 조. 빌미. 백성. 1억의 1만 배.

昇仙太子碑(승선태자비)에 쓰인 則天文字(측천문자)

2) 則天武后의 통치

⑴ 太宗崩, 才人年二十四矣. 爲尼, 高宗幸寺, 見
之而泣. 時王皇后與蕭淑妃爭寵, 密令長髮, 勸高宗
納之. 旣入而后與淑妃皆失寵. 武氏年三十二, 遂自
昭儀爲后, 王・蕭皆爲所殺. 贈父士䕶周國公, 尋加
贈太原王. 高宗苦風眩, 不能視百司奏事, 或使皇后
決之. 后性明敏, 涉獵文史, 處事皆稱旨. 由是委以
政事, 權與人主侔, 人謂之二聖.

태종이 죽었을 때 무재인은 24세였다. 비구니가 되었고
고종이 절에 갔을 때, 무재인을 보고 눈물을 흘렸다. 이때
에 왕황후는 소숙비와 총애를 다투고 있었는데, 몰래 머리
를 기르게 하고서는 고종에게 불러들이라고 권했다. (무재
인이) 입궁한 뒤로 왕황후와 소숙비는 모두 총애를 잃었
다. 무씨는 나이 32세에 소의에서 왕후가 되었고, 왕황후
와 소숙비는 모두 죽음을 당했다. 무씨의 죽은 생부 무사확
을 주국공으로 추증했고, 곧 태원왕으로 더 높여 추증했다.
고종은 고혈압과 어지럼증으로 고생을 했는데 여러 부서
에서 상주하는 정사를 다 볼 수가 없어 가끔은 황후가 결
재하도록 하였다. 황후는 천성이 총명하고 문학과 역사 서
적을 섭렵하였기에 정사를 처리하는 것이 모두 황제의 뜻

에 맞았다. 이로부터 정사를 위임하니 그 권세가 황제와 같았기에 사람들은 천자가 두 명이라고 말했다.

○ 太宗崩, 才人年二十四矣. 爲尼, 高宗幸寺, 見之而泣. ; 太宗이 죽었을 때 武才人은 24세였다. 비구니가 되었고 고종이 절에 갔을 때, 무재인을 보고 눈물을 흘렸다.

 － 太宗崩 ; 태종은 정관 23년, 서기 649년에 죽었다. 이때 武才人이 24세면 626년생이다. 이는 705년 측천무후가 죽을 때 나이 82세와 맞지 않는다. 705년에 82세을 기준으로 역산하면 624년생이어야 한다.

 － 尼 중 니. 여승, 비구니.　泣 울 읍.

○ 時王皇后與蕭淑妃爭寵, 密令長髮, 勸高宗納之. 旣入而后與淑妃皆失寵. 武氏年三十二, 遂自昭儀爲后, 王·蕭皆爲所殺. 贈父士彠周國公, 尋加贈太原王. : 이때에 王皇后는 蕭淑妃와 총애를 다투고 있었는데, 왕황후는 무씨를 몰래 머리를 기르게 하고서는 고종에게 불러들이라고 권했다. 소숙비를 넘어트리기 위해 무씨를 불러들여 후궁으로 삼게 했다. (무재인이) 입궁한 뒤로 왕황후와 소숙비는 모두 총애를 잃었다. 무씨는 나이 32세에 昭儀에서 왕후가 되었고, 왕황후와 소숙비는 모두 죽음을 당했다. 무씨의 죽은 생부 무사확을 주국공으로 추증했고, 곧 태원왕으로 더 높여 추증했다.

 － 淑妃(숙비) ; 寵姬(총희＝총애를 받는 계집)의 벼슬 이름.

- 寵 괴일 총. 사랑하다. 은혜.　長 길 장. 길게 하다.　髮 터럭 발. 머리카락.　納 바칠 납. 받아들이다.

- 武氏年三十二 ; 무씨가 황후에 오른 것은 永徽 6년(655년)이었다. 이는 태종이 죽는 649년에 나이 24세였다는 앞의 서술과도 맞지 않는다.

○ 高宗苦風眩, 不能視百司奏事, 或使皇后決之. 后性明敏, 涉獵文史, 處事皆稱旨. 由是委以政事, 權與人主侔, 人謂之二聖. : 高宗은 고혈압과 어지럼증으로 고생을 했는데 여러 부서에서 상주하는 정사를 다 볼 수가 없어 가끔은 황후가 결재하도록 하였다. 황후는 천성이 총명하고 고금의 도서를 섭렵하였기에 정사를 처리하는 것이 모두 황제의 뜻에 맞았다. 이로부터 정사를 위임하니 그 권세가 황제와 같았기에 사람들은 천자가 두 명이라고 말했다.

- 苦 쓸 고. 쓴맛. 아프다. 고통을 받다.　風 ; 고혈압. 중풍. 眩 아찔할 현. 어지러운 증세.

- 風眩 ; 癎疾(간질). 昏眩(혼현). 고종은 시력이 나빴다고 함. 百司奏事(백사주사) ; 모든 부서에서 상주하는 업무.

- 涉獵(섭렵) ; 책을 두루 많이 읽음.　稱 일컬을 칭. 칭찬하다. 저울. 알맞다.　旨 맛있을 지. 뜻. 황제의 의향.

- 稱旨(칭지) ; 황제의 뜻에 맞음.　由是(유시) ; 이로부터.

- 侔 가지런할 모.　權與人主侔(권여인주모) ; 권세가 人主(황제)와 같았다.　聖 ; 天子에 해당하는 존칭.　二聖(이성) ; 두 명의 황제.

【참고】 측천무후의 일생 요약

❖ 앞에서도 나왔지만 고종 재위기간의 연호가 하나 누락되었
었다. 이는 연호가 하도 많이 바뀌다 보니 연도 계산에 착오가 있
었다는 뜻이다. 실제 본문에 있는 무후의 일생과 관련되는 행적을
계산하면 앞뒤로 맞지 않는 것이 많이 있다.

또 요즈음 출간되는 책에도 음력으로 기록된 연도를 양력으로 환
산하여 표기한 책과, 음력 연도를 그대로 쓴 책도 있어 독자들에게
혼란을 주기도 한다. 측천무후가 神龍 원년(서기 705년)에 82세로
죽었다는 기록을 기준으로 무후의 일생을 재정리하면 다음과 같다.

武曌(무조, 생존기간 624년 2월~705년 12월)

高宗의 황후(655~683년) → 中宗, 睿宗의 皇太后(683~690년
10월) → 武周皇帝(690~705년 2월) → 太上皇(705~705년 12월).

則天武后(측천무후)

서기	무후나이	황제	행　적
624	1	고조	父 무사확, 장안 출생.
637	14	태종	才人으로 入宮(武媚).
643	20	〃	李治 ; 태자가 됨.
645	22	〃	태자와 연정.
649	26	〃	태종 붕어, 비구니 됨.
		高宗	7월 고종 즉위 (22세).
650	27	〃	재 입궁(武 昭儀).
655	32	〃	皇后가 됨. 政事 관여.
659	36	〃	장손무기 등 삭직면관.
668	45	〃	고구려 멸망시킴.
675	52	〃	高宗 지병, 양위 의사 비침. 태자 李弘 폭사.
683	60	〃	고종 붕어, 중종 즉위.
684	61	예종	중종폐위, 예종 즉위. 황태후로 공식적 섭정.
690	67	武周	皇帝로 즉위. 국호 周.
705	82		正月, 퇴위. 太上皇.
		중종	12月. 病死.

(2) 在高宗之世, 后自殺子弘, 廢子賢. 高宗旣崩, 子哲卽位, 廢爲廬陵王, 而立子旦. 后臨朝稱制, 立武氏七廟. 英公李敬業起兵討之. 檄曰, 一抔之土未乾, 六尺之孤安在. 又曰, 試觀今日之域中, 竟是誰家之天下. 太后遣將擊殺之. 越王貞又擧兵匡復, 不克而死. 太后遂大殺唐宗室. 自名曌, 稱皇帝, 國號周. 以旦爲皇嗣, 改姓武. 時曌年六十七矣.

고종이 재위할 때, 무후는 아들 홍을 자신이 죽였고, 아들 현을 태자에서 폐위했었다. 고종이 죽자, 아들 철이 즉위했으나 폐위하여 여릉왕으로 강등했으며, 아들 단을 세웠다. 무후는 조정에 나가 섭정을 했고 무씨의 조상을 제사하는 칠묘를 세웠다.

영공 이경업이 기병하여 무후를 토벌하려 했었다. 그 격문에는 '무덤의 흙이 아직 마르지도 않았는데 여섯 자 몸의 외로운 아들은 어디에 있는가?' 라 하였다. 또 '한번 오늘의 나라 안을 보아라! 끝내 이는 어느 집안의 천하인가?' 라 했다. 태후는 장수를 보내 공격하여 죽였다. 월왕 이정 또한 거병하여 당 황실을 회복하려 했으나 패배해서 죽었다.

그래서 태후는 당의 종실을 많이 죽였다. 태후는 자신의 이름을 조라 하고, 국호를 周라 했다. 예종 단을 황사로 삼

았고, 예종은 성을 무씨로 고쳤다. 이때 측천무후의 나이
는 67세였다.

어구 설명

○ 在高宗之世, 后自殺子弘, 廢子賢. 高宗旣崩, 子哲卽位, 廢爲盧
陵王, 而立子旦. 后臨朝稱制, 立武氏七廟. : 高宗이 재위할 때, 武
后는 아들 弘을 자신이 죽였고, 아들 賢을 태자에서 폐위했었다.
고종이 죽자, 아들 哲이 즉위했으나 폐위하여 盧陵王으로 강등했
으며, 아들 旦(단)을 세웠다. 무후는 조정에 나가 섭정을 했고 武
氏의 七廟를 세웠다.

 － 李弘(652~675) ; 고종의 5男. 무후 소생의 큰아들. 인정이 많
고 효성스러웠으나 武后의 성질을 건드려 갑자기 暴死(폭사)했
다. 뒷날 李隆基를 李弘의 양자로 입적시켰음.

 － 李賢 ; 고종의 六男. 武則天 二男 李弘이 죽은 뒤 태자로 책봉
되었다가 역모를 꾀한다 하여 서인으로 강등.

 － 李哲 ; 中宗, 卽位 2개월에 廢位, 盧陵王(여릉왕)으로 강등.

 － 李旦(이단) ; 중종 폐위 후 예종으로 즉위, 무후가 섭정.

 － 臨朝稱制(임조칭제) ; 조정에 나아가 섭정하다.

 － 七廟(칠묘) ; 《禮記》에는 天子만이 七世祖의 제사를 모실 수
있다고 하였다. 무씨 칠묘는 天子의 禮를 僭用(참용)한 것이
다.(690년)

○ 英公李敬業起兵討之. 檄曰, 一抔之土未乾, 六尺之孤安在. 又

日, 試觀今日之域中, 竟是誰家之天下. 太后遣將擊殺之. 越王貞又
舉兵匡復, 不克而死. : 英公 李敬業이 起兵하여 무후를 치려 했었
다. 그 격문에는 '무덤의 흙이 아직 마르지도 않았는데 여섯 자
몸의 외로운 아들은 어디에 있는가?' 라 하였다. 또 '한번 오늘의
나라 안을 보아라! 끝내 이는 어느 집안의 천하인가?' 라 했다. 태
후는 장수를 보내 공격하여 죽였다. 월왕 이정 또한 거병하여 당
황실을 회복하려 했으나 패배하여 죽었다.

 – 英公 李敬業(이경업) ; 李勣(원 성명 徐世勣)의 손자. 英國公
은 李勣(이적) 封號. 손자가 세습. 서기 684년 揚州에서 武后를
축출하고 中宗을 복위시켜야 한다고 기병했으나 실패.

 – 起兵討之 ; 여기서 之는 측천무후.　檄 격문 격. 자신의 신념
을 밝히고 동조자를 모집하기 위한 글. 이 격문은 당시 '初唐 4
傑'로 유명한 시인인 駱賓王(낙빈왕)이 지었다. 낙빈왕은 이경업
이 패한 후 숨어버려 그 말년을 알 수 없다.

 – 抔 움켜쥘 부. 한 움큼.　抔土 ; 무덤.　抔土未乾(배토미건) ;
무덤의 흙이 마르지 많았다. 죽은 지 얼마 안 되었다.

 – 孤 외로울 고. 幼而無父曰 孤.　六尺之孤 ; 폐출된 中宗.《論
語 泰伯》편에 '曾子曰, 可以託六尺之孤 可以寄百里之命～' 이란
말이 나온다.

 – 安 어디, 어느 곳(代詞). 어떻게, 어찌.(의문부사) (用例) 不入
虎穴 安得虎子.　安在 ; 어디에 있는가?

 – 試 시험할 시. 시험 삼아 해보다.　試觀(시관) ; 한 번 보아라!
域 지경 역. 한정된 땅. 나라.　域中 ; 나라 안. 온 세상.

- 竟 다할 경. 끝. 마침내. 誰 누구 수. 竟是誰家之天下(경시수가지천하) ; 끝내 이는 어느 집안의 천하인가?

- 擊殺之(격살지) ; 공격하여 죽이다. 之는 李敬業.

- 越王貞(월왕정) ; 월왕 李貞. 高宗의 아우. 匡 바로잡을 광. 匡復(광복) ; 잘못된 것을 바로잡음.

- 不克而死 ; 이기지 못하고 죽었다.

○ 太后遂大殺唐宗室. 自名曌, 稱皇帝, 國號周. 以旦爲皇嗣, 改姓武. 時曌年六十七矣. : 그래서 太后는 唐의 宗室을 많이 죽였다. 태후는 자신의 이름을 曌(조)라 하고, 국호를 周라 했다. 예종 旦을 皇嗣로 삼고, 성을 무씨로 고쳤다. 이때 측천무후의 나이는 67세였다.

- 遂 이룰 수. 성취하다. 곧. 즉시. 마침내. 曌 비칠 조. 照와 같은 뜻. 이는 측천무후가 만든 글자로 각종 비문에 남아있다.

- 國號周 ; 엄격히 말하면, 唐은 여기서 일단 망한 것이다. 皇嗣(황사) ; 황제의 후계자. 皇太子.

- 六十七歲 ; 서기 690년. 이때 東都 洛陽을 '神都'라 개칭했고 자신을 '聖神皇帝'라 호칭토록 했다. 황후가 된 이후 36년의 고심경영 끝에 거둔 측천무후로서는 화려한 승리일 수 있다.

【참고】 고종과 무후의 장남 李弘

❖ 李弘은 高宗의 5남이지만 무후 소생으로는 장남이었다. 태자 李忠이 폐위된 뒤 656년 5살에 태자로 책봉되었다. 이홍은 인정이

많고 文士를 아끼고 학문을 좋아하여 태자로 결함이 없었다. 다만 몸이 좀 허약했었다고 한다.

이홍은 어느 날 자신에게 이복 누나인 蕭淑妃(소숙비) 所生의 義陽公主와 宣城公主가 비빈들과 궁녀들의 거처인 掖庭(액정)에서 나이 40이 넘도록 결혼을 못하고 살고 있다는 것을 알았다. 그때까지 결혼을 안 시킨 것은 모두 武后의 소숙비에 대한 분노 때문이었다.

李治는 크게 놀라고 그들을 동정하면서 이들 자매를 출가시켜야 한다고 말했다. 무후는 크게 화를 내면서 되는대로 시위하는 병졸의 아내로 시집을 보냈다. 이때부터 이홍은 무후의 미움을 받기 시작했다. 李治는 아주 검소한 혼례로 裴居道의 딸 裴氏를 妃로 맞이했으며 백성들의 곤궁한 살림을 보고 은혜를 베풀기도 하였다.

그렇지만 24살에 갑자기 쓰러져 죽었는데, 이는 무후가 독살한 것으로 알려졌다.

(3) 初寵僧懷義, 後寵張易之 · 張昌宗, 兄弟居中用事. 易之五郎, 昌宗六郎, 佞者曰, 人言六郎似蓮花, 吾謂, 蓮花似六郎耳. 曌知人心不服, 且內行不正, 畏人議己, 盛開告密之門. 用酷吏侯思止 · 索元禮 · 周興 · 來俊臣 · 吉頊等, 鍛鍊羅織, 率以反逆

誣人, 誅殺不可勝紀, 用此捫制天下. 然有權數善用
人, 賢才亦樂爲之用. 徐有功仁恕執法, 曌每屈意從
之.

　처음에는 승려인 회의를 총애하다가 나중에 미소년 장역
지와 장창종을 총애하였는데 두 형제는 중간에서 권력을
휘둘렀다. 장역지는 오랑, 장창종은 육랑이라 불렸는데,
아부하는 자는 "사람들은 육랑이 연꽃을 닮았다고 하지만,
나는 연꽃이 육랑을 닮았다고 말하겠다."고 하였다.

　측천무후는 인심이 불복할 것을 알았고, 또 자신의 행실
이 부정하여 사람들이 자신에 대해 의논하는 것을 두려워
하여 밀고할 수 있는 길을 활짝 열어 놓았다. 후사지, 삭원
례, 주흥, 내준신, 길욱 등 혹리를 등용하여 죄를 부풀리고
얽어 넣으며 반역했다고 사람들을 무고하여 형벌로 죽인
수를 다 기록할 수가 없었고 이런 방법으로 세상 사람들을
통제하였다. 그러나 권모술수에 능했고 인재등용을 잘했
기에 현명하고 유능한 사람들 또한 무후에게 등용되는 것
을 기꺼워하였다. 서유공은 인자하면서는 너그럽게 법을
집행하였기에 무후도 매번 자신의 고집을 꺾고 서유공의
의견을 따랐다.

어구 설명

○ 初寵僧懷義, 後寵張易之·張昌宗, 兄弟居中用事. 易之五郎, 昌宗六郎, 佞者曰, 人言六郎似蓮花, 吾謂, 蓮花似六郎耳. : 처음에는 승려 懷義(회의)를 총애하다가 나중에 張易之와 張昌宗을 총애하였는데 두 형제는 중간에서 권력을 휘둘렀다. 장역지는 오랑, 장창종은 육랑이라 불렸는데, 아부하는 자는 "사람들은 육랑이 연꽃을 닮았다고 하지만, 나는 연꽃이 육랑을 닮았다고 말하겠다."고 하였다.

 － 懷 품을 회. 懷義(회의) ; 원명은 馮小寶로 장터에서 약을 팔았다고 한다. 궁중 출입을 쉽게 하려고 도첩을 주고 薛懷義로 개명하게 했다. 白馬寺 住持. 695년에 주살되었다.

 － 張易之(장역지), 張昌宗 ; 太宗 때 宰相 張行成의 族孫. 미모에다가 음률에도 정통하였다. 705년 中宗 복위 후 피살, 효수되었다.

 － 五郎, 六郎 ; 그 집안 형제 서열이 5번째, 6번째란 뜻. 用事 ; 권력을 장악하다.

 － 佞 아첨할 영. 似 같을 사. 닮다. 耳 귀 이. ～뿐이다. 限定의 뜻을 가진 助詞.

○ 瑩知人心不服, 且內行不正, 畏人議己, 盛開告密之門. 用酷吏侯思止·索元禮·周興·來俊臣·吉頊等, 鍛鍊羅織, 率以反逆誣人, 誅殺不可勝紀, 用此撌制天下. : 측천무후는 人心이 不服할 것을 알고, 또 자신의 행실이 不正하여 사람들이 자신에 대해 의논하는 것을 두려워하여 밀고할 수 있는 길을 활짝 열어 놓았다. 侯

思止, 索元禮, 周興, 來俊臣, 吉頊 등 혹리를 등용하여 죄를 부풀리고 얽어 넣으며 반역했다고 사람들을 무고하여 형벌로 죽인 수를 다 기록할 수가 없었고 이런 방법으로 세상 사람들을 통제하였다.

　- 曌 비칠 조. 照와 같은 뜻의 則天文字.　內行 ; 여자의 행실. 나라 안의 비밀.

　- 畏 두려워할 외.　畏人議己 ; 사람들이 자신에 대해 의논하는 것을 걱정하다.　議 의논할 의. 왈가왈부하다.

　- 盛開(성개) ; 활짝 열다.　告密之門 ; 밀고할 수 있는 길.　酷 독할 혹.　酷吏(혹리) ; 잔혹하게 백성들 위에 군림하는 관리. 가혹한 관리.

　- 侯思止(후사지), 索元禮(삭원례), 周興(주흥), 來俊臣(내준신), 吉頊(길욱) ; 모두 혹리로 이름을 날린 사람들.

　- 頊 삼갈 욱.　鍛 쇠 불릴 단. 쇠를 불에 달구다.　鍊 단련할 연. 불에 달군 쇠를 두드려 단단하게 만들다.

　- 鍛鍊(단련) ; 혹리가 억지로 사람을 죄에 몰아넣다.

　- 羅 새그물 라. 벌려 놓다.　織 짤 직.　羅織(나직) ; 죄를 만들어 법망으로 얽어매다.

　- 率 거느릴 솔. 비율 률(율). 의거하다. 본받다. 대체로.　誣 무고할 무. 없는 죄를 덮어씌우다.

　- 率以反逆誣人 ; 반역이라고 사람을 무고하다.　誅殺(주살) ; 법에 의거하여 죽이다.　勝紀(승기) ; 다 기록할 수 없다.

　- 拑 입 다물 겸. 재갈을 물리다.　拑制(겸제) ; 말을 못하게 통

제하다.

○ 然有權數善用人, 賢才亦樂爲之用. 徐有功仁恕執法, 塱每屈意
從之. : 그러나 권모술수에 능했고 인재등용을 잘했기에 현명하
고 유능한 사람들 또한 무후에게 등용되는 것을 기꺼워하였다.
徐有功은 인자하면서는 너그럽게 법을 집행하였기에 무후도 매
번 자신의 고집을 꺾고 서유공의 의견을 따랐다.

 - 權數(권수) ; 權謀術數(권모술수).   樂 ; 기꺼워하다.   爲之用
; 무후에 의해 등용되다.(피동의 뜻)

 - 恕 용서할 서.   屈 굽을 굴. 굽히다.

【참고】 밀고 권장과 혹리들의 행적

 ❖ 측천무후는 황제에 정식으로 오른 뒤, 密告를 적극적으로 권
장했고 혹리들을 최대한 활용했다. 우선 지방의 모든 주현에 공문
을 보내 누구든 上京하여 밀고하겠다고 하면, 관아에서는 驛馬를
내주고 五品 관리에 해당하는 여비를 주도록 했다. 밀고자가 상경
하여 밀고했을 경우 사실로 드러나면 포상을 받았고, 사실을 입증
하지 못하더라도 처벌을 받지 않았다.

 또 밀고자 전용 구리상자(銅匭 동궤)를 만들어 각 주현에 보냈
는데 그것은 투서를 넣을 수는 있어도 꺼낼 수 없도록 만들어 담
당자만이 그것을 열어볼 수 있게 하였다. 그러다 보니 밀고 내용
이 폭주하게 되고 이를 처리하기 위하여 혹리들을 발굴하고 등용
하였다.

索元禮(삭원례)는 나무 족쇄를 만들어 죄수의 손발을 끼운 다음에 이를 비틀어 고통을 주는 고문도구를 만들었는데, 이를 鳳凰曬翅(봉황쇄시 ; 봉황이 날개를 펴 햇볕을 쬐다)라 하였다. 또 나무 족쇄에 양손을 끼운 다음에 그 위에 벽돌을 차곡차곡 올려 고통을 주기도 했고 사람을 거꾸로 매달아 놓고 큰 돌을 머리카락에 묶어 놓아 고문을 했다. 또 쇠로 만든 바구니(鐵籠)를 머리에 씌운 다음 사방의 구멍으로 나무 나사를 조여 고통을 주었다고 한다. 삭원례는 나중에 그 자신이 모반한다는 밀고를 받았는데 심문하는 혹리가 "삭공께서 사용하던 쇠 바구니를 준비하라." 하니, 삭원례는 자복했고 옥중에서 죽었다.

周興(주흥)은 모반이라는 죄명으로 너무 많은 사람들을 죽여 악명이 높았는데 나중에 주흥이 모반한다는 밀고가 있어, 이를 주흥의 후배인 來俊臣(내준신)이 담당하게 되었다. 내준신은 주흥을 초청하여 잔치를 하면서 죄인이 자백을 안 하면 어떻게 해야 하는가를 물었다. 그러자 주흥은 "큰 독(甕 옹)을 준비하고 사방에 숯불을 피운 다음에 그 안에 들어가라면 간단히 해결이 된다."고 일러 주었다. 그러자 내준신이 일어나 사람이 들어갈 만한 큰 항아리와 숯불을 준비케 한 다음에 주흥에게 말했다. "제가 密旨(밀지)를 받았는데 공께서 모반한다는 밀고가 들어왔습니다. 항아리에 들어가 주시기 바랍니다(請君入甕)."

나중에 내준신도 사형을 당했는데 사람들이 벌떼처럼 달려들어 그 시신을 훼손하며 "이제는 눈 감고 편히 잘 수 있겠다."며 좋아했다고 한다.

(4) 將相多得人, 魏元忠·婁師德·狄仁傑·姚元崇, 皆名相. 宗璟亦顯於朝, 師德寬厚淸愼, 犯而不校. 弟除代州刺史, 師德謂. 兄弟榮寵過盛, 人所疾也. 何以自免. 弟曰, 自今人雖唾某面, 拭之而已. 師德愀然曰, 此所以爲吾憂也. 人唾汝面怒汝也. 而拭之, 則逆其意而重其怒矣. 唾不拭自乾, 當笑而受之耳. 師德每薦仁傑, 而仁傑每毀師德. 瞾語仁傑曰, 朕用卿, 師德所薦也. 仁傑退而歎曰, 婁公盛德, 我爲所容久矣.

장군이나 재상으로 적합한 인물을 많이 등용하였는데, 위원충, 누사덕, 적인걸, 요원숭이 모두 명재상이었다. 종경 역시 조정에서 뛰어났었고, 누사덕은 관대온후하면서도 청렴하고 신중하여 남이 성질을 건드려도 되갚으려 하지 않았다.

동생이 대주자사를 제수받자 누사덕이 말했다. "우리 형제의 영광과 황제의 신임이 지나치게 많아 남의 질투를 받을 것이다. 어찌하면 그런 시샘을 안 받겠는가?" 동생은 "지금 남이 내 얼굴에 침을 뱉더라도 닦기만 할 것입니다."라고 말했다. 누사덕은 정색을 하고 말했다. "이것이 내가 걱정하는 이유이다. 사람이 네 얼굴에 침을 뱉는 것은 너에게 화를 내는 것이다. 네가 침을 닦아버린다면 그 뜻을 거스르면서 그 분노를 더 심하게 하는 것이다. 침은 닦지 않아도 저절로 마를 것이니 응당 웃으면서 그 분노를 받아주어야 한다.”

　누사덕은 적인걸을 여러 번 천거했으나 적인걸은 매번 누사덕을 험담했다. 측천무후가 적인걸에게 말했다. “짐이 경을 등용한 것은 누사덕의 추천 때문이오.” 적인걸이 물러나 탄식하였다. “누공의 큰 덕에 내가 오랫동안 은혜를 받았도다.”

어구 설명

○ 將相多得人, 魏元忠 · 婁師德 · 狄仁傑 · 姚元崇, 皆名相. 宗璟亦顯於朝, 師德寬厚淸愼, 犯而不挍. ∶ 將相으로 적합한 인물을 많이 등용하였는데, 魏元忠(위원충), 婁師德(누사덕), 狄仁傑(적인걸), 姚元崇(요원숭)이 모두 名宰相이었다. 宗璟(종경) 역시 朝庭에서 뛰어났었고, 누사덕은 관대온후하면서도 청렴하고 신중하여 남이 성질을 건드려도 되갚으려 하지 않았다.

　- 人 ; 人 자체에 ‘뛰어난 사람’이라는 의미가 있음. 여기서는 ‘직분에 딱 알맞은 그 사람’의 뜻.

　- 魏元忠(위원충 ?~707년).　婁師德(누사덕) ; 무신, 지방에 장기 근무. 唾面自乾(타면자건) 고사의 주인공.

　- 狄仁傑(적인걸, 630~700년) ; 재상으로 이름을 날렸다.　姚

元崇(650~721년) ; 姚崇이라도 부른다.

 - 璟 옥 광채 날 경(영).   犯 범할 범. 저촉하다. 무시하다.   挍 견줄 교. 갚다. 성내다(忿意) 校와 通.

○ 弟除代州刺史, 師德謂. 兄弟榮寵過盛, 人所疾也. 何以自免. 弟曰, 自今人雖唾某面, 拭之而已. 師德愀然曰, 此所以爲吾憂也. 人唾汝面怒汝也. 而拭之, 則逆其意而重其怒矣. 唾不拭自乾, 當笑而受之耳. : 동생이 代州刺史를 제수받자 누사덕이 말했다. "우리 형제의 영광과 황제의 신임이 지나치게 많아 남의 질투를 받을 것이다. 어찌하면 그런 시샘을 안 받겠는가?" 동생은 "지금 남이 내 얼굴에 침을 뱉더라도 닦기만 할 것입니다."라고 말했다. 누사덕은 정색을 하고 말했다. "이것이 내가 걱정하는 이유이다. 사람이 네 얼굴에 침을 뱉는 것은 너에게 화를 내는 것이다. 네가 침을 닦아버린다면 그 뜻을 거스르면서 그 분노를 더 심하게 하는 것이다. 침은 닦지 않아도 저절로 마를 것이니 응당 웃으면서 그 분노를 받아주어야 한다."

 - 弟 ; 누사덕의 아우.   除 덜 제. 쓸어서 깨끗이 하다. 섬돌. 벼슬을 주다.   榮寵過盛(영총과성) ; 영예와 황제 신임이 지나치게 많다.

 - 人所疾也(인소질야) ; 남들로부터 질시를 받는다.   何以自免(하이자면) ; 어떻게 하면 그런 질투를 받지 않겠는가?

 - 唾 침 타. 침을 뱉다.   自今人雖唾某面(자금인수타모면) ; 지금(自) 남이(人) 나의(某) 얼굴에(面) 침을 뱉는다(唾) 할지라도(雖)~.

- 拭 닦을 식.　之 ; 남이 뱉은 침.　而已(이이) ; ~할 뿐이다.
愀 정색할 초. 얼굴빛을 바꾸다. 쓸쓸할 추.

- 愀然(초연) ; 얼굴빛이 변하다. 정색을 하다.

- 此所以爲吾憂也(차소이위오우야) ; 이것이(此) 내가(吾) 걱정(憂) 하는(爲) 까닭(所以)이다(也).

- 汝 너 여.　怒汝也(노여야) ; 너에게 화를 내는 것이다.

- 重其怒矣(중기노의) ; 그의 분노를 더하는 것이다. 더 분노하게 하는 것이다.

- 唾不拭自乾(타불식자건) ; 침은 닦지 않더라도 저절로 마른다.　當笑而受之耳(당소이수지이) ; 응당 웃으면서 상대의 분노를 받아들여야 한다.

○ 師德每薦仁傑, 而仁傑每毁師德. 曌語仁傑曰, 朕用卿, 師德所薦也. 仁傑退而歎曰, 婁公盛德, 我爲所容久矣. : 누사덕은 적인걸을 여러 번 천거했으나 적인걸은 매번 누사덕을 험담했다. 측천무후가 적인걸에게 말했다. "朕이 卿을 등용한 것은 누사덕의 추천 때문이오." 적인걸이 물러나 탄식하였다. "누공의 큰 덕에 내가 오랫동안 은혜를 입었도다."

- 薦 천거할 천. 추천하다.　傑 뛰어날 걸.　毁 헐 훼. 험담하다. 헐뜯다.　曌 비칠 조. 측천무후의 이름.

【참고】 則天 文字

❖ 우리는 漢字를 생각할 때 '한글보다 쓰기 어려운 글자'라는

선입관을 가지고 있는데 이는 실제로 그러하다. 또 우리 한글이 한 가지 모양이듯 한자도 하나일 것이라는 생각을 갖고 있지만 이는 한자의 다양성을 모르기 때문에 하는 이야기이다. 우리가 '한글' 이라는 글자를 어떤 글씨체로 쓰더라도 누구나 읽을 수 있지만 한자는 절대 그렇지 아니하다. 요즈음 中文科 학생들이 쓰는 簡化字를 모르는 사람이 많은 것은 당연하다고 하지만, 한문을 많이 공부한 사람도 草書를 별도로 공부하지 않았다면 거의 읽지 못한다.

漢字는 글자의 風格에 따라 甲骨文, 古文, 金文, … 篆書(전서, 대전, 소전), 隸書(예서), 楷書(해서), 行書(행서), 草書(초서)로 구분한다.

또 漢字의 구성요소를 말하자면, 筆劃, 筆順, 六書, 部首가 있고 簡化한 모양에 따라 正體字, 簡化字와 二簡字가 있다. 그리고 역사책에서 그림으로 가끔 보아왔던 거란문자, 여진문자, 서하문자 등은 한자에서 파생된 문자이다. 중국 내에서 方言이 크게 틀리듯 그 方言에 맞는 方言字가 있는데 이 또한 파생문자라 할 수 있다.

위 본문에서 측천무후가 황제로 즉위하면서 국호를 周로 고쳤고, 자신의 이름을 曌(조)라고 改名하였다는 내용이 있다. 이는 照(비출 조)와 같은 뜻인데 측천무후가 새로 만들어 쓰도록 유통시킨 파생문자로 이를 보통 '則天文字' 라고 한다.

측천무후가 만든 측천문자는 일종의 會意文字이다. 하늘(空) 위에 해(日)와 달(月)이 있으니(曌), 이는 해와 달이 밤낮으로 지상을 비춘다는 뜻이 된다.

한 가지 예를 더 들면, 위에서부터 山, 水, 土를 내려써서 埊(땅지)라는 뜻으로 쓰고 읽는다. 또 한 일(一) 아래 충성 충(忠)을 쓴 것은 '臣'이라는 뜻인데, 이것은 신하는 '오로지 忠' 뿐이라는 관념을 의미한다. 그리고 한 일(一) 아래 날 생(生)을 쓰고 '人'의 뜻으로 썼다.

이런 측천문자는 기존의 漢字보다 筆寫나 의미에서 더 나은 장점이 없기에 생명력을 갖고 확산될 리가 없었다. 그러니 측천무후 시대가 끝나면서 곧 사라져 버렸다. 다만 측천무후 시절에 만들어진 비문에 그런 글자가 남아 있기에 여기에서 언급하였다.

(5) 武承嗣·三思, 營求爲太子. 仁傑, 從容言於曌曰, 太宗櫛風沐雨, 親冒鋒鏑, 以定天下, 傳之子孫. 太帝以二子托陛下, 今乃欲移之他族, 無乃非天意乎. 姑姪與母子孰親. 陛下立子, 則千秋萬歲後, 配食太廟. 立姪, 則未聞姪爲天子, 而祔姑於廟者也. 曌, 稍悟. 已而又力勸之. 遂自房州召廬陵王還都, 立爲皇太子, 以子旦爲相王. 仁傑最見信重, 好面折廷爭. 曌常屈從, 稱爲國老, 而不名. 仁傑卒, 曌泣歎.

무후의 조카 무승사와 무삼사는 여러 방법을 써서 태자가 되려고 했다. 적인걸이 조용히 무후에게 말했다. "태종께서는 바람으로 빗질을 하고 빗물로 머리를 감았으며, 적과 교전을 하면서 천하를 평정하여 자손에게 넘겨주었습니다. 고종께서는 두 아들을 폐하께 맡기었는데 지금 천하를 다른 성씨에게 넘기려 하시는데, 이는 결코 하늘 뜻이 아닐 것입니다.”

“고모와 조카, 그리고 어머니와 자식은 어느 쪽이 더 친합니까? 폐하가 아들을 후계자로 세우면, 곧 폐하가 죽은 뒤에도 태묘에 모시고 제사를 올릴 것입니다. 조카를 세운다면, 조카가 천자가 되어 고모를 종묘에 모시고 제사를 지낸다는 말을 들어본 적이 없습니다.” 무후는 조금씩 깨달았다. 얼마 뒤 또 강력히 (아들을 세울 것을) 권했다.

마침내 방주로부터 여릉왕을 환도하도록 불러 황태자로 책립하였고, 아들 단을 상왕으로 삼았다. 적인걸은 가장 신임을 받으며 중용되었으며 면전이나 조정에서 바른말을 잘했다. 무후는 늘 자신의 뜻을 꺾고 따랐으며 ‘나라의 원로(國老)’라 칭하면서 이름을 부르지 않았다. 적인걸이 죽었을 때 무후는 눈물을 흘리며 슬퍼했다.

어구 설명

○ 武承嗣·三思, 營求爲太子. 仁傑, 從容言於曌日, 太宗櫛風沐雨, 親冒鋒鏑, 以定天下, 傳之子孫. 太帝以二子托陛下, 今乃欲移之他族, 無乃非天意乎. : 무후의 조카 武承嗣와 武三思는 여러 방법을 써서 太子가 되려고 했다. 적인걸이 조용히 무후에게 말했

다. "태종께서는 바람으로 빗질을 하고 빗물에 머리를 감고, 적과 교전을 하면서 천하를 평정하여 자손에게 넘겨주었습니다. 太帝(高宗)께서는 두 아들을 폐하게 맡기었는데 지금 천하를 다른 성씨에게 넘기려 하시는데, 이는 결코 하늘 뜻이 아닐 것입니다."

– 武承嗣(무승사 658~698년) ; 무사확의 손자. 측천무후의 친정 조카. 武三思(?~707년) ; 武元慶의 子, 무후의 친정 조카.

– 營 지을 영. 꾀하다. 경영하다. 진영. 營求(영구) ; 일을 벌려 목적을 달성하려 하다. 갖은 방법으로 얻으려 하다.

– 仁傑 ; 人名. 狄仁傑(적인걸, 630~700) 측천무후 때의 명 재상.

– 從容(종용) ; 조용히 부드럽게 말하는 모양. 침착하고 서두르지 않음. 떠들지 않고 여유 있는 모양.

– 櫛 빗 즐. 머리를 빗다.　沐 머리감을 목.　櫛風沐雨(즐풍목우) ; 바람으로 머리를 빗고 비를 맞는 것으로 머리를 감다. 野戰과 전쟁터의 어려움을 표현한 말.

– 冒 무릅쓸 모.　鋒 칼끝 봉.　鏑 화살촉 적.　親冒鋒鏑(친모봉적) ; 몸소 적군과 교전하다.

– 太帝 ; 高宗.　托 밀 탁. 부탁하다.　移之의 之는 天下.

– 無乃非天意乎(무내비천의호) ; 이에 하늘 뜻이 아닌 것은 없습니까? → 이중부정에 의한 강조. 곧 "그것은 하늘의 뜻이 아닙니다."

○ 姑姪與母子孰親. 陛下立子, 則千秋萬歲後, 配食太廟. 立姪, 則未聞姪爲天子, 而祔姑於廟者也. 曌, 稍悟. 已而又力勸之. : "고모와 조카하고 어머니와 자식 어느 쪽이 더 친합니까? 陛下가 아들

을 후계자로 세우면, 곧 폐하가 죽은 뒤에도 태묘에 모시고 제사를 올릴 것입니다. 조카를 세운다면, 조카가 천자가 되어 고모를 종묘에 모시고 제사를 지낸다는 말을 들어본 적이 없습니다." 무후는 조금씩 깨달았다. 얼마 뒤 또 강력히 (아들을 세울 것을) 권했다.

 - 姑 시어미 고. 고모.　姪 조카 질.　孰 누구 숙. 어느 쪽.

 - 千秋萬歲後(천추만세후) ; 천 년이나 만 년 뒤에. 죽은 뒤에.

 - 配食太廟(배식태묘) ; 태묘(종묘)에 배향되어 제사를 받다. 配食은 配享(배향)과 같음.

 - 未聞(미문) ; 듣지 못했다. 未聞의 대상은 그 다음의 也까지. 祔 合祀(합사)할 부.　廟 ; 종묘.

 - 稍 벼줄기 끝 초. 약간, 차차, 조금씩.　悟 깨달을 오.　已而又力勸之(이이우역권지) ; 얼마 있다가 또 힘써 권했다.

○ 遂自房州召盧陵王還都, 立爲皇太子, 以子旦爲相王. 仁傑最見信重, 好面折廷爭. 曌常屈從, 稱爲國老, 而不名. 仁傑卒, 曌泣歎.
: 마침내 房州로부터 盧陵王을 還都하도록 불러 皇太子로 책립하였고, 아들 李旦을 相王으로 삼았다. 狄仁傑은 가장 신임을 받으며 중용되었으며 면전이나 조정에서 바른말을 잘했다. 무후는 늘 자신의 뜻을 꺾고 따랐으며 國老라 칭하면서 이름을 부르지 않았다. 적인걸이 죽었을 때 무후는 눈물을 흘리며 슬퍼했다.

 - 房州(방주) ; 지금의 湖北省의 지명.　最見信重 ; 가장 신임을 얻어 중용되다.

 - 好 ; 잘했다.　面折(면절) ; 면전에서 잘못이나 결점을 고치게 하다.　爭 다툴 쟁. 諍(간할 쟁)과 같음.

- 廷爭(정쟁) ; 조정에서 군주에게 바른말을 하다.
- 屈從(굴종) ; 자신의 뜻을 굽히고 따르다.　稱 일컬을 칭. 부르다.　國老 ; 元老.　不名(불명) ; 이름을 부르지 않다.

【참고】 날개가 꺾인 앵무새

❖ 위의 본문에 적인걸이 已而又力勸之(얼마 있다가 또 힘써 권했다)는 구절이 있는데, 그 뒷이야기는 이렇다.

어느 날, 무후가 적인걸에게 말했다. "엊저녁 꿈에 양쪽 날개가 꺾인 큰 鸚鵡(앵무)새를 보았는데, 이는 무슨 조짐인가요?"

순간 적인걸은 기지를 발휘해서 말했다. "앵무의 무는 바로 폐하입니다. 꺾인 두 날개는 곧 두 분의 전하입니다. 두 아드님을 다시 불러온다면 앵무새의 두 날개는 다시 날 수 있을 것입니다."

(6) 元行沖博學多通, 仁傑重之. 行沖多規諫, 曰, 明公之門, 珍味多矣, 請備藥物之末. 仁傑笑曰, 吾藥籠中物, 何可一日無也. 姚元崇等數十人, 皆仁傑所薦. 或曰, 天下桃李, 悉在公門矣. 仁傑曰, 薦賢爲國, 非爲私也.

원행충은 박학다문한 사람이라 적인걸이 중히 여기는 사람이었다. 행충은 바른말을 잘했는데 적인걸에게 말했다.

"명공의 문하에는 훌륭한 인재들이 많습니다만, 저를 그 끝자리에라도 끼워 주시길 바랍니다." 적인걸이 웃으며 말했다. "(자네는) 내 약 상자 안의 중요한 약인데, 어찌 하루라도 없을 수 있겠는가?"

요원숭 등 수십 인이 모두 적인걸에 의해 천거되었다. 어떤 사람이 "천하의 훌륭한 인재는 모두 당신의 문하에 있습니다."라고 말했다. 적인걸은 "현명한 사람을 천거하는 것은 나라를 위한 것이지, 나를 위한 것은 아닙니다."라고 말했다.

어구 설명

○ 元行沖博學多通, 仁傑重之. 行沖多規諫, 日, 明公之門, 珍味多矣, 請備藥物之末. 仁傑笑日, 吾藥籠中物, 何可一日無也. ： 元行沖은 박학다문한 사람이라 적인걸이 중히 여기는 사람이었다. 행충은 바른말을 잘했는데 적인걸에게 말했다. "明公의 문하에는 훌륭한 인재들이 많습니다만, 저를 그 끝자리에라도 끼워 주시길 바랍니다." 적인걸이 웃으며 말했다. "(자네는) 내 약 상자 안의 중요한 약, 즉 常備藥(상비약)인데, 어찌 하루라도 없을 수 있겠는가?"

 ─ 沖 빌 충.　元行沖 ; 名은 澹(담). 沖은 沖의 俗字. 적인걸의 제자.　博學多通 ; 博學多聞과 같음.　規 법 규. 圓規을 그리는 도구.

 ─ 規諫(규간) ; 바른 충고.　明公 ; 상대방에 대한 경칭.　珍味

多矣(진미다의) ; 珍味가 많다. 훌륭한 인물이 많다.

- 備 갖출 비. 갖추어지다. 간직하다. 數에 넣다.　藥物 ; 藥. 약재. 여기서는 바른말로 충고하는 規諫.

- 藥物之末 ; 크게 중요하지 않은 약. 큰 인재는 아닌 사람.

- 籠 대바구니 농(롱).　藥籠中物(약농중물) ; 약 상자에 들어 있는 약. 필요할 때 수시로 쓸 수 있는 물건이나 사람.

- 何可一日無也 ; 어찌 하루라도 없을 수 있겠는가? → 꼭 필요하다.

○ 姚元崇等數十人, 皆仁傑所薦. 或曰, 天下桃李, 悉在公門矣. 仁傑曰, 薦賢爲國, 非爲私也. : 姚元崇 등 수십 인이 모두 적인걸에 의해 천거되었다. 어떤 사람이 "天下의 훌륭한 인재는 모두 公의 문하에 있습니다."라고 말했다. 적인걸은 "현명한 사람을 천거하는 것은 나라를 위한 것이지, 나를 위한 것은 아닙니다."라고 말했다.

- 姚 예쁠 요. 성씨.　姚元崇(요원숭) ; 姚崇. 무후에서 현종까지의 重臣.　薦 천거할 천. 추천하다.

- 桃李(도리) ; 복숭아와 자두. 자신이 선택한 문하생. 형제. 빨리 은혜에 보답한다는 뜻도 있음. 곧 桃三李四라 하여 복숭아는 심은 지 3년, 자두는 4년이면 열매를 맺기에 이런 뜻이 생겼을 것임.

- 悉 다 실. 모두.　薦賢爲國(천현위국) ; 賢才를 추천하는 것은 나라를 위한 것이다.

【참고】 측천무후의 인재 등용

❖ 측천무후는 科擧를 활성화한 군주였다. 문관 등용을 위한 과거는 明經科와 進士科가 있었는데 '30세에 명경과에 급제하면 늦은 것이고, 50세에 진사과에 급제하면 빠른 것'이라는 말이 있을 정도로 진사과 합격이 어려웠다. 진사과에는 詩와 賦가 있어 唐나라에서 詩가 융성할 수 있는 배경이 되었다.

과거 시험 응시자는 국자감의 교육을 받고 응시하는 生徒(생도)와 지방 州縣의 추천을 받아 응시하는 貢生(공생, 鄕貢)으로 대별했다. 그전에는 공생이 갖고 온 貢物(지방 특산물)을 앞에 놓고 그 뒤에 공생이 서 있었는데, 무후 때부터는 공생이 앞에 서 있고 그 뒤에 공물을 놓았다고 한다. 이는 인재를 중시한다는 무후의 뜻이었다.

무후는 武科를 처음 시행하면서 무관의 질을 높였고, 응시자들을 직접 면담하고 파격적으로 등용하는 殿試(전시 ; 뒷날의 殿試와는 같지 않음)를 시행하기도 했다. 그래도 등용하지 못하는 인재가 있을 것이라 생각한 무후는 '自擧'라 하여 스스로 작성한 자기소개서를 받아보고 등용하는 경우도 있었다. 그러다 보니 관리의 정원보다 많은 사람들이 근무하게 되었는데 이를 '員外'라 하였다. 하여튼 무후 시대에는 조정에 인재가 아주 풍성했었다고 한다.

앞에 나온 李敬業의 반란에서 뿌려진 〈討武曌檄 토무조격 ; 무후를 토벌하자는 격문〉을 무후가 읽는데 '一抔之土未乾 六尺之孤安在'에 이어 '試看今日之域中 竟是誰家之天下' 구절에 이르자, 무후가 물었다. "이 글을 누가 지었는가?" 신하가 駱賓王(낙빈왕)이 지었다고 대답하자, 무후는 "왜 이런 인재를 등용하지 못해 반란의 무리에 들어가게 했는가? 이는 분명 재상들이 잘못한 것이다."라고 말했다.

무후가 황제를 제쳐두고 섭정을 했고 또 공식적으로 나라 이름까지 바꾸었는데도 무후에 대한 지식인들의 저항이 없었다는 사실은 무후가 지식인들을 우대하고 잘 등용했기 때문일 것이다. 그리고 혹리들이 설쳐대는 조정이었지만 그보다 더 많은 인재들이 조정을 지키고 있었기에 측천무후 시대는 내우외환이 없었고 경제, 문화가 발전했었다. 이는 인재를 중시하고 잘 등용할 줄 알았던 무후의 정치적 능력과 관계가 많다고 보아야 한다.

(7) 曌嘗問仁傑, 欲得一佳士用之. 仁傑曰, 有張柬之者, 雖老宰相才也. 後竟用柬之爲相. 曌寢疾甚. 柬之與崔玄暉 · 敬暉 · 桓彦範 · 袁恕己, 率羽林將軍李多祚等, 擧兵討內亂, 迎太子於東宮, 斬關入, 斬易之 · 昌宗於廡下. 遷曌於上陽宮, 上尊號曰則天大聖皇帝. 是冬殂, 年八十二. 易唐爲周者十有六年, 改元者十, 曰, 天授 · 如意 · 長壽 · 延載, 曰, 萬歲通天, 曰, 神功 · 聖曆 · 久視 · 大足 · 長安.

그 전에 무후가 적인걸에게 품행이 바른 사람을 골라 등용하고 싶다며 (인재가 있는가를) 물었다. 적인걸은 "장간지란 사람이 있는데, 비록 나이가 들었지만 재상의 재목입니다."라고 했다. 뒤에 마침내 장간지를 재상으로 삼았다.

무후의 병환이 위중했다. 장간지와 최현휘, 경휘, 환언범, 원서기는 우림장군 이다조 등을 거느리고 내란을 토벌한다고 거병하여 태자를 동궁에서 영입하고, 현무문을 부수고 들어가 장역지와 장창종을 궁에서 죽였다. 무후를 상양궁으로 옮기고, 측천대성황제라는 존호를 올렸다. 이 해 겨울에 무후가 죽었는데, 나이는 82세였다.

국호를 당에서 周로 바꾸고서 16년 동안에 개원을 10번 했는데, 천수, 여의, 장수, 연재, 만세통천, 신공, 성력, 구시, 대족, 장안이라 했다.

어구 설명

○ 曌嘗問仁傑, 欲得一佳士用之. 仁傑曰, 有張柬之者, 雖老宰相才也. 後竟用柬之爲相. : 그 전에 무후가 적인걸에게 품행이 바른 사람을 골라 등용하고 싶다며 (인재가 있는가를) 물었다. 적인걸은 "張柬之란 사람이 있는데, 비록 나이가 들었지만 재상의 재목입니다."라고 했다. 뒤에 마침내 장간지를 재상으로 삼았다.

 - 佳 아름다울 가. 佳士 ; 품행이 단정한 사람.

 - 柬 가릴 간. 분별하다.   張柬之(장간지, 625~706년) ; 武則

天을 퇴위, 중종 재즉위한 神龍 혁명의 주동자.

○ 曌寢疾甚. 柬之與崔玄暉·敬暉·桓彦範·袁恕己, 率羽林將軍
李多祚等, 擧兵討內亂, 迎太子於東宮, 斬關入, 斬易之·昌宗於廡
下. 遷曌於上陽宮, 上尊號曰則天大聖皇帝. 是冬殂, 年八十二. :
무후의 병환이 위중했다. 張柬之(장간지)와 崔玄暉(최현휘), 敬暉
(경휘), 桓彦範(환언범), 袁恕己(원서기)는 羽林將軍 李多祚(이다
조) 등을 거느리고 내란을 토벌한다고 거병하여 太子를 東宮에서
영입하고, 玄武門(현무문)을 부수고 들어가 장역지와 장창종을
궁에서 죽였다. 무후를 上陽宮으로 옮기고, 則天大聖皇帝라는 존
호를 올렸다. 이 해 겨울에 무후가 죽었는데, 나이는 82세였다.

- 寢疾(침질) ; 병환. 甚 심할 심. 暉 빛 휘. 광채가 나다. 崔
玄暉(최현휘) ; 崔玄暐(최현위).

- 敬暉(경휘), 桓彦範(환언범), 袁恕己(원서기) ; 위 2인과 함께
이 5人이 무후 퇴위의 핵심인물.

- 暉 빛 휘. 광채. 桓 푯말 환. 성씨. 彦 선비 언. 袁 옷이 길
원. 성씨. 恕 용서할 서.

- 率 거느릴 솔. 祚 복 조. 擧兵討內亂 ; 장간지 등은 장역지,
장창종 형제가 내란을 꾸민다는 핑계를 대고 현무문을 부수고 들
어가 측천무후를 간병하던 장역지 형제를 죽였다.

- 斬關(참관) ; 빗장을 부수다. 廡 집 무. 처마. 遷 옮길 천.

- 上陽宮(상양궁) ; 皇城의 서북의 別宮. 무후의 퇴위는 705년 2
월이었다.

- 是冬殂(시동조) ; 이 해(神龍 원년 705년) 12월에 죽었다. 年

八十二 ; 서기 624~705년.

○ 易唐爲周者十有六年, 改元者十, 曰, 天授 · 如意 · 長壽 · 延載, 曰, 萬歲通天, 曰, 神功 · 聖曆 · 久視 · 大足 · 長安. : 국호를 唐에서 周로 바꾸고서 16년 동안에 改元을 10번 했는데, 天授(천수), 如意, 長壽, 延載(연재), 萬歲通天, 神功, 聖曆, 久視(구시), 大足, 長安이라 했다.

 - 易 바꿀 역. 十有六年 ; 690~705년. 改元者十 ; 무후 재위 기간에 공식적으로 14번 改元했다.

 - 天授, 如意, 長壽, 延載, 萬歲通天, 神功, 聖曆, 久視, 大足, 長安 → 延載 다음에 證聖(증성, 서기 695년 9개월 사용), 天册萬歲(3개월), 萬歲登封(4개월)이 누락되었고 맨 마지막 神龍(705년)이 또 있다.

【참고】 無字碑 - 누가 어떻게 평가하는가?

 ❖ 則天武后(측천무후)는 중국 역사상 유일한 女皇帝였다.

 무후가 고종의 황후가 된 655년 이후 퇴위하는 705년까지 반세기는 측천무후 한 사람의 시대였다. 우유부단한 고종은 측천무후보다 여러 면에서 자질이 부족했기에 무후의 독재 정치는 자연스러운 결과였다.

 측천무후가 장역지, 장창종 형제를 총애했다면서 美少年과의 음행을 구설수에 올리지만 어찌 보면 여성으로서의 본능이라고 인정할 것은 인정해 주어야 한다. 다만 그 나이와 지위에 따른 체

면과 연결되기에 구
설수가 붙는 것이
다.

그 다음에 酷吏
(혹리)들을 등용하
였고, 혹리들이 잔
혹하게 고문을 가
했고 많은 사람들
을 죽인 것도 물론
비난의 대상이 된

당 高宗(고종)과 則天武后(측천무후)가
합장한 건릉(乾陵)

다. 심지어 적인걸도 혹리 앞에 불려다가 없는 죄를 자백하여 겨
우 죽음을 면한 일도 있었다. 그러나 이는 무후가 자신의 입지를
강화하기 위한 방법이었다. 무후 이전 또는 무후 이후라도 그만한
독재권을 행사하지 않은 황제는 없었다.

高宗과 武則天은 섬서성 乾縣(건현)에 있는 乾陵(건릉)에 묻혔
다. 건릉 동편에 전체 높이 7.3m, 폭 2.1m, 두께 1.5m의 거대한
비석이 있는데 아무런 글자가 없어 이를 '無字碑'라 부른다.(단,
北宋 이후에 後人들의 紀行을 새긴 글자는 있다.)

본래 '기록 내용을 후세에 남기기 위한 방법'으로 비석을 만들
어 세운다. 그런데 비석에 기록이 없는 이유에 대하여 후인들의
갖가지 추측만이 있다. 碑文이 없는 이유로서,

ㄱ) 武則天은 자신의 功德은 文字를 써서 표현할 수 없을 정도로
위대했다고 생각했다. 그 통치 기간 중에 나라는 태평했고 백성들

은 평안했고 정치는 깨끗했다. 따라서 글자를 써 넣지 않은 것은 측천무후 자신의 의지일 것이다.

ㄴ) 武則天 자신의 죄과는 너무 많고 무겁고 稱帝한 일 자체가 과오였다는 것을 자신이 알고 있었기에 무자비를 세우게 했을 것이다.

ㄷ) 武則天 자신이 임종하면서 "나의 功過는 후인들의 평가를 기다려 기록하라"는 유언을 했기 때문이다.

ㄹ) 이 비는 아들 中宗이 작성하고 세워야 하는데 측천무후에 대한 칭호를 皇帝로 하느냐, 母后로 하느냐의 논쟁이 있었고 결론을 내리지 못했기에 아예 비문을 쓰지 않았다. 또는 中宗의 모친에 대한 악감정 때문에 또는 모후의 공적을 찬양하기도 또 후인들의 왈가왈부하는 비판도 싫어 아예 비문 새기기를 거부했을 것이다.

이런저런 온갖 추측이 난무하며 나름대로 설득력이 있는 주장을 펴지만 그 眞實은 누구도 알 수 없다. 결론으로 말한다면, 한 사람에 대한 평가는 이처럼 어려운 일이다.

무후가 정치권력을 행사했던 50년은 태종의 '貞觀의 治'와 현종의 '開元의 治'를 연결하는 기간이었다. 이 기간에 당의 國勢는 크게 불어났고 이민족과 원만한 관계를 유지하면서 최대 판도를 통치했다. 나라 이름이 바뀌었는데도 많은 사람들이 武后의 조정에서 뽑아주기를 기다렸었다. 그 당시 권력의 最上層은 어지러웠으나 백성들은 평안했다. 역사가들은 그 시대를 '亂上而未亂下'라고 기록했다. 한 시대의 평가는 한 면만 바라보고서는 바로 평가할 수 없다.

3) 中宗과 韋황후

(1) 長安之五年, 帝復位, 號唐. 帝卽位二月而被廢, 居均州者一年, 居房州者十三年. 還爲太子者又八年, 而後反正, 韋氏復爲皇后. 上在房陵, 每欲自殺, 后每止之. 上與私誓, 異時幸復見天日, 惟所欲不禁. 至是每臨朝, 后必施帷幔坐殿上, 預聞朝政, 如武氏在高宗之世. 上女安樂公主, 適武三思之子. 三思以是得入宮禁, 通於韋后. 后與三思雙陸, 而上爲點籌. 上遂與三思圖議政事, 張柬之等皆受制, 五人皆賜王爵而罷政, 已而遠貶殺之.

장안 5년에, 중종은 복위하였고, 국호를 당으로 고쳤다. 중종은 즉위 2달 만에 폐위되어 均州(균주)에서 1년을 살았고, 방주에서 13년을 거주했었다. 환궁하여 태자가 되어 다시 8년을 지냈는데, 반정 후에 위씨도 다시 황후가 되었다.

중종이 방릉에 살면서 자살하려 할 때마다 위후는 중종을 말렸다. 중종은 위후에게 은밀히 "다른 날, 행여 다시 해를 볼 수 있다면 (당신이) 하고자 하는 것을 말리지 않겠다."고 맹세를 했었다. 이제 즉위하여 중종이 조정에 나가면, 위후는 대전에 휘장을 내리고 조정의 정사를 듣고 참여하였는데 고종 때에 무후가 하는 것과 똑같았다.

　중종의 딸 安樂公主는 武三思의 아들에게 시집을 갔다. 武三思는 이를 계기로 황후의 거처에 출입하면서 韋后와 私通하였다. 위후와 무삼사가 쌍륙놀이를 하면 중종은 말을 써주곤 했다.

　中宗은 마침내 武三思와 政事를 의논하게 되었는데, 張柬之 등이 모두 무삼사의 견제를 받았고 5인에게 王이라는 작위를 주어 정사에서 손을 떼게 한 뒤, 곧 지방으로 폄직시킨 뒤 죽였다.

唐 中宗(중종)

어구 설명

○ 長安之五年, 帝復位, 號唐. 帝卽位二月而被廢, 居均州者一年, 居房州者十三年. 還爲太子者又八年, 而後反正, 韋氏復爲皇后. : 長安 5年에, 중종은 復位하였고, 국호를 唐으로 했다. 중종은 즉위 2달 만에 폐위되어 均州에서 1年을 살았고, 房州에서 13년을 거주했었다. 환궁하여 태자가 되어 다시 8년을 지냈는데, 反正 후에 위씨도 다시 황후가 되었다.

 - 長安之五年 ; 長安(701~704년), 무후는 705년 神龍이라 제정. 저자는 이를 중종 연호로 인정, '長安 5년' 으로 표기하였다.

 - 帝復位 ; 중종 복위. 이를 復辟(복벽)이라 함.

 - 帝卽位二月而被廢 ; 中宗은 즉위 2개월에 폐위당했다.(684년) 廬陵王(여릉왕)으로 강등되어 均州(今, 湖北省 丹江口市)에 유폐.

 - 反 되돌릴 반. 되돌아오다. 되풀이하다. 옳지 않다. 反正 ; 正으로 되돌아가다. '正을 반대하다' 가 아님.

 - 韋氏 ; 韋皇后, 韋玄貞의 딸. 683년 태자(李顯)의 妃가 되었고, 684년 중종이 즉위하자 황후가 되었다. 698년에 중종이 다시 태자가 되었다가, 705년에 즉위하자 다시 황후가 되었다.

○ 上在房陵, 每欲自殺, 后每止之. 上與私誓, 異時幸復見天日, 惟所欲不禁. 至是每臨朝, 后必施帷幔坐殿上, 預聞朝政, 如武氏在高宗之世. : 중종이 房陵(방릉)에 살면서 자살하려 할 때마다 위후는 중종을 말렸다. 중종은 위후에게 은밀히 "다른 날, 행여 다시 해를 볼 수 있다면 (당신이) 하고자 하는 것을 말리지 않겠다."고

맹세를 했었다. 이제 즉위하여 중종이 조정에 나가면, 위후는 대전에 휘장을 내리고 조정의 정사를 듣고 참여하였는데 고종 때에 무후가 하던 것과 똑같았다.

 ─ 上 ; 中宗 李顯.　房陵 ; 房縣. 湖北省 西北部의 지명.　每欲自殺 ; 죽으려 할 때마다.　止 그칠 지. 멈추다. 억제하다.

 ─ 誓 맹세할 서.　上與私誓 ; 중종은 위황후에게 은밀히 맹세했다.　誓 맹세할 서.

 ─ 異時幸復見天日 ; 언젠가 다행히 다시 해를 볼 수 있다면, 언젠가 다시 좋은 날이 오면.

 ─ 惟所欲不禁 ; 바라는 바를 못하게 하지 않겠다.

 ─ 帷 휘장 유.　幔 가림막 만.　預 미리 예. 참여하다.　預聞(예문) ; 참여하여 사정을 파악하다.

○ 上女安樂公主, 適武三思之子. 三思以是得入宮禁, 通於韋后. 后與三思雙陸, 而上爲點籌. : 중종의 딸 安樂公主는 武三思의 아들에게 시집을 갔다. 武三思는 이를 계기로 황후의 거처에 출입하면서 韋后와 私通하였다. 위후와 무삼사가 쌍륙놀이를 하면 중종은 말을 써주곤 했다.

 ─ 安樂公主 ; 중종과 위황후 소생. 방릉에 이주하면서 얻은 딸. 唐朝 제일의 미인이라는 평판이 있었다. 중종이 태자로 입궁한 뒤 무후의 총애를 받았다.

 ─ 適 갈 적. 시집가다.　武三思之子 ; 武崇訓.　宮禁(궁금) ; 황후의 거처. 바깥사돈이 안사돈의 거처에 출입했다는 뜻.

 ─ 通於韋后 ; 위후와 通姦했다.

- 雙陸(쌍륙) ; 주사위를 던져 나오는 숫자대로 말을 움직여 宮에 들여보내는 놀이. 우리나라 윷놀이와 비슷하나 판은 12줄이다.

- 籌 산가지 주. 셈하다.　點籌(점주) ; 말을 써주다. 점수를 계산해주다.

○ 上遂與三思圖議政事, 張柬之等皆受制, 五人皆賜王爵而罷政, 已而遠貶殺之. : 中宗은 마침내 武三思와 政事를 의논하게 되었는데, 張柬之 등이 모두 무삼사의 견제를 받았고 5인에게 王이라는 작위를 주어 정사에서 손을 떼게 한 뒤, 곧 지방으로 폄직시킨 뒤 죽였다.

- 遂 이룰 수. 마침내.　圖議政事(도의정사) ; 정사를 의논하다. 受制(수제) ; 속박을 받다.　罷 그만둘 파.

- 五人皆賜王爵而罷政 ; (중종 즉위토록 정변을 주도했던) 5인〔張柬之(장간지), 崔玄暉(최현휘), 敬暉(경휘), 桓彦範(환언범), 袁如己(원여기)〕이 모두 王이라는 작위를 받고 정사에서는 손을 떼다.

- 貶 떨어트릴 폄.　지방관으로 폄직되어 나갔다가 울분으로 죽거나 살해당했다.

【참고】 위황후와 안락공주

❖ 어머니와 딸인데 도대체 지금의 윤리와 도덕심을 기준으로도 이해할 수 없는 정도였다. 안락공주는 중종과 위황후에게 귀여

움을 받았고 할머니 무후의 총애를 받으면서 武三思의 아들 武崇
訓에게 시집을 갔다. 그런데 안락공주는 무숭훈의 사촌 武延秀(무
연수)와 놀아나고 있었다.

위황후는 남편이 황제인데도 황후로서의 처신을 잘해야 하는데
딸의 시아버지와 通姦을 하고 있었는데 그것을 中宗은 모르고 있
었다. 중종이 무삼사와 위황후가 쌍륙놀이를 할 때 옆에서 말이나
써주고 있었다니 中宗이 흐리멍덩했다고 보아 틀림이 없을 것이
다. 위황후는 사위 무숭훈이 죽은 뒤, 딸이 데리고 노는 무연수가
훤칠한 미남자이기에 무연수를 데려다가 잠자리 시중을 받았다.

이들 모녀의 사치와 淫樂은 그렇다 치더라도 모녀가 매관매작
을 하며 정치에 간여하다가 나중에는 합작해서 남편과 아버지인
中宗을 독살한다.

(2) 安樂公主等依勢用事. 請謁受賕, 降墨敕除官,
斜封付中書. 時謂之斜封官, 凡數千人. 人有上言皇
后淫亂, 上面詰之. 其人抗言不撓. 中書令宗楚客,
矯制撲殺之. 上意怏怏, 后及其黨始懼. 馬秦客 · 楊
均, 皆幸於后, 恐事泄. 安樂公主亦欲后臨朝, 以己
爲皇太女. 乃相與謀, 於餅餤中進毒. 上復位改元者
二, 曰神龍 · 景龍. 景龍四年而遇弒, 立溫王重茂后
攝政. 相王子隆基, 起兵討亂, 斬后及安樂公主, 并

其黨皆誅之. 廢重茂, 奉相王立之, 是爲睿宗皇帝.

안락공주 등은 세력을 믿고 권력을 휘둘렀다. 사사로운 청탁으로 뇌물을 받고서 먹으로 쓴 칙서에 벼슬을 내려 주고서는 이를 비스듬히 봉해 중서성에 내려 보냈다. 그때 이렇게 얻은 벼슬을 사봉관이라 하였는데 그 수가 천여 명이었다.

어떤 사람이 황후가 음란하다고 황제에게 말하자, 중종이 그 사람을 불러 캐물었다. 그 사람은 큰소리로 말하면서 뜻을 굽히지 않았다. 중서령 종초객이 거짓으로 황제의 명령이라면서 그 사람을 때려 죽였는데 중종은 마음이 불쾌했다. 위황후와 그 무리들은 비로소 두려워했다.

마진객과 양균은 모두 황후의 사랑을 받았는데 누설될까 두려웠다. 안락공주 또한 황태후가 통치를 하면 자신은 황태녀가 되리라 생각하였다. 이에 서로 공모하여 만두 떡에 독약을 넣었다.

중종은 복위하고 2번 개원했는데, 신룡과 경룡이다. 경룡 4년에 시해를 당했고, 온왕 중무가 즉위하고 위황후가 섭정을 하였다. 상왕의 아들 이융기가 기병하여 난을 토벌하면서 위황후와 안락공주를 죽이고 아울러 그 무리들을 모두 죽였다. 중무를 폐위하고 상왕을 받들어 즉위케 하니, 이가 예종황제이다.

어구 설명

○ 安樂公主等依勢用事. 請謁受賕, 降墨敕除官, 斜封付中書. 時謂之斜封官, 凡數千人. : 安樂公主 等은 세력을 믿고 권력을 휘둘렀다. 사사로운 청탁으로 뇌물을 받고서 먹으로 쓴 칙서로 벼슬을 내려 주고서는 이를 비스듬히 봉해 중서성에 내려 보냈다. 그때 이렇게 얻은 벼슬을 사봉관이라 하였는데 그 수가 천여 명이었다.

 － 依勢用事(의세용사) ; 세력을 믿고 정권을 휘두르다.　謁 아뢸 알.　請謁(청알) ; 사사로이 청탁하다.　賕 뇌물 구.

 － 降 내릴 강. 굴복할 항, 내려 보내다.　墨敕(묵칙) ; 먹으로 쓴 칙서이지만 날인이 없는 문서.　除官(제관) ; 관직을 제수하다.

 － 斜封(사봉) ; 비스듬히 봉하다.　付中書 ; 중서성에 보내다. 付 줄 부. 주다.

○ 人有上言皇后淫亂, 上面詰之. 其人抗言不撓. 中書令宗楚客, 矯制撲殺之, 上意怏怏, 后及其黨始懼. : 어떤 사람이 황후가 음란하다고 황제에게 말하자, 중종이 그 사람을 불러 캐물었다. 그 사람은 큰소리로 말하면서 뜻을 굽히지 않았다. 中書令 宗楚客이 거짓으로 황제의 명령이라면서 그 사람을 때려 죽였는데 중종은 마음이 불쾌했다. 이것을 보고 위황후와 그 무리들은 비로소 두려워했다.

 － 淫亂(음란) ; 淫蕩(음탕)하고 亂雜함. 어떤 사람이란 許州參軍 燕欽融(연흠융)이란 사람으로 이를 상주했다고 한다.　詰 물을 힐. 따져 묻다.

- 抗言(항언) ; 대들며 말하다.   撓 굽을 뇨(요). 굽히다. 이때 위황후가 이런 내용을 직접 들었다는 기록이 있다.

- 宗楚客(종초객) ; 人名. 韋皇后와 宗楚客은 不倫관계로 얽혔고, 위황후가 중종을 독살하는데도 관여했다. 뒷날 이융기가 위황후를 죽일 때 이 사람도 죽음을 당했다.

- 矯 바로잡을 교. 속이다.   矯制(교제) ; 거짓으로 칙명이라 함.   撲 칠 박. 때려눕히다.

- 怏 원망할 앙. 불만스럽다.   其黨 ; 그 무리.   始 ; 비로소. 懼 두려울 구.

○ 馬秦客·楊均, 皆幸於后, 恐事泄. 安樂公主亦欲后臨朝, 以己爲皇太女. 乃相與謀, 於餠餤中進毒. : 馬秦客과 楊均은 모두 皇后의 사랑을 받았는데 누설될까 두려웠다. 한편 安樂公主 또한 황태후가 통치를 하면 자신은 황태녀가 되리라 생각하였다. 이에 서로 공모하여 만두 떡에 독약을 넣었다.

- 幸 다행 행. 임금의 외출. 임금이 사랑을 주다.   泄 샐 설. 소문이 나다.   后臨朝 ; 황후가 통치하다.

- 以己爲皇太女 ; 자신을 황태녀로 삼다.   餠 떡 병.   餤 떡 담, 먹을 담.

○ 上復位改元者二, 曰神龍·景龍. 景龍四年而遇弑, 立溫王重茂后攝政. 相王子隆基, 起兵討亂, 斬后及安樂公主, 幷其黨皆誅之. 廢重茂, 奉相王立之, 是爲睿宗皇帝. : 중종은 復位하고 2번 改元했는데, 神龍과 景龍이다. 景龍 四年에 시해를 당했고, 중종의 넷째아들 溫王 重茂가 즉위하고 위후가 섭정을 하였다. 相王의 아

들 李隆基가 起兵하여 討亂하면서 위후와 安樂公主를 죽이고 아울러 그 무리들을 모두 죽였다. 重茂를 폐위하고 相王을 받들어 즉위케 하니, 이가 睿宗皇帝이다.

– 神龍(705~707년), 景龍(707~710년). 景龍 四年 ; 서기 710년. 遇弑(우시) ; 시해를 당하다.

– 李重茂(이중무) ; 중종과 위황후 소생의 아들로 2개월 재위. 相王 ; 고종과 무후 소생의 李旦. 中宗의 아우. 睿宗.

– 隆 클 융. 李隆基(이융기, 재위 712~762년).

【참고】 中宗에 대한 인물 평가

❖ 한 사람이 두 번 황제 자리에 나간다는 것은 실로 특별한 것이다. 중국에서는 中宗이 그 첫 번째였고, 그 다음 예종이 두 번째였다.

中宗은 한마디로 昏迷(혼미, 멍청함)하고 凡庸(범용, 지극히 평범함)하며 無能한 황제였다. 小人을 가까이 하였고 賢臣을 멀리했다. 武三思 같은 사람의 뜻에 따라 자신을 復辟(복벽)케 해준 張柬之 등을 내치고 죽인 것은 정말 우매한 짓이었다. 武后 집권 시의 폐단을 바로잡을 생각도, 또 쇠약해진 종실을 일으킬 생각도 못할 정도로 용열했기에 위황후가 날뛰었고 아내와 친딸의 공모에 의해 독살 당했다. 여하튼 그 자질이 중간 이하라는 평가만 받아도 아마 후한 점수일 것이다.

(3) 睿宗皇帝, 名旦. 初高宗崩, 中宗廢, 武氏立旦, 爲帝者七年矣. 而廢爲周皇嗣者九年, 改封相王者十年. 至是復爲帝, 立隆基爲太子. 宋璟 · 姚元之爲政, 二人協心革弊政. 進忠良退不肖, 賞罰盡公, 請託不行. 紀綱脩擧, 當時翕然. 貶祝欽明等, 欽明嘗爲八風舞, 人曰, 五經掃地矣.

예종황제의 이름은 단이다. 그전에 고종이 붕어하자, 중종을 폐한 뒤에 무후가 단을 즉위케 하였는데 7년을 황제로 있었다. 그리고 폐위되어 周의 황사(계승자)로 9년, 相王(상왕)으로 다시 피봉되어 십 년을 있었다. 이제 다시 황제에 올랐고, 이륭기를 태자로 정했다.

송경과 요원지가 정치를 담당했는데 두 사람이 협심하여 폐정을 개혁했다. 충량한 사람을 승진시키고 무능한 자를 퇴출시켰으며 상벌이 모두 공정했고 청탁이 통하지 않았다.

기강이 바로 잡히니 당시 인심이 화합했다. 축흠명 같은 무리들을 폄직시켰는데, 축흠명은 그전에 팔풍무를 춤추었었는데, 어떤 사람은 "오경에 대한 치욕이다."라고 말했다.

唐 睿宗(예종)

어구 설명

○ 睿宗皇帝, 名旦. 初高宗崩, 中宗廢, 武氏立旦, 爲帝者七年矣. 而廢爲周皇嗣者九年, 改封相王者十年. 至是復爲帝, 立隆基爲太子. : 睿宗皇帝의 이름은 旦이다. 그전에 高宗이 붕어하자, 中宗을 폐한 뒤에 武后가 旦을 즉위케 하였는데 7년을 황제로 있었다. 그리고 폐위되어 周의 皇嗣로 九年, 相王으로 다시 피봉되어 十年을 있었다. 이제 다시 황제에 올랐고, 이륭기를 태자로 정했다.

  - 睿 총명할 예, 깊고 밝을 예.　　睿宗 ; 父 고종, 母 武后. 旦 아침 단.

─ 爲帝者七年矣 ; 재위 684~690년. 武后에 눌려 아무런 권한도 행사하지 못했다.

─ 至是 ; 이때에(서기 710년). 中宗의 子 李重茂를 폐위하고 예종 즉위한 사건을 그 해의 연호를 따서 唐隆之變(당륭지변)이라 한다.

─ 複爲帝 ; 다시 황제가 되다. 재위 710~712년.

─ 李隆基 ; 예종의 三男. 예종의 장남 李成器가 스스로 태자 자리를 사양.

○ 宋璟·姚元之爲政, 二人協心革弊政. 進忠良退不肖, 賞罰盡公, 請託不行. : 宋璟과 姚元之가 정치를 담당했는데 二人이 協心하여 弊政을 개혁했다. 忠良한 사람을 승진시키고 무능한 자를 퇴출시켰으며 상벌이 모두 공정했고 청탁이 통하지 않았다.

─ 璟 옥이 광채 날 경(영). 宋璟(송경, 663~737년) ; 開元 초기의 저명한 재상. 姚元之(姚崇 요숭) ; 650~721年.

─ 革 가죽 혁. 북. 고치다. 개혁하다. 弊 해질 폐. 옷이 낡다. 弊政(폐정) ; 잘못된 정치, 정치적 폐단.

─ 進 ; 승진시키다. 忠良(충량) ; 성실, 우량한 인재. 退 ; 폄직이나 퇴출시키다. 肖 닮을 초. 꺼질 소. 不肖(불초) ; 닮지 못했다. 무능한 자.

─ 賞罰(상벌) ; 상과 벌. 盡 다될 진. 전부. 請託不行(청탁불행) ; 청탁이 통하지 않다.

○ 紀綱脩擧, 當時翕然. 貶祝欽明等, 欽明嘗爲八風舞, 人曰, 五經掃地矣. : 기강이 바로 잡히니 당시 인심이 화합했다. 祝欽明 같

은 무리들을 폄직(좌천)시켰는데, 祝欽明(축흠명)은 그전에 八風
舞를 추었었는데, 어떤 사람(盧藏用)은 "오경에 대한 치욕이다."
라고 말했다.

 ─ 紀 벼리 기. 밧줄. 다스리다. 적다. 綱 벼리 강. 굵은 밧줄.
紀綱(기강) ; 나라를 다스리는 法度, 대원칙. 綱紀.

 ─ 脩 익힐 수. 修와 통함. 힘쓰다. 길다. 肉脯(육포). 擧 들 거.
脩擧(수거) ; 바로잡다.

 ─ 翕 합할 흡. 翕然(흡연) ; 人心이 화합하여 한데 모이다. 貶
떨어트릴 폄. 欽 공경할 흠.

 ─ 祝欽明(축흠명) ; 국립대학의 총장이라 할 수 있는 國子祭主
였고 五經에 밝은 사람이라 알려졌었다. 中宗 때 황제와 신하들
의 연회에서 자청하여 음란한 춤을 추었다.

 ─ 八風舞(팔풍무) ; 눈알을 굴리고 머리를 흔들면서 팔방의 바
람을 표현했다고 하지만 음란한 춤이었다.

 ─ 掃 쓸 소. 비로 쓸다. 버리다. 掃地(소지) ; 땅에 버리다, 땅
에 떨어졌다. 五經掃地矣 ; 五經의 치욕이다.

(4) ○ 帝妹太平公主, 於誅二張誅韋氏時, 皆有力.
旣屢立大功, 勢尊重. 上嘗與議政, 權傾人主, 其門
如市. 憚太子英武, 欲易之. 賴韋安石 · 宋璟 · 張
說 · 姚元之等, 感悟上意, 政事皆取太子處分. 上自

復爲帝, 改元者二, 曰, 景雲·太極. 至是三年, 自稱太上皇, 傳位於太子, 是爲玄宗明皇帝.

예종의 여동생인 태평공주는 장역지와 장창종을 주살할 때와 위황후를 처단할 때 모두 힘을 보탰다. 이미 여러 번 큰 공을 세웠기에 위세가 높고 무거웠다. 예종도 태평공주와 정사를 논의하였으니 그 권력이 황제를 능가하였고 저택 문앞은 시장처럼 붐볐다. 태평공주는 태자의 영특함과 용맹을 꺼려 태자를 바꾸려 했다.

위안석, 송경, 장열, 요원지 등의 노력으로 예종을 깨닫게 하여 모든 정사를 태자가 처분토록 하였다. 예종이 황제로 자동 복위한 이후 2번 개원했는데, 경운과 태극이다. 이때 즉위 3년에 태상황이라 자칭하면서 태자에게 전위하니, 이가 바로 현종 명황제이다.

어구 설명

○ 帝妹太平公主, 於誅二張誅韋氏時, 皆有力. 旣屢立大功, 勢尊重. 上嘗與議政, 權傾人主, 其門如市. 憚太子英武, 欲易之. : 예종의 여동생인 太平公主는 장역지와 장창종을 주살할 때와 위황후를 처단할 때 모두 힘을 보탰다. 이미 여러 번 큰 공을 세웠기에 위세가 높고 무거웠다. 예종도 태평공주와 정사를 논의하였으니 그 권력이 황제를 능가하였고 저택 문앞은 시장처럼 붐볐다. 태

평공주는 태자의 영특함과 용맹을 꺼려 태자를 바꾸려 했다.

─ 太平公主(665~713년) ; 高宗과 武則天의 막내딸. 中宗과 睿宗의 누이동생. 이름은 李令月. 특히 武后의 총애를 많이 받았고 한때는 '거의 천하를 움켜 쥔 公主'라는 평을 들었다.

─ 二張 ; 무후의 측근 張易之, 張昌宗 형제.　韋氏 ; 위황후.

─ 皆有力 ; 705년 무후를 퇴위시키고, 710년 위황후를 제거하는 두 차례 정변에서 큰 역할을 했다.

─ 旣屢立大功(기누립대공) ; 이미 여러 번 큰 공을 세웠다.　勢尊重(세존중) ; 위세가 높고 무거웠다.

─ 上嘗與議政(상상여의정) ; 예종이 태평공주와 정사를 의논했다.　傾 기울 경. 뒤집히다. 능가하다.　人主 ; 황제.

─ 憚 꺼릴 탄.　英武(영무) ; 영특하고 용맹하다.　易 바꿀 역.

○ 賴韋安石 · 宋璟 · 張說 · 姚元之等, 感悟上意, 政事皆取太子處分. 上自復爲帝, 改元者二, 曰, 景雲 · 太極. 至是三年, 自稱太上皇, 傳位於太子, 是爲玄宗明皇帝. : 韋安石, 宋璟, 張說, 姚元之 등의 노력으로 예종을 깨닫게 하여 모든 政事를 太子가 處分하도록 하였다. 예종이 황제로 자동 복위한 이후 2번 개원했는데, 景雲과 太極이다. 이때 즉위 太極 3년에 太上皇이라 자칭하면서 太子에게 전위하니, 이가 바로 玄宗 明皇帝이다.

─ 賴 힘입을 뢰(뇌).　韋安石 ; 中宗 時 宰相, 太平公主 편에 서지 않아 당시 사람들이 '眞宰相'이라 일컬었다.

─ 璟 옥이 광채 날 영.　說 말씀 설. 기쁠 열.　張說(장열).　姚 예쁠 요. 성씨.　姚元之 ; 姚崇(요숭)이라고도 부름.　悟 깨달을

오. 感悟(감오) ; 느껴 깨닫게 하다.

 - 景雲 ; 710～712년. 太極 ; 712년.   至是三年 ; 즉위한 지 3
년.   自稱太上皇 ; 태자 李隆基에게 전위하고 태상황이라 했다.

【참고】 태평공주의 몰락

❖ 서기 712년 8월, 睿宗은 太子 李隆基에게 傳位하고서 太上皇
帝라 칭했고, 玄宗은 즉위하면서 先天이라 개원한다. 이 해에 太
平公主의 남편인 武攸暨(무유기)가 죽었다.

先天 2년(713년), 太平公主는 현종으로부터 정권을 탈취하려고
御林軍(어림군)과 南衙兵(남아병)을 동원하여 기병한다. 현종은
즉시 郭元振(곽원진), 王毛仲(왕모중), 高力士 등을 출동케 하여
무력 제압에 성공한다. 태평공주는 부득불 南山의 佛寺로 도주했
다가 3일 뒤에 돌아온다. 태상황은 현종을 만나 태평공주의 死罪
를 용서해줄 것을 요청했으나 현종은 단호히 거부한다. 태평공주
는 자신의 집에서 사약을 받는다. 태평공주의 집과 자산은 모두
몰수되었는데 그 집에서는 財貨가 산처럼 쌓였고 진기한 보물이
나라의 창고보다도 더 많았다고 한다. 물론 태평공주 소유의 목장
이나 전원 등도 모두 몰수되었다.

태평공주는 16세인 681년에 薛紹(설소)와 화려한 결혼을 하였
다. 그러나 688년에 설소는 李沖(이충)의 모반에 관여했다 하여
옥사한다. 무후는 과부가 된 태평공주를 자신의 친정조카인 무유
기에게 690년에 시집보낸다. 그리고 무후는 정식 황제로 등극한
다.

이후 태평공주의 생활은 매우 음란했다. 수많은 情夫를 거느렸고 장역지와 장창종 형제와도 通姦했으며 朝臣들을 불러 정욕을 채우기도 하였다. 또 자신의 情夫 중에서 선별하여 측천무후에게 進上하기도 하였다.

어찌 보면 태평공주는 측천무후의 복사판으로 야심이 많고 心計가 남들보다 뛰어나 결코 남자의 품에서 얌전하게 지낼 여인은 아니었다.

太平公主가 반란을 음모하여 진정으로 군대를 동원했었다면 그렇게 간단히 이융기에게 제압당하지는 않았을 것이라는 견해도 있다. 하여튼 많은 정변을 겪으면서 매번 승리를 했던 풍운의 여인이었지만 713년에 그 일생은 끝났다.

태평공주의 모반 실패는 626년 이세민의 '玄武門의 變' 이후 측천무후의 등장과 중종 폐위와 예종을 대신한 섭정, 武周의 건국과 무후의 퇴위(神龍 革命), 709년 中宗의 태자 李重俊의 謀反, 위황후의 발호와 중종의 독살, 그리고 위황후의 축출과 예종의 즉위(唐隆之變 당륭지변)에 이은 마지막 정변이었다. 이후 '開元의 治'라는 태평성세가 이어진다.

제4장 開元의 治와 安史의 亂

1) 開元의 治

(1) 玄宗明皇帝, 名隆基. 初爲臨淄王, 韋氏之亂, 陰聚才勇之士, 密謀匡復. 太宗初選驍勇爲百騎, 武后增爲千騎, 隷左右羽林. 中宗謂之萬騎, 置使領之. 隆基皆厚結其豪傑, 卒誅韋氏奉睿宗, 封爲平王. 睿宗將建儲嫡, 長子成器, 以平王有功力讓之, 遂爲太子, 尋受禪.

현종 명황제의 이름은 융기이다. 그전에 임치왕이었는데, 위씨의 난을 당하여 남몰래 재용을 겸비한 사람들을 모아 비밀리에 나라를 바로잡으려 했다. 태종 초에 (친위군으로) 용맹한 기병 100기를 선발했었는데, 무후 때에 1000기로 늘려 좌, 우의 우림군에 예속케 하였다. 중종 때는 우림군이 1만기로 지휘관을 두어 통솔케 하였다. 이융기는 그 지휘관들과 두터운 정으로 교제를 했었는데 마침내 위씨를 죽이고 예종을 황제로 모셨으며 평왕에 봉해졌다. 예종은 적실 소생을 태자로 세우려 했었고, 장자인 성기는 평왕(이융기)이 큰 공을 세웠다면서 애써 사양하여

(이융기가) 결국 태자가 되었다가, 얼마 있다가 선위를 받았다.

어구 설명

○ 玄宗明皇帝, 名隆基. 初爲臨淄王, 韋氏之亂, 陰聚才勇之士, 密謀匡復. : 玄宗 明皇帝의 이름은 隆基이다. 그전에 臨淄王이었는데 韋后의 난을 당하여 남몰래 才勇을 겸비한 사람들을 모아 비밀리에 나라를 바로잡으려 했다.

 - 李隆基(이융기, 재위 712~756년) ; 睿宗 李旦의 三男. 廟號(묘호) 玄宗. 시호는 至道大聖大明孝皇帝. 보통 唐明皇이라 호칭. 玄宗의 재위 기간은 唐이 盛世에서 쇠약기로 전환하는 시기였다.

 ※ 이때 新羅에서는 聖德王(名, 金隆基. 702년 즉위) 때였다. 신라에서 712년에 당에 사신을 보냈는데, 唐에서는 현종의 이름을 避諱(피휘)하여 聖德王의 이름을 고치라 요구했다. 신라에서는 김융기를 興光으로 거쳤다. 渤海(발해)는 699년에 건국되어 高王(대조영)이 재위 중이었다.

 - 淄 검은 빛 치.　臨淄(임치) ; 춘추시대 齊의 수도. 지금 산동성 淄博市(치박시).

 - 韋氏之亂 ; 中宗妃 韋后(위후), 이융기의 큰어머니. 위후가 中宗을 독살하고 重茂(중무)를 허수아비 황제로 앉혀 놓은 일.

 - 陰 그늘 음. 밖으로 노출되지 않은, 숨겨진.　聚 모을 취.　才勇之士 ; 재능과 용기를 가진 사람.

　- 匡 바를 광, 바로잡다.　匡復(광복) ; 위기에 처한 나라를 바
로잡다.

○ 太宗初選驍勇爲百騎, 武后增爲千騎, 隷左右羽林. 中宗謂之萬
騎, 置使領之. 隆基皆厚結其豪傑, 卒誅韋氏奉睿宗, 封爲平王. :
太宗 初에 친위군으로 용맹한 기병 100騎를 선발했었는데, 武后
때에 千騎로 늘려 좌우의 우림군에 예속케 하였었다. 중종 때는
우림군이 1만기로 지휘관을 두어 통솔케 하였었다. 이융기는 그
지휘관들과 두터운 정으로 교제를 했었는데 마침내 위씨를 죽이
고 睿宗을 (황제로) 받들고 平王에 봉해졌다.

　- 驍 날랠 효. 驍勇(효용) ; 용맹하다.　騎 말을 탈 기. 기마병.
隷 종 예. 부리다. 예속시키다.

　- 羽林(우림) ; 황제의 禁衛軍(금위군).　置使領之(치사령지) ;
지휘관 使를 두어 거느리다.

　- 厚結(후결) ; 두터운 정으로 관계를 맺다.　豪傑(호걸) ; 우림
군의 지휘관들.　卒 ; 마침내.　誅 벨 주. 죄인을 죽이다.

○ 睿宗將建儲嫡, 長子成器, 以平王有功力讓之, 遂爲太子, 尋受
禪. : 睿宗은 적실 소생을 태자로 세우려 했으나 長子인 成器는
平王이 큰 功을 세웠다면서 애써 사양하여 (이융기가) 결국 태자
가 되었다가, 얼마 있다가 (예종의) 선위를 받았다.

　- 將 ; ~하려 하다.　儲 쌓을 저. 비축하다. 태자.　嫡 본처 적
(正室).　長子 成器 ; 예종의 장남. 劉황후 소생. 이융기는 삼남으
로 側室(측실)인 竇(두)德妃 소생이었다.

　- 以平王有功力讓之 ; 平王이 有功하다고 굳이 태자 자리를 사

양했다. 成器는 "나라가 평안하면 적장자가 우선이지만, 나라가 위기에 처했다면 공을 세운 사람이 우선해야 한다(國家安則先嫡長 國家危則先有功)."고 사양했다.

 - 尋 찾을 심. 곧. 禪 하늘에 제사할 선(封禪). 天位를 물려주다. 고요할 선. 受禪(수선) ; (예종의) 선양을 받았다.

唐 玄宗(현종)

【참고】 唐詩⑴-唐詩의 융성

❖ 중국에서는 각 시대를 대표하는 문학형태로 '漢文(한문), 唐詩(당시), 宋詞(송사), 元曲(원곡), 明淸小說(명청소설)'이란 말이 있다. 곧 전, 후한 시대에는 古文이, 唐에서는 詩, 宋나라에서는 詞(이도 넓은 의미로 본다면 詩로 분류할 수 있다.) 그리고 元代에서 西廂記(서상기)와 같은 희곡이 발달하였으며, 명과 청대에는 《四大奇書》나 《홍루몽》 같은 소설이 크게 발달하였다.

그러나 어느 시대에서든 문학의 중심인 詩와 文章이었다. 특히 詩는 재능을 가진 文人이 각고의 노력으로 창작할 수 있다고 믿었으며, 문인이라면 당연히 詩文에 박통해야 한다고 누구나 인정하고 있었다.

唐代 문학의 핵심은 詩이다. 唐詩는 작품의 量뿐만 아니라 思想, 題材, 형식, 기교의 모든 면에서 최고의 경지를 이룩했다. 淸나라 康熙帝(강희제) 때인 1706년에 편찬된 《全唐詩》에는 시인 2,200명의 작품 48,900수(목차만 12권, 전질은 900권에 달한다)가 수록되어 있다. 이는 그때까지 남아있는 작품을 수록한 것이기에 당나라 때의 시의 일부라고 생각해야 한다.

이러한 唐詩의 융성은 정치, 경제의 발전과 문학 자체의 발전에 따른 必然이었다. 당나라에서 완성된 新體詩(신체시) 이후 새로운 형식의 시는 출현하지 않았다. 곧 당시가 형식상 최고라는 뜻이다. 그리고 시인 계층의 폭이 매우 넓고 두터웠다. 또한 걸출한 시인이 당대처럼 많은 적이 없었다. 그리고 시인들의 노력도 이 시대만큼 열정적인 때가 없었다.

杜甫(두보)는 '語不驚人死不休(글자 하나로 사람들을 놀라게 하지 못한다면 죽을 때까지 멈출 수 없다)'라는 말을 남기었는데, 이는 韻(운)과 平仄(평측)에 맞는 詩語 한 글자를 찾기 위해 시인이 얼마나 고심하는가를 단적으로 증명해 주고 있다.

본《十八史略》에는 李白이나 杜甫의 이름이 나오지 않고 白居易(백거이) 같은 시인 몇 명의 이름이 간간이 보일 뿐이다. 그러나 역사를 공부하면서 문학을 모른다면 이는 반쪽짜리 공부라 할 수 있다. 따라서 필자는 여백이 있는 곳에 당나라 시대의 詩와 詩人, 文章家들을 설명하고자 한다.

(2) ○ 開元元年, 高力士爲右監門將軍, 知內侍省事. 初太宗定制, 內侍省不置三品官, 黃衣廩食, 守門傳命而已. 至是除三品將軍者寖多, 宦官增至三千人, 內侍之盛始此. ○ 姚崇爲紫微令. ○ 二年, 以太常不應併典俗樂, 置左右敎坊, 謂之皇帝梨園弟子. ○ 焚珠玉錦綉於殿前. ○ 作興慶宮, 置樓. 西曰, 花萼相輝, 南曰, 勤政務本. 宋王成器等宅環其側.

○ 개원 원년에, 고력사는 우감문장군이 되어 내시성의 일을 함께 담당했다. 그 전에 태종이 만든 제도로는 내시

성에 삼품 관리를 둘 수 없었으며, 황색 옷을 입고 녹봉으로 곡식을 받으면서 문을 지키거나 심부름을 하는 일뿐이었다. 이때에 이르러 3품 장군을 제수받는 자가 점점 많아졌고 환관이 늘어나 3천 명이나 되었으니 내시의 융성은 이때부터 시작되었다.

○ 요숭이 자미령이 되었다.

○ 2년, 태상시에서 속악까지 같이 주관하는 것은 옳지 않다 하여 좌와 우의 교방을 두었는데, 이들을 황제이원제자라 하였다.

○ 또 현종은 주옥이나 수놓은 비단들을 궁궐 앞에 모아 불태웠다. 흥경궁을 짓고 누각을 만들었는데 서쪽의 것을 화악상휘, 남쪽 누각을 근정무본이라 하였다. 현종의 형 송왕인 이성기 등의 저택이 흥경궁을 둘러싸고 있었다.

어구 설명

○ 開元元年, 高力士爲右監門將軍, 知內侍省事. 初太宗定制, 內侍省不置三品官, 黃衣廩食, 守門傳命而已. 至是除三品將軍者寖多, 宦官增至三千人, 內侍之盛始此. : 開元 元年에, 高力士는 右監門將軍이 되어 內侍省의 일을 함께 담당했다. 그 전에 太宗이 만든 제도로는 內侍省에 三品官을 둘 수 없었으며, 황색 옷을 입고 녹봉으로 곡식을 받으면서 문을 지키거나 심부름을 하는 일뿐이었다. 이때에 이르러 三品將軍을 제수받는 자가 점점 많아졌고

宦官이 늘어나 3천 명이나 되었으니 內侍의 융성은 이때부터 시작되었다.

- 開元 元年 ; 서기 713년.   高力士(684∼762년) ; 本姓 馮(풍), 환관. 太平公主를 제거하는데 공을 세워 현종의 절대적인 신임을 받았다. 안록산의 난 때, 현종이 촉으로 피난을 가는 길에 호위 군사가 양귀비 처형을 요구했다. 현종은 주저했으나 고력사가 현종을 설득하여 양귀비가 자결토록 했다. 현종이 양위하고 숙종이 즉위하자, 고력사는 지방으로 귀양을 갔다. 현종이 울분 속에 762년 죽자, 그 소식을 들은 고력사는 식음을 전폐하고 7일 만에 죽었다.

- 知 ; 업무를 담당하다. 처리하다.   內侍省(내시성) ; 환관들을 관리하는 기구. 환관들이 일을 보는 관청.   黃衣 ; 내시는 황색 옷을 입었다.

- 廩 곳집 늠(름). 미곡 창고.   廩食(늠식) ; 녹봉으로 받는 곡식. 除 ; 관직을 제수하다.   浸 잠길 침. 점점.

- 宦 벼슬 환.   宦官 ; 내시.   內侍之盛始此(내시지성시차) ; 이로부터 내시들이 많아지고 힘쓰게 되었다.

○ 姚崇爲紫微令. : 姚崇이 紫微令이 되었다.

- 姚崇(요숭, 650∼721년) ; 原名 姚元崇, 後名 姚元之. 玄宗 초기 유능한 재상.   姚 예쁠 요. 姓氏.

- 紫 자줏빛 자.   微 작을 미.   紫微(자미) ; 북두성의 북쪽에 있는 별. 북극성. 궁궐.   紫微令 ; 中書省의 장관 中書令을 자미령이라 改名.

○ 二年, 以太常不應倂典俗樂, 置左右敎坊, 謂之皇帝梨園弟子. :

二年, 太常寺에서 俗樂까지 같이 주관하는 것은 옳지 않다 하여 좌와 우의 敎坊을 두었는데, 이들을 황제이원제자라 하였다.

- 二年 ; 개원 2년 714년.   太常 ; 太常寺(태상시). 제사, 궁중음악, 太醫, 太卜 등을 관장하는 기구. 禮樂(예악)과 宗廟(종묘)의 일을 맡아보는 관청.

- 應 ; 응할 응. 승낙하다. 和答하다.   倂 아우를 병.   典 법 전. 담당하다. 주관하다.   俗樂(속악) ; 일반 음악.

- 敎坊(교방) ; 宮庭의 音樂과 舞蹈와 연극을 관장하는 부서. 梨園(이원) ; 연극단. 梨園(이원)은 대궐 안에 있어, 이 안에서 속악을 연습했으므로, 후세에 劇團(극단) 또는 演劇界(연극계)를 이원이라고 했다. 梨園弟子(이원제자) ; 연극배우.

○ 焚珠玉錦綉於殿前. 作興慶宮, 置樓. 西日, 花萼相輝, 南曰, 勤政務本. 宋王成器等宅環其側. : 또 현종은 珠玉이나 수놓은 비단들을 궁궐 앞에 모아 불태웠다. 興慶宮을 짓고 누각을 만들었는데 서쪽의 것을 화악상휘, 남쪽 누각을 근정무본이라 하였다. 현종의 형 宋王 成器 등의 저택이 흥경궁을 둘러싸고 늘어섰다.

- 錦 비단 금.   綉 수 놓을 수.   萼 꽃받침 악.   輝 빛날 휘.

【참고】 이원제자와 老郞神

❖ 중국의 연극업계를 梨園行(이원행)이라 하고, 연극배우들을 梨園弟子(이원제자)라고 부른다. 이원은 당나라의 궁중 음악과 무용과 잡희(연극)를 교육하고 관리하는 부서였다.

　이원을 처음 설치한 현종은 대단한 풍류남아였다. 현종은 음악에도 조예가 깊어 악공 300여 명을 이원에 모아 음악을 가르쳤는데 음률이 틀리는 것을 정확히 지적해내었다고 한다.

　현종 자신도 악공과 같이 악기를 연주하며, 연주가 잘못되면 바로 잡아주었는데 특히 북 연주에 일가견이 있었다고 한다. 開元 11년(723년)에 이원에서 聖壽樂(성수악)을 연주했는데 기녀들의 화려한 의상과 춤에 도취한 현종은 직접 舞衣를 입고 궁녀와 함께 춤을 추며 전체 가무를 지휘했다고 한다.

　당시 음율의 최고 달인으로 알려진 李龜年(이구년)도 이원 출신이었다. 이구년은 노래를 잘할 뿐만 아니라 여러 악기를 잘 다뤄 현종의 사랑을 받았는데 그 형제인 李彭年(이팽년)과 李鶴年도 모두 유명했었다. 安史의 亂 이후에 이구년은 각지를 유랑했는데 杜甫의 〈江南逢李龜年〉이란 시가 있다.

　이원의 악공들은 민간에서 엄격한 선발 과정을 거친 뒤, 궁중에 들어가 학습 및 수련에만 전념하였기에 당시의 음악 수준을 크게 높였다.

　이원과 이원제자란 말이 보편화되면서 당 현종은 음악과 가무와 연희의 神, 즉 梨園神(이원신)이 되었다고 한다. 이원신을 속칭 老郎神(노랑신)이라고도 한다. 노랑신의 모습은 얼굴이 흰 소년인데 당 현종이라고 전해온다. 왜냐면 당 현종이 이원을 크게 일으켰기 때문이다. 노랑이란, 혹 老童(노동)으로 음악의 祖師로 그저 '젊은이' 란 뜻이다. 중국인들은 '老' 를 '少' 의 애칭으로 쓴다.

　또 현종은 늘 자신이 3男이었기에 三郎(삼랑)이라고 자칭했었다고 한다. 그는 이원에서 악공이나 무녀들을 연습시킬 때 능숙하지 못한 이들에게 "너희들은 좀 더 열심히 연습해야겠어! 이 삼랑의 체면을 깎아서야 되겠니?"라고 말했다고 한다.

중국의 연극은 지금도 지방에 따라 사용되는 악기와 唱(창)과 연기 방법이 크게 다르다. 따라서 그들이 생각하는 神도 다를 수밖에 없다. 그러나 그중에서도 가장 보편적으로 알려진 神은 老郞神, 곧 唐明皇(玄宗)이다. 이는 이원이 당나라 이후에도 존속되었고 또 현종이 진정으로 음악과 연기를 좋아하고 장려했기 때문일 것이다.

(3) ○ 三年, 盧懷愼爲黃門監. 懷愼淸謹儉素, 妻子不免饑寒, 所居不蔽風雨. 姚崇嘗謁告十餘日, 政事委積, 懷愼不能決. 崇出, 須臾裁決盡. 顧謂齊澣曰, 我爲相何如. 澣曰, 可謂救時之相. 懷愼知才不及, 每事推崇. 時謂之伴食宰相.

개원 3년, 노회신이 황문감이 되었다. 노회신은 청렴하고 검소하여 처자는 주리고 추위에 떨어야 했고, 집은 비바람을 가리지 못할 정도였다. 전에 재상 요숭이 10여 일 휴가를 청하여 십여 일 결근 하였는데 政事(정사)가 산더미처럼 밀렸는데도 노회신은 이를 처리하질 못했다. 요숭이 출근하자, 짧은 시간에 모두 처결하였다. 요숭이 제한을 돌아보며 말했다 "내가 재상으로 일하는 것이 어떠한 가?" 제한은 "시대의 폐단을 구할 수 있는 재상입니다."라 고 말했다. 노회신의 지혜와 재능은 요숭을 따라갈 수 없 어 매사를 요숭에게 미루었다. 당시 사람들은 노회신을 반 식재상이라고 불렀다.

어구 설명

○ 三年, 盧懷愼爲黃門監. 懷愼淸謹儉素, 妻子不免饑寒, 所居不 蔽風雨. : 개원 3년, 盧懷愼이 黃門監이 되었다. 노회신은 청렴하 고 검소하여 妻子는 주리고 추위에 떨어야 했고, 집은 비바람을 가리지 못할 정도였다.

－ 開元 三年 ; 서기 715년.　盧懷愼(노회신, ?～716년).　黃門 監(황문감) ; 門下省을 고쳐 黃門省(황문성)이라 하고, 侍中(시중) 을 監(감)이라 했다. 지위가 높아 정부에서 내리는 것은 많았으나 그것을 모두 친척이나 친구들에게 나누어 주었기 때문이다. 侍 中.　淸謹(청근) ; 淸廉(청렴).

－ 饑 주릴 기. 飢(주릴 기)와 같음.　寒 찰 한. 추위에 떨다.　蔽 덮을 폐. 가리다.　風雨 ; 비바람. 시련이나 고난.

○ 姚崇嘗謁告十餘日, 政事委積, 懷愼不能決. 崇出, 須臾裁決盡. 顧謂齊澣曰, 我爲相何如. 澣曰, 可謂救時之相. 懷愼知才不及, 每 事推崇. 時謂之伴食宰相. : 전에 요숭이 10여 일 휴가를 청했었는 데 政事가 밀렸는데도 노회신은 이를 처리하질 못했다. 요숭이

출근하자, 짧은 시간에 모두 처결하였다. 요숭이 제한을 돌아보며 말했다 "내가 재상으로 일하는 것이 어떠한가?" 제한은 "시대의 폐단을 구할 수 있는 재상입니다."라고 말했다. 노회신의 지혜와 재능은 요숭을 따라갈 수 없어 매사를 요숭에게 미루었다. 당시 사람들은 노회신을 伴食宰相이라고 불렀다.

 - 姚崇(요숭, 650~721년) ; 原名 姚元崇.　謁 아뢸 알. 請하다. 告 알릴 고. 청할 곡. 관리의 휴가.

 - 謁告(알고) ; 휴가를 요청하다. 請暇(청가)와 같음.

 - 委 맡길 위. 시들다. 일이 밀리다. (조금) 쌓이다.　積 쌓을 적. (많이) 쌓이다. 積滯(적체)되다.　委積(위적) ; 일이 밀리다.

 - 不能決 ; 처리하지 못하다.　崇出 ; 요숭이 출근하다.　須 모름지기 수.　臾 잠깐 유. 須臾(수유) ; 잠깐 사이에.

 - 裁決盡(재결진) ; 다 처리하다.　顧 돌아볼 고.　澣 빨래할 한.　齊澣(제한) ; 요숭의 부하 직원.

 - 我爲相何如 ; 내가 재상의 일하는 것이 어떠한가?

 - 救時(구시) ; 시대의 폐단을 바로잡다.　救時之相(구시지상) ; 한 시대를 바로 잡을 만한 재상.

 - 知才不及 ; 지혜와 재능이 (요숭을) 따라가지 못하다.　伴 짝 반. 동료. 모시다. 伴食(반식) ; 식사를 같이하다.

 - 伴食宰相(반식재상) ; 실권이나 업무 처리 능력도 없이 자리만 차지한 재상. 남의 밥상에 곁들여 붙어서 먹는다. 곧 남의 덕에 재상 노릇을 한다는 뜻.

【참고】 당나라의 宰相(재상)

❖ 唐 太宗은 中書省, 門下省, 尙書省의 三省에서 政務를 종합적으로 처리하는 일종의 재상합의체를 유지하였다. 당에서 宰相이라 부를 수 있는 직책이 매우 많았다. 中書令, 侍中, 尙書令은 모두 宰相이었다. 이 중에서 상서령은 正二品이었고, 상서령 밑의 좌, 우복야는 從二品이었으나 중서령과 시중은 正三品이었다. 그 밖에도 정무에 참여하지만 정삼품이 아닌 '同中書門下平章事'와 '同中書門下三品'도 事實上의 재상급이었다.

이 재상급 위에 다시 三師라 하여 太師, 太傅(태부), 太保가 있고, 三公이라 하여 太尉, 司徒, 司空이 있었다. 이들 三師와 三公은 명예직이었다.

(4) ○ 四年, 姚崇罷. 宋璟爲黃門監, 璟爲相務擇人. 百官各得其職, 好犯顏正諫. 上甚敬憚之. 璟與姚崇相繼爲政, 崇善應變, 璟善守文. 志操不同, 然協心輔佐, 使賦役寬平, 刑罰淸省, 百姓富庶. 唐世賢相, 前稱房杜, 後稱姚宋, 佗莫得比. 二人每進見, 上輒爲之起, 去則臨軒送之. ○ 八年, 宋璟罷.

○ 개원 4년, 요숭이 물러났다. 송경이 황문감이 되었는데 송경은 재상이 되자 사람을 골라 쓰는데 힘썼다. 모든

관리들이 적재적소에 배치되었고 황제의 안색도 살피지 않고 바른 간쟁을 잘했다. 황제는 심히 공경하면서도 어려워했다.

송경과 요숭은 앞뒤를 이어 정사를 담당했는데 요숭은 임기응변에 능했고, 송경은 법도를 잘 운영하였다. 서로 지조는 달랐으나 협심하여 황제를 보필하였고, 부세와 요역은 관대하면서도 공평했으며, 형벌은 공명하면서도 번잡하지 않아 백성들은 부유했고 인구도 늘었다.

당 시대에 현명한 재상으로는 전에는 방현령과 두여회를 일컬었고, 뒤에는 요숭과 송경을 말했는데 다른 이들은 비교가 되질 않았다. 요숭과 송경 두 사람이 들어와 알현하면 황제는 번번이 자리에서 일어나 맞이했고 물러날 때는 섬돌까지 나가 전송했다.

○ 8년에, 송경이 사임했다.

어구 설명

○ 四年, 姚崇罷. 宋璟爲黃門監, 璟爲相務擇人. 百官各得其職, 好犯顏正諫. 上甚敬憚之.: 개원 4年, 姚崇이 물러났다. 宋璟(송경)이 黃門監이 되었는데 경이 재상이 되자 사람을 골라 쓰는데 힘썼다. 모든 관리들이 적재적소에 배치되었고 황제의 안색도 살피지 않고 바른 간쟁을 잘했다. 황제는 심히 공경하면서도 어려워했다.

- 四年 ; 개원 4년. 서기 716년.   罷 그만둘 파. 물리치다. 姚崇罷(요숭파) ; 요숭은 개원 원년에 자미령(중서령)이 되어 재상직을 수행하고 있었는데 요숭이 신임하는 사람이 뇌물을 받은 것이 발각되었다. 요숭은 그 사람을 관대히 구해 주었으나 이를 황제가 불쾌하게 생각하였다. 그 사람은 유배형에 처했고, 요숭은 책임을 지고 물러났다.

- 宋璟(송경) ; 663~737년.   黃門監(황문감) ; 門下省 侍中, 송경은 요숭의 추천으로 황문감에 임명되었다.

- 務擇人(무택인) ; 인재를 골라 쓰는데 힘썼다.   各得其職 ; 적재적소에 배치하다. 자신의 임무에 잘 수행하다.   犯顔(범안) ; 임금의 안색을 살피지 않음. 임금이 듣기 싫은 말도 서슴지 않다.

- 正諫(정간) ; 바른말로 간쟁을 하다. 甚 심할 심.   憚 꺼릴 탄.   敬憚(경탄) ; 공경하면서도 어려워하다. 敬畏(경외).

○ 璟與姚崇相繼爲政, 崇善應變, 璟善守文. 志操不同, 然協心輔佐, 使賦役寬平, 刑罰淸省, 百姓富庶. : 송경과 요숭은 앞뒤를 이어 정사를 담당했는데 요숭은 임기응변에 능했고, 송경은 법도를 잘 운영하였다. 서로 지조는 달랐으나 협심하여 황제를 보필하였고, 부세와 요역은 寬大하면서도 공평했으며, 형벌은 公明하면서도 번잡하지 않아 백성들은 부유했고 인구도 늘었다.

- 相繼爲政(상계위정) ; 인계인수하며 정치를 하다. 善 ; 잘하다. 뛰어나다.   應變(응변) ; 임기응변.

- 守文 ; 법도나 선례를 잘 지키다. 선조들의 전통을 잘 계승하다.   志操(지조) ; 의로움을 따르는 의지.

– 輔佐(보좌) ; 돕다.　　賦役寬平(부역관평) ; 징세와 요역에 관용하면서도 공평하다.　淸省(청생) ; 公明하며서도 번잡하지 않음.

– 庶 많을 서. 여러 가지.　富庶(부서) ; 부유해졌고 인구가 늘다.

○ 唐世賢相, 前稱房杜, 後稱姚宋, 佗莫得比. 二人每進見, 上輒爲之起, 去則臨軒送之. : 唐 시대에 현명한 재상으로는 전에는 방현령과 두여회를 일컬었고, 뒤에는 요숭과 송경을 말했는데 다른 이들은 비교가 되질 않았다. 요숭과 송경 두 사람이 들어와 알현하면 황제는 번번이 자리에서 일어나 맞이했고 물러날 때는 섬돌(댓돌)까지 나가 전송했다.

– 房杜(방두) ; 房玄齡과 杜如晦.　　姚宋(요송) ; 요숭과 송경. 佗 다를 타. 他(다른 이, 그 사람)와 同.

– 佗莫得比(타막득비) ; (4인 이외) 다른 재상들은 비교가 되질 않았다.　二人 ; 요숭과 송경.　進見(진현) ; 들어와 알현하다.

– 輒 문득 첩. 갑자기, 번번이.　爲之起 ; 그들이(之) 들어오기에 자리에서 일어나다.　軒 추녀 헌. 행랑. 난간. 댓돌.

○ 八年, 宋璟罷. : 八年에, 宋璟이 사임했다.

– 八年 ; 서기 720년. 宋璟이 惡質의 鑄貨(주화)를 철저히 금하자 이에 모함을 당해 파직되었다.

【참고】 唐詩⑵–初唐四傑(초당사걸)

❖ 문학사에서 初唐이라면 대체로 당 건국(618년)에서 현종의 즉위(712년) 이전까지 약 90여 년을 말한다. 이 시기에 두드러진

시인으로 王勃(왕발, 648~675년), 楊炯(양형, 650~692년), 盧照鄰(노조린, ?~680년), 駱賓王(낙빈왕, ?~684)을 들 수 있는데 이들을 초당사걸이라 부른다.

낙빈왕은 측천무후에 반기를 든 李敬業(이경업, 李勣의 손자)의 반기에 격문을 써서 측천무후를 놀라게 하였다. 왕발은 隋의 대학자인 王通의 손자로 명문장 〈滕王閣序 등왕각서〉를 지어 文名을 천

시인 王勃(왕발)

하에 날렸으나 불우한 짧은 생을 마쳤다. 《明心寶鑑》 順命篇에 '時來風送滕王閣(시래풍송등왕각)' 이라는 구절이 있는데, 이는 하룻밤 사이에 바람이 불어 왕발이 타고 있는 배를 등왕각까지 가게 했고, 거기서 〈등왕각서〉를 지을 수 있었다는 이야기이다.

이 초당사걸과 함께 陳子昂(진자앙)은 남조의 시풍에 반기를 들고 새로운 내용과 현실을 반영하는 시문학을 강조하였다. 진자앙의 〈感遇 감우〉 詩 38편은 매우 유명한 작품이다.

초당사걸의 작품은 南朝의 시풍을 완전히 벗어나지는 못했지만 이들과 진자앙의 시는 唐詩에 새 생명력을 불어넣어 唐詩 발전의 토대를 구축했다는 평가를 받고 있다. 다음은 진자앙의 〈感遇 감우〉 詩의 한 수이다.

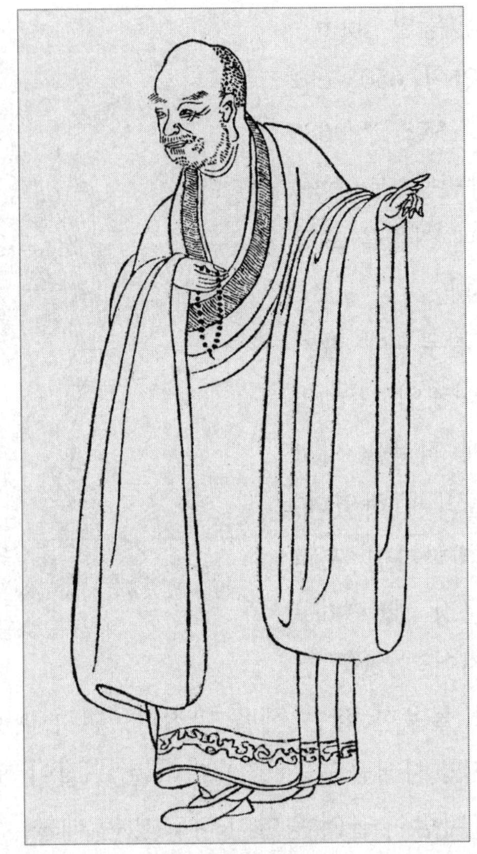

시인 **駱賓王**(낙빈왕)

낡고 허물어진 정령의 요새는
예부터 멀고 거친 변방에 있네.
보루와 봉수대는 어찌 그리 높으며,
마른 뼈들은 여기저기 뒹군다.
누런 모래바람 사막 남에서 불면
白日도 서편으로 넘어간다.

중국 병사 삼십만이

그전에 흉노와 싸웠다는데

모래밭에 보이는 유골이 남겨둔

변방의 고아를 누가 돌보았는가?

(蒼蒼丁零塞, 今古緬荒途.

亭堠何摧兀, 暴骨無全軀.

黃沙漠南起, 白日隱西隅.

漢甲三十萬, 曾以事匈奴.

但見沙場死, 誰憐塞上孤.)

－〈感遇 감우〉其三－

(5) ○ 九年, 宇文融言. 天下戶口逃移, 巧僞甚衆. 請加檢括. 同平章事源乾曜贊成之. 以融爲勸農使, 奏置勸農判官十人, 分行天下, 競爲刻急, 州縣承風勞擾, 百姓苦之. ○ 同三品張說建議, 召募壯士, 旬日得精兵十三萬, 分隸諸衛, 更番上下. 兵·農之分始此. ○ 十三年, 更命長從宿衛爲彍騎.

○ 9년에, 우문융이 건의했다. "온 나라에 (원적지에서) 달아나고 교묘하게 거짓으로 빠지는 호구가 매우 많으니 이를 단속해야 합니다." 이에 동평장사인 원건요가 찬성하

였다. 우문융을 권농사로 임명하였고 (그가) 상주하여 권농판관 10인을 두었는데 (권농판관들이) 온 나라에 나누어 다니면서 경쟁하듯 단속했고, 주현에서도 이에 맞추어 엄하고 심하게 단속하니 백성들이 고통스러워했다.

○ 동 3품인 장열이 건의하여 장사들을 모집하니, 열흘 사이에 정병 13만 명을 모집하여 여러 부대에 나누어 소속시켜 순차적으로 근무케 하였다. 군졸과 농민의 분리 정책은 이때부터 시작되었다.

○ 개원 13년에 장종숙위를 확기로 이름을 바꾸었다.

어구 설명

○ 九年, 宇文融言. 天下戶口逃移, 巧僞甚衆. 請加檢括. 同平章事源乾曜贊成之. 以融爲勸農使, 奏置勸農判官十人, 分行天下, 競爲刻急, 州縣承風勞擾, 百姓苦之. : 9년에, 宇文融이 건의했다. "온 나라에 (원적지에서) 달아나고 교묘하게 거짓으로 빠지는 호구가 매우 많으니 이를 단속해야 합니다." 이에 同平章事인 源乾曜가 贊成하였다. 우문융을 勸農使로 임명하였고 그가 상주하여 勸農判官 10인을 두었는데 온 나라에 나누어 다니면서 경쟁하듯 단속했고, 주현에서도 이에 맞추어 엄하고 심하게 요란하게 단속하니 백성들이 고통스러워했다.

– 開元 九年 ; 서기 721년. 融 화합할 융. 녹다. 宇文融(우문융, ?~730년) ; 宇文 복성. 逃 달아날 도. 移 옮길 이.

- 巧 공교로울 교. 예쁘다. 거짓. 교묘하게 꾸미다. 僞 거짓 위. 속이다.   巧僞 ; 정교한 거짓행위. 위선적인.

- 檢 단속할 검.   括 묶을 괄. 단속하다.   同平章事 ; 관직명. '同中書門下平章事'의 줄임. 간칭 '平章'. 宰相級의 직책.

- 曜 빛날 요.   源乾曜(원건요, ?~731년) ; 현종 때 두 차례나 재상에 임명되었다.

- 勸農使(권농사) ; 관직명. 이름은 '농사 권장'이지만 토지 실소유자 파악이 주 임무.   競 다툴 경. 경쟁적으로.

- 刻 새길 각. 각박하다. 刻急(각급) ; 혹독하게. 매우 잔혹하게 단속하다.   承風(승풍) ; 시대 풍조에 따라.

- 擾 어지러울 요.   勞擾(노요) ; 힘들게 하고 요란하게 단속하다.

○ 同三品張說建議, 召募壯士, 旬日得精兵十三萬, 分隸諸衛, 更番上下. 兵·農之分始此. : 同三品인 張說이 建議하여 壯士들을 모집하니, 열흘 사이에 精兵 十三만 명을 모집하여 여러 위에 나누어 소속시켜 순차적으로 근무케 하였다. 군졸과 농민의 분리 정책은 이때부터 시작되었다.(개원 10년)

- 同三品 ; 중서성과 문하성의 장관을 중서령, 시중이라 하였는데 이들이 正三品이었고 재상 반열이었다. 이 정삼품과 같은 품계의 관리.

- 說 기쁠 열. 말씀 설.   張說建議 ; 20세 60세 까지의 丁男은 軍籍에 의거, 각 절충부에 나가 훈련을 받고 방위를 담당하는 병농일치의 府兵制를 운용하였으나 균전제에 의거, 지급할 토지가 없고 호적관리가 제대로 안 되자 도망하는 농민이 속출하여 부병

제 운영이 어렵게 되었다. 이에 張說은 모병제로 전환하자는 건의를 하였다.

- 召募(소모) ; 불러 모으다. 旬 열흘 순. 旬日(순일) ; 열흘간. 分隸諸衛(분예제위) ; 여러 衛所에 나누어 예속시키다.

- 更番(갱번) ; 순번에 따라. 上下 ; 上은 宿衛(숙위)를 담당하다, 당번이 되어 복무하다. 下는 非番으로 쉬다.

- 兵農之分 ; 兵農의 구분, 직업군인제.

○ 十三年, 更命長從宿衛爲彍騎. : 13년에 長從宿衛를 彍騎로 이름을 바꾸었다.

- 十三年 ; 서기 725년. 更命(갱명) ; 다시 命名하다.

- 長從(장종) ; 常備의. 장기근무하는. 宿衛(숙위) ; 숙직하며 호위하다. 호위군. 彍 활시위 당길 확. 彍騎(확기) ; 常時로 弓射를 익힌다는 의미. 모병제에 의해 이루어진 군대는 장종숙위(개원 11년) → 확기(개원 12년) → 羽林飛騎(우림비기, 개원 16년)로 명칭이 바뀐다.

(6) ○ 二十一年, 韓休同平章事. 休爲人峭直, 上或宴遊小過, 輒謂左右曰, 韓休知否. 言終諫疏已至. 左右曰, 休爲相陛下殊瘦於舊. 上歎曰, 吾雖瘠, 天下肥矣. 休罷, 張九齡繼之. ○ 二十二年, 九齡爲中書令, 李林甫同三品. 林甫柔佞多狡數, 深結宦官及

妃嬪家, 伺上動靜, 無不知之. 由是每奏對常稱旨.

○ 개원 21년, 한휴가 동평장사가 되었다. 한휴는 사람됨이 매우 강직하였는데, 현종이 연회나 유락이 좀 도를 넘었다 하면, 바로 좌우 근신들에게 "한휴가 아는가 모르는가?"라고 물었다. 그 말이 끝나자마자 한휴의 충간하는 글이 올라오곤 했다. 측근들이 "한휴가 재상이 된 뒤로 폐하는 전보다 유달리 수척해지셨습니다."라고 말했다. 현종은 탄식하면서 말했다. "내가 수척해졌지만 백성들은 살이 쪘을 것이다." 한휴가 사직하자, 장구령이 그 직분을 인계받았다.

○ 개원 22년에, 장구령이 중서령이 되었고, 이임보는 동삼품이 되었다. 이임보는 유순하고 말을 잘했으며 교활한 술수가 많은 사람으로, 환관이나 비빈들의 집안과 깊은 관계를 맺고 황제의 동정을 엿보아 모르는 것이 없었다. 이 때문에 매번 아뢰는 답변이 늘 황제의 뜻에 잘 맞았다.

어구 설명

○ 二十一年, 韓休同平章事. 休爲人峭直, 上或宴遊小過, 輒謂左右曰, 韓休知否. 言終諫疏已至. 左右曰, 休爲相陛下殊瘦於舊. 上歎曰, 吾雖瘠, 天下肥矣. 休罷, 張九齡繼之. : 개원 21년, 韓休가 同平章事가 되었다. 한휴는 사람됨이 매우 강직하였는데, 현종이

연회나 유락이 좀 도를 넘었다 하면, 바로 좌우 근신들에게 "한휴가 아는가 모르는가?"라고 물었다. 그 말이 끝나자마자 한휴의 충간하는 글이 올라오곤 했다. 측근들이 "한휴가 재상이 된 뒤로 폐하는 전보다 유달리 수척해지셨습니다."라고 말했다. 현종은 감탄하면서 말했다. "내가 수척해졌지만 백성들은 살이 쪘을 것이다". 한휴가 사직하자, 張九齡이 引繼하였다.

 － 二十一年 ; 개원 21년, 서기 733년. 韓休(한휴) ; 672～739년. 同平章事 ; 同中書門下平章事의 줄임.

 － 峭 산이 가파를 초. 峭直(초직) ; 매우 剛直(강직)하다. 宴遊(연유) : 宴會와 遊樂(유락).

 － 小過(소과) ; 조금 지나치다. 조금 度를 넘다. 輒 문득 첩. 左右(좌우) ; 侍臣(시신). 知否(지부) ; 아는가? 모르는가?

 － 諫疏(간소) ; 충간하는 글. 已至(이지) ; 이미 올라와 있다. 殊 죽일 수, 다를 수. 유달리. 瘦 파리할 수. 여위다. 마르다.

 － 於舊(어구) ; 전에 비하여. 옛날보다. 瘠 파리할 척. 瘦瘠(수척). 肥 살찔 비. 休罷(휴파) ; 한휴가 사임하다.

 － 張九齡(장구령, 678～740년) ; 韶州 曲江人(現 廣東省 韶關市) 唐代의 저명시인이며 宰相. 繼 이을 계.

○ 二十二年, 九齡爲中書令, 李林甫同三品. 林甫柔佞多狡數, 深結宦官及妃嬪家, 伺上動靜, 無不知之. 由是每奏對常稱旨. : 二十二年에, 장구령이 中書令이 되었고, 李林甫는 同三品이 되었다. 이임보는 유순하고 말을 잘했으며 교활한 술수가 많은 사람으로, 환관이나 비빈들의 집안과 깊은 관계를 맺고 황제의 동정을 엿보

아 모르는 것이 없었다. 이 때문에 매번 아뢰는 답변이 늘 황제의 뜻에 잘 맞았다.

 - 二十二年 ; 서기 734년. 李林甫(이임보, ?~753년) ; 唐朝의 宗室이기에 벼슬을 시작했지만 교활하였으며 口蜜腹劍(구밀복검) 고사의 주인공이다. 개원 22년(734년)부터 천보 11년(752년)까지 재상직을 수행했다. 장구령 같은 인재를 이간질하여 폄직케 하였고, 문란한 政事로 안록산의 난이 일어날 수 있는 배경을 만들어 놓은 사람이었다. 이임보는 무식한 사람으로 정평이 나 있었다. ‘弄璋之慶(농장지경, 璋은 홀 장)’은 得男 축하의 글귀인데, 이임보는 이를 ‘弄獐之慶(獐은 노루 장)’이라 썼기에 당시 사람들이 ‘弄獐宰相’이라고 불렀다는 이야기도 있다.

 - 柔 부드러울 유. 고분고분하다. 佞 아첨할 영. 말을 잘하다. 狡 교활할 교. 빠르다. 간교하다.

 - 狡數(교수) ; 교활한 술수. 伺 엿볼 사. 動靜(동정) ; 움직임. 無不知之 ; 알지 못하는 것이 없었다.

 - 由是 ; 이 때문에, 이로 인해서. 奏 아뢸 주. 황제에게 아뢰다. 對 대답할 대. 稱 일컬을 칭. 알맞다.

 - 稱旨(칭지) ; 聖旨(황제의 뜻)에 딱 맞다.

【참고】 賢相 장구령과 그의 詩

❖ 張九齡은 開元時期의 賢相으로 지금의 광동, 광서성의 書生 출신으로는 유일한 재상이었다고 한다. 그는 강직하면서도 溫雅했고 풍채와 儀表가 매우 단정하여 당시 사람들이 ‘曲江風度(曲

江은 그의 고향 이름)'라고 칭찬을 하였다. 장구령이 재상직을 그만둔 뒤에 현종은 인재 추천을 받으면 '그 사람의 풍도가 장구령에 비해 어떠한가?'라고 반문하였다고 하니, '紳士 중의 신사'였다고 생각된다.

장구령은 일찍이 간사한 李林甫가 재상 반열에 임용되는 것을 반대하여 현종의 뜻을 거슬렀고 安祿山(안록산)이 '얼굴에 反相이 뚜렷하니 지금 죽이지 않으면 필히 후환이 있을 것'이라 하였지만 현종은 받아들이지 않았다. 20년 뒤 현종은 안록산의 난을 피해 촉으로 피난하면서 장구령의 말을 생각하며 통곡했고, 사람을 보내 장구령의 무덤에 제사를 올리게 했다고 한다.

장구령은 시인으로도 이름을 날렸다. 장구령의 시에 〈感遇, 감우〉 12首가 있는데 그 4수가 《唐詩三百首》의 첫 머리에 실리는 영광을 누리고 있다. 그중 '草木有本心, 何求美人折(초목도 본마음이 있으려니, 어찌 미인이 꺾어주길 바라리오!)'는 千古의 絶唱으로 알려졌다.

2) 安史의 亂

(1) ○ 二十四年, 幽州節度使張守珪, 執敗軍將安祿山送京師. 張九齡批曰, 守珪軍令若行, 祿山不宜免死. 上惜其才勇赦之, 九齡力爭曰, 祿山有反相, 不誅必爲後患. 上曰, 卿勿以王夷甫識石勒, 枉害忠良, 竟不誅. 祿山本營州雜胡也. 初名阿犖山, 母再適安氏, 故冒其姓. 部落破散逃來, 狡黠爲守珪所愛. 又有史窣干者, 與祿山同里閈, 亦驍勇. 守珪遣人奏事, 上賜名思明. ○ 千秋節, 羣臣皆獻寶鏡, 九齡述前世興廢, 爲千秋金鑑錄五卷上之. ○ 九齡罷, 李林甫兼中書令. 上在位久, 漸肆奢欲, 林甫遂得專政.

○ 개원 24년, 유주절도사인 장수규가 패전한 장수 안록산을 잡아 수도로 압송했다. 장구령은 이를 비평하여 "장수규가 군령대로 실행했어야 하는데 안록산이 죽음을 면한 것은 옳은 일이 아니다."라고 하였다. 현종은 그의 재능과 용기를 아껴 사면하였는데, 장구령은 힘써 간쟁하면서 "녹산은 반란을 일으킬 인상이니, 죽이지 않으면 필히 후환이 될 것입니다."라고 말했다. 현종은 "경은 왕이보(왕

연)가 석륵을 알아본 것처럼 공연히 성실한 사람을 해치지 마시오."라고 말하면서 끝내 죽이지 않았다.

안록산은 본래 영주에 거주하는 호인이었다. 초명은 아락산인데, 모친이 안씨에게 재혼을 하였기에 그 성을 물려받았다. 살던 마을이 파괴되면서 도망을 나왔는데 재치가 있어 장수규의 인정을 받게 되었었다. 그리고 사졸간이란 자는 안록산과 한 마을 출신으로 역시 용감한 사람이었다. 장수규의 사자로 장안에 와서 업무보고를 했고, 현종은 사명이라는 이름을 하사하였다.

○ 천추절에 많은 신하들이 보경을 바쳤지만 장구령은 전대 왕조의 흥망을 기록한 천추금감록 5권을 지어 올렸다.

○ 장구령이 사직했고, 이임보가 중서령을 겸직했다. 현종이 오래 재위하게 되자, 점차 멋대로 호사스런 생활에 빠졌고, 이임보는 마침내 정치를 마음대로 하게 되었다.

어구 설명

○ 二十四年, 幽州節度使張守珪, 執敗軍將安祿山送京師. 張九齡批曰, 守珪軍令若行, 祿山不宜免死. : 개원 24년, 幽州節度使인 張守珪가 패전한 장수 安祿山을 잡아 수도로 압송했다. 장구령은 이를 비평하여 "장수규가 군령대로 실행했어야 하는데 안록산이 죽음을 면하게 한 것은 옳지 않은 일이다."라고 하였다.

- 二十四年 ; 개원 24년. 서기 736년.   幽 그윽할 유. 멀다. 어
둡다. 幽州 ; 지금의 北京 일대.

- 節度使(절도사) ; 변경지역의 군사 업무를 담당하고 외적 방
어를 위해 설치한 藩鎭(번진).

- 張守珪(장수규) ; 河北節度使로 幽州(유주)에 주둔, 거란족을
여러 차례 격파.

- 祿 복 록(녹). 녹봉, 상으로 주는 물건, 작위. 기록(錄).

- 安祿山(안록산, 703 ~ 757) ; 父는 이란계 소그디아나人
(Sogdiana. 粟特, 속특 / 羯族 갈족의 일부)으로 본성은 康, 모친
은 돌궐족, 뒷날 아들 안록산을 데리고 安氏에 재가하여 安氏 성
을 사용. 소그디아나人들은 상업 활동이 활발했는데, 안록산은 6
개 언어를 구사할 수 있었다고 한다.

- 京師(경사) ; 首都, 長安.   批 칠 비. 바로잡다. 評하다. 是非
를 판가름하다.

- 不宜(불의) ; ~하는 것은 좋지 않다, ~해서는 안 된다. 祿山
不宜免死(녹산불의면사) ; 안록산이 죽음을 면한 것은 옳지 않다.

○ 上惜其才勇赦之, 九齡力爭曰, 祿山有反相, 不誅必爲後患. 上
曰, 卿勿以王夷甫識石勒, 枉害忠良, 竟不誅. ; 현종은 그의 재능
과 용기를 아껴 사면하였는데, 장구령은 힘써 간쟁하면서 "녹산
은 반란을 일으킬 인상이니, 죽이지 않으면 필히 후환이 될 것입
니다."라고 말했다. 현종은 "卿은 王夷甫(왕연)가 石勒을 알아본
것처럼 공연히 성실한 사람을 해치지 마시오."라고 말하면서 끝
내 죽이지 않았다.

- 惜 아낄 석. 아까워하다.　其 ; 그의, 그, 안록산을 지칭.　才勇(재용) ; 재능과 용기.　赦 용서할 사. 사면하다.

- 爭 다툴 쟁. 따져 말하다. 간쟁하다. 諍과 같음.　力爭(역쟁) ; 힘써 간쟁하다.　反相 ; 모반할 人相.

- 卿 벼슬 경.　勿 말 물. ~하지 말라.

- 王夷甫(왕이보) ; 西晉의 王衍(왕연, 256~311년). 서진 말기 司徒, 太尉 등 역임. 청담의 대가. 淸談亡國의 주인공.

- 識 ; 알 식. 알아보다. 표식 지.　石勒(석륵) ; 갈족. 5호 16국 시대 後趙의 開國君主. 그가 14살 때 낙양의 동문에서 휘파람을 불고 있는 모습을 왕연이 보았다. 석륵의 외모가 특이하다 생각하였는데 마침 胡僧이 '뒷날 천하의 우환이 될 것'이라 말했다. 왕연은 석륵에 잡혀 죽었다.(311년)

- 枉 굽을 왕. 굽히다. 자신의 주장을 굽히다. 헛되이. 부질없이.　忠良(충량) ; 성실한 사람. 착한 사람.

- 竟 다할 경. 끝내.

○ 祿山本營州雜胡也. 初名阿犖山, 母再適安氏, 故冒其姓. 部落破散逃來, 狡黠爲守珪所愛. 又有史窣干者, 與祿山同里閈, 亦驍勇. 守珪遣人奏事, 上賜名思明. : 安祿山은 본래 營州에 거주하는 호인이었다. 初名은 阿犖山(아락산)인데, 모친이 安氏에게 재혼을 하였기에 그 성을 물려받았다. 살던 마을이 파괴되면서 도망을 나왔는데 재치가 있어 장수규의 인정을 받게 되었었다. 그리고 史窣干(사졸간)이란 자는 안록산과 한 마을 출신으로 역시 용감한 사람이었다. 장수규의 使者로 장안에 와서 업무를 보고하자

현종은 思明이라는 이름을 하사하였다.

 - 營州(영주) ; 지금의 遼寧省 朝陽市.   雜胡(잡호) ; 長城 남쪽에서 漢人들과 混居하는 胡人, 이민족. 이때 胡는 북쪽의 여러 이민족에 대한 지칭이지 丙子胡亂(병자호란)을 일으킨 胡人(여진족)과는 다르다.

 - 犖 얼룩소 락(낙). 명백하다.   阿犖山의 阿는 모친 姓.

 - 適 갈 적. 시집가다. 맞다. 어울리다. 우연히. 원수. 본처. 본처 소생의 長子.

 - 再適(재적) ; 再婚하다.   冒 무릅쓸 모. 덮다.   冒姓(모성) ; (양자, 재혼, 데릴사위 등으로) 남의 성을 갖다. 남의 성을 사칭하다.

 - 部落(부락) ; 村落, 마을. 부족.   逃 달아날 도.   破散逃來(파산도래) ; 흩어져 도망 나오다. 來는 동작의 진행방향을 의미.

 - 狡 교활할 교. 빠르다.   黠 약을 힐.   狡黠(교힐) ; 교활하다. 狡僞.   爲守珪所愛 ; 장수규의 인정을 받게 되었다.(피동)

 - 窣 구멍에서 갑자기 나올 솔. 갑자기.   史窣干(사졸간, 703~761년) ; 史思明의 原名. 돌궐인. 안록산과 함께 '安史의 亂' 주동인물.

 - 閈 이문 한. 마을 입구의 출입문.   同里閈(동리한) ; 같은 마을.   驍勇(효용) ; 용감하다.

 - 上賜名思明 ; 현종이 思明이라는 이름을 하사하다.

○ 千秋節, 羣臣皆獻寶鏡, 九齡述前世興廢, 爲千秋金鑑錄五卷上之. : 千秋節에 많은 신하들이 寶鏡을 바쳤지만 장구령은 前世代 왕조의 흥망을 기록한 千秋金鑑錄 五卷을 지어 올렸다.

- 千秋節(천추절) ; 황제의 생일. 天長節. 현종 생일은 8월 5일인데, 이후 천하에 공포하여 재위 중 매년 같은 날을 천추절이라 하였다.

- 獻 바칠 헌. 寶鏡(보경) ; 천자의 밝은 德이 오래오래 견고히 빛나기를 바라는 의미.

- 述 지을 술. 서술하다. 前世興廢(전세흥폐) ; 전대 왕조의 흥륭과 廢頹(폐퇴).

- 千秋金鑑錄(천추금감록) ; 書名.

○ 九齡罷, 李林甫兼中書令. 上在位久, 漸肆奢欲, 林甫遂得專政. : 장구령이 사직했고, 李林甫가 中書令을 겸직했다. 현종이 오래 재위하게 되자, 점차 멋대로 호사스런 생활에 빠졌고, 이임보는 마침내 정치를 마음대로 하게 되었다.

- 罷 방면할 파. 그만두다, 그만두게 하다. 전에 현종이 이임보를 재상으로 임명하려고 장구령에게 의견을 물었었다. 장구령은 "재상은 국가 안위와 직결됩니다. 뒷날 틀림없이 사직의 걱정거리가 될 것입니다."라고 반대하였으나 현종은 듣지 않았다. 이후 이임보는 기회 있을 때마다 장구령을 헐뜯었다고 한다.

- 漸 물 스며들 점. 점점, 점차로. 肆 방자할 사.   奢 사치할 사.   肆奢 ; 제멋대로 하고 사치를 하다.

【참고】 節度使(절도사) – 막강 권력의 소유자

❖ 唐 태종 때에는 각 지방의 州에 자사, 縣에 현령을 두고 그

상급 기관으로 山川 형세에 따라 전국을 10도로 나누었는데, 10도에는 수시로 순찰사나 안찰사를 파견하여 지방행정을 감독케 하였다. 현종 개원 21년에는 전국을 15도로 나누고 고정된 감찰관이라 할 수 있는 觀察使를 파견하였다. 이렇듯 지방의 각 도에 주둔한 武將을 都督이라 하였는데 이 도독 중에서 天子를 대행하여 軍權을 행사할 수 있는 持節(지절)을 받은 도독을 節度使(절도사)라고 불렀다.

예종 경운 2년(711년)에 처음 河西節度使를 설치했다는 기록이 있는데, 玄宗 開元 연간에 北庭(북정), 河西, 河東, 隴右(농우), 朔方(삭방), 范陽(범양), 平盧(평로), 劍南(검남), 嶺南, 磧西(적서)의 10절도사를 두었다. 이 중에 범양절도사(北京 지역, 幽州)가 가장 강했다고 한다.

절도사를 처음 설치할 때는 군사 업무를 담당하며 외적 방어가 주목적이었으나 점차 권한이 확대되어 관할 구역의 군사, 행정, 재정의 모든 권한을 장악하게 되었다.

절도사는 절충부 무관에서 승진한 자가 있고 이민족 출신의 절도사도 있었다. 이민족을 상대하지 않는 삭방, 하동, 검남절도사는 문관이 임명되었다.

당나라에서는 이 절도사의 세력을 통제하질 못했기에 안록산의 난이 일어났고, 안록산 난 이후에도 절도사의 세력은 여전히 막강했다. 결국 당나라도 절도사 출신 朱全忠에게 멸망했고, 五代의 건국자와 北宋의 건국자인 趙匡胤(조광윤)도 모두 절도사 출신이었다.

(2) ○ 二十六年, 立忠王爲太子. ○ 二十九年, 以安祿山爲營州都督. 祿山傾巧善事人, 上左右至平盧, 皆厚賂, 歸譽之, 上益以爲賢. ○ 天寶元年, 以祿山爲平盧節度使. ○ 二年, 祿山入朝.

○ 개원 26년, 충왕을 태자로 삼았다.
○ 개원 29년, 안록산을 영주 도독으로 임명하였다. 안록산은 온갖 수단을 다하여 사람을 잘 받들었는데 황제의 측근이 평로에 오면 누구든 뇌물을 크게 썼고, (측근들은) 돌아가서 안록산을 칭송하니 현종은 안록산을 유능하다 생각하게 되었다.
○ 천보 원년에, 안록산을 평로절도사로 임명했다.
○ 천보 2년에, 안록산이 입조했다.

어구 설명

○ 二十六年, 立忠王爲太子. 二十九年, 以安祿山爲營州都督. 祿山傾巧善事人, 上左右至平盧, 皆厚賂, 歸譽之, 上益以爲賢. : 26년, 忠王을 太子로 삼았다. 29년, 安祿山을 營州 都督으로 임명하였다. 안록산은 온갖 수단을 다하여 사람을 잘 받들었는데 황제의 측근이 (임지인) 평로에 오면 누구든 뇌물을 크게 썼고, (측근들은) 돌아가서 안록산을 칭송하니 현종은 안록산을 유능하다 생각하게 되었다.

- 二十六年 ; 개원 26년, 서기 738년.

- 忠王 ; 현종의 三子. 모친 楊貴賓. 名 璵(여). 開元 15年 忠王에 피봉. 開元 26년, 皇太子 李瑛(이영)이 太子에서 폐위되자 태자가 되었다. 亨(형)으로 개명, 현종의 뒤를 이어 즉위. 肅宗(숙종).

- 二十九年 ; 개원 29년, 서기 741년. 開元 마지막 해.

- 傾 기울 경. 기울이다. 마음이 기울다. 다하다.   傾巧(경교) ; 온갖 수단을 다하여.   善事人(선사인) ; 타인을 잘 받들다.

- 上左右 ; 황제의 측근.   平盧(평로) ; 營州 (今 遼寧省 朝陽市).   厚賂(후뢰) ; 뇌물을 크게 쓰다.

- 歸譽之(귀예지) ; 돌아가서는(歸) 안록산을(之) 칭찬하다(譽). 益 더할 익. 더욱더.   以爲 ; 생각하다. 여기다.

○ 天寶元年, 以祿山爲平盧節度使. 二年, 祿山入朝. : 天寶 元年에, 安祿山을 平盧節度使로 임명했다. 천보 2년에, 안록산이 入朝했다.

- 天寶(천보) ; 현종의 年號(서기 742년～天寶 14년, 755년).

- 平盧節度使(평로절도사) ; 말갈족(여진족)을 대비하기 위한 藩鎭. 현종 때 10절도사의 하나.

【참고】 唐詩(3)-詩에 그림이, 그림에 詩가 …

❖ 王維(왕유, 701～761년. 字 摩詰)는 조숙한 천재였다. 개원 11년에 張九齡(장구령)에 의해 좌습유에 발탁되었다가 장구령이 실각하자 관직에 뜻을 잃고 망천이란 곳에서 반쯤 은거 생활을 하

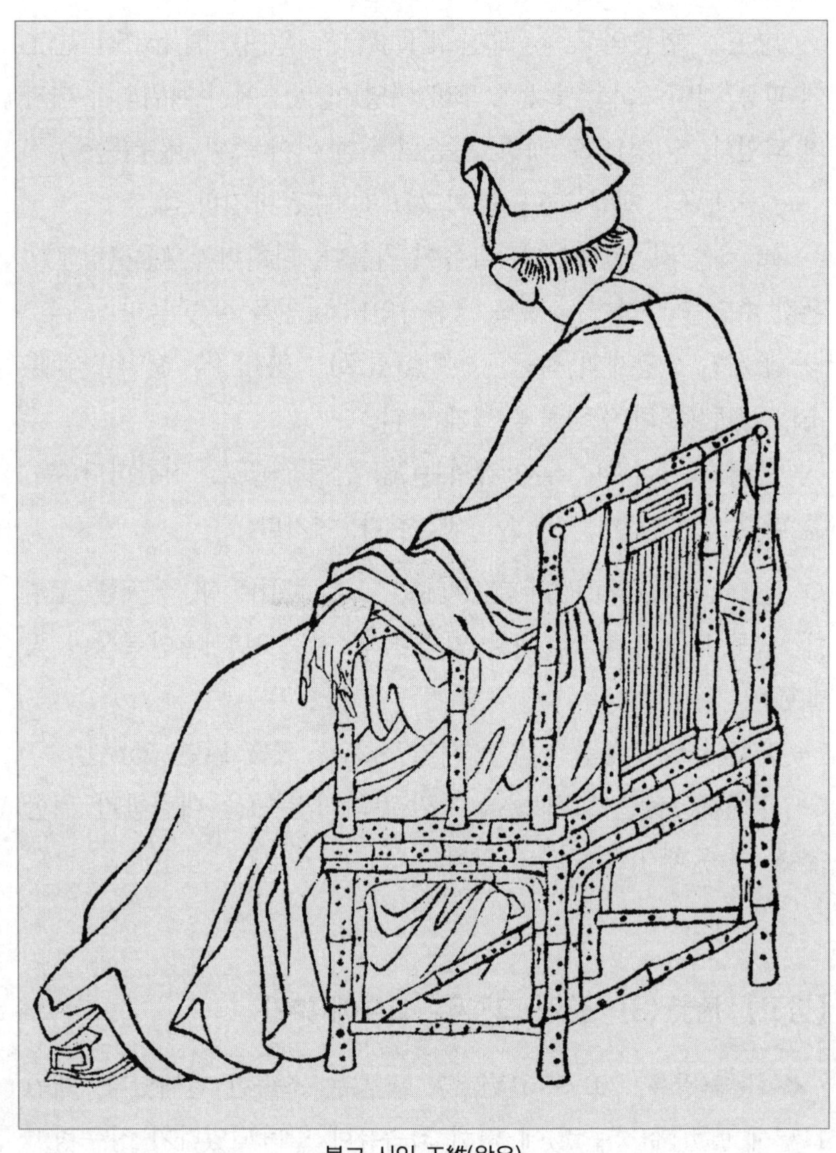

불교 시인 王維(왕유)

였다. 왕유는 불교에 심취했는데 자연을 관조하고 자연미에서 느끼는 희열을 시로 표현하였다. 李白이 道家 사상이 농후하였고, 杜甫는 유가 사상을 갖고 있었던 것과 서로 비교가 된다. 왕유는 화가로도 유명한데, 왕유를 '중국 南畵의 開祖'라고 일컫는 사람도 있다. 왕유의 시풍을 '山水田園詩'라 하는데, 蘇軾(소식, 東坡)은 왕유의 시를 평하여 '시 가운데 그림이 있고(詩中有畵), 그림 속에 시가 있다(畵中有詩).'고 평하였다.

여기에 왕유의 시 한 수를 소개한다.

> 공산에 사람은 뵈지 않고
> 사람 말소리만 울려오네.
> 기운 햇살 깊은 숲에 들어
> 푸른 이끼 위에 되비치네.

> (空山不見人, 但聞人語響.
> 反景入深林, 復照靑苔上.)

> ―〈鹿柴 녹시〉―

(3) ○ 三年, 改年曰載. ○ 以祿山兼范陽節度使. ○ 四載, 以楊大眞爲貴妃, 故蜀州司戶玄琰女也. 爲上子壽王妃十年矣. 上見其美, 令自以其意乞爲女官, 且爲壽王別娶, 而後納之, 遂專寵.

○ 천보 3년, 年을 載(재)라고 바꾸었다.

○ 안록산이 범양절도사를 겸직하게 하였다.

○ 천보 4년, 양대진을 귀비로 삼았다. (귀비는) 죽은 촉주의 사호 양현염의 딸이었다. 현종의 아들 수왕의 비가 된지 10년이었다. 현종은 그녀의 미모를 본 뒤에 (대진이) 스스로 여관이 되기를 희망한다고 하여, 수왕에게는 다른 비와 결혼을 시킨 다음에 뒷날 양귀비를 맞이하였는데 결국은 총애를 독차지하였다.

어구 설명

○ 三年, 改年曰載. 以祿山兼范陽節度使. : 천보 3년에, 年을 載라고 바꾸었다. 안록산이 范陽節度使를 겸직하게 하였다.

 – 三年 ; 천보 3년, 서기 744년.   載 실을 재. 물건을 싣다. 수레에 타다. 記載하다. 해(年). 堯舜(요순)시대의 예를 따라 천보 3년을 천보 3재로 고쳤다.

 – 范陽節度使(범양절도사) ; 幽州(현재 북경)에 주둔. 10절도사가 약 10만의 병력을, 보유가 최대 軍鎭이었다.

○ 四載, 以楊大眞爲貴妃, 故蜀州司戶玄琰女也. 爲上子壽王妃十年矣. 上見其美, 令自以其意乞爲女官, 且爲壽王別娶, 而後納之, 遂專寵. : 천보 4년, 楊大眞을 貴妃로 삼았다. (귀비는) 죽은 蜀州의 司戶 楊玄琰의 딸이었다. 현종의 아들 壽王의 妃가 된지 10년이었다. 현종은 그녀의 미모를 본 뒤에 (大眞이) 스스로 女官이

되기를 희망한다 하여, 壽王에게는 다른 妃와 결혼을 시킨 다음
에 뒷날 양귀비를 맞이하였는데 결국은 총애를 독차지하였다.

 - 四載 ; 천보 4년, 745년.　大眞 ; 여자 도사(道姑)로서의 이
름. 대부분의 詩歌에는 太眞으로 기록되었다.

 - 貴妃 ; 女官의 명칭. 皇后 다음의 封號. 당 초기에 貴妃, 淑妃,
德妃, 賢妃를 四夫人이라 칭했고, 작위로는 正一品에 해당.

 - 司戶 ; 호적 관련 업무 담당 官名.　玄琰(현염) ; 양귀비 生父,
이미 고인이었다.　귀비의 초명은 玉環(옥환).

 - 上子 ; 현종의 아들.　壽王(수왕, ?~775년) ; 玄宗의 18子,
生母 武惠妃.

 - 壽王妃十年矣 ; 楊玉環은 735년에 壽王 李瑁의 妃가 되었었
다.

 - 乞 빌 걸. 빌어먹다. 구하다.　令自以其意乞爲女官 ; 자신의
뜻에 女官(女道士, 道姑)이 되기를 바란다고(乞) 하여(令).

 - 娶 장가들 취.　且爲壽王別娶 ; 그리고 壽王은 별도로 장가를
들게 하여, 수왕은 韋氏와 다시 결혼케 하였다.

 - 而後納之 ; 그런 뒤에 귀비를(之) 받아들였다. 귀비로 맞이
했다.

【참고】 양귀비 – 비도덕적 결합

❖ 玄宗이 총애하던 武惠妃가 開元 25年(737년)에 죽는다. 後宮
에 아무리 美人이 많다지만 玄宗의 뜻에 맞는 여인이 없었다. 이
에 18子인 壽王의 왕비 楊氏가 미인이라는 말을 듣고 자신의 며느

리를 불러 보니 과연 미인이었다.

양씨는 양현염의 딸로 蜀에서 태어났지만 10세에 부친을 여의고 叔父의 손에 양육되다가, 16세인 735년에 壽王 李瑁(이모)의 妃가 되었고 이미 두 아들을 출산했었다.

현종이 양씨를 만나본 뒤, 현종의 모친 두태후의 명복을 빌게 한다는 이유로 양씨를 여도사로 만들어 道觀(道敎의 사원)에 밀어 넣고 道號를 太眞이라 했다. 아들 수왕을 재혼시키고, 그 한 달 뒤에 太眞은 還俗하여 귀비로 책봉되는데(745년) 이때 貴妃는 26세, 현종은 61세의 노인이었다. 귀비는 756년까지 12년간 현종의 총애를 독점했었다. 현종은 712년 28세에 즉위하여 756년까지 45년을 재위하고, 762년 78세에 죽는다.

사실 양귀비와 玄宗의 결합과 애정은 비도덕적이고 비정상적이었다. 기운이 왕성하고 풍류를 아는 황제라는 점을 감안하더라도, 자신의 며느리를 강제로 이혼케 하여 아내로 맞이했다는 자체가 비도덕적이었다. 결국 '安史의 난'으로 양귀비는 마외파의 절에서 목을 매어야 했고, 현종은 슬픔과 실의 속에서 帝位를 아들에게 넘겨주어야 했다. 말하자면, '安史의 난'과 당의 國運이 기우는 계기가 된 것은 현종과 귀비의 애정이었다.

그 이전 현종의 할아버지인 高宗은 아버지 太宗의 후궁인 武才人(武后)을 절에서 데려와 황후로 삼았었는데 물론 애틋한 사랑이 있었다고는 하지만 그 결과는 당 왕조의 중간 단절이라 엄청난 파장을 불러왔었다.

이러한 비정상적인 애정은 太宗도 예외가 아니었다. 태종은 '현무문의 변'을 통해 동생인 齊王을 죽이고, 그 아내 곧 弟嫂(제수)

를 데려다가 사랑하고 거기에서 所生을 얻기도 했었다.

'정관의 치'라는 선정을 행한 태종이 武氏를 궁으로 불러들인 결과는 측천무후의 등장을 초래했고, '開元의 治'를 이룩한 현종이 양귀비를 사랑한 결과는 安史의 난과 당나라의 쇠퇴를 불러오는 단초가 되었다.

그래서 帝王이건 凡人이건 모든 행실이 도덕적이어야 한다는 교훈이 통하는 것이다. 아무런 實效가 없어 보이는 人倫이라는 도덕이 인간의 삶에서 가장 중요하다는 것을 알아야 한다.

楊貴妃 像(양귀비 상, 화청지)

(4) ○ 六載, 以祿山兼御史大夫. 祿山請爲楊貴妃
兒. 九載, 賜祿山爵東平郡王, 兼河北道採訪處置
使. 祿山入朝, 楊釗兄弟姉妹, 皆往戲水迎之. 釗貴
妃之從祖兄也, 得出入禁中. 先是判度支屢奏, 帑藏
充牣. 上帥羣臣觀之. 由是視金帛如糞土, 賞賜無
限. 賜釗名國忠.

○ 천보 6년, 안록산으로 어사대부를 겸직하게 하였다.
안록산은 양귀비의 양아들이 되겠다고 하였다. 천보 9년
에, 현종은 안록산을 동평군왕에 봉하면서 하북도채방처
치사를 겸하게 했다. 안록산이 입조할 때, 양쇠를 비롯하
여 안록산과 형제자매가 된 자들은 모두 희수에 나아가 안
록산을 영접했다. 양쇠는 양귀비의 6촌 형제로 궁중을 출
입할 수 있었다.

이전에 양쇠는 재정을 담당하는 판탁지로 있었는데 그는
가끔 현종에게 "국고가 가득 찼다"고 자주 아뢰었다. 현종
은 여러 신하를 거느리고 창고를 돌아다녀 보았었다. 이로
부터 나라의 재물을 거름처럼 생각했고 상을 주면서 한정
없이 마구 주었다. 양쇠에게 국충이라는 이름을 하사했다.

어구 설명

○ 六載, 以祿山兼御史大夫. 祿山請爲楊貴妃兒. 九載, 賜祿山爵東平郡王, 兼河北道採訪處置使. : 천보 6년, 안록산이 御史大夫를 겸직하게 하였다. 안록산은 양귀비의 양아들이 되겠다고 하였다. 천보 9년에, 현종은 안록산을 東平郡王에 봉하면서 河北道採訪處置使를 겸하게 했다.

 - 六載 ; 천보 6년, 서기 747년. 兼 겸할 겸. 御史大夫(어사대부) ; 관리의 비행을 감찰하는 어사대의 책임자. 관리의 죄를 밝히는 관원.

 - 楊貴妃兒 ; 양귀비의 養子. 안록산은 귀비보다 나이가 많았는데도 양아들 노릇을 하겠다고 자청했다.

 - 九載 ; 천보 9년, 서기 750년. 爵 벼슬 작. 爵位. 東平郡王 ; 東平郡(今 山東省 東平縣)을 봉지로 받은 王.

 - 河北道採訪處置使(하북도채방처치사) ; 황하 북쪽 일대 州縣의 관리 비행을 감찰하는 관직.

○ 祿山入朝, 楊釗兄弟姉妹, 皆往戲水迎之. 釗貴妃之從祖兄也, 得出入禁中. : 安祿山이 入朝할 때, 楊釗(양쇠)를 비롯하여 안록산과 兄弟姉妹가 된 자들은 모두 戲水에 나아가 안록산을 영접했다. 양쇠는 楊貴妃의 6촌 형제로 궁중을 출입할 수 있었다.

 - 釗 사람 이름 쇠. 楊釗(양쇠) ; 楊國忠. 거의 무뢰배와 같은 생활을 하다가 군에 투신하였다가 양귀비의 득세에 따라 벼슬길에 올랐다. 천보 9년(750년)에 개명을 요청하여 현종이 國忠이라는 이름을 하사. 752년에 이임보가 죽은 뒤 재상의 반열에 올라

안록산과 각을 세우면서 대립하였으며 전성기에 40여 관직을 겸했다. 안록산은 '양국충 타도'를 주창하며 난을 일으켰다.

－ 戲 탄식할 희. 戲水 ; 臨童縣을 흐르는 渭水의 지류.

－ 從祖 ; 祖父의 형제. 釗貴妃之從祖兄也 ; 양쇠는 귀비와 6촌 (再從) 형제간이었다. 禁中 ; 宮中.

○ 先是判度支屢奏, 帑藏充牣. 上帥羣臣觀之. 由是視金帛如糞土, 賞賜無限. 賜釗名國忠. : 이전에 양쇠는 재정을 담당하는 판탁지로 있었는데 그는 가끔 현종에게 "국고가 가득 찼다."고 자주 아뢰었다. 현종이 군신을 거느리고 창고를 돌아다녀 보았었다. 이로부터 나라의 재물을 거름처럼 생각했고 내려 주는 상에 제한이 없었다. 양쇠에게 국충이라는 이름을 하사했다.

－ 先是 ; 이에 앞서. 度 법도 도. 헤아릴 탁. 判度支(판탁지) ; 나라의 재정 담당관. 屢 자주 누(루). 여러 번. 帑 금고 탕. 처자 노. 藏 감출 장. 저장하다. 帑藏 ; 재화를 보관하는 창고. 帑庫.

－ 充 찰 충. 가득 차다. 牣 찰 인. 충만하다. 充牣(충인) ; 가득 차다. 帥 거느릴 솔.

－ 由是 ; 이로부터, 이때부터. 帛 비단 백. 糞土(분토) ; 더러운 흙. 하찮은 것. 거름. '遠年에 富者가 되려면 나무를 많이 심고, 빨리 부자가 되고 싶다면 糞土(분토, 거름)를 주워 모으라.'는 중국 속담이 있다.

【참고】 唐詩⑷-詩仙 李白

❖ 李白(701~762, 字 太白, 호 靑蓮居士)은 어려서부터 광범위한 자유 독서로 그 사상의 地平을 끝없이 넓혀 놓은 천재였다. 검술도 좋아했고 道士와 어울렸으며 협객의 기질을 발휘하기도 했었다. 자유분방한 성격에 각지를 유람했으며 결혼을 두 번하고도 유랑과 은거와 호방한 음주를 하면서 어디에도 얽매이지 않았다.

자신보다 11살 연하인 杜甫(두보)를 만나 시와 우정을 나누었는데, 두보는 李白을 다음과 같이 읊었다.

이백은 술 한 말에 시가 백 편이고,
장안 저자의 술집에서 잠을 잤네.
천자가 불러도 배에 오르지 않고
스스로 술 취한 신선이라 자칭했었네.

(李白一斗詩百篇, 長安市上酒家眠.
天子呼來不上船, 自稱臣是酒中仙.)

－飮中八仙歌－

그가 취중에 궁중으로 불려가 당시 최고의 권력을 행사하던 환관 고력사로 하여금 신발을 벗기게 하고 안록산에게 먹을 갈게 시켰으며 양귀비가 벼루를 들고 서 있게 했던 이야기는 전설처럼 지금까지 전해 오고 있다. 이백은 3년을 장안에 머물렀지만 결국 황제의 흥을 돋우는 광대에 불과했으며 정치적 포부를 논할 수 있는 여지도 없었다.

이후 이백은 유랑생활을 계속했고 안록산의 난을 겪으며 정치적 좌절을 경험한 뒤 62세에 病死했다.

이백 시의 題材는 遊仙, 山水, 飮酒, 邊塞, 諷刺, 艶情詩(염정시) 등등 아주 다양하며 그의 詩風은 호방, 표일, 평담, 청신하여 그야말로 天馬가 하늘을 나는 것과도 같았다. 그의 詩에는 어디에도 작거나 궁색한 데가 없고 막히거나 좌절하지도 않았으니, 이를 '과장이 심하다'고 평하는 것은 아마도 그의 性情과 詩情을 모르기 때문에

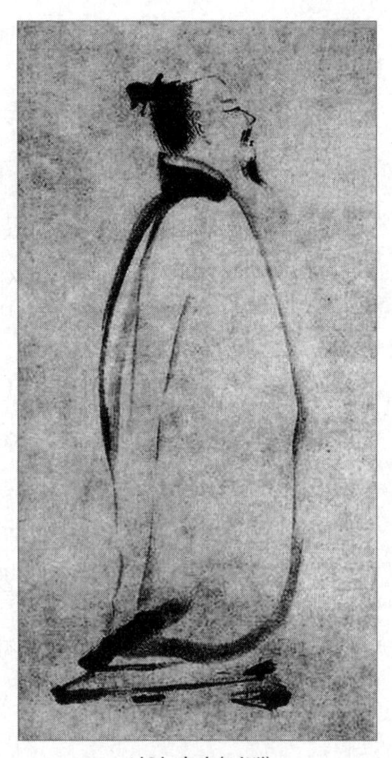

시인 李白(이백)

하는 말일 것이다. 이백의 별칭으로 '하늘에서 쫓겨 온 신선'이란 뜻으로 '謫仙(적선)'이라고도 하는데, 이 말은 이백의 시를 읽고 감명을 받았던 시인 賀知章이 한 말이다.

詩仙이면서 酒仙이었던 李白의 아래 詩는 酒客들이 좋아하는 詩이다.

두 사람이 잔을 마주하니 뫼 꽃이 피었고,
한 잔에 한 잔 다시 한 잔 더 들게나.
나는 취해 자려 하니 그대는 갔다가

내일 아침 생각나면 비파나 들고 오게나.

(兩人對酌山花開, 一杯一杯復一杯.

我醉欲眠卿且去, 明朝有意抱琴來.)

-〈山中與幽人對酌, 山中에서 은자와 대작하며〉-

※ 아래 李白의 詩는 짧은 인생 시름 많은 인생살이에 술이라도 마시
며 즐기자는 뜻의 詩이니, 다른 책의 번역을 참고 바람.

君不見黃河之水天上來, 奔流到海不復還.

君不見高堂明鏡悲白髮, 朝如靑絲暮成雪.

人生得意須盡歡, 莫使金樽空對月.

天生我材必有用, 千金散盡還復來.

烹羊宰牛且爲樂, 會須一飮三百杯.

岑夫子丹丘生, 將進酒杯莫停.

與君歌一曲, 請君爲我傾耳聽.

鐘鼓饌玉不足貴, 但願長醉不復醒.

古來聖賢皆寂寞, 惟有飮者留其名.

陳王昔時宴平樂, 斗酒十千恣讙謔.

主人何爲言少錢, 徑須沽取對君酌.

五花馬, 千金裘.

呼兒將出換美酒, 與爾同銷萬古愁.

-〈將進酒, 술을 권하면서〉-

(5) ○ 十載, 爲安祿山起第, 窮極華麗, 上日遣諸楊與之游. 祿山體肥大, 上嘗指其腹曰, 此胡腹中何所有. 對曰, 有赤心耳. 祿山入禁中, 先拜貴妃, 上問其故. 曰, 胡人先母而後父. 祿山生日, 賜予甚厚, 後三日召入. 貴妃以錦綉爲大襁褓, 使宮人以綵輿昇之. 上聞歡笑問故, 左右以貴妃洗祿兒對. 上賜妃浴兒金銀錢, 盡歡而罷.

천보 10년, 안록산을 위해 집을 지었는데 매우 화려하였으며, 현종은 날마다 여러 양씨들을 보내 같이 놀게 하였다. 녹산은 몸이 비대하였는데 현종이 그 배를 가리키며 물었다. "이 호인의 배에는 무엇이 들어있는가?" 안록산은 "충성심뿐입니다."라고 대답했다.

안록산이 궁중에 들어오면 먼저 귀비에게 절을 하였는데 현종이 그 까닭을 물었다. 안록산은 "호인은 어머니를 높이고, 아버지는 그 다음입니다."라고 대답하였다. 안록산의 생일에 하사하는 물건이 매우 많았는데 3일 뒤에 입궐하라고 불렀다.

양귀비는 수놓은 비단으로 큰 포대기를 만들어 (안록산을 덮은 뒤에) 궁녀들이 비단 가마에 태워 들고 다니게 하였다. 현종이 떠들며 웃는 소리를 듣고 까닭을 묻자, 측근들이 귀비가 아기 안록산을 목욕시킨다고 대답하였다. 현종은 귀비에게 '아기 목욕값'을 하사하였고 마음껏 즐긴 다음에 끝냈다.

어구 설명

○ 十載, 爲安祿山起第, 窮極華麗, 上日遣諸楊與之游. 祿山體肥大, 上嘗指其腹曰, 此胡腹中何所有. 對曰, 有赤心耳. : 천보 10년, 安祿山을 위해 집을 지었는데 매우 화려하였으며, 현종은 날마다 여러 양씨들을 보내 같이 놀게 하였다. 녹산은 몸이 비대하였는데 현종이 그 배를 가리키며 물었다. "이 호인의 배에는 무엇이 들어있는가?" 안록산은 "충성심뿐입니다."라고 대답하였다.

 － 十載 ; 천보 10년, 서기 751년. 第 차례 제. 집, 저택. 窮 다할 궁, 가난할 궁. 窮極華麗(궁극화려) ; 극도로 화려하다.

 － 諸楊(제양) ; 여러 양씨. 양귀비의 형제나 친척들. 游 놀 유(遊와 같음), 헤엄칠 유.(游는 물 위에서 泳은 물속에서 헤엄치다.)

 － 與之游(여지유) ; 안록산과(之) 더불어(與) 놀다(游). 此胡腹中何所有 ; 이 호인의 뱃속에는 무엇이 있는가?

 － 有赤心耳 ; 赤心(忠誠心)이 있을 뿐입니다.

○ 祿山入禁中, 先拜貴妃, 上問其故. 曰, 胡人先母而後父. 祿山生日, 賜子甚厚, 後三日召入. : 안록산이 궁중에 들어오면 먼저 귀비에게 절을 하였는데 현종이 그 까닭을 물었다. 안록산은 "호인은 어머니를 높이고, 아버지는 그 다음입니다."라고 대답하였다.

안록산의 생일에 하사하는 물건이 매우 많았는데 3일 뒤에 입궐하라고 불렀다.

- 其故 ; 그 까닭. 연고.　子 나 여, 줄 여. 주다.　賜子 ; 하사하는 물건.

○ 貴妃以錦繡爲大襁褓, 使宮人以綵輿舁之. 上聞歡笑問故, 左右以貴妃洗祿兒對. 上賜妃浴兒金銀錢, 盡歡而罷. : 貴妃는 수놓은 비단으로 큰 포대기를 만들어 (안록산을 덮은 뒤에) 宮人들이 비단 가마에 태워 들고 다니게 하였다. 현종이 떠들며 웃는 소리를 듣고 까닭을 묻자, 측근들이 귀비가 아기 안록산을 목욕시킨다고 대답하였다. 현종은 귀비에게 '아기 목욕값'을 하사하였고 마음껏 즐긴 다음에 끝냈다.

- 錦 비단 금.　繡 수놓을 수.　襁褓(강보) ; 어린아이를 감싸는 포대기.

- 綵 비단 채.　輿 수레 여. 가마.　舁 마주들 여.　歡笑(환소) ; 기뻐 떠들며 웃다.

- 貴妃洗祿兒 ; 귀비가 녹산 아기를 씻기다.　浴 몸을 씻을 욕. 浴兒金銀錢 ; 아이 목욕값.

- 盡歡而罷(진환이파) ; 마음껏 즐기고 끝내다.

【참고】 忠直하고 멍청한 척하기

❖ 안록산은 3개소의 절도사를 겸직했을 뿐만 아니라 玄宗으로부터 어사대부라는 중앙 관직을, 東平郡王이라는 작위를 받을 만

큼 현종의 신임을 얻었다. 안록산이 현종의 신임을 얻을 수 있었던 것은 양귀비의 신임을 얻을 수 있었기에 가능했었다.

안록산이 양귀비의 신임을 얻을 수 있었던 것은 안록산의 재능이었다. 안록산의 재능은 '멍청하면서도 충직한 사람인 척하기' 곧 '완전한 僞裝(위장)'에 있었다.

본서의 내용과는 조금 다르지만, 현종이 안록산을 양귀비에게 처음 인사를 시키면서 "이 사람이 張守珪의 養子였으니, 곧 나의 양자인 셈이다."라고 말했다. 그러자 안록산은 얼른 몇 걸음 물러나 땅에 이마를 조아리며 "이 아들은 어머님의 千歲를 축원하옵니다."라고 말했다. 그러자 현종은 "녹산! 자네는 지금 잘못했네! 모친에게 절을 올리기 전에 부친한테 절을 올려야 하네!" 그러자 안록산은 "저는 본래 塞外(새외)의 胡人입니다. 호인은 모친에게 먼저하고 부친에게는 뒤에 올립니다."라고 말했다.

이런 위트와 변신할 수 있는 재능이 바로 안록산의 능력이었다.

현종과 양귀비는 부부 이전에 시아버지와 며느리의 관계였다. 일반인의 도덕관념으로는 도저히 수용할 수 없는 관계였고, 이는 현종과 양귀비의 치명적 약점이기도 했다. 그러나 안록산의 이 재치는 두 사람의 걱정을 완전히 날려 주었다.

'뱃속에 가득 찬 것은 충성심'이라고 둘러댈 수 있는 위트도 그렇고, 생일 다음날에 아기 목욕시킨다고 큰 포대기를 덮을 때 멍청한 척 분장하면서 100% 다 받아들여 양귀비를 기쁘게 했고 덩달아서 현종의 신임을 얻었다. 아들보다 나이가 어린 어머니는 세상 어디에도 없다. 그러나 안록산은 어리고 충성스러운 아들로 철저하게 분장하고 양귀비의 희롱을 받아들였다.

　사실 늙은 현종과 30대의 한창 물오른 여인 양귀비, 그리고 당당한 체구에 코가 큰 안록산―이 세 사람의 관계가 원만할 수 있었던 것은 안록산의 충성심과 멍청한 아들 노릇 때문에 가능했을 것이다. 본래 남자의 色情을 알만큼 알고 있는 양귀비가 흔들릴 때, 어머니와 아들이라며 궁궐 깊은 곳에 출입하면서 생길 수 있는 일은 아무도 몰랐을 것이다.

(6) 自是出入宮掖, 通宵不出, 頗有醜聲聞于外. 上亦不疑, 又以祿山兼河東節度使. 李林甫與祿山語, 每揣知其情先言之. 祿山驚服, 每見盛冬必汗, 謂林甫爲十郎. 旣歸范陽, 其下自長安歸, 必問十郎何言. 得美言則喜, 或但云, 語安大夫, 須好點檢. 卽日, 噫嘻我死矣.

　이로부터 내전까지 출입하게 되었는데 밤새도록 나가지 않아 추한 소문이 밖에까지 알려졌다. 현종 또한 아무런 의심도 하지 않았고 다시 안록산에게 하동절도사를 겸직케 하였다.

　이임보가 안록산과 이야기를 할 때마다 안록산의 속뜻을 미리 헤아려 알고 먼저 말을 하였다. 안록산은 놀라 복종하였는데 매번 만날 때마다 한겨울에도 꼭 땀을 흘렸으며, 이임보를 '십랑'이라 하고 그의 이름을 부르지 않았다.

　임지인 범양에 있으면서 부하가 장안에서 돌아오면 십랑 (이임보)이 무슨 말을 했는가를 꼭 물었다. 칭찬의 말을 들으면 기뻐했고 가끔 '안대부가 꼭 조심해야 한다.'라고 말했다고 보고하면 "아이고! 나는 죽었네!"라고 말했다.

어구 설명

○ 自是出入宮掖, 通宵不出, 頗有醜聲聞于外. 上亦不疑, 又以祿山兼河東節度使. : 이로부터 내전까지 출입하게 되었는데 밤새도록 나가지 않기도 했고 추한 소문이 밖에까지 알려졌다. 현종 또한 아무런 의심도 하지 않았고 다시 안록산에게 하동절도사를 겸직케 하였다.

　- 掖 겨드랑이 액. 비빈들의 거처.　宮掖 ; 비빈들이 거처하는 궁궐, 內殿.　宵 밤 소.　通宵 ; 밤새, 온밤(을 지새다).

　- 頗 자못 파. 제법.　醜聲(추성) ; 추잡한 소문.　聞于外(문우외) ; 밖에까지 알려지다.

　- 兼河東節度使 ; 이에 안록산은 평노, 범양, 하동의 3개 절도사를 겸하게 된다.

○ 李林甫與祿山語, 每揣知其情先言之. 祿山驚服, 每見盛冬必汗, 謂林甫爲十郞. : 李林甫가 안록산과 이야기를 할 때마다 안록산의 속뜻을 미리 헤아려 알고 먼저 말을 하였다. 안록산은 놀라 복

종하였는데 매번 만날 때마다 한겨울에도 꼭 땀을 흘렸으며, 이임보를 '十郞'이라 불렀다.

 - 揣 잴 췌. 생각을 헤아리다. 揣知 ; 상대 마음을 꿰뚫어보다. 驚服(경복) ; 놀라 복종하다.

 - 盛冬(성동) ; 한겨울. 汗 땀 한. 땀을 흘리다.

 - 十郞 ; 이임보의 형제 항렬이 열째(十)이었고, 郞은 남자에 대한 美稱. 형제 서열로 호칭하는 것은 존경의 뜻.

○ 旣歸范陽, 其下自長安歸, 必問十郞何言. 得美言則喜, 或但云, 語安大夫, 須好點檢. 卽日, 噫嘻我死矣. : 임지인 범양에 있으면서 부하가 장안에서 돌아오면 십랑(이임보)이 무슨 말을 했는가를 꼭 물었다. 칭찬의 말을 들으면 기뻐했고 가끔 '安大夫가 필히 조심해야 한다.'고 말했다고 보고하면 "아이고! 나는 죽었네!"라고 말했다.

 - 范 풀 이름 범. 范陽 ; 범양절도사. 안록산의 主 任地. 十郞 ; 李林甫. 美言 ; 칭찬. 須 모름지기 수.

 - 好 ; 좋다, 좋아하다. 잘하다. 여기서는 ~하여야 한다. 點檢(점검) ; 자신의 행동을 살펴보다. 조심하다.

 - 噫 탄식할 희. 嘻 웃을 희. 噫嘻 ; 탄식하는 소리. 탄식하다.

【참고】 唐詩(5)-李白의 죽음

 ❖ 아래의 시는 李白의 〈月下獨酌 ; 달빛 아래 혼자 마시며〉이다. 나와 그림자와 달- 셋이 동석했지만 달은 처음부터 마시지 못하고 그림자는 나를 따라 움직이기만 한다.

내가 노래하면 달은 배회하고 그림자는 흐트러진다. 술을 마시고 취하면 각자 헤어진다. 그래도 오래오래 같이 즐기자고 은하수 넘어 약속을 한다.

花間一壺酒,　獨酌無相親.
擧杯邀明月,　對影成三人.
月旣不解飮,　影徒隨我身.
暫伴月將影,　行樂須及春.
我歌月徘徊,　我舞影零亂.
醒時同交歡,　醉後各分散.
永結無情遊,　相期邈雲漢.

이렇듯 李白은 술을 정말 좋아했다. 밝은 대낮에 마시는 술보다 달을 보면서 마시면 훨씬 운치가 있다.

이백의 음주는 '狂飮(광음)'이란 표현이 더 좋을 것이다. 광음은 난폭한 폭음이 아니다. 광음은 술이 너무 좋아서 또 술 마시는 자리가 정말 흥겨워서, 그리고 술을 함께 하는 사람들을 진정 좋아하기에 마음껏 크게 마시는 술이다. 그러한 李白이 어찌 달을 좋아하지 않을 수 있겠는가?

중국인들은 하늘의 달을 '月(yuè)'이라 쓰지만 보통 '月亮 yuèliang'이라고 말한다. 누구에게나 똑같이 어둠을 밝혀주는 달이기에 중국인들에게 달은 高尙함과 公明正大의 상징이다.

李白은 62세에 병으로 죽었다. 이백은 寶應 원년(762년)에 族叔(족숙)이지만 나이가 어린 李陽泳(이양영)을 찾아가 의지한다. 거기서 병이 깊어 다시 일어나지 못하고 죽는다. 이양영은 李白의 詩를 모은《草堂集》의 서문에서 병사했다고 분명히 기록하였다.

그러나 중국인들은 李白의 평범한 病死를 믿고 싶지 않았을 것이다. 晚唐의 시인 王定保(왕정보, 870~940년)는 그의 《唐摭言 당척언》이라는 문집에서 李白은 '宮錦袍(궁금포)를 입고 采石江(채석강)에 유람하면서 당당히 온 세상을 압도하듯 마음껏 흥에 겨워 술을 마셨는데, 취해서 달을 건지려 물속에 뛰어들었다가 죽었다.' 라고 기록했다. 이를 '攬月落水(남월낙수)' 라고 하며, 지금의 安徽省 馬鞍山市 采石磯(채석기)란 곳이 바로 李白이 달을 건지려 했던 곳이라고 한다.

宋나라의 洪邁(홍매)도 그의《容齋隨筆 용재수필》에서 같은 이야기를 기록하였는데, 다만 이야기 앞에 '世俗言' 이라는 말을 첨가하였다.

하여튼 중국인들이나 술을 좋아하는 사람들은 '객지에서 病死' 보다는 술에 취해 물속의 달을 건지려했던 낭만적 죽음으로 李白을 기억하고 싶었을 것이다.

(7) ○ 十一載, 李林甫卒. 林甫媚事上左右, 迎合上意以固寵, 杜絕言路, 掩蔽聰明. 嘗語諸御史曰, 不見立仗馬乎, 一鳴輒斥去. 妬賢嫉能, 排抑勝己, 性陰險, 人以爲口有蜜腹有劍. 每夜獨坐偃月堂, 有所

深思, 明日必有誅殺, 屢起大獄, 自太子以下皆畏
之. 在相位十九年, 養成天下之亂, 而上不悟. 然祿
山畏林甫術數, 故終其世未敢反. 是歲國忠爲相, 言
祿山必反. 且曰, 試召, 必不來. ○ 十三載, 祿山聞
召卽至. 上由是不信國忠之言, 加祿山左僕射而歸.

천보 11년, 李林甫가 죽었다. 이임보는 황제 측근에게도
아첨을 잘해서 황제의 뜻에 잘 영합하여 총애를 독차지하
면서 언로를 막았고 황제의 귀와 눈을 가렸다. 일찍이 어
사들에게 "의장용으로 서 있는 말을 보지 못했는가? 한번
울었다면 바로 행렬에서 끌어내버린다."라고 은근히 위협
하며 말했다. 현명하고 유능한 사람을 질투했고 자신보다
나은 사람을 배척하거나 억제하였고, 성질이 음험하여 사
람들은 입에서 말은 달콤하게 하지만 뱃속에는 칼이 있다
고 하였다.

매일 밤에 언월당(서재)에 홀로 앉아 깊은 생각을 하면
그 다음날 틀림없이 사람들을 죽였고, 여러 번 큰 옥사를
일으켰기에 태자로부터 그 아래 모두가 이임보를 두려워
하였다. 재상의 자리에 19년을 있으면서 천하대란의 싹을
키우고 있었으나 현종은 깨닫지 못했다.

또한 안록산도 이임보의 술수를 두려워하여 이임보가 죽
을 때까지 감히 대들지를 못했다. 이 해에 재상이 된 양국

충은 안록산이 틀림없이 반란을 일으킬 것이라고 말했다. 또 "시험 삼아 부르더라도 틀림없이 오지 않을 것입니다."라고 (현종에게) 말했다.

○ 천보 13년에, 안록산은 황제의 부름을 받자 즉시 입조했다. 현종은 이로써 양국충의 말을 불신하였고 안록산에게 좌복야의 벼슬을 높여 주었고 (안록산은) 임지인 범양으로 돌려보냈다.

어구 설명

○ 十一載, 李林甫卒. 林甫媚事上左右, 迎合上意以固寵, 杜絶言路, 掩蔽聰明. 嘗語諸御史曰, 不見立仗馬乎, 一鳴輒斥去. 妬賢嫉能, 排抑勝己, 性陰險, 人以爲口有蜜腹有劍. : 천보 11년, 李林甫가 죽었다. 이임보는 황제 측근에게도 아첨을 잘해서 황제의 뜻에 잘 영합하여 총애를 독차지하면서 언로를 막았고 황제의 귀와 눈을 가렸다. 일찍이 어사들에게 "의장용으로 서 있는 말을 보지 못했는가? 한번 울었다면 바로 행렬에서 끌어내버린다."라고 은근히 위협하며 말했다. 현명하고 유능한 사람을 질투했고 자신보다 나은 사람을 배척하거나 억제하였고, 성질이 음험하여 사람들은 입에서 말은 달콤하게 하지만 뱃속에는 칼이 있다고 하였다.

－十一載 ; 천보 11년, 서기 752년.　媚 아첨할 미.　迎合(영합) ; 남의 마음에 들도록 비위를 맞추다.

－固寵(고총) ; 총애를 독점하다. 총애가 식지 않았다.　杜 막을

두. 杜絶 ; 막고 끊다. 차단하다.

 － 掩 가릴 엄. 蔽 덮을 폐. 掩蔽聰明 ; 황제의 귀와 눈을 가리다. 황제의 판단을 誤導하다.

 － 御 거느릴 어. 御史 ; 監察御史, 殿中御使, 治書御使 등이 있었다. 仗 무기 장. 호위하다.

 － 不見立仗馬乎 ; 의장용으로 서 있는 말을 보지 못했는가? 一鳴 ; 한번 울다. 쓸데없는 말을 하다.

 － 輒 문득 첩. 곧바로. 斥 물리칠 척. 妬賢嫉能(투현질능) ; 賢者를 샘하고 能者를 질시하다.

 － 排 밀칠 배. 배척하다. 抑 누를 억. 억제하다. 勝己(승기) ; 자신보다 나은 사람. 陰險(음험) ; 음흉하고 흉험하다.

 － 口有蜜腹有劍(구유밀복유검) ; 입에는 꿀이 있지만 뱃속에는 칼이 있다. 말은 달콤하게 하지만 무서운 흉계를 품고 있다. 口蜜腹劍(구밀복검).

○ 每夜獨坐偃月堂, 有所深思, 明日必有誅殺, 屢起大獄, 自太子以下皆畏之. 在相位十九年, 養成天下之亂, 而上不悟. : 每夜에 偃月堂에 홀로 앉아 깊은 생각을 하면 明日에 틀림없이 사람들을 죽였고, 여러 번 큰 옥사를 일으켰기에 태자로부터 그 아래 모두가 이임보를 두려워하였다. 재상의 자리에 19년을 있으면서 천하 대란의 싹을 키우고 있었으나 현종은 깨닫지 못했다.

 － 偃 쓰러질 언, 누울 언. 偃月堂(언월당) ; 이임보의 서재. 有所深思(유소심사) ; 깊이 생각하는 것이 있으면.

 － 獄 감옥 옥. 大獄 ; 大 獄事. 天下之亂 ; 安史의 亂. 이임보,

양국충, 안록산 등이 황제를 감싸면서 국정을 망쳤다.

– 養成 ; 배양하여 키우다.

○ 然祿山畏林甫術數, 故終其世未敢反. 是歲國忠爲相, 言祿山必反. 且曰, 試召, 必不來. : 또한 안록산도 이임보의 술수를 두려워하여 이임보가 죽을 때까지 감히 대들지를 못했다. 이 해에 재상이 된 양국충은 안록산이 필히 반란을 할 것이라고 말했다. 또 "시험 삼아 부르더라도 틀림없이 오지 않을 것입니다."라고 (현종에게) 말했다.

– 終其世 ; 이임보가 죽을 때까지. 召 부를 소. 황제의 命으로 신하를 부름.

○ 十三載, 祿山聞召卽至. 上由是不信國忠之言, 加祿山左僕射而歸. : 천보 13년에, 안록산은 황제의 부름을 받자 즉시 입조했다. 현종은 이로써 양국충의 말을 불신하였고 안록산에게 좌복야의 벼슬을 높여 주었고 임지인 범양으로 돌려보냈다.

– 十三載 ; 천보 13년, 서기 754년. 聞召卽至(문소즉지) ; 부름을 듣고 즉시 오다.

(8) ○ 十四載, 祿山請以蕃將代漢將, 上猶不疑. 表請獻馬三千匹, 每匹二人執鞚, 二十二將部送河南. 上始疑之, 遣使止其獻. 祿山踞床不拜, 曰, 馬不獻亦可, 十月當詣京師. 使還, 亦無表. 是冬祿山遂反.

發所部兵及奚·契丹, 凡十五萬. 發范陽, 引而南,
步騎精銳, 煙塵千里. 時承平久, 百姓不識兵革, 州
縣皆望風瓦解. 進陷東京. ○ 平原太守顔眞卿, 起
兵討賊. 上始聞河北從賊, 歎曰, 二十四郡, 曾無一
人義士邪. 及眞卿奏至, 大喜曰, 朕不識眞卿何狀,
乃能如此. ○ 常山太守顔杲卿, 起兵討賊, 河北諸
郡皆應之.

○ 14년, 안록산이 자기 수하의 한인 부장들을 호인의 부
장으로 교체하겠다고 요청하는 표문을 올렸는데도 현종은
의심하지 않았다. (또 안록산이) 말 3천 필을 바치겠다면
서 말 1필에 2명이 재갈을 잡게 하여 22명의 부장들을 하
남으로 보내겠다는 표문을 올렸다. 현종은 비로소 안록산
을 의심하며 사자를 보내 말을 헌상하는 것을 중지시켰다.
안록산은 자리에 걸터앉아서 절을 올리지도 않고서 "말을
바치지 않아도 괜찮지만 10월에는 꼭 장안에 가겠다."고
말했다. 사자(사신)가 돌아왔지만 아무런 표문도 없었다.
이해 겨울, 안록산은 마침내 반란을 일으켰다. 거느리던
병력과 흉노족의 별종 奚(해)와 거란의 군사 등 모두 15만
을 징발하였다. 안록산은 범양을 떠나 병력을 이끌고 남하
하는데 보병과 기병이 모두 정예군이었고 봉화 불의 연기
와 행군하는 먼지가 천 리에 이어졌다. 그때는 태평세월이

오래라서 백성들은 전쟁을 몰랐고, 주와 현이 바람에 쓸리듯 와해되었다. 안록산은 동경(낙양)을 함락시켰다.

○ 하북 평원태수인 안진경이 군사를 일으켜 적을 쳤다. 현종은 처음에 하북이 적의 수중에 들어갔다는 보고를 받자, "하북 24개 군에 어찌하여 한 명의 의사도 없단 말인가?"라고 탄식했었다. 이에 안진경의 상주문이 도착하자, 크게 기뻐하며 말했다. "나는 안진경이 누구인지는 모르지만 바로 이런 인재로구나!"

○ 상산군의 태수인 안고경이 기병하여 토적하니 하북 여러 군이 모두 이에 호응했다.

어구 설명

○ 十四載, 祿山請以蕃將代漢將, 上猶不疑. 表請獻馬三千匹, 每匹二人執鞚, 二十二將部送河南. 上始疑之, 遣使止其獻. 祿山踞床不拜, 曰, 馬不獻亦可, 十月當詣京師. 使還, 亦無表. : 14년, 안록산이 자기 수하의 漢人 부장들을 호인의 部將으로 교체하겠다고 요청하는 표문을 올렸는데도 현종은 의심하지 않았다. (또 안록산이) 말 3천 필을 바치겠다면서 말 1필에 2명이 재갈을 잡게 하고 22명의 부장들을 河南으로 보내겠다는 표문을 올렸다. 현종은 비로소 안록산을 의심하면서 사자(사신)를 보내 말을 헌상하는 것을 중지시켰다. 안록산은 자리에 걸터앉아서 절을 올리지도 않고서 "말을 바치지 않아도 괜찮지만 10월에는 꼭 장안에 가겠

다.”고 말했다. 사자가 돌아왔지만 아무런 표문도 없었다.

 - 十四載 ; 천보 14년, 서기 755년.   蕃 울타리 번.   蕃將 ; 이민족(胡人) 출신의 장수.   漢將 ; 漢人 장수.

 - 上猶不疑(상유불의) ; 현종은 그런데도 의심하지 않았다.   表 ; 황제에게 상주하는 글. 表文.   獻 바칠 헌.

 - 執 잡을 집.   鞚 말 재갈 공.   執鞚 ; 말몰이꾼. 3천 필에 胡人 2명씩이면 6천 명의 군사가 들어온다는 계산. 즉 기병 3,000명, 보병 3,000명의 군사로 변해 수도 서울(장안)을 위협하기에 넉넉한 것이다.

 - 部送(부송) ; 업무를 분장하여 보내다.   河南 ; 河北을 지킬 군사를 공적으로 남하시키겠다는 뜻.   止 그칠 지. 중지시키다.

 - 踞 웅크릴 거. 걸터앉다.   不拜 ; 天子의 조서를 받으면서도 절하지 않았다.   詣 이를 예. 가겠다.   京師 ; 長安.

 - 使還 ; 使者가 돌아오다.   無表 ; 상주하는 표문도 없었다.

○ 是冬祿山遂反. 發所部兵及奚·契丹, 凡十五萬. 發范陽, 引而南, 步騎精銳, 煙塵千里. 時承平久, 百姓不識兵革, 州縣皆望風瓦解. 進陷東京. : 이해 겨울, 안록산은 마침내 반란을 일으켰다. 거느리던 병력과 흉노족의 별종 奚(해)와 거란의 군사 등 모두 15만을 징발하였다. 안록산은 범양을 떠나 병력을 이끌고 남하하는데 보병과 기병이 모두 정예군이었고 봉화 불의 연기와 행군하는 먼지가 천 리에 이어졌다. 그때는 태평세월이 오래라서 백성들은 전쟁을 몰랐고, 주와 현이 바람에 쓸리듯 와해되었다. 안록산은 동경(낙양)을 함락시켰다.

- 是冬 ; 이해 겨울(11월).   遂反 ; 드디어 반기를 들었다. 안록산이 내세운 명분은 '楊國忠 토벌'이었다.

- 發 징발하다.   所部兵 ; 거느리는 병사.   奚 어찌 해. 흉노족의 別種.   契 맺을 계. 종족 이름 글. 사람 이름 설.

- 契丹(글단, 글란) ; 거란. 916년에 耶律阿保機(야율아보기)가 遼(요) 건국. 926년에는 발해를 멸망시킨다.

- 步騎(보기) ; 보병과 기병.   煙塵(연진) ; 봉화불의 연기와 軍陣에서 일어나는 먼지. 전쟁.

- 承平(승평) ; 太平.   久 오랠 구.   兵革(병혁) ; 무기와 갑옷. 전쟁.   瓦 기와 와. 질그릇.

- 望風瓦解(망풍와해) ; 바람에 쏠리듯 와해되다. 완전히 붕괴되다.   陷 빠질 함. 함락시키다.   東京 ; 낙양.

○ 平原太守顔眞卿, 起兵討賊. 上始聞河北從賊, 歎曰, 二十四郡, 曾無一人義士邪. 及眞卿奏至, 大喜曰, 朕不識眞卿何狀, 乃能如此. : 河北 平原太守인 顔眞卿이 군사를 일으켜 적을 쳤다. 현종은 처음에 하북이 적의 수중에 들어갔다는 보고를 받자, "하북 24개 군에 어찌하여 한 명의 義士도 없단 말인가?"라고 탄식했었다. 이에 안진경의 상주문이 도착하자, 크게 기뻐하며 말했다. "나는 안진경이 누구인지는 모르지만 바로 이런 인재로구나!"

- 平原 ; 今 山東省 德州市 일대.   顔眞卿(안진경, 709～785년) ; 정치인이면서 名筆. 書法家.

- 河北從賊(하북종적) ; 하북 지방이 적을 따르다. 적의 수중에 들어가다.   曾 더할 증. 일찍이, 어떻게, 어찌하여.

　－及眞卿奏至(급진경주지) ; 안진경의 상주문이 도착하자.　何
狀(하상) ; 어떠한 생김새, 얼굴을 모른다는 뜻.

　－能 능할 능. 재능. 인재. 유능하다. ～할 수 있다. 응당～해야
한다.　乃能如此 ; 바로 이런 인재로구나!

○ 常山太守顔杲卿, 起兵討賊, 河北諸郡皆應之. : 常山郡의 太守
인 顔杲卿(안고경)이 起兵하여 討賊하니 河北 여러 군이 모두 이
에 호응했다.

　－常山 ; 今 河北省 石家庄市(석가장시)의 正定縣 일대. 趙雲(子
龍)의 고향.　杲 밝을 고.　顔杲卿(안고경) ; 안진경의 從兄.

【참고】 안진경의 書法, 안지추의 《顔氏家訓》

　❖ 보통 당나라의 歐陽詢(구양순), 顔眞卿(안진경), 柳公權(유공
권), 元나라의 趙孟頫(조맹부)를 楷書四大家(해서 4대가)로 일컫
는다.

　구양순(557～641년)은 왕희지의 필법을 본받고 익혀 자신만의
독특한 서체를 창안하여 태종의 인정을 받았다. 안진경(709～785
년)도 書聖이라는 명성을 누리면서 여러 관직을 두루 거쳤다. 지
금도 많은 사람들이 안진경의 글씨를 배우고 있으며 안진경의 해
서는 다음의 유공권(778～865년)에게 영향을 끼쳤다.

　안진경은 낭야 안씨인데, 顔之推(안지추, 531～591년)의 5대손
으로 본래 명문가 출신이었다. 안지추는 南朝의 梁(양)에서 隋朝
에 걸쳐 벼슬을 하면서 유명한 《顔氏家訓》을 남겼다. 《顔氏家訓》

은 7권 20편으로 구성되어 있는데 〈敎子〉, 〈兄弟〉, 〈治家〉, 〈勉學〉, 〈文學〉, 〈養生〉 등 인생과 가정생활 전반에 걸쳐 자신의 경험과 교훈을 말하고 있다. 특히 안지추는 가정교육에서 조기교육을 강조하였는데 '어렸을 때는 정신을 한데 모아 배울 수 있지만, 성인이 되면 생각이 분산되어 학습이 쉽지 않다.'고 말했다.

趙孟頫(조맹부)

周樹人(魯迅, 루신)의 동생 周作人(1885 ~1967)은 《顔氏家訓》에 매우 탄복하여 이 중 한편을 직접 필사했다고 밝힌 바 있다.

(9) ○十五載, 安祿山僭號稱大燕皇帝. ○賊將史思明, 陷常山, 執顔杲卿送洛陽. 祿山數其反己, 杲卿曰, 我爲國討賊, 恨不斬汝, 何謂反也. 臊羯狗何不速殺我. 祿山大怒, 縛而剐之, 比死罵不絕口.

○ **眞源令張巡, 帥吏民哭於玄元皇帝廟, 起兵於雍
丘討賊.**

○ 천보 15년, 안록산은 참람하게도 대연황제라 불렸다.

○ 적장 사사명이 상산군을 함락시키고 안고경을 잡아
낙양으로 보냈다. 안록산은 (안고경이) 자기를 배신했다고
질책하자 안고경이 말했다. "나는 나라를 위해 적도를 토
벌했지만 너를 죽이지 못한 것이 한인데, 무엇이 배신인
가? 누린내 나는 갈족의 개야! 왜 나를 빨리 죽이지 않는
가?" 안록산은 크게 화가 나서 (안고경을) 묶어놓고 살을
발랐지만 죽을 때까지 욕을 계속했다.

○ 진원령인 장순은 부하 관리와 백성들을 거느리고 현
원황제(노자)의 묘당에 나가 곡을 한 뒤에 옹구에서 기병
하여 적을 토벌했다.

어구 설명

○ 十五載, 安祿山僭號稱大燕皇帝. : 천보 15년, 安祿山은 참람하
게도(참칭) 大燕皇帝라 불렸다.

 - 十五載 ; 천보 15년, 서기 756년. 僭 참람할 참. 분수에 지나
치게 행동하다.   號稱(호칭) ; 명목상으로 불리다. ~라고 불리
다.

 - 大燕 ; 安祿山 756년 建立. 수도 洛陽－鄴城－범양으로 이동.

安祿山 → 安慶緒(안경서, 안록산의 아들) → 史思明 → 史朝義 (사사명의 아들) 등 4명 皇帝. 763년에 사조의가 피살되면서 끝. 역사에서는 이를 '安史之亂'이라고 한다.

○ 賊將史思明, 陷常山, 執顔杲卿送洛陽. 祿山數其反己, 杲卿曰, 我爲國討賊, 恨不斬汝, 何謂反也. 臊羯狗何不速殺我. 祿山大怒, 縛而剮之, 比死罵不絕口. : 賊將 史思明이 常山郡을 함락시키고 안고경을 잡아 낙양으로 보냈다. 안록산은 (안고경이) 자기를 배신했다고 질책하자 안고경이 말했다. "나는 나라를 위해 적도를 토벌했지만 너를 죽이지 못한 것이 한인데, 무엇이 배신인가? 누린내 나는 갈족의 개야! 왜 나를 빨리 죽이지 않는가?" 안록산은 크게 화가 나서 (안고경을) 天津橋의 기둥(柱)에다 묶어놓고 살을 발랐지만 죽을 때까지 욕을 했다.

 – 數 셀 수. 자주 삭. 하나하나 열거하다. 數其反己(수기반기) ; 자기(己, 안록산)를 배반한(反) 것들을(其) 하나하나 세면서 말하다(數). 전에 안록산이 안고경을 황제에게 추천한 일이 있었다고 한다.

 – 恨不斬汝(한불참녀) ; 너를 참하지 못한 것이 恨스럽다. 何謂反也(하위반야) ; 무엇을 反이라고 하는가?

 – 臊 누린내 조. 羯 거세한 검은 羊 갈. 종족 이름. 갈족. 臊羯狗(조갈구) ; 냄새나는 갈족의 개○○. 욕설.

 – 縛 묶을 박. 결박하다. 剮 살 발라낼 과. 咼 = 동자. 剐 = 간체자. 比 견줄 비. 여기서는 ~에 이르다. 罵 욕할 매.

○ 眞源令張巡, 帥吏民哭於玄元皇帝廟, 起兵於雍丘討賊. : 眞源

슈인 張巡은 부하 관리와 백성들을 거느리고 玄元皇帝(노자)의
묘당에 나가 곡을 한 뒤에 雍丘에서 기병하여 賊을 토벌했다.
 ― 眞源(진원) ; 譙郡(초군)의 地名.   張巡(장순) ; 당의 명장, 충
신.   玄元皇帝 ; 老子에게 올린 尊號.
 ― 雍丘(옹구) ; 지금의 하남성 開封市에 해당.

(10) ○ **朔方節度使郭子儀, 河北節度使李光弼, 與
賊將史思明戰, 大破之, 首復河北數郡. 副元帥哥舒
翰, 與賊戰大敗, 麾下執翰降賊, 賊遂入關. 上出奔,
次于馬嵬. 將士飢疲, 皆憤怒, 殺楊國忠等, 及逼上
縊殺貴妃, 然後發. 父老遮道請留, 上命太子慰撫之.**

삭방절도사인 곽자의와 하북절도사 이광필은 적장 사사
명과 싸워 대파하고 먼저 하북의 여러 군을 되찾았다. 부원
수인 가서한은 적병과 싸워 대패하였고 휘하 장졸이 가서
한을 잡아 적에 투항하니 적이 드디어 관중 땅에 들어왔다.
 현종은 장안을 떠나 마외역에 머물렀다. 장수와 병졸들
은 굶주리고 지쳐 모두 분노하면서 양국충 등을 죽이고 황
제를 핍박하여 양귀비를 목매어 죽인 뒤에야 출발했다. 그
곳 노인들이 길을 막고 현종에게 머물기를 간청하자, 현종
은 태자에게 백성들을 위무하라고 명했다.

어구 설명

○ 朔方節度使郭子儀, 河北節度使李光弼, 與賊將史思明戰, 大破之, 首復河北數郡. 副元帥哥舒翰, 與賊戰大敗, 麾下執翰降賊, 賊遂入關. : 朔方節度使인 郭子儀와 河北節度使 李光弼은 賊將 史思明과 싸워 대파하고 먼저 河北의 여러 군을 되찾았다. 副元帥인 哥舒翰은 적병과 싸워 대패하였고 휘하 장졸이 가서한을 잡아 적에 투항하니 적이 드디어 관중 땅에 들어왔다.

　- 朔方節度使(삭방절도사) ; 당의 서북쪽 돌궐족에 대비하여 설치한 번진. 郭子儀는 755~759년에 재직. 후임은 李光弼.

　- 郭子儀(곽자의, 697~781년) ; 과거(武科)에 장원급제한 장수로 안사의 난을 평정하는데 공을 세웠다. 현종, 숙종, 대종, 덕종을 섬기면서 2차례 재상을 역임하며 85세까지 長壽했고, 그의 8명의 아들과 7명의 사위가 모두 출세를 했기에 唐代에 가장 유복한 사람으로 알려졌다.

　- 弼 도울 필.　李光弼(708~764년) ; 거란족 출신 절도사였다.

　- 史思明(703~761년) ; 돌궐인. 初名. 窣幹(솔간) 안록산과 동향인, 안록산은 군사를 잘 몰랐고 사사명이 군사적 재능이 있었다. 안록산의 아들 안경서를 죽이고 재위에 올랐다가 아들 사조의에게 피살되었다.

　- 首復(수복) ; 먼저 복구하다. 收復이 아님.　哥舒翰(가서한) ; 돌궐족 출신 唐의 장군.

　- 麾 대장기 휘.　麾下(휘하) ; 장군에게 딸린 부하.　入關 ; 關中 땅에 들어오다. 潼關을 통과하다.

○ 上出奔, 次于馬嵬. 將士飢疲, 皆憤怒, 殺楊國忠等, 及逼上縊殺貴妃, 然後發. 父老遮道請留, 上命太子慰撫之. : 현종은 장안을 떠나 마외역에 머물렀다. 장수와 병졸들은 굶주리고 지쳐 모두 분노하면서 양국충 등을 죽이고 황제를 핍박하여 양귀비를 목매어 죽인 뒤에야 출발했다. 그곳 父老들이 길을 막고 현종에게 머물기를 간청하자, 현종은 태자에게 백성들을 위무하라고 명했다.

– 奔 달아날 분.　出奔 ; 756년 음력 6월에 현종은 장안을 떠난다.　次 버금 차, 나아가지 못할 차. 머무르다.

– 嵬 높을 외.　馬嵬(마외) ; 驛名. 咸陽(함양)의 서쪽. 今 陝西省의 興平. 장안을 출발한 현종 일행은 3일째 되는 날 마외역에 도착했다.

– 飢 굶주릴 기.　疲 지칠 피.　憤 성질낼 분.　逼 닥칠 핍. 핍박하다. 협박하다.　縊 목맬 액.

– 然後發 ; 그런 뒤에 출발하다.　遮 막을 차.　慰撫(위무) ; 위로하고 어루만져 달래다.

【참고】 그날 마외역에서는 무슨 일이?

❖ 天寶 14년(755년), 安祿山은 楊國忠을 토벌해야 한다는 명분을 내세우고 반란을 일으켰다. 낙양을 점거하고 大燕(대연)황제를 칭한 안록산은 756년에 潼關(동관)을 지나 관중 땅에 진입한다. 현종은 양력 7월 12일 長安을 버리고 四川으로 出奔(출분)한다. 도중에 아무런 영접이나 준비도 없었기에 황제 이하 모두가 큰 고

생을 하면서 3일째 되는 날 마외역에 도착했다.

皇帝를 지켜야 할 禁軍에게도 糧食이 떨어졌다. 이에 禁軍元帥 陳玄禮(진현례)가 사졸에게 말했다. "今日, 天下가 붕괴되고 皇上도 피난하는 이 지경이 되었다. 이런 꼴을 당한 것은 楊國忠이 백성들을 침탈하고 정치를 잘못하여 많은 사람들의 원한을 샀기 때문이 아닌가? 만약 양국충을 죽여 천하에 사죄하지 않는다면 천하 人心의 원한을 어찌 가라앉힐 수 있겠는가?"

굶주리고 지친 장졸들은 모두 양국충에게 분노를 쏟았다. 양국충은 마외역 서문 안으로 도주했지만 몰려든 장졸들에게 현장에서 난도질당했다. 피를 본 무리는 흥분했고 마외역 전체를 둘러싸고 현종에게 양귀비를 賜死(사사)하라고 요구했다. 장졸들은 뒷날에 있을 수 있는 보복을 미리 막아야 한다고 생각한 것이다.

급박해진 현종은 어쩔 수 없었다. 환관 高力士는 양귀비에게 비단 한 필을 건넸고 楊貴妃는 佛堂 앞에 있는 배나무 가지에 목을 매었다. 이제 겨우 軍心을 진정시켰다 생각했지만 그것은 끝이 아니었다.

현종은 양귀비를 잃은 슬픔에, 이런 兵變을 太子 亨(형)이 관여했을 것이라 생각했다. 父老들이 현종을 막아서며 현지에 머물 것을 요구하자, 현종은 태자에게 백성들을 위무하라 명하고 四川으로 향한다.

(11) 父老擁太子馬, 不復得行. 使皇孫儆白上. 上

曰, 天也. 使喩太子曰, 汝勉之. 西北諸胡, 吾撫之
素厚, 汝必得其力. 且宣旨欲傳位. 太子至平涼, 朔
方留後, 杜鴻漸, 迎入靈武, 請遵馬嵬之命. 牋五上,
乃許, 尊上爲上皇天帝. 上在位四十五年, 改元者
三, 曰先天 · 開元 · 天寶. 太子立, 是爲肅宗皇帝.

 부로들이 태자의 말을 에워싸니 떠나갈 수가 없었다. (태자는) 황손인 숙을 보내 현종에게 아뢰게 했다. 현종은 "하늘의 뜻이다!"라 하였다. 사람을 보내 태자에게 일러 말했다. "너는 힘써 위무하라. 서북의 여러 호인들은 내가 평소에 잘 대우하였으니, 너는 틀림없이 그들 도움을 받을 것이다." 그리고 조칙을 내려 전위하려 했다.

 태자가 평량에 이르자, 삭방 유후인 두홍점이 영무로 태자를 영입하면서 마외역에서 전위하려는 현종의 뜻을 따라야 한다고 청했다. 장계가 5번이나 올라오자 허락했고, 현종을 높여 상황천제라 하였다.

 현종은 재위 45년에 개원을 3번 했으니, 선천, 개원, 천보이다. 태자가 즉위하니, 이가 숙종황제이다.

어구 설명

○ 父老擁太子馬, 不復得行. 使皇孫俶白上. 上曰, 天也. 使喩太子

曰, 汝勉之. 西北諸胡, 吾撫之素厚, 汝必得其力. 且宣旨欲傳位. : 父老들이 太子의 말을 에워싸니 떠나갈 수가 없었다. (태자는) 皇孫인 俶(숙)을 보내 현종에게 (父老의 뜻을) 아뢰게 했다. 현종은 "하늘의 뜻이다!"라 하였다. 사람을 보내 태자에게 일러 말했다. "너는 힘써 위무하라. 서북의 여러 호인들은 내가 평소에 잘 대우하였으니, 너는 틀림없이 그들 도움을 받을 것이다." 그리고 조칙을 내려 傳位(帝位)하려 했다.

  — 擁 끌어안을 옹. 에워싸다. 俶 정리할 숙, 비롯할 숙. 뛰어날 척.

  — 使皇孫俶白上 ; (태자는) 皇孫인 俶을 보내 현종에게(백성들의 뜻을) 아뢰게(白) 했다(使). 使 ; 사람을 보내다.

  — 喻 깨우칠 유. 汝 너 여. 勉 힘쓸 면. 宣旨(선지) ; 임금의 명령. 詔勅(조칙).

○ 太子至平涼, 朔方留後, 杜鴻漸, 迎入靈武, 請遵馬嵬之命. 牋五上, 乃許, 尊上爲上皇天帝. : 太子가 平涼에 이르자, 朔方 留後인 杜鴻漸이 靈武로 태자를 영입하면서 마외역에서 전위하려는 현종의 뜻을 따라야 한다고 청했다. 장계가 5번이나 올라오자 허락했고, 현종을 높여 上皇天帝라 하였다.

  — 平涼(평량) ; 감숙성의 地名. 朔方(삭방) ; 郡名. 留後(유후) ; 관직명. 절도사 不在中의 대리자.

  — 杜鴻漸(두홍점) ; 인명. 숙종을 영입한 공로가 있었음. 뒷날 代宗 때 재상. 靈武(영무) ; 현재 寧夏回族自治區 북쪽 끝의 銀川市.

- 遵 좇을 준. 따르다. 준수하다.   馬嵬之命(마외지명) ; 현종이
선위하려던 뜻.   牋 장계 전. 편지.   五上 ; 5번 올리다.

○ 上在位四十五年, 改元者三, 曰先天 · 開元 · 天寶. 太子立, 是
爲肅宗皇帝. : 현종은 재위 45년에 改元을 3번 했으니, 先天, 開
元, 天寶이다. 太子가 즉위하니, 이가 肅宗皇帝이다.

- 在位四十五年 ; 서기 712~756년.   先天 ; 서기 712년.   開
元 ; 713~741년.   天寶 ; 742~755년.

- 肅宗(숙종) ; 재위 756~762년.

【참고】 현종과 양귀비의 사랑은?

❖ 섬서성 西安 동쪽 秦嶺山脈(진령산맥)의 한 줄기인 驪山(여
산, Líshān)은 동서 약 25km, 南北 14km, 해발 최고 1,302m의 큰
산이다. 여산의 이름은 멀리서 보면 黑色의 駿馬(준마)처럼 보인
다 하여 검은 말 驪(여)로 이름이 지어졌다.

이 여산 아래에 현종과 양귀비 사랑의 무대인 유명한 온천 화청
지(華淸池)가 있다. 화청지는 수려한 풍경과 질 좋은 지하 온천수
때문에 역대 제왕들의 관심을 받아왔다. 서주의 유왕(幽王)은 여
기서 봉화 불을 올려 제후들을 농락했었고, 진시황이나 한무제(漢
武帝)도 모두 이곳에 행궁(行宮)을 설치했었다. 여기에는 태종의
목욕탕인 星辰湯(성신탕)과 현종과 귀비의 침소인 飛霜殿(비상
전), 蓮花湯(연화탕) 등 유적이 남아 있다.

현종과 양귀비의 사랑이 참된 애정이었는가? 사실 이런 물음은

어리석은 질문이다. 현종은 60세가 넘은 노인이었고, 양귀비는 20대 후반의 풍만한 육체와 고운 피부를 가진 여인이었다. 노인은 탐하는 욕정이고, 귀비는 그 상대가 황제라서 사랑하지 않을 수 없었으니 참사랑은 아닐 것이라는 합리적(?) 주장이 꼭 맞지는 않을 것이다. 왜냐하면 애정이라는 감정은 합리적 理性으로 설명될 수 없기 때문이다.

분명 20대와 60대의 思考와 감정이 다르고 육체적 능력이 차이가 있는 것은 사실이지만, 愛情이라는 감정이 20대에는 순수하고 60대는 그렇지 못하다고 단언할 수 있겠는가?

젊었을 적에 누구보다도 풍류를 알고 풍류를 즐긴 현종이었으며 정치에 마음을 쓰다 보니, 그리고 재위기간이 오래다 보니 해이해질 때가 된 것은 확실하다. 그렇다 하여 그 사랑이 참사랑이 아니라고 할 수 있겠는가? 하여튼 알 수 없고 세속적인 잣대로 잴 수 없고 헤아릴 수 없는 것이 애정이다.

현종과 양귀비의 사랑은 많은 사람들의 인구에 회자되었는데 특히 白居易(백거이, 772~846년. 字 樂天, 香山居士)의 〈長恨歌 장한가〉에 의해 더욱 유명해졌다.

'漢皇은 重色하여 경국지색을 그리워했다.'으로 시작되는 〈장한가〉는 安史의 亂이 일어나기 前에 玄宗이 어떻게 重色하고 求色했으며, 양귀비가 어떻게 현종의 총애를 받았는가를 서술하였다.

'回眸一笑에 百媚生하고, 六宮粉黛는 無顔色이라.' 하면서, 楊貴妃의 미모와 '春寒에 賜浴華淸池 할 때 溫泉水滑라며 洗凝脂하고, 侍兒扶起로 嬌無力하니 始是로 新承恩澤時라.' 하여 양귀비

의 교태를 묘사하였다. 이어 양귀비가 총애를 받자, ‘妙妹弟兄이 皆列土’하고 출세했기에 ‘遂令天下父母心으로 不重生男하고 重生女’하게 만들었다. 또한 현종은 귀비를 얻은 뒤 여색과 가무에 빠져 정사를 돌보지 않았다는 사실을 기록하였다.

〈장한가〉의 2번째 단락은 마외역에 양귀비의 죽음을 묘사하였다. 天寶 14년(755년) 安祿山의 난이 일어나자 모든 상황은 급변한다.

난을 피해 蜀으로 피난을 가는 도중에 마외역에서 ‘六軍이 不發하니 無奈何’하여 결국 ‘宛轉蛾眉는 馬前死라.’하여 양귀비는 자결할 수밖에 없었다. 양귀비의 자살에 ‘花鈿委地하나 無人收하고, 君王掩面하고 救不得’하면서 ‘回看血淚相和流’라고 현종의 슬픔에 동정을 표하지만 이는 白居易의 준엄한 질책이라 할 수 있다.

〈장한가〉 3번째 단락은 양귀비가 죽은 뒤 현종은 귀비를 잊지 못하지만 귀비의 혼령은 꿈에도 나타나지 않는다(魂魄不曾來入夢). 이에 도사(臨邛의 道士인 鴻都客)가 현종의 혼령과 함께 仙界에서 현종과 양귀비의 혼령을 만나 사랑을 다시 이어준다. 그리하여 ‘七月七日長生殿에서 夜半에 無人私語時하는데 在天하면 願作比翼鳥가 되고, 在地면 願爲連理枝하자며 약속하면서 天長地久라도 有時盡이나 此恨은 綿綿하여 無絕期.’라는 만고의 絕唱으로 끝을 맺는다.

楊貴妃(양귀비)가 아침에 화장하는 모습. 〔명대 仇英(구영)의 그림〕

제**15**편
唐의 쇠퇴와 멸망

〖 時代 槪觀 〗

玄宗의 재위기간이 길어지면서 天寶(천보) 년간(742~755년)에는 사치와 향락이 도를 넘게 되고, 여기에 李林甫와 楊國忠의 발호가 국가적 위기를 초래했다. 또한 토지 겸병의 폐단이 두드러졌고 유랑농민의 대량 증가, 세금과 요역의 증가에 따른 사회적 모순과 갈등은 점점 심해졌다.

결국 安史의 난(安祿山과 史思明의 난)으로 진행되었고, 당나라는 이 난을 겪으면서 盛世에서 쇠퇴기로 접어들었다. 안사의 난 이후 당이 안고 있는 여러 가지 모순들이 그 모습을 드러낸다. 중앙정부와 지방 번진 간의 內戰이나 번진들의 장안 침공도 있었고 이민족의 침입과 수도 점거, 환관의 조정 고급 관원 배척, 그리고 백성들의 피폐와 유랑은 내재적 모순의 외부 표출이라 할 수 있다.

당의 국가적 근본이었던 均田制, 府兵制와 租庸調의 3대 근간인 균전제의 붕괴와 토지 사유화의 진행, 모병제로의 전환과 절도사의 발호, 780년 이후 시행된 兩稅法으로 바뀌었으나 재정 지출증가에 따라 국가에서는 增稅하면서 鹽稅(염세), 茶稅(차세) 등 잡세를 더 많이 거두어들인다. 이런 과정에 편승하여 지방관의 백성에 대한 착취 등은 더 치열했기에 백성들의 생활은 매우 곤궁하였다.

중앙의 정치에서 용렬하거나 무능한 황제의 연속 즉위와 특히 宦官(환관)의 발호에 따라 황제권은 아주 허약해졌다. 환관과 朝官(조정의 高官)의 결합으로 생성된 朋黨(붕당)은 牛李 당쟁으로 그 정점을 찍는다. 그 뒤에서 조정 관리들의 南司(남사)와 환관들의 北司(북사)의 계속되는 대립이 있었고 조관들은 지방의 번진세력과 결탁하여 환관과 맞서면서 晚唐(만당)의 정치는 크게 어지러웠다.

환관의 정치 간여는 날로 심해졌고 당 말기에는 환관에 의한 황제 살해와 옹립이 이어진다. 거기에 환관이 중앙의 禁軍을 장악하여 황제권은 여지없이 추락하였다.

결국 이러한 상황에서 874년에 王仙芝(왕선지)가 반란을 일으키자 여기에 黃巢(황소)가 호응하여 황소의 난(875~884년)으로 이어진다.

황소의 난이 진압되자, 다시 藩鎭(번진) 간의 세력 싸움이 치열하게 전개되었다. 중앙 정부에서는 아무런 조치도 취하지 못했고 번진 간 세력 다툼은 朱全忠의 승리로 귀결된다. 주전충은 환관을 먼저 제거한 뒤에 당의 선양을 받아 즉위하면서 당은 멸망하였다.(907년)

당나라는 중국 역사에서 매우 중요한 의미가 있는 왕조이다. 前 後漢 400년 역사가 중국 고대 문화의 완성기였다면, 300년 唐의 역사는 중국 중세의 완성이며 경제적, 문화적으로 번영하고 발전했던 시기였다.

'정관의 治'와 '개원의 治'로 대표되는 당의 융성은 안록산의 난으로 쇠퇴하였고 말기에 황소의 난으로 끝을 맺는다. 그러나 당 쇠퇴와 멸망의 근본 원인은 균전제를 기본으로 하는 경제체제가 시대에 따라 발전적 개혁을 이루지 못한 데서 찾을 수 있다.

균전제가 무너지면서 농민에게 토지를 지급하지 못하자 부병제는 자동적으로 무너지게 된다. 그러면서 모병제로 전환하면서 유랑농민들이 군대로 모여들었고 이에 따라 절도사의 발호를 초래했다. 결국 이러한 군사력으로 국가 지배권이 유지될 수도 있었고, 또 황소의 난을 평정할 수도 있었지만 결국 당 왕조 자체의 정권도 절도사가 가진 무력과 경제권에 의해 찬탈당한다. 물론 이런 상황은 당 멸망 이후 五代十國 시대에도 계속되고 宋의 건국과 통일을 불러오게 된다.

당의 존속 기간 290년(618∼907년)을 문학사에서는

- 初唐 ; 당의 건국부터 무후시대를 거쳐 예종까지(618∼712년)
- 盛唐 ; 현종의 開元 원년부터 代宗 永泰 원년까지(713∼765년)
- 中唐 ; 대종의 大曆 원년부터 文宗 太和 9년까지(766∼835년)
- 晩唐 ; 문종의 開成 원년부터 당의 멸망까지(836∼907년)로

시대를 구분하기도 한다. 이는 元나라의 楊士宏(양사굉)이 《唐

晉》에서 詩風에 의한 구분이었는데, 이를 明나라 高棅(고병)이 그의 《唐詩品彙(당시품휘)》에서 다시 채용하면서 널리 알려져 지금까지 사용되고 있다.

그러나 이러한 시대 구분이란 것이 주관적인 판단이기에 학자에 따라 의견이 다를 수밖에 없다. 그래서 건국(618년)에서 ~현종 開元 연간(~741년)까지 124년간을 初唐, 그리고는 현종 天寶 원년(742년)부터 憲宗 재위(820년)까지 79년간을 中唐, 이어 穆宗(목종) 즉위(821년)로부터 멸망(907년)까지 87년간을 晚唐(만당)으로 구분하는 학자도 있다.

필자는 安史의 난을 기준으로 당의 前期와 後期로 구분하였다. 본래 《十八史略》 原著는 全 7권 중 5卷이 唐에 대한 서술이다.

〖 主要 年表 〗

서기	帝位	주요 내용	비고
756		현종, 蜀으로 피난. 숙종 즉위.	
761	肅宗	이백 죽음(701~761).	
762		시인 王維 죽음(701~762).	
763		代宗 즉위, 安史의 亂 평정.	
768	代宗	한유 출생(768~824).	
773		유종원 출생(773~819).	
780	德宗	덕종(~804), 양세법 시행.	
785		안진경 피살.	
805		순종 사망, 헌종 즉위.	
808	憲宗	牛李당쟁 원인(시작).	
819		유종원 사망, 한유 좌천.	
820	穆宗	환관이 헌종 살해, 목종 즉위.	
826	文宗	환관이 경종 살해, 문종 즉위.	
835		감로의 변, 환관 발호 극성.	
845	武宗	會昌의 法難 - 불교 탄압.	
846	宣宗	환관이 선종 옹립.	
875		黃巢의 난 발발.	
880	僖宗	황소 장안 입성, 칭제.	
884		황소 자살.	
903	昭宗	朱全忠 환관 대량 학살.	
904	哀帝	주전충이 昭宗 살해, 애제 옹립.	
907		당 멸망, 주전충 후량 건국.	

제1장 唐의 쇠퇴

1) 安史의 난 이후

(1) 肅宗皇帝, 初名璵, 改名亨. 自忠王爲太子, 二十年, 而遇祿山之亂, 至是卽位. 京兆李泌, 自幼以才敏聞, 上在東宮, 嘗與泌爲布衣交. 遣使召之, 謁見於靈武, 事無大小與之謀. 上皇至成都, 遣册寶如靈武. ○ 遣使徵兵於回紇. ○ 招討節度使房琯, 與賊戰于陳濤邪, 琯用車戰大敗.

숙종황제의 처음 이름은 璵(여)인데, 亨(형)으로 개명하였다. 충왕으로 있다가 태자가 되었고, 태자로 20년에 안록산의 난을 당하여 이때에 즉위하였다. 경조(서울) 사람 이필은 어려서부터 재주가 많다고 소문이 났었는데, 숙종은 동궁에 있을 때부터 이필과 더불어 포의지교를 맺었었다. 사람을 보내 이필을 불러 영무에서 만났는데 크고 작은 일을 막론하고 더불어 상의하였다. 태상황(玄宗)은 성도에 도착하자 전위한다는 옥책과 국보(옥새)를 영무로 숙종에게 갖다 바치게 했다.

○ 사자를 보내 위구르인들을 모병했다.

○ 초토절도사인 방관은 진도야란 곳에서 수레를 이용한 전투를 벌였지만 대패했다.

어구 설명

○ 肅宗皇帝, 初名璵, 改名亨. 自忠王爲太子, 二十年, 而遇祿山之亂, 至是卽位. : 肅宗皇帝의 처음 이름은 璵(여)인데, 亨(형)으로 개명하였다. 忠王으로 있다가 太子가 되었고, 태자로 20년에 안록산의 난을 당하여 이때에 즉위하였다.

 - 肅宗 ; 재위 756~762년. 肅 엄숙할 숙. 공경하다. 璵 옥 여. 亨 형통할 형. 遇 만날 우.

○ 京兆李泌, 自幼以才敏聞, 上在東宮, 嘗與泌爲布衣交. 遣使召之, 謁見於靈武, 事無大小與之謀. 上皇至成都, 遣册寶如靈武. : 京兆(서울) 사람 李泌은 어려서부터 재주가 많다고 소문이 났었는데, 숙종은 동궁으로 있을 때부터 布衣之交를 맺었었다. 사람을 보내 이필을 불러 영무에서 만났는데 크고 작은 일을 막론하고 더불어 상의하였다. 태상황(玄宗)은 성도에 도착하자 傳位한다는 옥책과 국보(옥새)를 영무로 숙종에게 갖다 바치게 했다.

 - 兆 빌미 조. 점치다. 백성. 1억의 1만 배. 많은 수. 京兆(경조) ; 長安과 그 부근 지역. 泌 샘물이 흐르는 모양 필(비).

 - 以才敏聞(이재민문) ; 재주가 많다는 것으로 소문이 났다. 敏 재빠를 민. 총명하다. 재주가 많다.

 - 布衣 ; 무명옷. 서민. 布衣交 ; 布衣之交. 빈천했을 때부터 사귐. 謁 아뢸 알. 윗사람을 뵙다.

 - 成都 ; 四川省의 省都.   册寶 ; 傳位한다는 玉册과 國寶(국보,
옥쇄).   如 ; 가다. 일정한 곳에 이르다.

○ 遣使徵兵於回紇. 招討節度使房琯, 與賊戰于陳濤邪, 琯用車戰
大敗. : 使者를 보내 위구르인들을 모병했다. 招討節度使인 房琯
은 진도야란 곳에서 수레를 이용한 전투를 벌였지만 대패했다.

 - 徵 부를 징. 징발하다.   回紇(회흘) ; 위구르인.   房琯(방관,
696~763년) ; 人名.   陳濤邪(진도야) ; 함양 부근 地名. 방관은
牛車(우차) 2,000대를 步兵(보병)과 騎兵(기병)이 양쪽으로 끼고
나아갔다. 적은 북, 꽹과리를 요란스럽게 쳐 소란을 피워서 소를
놀라게 하고, 바람을 이용하여 불을 놓았으므로 방관의 군사는
크게 어지러워져서 4만 명의 사상자를 내었다. 숙종의 至德(지
덕) 원년의 일이다.

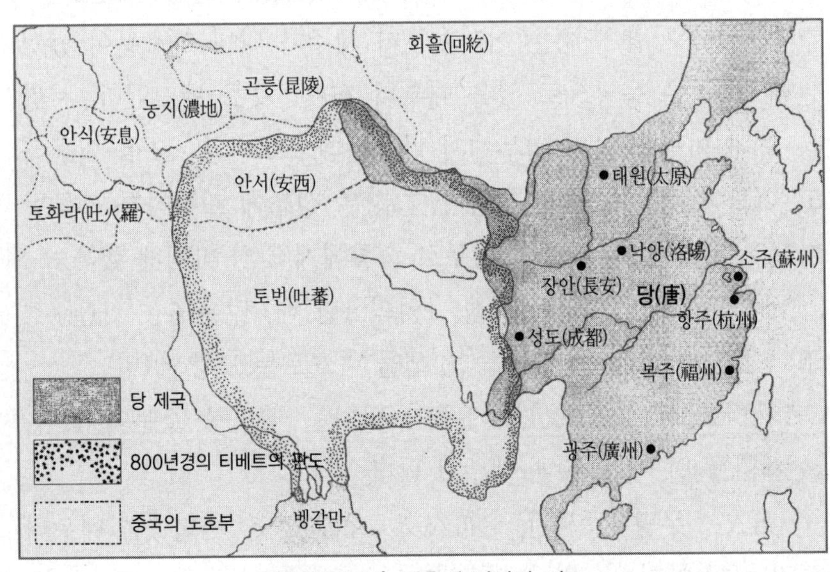

'안록산의 난' 이후의 당나라 지도

(2) ○ 至德二載, 安慶緒殺祿山. 祿山自起兵以來,
目昏, 至是不復見物. 又病疽躁暴, 欲以孼妾子代慶
緒爲嗣. 慶緒使人弑之, 而自立. 祿山僭號僅一年
餘. ○ 上至鳳翔, 回紇遣子葉護, 將精兵四千人至.
天下兵馬都元帥廣平王俶·副元帥郭子儀, 將朔方
等軍, 及回紇·西域之衆, 發鳳翔, 至長安擊賊, 賊
大潰, 大軍入西京. 俶留鎭撫三日, 引軍東出至洛
陽, 與回紇夾擊. 賊大敗, 遂復東京. 安慶緒走保鄴.

○ 지덕 2년, (안록산의 아들) 안경서가 안록산을 살해했
다. 안록산은 반란을 일으킨 뒤에 눈이 침침해졌는데, 이
때는 사물을 보질 못했다. 또 등창이 나서 성질은 조급하
고 포악하였으며 애첩의 자식을 안경서 대신 후계자로 삼
으려 했다. 안경서는 사람을 시켜 안록산을 죽이고 자립하
였다. 안록산은 겨우 1년 남짓 황제라 참칭했다.

 ○ 숙종이 봉상에 이르자, 위구르 족장의 아들 섭호가 정
병 4천 명을 거느리고 도착했다. 천하병마도원수인 광평
왕 숙과 부원수 곽자의는 삭방 등지의 군사와 위구르, 서
역의 군사들을 거느리고, 봉상을 출발하여 장안에 진격하
여 적병을 공격하니 적은 궤멸했고 대군은 서경(장안)에
입성했다.

 태자 숙은 장안에 머물면서 3일 동안 백성들을 진무하고

서 대군을 이끌고 동으로 나가 낙양에 이르러 위구르 군과 적을 협공하였다. 적은 대패했고 마침내 동경(낙양)을 수복하였다. 안경서는 도주하여 업에 머물렀다.

어구 설명

○ 至德二載, 安慶緖殺祿山. 祿山自起兵以來, 目昏, 至是不復見物. 又病疽躁暴, 欲以嬖妾子代慶緖爲嗣. 慶緖使人弑之, 而自立. 祿山僭號僅一年餘. : 至德 2년, (안록산의 아들) 安慶緖가 안록산을 殺害했다. 안록산은 반란을 일으킨 뒤에 눈이 침침해졌는데, 이때에는 사물을 보질 못했다. 또 등창 병이 나서 성질이 조급하고 포악하였으며 애첩의 자식을 안경서 대신 후계자로 삼으려 했다. 안경서는 사람을 시켜 안록산을 죽이고 자립하였다. 안록산은 겨우 1년 남짓 황제라 참칭했다.

  - 至德二載 ; 지덕 2년, 서기 757년. 安慶緖(안경서) ; 安祿山의 아들. 昏 어둘 혼. 어지럽다.

  - 疽 등창 저. 躁 성급할 조. 거칠다. 난폭하다. 躁暴(조포) ; 초조하게 굴며 포악함. 嬖 사랑할 폐. 嬖妾(폐첩) ; 妾室.

  - 僭號(참호) ; 자기 신분을 넘어선 호칭. 僅 겨우 근.

○ 上至鳳翔, 回紇遣子葉護, 將精兵四千人至. 天下兵馬都元帥廣平王俶 · 副元帥郭子儀, 將朔方等軍, 及回紇 · 西域之衆, 發鳳翔, 至長安擊賊, 賊大潰, 大軍入西京. : 숙종이 鳳翔에 이르자, 위구르 족장의 아들 葉護가 精兵 4천 명을 거느리고 도착했다. 天下

兵馬都元帥인 廣平王 俶(숙)과 副元帥 郭子儀는 朔方 등지의 군사와 回紇, 西域의 군사들을 거느리고, 鳳翔을 출발하여 長安으로 진격하여 적병을 공격하니 적은 궤멸했고 大軍은 西京(長安)에 입성했다.

－翔 높이 날 상. 선회하다.　鳳翔(봉상) ; 陝西省 西部의 寶鷄市 부근. 古稱 雍州.　葉護(섭호) ; 위구르 족장 아들 이름.

－將 ; 거느리다.　俶 정리할 숙. 뛰어날 척. 숙종의 태자, 뒷날 代宗으로 즉위.　西域之衆(서역지중) ; 서역에서 온 군사.

－潰 무너질 궤.　西京 ; 長安.

○ 俶留鎭撫三日, 引軍東出至洛陽, 與回紇夾擊. 賊大敗, 遂復東京. 安慶緖走保鄴. : 태자 俶(숙)은 장안에 머물면서 3일 동안 백성들을 진무하고서 대군을 이끌고 동으로 나가 낙양에 이르러 위구르 군과 적을 협공하였다. 적은 대패했고 마침내 동경(낙양)을 수복하였다. 안경서는 도주하여 업에 머물렀다.

－鎭撫(진무) ; 민심을 진정시키고 백성들을 위로하다.　夾 낄 협. 挾과 같음.　夾擊(협격) ; 적을 양쪽에서 공격하다. 挾攻하다.

－走 ; 도주하다.　保 지킬 보.　鄴 땅이름 업. 지금의 河北省 邯鄲市(한단시) 부근.

【참고】 唐詩(6)－詩聖 杜甫

❖ 杜甫(두보, 712~770년)는 字가 子美, 호는 少陵野老(소릉야로) 또는 杜陵布衣(두릉포의)라고도 했다. 두보의 祖父 杜審言은

측천무후 시대에 관료이면서 시인으로 이름이 났었고, 부친 杜閑 (두한)은 지방관을 역임했다. 두보 30세 까지의 행적은 확실하지 않다. 천보 3년 33세 때 이백을 만나 함께 河南과 山東 지역을 여행하였다. 현종 때 과거에 응시하였으나 실패하였고 실의와 곤궁 속에 낙양에서 벼슬을 구했으나 뜻을 이루지 못했다. 하여튼 두보와 가난은 언제나 동반자였다.

안록산의 난이 일어나자, 두보는 장안에 억류되었다가 장안을 탈출하여 숙종이 머물고 있던 鳳翔(봉상)을 찾아가 충성심을 보였다. 이 공로로 左拾遺(좌습유)란 벼슬을 받았다. 또 檢校工部員外郎(검교공부원외랑)이란 직책에도 있었기에 두보를 '杜拾遺(두습유)', '杜工部(두공부)' 라고도 부르며, 그리고 한때 장안 교외의 少陵(소릉)이라는 곳에서 살았기에 '杜少陵' 이라고도 불린다. 그의 시를 모은 시집으로 《杜工部集》이 있다.

두보는 패전한 房琯(방관)을 변호했다 하여 숙종의 미움을 받아 華州 司功參軍으로 좌천된다. 그는 화주로 가면서 안록산 난의 참상을 묘사한 〈三吏〉와 〈三別〉이라는 명작을 남겼다. 두보는 49세에 관직을 사임하고 솔가하여 成都로 이주하였는데 마침 성도의 절도사 嚴武가 친구라서 엄무의 도움을 받아 초당을 짓고 3년간 평온한 생활을 했다. 이때가 두보의 가장 행복한 시절이었다. 이후 각지를 유랑하는 생활을 하다가 大曆 3년(768년)에 湘江(상강)의 배 위에서 죽었다.

두보는 儒家的인 가정환경에서 성장했고 그런 교육을 받았으며 현실적이며 유가의 이상을 실현하려고 노력했다. 그러나 官運도 없었고 안정된 생활을 할 수도 없었다. 이백은 단신으로 천하를 주유했지만 두보는 가족을 데리고 유랑생활을 하였다. 때문에 그의 詩는 현실의 어려움을 또 하층민의 곤궁과 비애를 그대로 묘사하는 社會性이 농후하면서도 예술적 성취를 이룩한 명작들이 많다.

두보의 시는 약 1,400수가 현존하는데 약 1,000여 수가 五言과 七言의 絶句와 律詩이다. 두보의 詩語는 정확하고 律詩(율시)의 모든 규칙을 가장 잘 지킨 詩로도 유명하다. 율시는 제한된 글자수에 音律의 조화, 對句의 整齊(정제) 등 지켜야 할 규칙이 많은 시이다. 唐詩의 精華라 할 수 있는 율시의 완성은 두보의 가장 큰 공적이라 할 수 있다.

이백과 두보는 당나라 시인의 대표로 언제나 '李杜'로 병칭되는데 이백의 詩가 낭만적이고 豪放하고 飄逸(표일)하며 개인적 사상과 감정을 많이 노래하였으며 格律(격율)의 구속을 받지 않는 작품이 많다. 李白은 前代 詩를 집대성한 '詩仙'이라고 칭송을 받고 있다.

이에 비하여 두보는 사실적이며 침울, 비장한 詩語로 사회문제와 하층민들의 고난을 많이 묘사하였다. 두보는 예술적 형식과 표현 기교를 중시하면서 엄격한 율시의 기본원칙을 충실히 지켜 후대를 위하여 詩歌의 새로운 길을 열어준 詩聖으로 높은 추앙을 받고 있다.

丞相의 祠堂을 어디에서 찾아야 하나?
錦官城 밖 측백나무 우거진 곳이라.

시인 杜甫(두보)

햇빛 내린 계단에 봄풀이 푸르고
나무 사이 꾀꼬리만 혼자 지저귀도다.
三顧에 마음 쓰며 나라를 꾸려가면서
두 임금을 위해 늙도록 충성을 다하였다.
出師하여 이기지 못하고 몸이 먼저 갔나니
영웅 그리는 나그네 눈물이 옷깃을 적신다.

(丞相祠堂何處尋, 錦官城外柏森森.
 映階碧草自春色, 隔葉黃鸝空好音.
 三顧頻煩天下計, 兩朝開濟老臣心.
 出師未捷身先死, 長使英雄淚滿襟.)

—《蜀相》—

(3) ○ 賊將尹子奇陷睢陽, 張巡·許遠死之. 巡先守
雍丘, 移軍寧陵, 屢破賊. 旣而入睢陽, 與遠共守,
屢卻賊. 食盡, 或欲棄城, 巡·遠謀曰, 睢陽江·淮
之保障, 若棄之, 賊必長驅. 是無江·淮也, 不如堅
守以待救. 食茶紙, 盡, 遂食馬, 馬盡. 羅雀掘鼠, 雀
鼠又盡. 巡殺愛妾以食士. 四萬人僅餘四百, 終無叛
者. 賊登城, 將士困病不能戰. 巡西向再拜曰, 臣力
竭矣. 生旣無以報陛下, 死當爲厲鬼以殺賊. 城遂

陷, 巡 · 遠被執, 南霽雲 · 雷萬春等, 三十六人皆被
殺. ○ 上皇發蜀郡還西京.

○ 적장 윤자기가 휴양성을 함락시켰고, 장순과 허원이
거기서 죽었다. 장순은 그 전에 옹구를 지키면서 영릉으로
군사를 보내 적을 자주 격파하였다. 얼마 뒤에 휴양성에
들어와 허원과 같이 수비하면서 여러 번 적을 물리쳤다.
식량이 다 떨어지자, 혹자는 성을 포기하고자 했지만 장순
과 허원은 의논을 하고서 말했다. "휴양성은 강남과 회수
남쪽을 방어하는 요충지이다. 만약 포기한다면 적은 틀림
없이 멀리까지 침공할 것이고, 이는 강남과 회수 남방을
버리는 것이니 견고히 수비하면서 구원병을 기대하는 것
이 좋을 것이다." 차와 종이까지 먹었고 그것이 떨어지자
말을 잡아먹으니 말도 다 떨어졌다. 새 그물을 치고 쥐구
멍을 파니 참새와 쥐도 다 없어졌다. 장순은 애첩을 죽여
그 고기를 병사들에게 먹였다. 4만 명 중에 겨우 4백 명이
남았어도 끝내 배반하는 자가 없었다. 적이 성벽을 기어올
라도 장수와 사졸은 지치고 병들어 싸울 수가 없었다. 장
순은 서향하여 두 번 절을 하면서 말했다. "신은 힘을 다
썼습니다. 이제 살아서는 폐하를 섬길 수 없지만, 죽어서
는 꼭 악귀가 되어 적을 죽이겠습니다." 성은 마침내 함락
되었고 장순과 허원은 사로잡혔고, 남제운과 뇌만춘 등 36

명이 모두 피살되었다.
　○ 상황(현종)이 촉을 떠나 장안으로 환도했다.

어구 설명

○ 賊將尹子奇陷睢陽, 張巡·許遠死之. 巡先守雍丘, 移軍寧陵, 屢破賊. 旣而入睢陽, 與遠共守, 屢卻賊. : 賊將 尹子奇가 睢陽을 함락시켰고, 張巡과 許遠이 거기서 죽었다. 장순은 그 전에 雍丘를 지키면서 寧陵으로 군사를 보내 적을 자주 격파하였다. 얼마 뒤에 휴양성에 들어와 許遠과 같이 수비하면서 여러 번 적을 물리쳤다.

　- 陷 빠질 함. 함락하다.　睢 눈 부릅뜨고 볼 휴. 강 이름 수. 睢陽(휴양) ; 地名. 지금의 하남성 商丘市.

　- 張巡(장순, 709~757년) ; 唐의 名將. 忠臣.　許遠(허원, 709~757년) ; 唐朝의 충신. 張巡과 함께 '雙忠' 으로 일컬어짐. 중국 각지에서 神으로 숭배 받음.

　- 雍丘(옹구) ; 現 하남성 開封市. 장순은 처음에 여기에서 起兵했다.　寧陵(영릉) ; 現 河南省 寧陵懸.

　- 屢 여러 루(누). 자주.　旣而(기이) ; 잠깐 뒤에, 그 뒤, 이윽고.　卻 물리칠 각. 却(물리칠 각)의 本字.

○ 食盡, 或欲棄城, 巡·遠謀曰, 睢陽江·淮之保障, 若棄之, 賊必長驅. 是無江·淮也, 不如堅守以待救. 食茶紙, 盡, 遂食馬, 馬盡. 羅雀掘鼠, 雀鼠又盡. : 식량이 다 떨어지자, 혹자는 성을 포기하

고자 했지만 장순과 허원은 의논을 하고서 말했다. "휴양성은 강남과 회수 남쪽을 방어하는 요충지이다. 만약 포기한다면 적은 틀림없이 멀리까지 침공할 것이고, 이는 강남과 회수 남방을 버리는 것이니 견고히 수비하면서 구원병을 기대하는 것이 좋을 것이다." 차와 종이까지 먹었고 그것이 떨어지자 말을 잡아먹으니 말도 다 떨어졌다. 새 그물을 치고 쥐구멍을 파니 참새와 쥐도 다 없어졌다.

- 盡 다할 진. 떨어지다.   或 ; 或者.

- 棄城(기성) ; 성을 포기하다. 江淮(강회) ; 江南과 淮南 지역. 唐의 江南道와 淮南道. 당시 당나라 經濟의 중심지.

- 障 가로막을 장. 保障(보장) ; 방어의 要地. 방벽.

- 若 같을 약. 만약에.   長驅(장구) ; 멀리까지 달리다. 여기서는 적의 세력이 확산될 것이다.   不如 ; ~만 못하다.

- 堅守以待救(견수이대구) ; 견고히 수비하면서 구원병을 기다리다.   食 ; 먹다.   茶紙 ; 차와 종이.

- 羅 새그물 라.   雀 참새 작.   羅雀 ; 그물로 새를 잡다.   掘 팔 굴.   鼠 쥐 서.   掘鼠 ; 쥐의 굴을 파다.

○ 巡殺愛妾以食士. 四萬人僅餘四百, 終無叛者. 賊登城, 將士困病不能戰. : 장순은 愛妾을 죽여 그 고기를 병사들에게 먹였다. 4萬명 중에 겨우 4百 명이 남았어도 끝내 배반하는 자가 없었다. 적이 성벽을 기어올라도 장수와 사졸은 지치고 병들어 싸울 수가 없었다.

- 食士 ; 병사들을 먹이다.   僅 겨우 근.   餘 남을 여.   終 끝

종. 끝까지.　困病(곤병) ; 지치고 병들어서.

○ 巡西向再拜曰, 臣力竭矣. 生旣無以報陛下, 死當爲厲鬼以殺賊. 城遂陷, 巡·遠被執, 南霽雲·雷萬春等, 三十六人皆被殺. ：張巡은 西向하여 再拜하며 말했다. "臣의 힘은 다했습니다. 살아서는 이제 폐하를 섬길 수 없지만, 죽어서는 꼭 악귀가 되어 적을 죽이겠습니다." 城은 마침내 함락되었고 장순과 허원은 사로잡혔고, 南霽雲과 雷萬春 等 36명이 모두 피살되었다.

－竭 다할 갈.　報 ; 보답하다. 섬기다.　厲 날카롭게 할 려(여). 괴롭히다. 귀신.　厲鬼(여귀) ; 악귀.

－霽 갤 제. 날이 개다.　雷 우레 뇌. 성씨.

○ 上皇發蜀郡還西京. ：上皇(현종)이 촉을 떠나 장안으로 환도했다.

杜甫(두보)의 少陵草堂(소릉초당)

【참고】 唐詩 ⑺ - 詩史 杜甫

❖ 두보의 시는 '시로 쓴 역사'라는 뜻으로 '詩史'라고도 부른
다. 두보의 시는 그만큼 사실적으로 당대의 시대상을 묘사하였다.
두보의 시 중에서 〈新安吏〉, 〈潼關吏〉, 〈石壕吏〉를 보통 〈三吏〉라
하는데 백성들 위에 군림하는 관리들의 횡포를 묘사하고 있다.

또 〈新婚別〉, 〈無家別〉, 〈垂老別〉은 〈三別〉이라 하여 서민의 어
려운 살림과 아픔을 고발하고 있다. 그 외 〈兵車行〉은 출정하는
병사와 통곡하는 가족이 통곡하는 정경을 묘사한 시이고, 〈麗人
行〉은 양귀비 일족의 화려한 외출 모습을 묘사한 시이다.

권세가에 酒肉이 썩지만
길에는 凍死한 뼈가 널렸다.
(朱門酒肉臭, 路有凍死骨.)

　　　　　　　　　　　　　 -《自京赴奉先詠懷五百字》의 부분-

나라가 무너져도 山河는 남나니
봄이 온 성안에 草木은 우거진다.
시절이 이러니 꽃 보고 눈물을 흘리고
이별의 한에 나는 새를 보고도 놀란다.
봉화 불은 석 달 내내 이어지고
집에서 온 편지는 만금의 가치로다.
흰머리는 긁을수록 빠져나가니
이제는 비녀도 꽂을 수 없도다.

(國破山河在, 城春草木深.
 感時花濺淚, 恨別鳥驚心.
 烽火連三月, 家書抵萬金.
 白頭搔更短, 渾欲不勝簪.)

－《春望》－

　이렇듯 묘사가 뛰어나면서도 서정성 있는 詩語이기에 두보의 시를 '詩史'라고 부른다. 두보의 시는 뒷날 한유와 백거이에게 직접적인 영향을 주었다.

(4) ○ 乾元元年, 命郭子儀等九節度討安慶緒. ○ 二年, 史思明引兵救慶緒, 九節度之兵潰于鄴. 思明殺慶緒, 還范陽僭號. ○ 李光弼代郭子儀, 爲朔方節度使·兵馬元帥. 光弼號令嚴整, 始至, 號令一施, 士卒壁壘, 旗幟精明, 皆變. 與史思明戰屢敗之.

　○ 건원 원년에, 곽자의 등 9절도사에게 명하여 안경서를 토벌케 하였다.

　○ 2년, 사사명이 병력을 거느리고 안경서를 구원하면서 9절도사의 군사를 업에서 궤멸시켰다. 사사명은 안경서를 죽이고 범양으로 돌아가 황제를 참칭했다.

○ 이광필이 곽자의를 대신하여 삭방절도사 겸 병마원수가 되었다. 이광필의 호령이 엄정하여 부대에 나아가 한번 호령하면 사졸과 군진과 기치가 분명하게 모두 바뀌었다. 사사명과 싸워 여러 번 패퇴시켰다.

어구 설명

○ 乾元元年, 命郭子儀等九節度討安慶緒. : 乾元 元年에, 郭子儀 等 九節度使에게 명하여 安慶緒를 토벌케 하였다.

 − 乾元 元年 ; 서기 758년. 郭子儀 ; 朔方절도사. 緒 실마리 서. 安慶緒 ; 안록산의 아들.

○ 二年, 史思明引兵救慶緒, 九節度之兵潰于鄴. 思明殺慶緒, 還范陽僭號. : 2년, 史思明이 병력을 거느리고 安慶緒를 구원하면서 9節度使의 군사를 鄴에서 궤멸시켰다. 史思明은 安慶緒를 죽이고 范陽으로 돌아가 황제를 참칭했다.

 − 潰 무너질 궤. 于 어조사 우. ~에서. 於와 同. 范 풀 이름 범, 거푸집 범. 范陽 ; 지금의 베이징 지역.

○ 李光弼代郭子儀, 爲朔方節度使·兵馬元帥. 光弼號令嚴整, 始至, 號令一施, 士卒壁壘, 旗幟精明, 皆變. 與史思明戰屢敗之. : 李光弼이 郭子儀를 대신하여 朔方節度使 겸 兵馬元帥가 되었다. 이광필의 號令이 嚴整하여 부대에 나아가 한번 號令하면 士卒과 軍陣과 旗幟가 분명하게 모두 바뀌었다. 史思明과 싸워 여러 번 패퇴시켰다.

－ 朔方節度使 ; 지금의 陝西 북쪽 長城 지역, 내몽고 지역 관할.
嚴整(엄정) ; 매우 질서 정연함.   始至(시지) ; 한번 (부대에) 도착
하여.

－ 一施(일시) ; 한번 명령하다.   壘 진 루. 성채.   壁壘(벽루) ;
부대의 진지.   旗幟(기치) ; 깃발.

－ 精明(정명) ; 또렷하고 분명함.

(5) ○ 上元元年, 太僕卿李輔國, 遷上皇於西內. 上
皇愛興慶宮, 自蜀歸卽居之, 多御樓. 父老過者, 往
往瞻拜呼萬歲. 上皇常於樓下賜以酒食, 又嘗召將
軍郭英乂等, 上樓賜宴. 輔國言, 上皇居興慶, 日與
外人交通, 陳玄禮·高力士謀不利於上, 數啓上遷
之, 不許. 乘上不豫, 率衆劫遷. 上皇日以不懌, 因
不茹葷, 辟穀, 寖以成疾. ○ 二年, 史朝義殺史思
明. 思明愛少子而惡朝義, 因其敗軍欲斬之, 朝義使
人射殺思明, 而自立. ○ 李光弼爲太尉, 統八道行
營, 鎭臨淮.

○ 상원 원년에, 태복경 이보국이 상황의 거처를 서내로
옮겼다. 상황은 흥경궁을 좋아하여 촉에서 돌아온 이후 바

로 그곳을 거처로 삼았는데 누각에 올라가는 일이 많았다. 지나가는 부로들이 가끔 올려다보고 절을 하며 만세를 부르기도 하였다. 상황은 자주 누하로 술과 음식을 하사했고, 또 곽영예 장군 등을 불러 누각에서 주연을 베풀어주기도 하였다. 이보국은 상황이 흥경궁에 거처하면서 날마다 외인과 접촉하고 진현례나 고력사 등이 폐하에게 불리한 일을 도모하고 있다면서 상황의 거처를 옮길 것을 자주 아뢰었으나 허락하지 않았었다. 이보국은 숙종이 병석에 누운 틈을 타서 무리를 데리고 가서 강제로 (상황의) 거처를 옮겼다. 현종은 날마다 마음이 편치 않았고 육식을 하지 않고 곡기를 피하니 점점 병이 들었다.

○ 2년, 사조의가 사사명을 죽였다. 사사명은 막내아들을 귀여워하고 사조의를 미워하였는데 사조의가 패전하였기에 죽이려 하였으나 사조의가 사람을 시켜 사사명을 사살하고서 스스로 황제가 되었다.

○ 이광필이 태위가 되어 팔도행영을 통합하여 임회에 주둔하였다.

어구 설명

○ 上元元年, 太僕卿李輔國, 遷上皇於西內. 上皇愛興慶宮, 自蜀歸卽居之, 多御樓. 父老過者, 往往瞻拜呼萬歲. 上皇常於樓下賜以酒食, 又嘗召將軍郭英乂等, 上樓賜宴. : 上元 元年에, 太僕卿 李

輔國이 上皇의 거처를 西內로 옮겼다. 上皇은 興慶宮을 좋아하여 蜀에서 돌아온 이후 바로 그곳을 거처로 삼았는데 누각에 올라가는 일이 많았다. 지나가는 父老들이 가끔 올려다보고 절을 하며 만세를 부르기도 하였다. 上皇은 자주 樓下로 酒食을 하사했고, 또 郭英乂 장군 등을 불러 누각에서 주연을 베풀어주기도 하였다.

  – 上元 元年 ; 서기 760년.　僕 종 복. 머슴.　太僕卿(태복경) ; 궁중의 말. 수레. 가마들을 관리하는 太僕寺(태복시)의 책임자.

  – 李輔國(이보국, 704~762년) 本名 靜忠, 後 賜名 輔國, 肅宗時 권력을 장악했던 宦官(환관).

  – 遷 옮길 천. 거처를 옮기다.　上皇 ; 현종.　西內 ; 太極宮. 당의 皇宮 中 大明宮은 東內, 太極宮은 西內, 興慶宮은 南內라 불렀다.

  – 御 어거할 어. 행차하다. 나가다.　往往(왕왕) ; 때때로, 가끔, 지나간 일을 설명할 때 사용.

  – 瞻 볼 첨.　瞻拜 ; 올려다보고 절하다.　呼萬歲(호만세) ; 만세를 부르다.　酒食(주식) ; 술과 음식.

  – 乂 벨 예. 칼이나 낫 같은 도구로 자르다.

○ 輔國言, 上皇居興慶, 日與外人交通, 陳玄禮 · 高力士謀不利於上, 數啓上遷之, 不許. : 李報國은 上皇이 興慶宮에 거처하면서 날마다 外人과 접촉하고 陳玄禮나 高力士 등이 폐하에게 不利한 일을 도모하고 있다면서 상황의 거처를 옮길 것을 자주 아뢰었으나 허락하지 않았다.

  – 陳玄禮 : 중종이 독살 당한 뒤에 韋황후를 제거하는데 현종을

도왔다. 이후 현종 재위 45년간 禁軍을 지휘하면서 현종의 두터운 신임을 받았다. 마외역에서 양국충을 죽여야 한다고 건의했고 양귀비를 자결케 하여 금군의 불평을 가라앉히며 현종을 호위했다.

 - 高力士 ; 환관으로 한때 막강한 권력을 쥐고 있었다.　啓 열계. 문서로 아뢰다.

○ 乘上不豫, 率衆劫遷. 上皇日以不懌, 因不茹葷, 辟穀, 寖以成疾. : 이보국은 숙종이 병석에 누운 틈을 타서 무리를 데리고 가서 강제로 (上皇의) 거처를 옮겼다. 현종은 날마다 마음이 편치 않았고 肉食을 하지 않고 곡기를 피하니 점점 병이 들었다.

 - 乘 탈 승. 이용하다.　豫 미리 예. 안심하다. 즐거움.　不豫 ; 임금의 병환.　劫 위협할 겁.　劫遷(겁천) ; 강제로 옮기다.

 - 懌 기뻐할 역.　不懌(불역) ; 마음이 편치 않다.　茹 먹을 여. 葷 매운 채소 훈.　茹葷(여훈) ; 파, 마늘 등을 먹다. 肉食.

 - 辟 임금 벽. 다스리다. 피할 피.　辟穀(벽곡) ; 곡식을 먹지 않다. 火食을 피하고 生食하다.

 - 寖 잠길 침. 점점, 차츰.

○ 二年, 史朝義殺史思明. 思明愛少子而惡朝義, 因其敗軍欲斬之, 朝義使人射殺思明, 而自立. : 2年, 史朝義가 史思明을 죽였다. 史思明은 막내아들을 귀여워하고 史朝義를 미워하였는데 사조의가 패전하였기에 죽이려 하였으나 사조의가 사람을 시켜 사사명을 사살하고서 스스로 황제가 되었다.

 - 二年 ; 上元 2년 761년.　史朝義 ; 史思明의 아들.　惡 미워할 오.

○ 李光弼爲太尉, 統八道行營, 鎭臨淮. : 李光弼이 太尉가 되어 八道行營을 통합하여 臨淮에 주둔하였다.

－ 統 큰 줄기 통. 통합하다.　八道行營 ; 9절도사 중 자신의 삭방절도사를 제외한 나머지 8개 절도사들의 야전 사령부.

－ 臨淮(임회) ; 지금의 江蘇省 泗洪縣.

(6)　○ 寶應元年, 郭子儀知諸道節度行營, 兼興平 · 定國等軍副元帥, 復入朔方. ○ 上皇崩於西內. 傳位後七年也, 壽七十八. ○ 上寢疾, 聞上皇登遐, 轉劇遂崩. 在位七年, 改元者四, 曰至德 · 乾元 · 上元 · 寶應. 初張皇后與李輔國相表裡, 專權用事, 晚更有隙. 上疾篤, 后召太子謂曰, 輔國久典禁兵, 陰謀作亂, 不可不誅. 太子恐震驚上體不可, 輔國聞其謀. 上崩, 殺后而後引太子立之, 是爲代宗皇帝.

○ 보응 원년에, 곽자의는 제도(여러 도)절도행영 겸 흥평군과 정국군 등 친위군의 부원수가 되어 삭방으로 다시 돌아갔다.

○ 상황이 서내(태극궁)에서 붕어했다. 전위한 뒤 7년이고, 나이는 78세였다.

○ 숙종은 병석에 있었는데 상황이 붕어했다는 소식을

듣고 병세가 악화되어 죽었다. 재위 7년에, 개원은 4번 하였는데 지덕, 건원, 상원, 보응이었다. 전에 장황후와 이보국은 서로 표리가 되어 권력을 휘두르고 마음대로 했었지만 나중에는 틈이 크게 벌어졌었다. 숙종의 병세가 위독하자 장황후는 태자를 불러 말했다. "이보국은 오랫동안 금군을 장악하고 있어 음모를 꾸미고 반란할 수 있으니 죽이지 않을 수 없다." 태자는 숙종을 놀라게 할까 걱정이 되어 불가하다 했고, 이보국은 장황후의 모의를 알았다. 숙종이 죽자, 장황후를 죽이고 태자를 모셔 즉위케 하니, 이가 대종황제이다.

어구 설명

○ 寶應元年, 郭子儀知諸道節度行營, 兼興平·定國等軍副元帥, 復入朔方. : 寶應 元年에, 郭子儀는 諸道(여러 도)節度行營 겸 興平과 定國 등 친위군의 副元帥가 되어 朔方으로 다시 돌아갔다.

 − 寶應 元年 ; 서기 762년. 知 ; 일을 담당하다. 興平, 定國 ; 친위 부대 이름.

○ 上皇崩於西內. 傳位後七年也, 壽七十八. : 上皇이 西內에서 붕어했다. 傳位 후 7년이고, 나이는 78세였다.

 − 崩 무너질 붕. 崩御(붕어)하다. 傳位後七年 ; 756~762년.

○ 上寢疾, 聞上皇登退, 轉劇遂崩. 在位七年, 改元者四, 曰至德·乾元·上元·寶應. : 숙종은 병석에 있었는데 상황이 붕어했다는

소식을 듣고 병세가 악화되어 죽었다. 재위 7년에, 개원은 4번 하였는데 至德, 乾元, 上元, 寶應이었다.

– 寢疾(침질) ; 병석에 눕다. 遐 멀 하. 멀어지다. 登遐(등하) ; 天子의 죽음. 轉 구를 전. 劇 심할 극. 轉劇(전극) ; 병세가 악화되다.

○ 初張皇后與李輔國相表裡, 專權用事, 晚更有隙. 上疾篤, 后召太子謂曰, 輔國久典禁兵, 陰謀作亂, 不可不誅. 太子恐震驚上體不可, 輔國聞其謀. 上崩, 殺后而後引太子立之, 是爲代宗皇帝. : 전에 張皇后와 李輔國은 서로 表裡가 되어 권력을 휘두르고 마음대로 했었지만 나중에는 틈이 크게 벌어졌었다. 숙종의 병세가 위독하자, 張황후는 태자를 불러 말했다. "이보국은 오랫동안 禁軍을 장악하고 있어 음모를 꾸미고 반란할 수 있으니 죽이지 않을 수 없다." 太子는 숙종을 놀라게 할까 걱정이 되어 不可하다 했고, 輔國은 장황후의 모의를 알았다. 숙종이 죽자, 장황후를 죽이고 태자를 모셔 즉위케 하니, 이가 代宗皇帝이다.

– 張皇后 ; 숙종의 황후. 장황후는 숙종의 병세가 위급하자, 태자의 동생에게 태자를 죽이라고 교사하면서 권력을 장악하려는 음모를 꾸몄다. 代宗의 生母는 章敬皇后 吳氏.

– 表裡(표리) ; 겉과 속. 안팎. 관계가 매우 밀접함. 專權用事 ; 권력을 독점하고 정사를 마음대로 처리하다.

– 隙 틈 극. 晚更有隙(만경유극) ; 뒤에는 더욱 틈이 벌어졌다. 篤 도타울 독. 危篤(위독)하다.

– 典 법 전. 일을 맡다. 주관하다. 恐 두려울 공. 걱정하다.

震 벼락 진. 두려워하다. 震驚(진경) ; 겁을 내며 놀라다.

　- 殺后 ; 장황후를 죽이다. 죽이기 전에 庶人으로 폐위하고 죽였기에 '弒(시)' 라 아니하고 殺이라 했다.

【참고】 安史 亂의 영향

❖ 안록산과 사사명의 난은 천보 14년(755년)에 시작되어 代宗이 즉위하는 光德 원년(763년)에 평정이 된다. 장장 9년에 걸친 난을 통하여 당의 통치역량은 크게 약화되었다.

우선 안사의 난 이후 당에 반기를 들었던 장수들을 제거하지 못하여 절도사들의 발호가 계속된다. 당은 이들을 통제할 수가 없었으며 절도사들이 스스로 죽이고 뺏었으면 조정에서는 그대로 지휘권을 인정해 주었다. 절도사는 스스로 그 관내의 관리 임명권을 갖고 있었다. 또 지역의 조세와 재정권을 절도사들이 완전장악하게 된다. 이리하여 절도사를 중심으로 하는 지방 세력이 중앙세력과 대결 국면을 불러오게 되었다.

조정에서는 환관들에게 변경 절도사들을 감독하라고 수시로 파견하였으나 아무런 실효를 거두지도 못하고 오히려 환관의 세력만 키워 주었다.

이 안사의 난 이후 주변 이민족들은 수시로 변경을 침략했다. 그럴수록 당의 군사 유지비는 계속 증가했고 그 폐해는 고스란히 농민들에게 전가 되었다.

결국 안사의 난은 당나라 번영의 끝이면서 쇠락으로 넘어가는 분수령이 되었다.

2) 절도사의 발호

(1) 代宗皇帝, 初名俶, 封廣平王, 爲元帥定兩京, 封楚王, 改成王, 已而爲太子, 改名豫. 至是卽位, 誅李輔國. 以雍王适爲天下兵馬元帥, 率諸將及回紇援兵, 討史朝義, 大敗之. 賊將李懷仙, 斬朝義以降. 以賊將張志忠鎭成德軍, 賜姓名李寶臣. 薛嵩鎭相·衛·邢·洺·貝·磁等州, 田承嗣鎭魏·博·德·滄·瀛等州, 李懷仙鎭盧龍. 朝廷厭苦兵革, 苟冀無事, 因而授之. 諸鎭自爲黨援, 河朔敢抗朝命始此.

대종황제의 처음 이름은 숙으로, 광평왕에 봉해졌고 원수가 되어 양경(장안과 낙양)을 평정하였고, 초왕에 이어 성왕이 되었다가 곧 태자가 되었고 豫(예)로 개명하였다. 이때 즉위하여 환관 이보국을 죽였다. 옹왕 이괄을 천하병마원수에 임명하여 여러 장수와 위구르의 원병을 거느리고 사조의를 토벌케 하여 적을 크게 무찔렀다. 적의 장수 이회선이 사조의를 죽이고 투항했다.

적장이었던 장지충을 성덕군 절도사로 임명하며 이보신이라는 성명을 하사하였다. 설숭은 상주, 위주, 형주, 명주, 패주, 자주를 수비하게 하고, 전승사는 위주, 박주, 덕주, 창주, 영주 등을 수비하게 하였고, 이회선은 노룡을 지키게 하였다.

조정에서는 전쟁의 고통을 싫어하여 그냥 무사하기만을 바라면서 되는대로 군권을 수여하였다. 여러 번진들이 서로 무리를 짓고 돕게 되니 황하 이북에서 조정에 항명하는 일은 이때부터 시작되었다.

唐 代宗(대종)

어구 설명

○ 代宗皇帝, 初名俶, 封廣平王, 爲元帥定兩京, 封楚王, 改成王, 已而爲太子, 改名豫. 至是即位, 誅李輔國. : 代宗皇帝의 처음 이름은 俶(숙)으로, 廣平王에 봉해졌고 元帥가 되어 兩京을 평정하였고, 楚王에 이어 成王이 되었다고 곧 太子가 되었고 豫로 개명하였다. 이때에 즉위하여 환관 이보국을 죽였다.

- 代宗 ; 재위 762~779년. 763년에 安史의 난은 끝나지만 북방 이민족의 外患이 계속되고 절도사들은 발호하고, 환관의 정치 관여가 본격화 된 시대. 대종은 불교를 독실하게 신봉했다.

- 俶 정리할 숙. 뛰어날 척.   兩京 ; 長安(西京)과 洛陽(東京).

太子 ; 758년에 태자로 책봉.　豫 미리 예.

－ 李輔國 ; 대종은 환관 이보국의 전횡을 미워했었다. 이보국은
대종을 해치려던 장황후를 죽이고 대종을 보호하여 즉위하게 한
공로가 있었지만 대종은 이보국을 은밀히 죽였다.

○ 以雍王适爲天下兵馬元帥, 率諸將及回紇援兵, 討史朝義, 大敗
之. 賊將李懷仙, 斬朝義以降. : 雍王 李适을 天下兵馬元帥에 임명
하여 諸將및 回紇의 원병을 거느리고 史朝義를 토벌케 하여 적을
크게 무찔렀다. 賊將 李懷仙이 史朝義를 죽이고 투항했다.(이로
써 8년간 계속된 安史의 亂은 종결된다.)

－ 雍 온화할 옹, 땅이름 옹.　适 빠를 괄.　李适 ; 代宗의 장남.
779년에 덕종으로 즉위.　回紇(회흘) ; 위구르 족.

－ 李懷仙(이회선, ?~768년) ; 안록산의 부장으로 출세 시작,
763년에 史朝義가 숲 속에서 자결하자 그 首級(수급)을 가지고
唐에 투항, 유주절도사가 되었다.

○ 以賊將張志忠鎭成德軍, 賜姓名李寶臣. 薛嵩鎭相 · 衛 · 邢 ·
洺 · 貝 · 磁等州, 田承嗣鎭魏 · 博 · 德 · 滄 · 瀛等州, 李懷仙鎭盧
龍. : 賊將이었던 張志忠을 成德軍 절도사로 임명하며 李寶臣이
라는 성명을 하사하였다. 薛嵩은 相州, 衛州, 邢州, 洺州, 貝州,
磁州를 수비하게 하고, 田承嗣는 魏州, 博州, 德州, 滄州, 瀛州 등
을 수비하게 하였고, 李懷仙은 盧龍을 지키게 하였다.

－ 鎭 ; 鎭守하다. 주둔하다.　成德軍 ; 盛德절도사 휘하의 부대.
李寶臣 ; 史朝義의 舊將. 본명 張志忠.

※ 河北三鎭 ; 成德절도사(李寶臣, 治所는 鎭州), 魏博절도사(田承

嗣, 治所는 魏州), 盧龍절도사(李懷仙, 治所는 幽州).

─ 薛嵩(설숭) ; 안사의 난이 일어나자 당을 배반했다가 762년에 당에 다시 歸降. 난이 평정된 뒤 절도사가 되었다.

─ 洺 강 이름 명.   相州, 衛州, 邢州, 洺州, 貝州, 磁州 ; 地名. 田承嗣(전승사) ; 당에 투항한 적장.   盧龍(노룡) ; 幽州의 별칭. 노룡절도사.

○ 朝廷厭苦兵革, 苟冀無事, 因而授之. 諸鎭自爲黨援, 河朔敢抗 朝命始此. : 朝廷에서는 전쟁의 고통을 싫어하여 그냥 무사하기 만을 바라면서 되는대로 군권을 수여하였다. 여러 번진들이 서로 무리를 짓고 돕게 되니 황하 이북에서 조정에 항명하는 일은 이 때부터 시작되었다.

─ 厭 싫을 염.   兵革(병혁) ; 전쟁.   苟 진실로 구. 임시로, 구차 하게~하다. 눈앞에 보이는 대로.

─ 冀 바랄 기.   苟冀無事(구기무사) ; 우선 편한 그대로 무사하 기를 바라다. 옛 敵將들이 군사업무에 익숙하고 이민족을 잘 안 다고 군사권을 주어 지방에 주둔하게 한 것은 당장은 편했지만 뒷날의 화근을 심은 결과가 되었다.

─ 因而授之(인이수지) ; 되는 대로 (軍權을) 주었다. 투항한 안 록산과 사사명의 부장들에게 그들 세력권의 군부대 지휘권을 부 여하였다.

─ 自爲黨援(자위당원) ; 자신들이 무리를 짓고 서로 돕다.

─ 河朔(하삭) ; 황하 이북 지역에 대한 총칭. 대체로 지금의 山 西, 河北省과 山東의 일부분을 포함한다.

【참고】 安史의 난 이후의 절도사 (1)

❖ 安史의 난 중 당 조정에서는 반군 세력의 확산을 방지한다는 명분으로 약 40명 가까운 절도사를 두었다. 이 절도사들이 관장하는 부대를 藩鎭(번진)이라 하였다. 安史의 난 이전의 절도사는 지역의 軍政만을 담당하였으나 난 이후에는 관찰사와 주의 자사를 겸했기에 민생과 재정권까지 장악한 거대한 지방 세력으로 급성장하였다. 하나의 번진이 보통 2, 3개 주, 강력한 번진은 10여 주를 관장하였기에 번진은 실질적인 지방행정단위였다고 볼 수 있다. 특히 안록산의 난에 가담했었고 당에 투항했다가 절도사로 임명된 번진은 당의 통제에서 벗어나 반 독립적 성향을 띠었다.

위에 나온 유주에 근거지를 둔 노룡절도사와 성덕절도사, 위박절도사는 '河北三鎭'이라 하였는데, 安祿山과 史思明을 받들며 당의 지배를 거부했었다. 이들은 절도사 직을 세습하면서 중앙에 조세를 보내지 않았으며 지방관 임명권을 행사하였다. 이처럼 중앙정부에 반기를 띤 번진을 '反側之地(반측지지)'라 하였다. 하동절도사나 삭방절도사도 당 조정에 반기를 드는 반측지지에 속했고 산동 일대의 군권을 장악하고 있던 淄靑(치청)절도사(平盧절도사라고도 부름, 治所는 靑州) 또한 그러했다.

이에 대하여 당의 지배를 받아들이는 후방의 번진은 '順地(순지)'라 하였다.

이러한 번진체제는 안사의 난 이후 당 멸망 때까지 140여 년을 존속했다. 본문에 보이는 대로 하극상에 의해 절도사를 축출하고 그 자리에 올라도 정부에서 그 지위를 인정해 주었으니 결국 절도사에 의한 망국을 초래할 수밖에 없었다.

(2) 廣德元年, 吐蕃入寇, 上出奔陝州. 吐蕃入長安, 關內副元帥郭子儀擊之, 吐蕃遁去. ○ 二年, 流宦者程元振. 元振初附李輔國, 輔國死, 元振專權, 自恣尤甚. 忌諸將有大功者, 皆欲害之. 吐蕃入, 元振掩蔽不以時奏, 致上狼狽, 中外切齒, 至是流溱州. ○ 臨淮王李光弼卒. 上之幸陝, 光弼不至, 上撫之加厚. 素與子儀齊名, 及在徐州, 擁兵不朝, 麾下諸大將不復尊畏. 光弼愧恨, 成疾而死.

○ 광덕 원년에, 토번인들이 쳐들어와 대종은 합주로 피난했다. 토번이 장안을 점령하자, 관내부원수인 곽자의가 이들을 토벌했고 토번인들은 도주했다.

○ 광덕 2년에 환관인 정원진을 유배시켰다. 정원진은 그 전에 이보국에 붙었었는데, 이보국이 죽은 뒤에 원진은 권력을 마음대로 휘두르며 방자한 행동이 더 심했다. 큰 공을 세운 여러 장수들을 꺼려하면서 누구든 해치려 했다. 토번이 쳐들어왔을 때 정원진은 이를 숨기고 제때에 상주하지 않아 대종을 낭패하게 만들었기에 안팎에서 모두 이를 갈았는데 이때에 진주로 유배되었다.

○ 임회왕인 이광필이 죽었다. 대종이 합주에 피난했을 때 이광필은 황제를 모시지 않았지만 대종은 이광필을 더욱 후하게 대했다. 이광필은 평소에 곽자의와 나란한 명성을 누렸지만 서주에서는 병력을 거느리고도 입조하지 않았기에 휘하의 여러 대장들이 전처럼 두려워하거나 존중하지 않았다. 이광필은 이를 부끄러워하고 후회하다가 병들어 죽었다.

어구 설명

○ 廣德元年, 吐蕃入寇, 上出奔陝州. 吐蕃入長安, 關內副元帥郭子儀擊之, 吐蕃遁去. : 廣德 元年에, 吐蕃人들이 쳐들어와 代宗은 陝州로 피난했다. 吐蕃이 長安을 점령하자, 關內副元帥인 郭子儀가 이들을 토벌했고 토번인들은 도주했다.

  - 廣德 元年 ; 서기 763년.   吐蕃(토번) ; 티벳 고원의 나라 이름. 역사상 黨項(당항), 土谷渾(토욕혼, 谷音 욕)이라 기록. 당 태종 때 문성공주를 시집보내기도 했다.

  - 入寇(입구) ; 외적의 침임.   奔 달아날 분.   陝 땅이름 합(협). 陝州(합주) ; 지금의 하남성 三門陝市. 낙양의 서쪽.

  - 遁 달아날 둔, 숨을 둔.   遁去 ; 도주하다. 달아나 숨다.

○ 二年, 流宦者程元振. 元振初附李輔國, 輔國死, 元振專權, 自恣尤甚. 忌諸將有大功者, 皆欲害之. 吐蕃入, 元振掩蔽不以時奏, 致上狼狽, 中外切齒, 至是流溱州. : 二年에, 환관인 程元振을 유배

시켰다. 정원진은 그 전에 李輔國에 붙었었는데, 이보국이 죽은 뒤에 元振은 권력을 마음대로 휘두르며 방자한 행동이 더 심했다. 큰 공을 세운 여러 장수들을 꺼려하면서 누구든 해치려 했다. 토번이 쳐들어왔을 때 정원진은 이를 숨기고 제때에 상주하지 않아 대종을 낭패하게 만들었기에 안팎에서 모두 이를 갈았는데 이제 진주로 유배되었다.

− 二年 ; 서기 764년. 流 ; 귀양을 보내다. 流配.

− 宦者 ; 환관. 程元振(정원진) ; 이보국과 함께 대종을 옹립했었다. 이보국이 죽은 뒤 禁軍을 장악.

− 恣 방자할 자. 尤 더욱 우. 自恣尤甚(자자우심) ; 스스로 방자함이 더 심했다. 忌 꺼릴 기.

− 掩 가릴 엄. 蔽 덮을 폐. 時奏(시주) ; 제때에 상주하지 않다.

− 狼 이리 낭(랑). 狽 이리 패. 狼狽 ; 일이 뜻대로 되지 않아 형편이 매우 딱한 모양.

− 切齒(절치) ; 이를 갈다. 溱 많을 진. 번성한 모양.

○ 臨淮王李光弼卒. 上之幸陝, 光弼不至, 上撫之加厚. 素與子儀齊名, 及在徐州, 擁兵不朝, 麾下諸大將不復尊畏. 光弼愧恨, 成疾而死. : 臨淮王인 李光弼이 죽었다. 대종이 陝州에 피난했을 때 이광필은 황제를 모시지 않았지만 대종은 이광필을 더욱 후하게 대했다. 이광필은 평소에 곽자의와 나란한 명성을 누렸지만 徐州에서는 병력을 거느리고도 입조하지 않았기에 휘하의 여러 大將들이 전처럼 두려워하거나 존중하지 않았다. 이광필은 이를 부끄

러워하고 후회하다가 병들어 죽었다.

ㅡ 幸 ; 임금의 행차.　撫 어루만질 무.　子儀 ; 곽자의.　齊名
(제명) ; 이름이 같다. 나란히 명성을 누리다.

ㅡ 擁兵不朝(옹병부조) ; 병력을 거느리고도 황제에게 入朝하지
않다.　不復尊畏(불부존외) ; 전처럼 존중하거나 두려워하지 않
다.

ㅡ 愧 부끄러울 괴. 부끄럽게 여기다.

(3) ○ 永泰元年, 平盧將李懷玉, 逐節度使侯希逸,
而自知留後. 詔因而授之, 賜名正己. ○ 叛將僕固
懷恩, 誘回紇·吐蕃入寇. 召郭子儀, 屯涇陽. 懷恩
道死, 二虜爭長不睦. 子儀遣人說回紇, 欲共擊吐
蕃. 先是懷恩欺回紇, 謂子儀已死, 使至, 回紇不信
曰, 郭公在可得見乎. 使還報, 子儀與數騎出, 使人
傳呼曰, 令公來. 回紇大驚, 藥葛羅執弓矢立陣前.
子儀免冑釋甲而進. 諸酋長相顧曰, 是也. 皆下馬羅
拜, 子儀亦下馬, 執手與之語, 取酒相與誓約而還.
吐蕃聞之夜遁, 諸軍與回紇共追, 大破之.

○ 영태 원년에, 평노의 장군 이회옥이 절도사 후희일을

축출하고 스스로 절도사 대리자가 되었다. 조정에서는 무사하기를 바라는 마음으로, 그대로 인정하고 이정기라는 이름을 하사했다.

○ 당나라를 배반한 장수 복고회은이 위구르와 토번을 유인하여 당에 쳐들어왔다. (조정에서는) 곽자의를 불렀고 (곽자의는) 경양에 주둔했다. 복고회은이 도중에 죽자, 위구르와 토번은 서로 주도권을 잡으려 다투며 불화했다. 곽자의는 사자를 위구르 진영에 보내 같이 토번을 공격하자고 유세케 하였다. 이보다 앞서 복고회은은 위구르에게 곽자의는 이미 죽었다고 거짓말을 했었기에 사자가 갔어도 위구르에서는 믿지 않고 "곽공이 살아있다면 뵐 수 있는가?"라고 말했다.

사자가 돌아와 보고를 하자, 곽자의는 기병 몇 명만을 거느리고 나가 "영공이 오셨다"라고 말하게 했다. 위구르인들은 크게 놀랐고, 장수 약갈라는 활과 화살을 잡고 진 앞에 서 있었다. 곽자의는 투구와 갑옷을 벗고 앞에 나섰다. 여러 추장들은 서로 돌아보며 "틀림없다"고 말했다. 그들이 모두 말에서 내려 줄지어 절을 하자, 곽자의도 하마(말에서 내려)하여 그들의 손을 잡고 이야기를 나누었으며 술을 나누고 서로 약속을 한 뒤에 돌아왔다. 토번은 이를 알고서 밤에 후퇴했는데 곽자의 군사는 위구르와 더불어 추격하여 토번인들을 대파하였다.

어구 설명

○ 永泰元年, 平盧將李懷玉, 逐節度使侯希逸, 而自知留後. 詔因而授之, 賜名正己. : 永泰 元年에, 平盧의 將軍 李懷玉이 절도사 侯希逸을 축출하고 스스로 절도사 대리자가 되었다. 조정에서는 무사하기를 바라는 마음으로, 그대로 인정하고 李正己라는 이름을 하사했다.

 - 永泰 元年 ; 서기 765년. 李懷玉(이회옥, 732～781년) ; 高句麗人. 나중에는 15州 군사 지휘. 절도사 직위는 세습도 가능했다.

 - 逐 쫓을 축. 放逐(방축), 逐出(축출). 侯希逸(후희일) ; 人名. 留後(유후) ; 절도사 대리직. 自知留後 ; 스스로 유후가 되다.

 - 詔因而授之 ; (하극상에 의한 자리 차지를) 조칙으로 그대로 직위를 인정해 주다.

○ 叛將僕固懷恩, 誘回紇・吐蕃入寇. 召郭子儀, 屯涇陽. 懷恩道死, 二虜爭長不睦. 子儀遣人說回紇, 欲共擊吐蕃. 先是懷恩欺回紇, 謂子儀已死, 使至, 回紇不信曰, 郭公在可得見乎. : 叛將 僕固懷恩이 위구르와 吐蕃을 유인하여 당에 쳐들어 왔다. (조정에서는) 郭子儀를 불렀고 (곽자의는) 涇陽(경양)에 주둔했다. 복고회은이 도중에 죽자, 위구르와 토번은 서로 주도권을 잡으려 다투며 불화했다. 곽자의는 使者를 위구르 진영에 보내 같이 토번을 공격하자고 유세케 하였다. 이보다 앞서 복고회은은 위구르에게 곽자의는 이미 죽었다고 거짓말을 했었기에 사자가 갔어도 위구르에서는 믿지 않고 "곽공이 살아있다면 뵐 수 있는가?"라고 말했다.

 - 僕固懷恩(복고회은) ; 투르크 족 계통의 유목민족인 敕勒(칙

륵, 鐵勒, 高車族으로도 불림)의 장수. 이들은 당 태종에게 복속하였었다. 복고회은은 朔方節度使였는데 회흘과 토번족을 꾀여당에 반기를 들었다.

— 誘 꾈 유. 유인하다.　回紇(회흘) ; 위구르人.　吐蕃(토번) ; 티베트人.　蕃 우거질 번. 풀이 무성하다. 藩과 동자.　誥 ; 조서로 誥命하다.

— 屯 진 칠 둔.　逕 통할 경.　懷恩道死(회은도사) ; 僕固懷恩은 당나라에 침입하는 도중에 죽었다.

— 虜 포로 노(로). 종. 죄수.　二虜 ; 回紇과 토번.

— 爭長不睦(쟁장불목) ; 서로 주도권을 잡으려 다투고 싸우다. 說 말씀 설. 기쁠 열. 달랠 세. 遊說하다.

— 欺 속일 기.　郭公在可得見乎 ; 곽공이 살아 있다면 뵐 수 있는가?

○ 使還報, 子儀與數騎出, 使人傳呼曰, 令公來. 回紇大驚, 藥葛羅執弓矢立陣前. 子儀免冑釋甲而進. 諸酋長相顧曰, 是也. 皆下馬羅拜, 子儀亦下馬, 執手與之語, 取酒相與誓約而還. 吐蕃聞之夜遁, 諸軍與回紇共追, 大破之. : 사자가 돌아와 보고를 하자, 곽자의는 몇 명의 기병을 거느리고 나가 사람을 시켜 "영공이 오셨다"라고 말하게 했다. 위구르인들은 크게 놀랐고, 장수 약갈라는 궁시를 잡고 진 앞에 서 있었다. 곽자의는 투구와 갑옷을 벗고 앞에 나섰다. 여러 추장들은 서로 돌아보며 "틀림없다"고 말했다. 그들이 모두 말에서 내려 줄지어 절을 하자, 곽자의도 하마(말에서 내려)하여 그들의 손을 잡고 이야기를 나누었으며 술을 나누고 서로 약속을 한 뒤에 돌아왔다. 토번은 이런 사실을 알고서 밤에 철수했는데 곽

자의 군사는 위구르와 더불어 추격하여 토번인들을 대파하였다.

 - 令公來 ; 영공이 오셨다. 당시 곽자의는 中書令의 직함을 갖고 있었다. 驚 놀랄 경. 藥葛羅(약갈라) ; 위구르의 장수.

 - 弓矢(궁시) ; 활과 화살. 免冑釋甲(면주석갑) ; 투구를 벗고 갑옷을 벗다. 酋 두목 추. 顧 돌아볼 고.

 - 是也 ; 맞다. 틀림없다. 羅拜(나배) ; 줄을 지어 절하다.

【참고】 安史의 난 이후의 절도사 (2)

❖ 절도사에 의해 운영되는 번진의 군사들은 절도사의 능력에 따라 모병된 병사들이었다. 이들을 거느리는 절도사 직속의 부하 장수들은 자신의 뜻에 따라 출정을 거부하거나 또는 절도사를 축출하고 스스로 절도사에 오르는 下剋上(하극상)을 수시로 감행하였다. 그러다 보니 절도사는 절도사대로 자신의 친위군이라 할 수 있는 家兵을 조직하고 운영하였다. 이 절도사와 가병들은 擬制的(의제적) 가족관계를 형성하는 경우가 많았다.

절도사들은 부하 장수들의 환심을 사기 위해 재물을 하사하거나 중앙정부에 추천하여 관직을 수여받도록 주선도 해 주었다.

절도사들이 이렇듯 모병을 하고 번진을 유지할 수 있었던 근본 배경은 균전제와 부병제의 붕괴 그리고 폐정에 따른 流民의 대량 증가를 꼽을 수 있다.

물론 당 조정에서도 이들 절도사들의 세력을 꺾으려는 시도도 있었지만 큰 성과를 거두지 못했고 절도사간에 상호 견제도 있어 당 왕조는 명맥을 유지할 수 있었다.

(4) ○ 三年, 幽州將朱希彩, 殺李懷仙. 詔因以希彩領鎭. ○ 大曆五年, 誅宦者魚朝恩. 朝恩在肅宗時, 嘗爲觀軍容使. 軍容之名始此, 九節度相州之敗, 其時也. 至廣德初, 爲天下觀軍容宣慰處置使, 專總禁兵, 勢傾朝野. ○ 大曆初, 判國子監, 升座講鼎覆餗, 以譏宰相. 王瑨怒, 元載怡然. 朝恩曰, 怒者常情, 笑者不可測也. 朝政有不預者, 輒怒曰, 天下事有不由我者邪. 上聞之不懌, 載乘閒奏其專恣不軌, 遂誅之. ○ 七年, 盧龍將殺朱希彩, 而以朱泚領鎭. 詔因授之. ○ 九年, 朱泚以弟滔, 領鎭, 而入朝.

○ 대력 3년, 유주의 장수 주희채가 절도사 이회선을 살해하였다. 조정에서는 하는 수없이 조서를 내려 주희채가 부대를 거느리게 하였다.

○ 대력 5년, 환관 어조은을 주살하였다. 어조은은 숙종 때 일찍이 관군용사가 되었었다. 관군용사의 직명은 이로부터 시작되었는데 9절도사의 대군이 상주에서 패퇴할 때였다. 광덕 초년에, 천하관군용선위처치사가 되었고, 금군 전체를 총괄하면서 권세가 조야에서 제일이었다.

○ 대력 초년에, 국자감의 일을 주관하면서 강술하는 자리에 나가 (주역의) '솥이 기울면 음식을 쏟게 된다(정복

속).'를 강의하면서 재상들을 은근히 비꼬았다. (재상인) 왕진은 화를 냈지만 원재는 웃고 말았다. 어조은은 "화를 내는 것은 보통의 감정이지만 웃는 것은 그 마음을 알 수 없다."고 말했다. 나라의 일에 간여하지 못하는 일이 있으면 그때마다 화를 내며 말했다. "천하에 나를 거치지 않는 일이 있을 수 있는가?" 대종은 이런 말을 듣고 기분이 좋지 않았다. 원재가 틈을 보아 어조은의 방자함과 불충함을 상주하자 마침내 죽여 버렸다.

○ 대력 7년에, 노용진의 장수들이 주희채를 죽이고 주자가 부대를 거느리게 하였는데 조서로 군권을 인정해 주었다.

○ 9년에, 주자는 동생 주도에게 부대를 거느리게 하고 자신이 입조하였다.

어구 설명

○ 三年, 幽州將朱希彩, 殺李懷仙. 詔因以希彩領鎭. : 대력 3년, 幽州의 장수 朱希彩가 절도사 李懷仙을 살해하였다. 조정에서는 하는 수없이 조서를 내려 주희채가 부대를 거느리게 하였다.

 ─ 三年 ; 大曆 三年, 서기 768년.   朱希彩(주희채, ?~772년) ; 幽州(유주, 北京 一帶) 李懷仙의 部下, 朝廷에서는 王縉(왕진)을 새로운 幽州節度使로 부임시켰으나 주희채의 교묘한 방해로 임무를 수행하지 못하고 돌아왔다. 이에 조정에서는 주희채를 정식으

로 임명해 주었고 나중에는 郡王의 작위까지 내려야만 했다. 이런 사례는 唐 조정이 절도사를 통제하지 못했다는 확실한 증거이다.

○ 大曆五年, 誅宦者魚朝恩. 朝恩在肅宗時, 嘗爲觀軍容使. 軍容之名始此, 九節度相州之敗, 其時也. 至廣德初, 爲天下觀軍容宣慰處置使, 專總禁兵, 勢傾朝野. : 대력 5년, 환관 魚朝恩을 주살하였다. 어조은은 肅宗 때 일찍이 觀軍容使가 되었었다. 관군용사의 직명은 이로부터 시작되었는데 9절도사의 대군이 相州에서 패퇴할 때였다. 廣德 초년에, 天下觀軍容宣慰處置使가 되었고, 禁兵 전체를 총괄하면서 권세가 朝野(조정 안팎)에서 제일이었다.

– 大曆 五年; 서기 770년.   魚朝恩(어조은, 721~770년) ; 현종, 숙종, 代宗 3대를 섬긴 환관. 한때 군권을 장악했고 領國子監事로 국자감의 일까지 담당했고 五經을 강의했었다.

– 觀軍容使(관군용사) ; 觀軍容宣慰處置使의 줄임. 절도사의 군사업무를 감찰. 魚朝恩은 禁軍인 神策軍을 지휘하기도 했다.

– 九節度相州之敗, 其時也 ; 이광필 등 9절도사의 병력이 相州에서 패퇴한 그때였다. 安史의 난이 한창이던 759년의 일.

– 廣德初 ; 대종 즉위 다음 해, 763년.   專總禁兵(전총금병) ; 수도에 주둔하는 전체 금군을 총괄하다.

– 傾 기울 경. 다하다. 진력하다. 높다. 능가하다.   朝野 ; 조정 대신과 백성. 天下.

○ 大曆初, 判國子監, 升座講鼎覆餗, 以譏宰相. 王瑨怒, 元載怡然. 朝恩曰, 怒者常情, 笑者不可測也. 朝政有不預者, 輒怒曰, 天下事有不由我者邪. 上聞之不懌, 載乘閒奏其專恣不軌, 遂誅之. :

大曆 초년에, 國子監의 일을 주관하면서 상술하는 자리에 나가 (易經의) '솥이 기울면 음식을 쏟게 된다(鼎覆餗).'를 강의하면서 宰相들을 은근히 비꼬았다. (재상인) 王瑨(혹은 縉)은 화를 냈지만 元載는 웃고 말았다. 어조은은 "화를 내는 것은 보통의 감정이지만 웃는 것은 그 마음을 알 수 없다."고 말했다. 나라의 일에 간여하지 못하는 일이 있으면 그때마다 화를 내며 말했다. "天下에 나를 거치지 않는 일이 있을 수 있는가?" 代宗은 이런 말을 듣고 기분이 좋지 않았다. 元載가 틈을 보아 어조은의 방자함과 불충함을 상주하자 마침내 죽여 버렸다.

 ─ 大曆 初 ; 대력 원년, 766년.　判國子監(판국자감) ; 국자감의 최고위 자리.　升 되 승. 오르다(登, 昇과 同).

 ─ 鼎 솥 정. 세 발 달린 솥. 釜(부)는 발이 없는 솥.　覆 뒤집힐 복. 엎어지다.　餗 죽 속. 솥 안에 든 음식물.

 ─ 鼎覆餗(정복속) ; 솥의 3개 발 높이가 다르다면 불균형이라 솥이 넘어지고 음식물이 쏟아진다는 뜻.《易經》의 〈鼎〉괘를 설명하는데서 나오는 말. 三足은 三相을 의미.

 ─ 譏 나무랄 기. 은근히 비웃다. 풍자하다.　瑨 아름다운 돌 진. 怡 기쁠 이.

 ─ 元載(원재, ?~777년) ; 代宗 時에 中書侍郎同平章事 곧 宰相으로 있었다.　怡然(이연) ; 즐거워하는 모양.

 ─ 笑者不可測也 ; 웃는 자는 그 속마음을 헤아릴 수 없다.　預 미리 예. 참여하다. 간여하다.

 ─ 邪 간사할 사. 어조사 야. 의문어조사.　天下事有不由我者邪

; 天下事에 나를 거치지 않을 일이 있는가?

- 懌 기뻐할 역.　不懌 ; 기분이 좋지 않다.　載 실을 재. 여기서는 人名. 元載.　乘 탈 승. 기회를 이용하다.

- 閒 틈 간(間의 本字), 사이 간. 한가할 한.　乘閒(승간) ; 틈을 보아.　專恣(전자) ; 제멋대로 방자함.　不軌(불궤) ; 不忠.

○ 七年, 盧龍將殺朱希彩, 而以朱泚領鎭. 詔因授之. 九年, 朱泚以弟滔, 領鎭, 而入朝. : 대력 七年에, 盧龍鎭의 장수들이 朱希彩를 죽이고 朱泚가 부대를 거느리게 하였는데 조서로 군권을 인정해 주었다. 九年에, 朱泚는 동생 朱滔에게 부대를 거느리게 하고 자신이 입조하였다.

- 七年 ; 대력 7년, 서기 772년.　朱希彩(주희채) ; 앞서 이회선을 죽이고 스스로 절도사가 된 장군.　泚 물이 맑을 자.

- 滔 물이 넘칠 도.

【참고】 환관의 전횡(1)

❖ 소설 《삼국연의》의 독자라면 누구든 後漢 말기의 黃巾賊(황건적)의 난과 환관 十常侍(십상시)의 발호를 기억하고 있다. 사실 환관들의 하는 일이란 것이 궁중의 출입문을 지키고 관리하거나 황제와 大臣 간에 문서를 나르는 심부름이나 궁중 생활의 잡역을 담당하는 것이 전부였다.

당나라에서 환관이 고위직에 나가고 정치에 관여하기 시작한 것은 현종 때였다. 현종은 中宗이 독살당한 뒤, 중종의 韋皇后(위황후)를 죽이고 예종을 즉위시키는데 환관 高力士의 힘을 빌렸다.

현종이 즉위한 뒤, 開元 원년에 高力士는 우감문장군이 되어 內侍省(내시성)의 일을 함께 담당했다. 그 전에 태종이 만든 제도로는 내시성에 삼품 관리를 둘 수 없었지만, 고력사가 三品장군을 제수 받는 뒤로 삼품관도 많아지고 환관도 크게 늘어나 환관이 3천 명이나 되었다. 이후 환관의 관아를 총칭하는 北司는 조정대신들의 행정체계의 총칭인 南衙(남아)의 상대적 조직이 되었다.

안사의 난 이후 현종이 물러나고 肅宗이 즉위하면서 환관 李輔國(이보국)은 天下兵馬大元帥府行軍司馬가 되어 환관으로서 권력을 행사하였다. 安史의 亂이 平定된 뒤에는 환관들이 지방의 번진에 대한 감독관으로 파견되기 시작했는데 결국 환관과 번진의 결탁이 이루어진다.

환관 程元振(정원진)은 代宗을 옹립하였고, 환관 魚朝恩(어조은)은 觀軍容宣慰處置史가 되어 수도와 황궁을 방위하는 禁軍을 장악하였다.

이후 환관에 의해 황제가 옹립되었기에 황제는 '門生天子(환관의 문하생인 천자)' 라는 말이 생기게 되었다. 당나라 말기 어지러운 정치는 환관들의 황제 옹립과 정치관여가 큰 몫을 차지했다.

(5) ○ 十二年, 有告元載圖不軌者, 按問賜死. 籍其家, 胡椒至八百斛, 他物稱是. ○ 以楊綰・常袞同平章事. 綰素淸儉. 制下, 郭子儀方宴, 減坐中聲樂五分之四. 京兆尹黎幹, 騶從甚盛, 卽日省之, 止存十騎. 縮相三月而卒. 上痛悼之曰, 天乎, 不欲朕致太平. 何奪朕楊縮之速也. ○ 十四年, 田承嗣卒, 姪悅代之. ○ 淮西將李希烈, 逐節度使. 詔因以鎭授希烈. ○ 上在位十八年, 改元者三, 曰廣德·永泰·大曆. 崩, 太子立, 是爲德宗皇帝.

○ 대력 12년에, 원재가 불충한 짓을 꾀한다고 밀고하는 자가 있어 원재를 조사하고 심문한 뒤 자살을 명하여 죽였다. 집안 재산을 몰수하였는데 후추가 8백 곡(섬)이나 나왔고 다른 물건들도 이와 비슷했다.

○ 양관과 상곤을 동평장사에 임명하였다. 양관은 평소에 청렴하고 검소하였다. 황제의 결재가 나자, 연회를 베풀던 곽자의는 자리의 노래하는 기녀와 악사를 5분의 4를 줄였다. 경조윤 여간은 거느리는 호위가 매우 성대했었는데 당장 숫자를 줄여 겨우 10여기만 남겨 두었다. 양관은 재상이 된 지 3개월 만에 죽었다. 대종은 심히 애도하면서 말했다. "하늘 뜻인가! 하늘은 짐이 태평성대를 이루려는 것을 원치 않는가? 짐의 양관을 어찌 이리 빨리 데려가는가!

○ 14년, 절도사 전승사가 죽었는데, 그의 조카 전열이 직위를 이어받았다.

○ 회서의 장수 이희열이 그 절도사를 축출하였다. 조서

를 내려 부대를 그대로 이희열에게 주었다.

○ 대종은 재위 18년에 죽었다. 개원을 3번 했는데, 광덕, 영태, 대력이다. 대종이 죽고 태자가 즉위하니, 이가 덕종 황제이다.

어구 설명

○ 十二年, 有告元載圖不軌者, 按問賜死. 籍其家, 胡椒至八百斛, 他物稱是. : 大曆 十二年에, 元載가 불충한 짓을 꾀한다고 밀고하는 자가 있어 원재를 조사하고 심문한 뒤 자살을 명하여 죽였다. 집안 재산을 몰수하였는데 후추가 8백 곡(섬)이나 나왔고 다른 물건들도 이와 엇비슷했다.

– 十二年 ; 서기 777년.　按 누를 안. 헤아리다. 조사하다.　按問 ; 죄를 조사하고 審問(심문)하다.

– 籍 책 적. 호적. 장부. 기록하다. 죄인의 재산을 기록하고 몰수하다(籍沒).　椒 산초나무 초.　胡椒(호초) ; 후추.

– 斛 10말(斗)들이 곡. 한 섬.　稱 일컬을 칭. 칭찬하다. 저울(질하다). 걸맞다.

○ 以楊綰·常袞同平章事. 綰素清儉. 制下, 郭子儀方宴, 減坐中聲樂五分之四. 京兆尹黎幹, 騶從甚盛, 卽日省之, 止存十騎. 綰相三月而卒. 上痛悼之曰, 天乎, 不欲朕致太平. 何奪朕楊綰之速也. : 楊綰과 常袞을 同平章事에 임명하다. 양관은 평소에 清儉하였다. 황제의 결재가 나자, 연회를 베풀던 곽자의는 자리의 歌妓와 악사 五分의 四를 줄였다. 京兆尹 黎幹은 거느리는 호위가 매우 성

대했었는데 당장 숫자를 줄여 겨우 10여기만 남겨 두었다. 양관은 재상이 된 지 3개월 만에 죽었다. 대종은 심히 애도하면서 말했다. "하늘의 뜻인가! 하늘은 짐이 태평성대를 이루려는 것을 원치 않는가? 짐의 양관을 어찌 이리 빨리 가는가!"

　– 綰 얽어맬 관.　楊綰(양관) ; 唐의 청렴한 재상.

　– 袞 곤룡포 곤.　常袞(상곤, 729~783년) ; 人名. 환관인 魚朝恩이 國子監의 長이 되는 것을 강력 반대했었다.

　– 同平章事 ; 재상급 직위.　制 ; 법 제. 帝王의 명령.　制下 ; 황제의 裁可가 나다.　聲樂(성악) ; 歌妓와 樂士.

　– 京兆尹(경조윤) ; 장안성의 행정 책임자.　黎 검을 여(려).　黎幹(여간) ; 人名.　騶 말 먹이는 사람 추.　騶從 ; 기마호위병.

　–省 살필 성. 덜 생. 줄이다. 간략하게 하다.　痛 아플 통.　悼 슬퍼할 도.

○ 十四年, 田承嗣卒, 姪悅代之. 淮西將李希烈, 逐節度使. 詔因以鎭授希烈. 上在位十八年, 改元者三, 曰廣德·永泰·大曆. 崩, 太子立, 是爲德宗皇帝. : 14년, 절도사 田承嗣가 죽었는데, 그의 조카 田悅이 직위를 이어받았다. 淮西의 장수 李希烈이 그 節度使를 축출하였다. 詔書를 내려 부대를 그대로 이희열에게 주었다. 대종은 在位 18年에 죽었다. 改元을 3번 했는데, 廣德, 永泰, 大曆이다. 대종이 죽고 太子가 즉위하니, 이가 德宗皇帝이다.

　– 十四年 ; 서기 779년.　姪 조카 질.　悅 ; 田悅, 人名.

　– 在位十八年 ; 762~779년. 廣德 ; 763~764년. 永泰 ; 765~766년, 大曆 ; 766~779년.

3) 내분과 이민족의 침입

(1) 德宗皇帝, 名适. 自雍王爲太子, 至是卽位. ○ 常袞以欺罔貶, 崔祐甫同平章事. 祐甫欲收時望, 未二百日, 除官八百人. 上曰, 人謗卿所用多涉親故何也. 對曰, 臣爲陛下擇人, 不敢不愼. 非親非故, 何以諳其才行用之. ○ 淄靑李正己, 畏上威名, 表獻錢三十萬緡. 崔祐甫請, 遣使慰勞淄靑將士, 因以賜之. 正己慚服, 天下以爲太平庶幾可望. ○ 上方勵精求治, 不次用人. 祐甫薦楊炎, 自司馬除爲同平章事. 旣而祐甫病不視事.

덕종황제의 이름은 괄이다. 옹왕에서 태자가 되어 이때에 즉위하였다.

○ 상곤은 황제를 속인 죄로 폄직되고 최우보가 동평장사가 되었다. 최우보는 신망을 얻으려고 (동평장사가 된 지) 2백일이 되지도 않아 관직을 제수한 사람이 8백 명이나 되었다. 덕종이 "사람들은 경이 등용하는 사람들이 친척이나 아는 사람이 많다고 비방을 하는데, 어찌된 일인가?"라고 물었다. 최우보는 "신은 폐하를 위하여 인재를 고르고 있기에 조심하지 않을 수 없습니다. 친척이나 아는 사람이 아니라면 그 능력이나 행실을 어찌 알고 채용하겠

습니까?"라고 대답하였다.

○ 치주와 청주의 절도사 이정기는 황제의 위엄과 명망을 두려워하여 돈 30만 꿰미를 바치겠다는 글을 올렸다. 최우보는 숙종에게 사자를 보내어 치주와 청주의 장사들을 위로하면서 겸해서 그 돈을 장사들에게 하사하자고 요청했다. 이정기는 부끄러웠지만 심복하였고, 천하의 사람들은 태평성대를 거의 이룰 수 있으리라고 생각하였다.

○ 덕종은 힘써 바른 정치를 간절히 소망하여 직급에 구애받지 않고 인재를 등용하였다. 최우보가 양염을 추천하자, 지방의 사마에서 바로 동평장사를 제수하였다. 곧 최우보는 병이 들어 정사를 돌볼 수 없었다.

唐 德宗(덕종)

○ 德宗皇帝, 名适. 自雍王爲太子, 至是卽位. : 德宗皇帝의 이름은 适이다. 雍王에서 太子가 되어 이때에 즉위하였다.

- 德宗皇帝 ; 代宗의 長子. 在位 26年(779~805년). 宰相 楊炎 建議를 받아들여 兩稅法을 시행하여 국가 재정의 충실을 기했고 藩鎭(번진) 세력을 꺾고 중앙집권을 강화하려 노력했지만 큰 성과를 거두지 못했다.

○ 常袞以欺罔貶, 崔祐甫同平章事. 祐甫欲收時望, 未二百日, 除官八百人. 上曰, 人謗卿所用多涉親故何也. 對曰, 臣爲陛下擇人, 不敢不愼. 非親非故, 何以諳其才行用之. : 常袞은 황제를 속인 죄로 폄직되고 최우보가 同平章事가 되었다. 최우보는 신망을 얻으려고 (동평장사가 된 지) 2백일이 되지도 않아 관직을 제수한 사람이 8백 명이나 되었다. 덕종이 "사람들은 경이 등용하는 사람들이 친척이나 아는 사람이 많다고 비방을 하는데, 어찌된 것인가?"라고 물었다. 최우보는 "臣은 폐하를 위하여 인재를 고르고 있기에 조심하지 않을 수 없습니다. 친척이나 아는 사람이 아니라면 그 능력이나 행실을 어찌 알고 채용하겠습니까?" 라고 대답하였다.

- 常 언제나 상. 법도. 일찍이. 성씨. 袞 곤룡포 곤.

- 欺 속일 기. 罔 그물 망. 그물질하다. 덮어 씌워서 속이다. 欺罔 ; 속이다. 貶 떨어트릴 폄. 폄직하다.

- 祐 도울 우. 崔祐甫(최우보, 721~780년) ; 정식 직책은 門下侍郎 同中書門下平章事임.

– 時望(시망) ; 그 당시의 신망, 人望. 일시적인 인기.　除官(제관) ; 관직을 除授하다. 관직에 임용하다.

– 謗 헐뜯을 방. 비방하다.　涉 건널 섭. 이르다. 통하다.　親故 ; 친척이나 아는 사람.　非親非故 ; 친척이나 아는 사람이 아니라면.

– 諳 외울 암. 기억하다. 알다.

○ 淄靑李正己, 畏上威名, 表獻錢三十萬緡. 崔祐甫請, 遣使慰勞淄靑將士, 因以賜之. 正己慚服, 天下以爲太平庶幾可望. : 淄靑의 절도사 李正己는 황제의 위엄과 명망을 두려워하여 돈 30만 꿰미를 바치겠다는 글을 올렸다. 崔祐甫는 숙종에게 사자를 보내어 치주와 청주의 將士들을 위로하면서 겸해서 그 돈을 장사들에게 하사하자고 요청했다. 이정기는 부끄러웠지만 심복하였고, 천하의 사람들은 태평성대를 거의 이룰 수 있으리라고 생각하였다.

– 淄 검은 빛 치.　淄州 ; 山東의 地名.　靑 ; 靑州, 山東의 지명.　李正己(732~781년) ; 原名 李懷玉. 高句麗人. 平盧淄靑節度使.

– 畏 두려워할 외.　上 ; 황제, 덕종.　威名 ; 위엄과 명성.　表 신하가 황제에게 올리는 글.　緡 낚싯줄 민. 돈꿰미. 꿰미는 1,000錢(전).

– 因以賜之(인이사지) ; 겸해서(因) 30만 꿰미를(以) 치주, 청주의 將士들에게(之) 하사하십시오(賜).

– 慚 부끄러울 참.　服 ; 복속하다. 眞心으로 服從하다.　天下 ; 天下의 사람들.　以爲 ; 생각하다.

- 庶 많을 서. 벼슬이 없는 사람. 거의. 幾 기미 기 . 얼마. 庶幾 ; 가까웁다. 가까움. 庶幾可望(서기가망) ; 거의 희망을 가질 수 있다. 기대할 수 있다.

○ 上方勵精求治, 不次用人. 祐甫薦楊炎, 自司馬除爲同平章事. 旣而祐甫病不視事. : 덕종은 힘써 바른 정치를 간절히 소망하여 직급에 구애받지 않고 인재를 등용하였다. 최우보가 楊炎을 추천하자, 지방의 司馬에서 바로 同平章事를 제수하였다. 곧 최우보는 병이 들어 정사를 돌볼 수 없었다.

- 上 ; 德宗. 方 바야흐로. 勵 힘쓸 려(여). 精求 ; 간절히 얻으려 하다. 治 ; 治世. 모범적인 정치.

- 不次(불차) ; 순서를 따르지 않다. 직급에 구애받지 않다. 유능한 관리를 몇 직급 올려 등용하는 일.

- 薦 추천할 천. 楊炎(양염, 727~781년) ; 兩稅法 創案하고 추진한 재상.

唐代의 茶道文化(다도문화)

【참고】 중국인과 차

❖ 중국인들의 일상생활에서 '開門七件事' (일곱 가지 필수품)로 땔감, 쌀, 기름, 소금, 간장, 식초 그리고 차(茶)를 꼽는다. 적어도 이 정도는 준비되어야 신혼살림도 시작할 수 있고 또 일상적인 하루가 시작될 수 있는데 그 중에 차가 들어 있다는 것이 우리하고 크게 다른 점이다. 어찌 보면 중국인들이 인류의 식생활 내지 기호품에 가장 크게 기여한 것은 바로 茶라고 할 수 있다. 중국인들은 '차라리 하루 쌀이 없을지언정(寧可一日無米), 하루라도 茶가 없을 수 없다(不可一日無茶).'고 한다.

차의 원산지는 중국 四川省이나 雲南省 일대로 알려졌다. 중국인들은 '사천의 다관은 천하에서 제일이고(四川茶館甲天下), 성도의 다관은 사천에서 제일이다(成都茶館甲四川).'라는 말을 한다. 지금은 세계의 많은 사람들이 차를 마시고 있지만 중국에서 차가 음료로 일반화되기는 술(酒)보다 훨씬 늦었다. 처음에는 차가 약재로만 쓰였는데 오랫동안 약재로 사용하다 보니 사람들은 차가 치료뿐만 아니라 열을 내리고 해갈에도 좋고, 정신을 맑게 하며 향과 맛이 좋아 음료품으로도 우수하다는 것을 알게 되었다.

이에 재배하고 따서 말리고 조제하는 방법이 개량되면서 飮茶(음다)의 풍습이 점차 확산되어 당나라 때부터 많은 사람들이 일상적으로 차를 마시게 되었다.

당 이전의 문헌에는 茶(씀바귀 도), 檟(가나무 가), 茗(차의 싹 명), 荈(늦깎이 차 천)이 茶의 뜻으로 쓰였다. 茶(도)는 일종의 쓴 나물이다. 당대에는 茶와 茶가 음이 비슷하여 서로 혼용되었지만 '茶' 에서 획을 하나 뺀 '茶'자를 써서 마시는 차의 뜻으로만 전용했다.

실제로 좋은 차는 마음을 깨끗하고 정신을 맑게 해주며, 가슴을 시원하게 열어주고 졸음을 쫓아주면서도 해갈에 도움이 된다.

그러나 좋은 차를 운치 있게 마시는 것은 그리 쉬운 일이 아니다. 좋은 차를 마시는데 9가지 어려움(九難)이 있다고 하였으니, 차의 제조, 감별, 다기(그릇), 불, 물, 굽기(炙), 가루 만들기(末), 끓이기, 마시기(飮)가 모두가 어렵다고 했다.

또 차의 향을 4가지로 구분하였는데 이 경지에 이르기도 그리 쉬운 일은 아니었다고 한다. 차의 4가지 향이란 眞香, 蘭香, 淸香, 純香(순향)을 말하는데 겉과 속이 같은 것이 순향이고, 알맞게 익은 것이 청향, 불기운이 고른 것이 난향, 비오기 전 싱그러움을 머금은 것이 진향이라고 한다.

차는 중국인들에게 일상생활의 일부였다. 당나라 때 이미 '양식 없이 삼 일을 지낼 수 있지만 차 없이는 하루를 지낼 수 없다'는 말이 있을 정도였다. 따라서 중국의 차 산업은 당나라 때부터 본격적으로 발달하였다.

(2) ○ 建中元年, 始作兩稅法. 唐初賦斂之法, 有田則有租, 有身則有庸, 有戶則有調. 玄宗之末, 版籍浸壞, 至德兵起. 所在賦斂, 迫趣取辦, 無復常準. 下戶不勝困弊, 率皆逃徙. 至是楊炎建議. 先計州縣每歲所用, 及上供之數, 而賦於人, 量出以制入. 戶無主客, 以見居爲簿, 人無丁中, 以貧富爲差. 爲行商者, 在所州縣, 稅三十之一, 居人之稅, 秋夏兩徵之, 其租庸調雜徭悉省.
○ 崔祐甫卒.

○ 건중 원년에, 양세법을 시작했다. 당 초기의 세금을 부과하고 징수는 토지에 대해서 조, 신체(사람)에 대해서는 용, 호구에 대해서는 調(조)를 거두었다. 현종 말기에 토지대장과 호적대장이 점차 무너지고 숙종 지덕 연간에는 안록산의 병란이 일어났다. 부세를 해야 할 대상을 핍박하며 징수하였고 일정한 기준이 없었다. 농민들은 생활고와 폐정을 견디지 못하고 대개가 도주하거나 옮겨가 버렸다.

이때, 양염이 건의하였다. 먼저 각 주와 현에서는 매년에 소요되는 비용과 중앙에 보낼 양을 계산하고 주민에게 부과하게 하였으니 지출을 헤아려 수입을 제한한 것이다. 민호에는 주호와 객호의 구분이 없이 거주 상황대로 장부를 기록하였으며, 인정(사람)에 정남과 중남의 구분이 없었으며 빈부에 따라 차등을 두었다. 상업에 종사하는 자는 살고 있는 주나 현에 30분의 1을 상세로 내었고, 거주하는 농민에 대한 세금은 여름과 가을에만 징수하였고 조용조의 부담과 잡세와 요역은 모두 없앴다.

○ 崔祐甫가 죽었다.

어구 설명

○ 建中元年, 始作兩稅法. 唐初賦斂之法, 有田則有租, 有身則有庸, 有戶則有調. : 建中 元年에, 兩稅法을 시작했다. 唐 초기의 세금을 부과하고 징수는 토지에 대해서 租, 身體(사람)에 대해서는 庸, 戶口에 대해서는 調를 거두었다.

- 建中 元年 ; 서기 780년.   兩稅法(양세법) ; 여름(6월)과 가을(11월) 두 차례 세금을 징수한다는 의미. 부과 기준에 貧富의 차등을 두었고, 現物 위주의 조용조 세법에서 金納도 가능토록 제도 개선이 이루어졌으며 농민부담 경감과 국고수입 증대가 주 목적이었다.

 - 賦 구실 부. 부역, 부과하다.   斂 거둘 렴. 징수하다. 모으다. 賦斂(부렴) ; (각종 賦稅를) 부과하고 거두다.

 - 有田則有租 ; 토지가 있으면 租가 있다. 租(세금 조) ; 정확히는 토지에 대한 세금. 지금은 보통 租稅(조세)라는 용어를 쓰지만 본래 土地의 소유주에 따라 公田 私田의 구분이 있다. 공전을 경작하는 농민이 국가에 납부하는 부담이 곧 租이고, 사전을 경작하는 농민으로부터 거둬들인 소작료 수입에 대한 부담이 稅였다.

 - 庸 쓸 용. 농민(男)이 국가에 자신의 노동력을 제공해야 하는 부담.(1년 20일)   有身則有庸 ; 몸이 있다면 庸이 있다. 庸의 부여 기준은 연령.

- 戶 집 호. 가옥, 주민. 특정 직업인.(예, 鹽戶, 獵戶)   有戶則有調 ; 호적이 있다면 調가 있다. 지역 특산물이나 비단 같은 實物 징수하는 戶口 단위로 부과.

○ 玄宗之末, 版籍浸壞, 至德兵起. 所在賦斂, 迫趣取辦, 無復常準. 下戶不勝困弊, 率皆逃徙. : 玄宗 말기에 토지대장과 호적대장이 점차 무너지고 숙종 至德 연간에는 안록산의 병란이 일어났다. 부세를 해야 할 대상을 핍박하며 징수하였고 일정한 기준이 없었다. 농민들은 생활고와 폐정을 견디지 못하고 대개가 도주하거나 옮겨가 버렸다.

- 玄宗之末 ; 天寶 연간(742 ~755년).   版 널빤지 판. 圖版, 토지대장.   籍 문서 적. 호적. 人口를 기록한 호적대장.

- 浸 잠길 침. 점점, 점차로.   壞 무너질 괴.   浸壞 ; 점차 무너지다. 없어지고 기록이 부실하다.   至德 ; 숙종 연호. 756~757년.

- 兵起 ; 안록산의 난 발발.   所在賦斂(소재부렴) ; 부과하고 징수해야 할 곳. 賦稅의 대상. 곧 농민.

- 迫 닥칠 박. 다급하다. 다그치다.   趣 달릴 취. 재촉할 촉(促과 同).   迫趣(박촉) ; 재촉하다. 핍박하다.

- 取 취할 취. 얻다. 손에 쥐다.   辦 힘쓸 판. 처리하다.   取辦(취판) ; 징수하다. 받아내다.

- 準 평평한 준. 기준.   常準 ; 일정한 기준.   下戶 ; 농민.   困 괴로울 곤. 곤궁함.   弊 옷이 낡을 폐. 폐단. 피폐.

- 率 거느릴 솔. 비율. 대체로.   率皆(솔개) ; 대개가 다.   逃 달

아날 도. 도망하다.   徙 옮길 사. 이사하다.

○ 至是楊炎建議. 先計州縣每歲所用, 及上供之數, 而賦於人, 量出以制入. 戶無主客, 以見居爲簿, 人無丁中, 以貧富爲差. : 이때, 楊炎이 建議하였다. 먼저 각 州와 縣에서는 每년에 소요되는 비용과 중앙에 보낼 양을 계산하고 주민에게 부과하게 하였으니 지출을 헤아려 수입을 제한한 것이다. 민호에는 主戶와 客戶의 구분이 없이 거주 상황대로 장부를 기록하였으며, 人丁(사람)에 정남과 中男의 구분이 없었으며 빈부에 따라 차등을 두었다.

 – 所用 ; 쓸 곳. 소요 비용.   上供(상공) ; 중앙에 바칠 양.

 – 賦 ; 부과하다.   量出以制入 ; 지출을 헤아려 稅入을 제한했다.(量出制入의 원칙)

 – 主客 ; 主戶(本貫 戶)와 客戶(外來 戶).   以見居爲簿(이견거위부) ; 거주현황을 보고 장부를 만들다.(거주지 중심 세금 부과 및 징수의 원칙)

 – 人無丁中 ; 부역의 대상이 되는 人丁에 丁男과 中男의 구분이 없다. 16세 이상을 中男, 21세 이상은 丁男이라 구분했었다.

 – 以貧富爲差 ; 빈부에 따라 차등을 두었다.(빈부에 따를 차등 부과의 원칙)

○ 爲行商者, 在所州縣, 稅三十之一, 居人之稅, 秋夏兩徵之, 其租庸調雜徭悉省. : 상업에 종사하는 자는 살고 있는 주나 현에 30분의 1을 商稅로 내었고, 거주하는 농민에 대한 세금은 여름과 가을에만 징수하였고 조용조의 부담과 잡세와 요역은 모두 없앴다.

 – 爲行商者 ; 상업을 하는 자. 이동하는 行商이 아님.   在所州

縣 ; 살고 있는 주나 현.   稅三十之一 ; 30分의 1을 商稅로 내다.

 - 居人之稅 ; 居住 농민에 대한 세금.   徵 부를 징. 거두다.

 - 租庸調雜徭 ; 租, 庸, 調와 雜稅와 徭役(요역).   悉省(실생) ; 모두 생략하다. 모두 없애다.(조용조 → 單一稅의 원칙)

○ 崔祐甫卒. : 崔祐甫가 죽었다.(建中 元年 6월)

【참고】 茶神 陸羽(육우)

❖ 茶學의 전문가인 陸羽(육우, 733~804년, 字 鴻漸 홍점)는 '茶聖' 또는 '茶仙', '茶神'으로 불린다. 육우는 《茶經》을 저술하였는데, 이 책은 지금도 茶의 古典으로 통한다.

육우의 일생은 역경의 연속이었다. 그가 태어나자마자 부모는 그를 湖北省 復州(복주) 근처 강가에 버렸다고 한다. 마침 근처를 지나던 승려가 지나다가 어린아이 울음소리를 듣고 거두어 길렀다. 어린아이는 총명하여 아홉 살에 시를 짓고 불경과 유가경전을 두루 섭렵하였다.

어린 육우는 절에 살면서 많은 고생을 하면서 이후 절을 떠나 혼자 공부했다. 학문과 문학에 성취한 바 있어 당시 최고의 명사였던 명필 顏眞卿(안진경)이나 안진경의 우인이며 隱士(은사)인 張志和 등과 교유했다.

육우는 文才가 있었고 사려 깊은 사람이었다. 그리고 그는 천성적으로 차를 좋아했다. 그는 각종 차의 품종과 특성을 연구했고 온 중국을 돌면서 각지에서 생산되는 차와 각지의 물을 모두 맛보았다. 또 좋은 차, 특별한 차를 얻기 위해 칡 줄기에 몸을 묶고 절

茶經卷上

竟陵陸　　羽　撰

一之源

二之具　　三之造

一之源

茶者南方之嘉木也一尺二尺迺至數十尺其巴山峽川有兩人合抱者伐而掇之其樹如瓜蘆葉如梔子花如白薔薇實如栟櫚蒂如丁香根如胡桃瓜蘆木出廣州似茶至苦澀栟櫚蒲葵之屬其子似茶胡桃與茶根皆下孕兆至瓦礫苗木上抽其字或從草或從木或草木并從草當作茶其字出開元文字音義從木當作檟其字出本草草木并作荼其字出爾雅其名一曰茶二曰檟三曰蔎四曰茗五曰荈周公云檟苦荼揚執戟云蜀西南人謂荼曰蔎郭弘農云早取為荼晚取為茗或一曰荈耳其地上者生爛石中者生礫壤下者生黃土凡藝

육우의 茶經(다경)

벽을 오르내리기도 했으며, 때와 시간에 따라 찻잎을 따고 직접 차를 만들기도 했다.

차나무에서 찻잎을 따는 시기를 맞추는 것이 아주 중요하다. 너무 빠르면 향기가 온전하지 못하고 늦으면 싱그러운 맛을 잃는다. 그리고 때를 맞추더라도 그 전날 밤에 구름이 끼지 않고 아침 이슬이 내린 후에 따는 것이 최상품이고 음산한 장마에 따는 것은 별로 좋지 않다. 또 차나무는 계곡 바위 사이에 자란 것이 좋고, 황토에서 자란 것은 별로 좋지 않다고 한다.

육우는 중국인들의 음식과 건강 생활에 지대한 공헌을 하였다. 중국인들은 육우에 감사하고 기념하기 위하여 육우가 죽은 뒤, 곧 그를 茶神으로 받들었다.

그리고 당에서 차의 보급과 발전은 불교와 밀접한 관계가 있었다. 그래서 '茶禪一味(다선일미)' '飮茶坐禪(음다좌선)' 의 풍조가 크게 유행하였다.

차는 文人들에게 갈증을 해소시켜 주고 정신을 맑게 해줄 뿐만 아니라 정서생활과 품성도야에 크게 이바지하였다. 좋은 품질의 차는 文人과 學士들에게 무한한 정취와 기쁨을 주었다. 차를 마실 때 객이 많으면 수선스럽고, 수선스러우면 아취가 없어진다고 했다.

'차는 혼자 마시면 신선의 경지이며(神), 둘이 마시면 아주 좋고(勝), 서넛이 마시면 재미있고(趣), 대여섯이 마시면 무덤덤하고(泛, 범), 일곱 여덟 명이면 그저 내주는 것이다(施, 시).' 라는 말도 있다.

(3) ○ 殺忠州刺史劉晏. 晏善治財計, 自肅宗 · 代
宗以來, 領戶部 · 度支 · 鑄錢 · 鹽鐵 · 轉運等事.
以同平章事充使, 通漕運, 榦鹽利, 制百貨之低昂,
軍國之用, 賴以充足. 然久典利權, 衆頗疾之. 又與
楊炎不相悅, 竟貶忠州. 人希炎旨, 告晏怨望. 上遣
人縊之.

충주자사인 유안을 죽였다. 유안은 재물과 회계 관리에
뛰어나서 숙종과 대종 이래로 호부와 탁지에 관한 일, 주
전과 염철 그리고 전운 등의 업무를 주도하였다. 동평장사
와 전운사 등을 겸하면서 조운을 통괄하고, 소금 전매의
이익을 관리하며, 물가의 폭락과 앙등을 통제하니 나라의
제반 비용이 유안의 정책에 의거 충족되었다. 그러나 오랫
동안 이권을 주관하다 보니 많은 사람들이 유안을 질시하
였다. 또 양염과 서로 사이가 좋지 않아 끝내 충주자사로
폄직되었다. 양염의 뜻에 영합하기를 바라는 사람이 있어
유안이 황제를 원망한다고 밀고하였다. 덕종은 사람을 보
내 목을 매어 죽였다.

어구 설명

○ 殺忠州刺史劉晏. 晏善治財計, 自肅宗 · 代宗以來, 領戶部 · 度

支·鑄錢·鹽鐵·轉運等事. 以同平章事充使. 通漕運, 斡鹽利, 制百貨之低昂, 軍國之用, 賴以充足. : 忠州刺史인 劉晏을 죽였다. 유안은 재물과 회계 관리에 뛰어나서 肅宗과 代宗 以來로 戶部와 度支에 관한 일, 鑄錢과 鹽鐵 그리고 轉運 등의 업무를 주도하였다. 同平章事와 轉運使 등을 겸하면서 漕運을 통괄하고, 鹽利를 관리하며, 물가의 폭락과 앙등을 통제하니 軍國의 제반 비용이 유안의 정책에 의거 充足되었다.

 — 忠州 ; 四川省에 속한 地名.　劉晏(유안, 716~780년) ; 唐의 理財 名相. 현종 때 신동으로 유명. 나이 10살에 '秘書省正字'라는 직함을 받았기에 뒷날《三字經》에도 '唐劉晏, 方七歲, 擧神童, 作正字(唐의 劉晏은 겨우 7세에 神童으로 천거되어 正字 벼슬을 받았다)' 라는 구절이 있다.

 — 善治財計 ; 재물과 회계를 처리하는데 뛰어나다.　領 ; 관장하다.　戶部 ; 국가 재정 수입을 관장.

 — 度 법도 도. 헤아릴 탁.　度支(탁지) ; 국가 재정 지출 업무. 鑄 쇠를 부어 만들 주. 鹽 소금 염.

 — 鹽鐵 ; 소금과 쇠는 국가의 주요 전매품으로 그 이득이 막대했다.　轉運(전운) ; 軍糧이나 租稅 米穀 등을 운하를 통해 운반하다.

 — 以同平章事充使 ; 재상인 同平章事이면서 '鹽鐵轉運使' 등을 겸하다.　漕 배로 실어 나를 조.

 — 斡 관리할 알.　鹽利(염리) ; 소금 전매로 얻는 이득.　低 바닥 저, 낮을 저. 물가가 싸다.　昂 오를 앙. 물가가 오르다.

─ 制百貨之低昻 ; 모든 물품 가격이 내리고 오름을 통제하다. 온갖 물가를 조절하다. 賴以充足(뇌이충족) ; 유안의 통제(以)에 의해(賴) 충족되었다.

○ 然久典利權, 衆頗疾之. 又與楊炎不相悅, 竟貶忠州. 人希炎旨, 告晏怨望. 上遣人縊之. : 그러나 오랫동안 利權을 주관하다 보니 많은 사람들이 유안을 질시하였다. 또 楊炎과 서로 사이가 좋지 않아 끝내 충주자사로 폄직되었다. 양염의 뜻에 영합하기를 바라는 사람이 있어 유안이 황제를 원망한다고 밀고하였다. 덕종은 사람을 보내 유안의 목을 매어 죽였다.

─ 典 법 전. 의식. 전당 잡다. 주관하다. 頗 자못 파. 疾 병질. 시샘하다. 嫉과 同. 相悅(상열) ; 서로 어울리다. 조화를 이루다.

─ 竟 다할 경. 炎旨 ; 여기서는 재상인 楊炎의 뜻. 告晏怨望 ; 유안(晏)이 원망하고 있다고(怨望) 밀고하다(告).

─ 縊 목맬 액.

(4) ○ 二年, 成德李寶臣卒, 子惟嶽自領軍務. 後王武俊斬而代之. ○ 楊炎・盧杞同平章事. 炎未幾罷, 杞藍面鬼色, 有口辯, 上悅之. ○ 尙父太尉中書令, 汾陽忠武王郭子儀卒. 子儀以身爲天下安危者三十年. 功蓋天下, 而主不疑, 位極人臣, 而衆不疾. 嘗

遣使至魏博, 田承嗣西望拜之曰, 玆膝不屈於人久
矣, 今爲公拜. 校中書令, 凡二十四考. 家人三千人,
八子七壻皆顯. 諸孫數十人, 每問安不能盡辨, 頷之
而已. 年八十三而終. ○ 平盧李正己卒, 子納自領
鎭. 朱滔·田悅·王武俊·李納, 先後皆反.

○ 건중 2년에, 성덕절도사 이보신이 죽었는데 아들 이
유악이 스스로 군무를 통솔했다. 뒤에 왕무준이 이유악을
죽이고 자리를 차지했다.

○ 양염과 노기가 동평장사였는데 양염은 곧 그만두었
다. 노기는 남색 얼굴에 귀신처럼 괴이한 모습이지만 말재
간이 있어 덕종은 그 말재간을 좋아하였다.

○ 상보태위중서령이요, 분양의 충무왕인 곽자의가 죽었
다. 곽자의는 자신이 천하의 안위를 책임지는 자리에 30년
이나 있었다. 그의 공은 천하에 제일이었으나 황제도 의심
하지 않았으며, 지위가 신하 중 최고였으나 백성들은 그를
질시하지 않았다. 그 전에 사자를 위박에 보냈는데 위박의
절도사인 전승사는 서쪽을 향하여 절을 한 뒤에 말했다.
"이 무릎은 다른 사람에게 굽힌 것이 매우 오래입니다만 이
번에 공에게 절을 올렸습니다." 곽자의는 중서령이 된 이후
24번의 고과에서 우수했다. 노비가 3,000명이었고, 그의
8명 아들과 7명의 사위가 모두 현관이었다. 여러 손자가 수

십 명이라서 매번 문안을 받을 때마다 모두를 구별하지 못해 그냥 이마(머리)만 끄덕일 뿐이었다. 83세에 죽었다.

　○ 평노절도사인 이정기가 죽자, 그 아들 이납이 스스로 부대를 거느렸다. 주도와 전열, 왕무준, 이납 등이 잇따라 모두 반기를 들었다.

어구 설명

○ 二年, 成德李寶臣卒, 子惟嶽自領軍務. 後王武俊斬而代之. 楊炎 · 盧杞同平章事. 炎未幾罷, 杞藍面鬼色, 有口辯, 上悅之. : 건중 2年에, 成德節度使 李寶臣이 죽으니, 아들 惟嶽이 스스로 軍務를 통솔했다. 뒤에 王武俊이 유악을 죽이고 자리를 차지했다. 楊炎과 盧杞가 同平章事였는데 양염은 곧 그만두었다. 노기는 남색 얼굴에 귀신처럼 괴이한 모습이지만 말재간이 있어 덕종은 그 말재간을 좋아하였다.

　- 二年 ; 건중 2년, 서기 781년.　成德(河南)李寶臣 ; 성덕절도사 이보신, 史朝義의 舊將. 본명 張志忠.

　- 嶽 큰 산 악.　王武俊(왕무준, 735~801년) ; 거란족 출신 장수. 뒷날 唐에 반기를 들었다가 唐에 협조했다.

　- 未幾 ; 머지않아(不久).　杞 구기자 기.　盧杞(?~785년) ; 門下侍郎, 同中書門下平章事를 역임.

　- 藍 쪽 풀 남. 남색.　藍面 ; 푸릇푸릇한 얼굴.　色 빛 색. 모양, 상태, 물이 들다.　鬼色 ; 귀신과도 같은 모양.

- 口辯(구변) ; 말재간. 口才. 上悅之의 之는 盧杞의 말재간.

○ 尙父太尉中書令, 汾陽忠武王郭子儀卒. 子儀以身爲天下安危者三十年. 功蓋天下, 而主不疑, 位極人臣, 而衆不疾. : 尙父太尉中書令 汾陽忠武王인 郭子儀가 죽었다. 郭子儀는 자신이 천하의 안위를 책임지는 자리에 30년이나 있었다. 그의 공은 천하에 제일이었으나 황제도 의심하지 않았으며, 지위가 신하 중 최고였으나 백성들은 그를 질시하지 않았다.

- 父 ; 아버지(生稱父, 死稱考). 친족의 父老를 일컬음. 年老한 사람에 대한 경칭. 남자의 美稱 보.

- 尙父(상보) ; 아버지와 같이 높여 모시는 사람. 덕종은 즉위하면서 곽자의를 尙父라 높였다.

- 太尉 ; 三公의 하나. 곽자의는 武科 장원. 武官 최고위직인 太尉역임. 汾陽 ; 山西省의 지명. 汾陽忠武王 ; 郭子儀의 작위.

- 爲天下安危者 ; 천하의 안위를 책임지는 지위에 있는 자. 蓋 덮을 개. 어찌 아니할 합.

- 功蓋天下 ; 공적이 온 천하에 두루 미칠 정도로 뛰어나다. 位極人臣 ; 지위가 인신으로서는 최고이다.

○ 嘗遣使至魏博, 田承嗣西望拜之日, 玆膝不屈於人久矣, 今爲公拜. 校中書令, 凡二十四考. 家人三千人, 八子七壻皆顯. 諸孫數十人, 每問安不能盡辨, 頷之而已. 年八十三而終. : 그 전에 사자를 魏博에 보냈는데 그 절도사인 田承嗣는 서쪽을 향하여 절을 한 뒤에 말했다. "이 무릎은 다른 사람에게 굽힌 것이 매우 오래입니다만 이번에 公에게 절을 올렸습니다." 곽자의는 中書令이 된 이

후 24번의 考課에서 우수했다. 거느리는 노비가 3,000명이었고, 그의 8명 아들과 7명의 사위가 모두 顯官이었다. 여러 손자가 수십 명이라서 매번 문안을 받을 때마다 모두를 구별하지 못해 그냥 이마(머리)만 끄덕일 뿐이었다. 곽자의는 83세에 죽었다.

 - 魏博(위박) ; 河北 번진의 이름.　田承嗣 ; 위박절도사.　茲 이 자. 이것. 지금.　膝 무릎 슬.　茲膝 ; 이 무릎. 전승사 자신.

 - 校 학교. 가르치다(敎). 장수(將校). 조사하다. 평가(考)하여 순서를 정하다. 校次와 같음.

 - 校中書令 ; 중서령에 대한 업무평가. 唐制에 의하면, 1년 단위로 직무 평가를 했는데 곽자의는 肅宗 建元 元年(758년)에 중서령이 된 이후 모두 24번의 考課에서 우수했다.

 - 家人 ; 一家之人, 妻. 僕役(복역, 노비). 여기서는 노비.　壻 사위 서.　八子七壻 ; 8명의 아들과 7명의 사위.

 - 顯 나타날 현. 드러나다. 뚜렷하다.　皆顯 ; 모두 顯職(要職)에 있다.　盡辨(진변) ; 모두를 구분하다.

 - 額 이마 액. 이마(머리)를 끄덕이다.

○ 平盧李正己卒, 子納自領鎭. 朱滔·田悅·王武俊·李納, 先後皆反. : 平盧節度使인 李正己가 죽자, 그 아들 李納이 스스로 부대를 거느렸다. 朱滔와 田悅, 王武俊, 李納 등이 先後로 모두 반기를 들었다.

 - 平盧 ; 山東 일대를 장악하고 있던 번진. 공식명칭은 淄靑平盧節度使(치청평로절도사).

 - 李納(이납) ; 781~793년간 절도사였다.　朱滔(주도)·田悅

(전열)·王武俊·李納 ; 모두 절도사.

【참고】 奸邪(간사)하지 않은 척하는 간사함

❖ 盧杞(노기, 字 子良)는 范陽의 大族 출신으로 그 조부 盧懷愼은 開元 초년에 승상이었다. 아버지 盧奕(노혁)도 御史中丞을 역임했기에 노기는 蔭敍(음서)로 관직에 오른 뒤 덕종 때 어사중승에 이어 어사대부로 있다가 문하시랑 겸 동중서문하평장사가 되었다. 그의 외모가 누추하고 얼굴은 남색이었기에 사람들은 마치 귀신을 바라보듯 했다고 한다. 다만 구변이 뛰어난 사람이었는데 곽자의가 노기를 본 뒤에 "此人이 得志하면 내 자손은 씨가 안 남을 것 같다."고 걱정을 하였다고 한다. 노기는 張鎰(장일), 楊炎(양염), 顔眞卿(안진경) 등 유능하고 현명한 사람들을 질투하고 모함하였다.

그러나 德宗은 여전히 노기를 신뢰했는데 그가 간사한 사람인 줄을 다른 사람이 알지 못한 정도로 간교했다고 한다.

建中 4年(783년) 涇原兵變(경원병변)이 일어나 덕종이 長安에서 피난을 나간 사건이 일어났고 이때 노기는 폄직되었다. 덕종은 지방으로 폄직된 노기를 장안 근처 지방관으로 임명하였지만 785년에 노기는 부임하던 도중에 죽었다.

(5) ○ 三年, 四人皆自稱王. ○ 李希烈反. ○ 兩河用兵, 府庫不支數月. 先括富商錢, 增諸道稅. 四年, 行稅閒架 · 除陌錢等法. ○ 李希烈寇襄城, 詔發涇 · 原等道兵救之. 涇原節度使姚令言, 將兵過京師, 犒師惟糲食菜餤. 衆怒作亂入城, 上出奔. 亂兵奉太尉朱泚爲主. 司農卿段秀實謀誅泚, 不克. 泚召衆議稱帝, 秀實唾其面大罵, 以笏擊泚額, 血濺地. 泚殺之, 遂僭號大秦皇帝. 先是有術士桑道茂, 言數年後有離宮之厄, 奉天有天子氣, 宜高大其城, 以備非常. 上從之, 至是遂奔奉天. 泚犯奉天, 李晟率兵赴援, 渾瑊擊泚破之, 奉天圍解. 李懷光赴難, 亦破泚兵, 至奉天. 欲入白盧杞之姦, 杞隔之, 不得入見而行. 上表暴杞惡, 衆論亦喧騰咎杞, 上不得已遠貶之.

○ 건중 3년에, 4명의 절도사가 모두 왕을 칭했다.

○ 회서절도사 이희열이 반란했다.

○ 하남과 하북에서 용병하다 보니 국고가 몇 개월을 지탱할 수 없었다. 먼저 富商(부상)들의 돈을 검색하여 차용하고 각 도의 세를 증액했다. 건중 4년에는, 간가세와 제맥전 등의 세법을 시행했다.

○ 이희열이 양성을 점거하자, 경주와 원주의 관내도 병력을 동원하여 구원토록 했다. 경원절도사인 요령언이 병력을 거느리고 장안을 지나가는데 군사들을 호궤하는 음식이 겨우 현미밥에 채소나물을 뭉친 것 한 덩이씩을 주었다. 장병 무리들이 화가 나 난동을 부리며 장안성에 침입했고 덕종은 성을 나와 피난했다. 난병들은 태위인 주차를 추대하였다. 사농경인 단수실은 주차를 죽이려 했으나 뜻을 이루지 못했다. 주차가 무리를 모아 칭제(황제라 일컬음)할 것을 의논할 때, 단수실은 그 얼굴에 침을 뱉으며 크게 욕을 하며 쥐고 있던 홀로 주차의 이마를 가격하여 땅에 피를 뿌렸다. 주차는 단수실을 죽이고, 대진황제를 자칭했다.

이에 앞서 상도무라는 술사가 "수년 후에 이궁(대궐을 떠나게 됨)의 액운이 있다."고 하면서 "봉천에 천자의 기가 있으니, 응당 그 성을 높여 비상시에 대비하는 것이 좋겠다."고 하였다. 덕종은 그 말에 따랐었고 이에 봉천으로 피난했다.

주차가 봉천을 침범하자, 이성은 병력을 거느리고 구원하러 왔고, 혼함도 주차를 격파하면서 봉천의 포위를 풀었다. 이회광도 위난을 도우려 달려와 주차의 군대를 격파하면서 봉천에 이르렀다. 이회광은 성에 들어가 덕종에게 노기의 간사함을 아뢰고자 하였으나, 노기가 이회광을 막아서 황제를 알현하지 못하고 돌아갔다. (이회광은) 표문을 올려 노기의 죄악을 폭로했고 중론도 마찬가지로 노기에 대한 원망이 들끓어 덕종은 부득이 노기를 먼 지방으로 폄직(좌천)시켰다.

어구 설명

○ 三年, 四人皆自稱王. 李希烈反. 兩河用兵, 府庫不支數月. 先括富商錢, 增諸道稅. 四年, 行稅閒架 · 除陌錢等法. : 건중 3年에, 4명의 절도사가 모두 王을 칭하다. 회서절도사 李希烈이 반란했다. 하남과 하북에서 用兵하다 보니 국고가 몇 개월을 지탱할 수 없었다. 먼저 富商들의 돈을 검색하여 차용하고 각 도의 세를 증액했다. 건중 4년에는, 閒架稅와 除陌錢 등의 稅法을 시행했다.

 – 三年 ; 건중 3년, 서기 782년. 四人皆自稱王 ; 朱滔(주도)는 冀王을 참칭하고, 田悅(전열)은 魏王, 王武俊(왕무준)은 趙王, 山東의 李納(이납)은 齊王을 자칭했다. 이 중 주도가 맹주를 자처했다.

 – 李希烈 ; 淮西절도사. 河北의 藩鎭인 朱滔(주도), 田悅(전열)과 내통하면서 許州(今 河南許昌市)에서 반기를 들었다.

 – 兩河 ; 河北과 河南. 府庫(부고) ; 창고. 國庫. 支 가를 지. 지탱하다. 括 묶을 괄. 괄호. 담아서 싸다. 검색하다.

 – 先括富商錢 ; 부유한 상인의 돈을 검색하여 一萬 緡(민) 이상의 돈은 국가가 빌리는 식으로 징발했다. 부유한 상인들은 재산을 적극적으로 숨겨 겨우 200여만 민을 징수했다.

 – 增諸道稅 ; 각 도에서 세금 千錢에 대하여 1百錢을 더 징수했다.

- 架 시렁 가.   閒架(간가) ; 가옥의 칸. 시렁 2개를 1칸(間, 閒)으로 계산.   稅閒架 ; 시렁과 가옥의 크기에 따라 부과하는 稅.

- 除 덜 제. 나누다. 공제하다.   陌 논과 밭의 두렁 맥. 논두렁 길. 일백(숫자 百과 同).

- 除陌錢(제맥전) ; 거래 가격 1,000錢에 대하여 양쪽에서 50전씩 합계 100전을 공제하는 세금. 일종의 부가가치세임.

○ 李希烈寇襄城, 詔發涇·原等道兵救之. 涇原節度使姚令言, 將兵過京師, 犒師惟糲食菜餤. 衆怒作亂入城, 上出奔. : 李希烈이 襄城을 점거하자, 涇州와 原州의 관내도 병력을 동원하여 구원토록 했다. 涇原節度使인 姚令言(요령언)이 병력을 거느리고 장안을 지나가는데 군사들을 호궤하는 음식이 겨우 현미밥과 나물 떡이었다. 장병 무리들이 화가 나 난동을 부리며 장안성에 침입했고 덕종은 성을 나와 피난했다.

- 寇 도둑 구. 침입하다. 노략질하다.   襄城(양성) ; 현 河南省 許昌市.   涇 통할 경.   涇原 ; 涇州(섬서성)와 原州(寧夏回族自治區의 固原市).

- 道兵 ; 關內道의 병력.   姚 예쁠 요. 성씨.   姚令言(요령언) ; 人名.   京師 ; 수도. 長安.

- 犒 호궤할 호. 酒食을 보내 군사를 위문하다.   惟 생각할 유. 겨우. 오직(唯와 同). 홀로(獨).

- 糲 현미 려(여).   菜 나물 채.   餤 먹을 담. 떡.

○ 亂兵奉太尉朱泚爲主, 司農卿段秀實謀誅泚, 不克. 泚召衆議稱

帝, 秀實唾其面大罵, 以笏擊泚額, 血濺地. 泚殺之, 遂僭號大秦皇帝. : 亂兵들은 太尉인 朱泚를 추대하였다. 司農卿인 段秀實은 주차를 죽이려 했으나 뜻을 이루지 못했다. 주차가 무리를 모아 칭제할 것을 의논할 때, 단수실은 그 얼굴에 침을 뱉으며 크게 욕을 하며 쥐고 있던 홀로 주차의 이마를 가격하여 땅에 피를 뿌렸다. 주차는 단수실을 죽이고, 大秦皇帝를 자칭했다.

– 朱泚(주차, 742～784년) ; 유주 절도사 이회선의 부장으로 있다가 나중에 유주 절도사가 되었다가 代宗 때 장안에 入朝하였다. 4인이 당에 반기를 들 때 태위로 장안에 머물고 있었다.

– 段秀實(단수실, 719～783년) ; 주차의 즉위를 저지시키려 했던 忠臣. 唾 침 타. 침 뱉다. 罵 욕할 매. 笏 홀 홀.

– 額 이마 액. 濺 뿌릴 천.

○ 先是有術士桑道茂, 言數年後有離宮之厄, 奉天有天子氣, 宜高大其城, 以備非常. 上從之, 至是遂奔奉天. : 이에 앞서 桑道茂라는 술사가 "數年 後에 離宮의 액운이 있다."고 하면서 "奉天에 天子의 氣가 있으니, 응당 그 성을 높여 비상시에 대비하는 것이 좋겠다."고 하였다. 덕종은 그 말에 따랐었고 이에 봉천으로 피난했다.

– 術士(술사) ; 方士. 桑道茂(상도무) ; 人名. 桑 뽕나무 상. 茂 우거질 무. 무성하다. 厄 재앙 액.

– 奉天 ; 지금의 陝西省 乾縣. 현 遼寧省의 省都인 沈陽의 舊名과 관계없다. 以備非常 ; 비상시에 대비하다.

○ 泚犯奉天, 李晟率兵赴援, 渾瑊擊泚破之, 奉天圍解. 李懷光赴

難, 亦破泚兵, 至奉天. 欲入白盧杞之姦, 杞隔之, 不得入見而行. 上表暴杞惡, 衆論亦喧騰咎杞, 上不得已遠貶之. : 주차가 奉天을 침범하자, 李晟은 병력을 거느리고 구원하러 왔고, 혼함도 주차를 격파하면서 奉天의 포위를 풀었다. 李懷光도 危難을 도우려 달려와 주차의 군대를 격파하면서 봉천에 이르렀다. 이회광은 성에 들어가 덕종에게 노기의 간사함을 아뢰고자 하였으나, 노기가 이회광을 막아서 황제를 알현하지 못하고 돌아갔다. (이회광은) 표문을 올려 노기의 죄악을 폭로했고 중론도 마찬가지로 노기에 대한 원망이 들끓어 덕종은 부득이 노기를 먼 지방으로 폄직(좌천)시켰다.

– 犯 범할 범. 해치다. 侵犯하다.　赴援(부원) ; 구원하려고 오다.　渾 흐릴 혼. 성씨.　瑊 옥돌 함(감).

– 李懷光(이회광, 729~785년) ; 삭방절도사.　赴難 ; 어려움을 구원하다.　白 ; 아뢰다.　隔 사이 뜰 격. 격리하다.

– 暴 사나울 폭. 드러내다.　喧 떠들썩할 훤.　騰 오를 등.　喧騰 ; 소문이 자자하다.　咎 허물 구.

(6) ○ 興元元年, 大赦. 陸贄勸上, 罪己以謝天下. 奉天所下書詔, 驕將悍卒, 聞之無不感激揮涕. 王武俊·田悅·李納上表謝罪. ○ 李希烈僭號大楚皇帝. ○ 置瓊林大盈庫於行宮, 陸贄諫去其榜. ○ 李懷光

反, 上奔梁州. ○ 魏博田緖, 殺田悅, 自領軍府.

○ 흥원 원년에, 대사면을 실행했다. 육지가 덕종에게 자신을 죄책하는 것으로 온 천하에 사과할 것을 권하였다. 덕종은 봉천의 행궁에서 조서를 내려 사과하니 교만한 장수나 난폭한 병졸이라도 감격하여 눈물을 흘리지 않는 자가 없었다. 왕무준과 전열, 이납은 표문을 올려 사죄했다.

○ 이희열이 대초황제라 참칭하였다.

○ 경림대영고를 행궁에 설치하였는데 육지는 그 팻말을 제거하라고 간했다.

○ 이회광이 반기를 들자, 덕종은 양주로 피난했다.

○ 위박절도사의 부장인 전서가 전열을 죽이고 군진을 차지했다.

어구 설명

○ 興元元年, 大赦. 陸贄勸上, 罪己以謝天下. 奉天所下書詔, 驕將悍卒, 聞之無不感激揮涕. 王武俊·田悅·李納上表謝罪. : 興元 元年에, 대사면을 실행했다. 陸贄가 덕종에게 자신을 죄책하여 온 천하에 사과할 것을 권하였다. 덕종은 봉천의 행궁에서 조서를 내려 사과하니 교만한 장수나 난폭한 병졸이라도 감격하여 눈물을 흘리지 않는 자가 없었다. 王武俊과 田悅, 李納은 표문을 올려 사죄했다.

- 興元 元年 ; 서기 784년.　赦 용서할 사. 사면하다.　贄 폐백 지.　陸贄(육지, 754~805년).　罪 허물 죄. 罪責하다.

- 奉天所 ; 봉천의 行宮(行在所).　悍 사나울 한. 난폭하다.　驕將悍卒(교장한졸) ; 교만한 장수나 난폭한 병졸.

- 揮 휘두를 휘. 뿌리다.　涕 눈물 체. 울다.

○ 李希烈僭號大楚皇帝. 置瓊林大盈庫於行宮, 陸贄諫去其榜. 李懷光反, 上奔梁州. 魏博田緖, 殺田悅, 自領軍府. : 李希烈이 大楚皇帝를 참칭하였다. 瓊林大盈庫를 行宮에 설치하였는데 陸贄는 그 팻말을 제거하라고 건의했다. 李懷光이 반기를 들자, 덕종은 梁州로 피난했다.　魏博절도사 부장 田緖가 田悅을 죽이고 군진을 차지했다.

- 李希烈(이희열) ; 淮西절도사.　瓊 아름다운 옥 경.　盈 찰 영.　瓊林大盈庫 ; 각 지방관이 바치는 물건을 보관하는 창고.

- 榜 방 방. 널리 알리기 위해 붙여 놓은 글. 방을 써 붙인 나무.

- 李懷光 ; 삭방절도사. 주차의 반란을 진압하는데 공을 세웠어도 노기의 반대로 덕종을 알현하지 못하자 반기를 들었다.

- 梁州 ; 陝西省의 漢中, 南鄭 일대.　魏博(위박) ; 번진 이름. 위박절도사.

(7) ○ 李晟克復長安. 朱泚走, 其將斬之以降. 晟露布至行在曰, 臣已肅淸宮禁. 祗謁寢園, 鐘簴不移, 廟貌如故. 上覽之泣曰, 天生李晟以爲社稷, 非爲朕也. ○ 車駕還長安. ○ 顏眞卿爲李希烈所殺.
先是眞卿爲盧杞所陷, 遣奉使希烈所. 人言, 失一元
老, 爲國家羞. 至賊中, 留之, 將二歲, 不屈, 竟爲賊
所縊.

○ 이성이 장안을 수복했다. 주차는 달아났는데 그 부하가 주차를 죽이고서 투항하였다. 이성은 비단에 공적을 써서 행재소에 올렸다. "신은 이미 궁궐을 깨끗하게 정리했습니다. 선대의 능원을 참배하였는데 제사 기구는 옮겨지지 않았고 묘당의 모습은 전과 같았습니다." 덕종은 이를 읽고 눈물을 흘리며 말했다. "하늘이 이성을 보낸 것은 사직을 위한 것이지, 나를 위한 것은 아니다."

○ 황제는 장안으로 환도했다.

○ 안진경이 이희열에게 죽음을 당했다. 이에 앞서 안진경은 노기의 모함을 받아 사명을 받들고 이희열이 있는 곳에 파견되었다. 사람들은 "한 분의 원로를 잃게 되니 국가의 수치일 것이다."라고 말했다. 적의 진영에 이르러 억류되어 2년이 되도록 뜻을 굽히지 않자, 끝내 적도들이 안진경의 목을 매어 죽였다.

어구 설명

○ 李晟克復長安. 朱泚走, 其將斬之以降. 晟露布至行在曰, 臣已

肅淸宮禁. 祇謁寢園, 鐘簴不移, 廟貌如故. 上覽之泣曰, 天生李晟
以爲社稷, 非爲朕也. 車駕還長安.: 李晟이 長安을 수복했다. 朱泚
는 달아났는데 그 부하가 주차를 죽이고서 투항하였다. 이성은
비단에 공적을 써서 행재소에 올렸다. "臣은 이미 궁궐을 깨끗하
게 정리했습니다. 선대의 능원을 참배하였는데 제사 기구는 옮겨
지지 않았고 묘당의 모습은 전과 같았습니다." 덕종은 이를 읽고
눈물을 흘리며 말했다. "하늘이 李晟을 보낸 것은 社稷을 위한 것
이지, 나를 위한 것은 아니로다." 황제는 장안으로 환도했다.

 - 克復(극복) ; 적을 이겨 영토를 되찾다. 정상으로 되돌아가다.
晟 밝을 성.   露 이슬 로. 드러내다, 드러나다. 허무한 것.

 - 露布(노포) ; 행적을 비단에 써서 깃대에 매달아 올리는 글.
봉하지 않기에 누구나 볼 수 있다.

 - 行在 ; 행궁. 行在所.   肅淸 ; 깨끗하게 하다.   宮禁 ; 궁궐.
祇 공경할 지.   謁 아뢸 알. 뵙다.

 - 寢園 ; 역대 황제들의 능묘.   簴 북 매다는 거(鐘鼓之柎).
鍾簴(＝簴) ; 종묘의 제사용 악기.   廟貌如故(묘모여고) ; 廟堂의
모습도 전과 같다.

 - 社稷(사직) ; 토지신과 곡식의 신. 국가.

 - 車駕(거가) ; 임금이 타는 수레, 御駕(어가). 황제.

○ 顔眞卿爲李希烈所殺. 先是眞卿爲盧杞所陷, 遣奉使希烈所. 人
言, 失一元老, 爲國家羞. 至賊中, 留之, 將二歲, 不屈, 竟爲賊所
縊.: 顔眞卿이 李希烈에게 죽음을 당했다. 이에 앞서 안진경은
盧杞의 모함을 받아 사명을 받들고 이희열이 있는 곳에 파견되었

다. 사람들은 "한 분의 元老을 잃게 되니 국가의 수치일 것이다."
라고 말했다. 賊의 진영에 이르러 억류되어 2년이 되도록 뜻을
굽히지 않자, 끝내 적도들이 안진경의 목을 매어 죽였다.

  - 顔眞卿(안진경, 709~785년) ; 정치인이면서 名筆. 안록산의
반란에 平原太守로 제일 먼저 토벌에 나섰다.

  - 爲~所 ; 피동형.   爲李希烈所殺 ; 李希烈에게 殺害 당했다.
所陷 ; 모함을 받아.

  - 遣奉使希烈所 ; 이희열이 있는 곳에 사명을 받아 파견되었다.
羞 바칠 수. 음식물. 수치.

  - 將二歲 ; (억류된 지가) 만 2년이 되려 하다.   竟爲賊所縊 ;
끝내 반적에 의해 목을 매어 죽었다.(피동)

【참고】 안진경의 죽음

  ❖ 顔眞卿은 태원 태수로 제일 먼저 안록산의 반란군에 저항했
다. 숙종은 즉위 이후에 안진경을 太子太師에 임명하고 魯郡公에
봉했다. 그래서 '顔魯公'으로 불리기도 한다.

  德宗이 재위 중이던 建中 4년 淮西절도사 李希烈이 반란을 일으
켜 汝州를 함락시키자 평소에 안진경을 질투하던 재상 盧杞는 덕
종에게 "顔眞卿은 三朝를 섬긴 舊臣으로 忠直 剛決하여 그 명성
이 海內에 널리 알려졌기에 누구든 진심으로 설복시킬 수 있는 분
입니다." 하면서 안진경을 이희열에게 보낼 것을 건의했다.

  안진경은 이희열을 招撫(초무)하라는 사명을 받고 汝州로 갔다.
안진경은 바로 적병들에게 억류되었다. 이희열은 顔眞卿을 평소

에 좋아했었기에 驛館에 머물게 하면서 자신의 억울함을 풀어달라는 요구를 하였지만 안진경은 그 뜻에 따르지 않았다.

李希烈은 汴州(변주)를 함락하고서 안진경을 자신의 재상으로 임명하였으나 안진경은 끝까지 받지 않았다. 이희열은 안진경이 머무는 집 마당에 큰 구덩이를 파 놓고 묻어 죽이겠다고 협박하였다. 안진경은 "生死는 이미 정해졌는데, 나를 어찌 이리 모욕을 주는가?"라고 말했다. 이희열은 다시 안진경을 蔡州의 龍興寺라는 절에 가두고 태워죽이겠다고 협박하였다. 이에 안진경은 스스로 불을 향해 뛰어들었으나 옆에 있던 사람이 안진경을 잡았다. 안진경은 자신이 살아서 돌아갈 수 없음을 알고 스스로 遺表를 짓고 자신의 墓志와 祭文을 지었다고 한다.

곧이어 이희열의 군사가 패퇴하게 되면서 이희열의 동생 이희천이 포로로 잡혀 죽었다. 이희열은 興元 元年(785년) 8月에, 안진경을 龍興寺의 잣나무에 목을 매여 죽였는데 안진경의 나이 76세였다. 이희열이 난이 평정되자, 안진경의 영구는 장안으로 돌아와 顏氏 선산에 묻혔고, 덕종은 8일간 廢朝(폐조)하며 안진경을 추모했다.

명필로도 잘 알려진 안진경은 젊었을 때 종이를 살 돈이 없어 황토물을 붓에 적시어 담장에 글씨를 연습했다고 한다. 안진경은 처음에 저수량의 필법을 공부하였는데 50세 이후에 강경 웅혼한 서풍이 완성되었는데, 이는 그의 인품과 일치한다는 평가를 받고 있다.

顔眞卿(안진경)

(8) 貞元元年, 盧杞量移將再入而卒. ○ 幽州朱滔卒. ○ 馬燧及諸軍平河中. 李懷光縊死. ○ 二年, 淮西將陳仙奇, 殺李希烈以降. 吳少誠殺仙奇, 朝廷因以少誠領鎭.

○ 정원 원년에, 노기는 벼슬이 복귀되기를 기대하고 다시 장안에 들어오려 했으나 도중에 죽었다.

○ 유주절도사 주도가 죽었다.

○ 마수와 여러 군사들이 하중을 평정하였다. 이회광은 목을 매어 죽었다.

○ 정원 2년, 회서의 장수 진선기가 이희열을 죽이고 당에 귀항하였다. 오소성이 진선기를 죽이니, 조정에서는 되는대로 오소성에게 부대를 지휘케 하였다.

어구 설명

○ 貞元元年, 盧杞量移將再入而卒. 幽州朱滔卒. 馬燧及諸軍平河中. 李懷光縊死. : 貞元 元年에, 盧杞는 벼슬이 복귀되기를 기대하고 다시 장안에 들어오려 했으나 죽었다. 유주절도사 주도가 죽었다. 馬燧와 여러 군사들이 河中을 평정하였다. 李懷光은 목을 매어 죽었다.

 - 貞元 元年 ; 서기 785년. 量 헤아릴 양. 예측하다.

 - 量移(양이) ; 벼슬을 옮기게 되리라 예측하다. 노기는 新州의

司馬로 좌천되었었는데 늘 장안으로 복귀할 것이라고 기대하였다.

－將再入而卒 ；　신주 사마에서 吉州 長史로 발령이 나자, 장안 가까이 왔다가 다시 조정에 들어오리라 했었는데 병으로 죽었다.

－幽州朱滔 ; 유주절도사 주도.　燧 부싯돌 수, 봉화 수.　馬燧(마수, 726～795년)　河中 ; 지금의 山西省 永濟市 蒲州鎭.

○ 二年, 淮西將陳仙奇, 殺李希烈以降. 吳少誠殺仙奇, 朝廷因以少誠領鎭. : 二年, 淮西의 장수 陳仙奇가 李希烈을 죽이고 당에 귀항하였다. 吳少誠이 진선기를 죽이니, 조정에서는 되는대로 오소성에게 부대를 지휘케 하였다.

－二年 ; 정원 2년, 서기 786년.

(9) ○ 三年, 張延賞同平章事. 先是吐蕃尙結贊, 據鹽 · 夏州, 李晟嘗破其一堡, 渾瑊 · 馬燧各擧兵臨之. 懼而請和, 卑辭厚禮, 求於馬燧. 燧信而請於朝, 晟曰, 戎狄無信, 不如擊之. 延賞與晟有隙, 數言和便, 遣渾瑊與吐蕃盟於平涼. 吐蕃劫盟, 瑊走免. 吐蕃畏晟 · 燧 · 瑊, 曰, 去此三人, 則唐可圖也. 於是離間晟, 因燧以求盟. 欲執瑊以賣燧, 使倂得罪, 因縱兵直犯長安, 會失瑊而止.

정원 3년에, 장연상이 동평장사가 되었다. 이에 앞서 토번의 상결찬은 염주와 하주를 차지하고 있었는데 이성이 먼저 토번의 성보를 빼앗았고, 혼함과 마수도 각각 병력을 거느리고 이들을 공격하였다.

토번은 두려워 강화를 요청하면서 겸손한 언사와 많은 예물로 마수에게 부탁했다. 마수는 이들을 신뢰하며 조정에 허락을 요청하자, 태위 이성은 "융적은 믿을 수 없으니 그들을 토벌하는 것이 옳다."고 말했다. 장연상은 이성과 불화하였기에 강화가 이롭다고 여러 번 말하면서 혼함을 보내 토번과 평량에서 맹약을 체결케 하였다.

토번이 약속을 깨자, 혼함은 달아나 화를 면했다. 토번은 이성과 마수와 혼함을 두려워하여 "이 세 사람을 제거하면 당을 이길 수 있다."고 말했었다. 이에 이성을 이간시키고 마수를 통해 맹약을 체결하려 했다. 그러면서 혼함을 잡아 마수를 속여 이들이 죄를 짓게 한 뒤에 군사를 풀어 장안을 직접 공격하려 했던 것이나 그때 혼함을 잡지 못해 그만두었다.

어구 설명

○ 三年, 張延賞同平章事. 先是吐蕃尙結贊, 據鹽·夏州, 李晟嘗破其一堡, 渾瑊·馬燧各舉兵臨之. : 三年에, 張延賞이 同平章事가 되었다. 이에 앞서 吐蕃의 尙結贊은 鹽州와 夏州를 차지하고 있

있는데 李晟이 먼저 토번의 城堡를 빼앗았고, 渾瑊과 馬燧도 각
각 병력을 거느리고 이들을 공격하였다.

－ 三年 ; 貞元 3년, 서기 787년.　張延賞(장연상, 726～787년) ;
父 張嘉貞은 開元初에 中書令을 역임했었다. 中書侍郞과 同中書
門下平章事를 역임.　蕃 우거질 번＝藩과 동자.

　－ 尙結贊(상결찬) ; 토번 장수.　據 의거할 거. 차지하다.　鹽州
(염주) ; 감숙성의 지명.　夏州(하주) ; 陝西省의 지명.

　－ 堡 작은 성 보. 보루.　渾瑊(혼함), 馬燧(마수) ; 당의 장수.
臨 임할 임(림). 지키다. 정벌하다.

○ 懼而請和, 卑辭厚禮, 求於馬燧. 燧信而請於朝, 晟曰, 戎狄無
信, 不如擊之. 延賞與晟有隙, 數言和便, 遣渾瑊與吐蕃盟於平涼. :
토번은 두려워 강화를 요청하면서 겸손한 언사와 많은 예물로 마
수에게 부탁했다. 마수는 이들을 신뢰하며 조정에 허락을 요청하
자, 태위 李晟은 "융적은 믿을 수 없으니 그들을 토벌하는 것이
옳다."고 말했다. 張延賞은 이성과 不和하였기에 강화가 이롭다
고 여러 번 말하면서 혼함을 보내 吐蕃과 平涼에서 맹약을 체결
케 하였다.

　－ 懼 두려워할 구.　請和 ; 강화를 요청하다.　卑辭厚禮(비사후
례) ; 겸손한 언사와 많은 예물.

　－ 燧信而請於朝 ; 마수는 토번을 신뢰하면서 조정에 허락을 요
청했다.　晟曰 ; 이성은 이때 太尉였다.

　－ 戎狄(융적) ; 중국 西와 北의 이민족에 대한 총칭.　無信 ; 신
의가 없다, 신뢰할 수 없다.

– 有隙(유극) ; 틈이 있다. 不和하다.   便 편할 편. 편리. 이롭다.   數言和便(삭언화편) ; 講和가 이롭다고 거듭 말하다.

– 平涼(평량) ; 甘肅省의 東部이 地名.

○ 吐蕃劫盟, 瑊走免. 吐蕃畏晟·燧·瑊, 曰, 去此三人, 則唐可圖也. 於是離間晟, 因燧以求盟. 欲執瑊以賣燧, 使併得罪, 因縱兵直犯長安, 會失瑊而止. : 吐蕃이 약속을 깨자, 혼함은 달아나 화를 면했다. 토번은 이성과 마수와 혼함을 두려워하여 "이 세 사람을 제거하면 당을 이길 수 있다."고 말했었다. 이에 이성을 이간시키고 마수를 통해 맹약을 체결하려 했다. 그러면서 혼함을 잡아 마수를 속여 이들이 죄를 짓게 한 뒤에 군사를 풀어 장안을 직접 공격하려 했던 것이나 그때 혼함을 잡지 못해 그만두었다.

– 劫 겁탈할 겁. 폭력으로 뺏다. 刼과 同.   劫盟 ; 盟約을 깨트리다.   走免(주면) ; 달아나서 화를 면하다.

– 去 ; 제거하다.   唐可圖也 ; 唐을 도모할 수 있다. 당을 이길 수 있다.   離間晟 ; 이성을 이간질하다.   因燧以求盟 ; 馬燧를 중계로 강화를 맺으려 하면서.   賣 ; 팔다. 속이다. 배신하다. 내통하다.

– 欲執瑊以賣燧(욕집함이매수) ; 혼함을 사로잡아서 마수를 속이려 하였다.   併 아우를 병. 나란히, 둘 이상.

– 使併得罪 ; 혼함, 마수 등이 죄를 짓게 하다. 맹약을 체결하지 못하여 문책받기를 노렸던 것임.

– 縱兵(종병) ; 병력을 보내다.   直犯 ; 직접 침범하다.   會 ; 때마침. 우연히.

(10) ○ 李泌同平章事. 上與泌從容論卽位以來宰相. 人言盧杞姦邪, 朕殊不覺. 泌曰, 此乃所以爲姦邪也, 倘覺之, 豈有建中之亂乎. 泌有謀略, 而好談神仙詭誕, 故爲世所輕, 爲相未三歲而卒. ○ 八年, 陸贄同平章事. ○ 九年, 太尉中書令西平忠武王李晟卒. ○ 十年, 陸贄罷.

○ 이필이 동평장사가 되었다. 덕종이 이필과 함께 조용히 즉위 이후의 재상에 대하여 이야기를 했다. "사람들은 노기가 간사하다고 말하지만, 짐은 특별히 느끼지 못했다." 이필은 "그 점이 바로 그가 간사한 이유입니다. 만약 알았더라면 건중 연간의 병란이 있을 수 있었겠습니까?"라고 말했다. 이필은 지모와 책략도 있었지만 신선이나 황당한 이야기를 좋아하여 세인들에게 경시되었는데 재상이 된 지 3년이 못되어 죽었다.

○ 8년에, 육지가 동평장사가 되었다.

○ 9년에, 태위중서령서평충무왕인 이성이 죽었다.

○ 10년에, 육지를 파면하였다.

어구 설명

○ 李泌同平章事. 上與泌從容論卽位以來宰相. 人言盧杞姦邪, 朕

殊不覺. 泌曰, 此乃所以爲姦邪也, 倘覺之, 豈有建中之亂乎. 泌有
謀略, 而好談神仙詭誕, 故爲世所輕, 爲相未三歲而卒. : 李泌이 同
平章事가 되었다. 덕종이 이필과 함께 조용히 즉위 이후의 재상
에 대하여 이야기 했다. "사람들은 盧杞가 姦邪하다고 말하지만,
짐은 특별히 느끼지 못했다." 이필은 "그 점이 바로 그가 간사하
다는 까닭입니다. 만약 알았더라면 건중 연간의 병란이 있을 수
있었겠습니까?"라고 말했다. 이필은 지모와 책략도 있었지만 신
선이나 황당한 이야기를 좋아하여 세인들에게 경시되었는데 재
상이 된 지 3년이 못되어 죽었다.

－ 泌 샘물 흐르는 모양 필(비). 李泌(722~789년) ; 한때 衡山
(형산, 今 湖南省)에 은거했던 경력의 소유자. 德宗의 祖父인 肅
宗은 東宮일 때부터 李泌과 布衣之交를 맺었었다.

－ 從容(종용) ; (태도가) 조용하다. 침착하다.

－ 姦 ; 간교하다(奸). 속이다. 음란하다. 邪 간사할 사. 도덕적
으로 옳지 않음. 正의 반대.

－ 殊 죽일 수, 다를 수. 특히, 유달리. 此乃所以爲姦邪也 ; 이것
이(此) 바로(乃) 간사(姦邪)하다는(爲) 까닭(所以)입니다(也).

－ 倘 혹시 당. 만약~이라면. 어정거릴 상. 豈有(기유) ; 어찌
~이 있겠는가?

－ 建中之亂(건중지란) ; 건중 연간의 병란. 건중 3년(782년) 朱
泚(주차)가 장안을 점령하고 황제가 奉天(봉천)으로 피난했던 일.

－ 謀略 ; 지모와 책략. 詭 속일 궤. 誕 태어날 탄. 허튼소리.
詭誕(궤탄) ; 거짓되고 황당함.

○ 八年, 陸贄同平章事. 九年, 太尉中書令西平忠武王李晟卒. 十年, 陸贄罷. : 八年에, 陸贄가 同平章事가 되었다. 九年에, 太尉中書令西平忠武王인 李晟이 죽었다. 十年에, 陸贄를 파면하였다.

 – 八年 ; 정원 8년, 서기 789년.　贄 폐백 지.

 – 陸贄(육지, 754∼805년) ; 앞서 주차의 난 때 덕종에게 황제의 허물을 천하에 사죄하라고 건의했던 사람.

八仙過海圖(팔선과해도)

【참고】 중국의 신선

❖ 위 본문에서 재상인 李泌(이필)이 神仙(신선) 이야기 등 황당한 이야기를 즐겨하여 사람들로부터 존경을 받지 못했다는 내용이 있다. 그러나 실제로 중국인들은 신선의 존재를 믿고 또 이상적 인간의 모습으로 신선을 생각하고 있으며 민간 신앙과 전설에 상당한 부분이 신선과 관련이 있다. 특히 이러한 신선의 이야기가 唐 시대에 크게 유행하였는데 李白을 詩仙이라 부른 것도 또 '하늘에서 인간세상으로 귀양을 온 신선'이라는 뜻으로 '謫仙(적선)'이라 부른 것이 그 반증이라 할 수 있다. 실제로 당나라 제일의 문장가이며 시인이었던 韓愈(한유)의 조카 韓湘子(한상자)가 신선이었다는 이야기는 널리 알려진 사실이었다.

당나라 賀知章(하지장)의 〈酒中八僊歌 주중팔선가, 僊은 仙과 同〉가 있고, 杜甫의 〈飮中八仙歌〉에 그들의 행적이 나타나 있다. 이들은 사실 신선은 아니고, 술과 詩와 閑談을 즐긴 사람들을 부르기 좋게 신선이라 칭한 것이다.

道敎에서는 辟穀(벽곡, 火食이 아닌 生食)을 하며 수양하여 득도한 사람이나 또 변화에 능하여 神通한 경지에 이른 사람을 神仙이라고 하였다.

중국인들이 즐겨 이야기 하는 8명의 신선을 八仙이라 하는데, 이들은 동시에 도교에서 신으로 추앙을 받고 있다.

도교에서 말하는 八仙은, 李鐵拐(이철괴), 鍾離權(종리권), 張果老(장과로), 呂洞賓(여동빈), 何仙姑(하선고), 藍采和(남채화), 韓湘子(한상자), 曹國舅(조국구) 등을 지칭한다. 이들이 八仙이라고

팔선 중 李鐵拐(이철괴)

통칭되지만 그들이 살았던 시대가 서로 다르고, 그 행적도 唐과 宋 文人들의 글속에 산발적으로 나타난다.

이 八仙 중에서 나귀를 거꾸로 타고 다니는 장과로는 唐 玄宗을 상면하며 여러 도술을 보여 현종을 놀라게 하였으며, 酒仙, 劍仙, 色仙이라 통칭되는 여동빈은 原名이 呂嵒(여암)인데, 唐 德宗 貞元 12년(서기 796년)에 태어난 道道의 仙人으로 도교 全眞派의 北五祖의 한 사람으로 추앙받는 사람이었다. 여동빈은 당나라 과거의 낙방하며 불우한 젊은 시절을 보냈다. 당의 시인 崔顥(최호)의 가장 유명한 詩〈黃鶴樓〉는 여동빈을 빼놓고는 이야기가 되지 않는다. 유일한 여자 신선 하선고는 측천무후의 부름을 받았으나 거부했다는 이야기가 만들어져 전해오고 있다.

그리고 韓湘子는 大 文豪 韓愈(한유)의 조카로, 한유가 남쪽 潮州(조주)로 좌천될 때의 어려움을 예고했고, 또 그 어려움을 극복하도록 도와주었다는 이야기는 비록 正史의 기록은 아니지만 온 중국인들이 다 알고 있는 이야기이다. 이처럼 당대에서는 八仙의 신선이야기 또 金丹과 內外의 丹法에 관한 이야기가 아주 널리 퍼져 있었다.

(11) ○ 十一年, 貶贄忠州別駕. 贄自奉天以來, 宣力最多, 隨事論諫, 劃切百奏. 帝追仇盡言, 又被譖, 故貶. 初夏縣陽城以處士徵, 爲諫議大夫, 皆想望風采. 在職七年而不諫, 韓愈作爭臣論譏之. 至是判度支裴延齡譖贄, 城率諸諫官, 守闕論延齡姦佞, 贄無罪. 時朝夕且相延齡. 城曰, 脫以延齡爲相, 當取白麻壞之, 慟哭於庭, 遂沮. 城左遷國子司業, 後又貶道州刺史, 治民如治家. 自書其考曰, 撫字心勞, 催科政拙, 考下下.

정원 11년에, 육지를 충주의 별가로 좌천시켰다. 육지는 덕종이 봉천으로 피난한 이후로 가장 많은 애를 썼고 일에 따라 간쟁을 하였는데 상주하는 모두가 아주 적절한 것이었다. 덕종은 육지가 이전에 간한 말까지 나쁘게 생각했고 또 참소를 당했기에 좌천되었다.

그전에 하현의 처사인 양성이란 사람을 불러 간의대부로 삼았었는데 많은 사람들이 그의 풍채를 보고 기대를 했었다. 그러나 재직 7년에 간쟁하지 않으니, 한유는 〈쟁신론〉을 지어 이 사람을 비웃었었다. 이때 판탁지로 있는 배연령이 육지를 모함하자, 양성은 모든 간관을 이끌고 궐문을 막고 배연령의 간사함과 아첨을 논하고 육지가 무죄라고 간했다.

이때, 조만간에 배연령을 재상에 임명할 것이라 하였다. 양성은 "만약 연령을 재상에 임명한다면 기어이 그 사령장을 찢어버릴 것이다."라 하면서, 조정에서 통곡하여 마침내 그 일을 저지시켰다. 그 일로 양성은 국자사업으로 좌천되었다가 뒤에 다시 도주자사로 좌천되었는데 백성 다스리기를 식구 돌보듯 하였다. 양성은 스스로 자신의 업무 고과를 쓰면서 "백성을 위무하고 돌보는 데는 마음을 쓰지만, 납세를 독촉하는 업무는 서투르니 나의 고과는 하의 하이다."라고 하였다.

어구 설명

○ 十一年, 貶贄忠州別駕. 贄自奉天以來, 宣力最多, 隨事論諫, 剴切百奏. 帝追仇盡言, 又被譖, 故貶. : 十一年에, 陸贄를 忠州의 別駕로 좌천시켰다. 육지는 덕종이 奉天으로 피난한 이후로 가장 많은 애를 썼고 일에 따라 간쟁을 하였는데 상주하는 모두가 아주 적절한 것이었다. 덕종은 육지가 전에 한 말까지 나쁘게 생각했고 또 참소를 당했기에 폄직되었다.

 – 十一年 ; 정원 11년, 서기 792년. 貶 떨어트릴 폄. 좌천. 忠州 ; 四川省의 地名.

 – 別駕(별가) ; 州의 행정책임자인 刺史의 보좌관. '長史'로 불리기도 했음. 실무가 없는 閒職.

 – 自奉天以來 ; 덕종이 봉천으로 피난한 이후로. 宣 베풀 선. 널리 알리다. 宣力(선력) ; 힘을 다하다.

 – 剴 알맞을 개. 剴切(개절) ; 아주 적절하고 알맞음. 追 ; 거슬러 올라가다. 追仇(추구) ; 이제는 원수로 생각하다.

 – 盡言(진언) ; 이미 끝난 말. 전에 했던 말.

○ 初夏縣陽城以處士徵, 爲諫議大夫, 皆想望風采. 在職七年而不諫, 韓愈作爭臣論譏之. 至是判度支裴延齡譖贄, 城率諸諫官, 守闕論延齡姦佞, 贄無罪. : 그전에 夏縣의 陽城을 處士에서 불러 諫議大夫로 삼았었는데 많은 사람들이 그의 풍채를 보고 기대를 했었다. 그러나 재직 7년에 간쟁하지 않으니, 韓愈는 〈爭臣論〉을 지어 이 사람을 비웃었었다. 이때 판탁지로 있는 裴延齡이 육지를 모함하자, 양성은 모든 간관을 이끌고 궐문을 막고 배연령의 간사

함과 아첨을 논하고 육지가 무죄라고 간했다.

  − 夏縣(하현) ; 지금의 山西省 運城市. 北宋의 歷史家 司馬光의 故鄕. 陽城(양성) ; 성은 陽, 이름은 城.

  − 處士(처사) ; 산림에 은거하는 無職의 선비. 徵 부를 징. 皆想望風采(개상망풍채) ; 모든 사람들이 풍채와 같으리라 기대를 했다.

  − 韓愈(한유, 768∼824년) ; 字 退之, 祖籍 昌黎郡(今 河北省 昌黎縣) 世稱 '韓昌黎(한창려)'. 晩年에 吏部侍郞을 지내 '韓吏部'라고도 부르며, 시호가 文公이라서 '韓文公'이라는 칭호를 많이 사용. 唐代 文學家로 柳宗元과 함께 古文運動을 주창했다. '唐宋八大家'의 한 사람.

  − 爭臣論 ; 韓愈의 산문. 爭은 諍과 같음. 譏 나무랄 기. 譏弄(기롱)하다.

  − 判度支 ; 재정 지출을 담당하는 관직명. 裴延齡(배연령) ; 덕종의 총애를 받던 신하. 백성의 膏血(고혈)을 짜내 私腹을 채웠다.

  − 譖 참소할 참. 무고하다. 城 ; 陽城. 守闕 ; 궐문을 막다. 姦佞(간녕) ; 간사한 짓거리와 아첨.

○ 時朝夕且相延齡. 城曰, 脫以延齡爲相, 當取白麻壞之, 慟哭於庭, 遂沮. 城左遷國子司業, 後又貶道州刺史, 治民如治家. 自書其考曰, 撫字心勞, 催科政拙, 考下下. : 이때, 조만간에 배연령을 재상에 임명할 것이라 하였다. 양성은 "만약 延齡을 재상에 임명한다면 기어이 그 사령장을 찢어버릴 것이다."라 하면서, 조정에서

통곡하여 마침내 그 일을 저지시켰다. 그 일로 양성은 國子司業으로 좌천되었다가 뒤에 다시 道州刺史로 좌천되었는데 백성 다스리기를 식구 돌보듯 하였다. 양성은 스스로 자신의 업무 고과를 쓰면서 "백성을 위무하고 돌보는 데는 마음을 쓰지만, 납세를 독촉하는 업무는 서투르니 나의 고과는 下의 下이다."라고 하였다.

 - 朝夕 ; 아침저녁. 오래지 않아, 早晚間, 今明間.　相 ; 재상으로 삼다.　脫 벗을 탈. 만약에(倘과 같은 뜻).

 - 白麻(백마) ; 白麻紙(흰빛에 삼으로 만든 종이)에 쓴 사령장. 壞 무너질 괴. 파괴하다. 찢어버리다.　慟 서럽게 울 통.　慟哭 ; 痛哭.

 - 國子司業 ; 국자감에서 國子祭酒를 보좌하는 직명.

 - 道州 ; 湖南省의 지명. 陽城은 정원 14년에 도주자사로 폄직되었다.　治民如治家 ; 백성 다스리기를 마치 식구 돌보듯 하다.

 - 自書其考 ; 자신의 업무 고과를 작성하다. 자기 평가서.　撫 어루만질 무.　字 글자 자. 기르다. 愛育하다.

 - 心勞(심로) ; 마음을 쓰며 노력하다.　催 재촉할 최.　催科(최과) ; 조세 납부를 독려하다.　拙 졸할 졸. 서투르다.

 - 考下下 ; 나의 考課는 下之下이다.

【참고】 韓愈(한유)의 古文 운동

　❖ 唐은 安史의 亂 이후 모든 면에서 심각한 퇴조 현상을 보였다. 절도사의 막강한 세력과 그들의 발호, 이민족의 빈번한 침략,

무능한 황제 밑에서 날뛰는 간신배와 환관들, 착취와 重稅에 시달리다 못해 유랑하는 농민들, 이런 틈을 이용하여 불교와 노장사상의 유행과 유가사상의 퇴조가 눈에 확실하게 보이는 시대였었다.

한유는 이러한 때에 불교와 노자 사상을 배격하며 공자와 맹자의 道를 높여 사회질서를 확립하면서 문란한 정치를 바로 세우고자 했다.

한유는 3세에 고아가 되어 형과 형수의 손에서 자랐다. 25세에 과거에 합격하여 30세부터 여러 벼슬을 역임하였다. 한유는 맹자 이후 단절된 유가의 정통을 이을 사람이 바로 자신이라는 강한 자부심을 가지고 '문장은 도를 담아야 하고(文以載道)', '문학은 道를 밝히는 도구'라고 생각하였다. 한유는 兩漢의 글이 아니면 읽지를 않고, 성인의 뜻이 아니면 감히 마음에 담아두지 않았으며, 고문을 통해 성인의 도를 깨우쳐야 한다고 주장하였다.

한유의 많은 散文 중에서 〈原道〉와 〈原性〉은 유가 사상의 확립에 기여한 명문장이고, 〈師說〉은 한유가 貞元 17년에 國子四門博士로 근무하면서 스승의 역할과 교육원론을 논한 논설이고, 〈進學解〉는 元和 6年(811년)에 國子博士로 근무할 때 지은 글로 논리가 확실하여 매우 설득력이 있는 명문장이다. 한유의 〈祭十二郎文〉는 조카를 위한 祭文이지만 제갈량의 〈出師表〉, 李密의 〈陳情表〉와 함께 중국의 3대 抒情文으로 평가되고 있다. 그밖에 〈爭臣論〉, 〈諫迎佛骨表〉, 潮州로 좌천되어 지었다는 〈祭鰐魚文 제악어문〉도 잘 알려진 명문이다.

한유는 고문운동으로 '唐宋八大家'의 한 사람이지만 시인으로도 유명하였다. 시인으로서 한유에 대한 설명은 여기서 생략한다.

韓愈(한유)

(12) ○ 十四年, 淮西吳少誠叛. ○ 二十一年, 上崩. 在位二十七年, 改元者三, 曰建中·興元·貞元. 初政淸明者二歲, 而盧杞用矣, 叛亂相繼, 末年姑息而已. 太子立, 是爲順宗皇帝.

○ 정원 14년, 회서절도사 오소성이 반란을 일으켰다.

○ 21년에 덕종이 죽었다. 재위 27년에, 개원을 3번 했는데 건중, 흥원, 정원이다. 처음의 정치가 청명한 시기는 2년이었고 노기를 등용한 뒤로는 절도사들의 반란이 계속 이어졌으며, 말년에는 편한 것만을 추구하였다. 태자가 즉위하니, 이가 순종황제이다.

어구 설명

○ 十四年, 淮西吳少誠叛. 二十一年, 上崩. 在位二十七年. 改元者三, 曰建中·興元·貞元. 初政淸明者二歲, 而盧杞用矣, 叛亂相繼, 末年姑息而已. 太子立, 是爲順宗皇帝. : 정원 14년, 淮西節度使 吳少誠이 반란을 일으켰다. 21년에 덕종이 죽었다. 재위 27년에, 개원을 3번 했는데 建中, 興元, 貞元이다. 처음의 정치가 淸明한 시기는 2년이었고 노기를 등용한 뒤로는 절도사들의 반란이 계속 이어졌으며, 말년에는 편한 것만을 추구하였다. 태자가 즉위하니, 이가 順宗皇帝이다.

- 十四年 ; 서기 798년.　二十一年 ; 서기 805년.

　- 建中 ; 서기 780~783년.　興元 ; 서기 784년.　貞元 ; 서기 785~804년.

　- 姑息(고식) ; 一時的인 안일만을 추구하다. 임시방편으로 일을 처리하다. 지나치게 관용을 베풀다.

제2장 唐의 말기적 현상

1) 元和 中興

(1) 順宗皇帝, 名誦. 方爲太子時, 有善書者王伾, 善棋者王叔文, 俱出入娛侍. 因言, 某可相, 某可將, 幸異日用之. 密結學士韋執誼, 及朝士有名而求速進者, 陸淳·呂溫·李景儉·韓曄·韓泰·陳諫·柳宗元·劉禹錫等, 定爲死交. 日與游處, 蹤跡詭祕, 莫有知其端倪者. 德宗崩, 太子卽位. 先是有風疾失音, 五閱月矣. 伾·叔文等用事. ○ 追陸贄·陽城赴京, 未至卒. ○ 上在位, 改元曰永貞, 僅八月. 自稱太上皇, 傳位於太子, 是爲憲宗章武皇帝.

순종황제의 이름은 송이다. 막 태자가 되었을 때부터 글씨를 잘 쓰는 王伾(왕비)와, 바둑을 잘 두는 왕숙문이 나란히 출입하면서 놀아주고 시중을 들었다. 그러면서 아무개는 재상이 될 만하며, 또 아무개는 장수가 될 만하다는 이야기를 하여 뒷날 등용해주기를 바랬다.

翰林學士(한림학사)인 위집의와 비밀리에 결탁되었으며 조정의 관리로 이름이 알려져 있고 빨리 출세하기를 바라는 육순, 여온, 이경검, 한엽, 한태, 진간, 유종원, 유우석 등과 생사를 같이 할 것을 약속했었다. 날마다 더불어 노는 곳에 대해서는 그 종적을 속이거나 숨겼기에 그들 행적의 본말을 아는 자가 없었다.

  덕종이 죽자, 태자가 즉위하였다. (순종은) 즉위 이전에 중풍에 걸려 말을 못한 지가 5달이 넘었었는데 王伾(왕비)와 왕숙문 등이 권력을 휘둘렀다.

  ○ 육지와 양성을 불러 올렸는데 장안에 오다가 미처 이르지 못하고 죽었다.

  ○ 순종이 재위하며 영정이라 개원하였는데 겨우 8개월이었다. 태상황이라 자칭하며 태자에게 전위하였는데, 이가 헌종장무황제이다.

어구 설명

○ 順宗皇帝, 名誦. 方爲太子時, 有善書者王伾, 善棋者王叔文, 俱出入娛侍. 因言, 某可相, 某可將, 幸異日用之. : 順宗皇帝의 이름은 誦이다. 막 太子가 되었을 때부터 글씨를 잘 쓰는 王伾와, 바둑을 잘 두는 王叔文이 나란히 출입하면서 놀아주고 시중을 들었다. 그러면서 아무개는 재상이 될 만하며, 또 아무개는 장수가 될 만하다는 이야기를 하여 뒷날 등용해주기를 바랐다.

 - 順宗皇帝(재위 805년) ; 덕종의 長子.   誦 외울 송.   太子時 ; 大歷 14년(779년) 태자로 책봉.

- 伾 힘셀 비. 조와 同.   棋 바둑 기.   王伾와 王叔文을 二王이라 통칭했었다.   俱 함께 구.

- 出入娛侍(출입오시) ; 출입하며 같이 놀며 시중을 들다.   幸 다행 행. 바라다.   異日用之 ; 뒷날에 등용하다.

○ 密結學士韋執誼, 及朝士有名而求速進者, 陸淳·呂溫·李景儉·韓曄·韓泰·陳諫·柳宗元·劉禹錫等, 定爲死交. 日與游處, 蹤跡詭祕, 莫有知其端倪者. : 學士인 韋執誼(위집의)와 비밀리에 결탁되었으며 조정의 관리로 이름이 알려져 있고 빨리 출세하기를 바라는 陸淳, 呂溫, 李景儉, 韓曄, 韓泰, 陳諫, 柳宗元, 劉禹錫 등과 생사를 같이 할 것을 약속했었다. 날마다 더불어 노는 곳에 대해서는 그 종적을 속이거나 숨겼기에 그들 행적의 본말을 아는 자가 없었다.

- 密結 ; 비밀리에 결탁하다.   誼 옳을 의.   朝士 ; 조정에 근무하는 관리, 현직의 관리.   有名 ; 이름이 알려진.

- 陸淳(육순), 呂溫(여온), 李景儉(이경검), 韓曄(한엽), 韓泰(한태), 陳諫(진간), 柳宗元(유종원), 劉禹錫(유우석) ; 이들은 다음 憲宗이 즉위하면서 모두 지방의 司馬로 좌천되는데 이들을 八司馬라 통칭했다.

- 劉禹錫(유우석, 772~842) ; 白居易의 詩友. 〈陋室名 누추한 방이라 이름 짓다〉이라는 짧으면서도 古雅한 散文을 남겼다.

- 定爲死交 ; 죽기를 같이 할 교제를 했다. 刎頸之交(문경지교)와 同.   日與游處 ; 날마다 같이 노는 곳.

- 蹤 자취 종.   跡 자취 적.   詭 속일 궤.

─ 祕 숨길 비, 귀신 비. 깊이 알기 어려울 필. 秘는 祕의 俗字. 秘密, 秘書 등 일반적으로 俗字를 더 많이 사용.

─ 端 바를 단, 끝 단. 실마리. 倪 어린애 예, 끝 예. 端倪(단예) ; 일의 本末. 시작과 끝. 莫有知其端倪者 ; 일의 본말을 아는 자가 있지 않았다(없었다).

○ 德宗崩, 太子卽位. 先是有風疾失音, 五閱月矣. 伾·叔文等用事. 追陸贄·陽城赴京, 未至卒. : 德宗이 죽자, 太子가 卽位하였다. (순종은) 즉위 이전에 중풍에 걸려 말을 못한 지가 5달이 넘었었는데 왕비와 왕숙문이 권력을 행사했다. 陸贄와 陽城을 불러 올렸는데 장안에 오다가 미처 이르지 못하고 죽었다.

─ 風疾(풍질) ; 中風. 고혈압에 의한 신체 마비.

─ 失音 ; 말을 못하다. 閱 조사할 열. 차례차례로 거치다. 閱月 ; 1달이 걸리다. 五閱月矣 ; 5개월이었다.

─ 追 쫓을 추. 뒤쫓아 가다. 내쫓다. 부르다. 불러들이다.

─ 陸贄(육지) ; 동평장사였다가 충주사마로 좌천되었었다. 陽城 ; 人名. 道州刺史로 폄직되었었다.

─ 赴 나아갈 부. 赴京; 상경하다.

○ 上在位, 改元曰永貞, 僅八月. 自稱太上皇, 傳位於太子, 是爲憲宗章武皇帝. : 순종이 在位하며 永貞이라 개원하였는데 겨우 八月이었다. 太上皇이라 자칭하며 太子에게 전위하였는데, 이가 憲宗章武皇帝이다.

─ 僅 겨우 근. 八月 ; 8개월간 재위하였다.

【참고】 永貞革新

❖ 순종은 大歷 14年(779년)에 황태자가 되었다가, 貞元 21년(805년)에 德宗의 뒤를 이어 즉위한다. 永貞이라 개원하면서 王伾(왕비)와 王叔文을 翰林學士로 임명하고 본문에 나온 韓泰 등 8명의 지지를 받으면서 덕종 이래의 폐정을 개혁하고 탐관을 축출하며 염철의 전매 정책을 개혁하고 환관이 장악하고 있는 병권을 회수하려 했다. 이러한 일련의 개혁을 당시의 연호에 따라 '永貞革新(영정혁신)' 이라 한다.

그러나 순종은 중풍 치료 중에 말을 못하게 되었고 환관 俱文珍(구문진) 등이 형남절도사 배균, 하동절도사 엄수 등과 연합하여 개혁에 반대하면서 한편으로는 순종을 핍박하여 태자에게 양위케 하였다. 이를 史書에서는 '永貞內禪(영정내선)' 이라 부른다. 이로서 영정개혁은 종결된다. 순종은 이듬해에 병으로 죽는데 환관에 의해 살해되었다고 한다.

순종 재위 8개월에 당의 말기적 현상이 집약되는데, 곧 폐정 개혁의 시도가 있었으나 실패하였고, 환관과 지방 번진의 결탁, 그리고 환관에 의한 황제의 양위나 옹립이 이루어졌다는 사실 등이다.

(2) 憲宗皇帝, 名純, 年二十八爲太子監國, 尋卽位. 貶王伾·王叔文, 伾病死, 叔文賜死, 其黨皆遠貶. ○ 元和元年, 西川節度使劉闢反. 同平章事杜黃裳,

薦高崇文討之. ○ 夏州留後楊惠琳, 拒朝命, 詔討
之, 爲兵馬使所斬. ○ 高崇文克成都, 擒劉闢, 送京
師斬之. ○ 二年, 鎭海節度使李錡反. 詔討之, 兵馬
使執錡, 送京師斬之.

헌종 황제의 이름은 순이다. 나이 28세에 황태자가 되어
감국의 직을 맡아보고 곧이어 즉위하였다. 왕비와 왕숙문
을 폄직(좌천)시켰는데 왕비는 병사하고 왕숙문을 賜死(사
사)하였으며 그 무리들은 모두 지방으로 폄직되었다.

○ 원화 원년에, 서천절도사인 유벽이 반란을 일으켰다.
동평장사인 두황상은 고숭문을 추천하여 그를 토벌케 하
였다.

○ 하주의 유후인 양혜림이 조정의 명령을 거부하자, 조
서를 내려 토벌케 하였는데 병마사에게 참수되었다.

○ 고숭문이 성도를 빼앗고 유벽을 사로잡아 경사(서울)
로 보냈고 유벽은 참수되었다.

○ 원화 2년, 진해절도사 이기가 반란을 일으켰다. 조서
를 내려 토벌케 하였고 병마사가 이기를 잡아 수도로 압송
했고, 이기는 참수되었다.

어구 설명

○ 憲宗皇帝, 名純, 年二十八爲太子監國, 尋卽位. 貶王伾·王叔

文, 伾病死, 叔文賜死, 其黨皆遠貶. ; 憲宗 皇帝의 이름은 純이다. 나이 28세에 太子監國이 되었다가 곧이어 즉위하였다. 王伾와 王叔文을 폄직(좌천)시켰는데 왕비는 병사하고 왕숙문을 賜死하였으며 그 무리들은 모두 지방관으로 폄직되었다.

 – 憲宗皇帝(헌종, 李純, 재위 805~820년) ; 順宗의 長子. 환관에 의해 옹립, 절도사의 세력을 누르고 황권 강화에 노력. 佛敎篤信. 환관에 의해 독살 당했다.

 – 監國 ; 황제가 순행중이거나 또는 병환으로 국정수행이 불가능한 경우 태자가 업무를 대행케 하였는데, 이를 감국이라 하였다. 太子는 보통 太子監國으로 불리다가 先帝가 죽으면 즉위하였다.

 – 尋 찾을 심. 곧, 얼마 안 있다가.   王伾(왕비), 王叔文 ; 順宗을 보필하며 永貞革新을 이끌었던 사람.

 – 其黨皆遠貶 ; 그 무리들은 모두 먼 곳의 지방관으로 폄직되었다. 柳宗元은 永州의 司馬로 폄직되었다.

○ 元和元年, 西川節度使劉闢反. 同平章事杜黃裳, 薦高崇文討之. 夏州留後楊惠琳, 拒朝命, 詔討之, 爲兵馬使所斬. 高崇文克成都, 擒劉闢, 送京師斬之. : 元和 元年에, 西川節度使인 劉闢이 반란을 일으켰다. 同平章事인 杜黃裳은 高崇文을 추천하여 그를 토벌케 하였다. 夏州의 留後인 楊惠琳이 朝命을 거부하자, 조서를 내려 토벌케 하였는데 兵馬使에게 참수되었다. 高崇文이 成都를 빼앗고 劉闢을 사로잡아 京師(서울)로 보냈고 유벽은 참수되었다.

 – 元和 ; 헌종의 연호. 元年 ; 서기 806년. 闢 열 벽. 열리다.

柳宗元(유종원)

裳 치마 상.　留後(유후) ; 절도사 권한 대행.

　- 琳 아름다운 옥 림.　朝命 ; 조정의 명령.　克 ; 이길 극. 싸워 이겨서 차지하다.　擒 사로잡을 금.

○ 二年, 鎭海節度使李錡反, 詔討之, 兵馬使執錡, 送京師斬之. : 2년, 鎭海節度使 李錡가 反亂을 일으켰다. 조서를 내려 토벌케 하였고 兵馬使가 이기를 잡아 京師로 압송했고, 이기는 참수되었다.

　- 二年 ; 서기 807년.　錡 세발 솥 기.　李錡는 順宗 永貞 元年 3월에 鎭海(지금의 절강성 寧波市) 節度使가 되었는데 전임 鹽鐵轉運使 職을 해임 당했다. 이는 명목상 승진이지만 실질적 좌천인데 헌종의 절도사 세력 억제책에 의거 소환을 당하자 반란을 일으켰다.

【참고】 柳宗元의 산문

❖ 柳宗元(유종원, 773~819년, 字 子厚)은 河東郡(今 山西省 永濟市) 출신으로 아주 유명한 文章家로 한유와 함께 唐宋八大家의 한 사람이다. 하급 관리 집안 출신으로 21세에 진사과에 합격하여 이름을 날렸고, 順宗의 永貞革新을 지지하며 예부원외랑이 되었으나 순종이 8개월 만에 선위하고(805년), 이어 죽으면서 憲宗에 의해 永州(지금의 湖南省 永州) 司馬로 좌천되어 10년을 머물렀다. 유종원은 여기서 영주의 풍광을 서술한 〈永州八記〉라는 명문장을 남긴다. 유종원은 뒤에 유주자사로 옮겨 갔고 거기에서 생을

마감하였다.

유종원은 韓愈와 함께 고문운동을 전개하였는데, 한유가 '文以載道'를 주장하며 孔孟의 도를 강조하였으나 유종원은 '文以明道'라 하면서 유학 사상뿐만 아니라 불교와 노장사상까지 폭넓게 수용하면서 道와 함께 文章 자체도 중요하다고 강조하였다. '韓柳李杜(한유이두)'란 말이 있는데, 이는 唐의 文章家로 한유와 유종원, 詩人으로서 李白과 杜甫를 지칭하는 말이다.

유종원의 〈江雪〉과 〈漁翁 어옹〉의 시는 우리나라 한문 교과서에도 실릴 정도로 유명하지만, 그보다는 散文에서 명문장을 쏟아내었다. 그의 문장은 〈封建論〉 같은 이지적이고 논리적인 論說文이 있고, 〈種樹郭橐駝傳 종수곽탁타전, 나무를 심는 곽탁타의 전기〉, 〈梓人傳 재인전〉 같은 傳記文, 〈捕蛇者說 포사자설 ; 뱀 잡는 사람의 이야기〉, 〈三戒〉로 통칭되는 寓言文(우언문)은 당시의 탐관오리들의 탐욕과 무능을 비판하고 있다. 그가 영주의 산수에 노닐면서 지은 〈永州八記〉는 매우 유명하다. 그의 시문집으로 《柳河東集》이 있다. 다음은 유종원의 시 〈漁翁〉이다.

늙은 어부는 西岩 옆에서 밤을 새우고
새벽에 맑은 湘江 물을 길어 楚竹을 태운다.
안개 걷히고 해 떴지만 사람은 뵈지 않고
노 젓는 한 가락에 山水가 함께 푸르다.
하늘 맞닿은 강을 보며 하류로 내려가는데
무심한 구름만이 바위 위에 걸쳤다.

(漁翁夜傍西岩宿,　曉汲淸湘煙楚竹.
　煙銷日出不見人,　欸乃一聲山水綠.
　廻看天際下中流,　岩上無心雲相逐.)

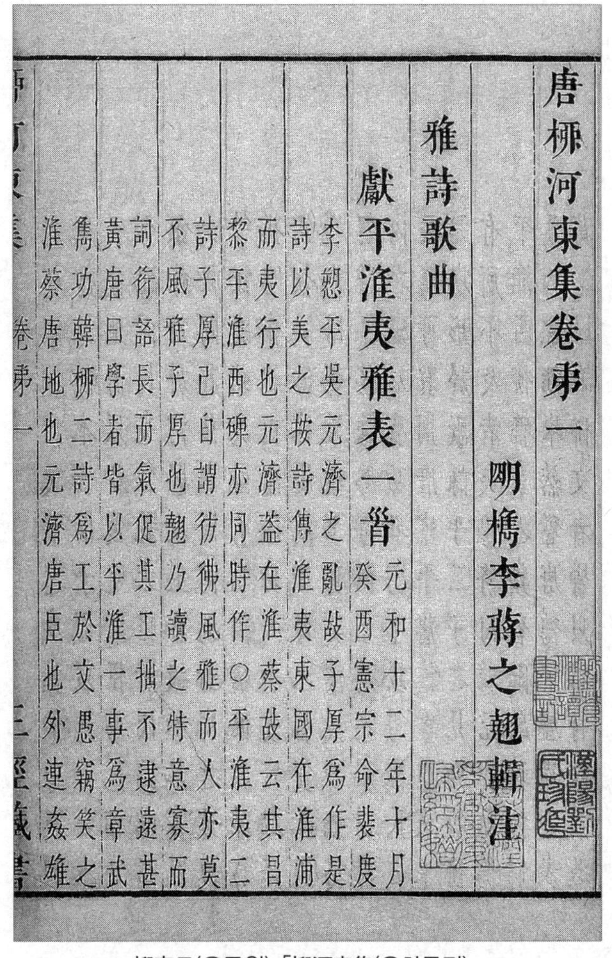

柳宗元(유종원)「柳河東集(유하동집)」

(3) ○ 三年, 沙陀朱邪盡忠, 與其子執宜來降. 沙陀勁勇冠諸胡, 吐蕃每戰以爲前鋒, 後疑其貳於回鶻, 欲遷之河外, 懼而歸唐. 置之靈州, 用以征討, 皆捷.

원화 3년에, 사타족의 추장 주사진충이 그의 아들 집의와 함께 투항해 왔다. 사타는 용감하기로 여러 호족 중에서 제일이었는데, 토번은 여러 전투에서 그를 전봉(선봉)으로 삼았으나 뒤에는 위구르와 밀통한다고 의심을 하며 황하의 외지로 이주시키려 하자 (진충은) 두려워 당에 귀순했다. 당에서는 그를 영주에 머물게 하면서 전쟁이 있을 때마다 등용했고, (진충은) 매번 싸워 이겼다.

어구 설명

○ 三年, 沙陀朱邪盡忠, 與其子執宜來降. 沙陀勁勇冠諸胡, 吐蕃每戰以爲前鋒, 後疑其貳於回鶻, 欲遷之河外, 懼而歸唐. 置之靈州, 用以征討, 皆捷. : 원화 3年에, 沙陀族의 추장 朱邪盡忠(주사진충)이 그의 아들 執宜(집의)와 함께 투항해 왔다. 沙陀는 용감하기로 여러 胡族 중에서 제일이었는데, 吐蕃은 여러 戰鬪에서 그를 前鋒(선봉＝先鋒)으로 삼았으나 뒤에는 위구르와 밀통한다고 의심을 하며 河外로 이주시키려 하자 (진충은) 두려워 당에 귀순했다. 당에서는 그를 靈州에 머물게 하면서 전쟁이 있을 때마다 등용했고, (진충은) 매번 싸워 이겼다.

　－ 三年 ; 서기 808년.　沙陀(사타) ; 西突厥(서돌궐)의 부족 이름. 지금의 新疆의 준가르 분지 동남쪽에서 유목생활.

　－ 朱邪盡忠(주사진충) ; 朱邪는 복성. 盡忠이 이름.　朱邪執宜(주사집의) ; 이 사람의 손자 李克龍은 唐末의 막강한 河東節度使였고, 曾孫 李存勗(이존욱)이 後唐(923～936 존속)을 건국했다.

　－ 勁 굳셀 경.　冠 갓 관. 으뜸. 우두머리.

　－ 前鋒(전봉) ; 先鋒, 최일선의 장수.　疑 물을 의. 의심하다, 의심을 받다.　貳 두 이. 두 마음. 외적과 밀통하다.

　－ 鶻 송골매 골.　回鶻 ; 回紇, 위구르 족.　後疑其貳於回鶻 ; 뒤에는 그가 위구르와 밀통하려는 마음을 가졌다고 의심을 받아서～.　回 ; 囘가 本字. 回는 동자

　－ 懼 두려울 구.　靈州 ; 朔方節度使의 근거지. 지금의 寧夏回族自治區의 中部, 黃河 東쪽에 있는 靈武市.

　－ 捷 이길 첩.

(4) ○ 自杜黃裳以後, 相繼爲相者, 武元衡·李吉甫·裵垍·李藩·李絳, 皆賢相. 垍嘗爲李吉甫疏人才三十餘, 數月用盡, 翕然稱爲得人. 垍器局峻整, 人人不敢干以私. 藩嘗爲給事中, 制敕有不可者, 卽批之. 吏請更連素紙, 藩曰, 如此則狀也, 何名批敕. 垍薦之爲相, 知無不言. 絳鯁直, 吉甫善逢迎. 絳每

與爭論於上前, 上多直絳. 時在朝如崔群·白居易
等, 皆謇謇直. 元和之世, 朝廷淸明以此.

○ 두황상 이후 그 뒤를 이어 재상이 된 무원형, 이길보, 배계, 이번, 이강은 모두 현명한 재상들이었다. 배계는 이길보에게 인재 30여 명을 추천하였었는데 (이길보는) 몇 달 내에 모두 등용하면서 적당한 인재를 얻었다며 기뻐하였다. 배계는 재능과 국량이 엄하면서도 깨끗하여 누구든 사사로운 부탁을 감히 할 수 없었다. 이번은 전에 급사중으로 있을 때, 제칙에 불가한 바가 있으면 곧바로 비평을 올렸다. 다른 관리가 별지에 쓴 것을 추가해 달라고 하면 이번은 "그렇게 한다면 황제에게 주청하는 것이지, 어찌 칙명에 대한 비평이라 할 수 있는가?"라고 말했다. 배계의 추천으로 재상이 되자, 아는 일은 무엇이나 다 아뢰었다. 이강은 강직하였고, 이길보는 남의 뜻에 잘 영합했었다. 이강이 매번 이길보와 헌종 앞에서 논쟁을 하면 헌종은 대개 이강이 옳다고 했다. 그 당시 조정에 있는 신하로 최군과 백거이 등이 모두 곧은 말을 하는 강직한 사람이었다. 원화 연간에 조정의 청명한 정치는 이들 때문이었다.

어구 설명

○ 自杜黃裳以後, 相繼爲相者, 武元衡·李吉甫·裴垍·李藩·李

絳, 皆賢相. 垍嘗爲李吉甫疏人才三十餘, 數月用盡, 翕然稱爲得人. 垍器局峻整, 人人不敢干以私. : 杜黃裳 이후 그 뒤를 이어 재상이 된 武元衡(무원형), 李吉甫(이길보), 裴垍(배계), 李藩(이번), 李絳(이강)은 모두 賢相이었다. 배계는 李吉甫에게 인재 三十여 명을 추천하였었는데 (이길보는) 몇 달 내에 모두 등용하면서 적당한 인재를 얻었다며 기뻐하였다. 배계는 재능과 국량이 엄하면서도 깨끗하여 누구든 사사로운 부탁을 감히 할 수 없었다.

 - 武元衡(무원형, 758~815년) ; 名相이면서 詩人.

 - 李吉甫(758~814년) ; 807년에 재상 반열에 오름. 次子 李德裕(이덕유)가 武宗 時 재상. 牛李黨爭에서 李黨의 우두머리.

 - 垍 굳은 흙 계(기).   裴垍(배계 ?~811년) ; 청렴한 재상으로 시인 白居易와 元稹(원진)의 칭송을 들을 정도였다.

 - 絳 진하게 붉은 강.   疏 트일 소. 소개하다.   翕 화합할 흡. 器局(기국) ; 재능과 도량.

 - 峻 높을 준.   整 가지런할 정.   人人不敢干以私 ; 사람마다 모두 사사로운 일을 부탁할 수가 없었다.

○ 藩嘗爲給事中, 制敕有不可者, 卽批之. 吏請更連素紙, 藩曰, 如此則狀也, 何名批敕. 垍薦之爲相, 知無不言. : 李藩은 전에 給事中이 되었을 때, 制敕(제칙)에 不可한 바가 있으면 곧바로 비평을 올렸다. 다른 관리가 별지에 쓴 것을 추가해 달라고 하면 이번은 "그렇게 한다면 황제에게 주청하는 것이지, 어찌 칙명에 대한 비평이라 할 수 있는가?"라고 말했다. 배계의 추천으로 재상이 되자, 아는 일은 무엇이나 다 아뢰었다.

- 藩 덮을 번, 울타리 번.　給事中(급사중) ; 황제의 자문 직책.
다른 직책 앞에 급사중이라는 직책을 추가하는데 언제나 궁중에
들어가 황제에게 건의하고 또 자문을 할 수 있는 직위.

- 制敕 ; 황제의 명령. 制詔.

- 素紙(소지) ; 흰 종이.　狀 형상 상. 문서 장. 奏疏(주소).　批
손으로 칠 비. 비평하다. 황제의 조칙에 대한 신하의 의견을 첨부
하는 일.　批敕(비칙) ; 칙명에 대한 의견.

- 知無不言 ; 자신이 아는 일(담당 업무)에 대해서 말하지 않는
것이 없었다.

○ 絳鯁直, 吉甫善逢迎. 絳每與爭論於上前, 上多直絳. 時在朝如崔
群 · 白居易等, 皆讜讜直. 元和之世, 朝廷清明以此. : 이강은 鯁直
하였고, 李吉甫는 남의 뜻에 잘 영합했었다. 이강이 매번 이길보
와 헌종 앞에서 논쟁을 하면 헌종은 이강이 옳다고 많이 했다. 그
당시 조정에는 崔群과 白居易 등이 모두 곧은 말을 하는 강직한
사람이었다. 元和 연간에 조정의 清明한 정치는 이들 때문이었다.

- 鯁 생선 뼈 경.　鯁直 ; 강직하고 바르다.　逢迎(봉영) ; 남의
마음에 들도록 애쓰다. 迎合.

- 上多直絳 ; 헌종은 李絳이 옳다고(直) 할 경우가 많았다.

- 崔群(772~832년) ; 中書侍郞同中書門下平章事 역임.

- 白居易(772~846년) ; 字 樂天, 香山居士. 中唐 최고의 詩人.
翰林學士.

- 讜 곧은 말 당. 謹과 같음.

劉禹錫(유우석)

【참고】 唐詩⑻ – 白居易(백거이)의 詩

❖ 백거이(772~846년)는 香山居士라 自號하였다. 중국 洛陽에 가면 龍門석굴이라는 유명한 관광지가 있고, 그 용문산 맞은편에 香山이라는 나지막한 산이 있는데 거기에 백거이의 草堂과 墓가 있다. 그의 字가 樂天이기에 白樂天으로도 통칭한다.

左拾遺(좌습유)로 있던 그는 憲宗에 의해 江州司馬로 좌천된다. 나중에 중앙으로 복귀하지만 牛李당쟁을 피해 지방으로 나갔다가 만년에는 형부상서를 역임하였다.

지금 전해오는 백거이의 시가 3千 首에 이르는데, 그의 시가 갖는 가장 큰 특징은 平易(평이)하고 통속적이어서 누구나 쉽게 이해하고 읊을 수 있다는 점이다. '老嫗能解(노파도 이해할 수 있는)'할 수 있는 쉬운 詩를 쓴 백거이는 문학의 사회적 영향을 강조하였는데 인생과 사회를 위한 문학을 늘 강조하였다. 농민을 짓누르는 과중한 세금과 관리들의 횡포, 고통스러운 부역 등을 시로 표현하였는데, 〈秦中吟 진중음〉, 〈新樂賦〉, 〈長恨歌 장한가〉, 〈琵琶行 비파행〉 등이 세상에 널리 알려졌다. 백거이는 元稹(원진, 779~831년)과 오랫동안 친교를 맺고 있었는데, 이를 증명하는 〈與元九書〉는 문사가 유창하고 生動하며 진지한 감정과 논리성이 강하여 매우 독특한 풍격을 자랑하고 있는 白居易의 명문장이다. 백거이는 劉禹錫(유우석, 772~842년)과도 매우 절친하였는데 원진과 백거이는 '元白', 유우석과 백거이는 '劉白'이라 병칭한다.

白居易(백거이)

(5) ○ 七年, 魏博兵馬使田興, 請吏奉貢. 詔以爲節度使, 遣裴度宣慰, 賜錢百五十萬緡犒其軍. 六州百姓, 皆給復一年, 軍受賜歡聲如雷. 成德·兗·鄆諸鎭使者見之, 相顧失色, 歎曰, 倔强者果何益乎. 賜興名弘正.

원화 7년에, 위박군(軍) 병마사인 전흥이 관리 파견을 청하면서 공물을 바쳤다. 헌종은 조서를 내려 전흥을 절도사로 임명하면서 배탁을 보내 선위케(위로하게) 하고 백오십만 꾸러미를 하사하여 그 군사들을 위로케 하였다. 그곳 육주의 백성 모두에게 일 년치의 세금을 면제시켜 주었으며 하사를 받은 군사들의 환호성이 천둥소리와 같았다.

성덕과 연주, 운주 여러 번진의 절도사들이 이를 보고서 서로 돌아보며 놀라 탄식했다. "부질없이 고집을 부리며 조정에 뻣뻣한 것이 무슨 이득이 있겠는가?" 전흥에게는 홍정이라는 이름을 하사하였다.

어구 설명

○ 七年, 魏博兵馬使田興, 請吏奉貢. 詔以爲節度使, 遣裴度宣慰, 賜錢百五十萬緡犒其軍. 六州百姓, 皆給復一年, 軍受賜歡聲如雷. : 七年에, 魏博軍 兵馬使인 田興이 관리 파견을 청하면서 공물을 바쳤다. 조서를 내려 전흥을 절도사로 임명하면서 裴度을 보내

宣慰케(위로하게) 하고 百五十萬 緡을 하사하여 그 군사들을 위로케 하였다. 그곳 六州의 百姓 모두에게 一年의 세금을 면제시켜 주었고 하사를 받은 군사들의 환호성이 천둥소리와 같았다.

- 七年 ; 서기 812년. 請吏奉貢 ; 관리 파견을 요청하고 공물을 바치다. 황제에게 충성하겠다는 뜻.

- 詔以爲節度使 ; 조서를 내려 전흥을 절도사로 임명했다. 裴度(배탁, 765~839년) ; 唐의 名相.

- 宣 베풀 선. 널리 알리다. 下敎를 내리다. 宣慰(선위) ; 황제의 뜻을 알리고 군사를 위로하고 민심을 안정시키다.

- 緡 낚싯줄 민. 돈 꿰미. 犒其軍 ; 그 군사들에게 음식과 술로 위로하다. 六州 ; 위박 절도사 관내의 6주.〔위주(魏州), 박주(博州), 패주(貝州), 위주(衛州), 단주(亶州), 상주(相州)〕

- 給復 ; 돌려보내다. 면제시켜주다. 受賜 ; 하사한 돈을 받다. 如雷 ; 천둥소리와 같다.

○ 成德·兗·鄆諸鎭使者見之, 相顧失色, 歎曰, 倔强者果何益乎. 賜興名弘正. : 成德과 연주, 운주 여러 번진의 절도사들이 이를 보고서 서로 돌아보며 놀라 탄식했다. "부질없이 고집을 부리며 조정에 뻣뻣한 것이 무슨 이득이 있겠는가?" 田興에게는 弘正이라는 이름을 하사하였다.

- 成德 ; 번진의 이름. 兗 바를 연. 地名. 鄆 고을 이름 운. 相顧失色 ; 서로 돌아보며 얼굴 표정이 질리다.

- 倔 고집이 셀 굴. 倔强(굴강) ; 고집이 세어 남에게 굽히지 않다. 果何益乎 ; 과연 무슨 이익이 있겠는가?

(6) ○ 初彰義節度使吳少誠死, 弟少陽自領軍府, 少陽陰養亡命. 少陽死, 子元濟自領軍府, 縱兵侵掠及東畿. 詔發十六道兵討之. 平盧節度使李師道, 請赦元濟, 不許. 裴度宣慰淮西行營, 還言, 淮西可決取. 上悉以兵事, 委同平章事武元衡. 師道素養刺客姦人, 客請, 密往刺元衡, 則佗相必爭勸天子罷兵矣. 元衡入朝, 賊暗射殺之, 又擊度傷首. 上怒, 討賊愈急, 以度同平章事.

○ 그전에 창의절도사인 오소성이 죽자, 동생 오소양이 군부를 차지했었는데, 오소양은 몰래 망명자들을 모아 세력을 키우고 있었다. 오소양이 죽고, 아들 오원제가 군사를 거느렸었는데 그는 군사를 풀어 경기 동쪽까지 침략하였다. 헌종은 16도의 군사를 징발하여 토벌케 하였다. 평노절도사인 이사도가 오원제에 대한 사면을 요청했지만 (헌종은) 불허했다. 배탁은 회서의 부대들을 선위하고 돌아와 "회서는 꼭 차지할 수 있을 것입니다."라고 말했다. 헌종은 군사에 관한 모든 것을 동평장사인 무원형에게 위임했다.

이사도는 평소에 자객이나 악한들을 모아 부양하고(기르고) 있었는데 그중 한 사람이 '몰래 무원형을 찌르면 다른 재상들은 다투어 천자에게 군사를 불러들이라고 요청할

것'이라고 말했다. 무원형이 입조할 때 자객은 몰래 무원
형을 사살하고 배탁을 습격하여 머리에 상처를 입혔다. 헌
종은 노하여 적도들의 토벌을 더욱 서둘렀고 배탁을 동평
장사로 임명했다.

어구 설명

○ 初彰義節度使吳少誠死, 弟少陽自領軍府, 少陽陰養亡命. 少陽
死, 子元濟自領軍府, 縱兵侵掠及東畿. 詔發十六道兵討之. 平盧節
度使李師道, 請赦元濟, 不許. : 그전에 彰義節度使인 吳少誠이 죽
자, 동생 吳少陽이 軍府를 차지했었는데, 오소양은 몰래 망명자
들을 모아 부양하고 있었다. 吳少陽이 죽고, 아들 吳元濟가 軍府
를 거느렸었는데 그는 군사를 풀어 경기 동쪽까지 침략하였다.
헌종은 十六道의 군사를 징발하여 토벌케 하였다. 平盧節度使인
李師道가 오원제에 대한 사면을 요청했지만 (헌종은) 不許했다.
 - 彰 밝을 창. 밝히다. 陰養 ; 몰래 식객으로 부양하다. 亡命
; 도망하다. 도망자. 목숨을 걸다.
 - 縱兵(종병) ; 군대를 보내다. 掠 노략질할 략(약). 侵掠(침
략) ; 침입하여 노략질을 하다.
 - 畿 기내의 땅 기. 수도 주변 500리의 땅.
 - 及東畿 ; 경기의 동부지역까지. 平盧節度使 ; 산동 일대를
장악한 淄靑(치청)절도사.
 - 李師道 ; 遼西의 고구려 유민인 李正己의 손자. 치청절도사

李納의 아들.

○ 裴度宣慰淮西行營, 還言, 淮西可決取. 上悉以兵事, 委同平章事武元衡. : 裴度는 淮西의 行營 선위하고 돌아와 "淮西는 꼭 차지할 수 있을 것입니다."라고 말했다. 헌종은 군사에 관한 모든 것을 同平章事인 武元衡에게 위임했다.

 − 淮西 ; 회수의 서쪽.　決取 ; 꼭 차지하다.　悉 다 실. 모두.衡 저울대 형.　武元衡(무원형, 758∼815년) ; 名相이면서 詩人.

○ 師道素養刺客姦人, 客請, 密往刺元衡, 則佗相必爭勸天子罷兵矣. 元衡入朝, 賊暗射殺之, 又擊度傷首. 上怒, 討賊愈急, 以度同平章事. : 李師道는 평소에 刺客이나 惡人을 부양하고 있었는데 그중 어떤 사람이 몰래 무원형을 찌르면 다른 재상들은 다투어 천자에게 군사를 불러들이라고 요청할 것이라고 말했다. 무원형이 입조할 때 자객은 몰래 무원형을 사살하고 배탁을 습격하여 머리에 상처를 입혔다. 헌종은 노하여 賊徒 토벌을 더욱 서두르면서 배탁을 同平章事에 임명했다.

 − 刺 찌를 자.　刺客姦人 ; 자객과 나쁜 사람(奸惡한 자).　客 ;객인. 자객 중 한 사람.

 − 佗 다를 타. 他, 它와 같음.　罷兵(파병) ; 군사들을 거두다.토벌을 중지하다.　賊 ; 자객.

 − 又擊度傷首 ; 또 배탁을 습격하여 머리를 다치게 했다.

(7) 上曰, 吾倚度一人足破賊. 命度兼彰義節度使, 充淮西宣慰招討使, 督諸軍進討. 唐鄧節度使李愬, 先擒賊將丁士良 · 吳秀琳 · 李祐, 釋而用之. 用祐計, 雪夜七十里, 引兵入蔡州城. 擊鵝鴨池混軍聲, 鷄鳴入據元濟之外宅. 元濟登牙城拒戰, 已而就擒, 檻送京師斬之. 自叛及誅, 凡用兵二歲, 時元和十二年也. 淮西旣平, 上浸驕侈. 先是二歲, 已用李逢吉同平章事, 至十三年, 又用度支使皇甫鎛, 鹽鐵使程异進羨餘, 有寵, 竝同平章事, 朝野駭愕. 元和之政非矣.

헌종은 "나는 배탁 한 사람에게만 의지하여 반군을 격파할 수 있다."고 하였다. 배탁을 창의절도사 겸 회서의 선위초토사에 임명하여 제군을 감독하여 나아가 적을 토벌하라 명하였다. 당등절도사인 이소는 먼저 적장인 정사량, 오수림, 이우 등을 생포하였다가 그들을 풀어주고 이용하였다. 이소는 이우의 계략대로 눈 내린 밤에 70여 리를 행군하여 채주성에 진입하였다. 연못의 거위나 오리들을 놀라게 하여 군사들의 소리와 뒤섞이게 하여 닭이 울 무렵에 오원제가 차지하고 있던 외부 저택에 들어갔다. 오원제는 집무처인 아성에서 막아 싸웠으나 곧 사로잡혔다. (오원제를) 함거에 태워 장안에 보냈고 참수형에 처했다. 반란을 일으킨 뒤 참수까지 2년을 용병했는데, 이때가 원화 12년이었다.

회서지방이 평정되자, 헌종은 점점 교만해지고 사치를 하였다. 이보다 2년 전에 이미 이봉길을 동평장사에 임명했었고, 원화 13년에는 또 탁지사 황보박을 동평장사에 등용하였고 염철사 程䜣(정이)가 많은 재물을 바치자 총애하면서 두 사람을 동평장사에 임명하니 온 나라 사람들이 깜짝 놀랐다. 이로부터 원화의 정치는 잘못되었다.

어구 설명

○ 上曰, 吾倚度一人足破賊. 命度兼彰義節度使, 充淮西宣慰招討使, 督諸軍進討. : 헌종은 "나는 배탁 한 사람에게만 의지하여 반군을 격파할 수 있다."고 하였다. 배탁을 彰義節度使 겸 淮西宣慰招討使에 충원하며 諸軍을 감독하여 나아가 적을 토벌하라 명하였다.

— 倚 기댈 의. 의지하다. 足 ; 넉넉히, ~할 만하다.

— 彰義節度使 ; 淮西道(지금의 江蘇省中部, 安徽省 中部)에 설치한 절도사. 充 찰 충. 충당하다.

— 督 ; 감독하다. 거느리다.

○ 唐鄧節度使李愬, 先擒賊將丁士良·吳秀琳·李祐, 釋而用之. 用祐計, 雪夜七十里, 引兵入蔡州城. 擊鵝鴨池混軍聲, 鷄鳴入據元

濟之外宅. 元濟登牙城拒戰, 已而就擒, 檻送京師斬之. 自叛及誅, 凡用兵二歲, 時元和十二年也. : 唐鄧節度使인 李愬(이소)는 먼저 賊將인 丁士良, 吳秀琳, 李祐(이우) 등을 생포하였다가 그들을 풀어주고 이용하였다. 이소는 李祐의 계략대로 눈 내린 밤에 70리를 행군하여 蔡州城에 진입하였다. 연못의 거위나 오리들을 놀라게 하여 군사들의 소리와 뒤섞이게 하여 닭이 울 무렵에 오원제가 차지하고 있던 외부 저택에 들어갔다. 오원제는 집무처인 牙城에서 막아 싸웠으나 곧 사로잡혔다. (오원제를) 함거에 태워 장안에 보냈고 참수형에 처했다. 반란을 일으킨 뒤 참수까지 2년을 용병했는데, 이때가 원화 12년이었다.

- 鄧 나라 이름 등. 愬 하소연 할 소. 祐 도울 우. 釋 풀 석. 풀어주다. 蔡州 ; 지금의 河南省 淮水 이북.

- 鵝 거위 아. 鴨 오리 압. 混 섞을 혼. 뒤섞다. 牙城 ; 집무처. 관아. 檻 우리 함. 죄인을 가두는 곳.

- 自叛及誅 ; 반란을 일으킨 뒤부터 주살할 때까지. 元和十二年 ; 서기 817년.

○ 淮西旣平, 上浸驕侈. 先是二歲, 已用李逢吉同平章事, 至十三年, 又用度支使皇甫鎛, 鹽鐵使程异進羨餘, 有寵, 竝同平章事, 朝野駭愕. 元和之政非矣. : 淮西지방이 平定되자, 헌종은 점점 교만해지고 사치를 하였다. 이보다 2년 전에 이미 李逢吉을 同平章事에 임명했었고, 원화 十三年에는 또 度支使 皇甫鎛을 동평장사에 등용하였고 鹽鐵使 程异(정이)가 많은 재물을 바치자 총애하면서 두 사람을 同平章事에 임명하니 온 나라 사람들이 깜짝 놀랐다.

이로부터 元和의 정치는 잘못되었다.

  - 浸 물에 담글 침. 점점.   驕侈(교치) ; 교만하고 사치하다.
先是二歲 ; 이보다 2년 전에.

  - 李逢吉(이봉길, 758~835년) ; 元和, 長慶 연간에 宰相 역임.
牛僧孺(우승유)를 천거하였다.

  - 至十三年 ; 원화 13년, 서기 818년.   度支使(탁지사) ; 국가
재정 지출 담당관.

  - 鏄 종 박.   皇甫鏄(황보박) ; 同中書門下平章事로 승진하였으
면서도 度支(탁지)업무를 담당했고, 方士를 추천하면서 헌종에게
‘長生藥’을 지어 올려 총애를 받았다.

  - 鹽鐵使(염철사) ; 소금과 철의 전매 업무를 담당하는 자.

  - 羨 그만둘 이.   羨 부러워할 선. 羨(넓을 이)가 아님.   羨餘(선
여) ; 정식으로 징수한 세금 이외의 재물(賦外之餘物).

  - 有寵(유총) ; 총애를 받다.   駭 놀랄 해.   愕 놀락 악.   非矣
(비의) ; 어긋났다. 나빠졌다.

【참고】 헌종의 元和中興

  ❖ 憲宗은 順宗의 長子로 805年에 順宗이 卽位하면서 太子가 되
었다. 순종이 王叔文, 韋執誼(위집의), 柳宗元, 劉禹錫 等을 중용
하면서 改革을 시도하며 宦官의 勢力을 꺾으려 하였지만 건강도
안 좋은데다가 절도사가 결탁한 환관의 핍박 속에 태자에게 선위
하고 태상황으로 물러났다.

  憲宗은 즉위하면서 황제의 권력으로 지방의 藩鎭(번진) 세력을

꺾으려 했다. 806년에 西川節度 劉闢과 夏綏(하수)절도사 楊惠琳과 싸워 죽였다. 元和 2年(807년)에는 鎭海節度使 李錡, 元和 七年(813년)에는 魏博節度使 田興이 당에 복종하였다. 元和 10年(815년)에서 817년에 淮西절도사 吳元濟의 반란을 평정하였다. 이어 元和 13년(818년)에는 淄靑節度使 李師道를 죽여버렸다.

唐 憲宗(헌종)

吳元濟가 平定된 뒤로, 全國의 藩鎭들은 적어도 名義上으로는 전부 당에 복속하였고 당의 지방 지배력은 회복된 것처럼 보였다. 이를 역사에서는 '元和中興'이라 부른다. 元和 14년(819년) 정월에, 봉상 법문사의 불사리를 장안에 맞이하여 친견하였는데, 이를 극간한 韓愈를 먼 남쪽의 조주자사로 좌천시키기도 하였다.

憲宗은 宦官에 의해 옹립되었기에 즉위하면서부터 환관을 중용하였는데 수도와 지방의 많은 군진의 지휘관을 환관이 겸임하였다.

헌종은 만년에 長生不老를 추구하면서 金丹을 장복하여 성격이 조급하고 포악해졌다. 결국 환관에 의해 독살되었다.

(8) ○ 十四年, 迎鳳翔法門寺塔佛指骨至京師, 留

禁中三日, 歷送諸寺. 王公士民, 瞻奉捨施, 惟恐不及. 侍郎韓愈上表極諫, 乞以投之水火. 上大怒, 貶潮州刺史. ○ 平盧將執斬李師道. ○ 裴度罷. ○ 十五年, 上暴崩. 上服金丹多躁, 左右獲罪有死者, 人人自危. 宦者陳弘志弑逆. 其黨諱之, 但言藥發. 在位十六年, 改元者一, 曰元和. 太子立, 是爲穆宗皇帝.

○ 원화 14년에, 봉상 법문사 탑의 부처 손가락뼈를 경사(장안)로 가져다가 궁중에 3일간 모셨다가 여러 절에 보내어 보게 하였다. 왕공이나 백성들이 부처의 사리를 참배하고 받들며 시주를 하면서 혹시 보지 못할까 걱정하였다. 형부시랑이던 한유는 표문을 올려 극간하면서 이를 물이나 불 속에 버리기를 청했다. 헌종은 대노하여 한유를 조주의 자사로 좌천시켰다.

○ 평노절도사의 장수가 이사도를 잡아 죽였다.

○ 배탁이 파직되었다.

○ 15년에, 헌종이 갑자기 죽었다. 헌종은 금단을 복용하여 매우 조급해졌고 환관들이 죄에 걸려 죽는 자까지 있어 환관들이 두려워 떨었었다. 환관 진홍지가 헌종을 시해하였으나 환관들은 사실을 숨기고 다만 약으로 일어난 병 때문이라고 말했다. 재위 16년에, 개원을 한번 했는데 원화

이다. 태자가 즉위하니, 이가 목종황제이다.

어구 설명

○ 十四年, 迎鳳翔法門寺塔佛指骨至京師, 留禁中三日, 歷送諸寺. 王公士民, 瞻奉捨施, 惟恐不及. 侍郎韓愈上表極諫, 乞以投之水火. 上大怒, 貶潮州刺史. 平盧將執斬李師道. 裴度罷. : 元和 十四年에, 鳳翔府 法門寺 塔의 부처 손가락뼈를 京師(長安)로 가져다가 궁중에 3일간 모셨다가 여러 절에 보내어 보게 하였다. 王公이나 士民들이 부처의 사리를 瞻拜하고 받들며 시주를 하면서 혹시 보지 못할까 걱정하였다. 형부시랑이던 韓愈는 表文을 올려 極諫하면서 이를 물이나 불 속에 버리기를 청했다. 헌종은 大怒하여 한유를 潮州의 刺史로 좌천시켰다. 平盧節度使의 장수가 李師道를 잡아 죽였다. 裴度이 파직되었다.

 - 十四年 ; 서기 819년.　鳳翔 ; 陝西省 西部 宝鷄市의 縣 이름. 古名 雍州(옹주).

 - 法門寺 ; 唐代에 高宗, 武后, 中宗, 肅宗, 德宗, 憲宗, 懿宗(의종), 僖宗(희종) 등 8명의 皇帝가 부처의 사리를 맞이하여 친견하거나 공양했다는 기록이 있다.

 - 佛指骨 ; 佛指의 舍利(사리). 손가락뼈. 禁中 ; 宮中.　瞻 볼 첨. 바라보다.　捨 버릴 사. 喜捨(희사)하다.

 - 施 베풀 시. 施主하다.　惟恐不及 ; 보지 못할까 걱정하다. 韓愈 ; 한유는 당시 刑部侍郎이었다.

 - 上表極諫 ; 글을 올려 극렬한 어조로 간하다.　乞以投之水火

; 佛骨을 물이나 불 속에 집어 던지라고 애걸하다.

　- 上大怒 ; 헌종은 대노하여 한유를 사형에 처하려 하였으나 당시 裴度(배탁)과 崔群이 극력 구원하였다.

　- 潮 조수 조. 밀물과 썰물.　潮州 ; 지금의 廣東省 潮州.

　- 執斬(집참) ; 잡아 죽이다.

○ 十五年, 上暴崩. 上服金丹多躁, 左右獲罪有死者, 人人自危. 宦者陳弘志弑逆, 其黨諱之, 但言藥發. 在位十六年, 改元者一, 曰元和. 太子立, 是爲穆宗皇帝. : 十五年에, 헌종이 갑자기 죽었다. 헌종은 金丹을 복용하여 매우 조급해졌고 환관들이 죄에 걸려 죽는 자까지 있어 환관들이 두려워 떨었었다. 환관 陳弘志가 헌종을 시해하였으나 환관들은 사실을 숨기고 다만 약으로 일어난 병 때문이라고 말했다. 在位 十六年에, 改元을 한 번 했는데 元和이다. 太子가 즉위하니, 이가 穆宗皇帝이다.

　- 十五年 ; 서기 820년.　暴 사나울 포(폭). 해치다. 갑자기. 햇볕 쪼일 폭.

　- 金丹 ; 道士들이 수명연장이나 不死를 위해 각종 금속을 넣어(일종의 錬金術) 만든 약물. 대개 다량의 鉛(납 연)이나 水銀을 포함하고 있어 장복하면 체내에 수은이 축적되고 중독되어 죽음에 이른다.

　- 躁 성급할 조.　多躁 ; 매우 조급하다.　左右 ; 내시. 환관. 獲罪(획죄) ; 죄를 덮어 쓰다.

　- 危 위태롭게 하다. 두려워하다. 해치다.　自危 ; 죄가 없어도 두려워 떨다.　宦者 ; 환관.

　- 弑逆(시역) ; 신하가 임금을 죽임. 大逆.　其黨 ; 같은 환관인

王守澄.　諱 꺼릴 휘. 숨기다.
 – 藥發(약발) ; 약의 효과.

【참고】 韓愈의 〈諫迎佛骨表〉

❖ 헌종이 대신을 보내 봉상 법문사에 있는 석가모니의 손가락 뼈(佛舍利)를 장안으로 모셔오는 것을 반대하며 올린 글이 〈諫迎佛骨表 간영불골표〉인데 요점은 이렇다.

부처란 사람은 夷狄의 한 사람인데, 중국은 黃帝 이래 모든 聖人들이 다 장수했고 백성들은 편안하게 잘 살았다. 그 당시에 중국에 무슨 佛法이란 것이 있었는가? 후한 明帝 때 불법이 중국에 전해진 이후 오히려 변란이 많아졌고 나라의 수명은 더욱 짧아지기만 했다. 梁나라 武帝는 재위 48년에 전후 3차례에 걸쳐 자신의 몸을 부처한테 시주하고 종묘의 제사에 짐승을 제물로 바치는 것도 중지하며 하루 한 번 채식을 하며 살았지만, 결국 侯景(후경)의 난에 굶어죽었고 나라는 곧바로 망했다. 부처한테 求福했지만 나라만 망쳤을 뿐이다. 이를 본다면, 부처란 믿을 수 없는 사람이란 것을 알 수 있다. 만약 그런 사람이 살아서 폐하를 뵈러 온다면 그냥 손님으로 대접하면 그뿐인데, 하물며 죽은 시신의 뼈 한 조각을 어찌 황궁에 들여놓을 수 있겠는가. 이런 잘못을 알고도 신하들이 아무도 말리지 않으니 臣 한유는 이를 부끄럽게 생각한다.

이 글을 본 헌종은 대노하면서 한유를 사형에 처하려고 하였다. 裴度, 崔群 등의 구원으로 겨우 목숨을 건진 한유는 광동성의 조주로 좌천되었다.

2) 환관의 발호

(1) 穆宗皇帝, 名恆, 卽位, 改元曰長慶. 四年崩, 太子立, 是爲敬宗皇帝.

목종황제의 이름은 항이다. 즉위하고 장경이라 개원했다. 4년만에 죽고 태자가 즉위하니, 이가 경종황제이다.

어구 설명

○ 穆宗皇帝, 名恆, 卽位, 改元曰長慶. 四年崩, 太子立, 是爲敬宗皇帝. : 목종황제의 이름은 항이다. 즉위하고 장경이라 개원했다. 4년만에 죽고 태자가 즉위하니, 이가 경종황제이다.

- 穆 화목할 목. 穆宗 ; 재위 820~824년. 恆 항상 항. 뻗칠 긍. 목종은 과도한 유흥과 지나친 사냥에 빠졌고 세상일에 전혀 관심이 없었다. 환관에 의해 옹립되어 환관의 발호를 방치했고 金丹을 과다 복용하다가 中風으로 갑자기 죽었다.

(2) 敬宗皇帝, 名湛. 卽位荒淫, 嬖幸用事. ○ 李德裕獻丹扆六箴, 一曰宵衣, 二曰正服, 三曰罷獻, 四曰納誨, 五曰辨邪, 六曰防微. ○ 上遊戲無度, 性復褊急. 宦官動遭捶撻, 皆怨. 夜獵還宮, 酒酣爲宦

**者劉克明所弑. 在位三年, 改元者一, 曰寶曆. 江王
立, 是爲文宗皇帝.**

경종황제의 이름은 담이다. 즉위하고 황음에 빠지니 총애하는 환관들이 마음대로 정치를 했다.

○ 이덕유는 단의육잠이라는 글을 경종에게 올렸는데, 첫째는 소의, 둘째는 정복, 셋째는 파헌, 넷째는 납회, 다섯째는 변사, 여섯째는 방미라고 했다.

○ 경종은 유희에 정신이 팔렸고 성미도 또한 옹졸한데다가 조급하였다. 환관들은 걸핏하면 매질을 당해 모두가 원망하고 있었다. 밤에 사냥에서 돌아와 술을 마시다가 환관 유극명에게 시해되었다. 재위 3년에, 개원을 한 번 하였는데 보력이었다. 강왕이 즉위하니, 이가 문종황제이다.

어구 설명

○ 敬宗皇帝, 名湛. 卽位荒淫, 嬖幸用事. 李德裕獻丹扆六箴, 一曰宵衣, 二曰正服, 三曰罷獻, 四曰納誨, 五曰辨邪, 六曰防微. : 敬宗皇帝의 이름은 湛(담)이다. 卽位하고 荒淫에 빠지니 총애하는 환관들이 마음대로 정치를 했다. 李德裕는 丹扆六箴(단의육잠)이라는 글을 경종에게 올렸는데, 첫째는 宵衣, 둘째는 正服, 셋째는 罷獻, 넷째는 納誨, 다섯째는 辨邪(변사), 여섯째는 防微(방미)라고 했다.

－ 敬宗 ; 목종의 長子. 在位 824~826년. 15세에 즉위, 18세에 죽었다. 湛 즐길 담.

- 荒 거칠 황. 멀다. 황무지. 탐닉하다. 荒淫(황음) ; 음탕한 놀이(주색)에 빠지다.

- 嬖 사랑할 폐. 嬖幸(폐행) ; 천한 신분으로 임금의 총애를 받는 사람. 내시. 환관 王守澄(왕수징)이 정사를 독단하였다.

- 李德裕(이덕유, 787~850) ; 憲宗 때의 재상 李吉甫의 아들. 당시 浙江(절강)관찰사로 있었다. 牛李黨爭에서 李黨의 영수.

- 獻 바칠 헌. 헌상하다. 丹 붉을 단(란).

- 扆 병풍 의. 丹扆(단의) ; 諸侯가 天子를 배알할 때 天子 뒤에 치는 붉은 병풍. 箴 바늘 잠. 경계하다. 六箴(육잠) ; 여섯 조목의 경계하는 말.

- 宵 밤 소. 宵衣(소의) ; 경종이 조회를 가끔씩 하고 또 늦게 하는 것을 諷諫(풍간)하는 내용.

- 正服(정복) ; 바른 옷차림을 하라는 내용.

- 罷獻(파헌) ; 신하들이 진상하는 물건을 받지 말 것을 간하는 내용.

- 誨 가르칠 회. 納誨(납회) ; 신하들의 忠言을 수용하라는 내용.

- 辨邪(변사) ; 군자와 소인을 가리되 소인을 멀리하라는 내용.

- 微 작을 미. 防微(방미) ; 황제가 微服(미복)으로 놀러 다니는 것을 풍간하는 내용.

○ 上遊戲無度, 性復褊急. 宦官動遭捶撻, 皆怨. 夜獵還宮, 酒酣爲宦者劉克明所弑. 在位三年, 改元者一, 曰寶曆. 江王立, 是爲文宗皇帝. : 경종은 유희에 정신이 팔렸고 성미 또한 옹졸한데다가 조급하였다. 환관들은 걸핏하면 매질을 당해 모두가 원망하고 있었다. 밤에 사냥에서 돌아와 술을 마시다가 환관 劉克明에게 시해되었다. 재위 3년에, 개원을 한 번 하였는데 寶曆이었다. 江王이

즉위하니, 이가 文宗皇帝이다.

- 遊 놀 유. 戱 희롱할 희. 장난치다. 경종은 蹴踘(축국, 일종의 足球)와 한밤에 궁중에서 捉狐狸(착호리, 여우잡기)라는 놀이에 미쳐있었고 수시로 사냥을 나갔다고 한다.

- 褊 좁을 편. 褊急(편급) ; 성미가 옹졸하고도 조급함. 動 ; 곧잘, 걸핏하면. 遭 만날 조. 일을 당하다.

- 捶 종아리 칠 추. 채찍질하다. 撻 매질할 달. 捶撻(추달) ; 매질. 채찍질. 獵 사냥 렵(엽).

- 酖 술 즐길 감. 所弑 ; 시해를 당했다. 江王 ; 穆宗의 二子. 敬宗의 弟.

【참고】 환관의 전횡 (2)

❖ 德宗 때 소위 涇原兵變(경원병변 ; 원주 병사들의 변란)이 일어나자 덕종은 奉天(今 陝西 乾縣)으로 피난해야만 했다. 전 盧龍節度使인 朱泚(주차)는 칭제했고 삭방절도사 이회광도 반란 진영에 가담하였다. 결국 중흥의 명장 李晟(이성)에 의해 죽자, 이회광이 토벌되자 덕종은 4년 만에 환도할 수 있었다.

德宗은 재위 초기에는 문무백관을 신임하고 환관의 정치 간여를 엄금하면서 중흥의 기상을 내보였다. 덕종은 楊炎(양염)을 재상으로 삼아 兩稅法을 시행하고 劉晏(유안)을 등용하여 漕運(조운)을 개혁하고 鹽法(염법)을 고치면서 국가 재정을 개선하였지만 간신 盧杞(노기)를 신임하면서 양염을 죽이고, 유안을 배척하면서 대신들을 감시하기도 하였다.

덕종은 경원병변을 거치면서 피난 중 자신에게 충성을 다한 竇文場(두문장), 霍仙鳴(곽선명) 같은 환관들을 신뢰하면서 환관에게 禁軍(神策軍)의 통솔을 맡겨 환관이 '護軍中尉(호군중위)'라 하여 監軍(감군)하는 제도가 자리를 잡았다.

헌종은 절도사의 세력을 억제하여 창의절도사 오원제가 중앙정부에 저항하다가 李愬(이소)에게 잡혀 죽었고, 평로절도사 이사도도 황제에 복종하면서 소위 '元和中興'을 이루기도 했다.

그러나 헌종이 원화 15년(820년)에 환관 진홍지에게 죽음을 당했고, 환관들이 목종을 옹립하면서 진홍지는 오히려 중용되었다. 목종과 경종, 문종이 모두 환관들에 의해 옹립된다. 또 문종 재위 중인 대화 9년(835년)에는 환관들이 조정의 문무 대신들을 대량학살이라는 '甘露之變(감로의 변)'이 일어난 뒤 문종은 환관들에 의해 연금되었다가 죽음을 당한다. 이후 환관들이 군정의 대권을 장악하고 황제의 폐위와 옹립에 간여하여 당의 멸망까지 진행이 된다.

환관이 관여한 황제의 옹립과 폐위를 정리하면 다음과 같다.

代	帝位	재위기간	환관의 간여
14	헌종	805 ~ 820년	陳弘志(진홍지) 所殺
15	목종	820 ~ 824년	梁守謙(양수겸) 所立
16	경종	824 ~ 826년	劉克明(유극명) 所殺
17	문종	826 ~ 840년	王守澄(왕수징) 所立
18	무종	840 ~ 846년	仇士良(구사량) 所立
19	선종	846 ~ 859년	馬元贄(마원지) 所立
20	의종	859 ~ 873년	王宗實(왕종실) 所立
21	희종	873 ~ 888년	劉行深(유행심) 所立
22	소종	888 ~ 900년 901 ~ 904년	楊復恭(양복공) 所立

(3) 文宗皇帝, 名涵, 穆宗子也. 爲宦者王守澄所立, 後改名昂. 太和二年, 親策制擧人. 宦者益橫, 建置天子, 在其掌握, 權出人主之右, 無人敢言. 賢良方正劉蕡, 對策極言之. 考官皆歎服, 而不敢取. 中第者裴休 · 李郃 · 杜牧 · 崔愼由等, 二十二人, 皆除官. 物論囂然稱屈, 郃曰, 劉蕡下第, 我輩登科, 能無顔厚. 上疏乞回所授官於蕡, 不報.

문종황제의 이름은 함으로, 목종의 아들이다. 환관 왕수징에 의해 옹립되었는데 나중에 앙이라 개명하였다. 태화 2년에, 문종이 친히 초빙한 응시자들을 시험하였다. 당시 환관들은 더욱 횡포를 부려 천자를 옹립하거나 폐위하는 일이 그들의 손에 쥐어 있었고 그 권력은 천자보다도 위였는데도 감히 말할 수 있는 사람이 없었다. 그런데, 이번 현량방정에 응시한 유분은 대책(문종의 물음에 대답하여)에서 환관의 횡포에 대하여 할 말을 다했다. 시험관들은 모두 탄복했지만 감히 합격시키지는 못했다.

시험에 합격한 배휴, 이합, 두목, 최신유 등 22인은 모두 관직을 제수 받았다. 중론은 시험이 공정하지 않았다고 시끄러웠는데 이합이 말했다. "유분은 급제하지 못하고 나 같은 사람이 급제하였으니 부끄럽지 않을 수 있나?" 이합은 자신이 받은 관직을 유분에게 주라고 상소하였지만 아무런 처분이 없었다.

○ 文宗皇帝, 名涵, 穆宗子也. 爲宦者王守澄所立, 後改名昂. : 文宗皇帝의 이름은 涵으로, 穆宗의 아들이다. 환관 王守澄에 의해 옹립되었는데 나중에 昂이라 개명하였다.

 - 文宗皇帝 : 재위 827~840년. 享年 32세. 환관에 의해 옹립, 환관제거 실패. 환관에 의해 유폐되었다가 사망.

 - 涵 젖을 함. 받아들이다.   穆宗子也 ; 敬宗의 아우.   澄 물 맑을 징.   昂 오를 앙.

○ 太和二年, 親策制擧人. 宦者益橫, 建置天子, 在其掌握, 權出人主之右, 無人敢言. 賢良方正劉蕡, 對策極言之. 考官皆歎服, 而不敢取. : 太和 二年에, 문종이 친히 초빙한 응시자들을 시험하였다. 환관들은 더욱 횡포를 부려 천자를 옹립하거나 폐위하는 일이 그들의 손에 쥐어 있었고 그 권력은 천자보다도 위였는데도 감히 말할 수 있는 사람이 없었다. 賢良方正에 응시한 劉蕡(유분)은 對策에서 환관의 횡포에 대하여 할 말을 다했다. 시험관들은 모두 탄복했지만 감히 합격시키지는 못했다.

 - 太和 二年 ; 서기 828년.   親策(친책) ; 친히 시험을 보다. 策 ; 試也.   制擧人(제거인) ; 황제가 비상지재라 하여 직접 초빙한 인재.   科擧 응시에 3부류가 있는데, 국자감 재학생으로 응시하는 자를 生徒(생도), 각 州縣의 추천을 받아 응시하는 자를 鄕貢

(향공)이라 하고, 황제가 특별히 초빙하여 응시케 하는 자는 制擧
(제거)라 하였다.

- 橫 가로 횡. 가로 놓다. 가로지르다. 제멋대로.

- 置 둘 치. 풀어주다. 버리다. 建置(건치) ; 옹립하거나 폐위하
는 일.   掌 손바닥 장.   握 쥘 악. 손에 쥐다.

- 人主 ; 황제.   人主之右 ; 황제의 오른쪽. 황제보다 강하다.
無人敢言 ; 감히 말하는 자가 없었다.

- 賢良方正 ; 과거의 응시 분야.   賁 들깨 분.   對策(대책) ; 문
제에 대한 답안을 제시하는 시험과목.

- 極 다할 극. 세차다. 엄하다. 極言(극언) ; 할 말을 다하다.

○ 中第者裴休 · 李郃 · 杜牧 · 崔愼由等, 二十二人, 皆除官. 物論
囂然稱屈, 郃曰, 劉賁下第, 我輩登科, 能無顔厚. 上疏乞回所授官
於賁, 不報. : 시험에 합격한 裴休(배휴), 李郃(이합), 杜牧(두목),
崔愼由(최신유) 等 22인은 모두 관직을 제수 받았다. 중론은 시험
이 공정하지 않았다고 시끄러웠는데 이합이 말했다. "劉賁은 급
제하지 못하고 나 같은 사람이 급제하였으니 부끄럽지 않을 수
있나?" 이합은 자신이 받은 관직을 유분에게 주라고 상소하였지
만 아무런 처분이 없었다.

- 中第者 ; 급제자.   郃 고을 이름 합.   杜牧(두목, 803∼852
년) ; 字 牧之. 晩唐의 유명한 詩人 겸 문장가.

- 皆除官 ; 모두 관직을 제수 받다.   物論 ; 衆論.

- 囂 시끄러울 효.   稱 일컬을 칭. 칭찬하다. 저울. 저울질하다.
屈 굽을 굴. 稱屈(칭굴) ; 시험이 공정하지 못하다.

杜牧(두목)

　- 下第 ; 급제하지 못하다.　顔厚(안후) ; 얼굴이 두껍다. 부끄럽다.　能無顔厚 ; 부끄러움이 없을 수 있나?

　- 乞 빌 걸. 구걸하다. 바라다.　回所授官於蕡 ; 받은 관직을 유분에게 주다.　不報 ; 응답하지 않다.

杜牧(두목)

【참고】 唐詩⑼ - 杜牧(두목)과 李商隱(이상은)

❖ 晩唐의 시인 杜牧(두목, 字 牧之. 803~852년)은 덕종, 순종, 헌종 3대에 걸쳐 재상을 지낸 杜佑(두우)의 손자이다. 두우가 36년의 세월을 겪으며 완성한 《通典》 2백 권은 중국 제일의 典章과 制度에 관한 通史이다.

그러나 두목 대에 와서는 가세가 급락하였다. 두우는 26세에 진사과에 급제하여 지방관을 역임하다가 중아에 들어왔으나 李德裕의 배척을 받아 지방관직을 떠돌았다. 강직한 성격과 고매한 포부도 있었지만 그보다는 풍류재자로 더 알려졌다. 그는 강남 지방에 오래 머물렀기에 자신의 失意를 풍류로 달랬다. 그는 詠史詩에도 재능을 보여 그의 〈阿房宮賦 아방궁부〉는 진시황의 失政을 읊었다. 그는 杜甫와 구분하여 小杜라고 통칭한다.

멀리 소슬한 산에 오르니 돌길이 이어졌고
흰 구름 피는 곳에 인가가 있네.
수레 멈추고 해지는 단풍 숲을 바라보나니
서리 맞은 단풍은 봄꽃보다 더 붉다.

(遠上寒山石徑斜,　白雲生處有人家.
　停車坐愛楓林晚,　霜葉紅於二月花.)
- 《山行》 -

청명날에 부슬부슬 내리는 비
길 가는 이 마음이 끊어질듯 애달프다.

술집은 어디 쯤 있나 물으니
목동은 멀리 행화촌을 가리키네!

(淸明時節雨紛紛,　路上行人欲斷魂.
　借問酒家何處有,　牧童遙指杏花村.)

　　　　　　　　　　　　　－《淸明》－

　❖ 이백과 두보를 李杜로 통칭하듯 晩唐의 杜牧과 나란히 불리는 시인으로 李商隱(이상은, 字 義山, 813～858년)이 있다. 이상은 역시 牛李당쟁의 희생자로 불우한 생활을 하였다. 이상은의 시는 애정과 우수를 노래한 문학적 향기가 가득한 시가 많다. 중국의 시에는 애정을 읊은 시가 많지 않은데, 이상은의 애정시는 상징과 은유의 기법을 동원하여 애정을 섬세하고 화사하게 묘사하였다. 또한 典故(전고)의 운용이 뛰어나고 字句가 매우 정련되고 깨끗하다. 반면 그의 시는 난해하다는 평가를 받기도 한다.

　이상은의 시 중에서 평이하면서도 만당의 쓸쓸함이 느껴지는 시를 하나 수록한다.

저녁 무렵 마음이 어수선하여,
수레 몰아 옛 등성이에 올랐네!
지는 해는 저리도 좋은데
그렇지만 저녁 어스름이 몰려오네!

(向晚意不適,　驅車登古原.

夕陽無限好，只是近黃昏.)

−《樂遊原》−

李商隱(이상은)

(4) ○ 太和五年, 上與同平章事宋申錫, 謀誅宦官, 不克, 申錫貶死. ○ 九年, 上與李訓·鄭注等, 謀誅宦官, 不克. 注本宦者王守澄所引. 訓本名仲言, 又爲注所引, 得見守澄, 守澄薦於上. 倜儻尙氣, 有文辭口辯, 多權數, 上悅之. 訓·注揣知上意, 數以微言動上. 上意其可謀大事, 以誠告之, 訓·注遂以誅宦官爲己任. 訓旣與注勢位俱盛, 頗忌注, 託以中外協勢, 出注鎭鳳翔. 進擢宦者仇士良, 以分王守澄之權, 訓同平章事, 請除守澄, 遣中使鴆殺之.

○ 태화 5년에, 문종은 동평장사인 송신석과 함께 환관을 주살할 계획을 세웠으나 성공하지 못했고, 송신석은 폄직(좌천)되어 죽었다.

○ 9년에, 문종은 이훈, 정주 등과 함께 환관을 주살할 계획을 꾸몄지만 성공하지 못했다. 정주는 본래 환관 왕수징에 의해 벼슬에 올랐었다. 이훈의 본명은 이중언인데 정주의 주선으로 왕수징을 만나본 뒤에 왕수징이 문종에게 천거하였다. (이훈은) 큰 뜻을 품고 의기를 숭상하면서도 문사와 구변이 좋고 권모술수도 있어 문종이 좋아했었다. 이훈과 정주는 문종의 뜻을 헤아리고 자주 은근한 말로 문종의 마음을 움직였다. 문종은 그들과 큰일을 도모할 수

있다고 생각하여 진심을 이야기했고, 이훈과 정주는 마침내 환관을 주살하는 것을 자신의 임무라 생각했다. 이훈은 이미 정주와 같이 권세와 지위가 다 높은데도 정주를 매우 싫어하면서 중앙과 지방에서 세력을 모아야 한다는 핑계로 정주를 봉상의 절도사로 전출시켰다. (이훈은) 구사량이라는 환관을 발탁하여 왕수징의 권한을 분산시키고 자신은 동평장사가 되어 왕수징을 제거할 것을 요청했고, (문종은) 은밀하게 사자를 보내 왕수징을 독살하였다.

어구 설명

○ 太和五年, 上與同平章事宋申錫, 謀誅宦官, 不克, 申錫貶死. : 太和 五年에, 문종은 同平章事인 宋申錫과 함께 환관을 주살할 계획을 세웠으나 성공하지 못했고, 송신석은 폄직되어 죽었다.

– 太和 五年 ; 서기 831년. 宋申錫(송신석, ?~833년) 文宗 때 잠시 재상 역임. 不克 ; 성공하지 못하다. 손신석은 오히려 문종을 폐위하려 한다는 무고를 당했다.

– 貶死(폄사) ; 폄직되어 죽다. 開州司馬로 좌천되었다가 거기서 죽었다.

○ 九年, 上與李訓·鄭注等, 謀誅宦官, 不克. 注本宦者王守澄所引. 訓本名仲言, 又爲注所引, 得見守澄, 守澄薦於上. 偏儻尙氣, 有文辭口辯, 多權數, 上悅之. : 九年에, 문종은 李訓, 鄭注 等과 함께 宦官을 주살할 계획을 꾸몄지만 성공하지 못했다. 정주는

본래 환관 王守澄에 의해 벼슬에 올랐었다. 이훈의 본명은 李仲言인데 정주의 주선으로 왕수징을 만나본 뒤에 왕수징이 문종에게 천거하였다. (이훈은) 큰 뜻을 품고 의기를 숭상하면서도 文辭와 구변이 좋고 권모술수도 있어 문종이 좋아했었다.

　- 九年 ; 태화 9년, 서기 835년.　李訓(이훈, ?~835년) ; 初名 仲言. 환관 왕수징의 천거로 禮部侍郎을 거쳐 同平章事가 되었다. 문종에게 먼저 환관을 제거해야 한다는 〈太平之策〉을 올렸다.

　- 鄭注(정주, ?~835년) ; 本姓 魚氏이나 鄭氏로 바꿈. 당시 사람들이 '魚鄭' 이라 불렀다. 爲人이 교활하고 처세에 능했고 약간의 의술이 있어 환관 왕수징의 천거를 받아 工部尙書까지 올랐다.

　- 倜 대범할 척. 뛰어나다.　儻 빼어날 당.　倜儻(척당) ; 다른 사물의 구속을 받지 않다. 出衆하다.

　- 尙氣(상기) ; 義氣를 중히 여기다.　權數(권수) ; 권모술수.

○ 訓·注揣知上意, 數以微言動上. 上意其可謀大事, 以誠告之, 訓·注遂以誅宦官爲己任. 訓旣與注勢位俱盛, 頗忌注, 託以中外協勢, 出注鎭鳳翔. : 李訓과 鄭注는 문종의 뜻을 헤아리고 자주 은근한 말로 문종을 움직였다. 문종은 그들과 큰일을 도모할 수 있다고 생각하여 진심을 이야기했고, 이훈과 정주는 마침내 환관을 주살하는 것을 자신의 임무라 생각했다. 이훈은 이미 鄭注와 같이 권세와 지위가 다 높은데도 정주를 매우 싫어하면서 중앙과 지방에서 세력을 모아야 한다는 핑계로 정주를 봉상의 절도사로 전출시켰다.

─ 揣 잴 췌. 높이를 측량하다. 헤아리다.   揣知 ; 헤아려서 알
다.   數 자주 삭.   微 작을 미.

─ 微言(미언) ; 속뜻을 숨기고 다른 것에 빗대어 하는 말.

─ 以 A 爲 B ; A를 B라고 생각하다.   遂以誅宦官爲己任 ; 마침
내 誅宦官을 己任이라 생각했다.

─ 勢位俱盛(세위구성) ; 권세와 지위가 다 높다.   頗 자못 파.
제법.   託 부탁할 탁. 핑계를 삼다.

─ 出注鎭鳳翔 ; 鄭注를 봉상의 군진(절도사)으로 전출시켰다.

○ 進擢宦者仇士良, 以分王守澄之權, 訓同平章事, 請除守澄, 遣
中使鴆殺之. : (李訓은) 구사량이라는 환관을 발탁하여 王守澄의
權限을 분산시키고 자신은 同平章事가 되어 왕수징을 제거할 것
을 요청했고, (문종은) 中使를 보내 왕수징을 독살하였다.

─ 擢 뽑을 탁.   進擢(진탁) ; 추천하여 발탁하다.   仇 원수 구.
짝. 배필. 姓氏.   分 ; 나누다. 분산시키다.

─ 除 ; 제거하다.   中使(중사) ; 임금이 은밀히 보내는 심부름
꾼.   鴆殺(짐살) ; 독살하다.

(5) 注始與訓謀至鎭, 遣壯士數百人護守澄葬. 仍
請, 令內臣盡送, 然後殺之無遺類. 訓心以爲, 如此,
則功專歸注. 乃謀先發, 令人奏金吾廳事後石榴有
甘露. 宰相帥百官拜賀, 後勸上往觀. 上令宰相先往

視, 訓陽言非眞. 上顧仇士良, 帥諸宦官往視. 士良
等旣至, 見風吹幕起, 執兵者無數, 驚走告變. 訓呼
金吾衛士等上殿, 僅擊死傷宦者十餘人. 知事不濟
而走. 士良等命神策兵, 殺金吾吏卒, 執宰相王涯·
賈餗·舒元輿等, 誣以謀反, 腰斬之. 訓之謀惟元輿
知之, 他相實不知也. 自是天下事, 皆決於北司, 宰
相行文書而已. 李訓爲人所殺傳首, 鄭注亦爲鳳翔
監軍宦者所殺.

정주는 그전에 이훈과 모의를 하고, 군진에 와서는 장사
수백 명을 보내 왕수징의 장례를 지키게 하였다. 이어 모
든 환관들을 장례식에 참석케 해달라고 (문종에게) 요청하
며 환관을 죽여 씨를 말려버리겠다고 하였다. 이훈은 마음
속으로 그렇게 되면 공은 모두 정주에게 돌아갈 것이라 여
기고 바로 선수를 치기로 하였다.

정주는 사람을 시켜 金吾衛(금오위)의 건물 뒤에 있는 석
류나무에 감로가 내렸다고 아뢰게 하였다. 재상들은 백관
을 거느리고 가서 축하를 드리면서 문종에게 가서 볼 것을
권하였다. 문종은 재상들이 먼저 가서 보라고 하였다는데,
이훈은 (보고 와서) 거짓을 사실이라고 거짓말을 하였다.
문종은 구사량에게 여러 환관들을 데리고 가서 보고 오라
고 말했다. 구사량 등이 현장에 도착하였는데 바람이 불어

막이 들춰지면서 무기를 든 많은 군사가 서 있는 것이 보이자 놀라 달려가 변고가 일어났다고 알렸다.

　이훈은 금오위 병사들을 전각에 올라오게 불러 환관들을 습격했으나 겨우 십여 명이 죽거나 다쳤다. 이훈은 일이 성공하지 못한 것을 보고 달아났다. 구사량 등은 신책병에게 명하여 금오위의 장교나 병졸들을 죽이고 재상 왕애, 가속, 서원여 등을 잡아 모반을 꾀했다고 무고하여 허리를 잘라 죽였다. 이훈의 모의는 오직 서원여만 알고 있었고 다른 재상들은 사실 모르고 있었다.

　이로부터 나라의 정치는 모두 환관들의 集會所(집회소)인 북사에서 결정이 되고, 재상들은 문서만을 처리할 뿐이었다. 이훈은 피살되어 목이 조리돌려지고 정주 역시 봉상의 절도사를 감군하는 환관에게 피살되었다.

　　[어구 설명]

○ 注始與訓謀至鎭, 遣壯士數百人護守澄葬. 仍請, 令內臣盡送, 然後殺之無遺類. : 정주는 앞서 이훈과 모의를 하고, 군진에 와서는 壯士 數百人을 보내 왕수징의 장례를 지키게 하였다. 이어 모든 환관들을 장례식에 참석케 해달라고 (문종에게) 요청하며 환관을 죽여 씨를 말려버리겠다고 하였다.

　─ 至鎭 ; 軍鎭(봉상절도사)에 도착하다. 정주는 자기 휘하의 군사들을 長安에 보냈다.　內臣 ; 환관.

- 盡送(진송) ; 모두(환관)를 (왕수징의 장례식에) 보내다. 無遺類(무유류) ; 남겨진 부류가 없다. 모두 다 죽이다.

○ 訓心以爲, 如此, 則功專歸注. 乃謀先發, 令人奏金吾廳事後石榴有甘露. 宰相帥百官拜賀, 後勸上往觀. 上令宰相先往視, 訓陽言非眞. : 李訓은 마음속으로 그렇게 되면 공은 모두 鄭注에게 돌아갈 것이라 여기고 바로 선수를 치기로 하였다. 사람을 시켜 金吾衛(금오위)의 건물 뒤에 있는 석류나무에 감로가 내렸다고 아뢰게 하였다. 宰相들은 百官을 거느리고 가서 축하를 드리면서 문종에게 가서 보시라고 권하였다. 문종은 재상들이 먼저 가서 보라고 하였다는데, 이훈은 (보고 와서) 거짓을 사실이라고 거짓말을 하였다.

- 乃謀先發 ; 그래서 선수를 치기로 생각했다.

- 奏 아뢸 주. 金吾(금오) ; 좋지 못한 일을 없애준다는 새(鳥). 황제를 호위하는 군대의 이름.

- 廳 관아 청. 廳事(청사) ; 업무를 보는 곳(官府治政之所也). 개인집의 안뜰(私宅之中庭也).

- 後 ; 뒤 뜰. 石榴(석류) ; 석류. 과실나무의 한 종류. 甘露(감로) ; 단 이슬. 천하태평의 상징. 天地相合 以降甘露.

- 帥 거느릴 솔. 陽言 ; 佯言(양언)과 같음. 거짓말(을 하다). 陽言非眞 ; 거짓(非)을 진실(眞)이라고 거짓말을 하다.

○ 上顧仇士良, 帥諸宦官往視. 士良等旣至, 見風吹幕起, 執兵者無數, 驚走告變. 訓呼金吾衛士等上殿, 僅擊死傷宦者十餘人. 知事不濟而走. : 문종은 仇士良에게 여러 宦官들을 데리고 가서 보고

오라고 말했다. 구사량 등이 현장에 도착하였는데 바람이 불어 막이 들춰지면서 무기를 든 많은 군사가 서 있는 것이 보이자 놀라 달려가 변고가 일어났다고 알렸다. 이훈은 금오위 병사들을 전각에 올라오게 불러 환관들을 습격했으나 겨우 십여 명이 죽거나 다쳤다. 이훈은 일이 성공하지 못한 것을 보고 달아났다.

 − 見風吹幕起 ; 바람이 불면서(風吹) 막(幕)이 들춰지면서(起) ~ 이 보였다(見). 見의 목적어는 '執兵者無數'.

 − 驚走告變(경주고변) ; 놀라 달려가 變故가 있다고 아뢰었다(告).

 − 僅 겨우 근.　濟 건널 제. 구제하다. 통하다. 성공하다.

○ 士良等命神策兵, 殺金吾吏卒, 執宰相王涯·賈餗·舒元輿等, 誣以謀反, 腰斬之. 訓之謀惟元輿知之, 他相實不知也. : 구사량 등은 神策兵에게 명하여 금오위의 장교나 병졸들을 죽이고 宰相 王涯(왕애), 賈餗(가속), 舒元輿(서원여) 等을 잡아 謀反을 꾀했다고 무고하여 허리를 잘라 죽였다. 이훈의 모의는 오직 서원여만 알고 있었고 다른 재상들은 사실 모르고 있었다.

 − 神策兵(신책병) ; 신책군의 병력. 中央 禁軍의 北衙(북아) 10軍 중 하나. 左右 神策軍. 左羽林(좌우림)과 右羽林(우우림)의 親衛兵(친위병). 환관이 지휘했음.

 − 金吾吏卒 ; 金吾衛의 장교와 병졸. 中央 禁軍에 南衙 16衛가 있는데 그 중 하나가 金吾衛.

 − 涯 물가 애. 賈 값 가. 성씨. 장사 고.　餗 죽 속.　舒 펼 서. 성씨.　輿 수레 여.　誣 무고할 무.

 − 腰 허리 요.　斬 벨 참.　他相 ; 다른 재상들. 재상뿐만 아니

라 많은 文臣들을 죽였는데, 이를 '甘露之變(감로지변)'이라 한다.

○ 自是天下事, 皆決於北司, 宰相行文書而已. 李訓爲人所殺傳首, 鄭注亦爲鳳翔監軍宦者所殺. : 이로부터 나라의 정치는 모두 北司에서 결정이 되고, 宰相들은 文書만을 처리할 뿐이었다. 이훈은 피살되어 목이 조리돌려지고 정주 역시 봉상의 절도사를 監軍하는 환관에게 피살되었다.

  − 決 ; 결정되다.　北司(북사) ; 환관들의 집회소.

  − 爲人所殺 ; 사람에게 살해당하다.(피동)　傳首(전수) ; 처형된 목이 조리돌려지다.

【참고】 禁軍의 핵심 神策軍(신책군)

❖ 당나라 수도 방위 및 궁궐 수비 황제 호위의 역할을 담당하는 中央軍(禁軍)은 南衙(남아) 16衛(위)로 左右 각 8개로 16개 부대가 있었다. 金吾衛는 이 중의 하나였다. 그리고 北衙에 속한 左右의 羽林軍(우림군), 龍武軍(용무군), 神武軍(신무군), 神策軍(신책군), 神威軍(신위군)의 10軍이 있었다.

763年에 토번이 長安을 쳐들어 왔을 때 금군은 사실상 궤멸된 상태였었는데 魚朝恩의 신책군과 지방 절도사의 병력이 代宗을 호위했고 뒷날 장안을 수복하고 대종을 장안으로 모셨다. 이때부터 신책군은 禁軍의 핵심 무력으로 자리를 잡았다. 신책군은 長安, 奉天, 扶風(부풍) 등 경기와 關中 외 지역까지 수비하면서 吐蕃의 침략에 대비하며 河朔의 叛鎮들을 토벌하였다. 涇原之變(경

원지변) 때에는 朱泚(주차)를 타도하면서 수도를 수복하여 德宗의 절대적 신임을 받았다.

貞元 12년(서기 796년)에, 德宗은 神策軍의 지휘관을 宦官에게 맡기면서 대대적인 확장과 개편을 거쳤다. 신책군은 護軍中尉(호군중위)와 中護軍(중호군)을 각각 2명씩 두어 지휘 통솔케 하였다.

신책군은 타군에 비해 대우가 월등히 좋아 금군의 병졸 중에서 강건한 자들이 줄줄이 입대하여 약 15만~18만 정도의 대 병력을 보유하면서 궁궐, 수도, 關中의 요지를 지키는 핵심 무력이 되었다. 順宗 즉위 후에 朝臣 王叔文은 신책군의 병권을 빼앗으려다가 실패하였는데 이후로 神策軍은 환관들이 황제를 폐위시키고 옹립하며, 환관들의 집회소인 北司가 朝臣들을 조정할 수 있는 수단이 되었다. 실제로 宣宗(선종)의 즉위(서기 846년)는 신책군의 中尉인 馬元贄(마원지)가 주도하였다.

그러나 당 말기에는 이 신책군의 무력도 쇠퇴하여 황제 앞에서 씨름이나 잡희를 선보이는 오락기구가 되었고 궁궐 건축이나 토목공사에 동원된다. 僖宗(희종) 때 黃巢(황소)의 난이 일어나면서 신책군도 궤멸되고, 903년에 朱溫(주온, 朱全忠)이 장안에 들어와 환관을 대대적으로 살육하면서 신책군도 저절로 해산되었다.

(6) ○ 開成三年, 司徒中書令·晉公裴度卒. 度自憲宗時罷相後, 無意世事, 治園池, 有綠野堂·子午橋等別墅之勝, 與詩人觴詠自娛. 穆宗·敬宗時, 皆

嘗一入輔政, 至上之世, 亦嘗平章軍國重事, 與時浮
沈而已. 然四朝將相, 威望遠達四夷, 四夷見唐使,
輒問度安否. 以身繫國家輕重, 如郭子儀者, 二十餘
年.

○ 개성 3년에, 사도와 중서령을 역임한 진공 배탁이 죽
었다. 배탁은 헌종 시에 재상을 그만둔 뒤에 세사에 뜻이
없어 동산이나 연못에 녹야당과 자오교 등을 꾸미고 경치
좋은 별장에서 시인과 더불어 술을 마시고 시를 읊으면서
즐겼다.

목종과 경종 때에도 모두 한 번씩 재상으로 정치를 담당
하여 지금(문종)에 이르기까지 군사와 국가의 중대한 일을
공정하게 처리하면서 시류를 따라 부침하였다. 그러나 4
명의 황제를 섬긴 장상으로서 그 위엄과 명망은 멀리 변방
의 이민족 지역까지 알려졌으니, 이민족 지역에서는 당의
사자를 보면 그때마다 배탁의 안부를 물었다고 한다. 자신
이 국가의 크고 작은 일에 관계하면서 20여 년간 곽자의와
같은 존재였었다.

어구 설명

○ 開成三年, 司徒中書令 · 晉公裴度卒. 度自憲宗時罷相後, 無意
世事, 治園池, 有綠野堂 · 子午橋等別墅之勝, 與詩人觴詠自娛. ：

開成 三年에, 司徒中書令을 역임한 晉公 裴度이 죽었다. 배탁은 憲宗 時에 재상을 그만둔 뒤에 世事에 뜻이 없어 동산이나 연못에 綠野堂과 子午橋 等을 꾸미고 경치 좋은 별장에서 시인과 더불어 술을 마시고 시를 읊으면서 즐겼다.

 - 開成 ; 文宗의 두 번째 연호. 開成 三年 ; 서기 838년. 司徒, 中書令 ; 관직명. 晉公 ; 작위.

 - 罷相 ; 재상을 사임하다.   治 ; 꾸미다. 경영하다.   園池(원지) ; 동산과 연못.   綠野堂 ; 건물 이름.

 - 子午(자오) ; 12支의 子와 午. 방향으로는 正北과 正南. 시간으로는 子正과 正午를 의미.

 - 墅 농막 서. 別墅(별서) ; 별장.   勝 이길 승. 견디다. 전부. 勝地 ; 경치 좋은 곳.   觴 술잔 상. 술을 즐기다.

○ 穆宗・敬宗時, 皆嘗一入輔政, 至上之世, 亦嘗平章軍國重事, 與時浮沈而已. 然四朝將相, 威望遠達四夷, 四夷見唐使, 輒問度安否. 以身繫國家輕重, 如郭子儀者, 二十餘年. : 穆宗과 敬宗 때에도 모두 한 번씩 재상으로 정치를 담당하여 지금(文宗)에 이르기까지 군사와 국가의 중대한 일을 공정하게 처리하면서 시류를 따라 부침하였다. 그러나 四朝의 將相으로서 그 위엄과 명망은 멀리 四夷의 지역에까지 알려졌으니, 四夷의 지역에서는 唐使를 보면 그때마다 배탁의 안부를 물었다고 한다. 자신이 국가의 크고 작은 일에 관계하면서 20여 년간 곽자의와 같은 존재였었다.

 - 輔政(보정) ; 재상으로 정사에 참여하다.   至上之世 ; 지금(文宗의) 세대에 이르기까지.   平章 ; 공명정대하게 다스리다.

- 軍國重事 ; 군사와 나라의 큰일.　與時浮沈而已 ; 시류에 따라 부침했을 뿐이다. 시류를 거스르지 않다.
- 四朝將相 ; 4대(憲, 穆, 敬, 文宗)의 將相.　威望(위망) ; 위엄과 名望.　繫 맬 계. 관계가 있다.
- 國家輕重 ; 국가의 크고 작은 일.　如郭子儀者 ; 곽자의와 같은 존재.

(7) ○ 五年, 上崩. 上卽位之初, 勵精求治, 去奢從儉, 中外翕然, 謂太平可冀, 然制於宦寺, 竟不能有爲. 嘗問宰相, 何時太平, 牛僧孺答以太平無象. 末年嘗問近臣, 朕何如周赧·漢獻, 對者憮然. 上曰, 赧獻受制强臣, 今朕受制家奴, 殆不如也. 在位十五年, 改元者二, 曰太和·開成. 弟穎王立, 是爲武宗皇帝.

개성 5년에, 문종이 죽었다. 문종은 즉위 초기에 치적을 이루려고 열심히 노력하면서 사치를 멀리하고 검소한 생활을 하여 내외에서 모두 기뻐하며 태평성세를 기대하였 었지만, 환관들에게 견제되면서 끝내 아무것도 이루지 못하였다. 문종은 전에 재상에게 "언제쯤 태평할 수 있겠는가?"라고 물었는데, 우승유는 태평이란 특별한 현상이 없다고 대답하였다. 말년에 근신들에게 "나는 주의 난왕과 한의 헌제에 비해 어떠한가?"라고 물었다. 신하가 대답을 못하자, 문종이 말했다. "난왕과 헌제는 강한 신하들에게 통제를 받았지만 지금 짐은 환관들에게 통제되고 있으니 거의 그만도 못하다."라고 말했다.

재위 15년에, 개원을 2번 하였는데 태화와 개성이다. 아우인 영왕이 즉위하니, 이가 무종황제이다.

○ 五年, 上崩. 上卽位之初, 勵精求治, 去奢從儉, 中外翕然, 謂太平可冀, 然制於宦寺, 竟不能有爲. : 五年에, 문종이 죽었다. 문종은 卽位의 초기에 치적을 이루려고 열심히 노력하면서 사치를 멀리하고 검소한 생활을 하여 내외에서 모두 기뻐하며 태평성세를 기대하였었지만, 환관들에게 견제되면서 끝내 아무것도 이루지 못하였다.

 − 五年 ; 開成 5년, 서기 840년.   勵 힘쓸 려.   勵精(여정) ; 분발하며 애써 노력하다.   求治 ; 治績을 남기다.

 − 奢 사치할 사.   中外 ; 국내와 국외에. 중앙과 지방.   翕 화합할 흡.   翕然 ; 인심이 화합하여 하나가 되다.

 − 冀 바랄 기.   太平可冀 ; 태평성세를 이룰 수 있다고 기대하다.   宦寺(환시) ; 환관.   竟 마칠 경. 끝내.

 − 有爲 ; 능력이 있다. 쓸모가 있다. 성취.   不能有爲 ; 성취를

이룰 수 없었다.

○ 嘗問宰相, 何時太平, 牛僧孺答以太平無象. 末年嘗問近臣, 朕
何如周赧·漢獻, 對者憮然. 上曰, 赧獻受制强臣, 今朕受制家奴,
殆不如也. : 문종은 전에 재상에게 "언제쯤 태평할 수 있겠는가?"
라고 물었는데, 牛僧孺(우승유)는 太平이란 특별한 현상이 없다
고 대답하였다. 말년에 근신들에게 "나는 주의 난왕과 한의 헌제
에 비해 어떠한가?"라고 물었다. 신하가 대답을 못하자, 문종이
말했다. "난왕과 헌제는 강한 신하들에게 통제를 받았지만 지금
짐은 환관들에게 통제되고 있으니 거의 그만도 못하다."라고 말
했다.

- 何時太平 ; 언제 태평해지겠는가?   牛僧孺(우승유) ;
779~848년. 著名한 大臣으로 牛李黨爭에서 牛派의 영수.

- 太平無象 ; 태평이란 구체적 현상은 없다. 나라에 변고가 없
으면 바로 태평성세라는 뜻.

- 朕 나 짐.   赧 얼굴 붉힐 난.   周赧 ; 周의 난왕. 전국시대 끝.
기원 전 314~256년 재위. 周의 마지막 天子.

- 漢獻(한헌) ; 後漢의 헌제. 마지막 황제.   憮 어루만질 무.
憮然(무연) ; 대답을 못하고 손만 만지작거리다.

- 家奴 ; 환관.   殆 위태할 태. 거의. 아마도.   殆不如也 ; 아마
그보다도 못할 것이다.

○ 在位十五年, 改元者二, 曰太和·開成. 弟穎王立, 是爲武宗皇
帝. : 在位 十五年에, 改元을 2번 하였는데 太和와 開成이다. 아
우인 穎王(영왕)이 즉위하니, 이가 武宗皇帝이다.

　－ 在位 十五年 ; 826~840년.　 穎 이삭 영.　 武宗皇帝 ; 穆宗의 五子. 문종의 아우.

【참고】 唐代 상업의 발달

　❖ 당나라 문화는 당 제국의 개방성과 함께 국제적 문화라는 특성을 갖고 있다. 수도 장안에는 주변 여러 소수 민족에서 보내온 외교 사절이 넘쳐났다고 하는데 그러한 외교사절의 왕래가 있다면 틀림없이 상인의 왕래 또한 많았을 것이다

　특히 황소의 난 때 황소는 廣州에서 페르시아인이나 아라비아 이슬람 상인 등 12만 명을 죽였다는 기록을 보면 외국 무역의 융성을 짐작할 수 있다.

　당의 국제 무역은 내륙의 국경에는 互市(호시)가 형성되어 국제무역이 이루어졌으며 해상무역은 廣州에 市舶司(시박사)를 두어 외국무역을 감독케 하였다. 시박사는 세관업무를 수행하였으며 황실에서 필요로 하는 물품의 구매도 담당하였다.

　당나라의 상업은 농업생산량의 증가, 강남개발, 대운하의 소통, 茶 마시는 습관의 유행, 면화 재배와 면직물의 보급, 그리고 300년 가까운 통일 유지 등에 힘입어 비약적으로 발전할 수 있었다.

　당의 정치 도시로서 장안과 낙양에는 상설시장이 개설되어 있었고 관리의 감독 아래 상업 활동이 이루어졌다. 이러한 시장에는 동업자끼리 '行'이라는 조직이 있어 상업 활동을 자체적으로 규제하기도 하였다.

　지방의 주와 현에는 草市가 형성되었고, 초시에는 客商, 坐賈

(좌고), 牙僧(아쾌, 일종의 거간꾼)가 활동하였다. 큰 도시나 교통 요지에는 여관, 창고업, 술집 등이 발달하였고, 덕종 때 양세법 실시와 함께 세금의 金納化가 시행되면서 화폐유통이 보편화 되었고 송금어음인 飛錢도 사용되었다.

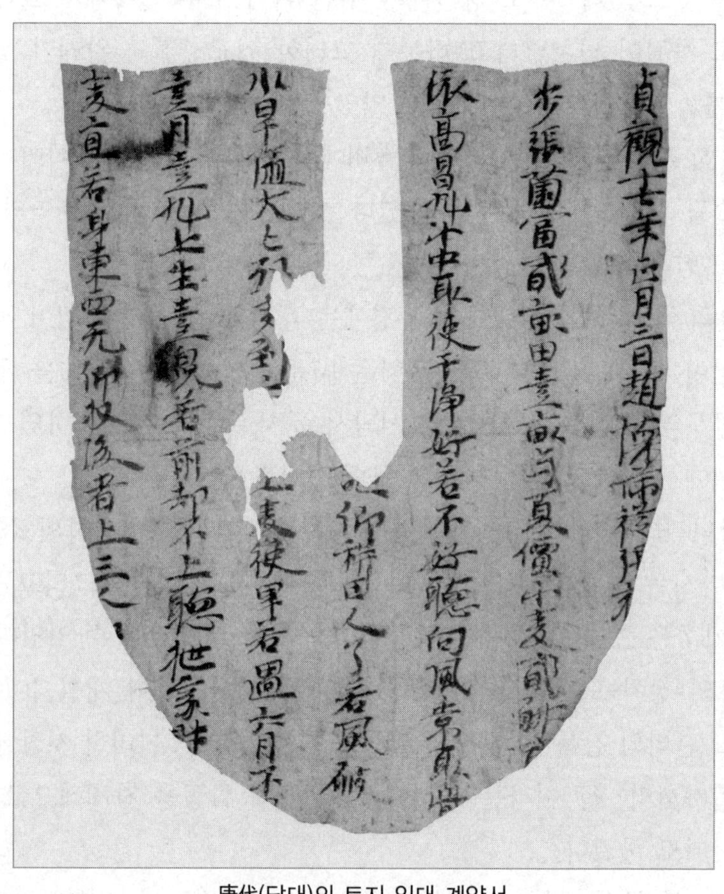

唐代(당대)의 토지 임대 계약서

3) 牛李黨爭

(1) 武宗皇帝, 名瀍, 穆宗子也. 文宗嘗立敬宗子成美爲太子. 臨崩, 欲以成美監國, 宦者以爲, 立不由己, 廢之而立瀍爲太弟. 遂殺成美而卽位, 後改名炎. 以李德裕同平章事. 德裕在穆宗初爲學士. 以李宗閔者, 嘗對制策, 譏切其父吉甫恨之, 構貶宗閔. 自是各分朋黨, 更相排軋者, 垂四十年. 在文宗時, 德裕爲侍郞, 裴度薦其可爲相. 宗閔有宦官之助遂相, 惡德裕逼己而出之. 且引牛僧孺竝相, 相與排擯德裕之黨.

무종황제의 이름은 전으로, 목종의 아들이다. 문종은 그 전에 경종의 아들 성미를 태자로 정했었다. 붕어하기 전에 성미로 국정을 대리하려 했지만 환관들은 태자를 정하는 데 자신들을 경유하지 않았다 하여 성미를 폐위시킨 다음에 전을 태제로 삼았다. 이어 성미를 죽이고 즉위하였고, 뒤에 염으로 이름을 바꾸었다.

이덕유가 동평장사가 되었다. 이덕유는 목종 초에 한림학사가 되었었다. 이종민이란 사람이 그전에 황제(헌종)의 제책 물음에 그의 아버지 이길보를 비난한 것을 증오하였었는데, (이때) 이종민을 모함하여 폄직(좌천)시켰다. 이로부터 각각의 붕당이 나누어지고 더더욱 서로 배척하며 불화한 것이 거의 40년이었다.

　문종 재위 시에 이덕유가 시랑이었는데, 배탁이 이덕유를 재상으로 천거하였다. 그러나 이종민은 환관의 도움이 있어 먼저 재상이 되었는데, 이덕유가 자신을 핍박한 것을 혐오하여 이덕유를 내쫓았다. 그리고 우승유를 자기편으로 끌어들여 함께 재상이 되게 해서 이덕유의 무리들을 같이 밀어내었다.

어구 설명

○ 武宗皇帝, 名瀍, 穆宗子也. 文宗嘗立敬宗子成美爲太子. 臨崩, 欲以成美監國, 宦者以爲, 立不由己, 廢之而立瀍爲太弟. 遂殺成美而卽位, 後改名炎. : 武宗皇帝의 이름은 瀍(전)으로, 穆宗의 아들이다. 文宗은 그전에 敬宗의 아들 成美를 太子로 정했다. 붕어하기 전에 成美로 국정을 대리하려 했지만 환관들은 태자를 정하는데 자신들을 경유하지 않았다 하여 성미를 폐위시킨 다음에 瀍을 태제로 삼았다. 이어 성미를 죽이고 즉위하였고, 뒤에 炎으로 이름을 바꾸었다.

　－ 武宗皇帝 ; 재위 840~846년.　瀍 강 이름 전.　監國 ; 황제를 대리하여 국정을 돌봄.　廢之 ; 之는 成美.

　－ 太弟 ; 다음 帝位를 계승한 아우. 皇太弟.

○ 以李德裕同平章事. 德裕在穆宗初爲學士. 以李宗閔者, 嘗對制

策, 譏切其父吉甫恨之, 構貶宗閔. 自是各分朋黨, 更相排軋者, 垂四十年. : 李德裕가 同平章事가 되었다. 이덕유는 穆宗 初에 한림학사가 되었었다. 李宗閔이란 사람이 그전에 황제의 制策 물음에 그의 아버지 李吉甫를 비난한 것을 증오하였었는데 이종민을 모함하여 폄직시켰다. 이로부터 각각의 朋黨이 나누어지고 더더욱 서로 배척하며 불화한 것이 거의 40년이었다.

 - 李德裕(이덕유, 787~850년) ; 재상, 시인. 憲宗 때 재상을 지낸 李吉甫의 아들. 牛李黨爭에서 李黨의 領袖.

 - 李宗閔(이종민, ?~843년) 閔 위문할 민.　制策 ; 황제의 策問. 시험문제.

 - 譏 나무랄 기. 비난하다.　切 ; 끊을 절. 엄하다. 친절하다. 꾸짖다. 모두 체.　譏切(기절) ; 비난하다.

 - 構 얽어맬 구. 만들어내다. 없는 일을 있는 것처럼 꾸미다. 構貶(구폄) ; 모함하여 폄직시키다.

 - 朋 벗 붕. 무리.　朋黨(붕당) ; 정치적 당파.

 - 排 밀칠 배.　軋 삐걱거릴 알. 불화하다.　排軋(배알) ; 배척하고 불화하다.　垂 드리울 수. 거의.

○ 在文宗時, 德裕爲侍郎, 裴度薦其可爲相. 宗閔有宦官之助遂相, 惡德裕逼己而出之. 且引牛僧孺竝相, 相與排擯德裕之黨. : 文宗 재위 時에 李德裕가 侍郎이었는데, 裴度(배탁)이 재상으로 천거하였다. 그러나 이종민은 환관의 도움이 있어 먼저 재상이 되었는데, 이덕유가 자신을 핍박한 것을 혐오하여 이덕유를 내쫓았다. 그리고 牛僧孺를 자기편으로 끌어들여 함께 재상이 되게 해

서 이덕유의 무리들을 같이 밀어내었다.

 - 薦 천거할 천. 추천하다.　惡 미워할 오.　逼 닥칠 핍. 핍박하다.　惡德裕逼己而出之 ; 德裕가 逼己한 것을 惡하며 德裕를(之) (지방으로) 내쫓았다(出). 이때(829년) 이덕유는 鄭滑節度使로 외지에 나가야만 했었다.

 - 牛僧孺(우승유, 779~848년) ; 牛李黨爭에서 牛派(新進 士類)의 領袖.　擯 물리칠 빈. 排擯(배빈) ; 밀어내다. 배척하다.

(2)　尋以德裕, 鎭西川, 德裕作籌邊樓, 圖蜀地形, 南入南詔, 西達吐蕃. 日召老於軍旅, 習邊事者, 訪以險易遠近, 皆若身歷, 練士卒, 葺堡障, 以備邊. 吐蕃將悉怛謀, 以維州來降. 維州本漢地, 入兵之路. 吐蕃得之, 號爲無憂城. 德裕極以得此州爲便, 牛僧孺以爲不可納, 以城倂叛將歸. 吐蕃誅之境上, 極慘酷. 牛李之怨, 自是愈深.

얼마 안 있어 이덕유는 서천에 주둔하였는데, 이덕유는 주변루라는 누대를 짓고 누각에 촉의 지형을 그려놓아 남쪽으로는 남조에 이르고, 서쪽으로는 토번에 달했다. (이덕유는) 날마다 군사 일을 잘 아는 노인이나 국경의 일을 잘 아는 사람을 불러 지형의 험하고 평탄함이나 원근을 물어서 마치 자신이 경험한 것처럼 잘 알았고, 병사를 훈련시키고 성채를 보수하며 변경의 침입에 대비하였다.

토번의 장수 실달모가 維州(유주)를 바치고 항복해 왔다. 유주는 본래 중국 땅으로 토번이 침입해 오는 길목이었다. 토번은 이를 차지하고서 무우성이라고 불렀다. 이덕유는 이 유주를 차지한 이득을 아주 높게 평가했지만, 우승유는 받아들일 수 없다 하여 성과 배반한 장수를 모두 돌려보냈다. 토번은 실달모를 국경에서 죽였는데 아주 참혹하였다. 우승유와 이덕유의 원한은 이로써 더 깊어졌다.

어구 설명

○ 尋以德裕, 鎭西川, 德裕作籌邊樓, 圖蜀地形, 南入南詔, 西達吐蕃. : 얼마 안 있어 이덕유는 西川에 주둔하였는데, 이덕유는 籌邊樓(주변루)라는 누대(누각)를 짓고 蜀의 지형을 그려놓았는데 남쪽으로는 南詔에 이르고, 서쪽으로는 吐蕃에 달했다.

－尋 찾을 심. 곧, 얼마 안 있어.　西川 ; 四川. 이덕유는 文宗 太和 4년(서기 830년)에 西川(지금의 四川省 成都)의 節度使로 나갔다.

－籌 투호살 주. 헤아리다. 계책.　邊 가장자리 변. 변경.

－圖 그림 도. 그리다.　南詔(남조) ; 8세기에 흥기한 중국 서남부의 나라 이름. 지금의 중국의 雲南과 貴州, 四川 일부와 越南 북부지역을 통치했다. 902년에는 鄭買嗣(정매사)가 자립하여 칭제하면서 국호를 大長和로 고쳤다.

○ 日召老於軍旅, 習邊事者, 訪以險易遠近, 皆若身歷, 練士卒, 葺堡障, 以備邊. 吐蕃將悉怛謀, 以維州來降. : (이덕유는) 날마다 군사 일을 잘 아는 노인이나 국경의 일을 잘 아는 사람을 불러 지형의 험하고 평탄함이나 원근을 물어서 마치 자신이 경험한 것처럼 잘 알았고, 병사를 훈련시키고 성채를 보수하며 변경의 침입에 대비하였다. 吐蕃의 장수 실달모가 維州를 바치고 항복해 왔다.

 - 日 ; 날마다. 軍旅(군여) ; 군대. 習 익힐 습. 잘 알다. 邊事(변사) ; 변방의 사정. 업무.

 - 訪 찾을 방. 묻다. 문의하다. 險易遠近(험이원근) ; 지형의 험함과 평탄함. 멀고 가까움.

 - 皆若身歷(개약신력) ; 모든 것을 자신이 겪어본 것과 같았다. 사정을 잘 알게 되었다.

 - 練 익힐 련(연). 葺 기울 즙. 지붕을 만들어 덮을 집. 수리하다. 堡障(보장) ; 성채와 방어시설.

 - 備邊(비변) ; 변경의 침략에 대비하다. 悉怛謀(실달모) ; 人名. 維州 ; 지금의 四川省 理縣 일대.

○ 維州本漢地, 入兵之路. 吐蕃得之, 號爲無憂城. 德裕極以得此州爲便, 牛僧孺以爲不可納, 以城併叛將歸. 吐蕃誅之境上, 極慘酷. 牛李之怨, 自是愈深. : 維州는 본래 중국 땅으로 토번이 침입해 오는 길목이었다. 토번은 이를 차지하고서 無憂城이라고 불렀다. 이덕유는 이 유주를 차지한 이득을 아주 높게 평가했지만, 牛僧孺는 받아들일 수 없다 하여 성과 배반한 장수들을 모두 돌려보냈다. 토번은 실달모를 국경에서 죽였는데 아주 참혹하였다.

우승유와 이덕유의 원한은 이로써 더 깊어졌다.

- 入兵之路 ; 군사가 침입할 수 있는 길.　極 다할 극. 한계. 매우, 자주.　併 아우를 병. ~을 함께.

- 歸 ; 돌려보내다. 우승유가 유주와 실달모를 돌려보낸 것은 이덕유의 공을 시기했기 때문이었다.

- 誅之境上 ; 국경에서 (실달모를) 죽이다.　慘 참혹할 참. 비참하다.　酷 독할 혹.

(3) 僧孺尋罷, 德裕入相, 宗閔亦罷. 宗閔再相, 德裕又罷. 二黨互相擠援, 文宗每歎曰, 去河北賊易, 去朝廷朋黨難. 德裕連被貶黜, 及上立, 召德裕相之. 德裕言於上曰, 正人指邪人爲邪, 邪人亦指正人爲邪, 在人主辨之. 上嘉納. 德裕追論維州事, 悉怛謀加褒贈.

오래지 않아 우승유가 곧 사임하고 이덕유가 조정에 들어가 재상이 되자, 이종민 역시 파직되었다. 한때 물러나 있던 이종민이 다시 재상이 되자, 이덕유가 다시 파직되었다. 두 당파가 서로 밀고 당길 때마다 문종은 매번 탄식했다. "황하 이북의 적을 물리치기는 쉬워도, 조정의 붕당을 제거하기는 어렵도다."

이덕유는 연이어 폄직되고 출척되었었지만, 武宗(무종)은 즉위하면서 이덕유를 불러들여서 재상으로 삼았다. 이덕유가 무종에게 말했다. "정인은 사악한 사람을 가리켜 간사하다 하며, 간사한 사람 또한 정인을 가리켜 사악하다고 합니다. 황제께서는 이를 분별해야 합니다." 무종은 옳다 여겨 받아들였다. 이덕유는 유주의 사건을 다시 논의하고 실달모에게 포상과 관직을 추증하였다.

어구 설명

○ 僧孺尋罷, 德裕入相, 宗閔亦罷. 宗閔再相, 德裕又罷. 二黨互相擠援, 文宗每歎曰, 去河北賊易, 去朝廷朋黨難. : 우승유가 곧 사임하고 이덕유가 재상이 되자, 이종민 역시 파직되었다. 이종민이 다시 재상이 되자, 이덕유가 다시 파직되었다. 두 당파가 서로 밀고 당길 때마다 문종은 매번 탄식했다. "河北의 적을 물리치기는 쉬워도, 조정의 붕당을 제거하기는 어렵도다."

－ 僧孺尋罷 ; 우승유는 곧 사임했다. 당시 西川의 軍監이 조정에 들어가서 실달모를 돌려보낸 것은 앞으로 적장들의 투항을 막는 아주 비현실적 계책이라고 강조하였다. 文宗 또한 실책이라 생각하며 우승유를 미워하자, 우승유는 스스로 사직했다.

－ 德裕入相 ; 太和 7년(833년)에 다시 재상이 되지만, 9년(835년)에 폄직을 당했다가 다시 開成 2년(837년)에 회남절도사로 지방에 전출된다.

－擠 밀 제.　援 당길 원.　擠援(제원) ; 밀고 당기다.

○ 德裕連被貶黜, 及上立, 召德裕相之. 德裕言於上曰, 正人指邪人爲邪, 邪人亦指正人爲邪. 在人主辨之. 上嘉納. 德裕追論維州事, 悉怛謀加褒贈. : 이덕유는 연이어 폄직되고 출척되었었지만, 무종은 즉위하면서 이덕유를 소환하여 재상으로 삼았다. 이덕유가 무종에게 말했다. "正人은 邪人을 가리켜 邪라고 하고, 邪人 또한 正人을 가리켜 邪라고 합니다. 人主로서 이를 분별해야 합니다." 무종은 옳다 여겨 받아들였다. 이덕유는 維州의 사건을 다시 논의하고 悉怛謀에게 포상과 관직을 추증하였다.

－黜 물리칠 출.　黜陟(출척)하다.　連被貶黜(연피폄출) ; 연이어 폄직되어 출척당하다.

－及上立 ; 武宗이 즉위하자.　召德裕相之 ; 이덕유를 불러(召) 그를(之) 재상으로 삼았다(相).

－邪 간사할 사. 사특하다. 도덕적으로 옳지 않은 것.　爲邪 ; 邪라고 한다.　辨 분별할 변.

－嘉 아름다울 가.　嘉納(가납) ; 충고를 옳다고 여겨 받아들이다.　褒 기릴 포.　褒贈(포증) ; 포상하고 추증하다.

【참고】 이덕유와 우승유의 종말

❖ 이덕유는 武宗이 卽位하는 開成 5년(840년)에 다시 재상이 되어 무종의 신임을 받았다. 비록 짧은 기간이지만 위구르(回紇)족을 물리쳐 당의 국위를 높였다. 會昌 원년(841년)에 太尉에 임

명되고 衛國公에 책봉되었다. 내정에도 힘써 필요 없이 많은 관리
들을 줄이고 환관을 통제하면서 내정을 一新하였다. 會昌 5年(845
년)에, 무종의 불교탄압 정책을 따르면서 4,600여 개소의 절을 없
애고 승려 26만 명을 환속시켰다.

　武宗 다음에 宣宗이 즉위하면서 승상에서 물러난 이덕유는 지
방의 절도사와 外地의 司馬로 폄직되었다가 宣宗 大中 2年(848년)
에 海南島로 유배된다. 이덕유는 거기에서 주민들에게 열심히 유
학을 가르치면서 존경을 받았지만 서기 850년에 해남도에서 63세
를 일기로 죽었다.

　❖ 會昌 6年(846년)에, 宣宗이 卽位하면서 이덕유의 李黨은 모
두 배척당했다. 우승유는 조정에 들어와 여러 관직을 역임하고 東都
(낙양)의 分司에서 술과 시와 비파를 타며 여유를 즐겼지만 이덕유는
당나라의 남쪽 끝 해남도로 유배되었다. 우승유는 大中 2年(848년)
에 낙양의 별장에서 죽었다. 우이당쟁의 최후 승자는 牛黨이었다.

(4)　○ 昭義節度使劉從諫卒, 姪稹自領軍府. 德裕
謂, 澤·潞事體, 與河朔三鎭不同. 河朔習亂已久,
累朝置之度外. 澤·潞近在心腹, 若又因而授之, 威
令不復行於諸鎭矣. 上問, 何以制之. 曰, 稹所恃者
三鎭. 但得鎭·魏不與之同, 稹無能爲也. 遣重臣諭
鎭·魏討之. 詔曰, 澤·潞一鎭, 與卿事體不同. 勿

爲子孫之謀, 使存輔車之勢. 鎭·魏悚息聽命. 二鎭兵, 與朝廷所遣行營將王宰·石雄, 各進討.

소의절도사인 유종간이 죽자, 그 조카인 유진이 스스로 군부를 차지했다. 이덕유가 무종에게 말했다. "택주와 노주의 일은 하삭〔=河北(하북)〕의 삼진(절도사)과는 같지 않습니다. 하북 지역은 그곳이 오랜 전란지역이라서 여러 황제들이 거의 치지도외하였습니다. 택주와 노주는 심장이나 배처럼 장안에 가까운 곳이라서, 만약 또 차지했다 하여 그냥 인정해 준다면 조정의 위령(명령)이 여러 절도사들에게 먹혀들지 않을 것입니다.

무종이 물었다. "어찌하면 제압할 수 있는가?" 이덕유는 "유진이 믿는 것은 하북의 삼진입니다. 만약 성덕〔진주(鎭州)〕과 위박(魏州)절도사가 유진에 동조하지 못하게 한다면 유진이 할 수 있는 것은 없습니다. 중신을 보내어 진, 위 두 절도사를 타일러 유진에게 가담하지 않도록 타이른 다음에 유진을 토벌해야 합니다."

(성덕 위박 절도사에게) 조서를 내려 "택주와 노주 진영은 경들과 일의 본질이 다르다. 자손을 위한 대책으로서 (그들을) 돕거나 의지하는 형세를 유지하지 말라."고 하였다. 성덕과 위박절도사들은 두려워하면서 황제의 명에 따랐다. 두 절도사 진영의 병력과 조정에서 파견한 부대의

장수 왕재와 석웅은 각각 (유진을) 토벌하였다.

어구 설명

○ 昭義節度使劉從諫卒, 姪稹自領軍府. 德裕謂, 澤·潞事體, 與河朔三鎭不同. 河朔習亂已久, 累朝置之度外. 澤·潞近在心腹, 若又因而授之, 威令不復行於諸鎭矣. : 昭義節度使인 劉從諫이 죽자, 그 조카인 劉稹이 스스로 軍府를 차지했다. 이덕유가 무종에게 말했다. "택주와 노주의 일은 河朔(하삭)의 三鎭과는 같지 않습니다. 하삭 지역은 그곳이 오랜 전란지역이라서 여러 황제들이 거의 치지도외하였습니다. 택주와 노주는 심장이나 배처럼 장안에 가까운 곳이라서, 만약 또 차지했다 하여 그냥 인정해 준다면 조정의 위령이 여러 절도사들에게 먹혀들지 않을 것입니다.

– 昭義節度使 ; 澤州(山西省 택주)와 潞州(노주, 지금의 山西省 長治市)의 절도사의 다른 이름.

– 姪 조카 질.   稹 떨기로 날 진. 떼지어 모이다.   潞 강 이름 로(노).   事體 ; 일의 大體. 사건의 핵심.

– 河朔 三鎭 ; 朔은 北. 河北을 말함. 成德, 魏博, 盧龍절도사. 이들은 安史의 난 이후 통제를 벗어난 반 독립적 번진이었다.

– 習 ; 익숙하다.   累朝 ; 여러 황제.   置之度外(치지도외) ; 생사, 이해 따위를 고려하지 않다.

– 心腹 ; 심장과 배(복부).   因而授之(인이수지) ; 차지했다고 하여 절도사 지위를 내려주다.

○ 上問, 何以制之. 曰, 稹所恃者三鎭. 但得鎭·魏不與之同, 稹無

能爲也. 遣重臣諭鎭·魏討之. :무종이 물었다. "어찌하면 제압할 수 있는가?" 이덕유는 "유진이 믿는 것은 河朔의 三鎭입니다. 만약 성덕과 위박절도사가 유진에 동조하지 못하게 한다면 유진이 할 수 있는 것은 없습니다. 중신을 보내어 가담하지 않도록 타이른 다음에 유진을 토벌해야 합니다."

 – 恃 믿을 시.　鎭魏 ; 成德節度使의 군진과 魏博節度使의 부대. 둘 다 河北의 軍事重鎭.

 – 不與之同 ; 劉稹에게 同調하지 않다.　無能爲也 ; 할 수 있는 것이(能爲也) 없다.　諭 깨우칠 유. 깨닫도록 일러주다. 諭가 本字. 論는 동자.

○ 詔曰, 澤·潞一鎭, 與卿事體不同. 勿爲子孫之謀, 使存輔車之勢. 鎭·魏悚息聽命. 二鎭兵, 與朝廷所遣行營將王宰·石雄, 各進討. : (성덕 위박 절도사에게) 조서를 내려 "택주와 노주 진영은 경들과 일의 본질이 다르다. 자손을 위한 대책으로서 (그들을) 돕거나 의지하는 형세를 유지하지 말라."고 하였다. 성덕과 위박절도사들은 두려워하면서 황제의 명에 따랐다. 두 절도사 진영의 병력과 조정에서 파견한 부대의 장수 왕재와 석웅은 각각 (유진을) 토벌하였다.

 – 勿 ; 하지 말라! 금지사. '~之勢' 까지 걸친다.　輔車之勢(보거지세) ; 서로 돕고 의지하는 형세.

 – 悚 두려워할 송.　息 숨을 쉴 식.　悚息 ; 두려워 조심하는 모양.　二鎭兵 ; 성덕, 위박 진영의 병력.

 – 行營將 ; 출동한 부대의 장수.

(5) ○ 河東都將楊弁作亂, 逐節度使. 遣中使馬元實, 曉諭且覘之. 元實受賂還, 於眾中大言. 相公須早與之節. 自牙門至柳子列十五里, 曳地光明甲, 若之何取之. 德裕詰之, 辭屈. 奏微賊決不可恕, 如國力不支, 寧捨劉稹. 河東兵出戍者, 聞朝廷令客軍取太原, 恐妻孥被屠, 乃歸擒弁送京師, 斬之. 未幾劉稹勢窮蹙, 潞人殺稹以降. 澤・潞平, 加德裕太尉衛國公. 貶牛僧孺爲循州長史, 流李宗閔於封州.

하동의 도장(대장)인 양변이 반란을 일으켜 절도사를 축출하였다. 무종은 중사(칙사) 마원실을 보내어 양변을 효유하고 또 상황을 엿보도록 하였다. 마원실은 뇌물을 받고 돌아와 여러 사람에게 큰소리로 말했다. "대신 여러분은 그를 빨리 하동절도사로 임명하여야 할 것입니다. 아문으로부터 15리에 걸친 버드나무 길에 광채 나는 갑옷을 입은 병사가 가득합니다. 형세가 그러하니 어찌 취하겠습니까?

이덕유가 힐문하자, 마원실은 대답을 하지 못했다. 이덕유는 미미한 적이지만 결코 용서할 수 없으며, 만약 국력이 감당할 수 없다면 차라리 양변을 먼저 쳐 없애야 하고 유진을 나중에 쳐야 한다고 상주했다.

하동에서 병사로 나와 복무하는 사람이 조정에서 별도의 군대로 태원을 공격한다는 말을 듣고 처자식이 도륙당할

까 걱정하여 태원에 가서 양변을 사로잡아 장안으로 보냈
고, 양변은 참수되었다.

  얼마 안 있어 유진의 기세도 다하고 위축되어 노주 사람
이 유진을 죽이고 투항했다. 택주와 노주가 평정되자, 이
덕유는 태위로 승진하고 위국공에 봉해졌다. 우승유는 순
주 장사로 폄직되었고, 이종민은 봉주에 유배되었다.

어구 설명

○ 河東都將楊弁作亂, 逐節度使. 遣中使馬元實, 曉諭且覘之. 元
實受賂還, 於衆中大言. 相公須早與之節. 自牙門至柳子列十五里,
曳地光明甲, 若之何取之. : 河東의 都將인 楊弁이 亂을 일으켜 節
度使를 축출하였다. 무종은 中使 馬元實을 보내어 양변을 曉諭하
고 또 상황을 엿보도록 하였다. 마원실은 뇌물을 받고 돌아와 여
러 관원에게 큰소리로 말했다. "대신 여러분은 그를 빨리 하동절
도사로 임명하여야 할 것입니다. 아문으로부터 15리에 걸친 버드
나무 길에 광채 나는 갑옷을 입은 병사가 가득합니다. 형세가 그
러하니 어찌 취하겠습니까?

 - 河東 ; 河東道 지금의 산서성 일대에 해당.   都將 ; 都頭. 대
장. 중급 무관직.   弁 고깔 변. 作亂 ; 난을 일으키다.

 - 逐 쫓을 축.   中使 ; 황제가 은밀히 보내는 使者.   曉 새벽
효. 曉諭(효유) ; 깨우쳐 일러주다.

 - 覘 엿볼 첨(점).   受賂(수뢰) ; 뇌물을 받다.   衆中 ; 여러 사

람.　須 모름지기 수. 반드시~하여야 한다. 반드시. 틀림없이.
須早與之節(수조여지절) ; 반드시(須) 빨리(早) 양변에게(之) 절도
사의 임명장(節)을 주어야 합니다(與).

- 自牙門至柳子列十五里 ; 牙門(衙門)으로부터 柳子列 十五里
까지. 절도사 관아 출입문부터 약 15里 길에 버드나무가 줄지어
있다는 뜻.

- 牙門(아문) ; 衛門. 본영의 門.

- 曳 끌 예.　曳地 ; 땅에 가득 차다.

- 光明甲 ; 번쩍이는 갑옷.　若之何取之(약지하취지) ; 그와 같
거늘(若之) 어떻게(何) 그를 잡겠습니까?(取之)

○ 德裕詰之, 辭屈. 奏微賊決不可恕, 如國力不支, 寧捨劉稹. 河東
兵出戍者, 聞朝廷令客軍取太原, 恐妻孥被屠, 乃歸擒弁送京師, 斬
之. : 이덕유가 힐문하자, 마원실은 대답을 하지 못했다. 이덕유
는 미미한 적이지만 결코 용서할 수 없으며, 만약 국력이 감당할
수 없다면 차라리 유진을 나중에 쳐야 한다고 상주했다. 하동에
서 병사로 나와 복무하는 사람이 조정에서 별도의 군대로 태원을
공격한다는 말을 듣고 처자식이 도륙당할까 걱정하여 太原에 가
서 양변을 사로잡아 장안으로 보냈고, 양변은 참수되었다.

- 詰 물을 힐. 따져 묻다.　屈 굽을 굴. 물러나다. 짧다. 다하다.
辭屈(사굴) ; 언사가 모자라다. 대답을 못하다.

- 微賊決不可恕(미적결불가서) ; 시시한 반적이지만 결코 용서
할 수 없다.　不支(부지) ; 지탱하지 못하다.

- 寧捨劉稹(영사유진) ; 차라리 유진을 버려두다. 미미한 적을

먼저 쳐야 한다는 의미.   戍 지킬 수.

 – 客軍 ; 별도로 파견하는 군사.   太原 ; 당의 發祥地(발상지).
長安, 洛陽과 함께 三都, 三京이라 불렀다.

 – 孥 자식 노.   妻孥 ; 처자식.   屠 잡을 도. 도살하다.   被屠 ;
도륙을 당하다.   擒 사로잡을 금.

○ 未幾劉稹勢窮蹙, 潞人殺稹以降. 澤·潞平, 加德裕太尉衛國公.
貶牛僧孺爲循州長史, 流李宗閔於封州. : 얼마 안 있어 유진의 기세
도 다하고 위축되어 노주 사람이 유진을 죽이고 투항했다. 택주와
노주가 평정되자, 이덕유는 태위로 승진하고 위국공에 봉해졌다.
우승유는 순주 장사로 폄직되었고, 李宗閔은 封州에 유배되었다.

 – 未幾(미기) ; 얼마 안 있어.   蹙 오그라들 축.   窮蹙(궁축) ;
세력이 다하여 꺾이다.

 – 衞가 本字. 衛는 동자.

 – 循 좇을 순. 循州 ; 남쪽 廣東省의 지명.   流 ; 유배하다. 귀
양을 보내다.   封州(봉주) ; 광동성의 지명.

(6) ○ 削宦者仇士良官爵, 籍沒其家. 先是士良致
仕, 其黨送歸, 士良教之曰, 天子不可令閑, 常宜以
奢靡娛之, 使無暇及他事. 愼勿使之讀書親近儒生,
見前代興亡, 心知憂懼, 則吾輩疎斥矣. ○ 毀天下
佛寺, 僧尼勒歸俗. ○ 會昌六年, 上崩, 在位七年.

改元者一, 曰會昌. 光王立, 是爲宣宗皇帝.

○ 환관 구사량의 관작을 삭탈하고 그 집의 재산을 적몰했다. 이보다 앞서 구사량이 벼슬을 내놓은 뒤 동료 환관이 고향으로 돌아가는 구사량을 전송하는데 구사량이 동료에게 일러주었다. "천자를 한가하게 해서는 안 되며 응당 언제나 사치하고 즐기도록 만들어 천자가 다른 일에 마음을 쓸 겨를이 없어야 한다. 천자로 하여금 독서를 하거나 유생과 가까이 하지 않도록 조심해야 하는데, 천자가 전대의 흥망을 알아 마음으로 걱정하고 두려워하게 되면 우리 같은 환관은 소외되고 배척될 것이다."

○ 온 나라의 불교 사원을 헐고 승려를 강제로 환속케 하였다.

○ 회창 6년에 무종이 죽으니, 재위 7년이었다. 개원은 한 번이니 회창이다. 광왕이 즉위하니, 이가 선종황제이다.

어구 설명

○ 削宦者仇士良官爵, 籍沒其家. 先是士良致仕, 其黨送歸, 士良敎之曰, 天子不可令閑, 常宜以奢靡娛之, 使無暇及他事. 愼勿使之讀書親近儒生, 見前代興亡, 心知憂懼, 則吾輩疎斥矣. : 환관 仇士良의 官爵을 삭탈하고 그 집의 재산을 적몰했다. 이보다 앞서 구사량이 致仕하고 그 동료가 고향으로 돌아가는 구사량을 전송하

는데 구사량이 동료에게 일러주기를, "天子를 한가하게 해서는 안 되며 응당 언제나 사치하고 즐기도록 해서 천자가 다른 일에 마음을 쓸 겨를이 없어야 한다. 천자로 하여금 독서를 하거나 유생과 가까이 하지 않도록 조심해야 하는데, 천자가 전대의 흥망을 알아 마음으로 걱정하고 두려워하게 되면 우리 같은 환관은 소외되고 배척될 것이다."라고 하였다.

 ─ 削 깎을 삭. 삭탈하다. 官爵 ; 관직과 작위. 籍沒(적몰) ; 장부에 적으면서 재산을 몰수하다.

 ─ 致仕(치사) ; 관직을 내놓고 물러나다. 其黨 ; 같은 환관 무리. 送歸 ; 귀향을 전송하다.

 ─ 敎之 ; 일러주다. 말해주다. 宜 마땅할 의. 응당~해야 한다. 靡 쓰러질 미. 사치하다. 화려하다. 奢靡 ; 사치.

 ─ 無暇(무가) ; 여가가 없다. 겨를이 없다. 及他事 ; 다른 일에 관심을 두다. 使之의 之는 天子.

 ─ 憂懼(우구) ; 걱정하고 두려워하다. 吾輩(오배) ; 우리 같은 사람들. 환관. 疎斥(소원) ; 멀리하고 배척하다.

○ 毀天下佛寺, 僧尼勒歸俗. 會昌六年, 上崩, 在位七年. 改元者一, 曰會昌. 光王立, 是爲宣宗皇帝. : 온 나라의 불교 사원을 헐고 승려를 강제로 환속케 하였다.(4천6백여 곳. 26만 5백 명이었다) 會昌 六年에 무종이 죽으니, 在位 七年이었다. 改元은 한 번이니 會昌이다. 光王이 즉위하니, 이가 宣宗皇帝이다.

 ─ 毀 헐 훼. 僧 중 승. 尼 중 니, 여자 중 니. 勒 굴레 늑(륵). 억지로. 강제로. 歸俗 ; 還俗.

- 會昌 六年 ; 서기 846년. 道敎를 신봉하며 道士들을 신뢰했던 무종은 長生藥에 의한 약물중독으로 사망했다.
- 在位 七年 ; 서기 840~846년.
- 宣宗皇帝 ; 憲宗의 十三子. 穆宗의 아우. 敬宗, 文宗, 武宗의 당숙. 재위 846~859년.

【참고】 불교 탄압- 三武一宗의 法難

❖ 唐朝는 道敎를 國敎로 삼았었다. 高宗은 老子(名 李耳, 字 伯陽, 또는 老聃 노담)를 太上玄元皇帝라고 추존했다. 그러나 高宗, 武則天, 中宗, 肅宗, 德宗, 憲宗, 懿宗(의종)과 僖宗(희종)의 8명 황제는 불사리를 맞이하거나 참배 공양하였는데 그런 행사를 할 때에는 온 나라가 들썩거렸다고 한다.

그러나 불교가 융성하면서 농민이 승려가 되어 국역을 회피하고, 사원의 토지에 대해 과세를 할 수 없어 국고 손실이 많다는 이유로 폐불을 주장하는 논의가 그치지 않았다.

중국에서는 南朝 梁의 武帝와 같이 자신의 몸 자체를 부처에 공양하여 곧 僧이 되어 국정을 주재하던 극단적인 好佛의 황제도 있었지만 '三武一宗의 法難(법난)'이라 하여 대대적인 4차례의 불교 탄압이 있었다. 三武一宗이란 北魏의 太武帝, 北周의 武帝, 당의 武宗, 後周 世宗을 지칭한다.

• 北魏의 太武帝는 長江 이북의 중국을 통일지배하면서 처음에는 불교를 신봉하다가 도사 寇謙之(구겸지) 등의 影響을 받아 道

敎를 신봉하면서 서기 440년에 연호를 太平眞君으로 바꾸면서 불교를 대대적으로 탄압하였다.

• 北周의 武帝는 서기 574년에서 578년까지 5년간 불교를 대대적으로 탄압하였는데 처음에는 국가의 경제적 손실을 걱정하여 寺僧의 숫자를 줄이려고 탄압을 시작하였다. 북주 무제는 儒佛道의 三敎 토론을 통해 유학을 강조하는 국가 정책을 펴려 했었다.

• 唐 武宗의 불교탄압은 會昌 2年(842년)에 시작하여 그가 죽는 846년까지 지속적으로 계속되었다. 이를 특히 무종의 연호를 따서 '會昌法難(회창법난)'이라 하는데, 불교 탄압 중 가장 폐해가 컸다고 한다. 당 무종은 처음부터 도교를 깊이 신봉하며 道士들을 좋아하며 각종 도교 행사를 궁중에서 열기도 하였다. 당시 재상 李德裕 등이 佛法을 혐오했었는데 황제와 재상의 합작으로 불교를 탄압하였다. 불교 寺院 4,600여 개소를 폐쇄하였고 불교 관련 시설 4만여 곳을 파괴하고, 승려 26만 명 이상을 환속시켰다.

• 五代 시대 後周의 世宗은 賦稅와 兵役자원의 확보를 위하여 顯德 2年(955년)부터 사원을 정리하면서 승려를 환속시켰다.

(7) 宣宗皇帝, 名怡, 憲宗子也. 幼號不慧. 太和後益自韜匿. 文宗好誘其言以爲笑, 武宗豪邁, 尤不禮之, 名爲光叔. 武宗疾篤, 子幼, 宦官定策禁中, 詔立怡爲皇太叔, 更名忱. 權勾當軍國事, 裁決咸當理, 人始知其隱德焉. 尋卽位. ○ 李德裕罷. 僧孺·

宗閔等北遷. 德裕三貶, 至崖州司戶以死.

선종황제의 이름은 怡(이)로, 헌종의 아들이다. 어렸을 때의 호는 '不慧(불혜)'였다. 문종 재위 연간에는 더욱 자신의 재능을 감추고 내보이지 않았다. 문종은 불혜가 말을 하도록 유도하여 웃음거리로 삼는 것을 좋아했으며, 무종은 성격이 호매하여 더더욱 예를 갖추지 않고 광숙이라 불렀다.

무종의 병이 위독하고 아들은 어리기에 환관들은 궁중에서 방책을 결정하고서 조서를 내려 怡(이)를 황태숙으로 삼았고, 이름을 忱(침)으로 바꾸었다. (황태숙으로서) 임시로 군국의 업무를 처리하는데 결정하는 것이 모두 이치에 합당하여 사람들은 비로소 그간의 모든 것이 숨겨온 미덕임을 알았다. (선종이) 곧 즉위하였다.

○ 이덕유를 파직했다. 우승유와 이종민 등은 북쪽으로 옮겼다. 이덕유는 3번이나 폄직되어 애주의 사호가 되어 거기서 죽었다.

어구 설명

○ 宣宗皇帝, 名怡, 憲宗子也. 幼號不慧. 太和後益自韜匿. 文宗好誘其言以爲笑, 武宗豪邁, 尤不禮之, 名爲光叔. : 宣宗皇帝의 이름은 怡로, 憲宗의 아들이다. 어렸을 때의 호는 '不慧'였다. 文宗 재

위 연간에는 더욱 자신의 재능을 감추고 내보이지 않았다. 文宗은 불혜가 말을 하도록 유도하여 웃음거리로 삼는 것을 좋아했으며, 武宗은 성격이 호매하여 더더욱 예를 갖추지 않고 光叔이라 불렀다.

 - 怡 기쁠 이. 宣宗은 憲宗의 아들이기에 敬宗, 文宗, 武宗의 叔父였다.   慧 슬기로울 혜.   太和 ; 文宗(문종)의 연호.

 - 韜 감출 도.   匿 숨을 닉. 숨기다.   好 ; 여기서는 '~를 좋아했다.'   誘 꾈 유. 속이다. 기만하다.

 - 以爲笑 ; 웃음거리로 삼았다. 邁 멀리 갈 매. 넘다. 힘쓰다. 豪邁(호매) ; 성격이 매우 호탕함.

 - 尤 더욱 우.   不禮 ; 예를 갖추지 않다.

 - 光叔 ; '光王인 叔父'. 光에는 '아무것도 없다' 는 뜻이 있으니, 역시 놀리는 뜻이 있다.

○ 武宗疾篤, 子幼, 宦官定策禁中, 詔立怡爲皇太叔, 更名忱. 權勾當軍國事, 裁決咸當理, 人始知其隱德焉. 尋卽位. : 武宗의 병이 위독하고 아들은 어리기에 환관들은 궁중에서 방책을 결정하고서 조서를 내려 怡를 황태숙으로 삼았고, 이름을 忱으로 바꾸었다. (황태숙으로서) 임시로 軍國의 업무를 처리하는데 결정하는 것이 모두 이치에 합당하여 사람들은 비로소 그간의 모든 것이 숨겨온 미덕임을 알았다. 곧 즉위하였다.

 - 疾篤(질독) ; 병이 위독하다.   定策 ; 方策을 결정하다. 결국 환관들은 그가 어리숙한 사람이라 생각하여 황제로 세운 결과가 되었다.

 - 忱 정성 침.   權 저울 추 권. 임시로.   勾 갈고리 구.   勾當 ;

일을 처리함(句當과 같음). 나쁜 의미의 일. 수작. 짓.　裁決(재결) ; 처리하다.

 － 咸 다 함. 모두.　當理 ; 이치에 합당하다.

 － 始 ; 비로소.　其 ; 宣宗이 그간 말도 없고 자기 자신을 내보이지 않았던 모든 행위.

 － 隱德(은덕) ; 숨겨진 美德.

○ 李德裕罷. 僧孺·宗閔等北遷. 德裕三貶, 至崖州司戶以死. : 李德裕를 파직했다. 우승유와 이종민 등은 북쪽으로 옮겼다. 이덕유는 3번이나 폄직되어 崖州司戶가 되어 거기서 죽었다.

 － 罷 그만둘 파. 이덕유를 재상에서 파직한 것은 당쟁을 마무리 짓겠다는 선종의 의지였다고 평가한 역사책도 있다.

 － 遷 옮길 천.　北遷 ; 우승유와 이종민 등을 남쪽 광동성 지역에서 북쪽 衡州와 柳州로 옮겨 발령을 냈다.

 － 三貶(삼폄) ; 3번 폄직되다.　崖 벼랑 애.　崖州 ; 지금 중국 海南島의 지명.

(8) ○ 令狐綯同平章事. 先是綯爲學士, 上嘗以太宗所選金鏡綠, 授綯使讀之. 又書貞觀政要於屛風, 每正色拱手而讀. 嘗與學士畢諴論邊事, 諴具陳方略. 上悅曰, 不意頗牧在吾禁中. 卽用爲邊帥, 果稱其任. 上聰察强記. 嘗密令學士韋澳, 纂次州縣境土

風物, 及諸利害, 爲一書, 號曰處分語. 刺史有入謝
而出者, 曰, 上處分本州事驚人. 建州刺史入辭, 上
問. 建州去京師幾何. 曰, 八千里. 上曰, 卿到彼爲
政, 朕皆知之, 勿謂遠. 此階前則萬里也.

영호도를 동평장사로 삼았다. 이보다 앞서 영호도가 학
사였을 때, 선종은 태종이 가려 뽑은 금경록을 영호도에게
주어 읽게 시켰다. 또 선종은 정관정요를 병풍에 쓰게 한
뒤 매번 얼굴빛을 단정히 하고 양손을 마주 잡고서 읽었다.
　일찍이 한림학사 필함과 변방의 업무를 논하는데 필함은
그 방략을 상세히 진술하였다. 선종은 기뻐하면서 말했다.
"뜻밖에도 나의 궁중에 염파와 이목과 같은 장군이 있도
다." 즉시 변방의 장수로 등용하니 과연 임무를 잘 수행했
다. 선종은 총명하며 깊이 성찰하고 기억력이 우수했다.
일찍이 은밀히 한림학사 위오를 시켜 각 주현의 토지와 풍
물, 여러 이해관계를 책 한 권으로 편찬하게 하여 이를 '處
分語(처분어)' 라고 불렀다.
　자사로 궁궐에 들어와 사례하고 나가는 어떤 사람은 "황
상께서 내가 근무할 지방의 일을 알고 계셔서 놀랐다."고
말했다. 건주자사가 들어와 사례하자, 선종이 물었다. "건
주는 장안에서 얼마나 먼 곳인가?" "8천 리입니다." 선종
은 "경이 거기에 가서 다스리는 것을 짐은 다 알 수 있으니

멀리 있어 모를 것이라 말하지 마시오. 이 계단 앞이 바로 만 리요!"라고 말했다.

어구 설명

○ 令狐綯同平章事. 先是綯爲學士, 上嘗以太宗所選金鏡綠, 授綯使讀之. 又書貞觀政要於屛風, 每正色拱手而讀. : 令狐綯(영호도)를 同平章事로 삼았다. 이보다 앞서 영호도가 翰林學士였을 때, 선종은 太宗이 가려 뽑은 金鏡綠을 영호도에게 주어 읽게 했었다. 또 선종은 貞觀政要를 屛風에 쓰게 한 뒤 매번 正色에 拱手하고서 읽었다.

 - 令狐(영호) ; 複姓.　綯 새끼 꼴 도. 노끈.　令狐綯(영호도) ; 憲宗 元和 연간에 재상을 역임한 令狐楚의 아들. 宣宗 大中 4년(850년)부터 선종이 죽는 大中 13년(859년)까지 10년간 재상으로 재직. 선종이 죽은 뒤로는 전후 4개 鎭의 절도사를 역임.

 -《金鏡綠》; 내용 미상. 태종은 太子(高宗)를 가르치기 위해 정관 22년(648년)에 자신의 정치 경험과 功過를 저술한《帝範》12편을 저술하였는데 아마 이 책을 지칭할 것임.

 -《貞觀政要》; 吳兢(오긍, 670~749년)이 편찬한 당 太宗의 정치 업적을 정리한 책. 10권 40편.

 - 屛 가릴 병. 병풍. 屛은 속자.　拱 두 손을 맞잡을 공.

○ 嘗與學士畢誠論邊事, 誠具陳方略. 上悅曰, 不意頗牧在吾禁中. 卽用爲邊帥, 果稱其任. 上聰察强記. 嘗密令學士韋澳, 纂次州縣境

土風物, 及諸利害, 爲一書, 號曰處分語. : 일찍이 한림학사 畢諴(필함)과 변방의 업무를 논하는데 필함은 그 방략을 상세히 진술하였다. 선종은 기뻐하면서 말했다. "뜻밖에도 나의 궁중에 염파와 이목 장군이 있도다." 즉시 변방의 장수로 등용하니 과연 임무를 잘 수행했다. 선종은 총명하며 깊이 성찰하고 기억력이 우수했다. 일찍이 은밀히 한림학사 韋澳(위오)를 시켜 각 州縣의 토지와 풍물, 여러 이해관계를 책 한 권으로 편찬하게 하여 이를 '處分語'라고 불렀다.

　－ 畢 마칠 필. 성씨.　誠 정성 함. 和同하다.　畢諴(필함, 802~864년) ; 한림학사, 절도 역임. 懿宗 때 재상.

　－ 邊事 ; 변경의 일. 국방 또는 이민족에 관한 일.　具陳(구진) ; 상세히 진술하다.　方略(방략) ; 策略.

　－ 頗 자못 파.　廉頗(염파) ; 전국시대 趙나라의 장군. 趙의 上卿 藺相如(인상여)와 '負荊請罪(부형청죄)'와 '刎頸之交(문경지교)' 故事의 주인공.

　－ 牧 가축 기를 목.　李牧(이목 ?~前 229년) ; 戰國 時期 趙國의 장군. 白起(백기), 廉頗(염파), 王翦(왕전)과 함께 戰國시대 四大 名將이라 부른다.

　－ 邊帥(변수) ; 변방의 장수.　稱其任(칭기임) ; 그 임무에 맞다. 직무에서 능력을 발휘하다.

　－ 聰 귀 밝을 총. 총명하다.　聰察强記(총찰강기) ; 총명, 省察 하면서도 기억력이 좋음.

　－ 韋 부드러운 가죽 위.　澳 깊을 오.　韋澳(위오) ; 한림학사.

장안 京兆尹 역임. 大中 9년(855년)《諸道山河地名要略》 저술.

 - 纂 모을 찬. 纂次(찬차) ; 편집하다.

○ 刺史有入謝而出者, 曰, 上處分本州事驚人. 建州刺史入辭, 上問. 建州去京師幾何. 曰, 八千里. 上曰, 卿到彼爲政, 朕皆知之, 勿謂遠. 此階前則萬里也. : 刺史로 궁궐에 들어와 사례하고 나가는 어떤 사람은 "皇上께서 내가 근무할 지방의 일을 알고 계셔서 놀랐다."고 말했다. 建州刺史가 들어와 사례하자, 선종이 물었다. "建州는 장안에서 얼마나 먼 곳인가?", "8천 리입니다." 선종은 "卿이 거기에 가서 다스리는 것을 짐은 다 알 수 있으니 멀리 있어 모를 것이라 말하지 마시오. 이 계단 앞이 바로 萬里요!"라고 말했다.

 - 刺史(자사) ; 각 주의 행정관. 入謝而出 ; 지방관으로 발령을 받으면 입궐하여 聖恩에 사례하고 지방으로 출발했다.

 - 上 ; 皇上, 宣宗. 處分 ; 처리하다. 驚 놀랄 경. 建州 ; 여기서는 지금의 복건성에 해당하는 지명.

 - 勿謂遠(물위원) ; 멀다고 말하지 말라. 멀리 있으니 황제는 모를 것이라고 생각하지 말라!

 - 此階前則萬里也 ; 이 계단 앞이 바로 萬里이다.(만 리 밖 먼 곳이지만 계단 아래를 내려다보는 것처럼 환히 알 수 있다는 뜻.)

(9) 令狐綯奏擬李遠杭州刺史. 上曰, 吾聞, 遠詩云, 長日惟消一局碁, 安能理人. 綯曰, 詩人托此高興,

未必實然. 嘗詔刺史毋得外徙, 必令至京面察. 絢嘗
徙故人爲鄰州, 便道之官. 上問之曰, 詔命旣行, 直
廢格不用, 宰相可謂有權. 時方寒, 絢汗透重裘. 上
臨朝對羣臣, 未嘗有惰容. 每宰相奏事, 旁無一人,
威嚴不可仰視. 奏事畢, 忽怡然閑語一刻許. 徐復整
容曰, 卿輩善爲之, 常恐卿輩負朕不得再相見. 絢嘗
謂人曰, 吾十年秉政, 最承恩遇. 每延英奏事, 未嘗
不汗沾衣也.

영호도가 이원이란 사람을 항주자사로 임명하면 어떤가
를 상주했다. 선종은 "내가 알기로는 그 사람의 시에 '종
일 바둑만 두며 소일을 한다.' 는 시구가 있었는데, 어떻게
백성들을 다스릴 수 있겠는가?"라고 물었다. 영호도는 "시
인이 바둑으로 기분을 낸다는 뜻이지, 꼭 그런 것은 아닙
니다."라고 대답했다.

전에 자사는 외지에서 직접 새 임지로 보내지 말고 필히
서울에 들어와 황제를 대면하고 사찰을 받게 하라는 조서
를 내렸었다. 영호도가 전에 아는 사람을 이웃 주로 발령
을 하면서 지름길로 가도록 했었다. 선종이 이를 문책하면
서 말했다. "황제명령이 실행되고 있는데도 곧바로 폐지하
듯 적용하지 않았으니, 이를 재상이 갖고 있는 권한이라고
말할 수 있는가?" 그때는 날이 추울 때였는데 영호도의 겹

갖옷에 땀이 배었었다.

황상은 조회에서 군신을 대할 때 나태한 모습을 한 적이 없었다. 재상이 업무를 아뢸 때마다, 곁에 아무도 없더라도 위엄이 있어 바로 쳐다볼 수 없었다. 상주(아뢸일)가 끝나면 곧 온화한 표정으로 잠깐 동안 한가한 이야기를 나누었다. 그리고서는 다시 표정을 바로 하고서는 말했다. "경들은 업무에 최선을 다하시오, 경들이 짐의 기대를 저버려 다시 상견하지 못할까 늘 걱정이 됩니다."라고 말했다.

영호도가 전에 다른 사람에게 말했다. "나는 십 년간 정사를 주도하면서 성은을 가장 많이 받았다. 매번 연영전에서 상주할 때마다 옷이 땀에 젖지 않은 때가 없었다."

어구 설명

○ 令狐綯奏擬李遠杭州刺史. 上曰, 吾聞, 遠詩云, 長日惟消一局碁, 安能理人. 綯曰, 詩人托此高興, 未必實然. : 令狐綯가 李遠을 杭州刺史로 임명하면 어떤가를 상주했다. 선종은 "내가 알기로는 그 사람은 종일 바둑만 두며 소일한다는 시구가 있는데, 어떻게 백성들을 다스릴 수 있겠는가?"라고 물었다. 영호도는 "시인이 바둑으로 기분을 낸다는 뜻이지, 꼭 그런 것은 아닙니다."라고 대답했다.

- 擬 헤아릴 의. 商量하다. 본뜨다. 杭 건널 항. 나룻배. 杭州刺史 ; 當時에 누구든 강남의 지방관을 원했다.

ㅡ 長日惟消一局碁(장일유소일국기) ; 긴긴 날 오직 바둑으로 시간을 보낸다. 李遠의 詩句를 기억하고 있었다.

ㅡ 安能理人 ; 어찌 사람을 다스릴 수 있겠는가? 安은 의문부사. 理는 治. 托 밀 탁. 받침, 핑계를 대다.

ㅡ 未必實然 ; 꼭 실제 그러하지는 않다.

○ 嘗詔刺史毋得外徙, 必令至京面察. 綯嘗徙故人爲鄰州, 便道之官. 上問之日, 詔命旣行, 直廢格不用, 宰相可謂有權. 時方寒, 綯汗透重裘. : 전에 刺史는 外地에서 직접 새 임지로 보내지 말고 필히 서울에 들어와 황제를 대면하고 사찰을 받게 하라는 조서를 내렸었다. 영호도가 전에 아는 사람을 이웃 주로 발령을 하면서 지름길로 가도록 했었다. 선종이 이를 문책하면서 말했다. "詔命이 실행되고 있는데도 곧바로 폐지하듯 적용하지 않으니 재상에게 있는 권한이라고 말할 수 있는가?" 그때는 날이 추울 때였는데 영호도의 겹 갖옷에 땀이 배었었다.

ㅡ 毋 말 무. ~하지 말라. 금지사.　外徙(외사) ; 지방관이 새 임지로 바로 옮겨가는 것.　令 ; ~하게 하다.

ㅡ 至京面察(지경면찰) ; 경사에 와서 (황제를) 면대하고 사찰을 받다.　故人 ; 잘 아는 사람. 친한 사람.

ㅡ 便道(편도) ; 지름길. 다니기 편한 길.　之 ; 가다.　官 ; 관청, 부임지.　詔命(조명) ; 황제의 명령.

ㅡ 直 ; 곧바로, 즉시.　格 바로잡을 격. 격식. 어기다. 그만두다. 廢格(폐격) ; 폐지시키다. 행하지 않다.

ㅡ 宰相可謂有權 ; 재상의 권한이라고 말할 수 있는가? 재상의

권한이 그처럼 강한가? 힐난하는 말임.

 – 汗 땀 한.　透 통할 투. 스며들다.　裘 갖옷 구. 갖옷을 입다.
重裘 ; 겹으로 갖옷.

○ 上臨朝對羣臣, 未嘗有惰容. 每宰相奏事, 旁無一人, 威嚴不可
仰視. 奏事畢, 忽怡然閑語一刻許. 徐復整容曰, 卿輩善爲之, 常恐
卿輩負朕不得再相見. : 皇上은 朝會에서 羣臣을 대할 때 나태한
모습을 한 적이 없었다. 宰相이 업무를 아뢸 때마다, 곁에 아무도
없더라도 위엄이 있어 바로 쳐다볼 수 없었다. 상주가 끝나면 곧
온화한 표정으로 잠깐 동안 한가한 이야기를 나누었다. 그리고서
는 다시 표정을 바로 하고서는 말했다. "卿들은 업무에 최선을 다
하시오, 경들이 짐의 기대를 저버려 다시 상견하지 못할까 늘 걱
정이 됩니다."라고 말했다.

 – 臨朝 ; 조회에 참석하다.　惰 게으를 타. 소홀히 하다. 업신여
기다.　怡然(이연) ; 기뻐하는 모양.

 – 許 ; 허락하다. 쯤, 어느 정도, 가량.　徐 천천히 할 서.　卿輩
善爲之 ; 卿들은 업무를(之) 잘(善) 처리하시오(爲).

 – 負朕(부짐) ; 짐의 기대를 저버리다. 짐의 기대에 어긋나다.

○ 鈞嘗謂人曰, 吾十年秉政, 最承恩遇. 每延英奏事, 未嘗不汗沾
衣也. : 영호도가 전에 다른 사람에게 말했다. "나는 십 년간 정
사를 주도하면서 성은을 가장 많이 받았다. 매번 연영전에서 상
주할 때마다 옷이 땀에 젖지 않은 때가 없었다."

 – 秉 잡을 병.　秉政 ; 정권의 실무를 담당하다.　延英(연영) ;
전각 이름.

– 未嘗(미상) ; ~한 적이 없다.   未嘗不 ; ~아니한 적이 없다.
汗沾衣也 ; 땀이 옷을 적시다.   汗 땀 한. 沾 더할 첨. 젖다.

(10) 嘗召學士韋澳, 屛左右問之曰, 近日內侍權勢
如何. 對曰, 陛下威斷, 非前朝比. 上閉目搖首曰,
全未, 全未. 尙畏之在. 又嘗與綯謀, 盡誅宦官, 恐
濫及無辜. 綯密奏曰, 但有罪勿捨, 有缺勿補, 自然
消耗至盡. 宦者竊見其奏, 由是益與朝士相惡, 南北
司如水火. ○ 大中十三年, 上崩. 在位十四年, 改元
者一. 長子立, 是爲懿宗皇帝.

그 전에 한림학사 위오를 불러 좌우를 물리치고 물어보
았다. "근일에 내시의 권세는 어떠한가?" 위오는 "폐하의
결단으로 이전 황제 때에 비할 바가 아닙니다."라고 대답
했다. 선종은 눈을 감고 고개를 저으며 말했다. "전부는 아
니야! 전부는 아니야! 아직도 환관에 대한 걱정이 있어!"
또 전에 영호도와 모든 환관을 주살할 일을 꾸몄으나, 무
고한 사람들까지 다칠까 걱정이 되었다. 영호도는 비밀리
에 상주하여 "(환관이) 만약 죄를 지었다면 그냥 지나치지
않으며, 결원이 있어도 보충하지 않는다면 자연 줄어들어
없어질 것입니다."라고 하였다. 환관이 그 상주문을 몰래

보았는데 이로부터 조정의 신하와 환관들은 더욱 서로 증오하였으며 남사와 북사는 물불과도 같았다.

대중 13년에, 선종이 죽었다. 재위 14년에 한 번 개원을 하였다. 장자가 즉위하니, 이가 의종황제이다.

어구 설명

○ 嘗召學士韋澳, 屛左右問之曰, 近日內侍權勢如何. 對曰, 陛下威斷, 非前朝比. 上閉目搖首曰, 全未, 全未. 尙畏之在. : 그 전에 學士 韋澳를 불러 좌우를 물리치고 물어보았다. "近日에 內侍의 權勢는 어떠한가?" 위오는 "陛下의 결단으로 이전 황제 때에 비할 바가 아닙니다."라고 대답했다. 선종은 눈을 감고 고개를 저으며 말했다. "전부는 아니야! 전부는 아니야! 아직도 환관에 대한 걱정이 있어!"

  – 韋澳(위오) ; 한림학사. 선종을 위해 《處分語》를 지은 사람. 屛 가릴 병. 물리치다. 屛은 속자.

  – 非前朝比 ; 전조에 비할 바가 아니다. 전의 황제 때보다 많이 나아졌다는 뜻. 搖 흔들 요. 흔들리다.

  – 全未 ; 전부는 아니다. 아직도 환관이 강하다는 뜻. 尙畏之在(상외지재) ; 아직도 환관에 대한 걱정이 있다.

○ 又嘗與綯謀, 盡誅宦官, 恐濫及無辜. 綯密奏曰, 但有罪勿捨, 有缺勿補, 自然消耗至盡. 宦者竊見其奏, 由是益與朝士相惡, 南北司如水火. : 또 전에 영호도와 모든 환관을 주살할 일을 꾸몄으나,

무고한 사람들까지 다칠까 걱정이 되었다. 영호도는 비밀리에 상
주하여 "(환관이) 다만 죄를 지었다면 그냥 지나치지 않고, 결원
이 있어도 보충하지 않는다면 자연 줄어들어 없어질 것입니다."
라고 하였다. 환관이 그 상주문을 몰래 보았는데 이로부터 조정
의 신하와 환관들은 더욱 서로 증오하였으며 남사와 북사는 물불
과도 같았다.

 ─ 盡誅(진주) ; 모조리 죽여 없애다.   濫 퍼질 남(람).   辜 허물
고. 無辜 ; 죄가 없는 사람.

 ─ 捨 버릴 사.   勿捨 ; 버리지 않다. 그냥 방치하지 않다.   有缺
勿輔(유결물보) ; 결원이 있어도 보충하지 않다.

 ─ 消 사라질 소. 꺼지다.   耗 줄어들 모.   消耗(소모) ; 써서 없
어지다.   竊 훔칠 절. 몰래.

 ─ 由是 ; 이로부터.   朝士 ; 조정의 신하.   相惡(상오) ; 서로 미
워하다.   南北司 ; 조정 신하들을 지칭하는 南司와 환관들의 집합
을 지칭하는 北司.

 ─ 如水火 ; 물과 불처럼 상극이다.

○ 大中十三年, 上崩. 在位十四年, 改元者一. 長子立, 是爲懿宗皇
帝. : 大中 13年에, 선종이 죽었다. 재위 14년에 개원을 한 번 大
中(대중)이라고 하였다. 장자가 즉위하니, 이가 의종황제이다.

 ─ 大中 十三年 ; 서기 859년.   長子 ; 李漼(이최).   懿 아름다울
의.

제3장 황소의 난과 唐 멸망

1) 황소의 난

(1) 懿宗皇帝, 初名溫, 封鄆王, 以無寵不得爲太子. 宣宗崩, 宦者立之, 更名漼. ○ 浙東賊裘甫起, 聲振中原, 觀察使王式討斬之. ○ 九年, 徐州賊龐勛起. 先是南詔稱大理皇帝, 擧兵入寇, 陷播·邕·交趾. 敕徐·泗兵戍桂州, 過期不代, 遂作亂. 勛爲粮料判官, 戍卒推以爲主. 擁兵北還, 所過剽掠. 至徐州, 因殺節度使, 陷諸郡. 招討使康承訓擊之, 以沙陀朱邪赤心爲前鋒, 勛敗死. 賜赤心姓名李國昌, 爲大同軍節度使, 尋又爲振武節度使. ○ 咸通十四年, 上崩. 在位十五年, 改元者一. 子晉王立, 是爲僖宗皇帝.

의종황제의 처음 이름은 온인데, 운왕에 봉해졌으나 총애를 받지 못해 태자가 되지 못했다. 선종이 죽자, 환관들이 옹립하면서 이름을 바꿔 漼(최)라고 했다. 浙東(절동)의 반적 裘甫(구보)가 기병하였는데 위세가 중원에까지 알려졌으나 觀察使 王式이 구보를 토벌하여 죽였다.

○ 咸通(함통) 9년에, 서주의 반적인 방훈이 봉기했다. 이보다 앞서 남조가 대리황제를 칭하고 군사를 일으켜 쳐들어 와서 파주, 옹주, 교지 등을 함락시켰다. 칙명으로 서주와 사주의 군사를 내어 계주를 수비케 하였으나 기일이 지나도 교대가 되지 않자 마침내 난을 일으켰다. 방훈은 양료판관이었는데 수졸들이 두목으로 추대하였다. 방훈이 군사들을 거느리고 북쪽으로 돌아오면서 지나는 곳마다 약탈하였다. 서주에 이르러 절도사를 죽이고 여러 군을 함락시켰다. 초토사인 강승훈이 방훈을 토벌하는데 사타족의 주사적심을 전봉(선봉)으로 삼았고 방훈은 패사했다. 주사적심에게 이국창이라는 이름을 하사했고, 이국창은 대동군절도사가 되었다가, 곧 다시 진무절도사가 되었다.

○ 咸通(함통) 14년에, 의종이 죽었다. 재위 15년에, 개원은 한 번 했다. 咸通(함통)이다. 아들 진왕이 즉위하니, 이가 희종황제이다.

어구 설명

○ 懿宗皇帝, 初名溫, 封鄆王, 以無寵不得爲太子. 宣宗崩, 宦者立之, 更名漼. : 懿宗皇帝의 初名은 溫인데, 鄆王에 봉해졌으나 총애를 받지 못해 太子가 되지 못했다. 宣宗이 죽자, 환관들이 옹립하면서 이름을 바꿔 漼라고 했다.

 − 懿宗 ; 재위 859~873년. 의종은 잘생긴 외모에 음율에 정통

했으나 주색과 宴樂에 빠졌었다. 정치는 부패했고 번진세력을 통제하지 못했다.

– 鄆 고을 이름 운.   濯 물 깊은 모양 최.

○ 浙東賊裘甫起, 聲振中原, 觀察使王式討斬之. : 浙東의 반적 裘甫가 기병하였는데 위세가 중원에까지 알려졌으나 觀察使 王式이 구보를 토벌하여 죽였다.

– 浙 강 이름 절.   浙東 ; 지금의 浙江省 寧波市, 寧波市 一帶. 賊 도적 적. 反賊.

– 裘 갖옷 구. 裘甫(구보, ?~860년) ; 본성 仇.

– 聲振中原 ; 위세가 중원에까지 알려졌다.

– 觀察使(관찰사) ; 原名 採訪使 – 지방행정 감찰관. 藩鎭의 절도사로 觀察使를 칭했음. 王式은 武寧節度使였음.

○ 九年, 徐州賊龐勛起. 先是南詔稱大理皇帝, 擧兵入寇, 陷播· 邕· 交趾. 敕徐· 泗兵戍桂州, 過期不代, 遂作亂. 勛爲粮料判官, 戍卒推以爲主. 擁兵北還, 所過剽掠. 至徐州, 因殺節度使, 陷諸郡. : 함통 9년에, 徐州의 反賊인 龐勛(방훈)이 봉기했다. 이보다 앞서 南詔가 大理皇帝를 칭하고 군사를 일으켜 쳐들어 와서 파주, 옹주, 교지 등을 함락시켰다. 칙명으로 서주와 泗州의 군사를 내어 桂州를 수비케 하였으나 기일이 지나도 교대가 되지 않자 마침내 난을 일으켰다. 방훈은 粮料判官이었는데 戍卒들이 두목으로 추대하였다. 방훈이 군사들을 거느리고 북쪽으로 돌아오면서 지나는 곳마다 약탈하였다. 徐州에 이르러 節度使를 죽이고 여러 군을 함락시켰다.

– 九年 ; 함통 9년, 서기 868년. 龐 클 방. 勛 공적 훈. 南詔
(남조) ; 중국 서남부(雲南, 貴州) 일대에 존속했던(738~937) 나라.

– 大理皇帝 ; 大理國(937~1254년), 雲南 주변 白族의 段思平이
建立한 政權. 雲南省, 貴州省, 四川省 西南部, 미얀마 북부에 걸
친 국가. 佛敎를 숭상하여 妙香國(묘향국)이라 불리기도 했음.

– 播 뿌릴 파. 邕 화할 옹. 화목하다. 趾 발 지. 交趾(교지) ;
今 越南 북부의 紅河(홍하) 유역의 郡.

– 敕 조서 칙. 桂 계수나무 계. 桂州 ; 今 廣西省 桂林市, 廣西
壯族(장족) 자치구의 일부.

– 過期不代 ; 기일이 지나도 교대가 되지 않다. 粮 양식 양
(량). 糧과 同字. 料 되질할 요(료). 헤아리다. 급료.

– 剽 사나울 표. 掠 노략질할 략.

○ 招討使康承訓擊之, 以沙陀朱邪赤心爲前鋒, 勛敗死. 賜赤心姓
名李國昌, 爲大同軍節度使, 尋又爲振武節度使. : 招討使인 康承訓
이 방훈을 토벌하는데 사타족의 朱邪赤心을 前鋒으로 삼았고 방
훈은 패사했다. 주사적심에게 李國昌이라는 이름을 하사했고, 이
국창은 大同軍節度使가 되었다가, 곧 다시 振武節度使가 되었다.

– 招討使(초토사) ; 安史의 난 이후 전란이 일어나면 설치한 임
시 군사지휘관.

– 康承訓(강승훈) ; 그 당시 神策대장군이었는데, 沙陀族(사타
족)의 朱邪赤心 등을 거느리고 방훈을 토벌.

– 沙陀(사타) ; 서돌궐의 부족 이름. 지금의 新疆(신강)의 준가르
분지 동남쪽에서 유목생활. 헌종 때 朱邪盡忠이 당에 투항했었다.

 - 朱邪赤心 ; 주사진충의 손자. 李國昌의 아들 李克用은 뒤에 황소의 난을 토벌하는데 공을 세운다.

 - 大同軍 ; 山西 雲中郡의 군사.　振武軍 節度使 ; 토번족 방어가 주 임무. 李國昌은 874~879년까지 절도사로 근무.

○ 咸通十四年, 上崩. 在位十五年, 改元者一. 子晉王立, 是爲僖宗皇帝. : 咸通 14年에, 의종이 죽었다. 재위 15년에, 개원은 한 번 했다. 咸通이다. 아들 진왕이 즉위하니, 이가 僖宗皇帝이다.

 - 咸通 十四年 ; 서기 873년.　僖 기쁠 희.　僖宗 ; 懿宗의 5子, 13살에 즉위.

장안에 입성하는 黃巢(황소)

(2) 僖宗皇帝, 名儇, 懿宗少子也. 年十三爲宦官所立. 自懿宗以來, 奢侈日甚, 用兵不息, 賦斂愈急. 水旱不以實聞, 百姓流殍, 無所控訴, 所在相聚爲盜. 濮州人王仙芝起, 曹州冤句人黃巢應之. 巢善騎射, 喜任俠. 嘗擧進士不第, 與仙芝共販私鹽. 至是聚衆攻剽州縣, 窮民歸之, 數月數萬.

희종황제의 이름은 현으로, 의종의 어린 아들이다. 나이 13세에 환관에 의해 옹립되었다. 의종 때부터 사치는 날로 심해졌고 난리가 잦아 군사 동원이 그치지 않았으며 세금 징수는 더욱 엄해졌다. 수해와 가뭄이 있어도 사실대로 보고가 되지 않았으며 백성들은 떠돌다가 굶어 죽어도 하소연할 곳이 없어 곳곳에 서로 모여 도둑이 되었다.

복주 사람 왕선지가 봉기했는데 조주의 원구현 사람인 황소가 이에 호응했다. 황소는 말 타고 활을 잘 쏘았고 협객 기질이 있었다. 일찍이 과거의 진사과에 급제하지 못해서 왕선지와 같이 私鹽(사염)을 판매했었다. 이때에 무리를 모아 각 주현을 공격 노략질을 하였는데 가난한 농민들이 호응하여 몇 달 안에 수만 명이 모였다.

어구 설명

○ 僖宗皇帝, 名儇, 懿宗少子也. 年十三爲宦官所立. 自懿宗以來,

奢侈日甚, 用兵不息, 賦斂愈急. 水旱不以實聞, 百姓流殍, 無所控訴, 所在相聚爲盜. : 僖宗皇帝의 이름은 儇(현)으로, 懿宗의 어린 아들이다. 나이 13세에 환관에 의해 옹립되었다. 의종 때부터 奢侈는 날로 심해졌고 군사 동원이 그치지 않았으며 세금 징수는 더욱 엄해졌다. 수해와 가뭄이 있어도 사실대로 보고가 되지 않았으며 백성들은 떠돌다가 굶어 죽어도 하소연할 곳이 없어 곳곳에 서로 모여 도둑이 되었다.

 － 僖宗 ; 재위 873～888년.　儇 총명할 현.　少子 ; 어린 아들(5子였음). 막내아들이란 뜻도 있음.

 － 爲宦官所立 ; 神策軍 中尉였던 환관 劉行深이 옹립.

 － 甚 심할 심.　賦 조세 부. 부역.　斂 거둘 렴(염). 긁어모으다. 急 ; 서두르다. 빠르다. 엄하게.

 － 水旱(수한) ; 수해와 가뭄.　不以實聞 ; 사실대로 보고가 되지 않다.　殍 굶주려 죽을 표.

 － 控 당길 공. 두드리다. 아뢰다.　訴 하소연할 소.　控訴(공소) ; 고발하다. 성토하다.

 － 聚 모일 취. 모여들다.　所在相聚爲盜 ; 사는 곳에서 함께 모여 도둑이 되다.

○ 濮州人王仙芝起, 曹州宛句人黃巢應之. 巢善騎射, 喜任俠. 嘗擧進士不第, 與仙芝共販私鹽. 至是聚衆攻剽州縣, 窮民歸之, 數月數萬. : 濮州 사람 王仙芝가 봉기했는데 曹州의 宛句 사람인 黃巢가 이에 호응했다. 황소는 騎射에 능했고 협객 기질이 있었다. 일찍이 과거의 進士科에 급제하지 못해서 왕선지와 같이 私鹽(사염)을

판매했었다. 이때에 무리를 모아 각 주현을 공격 노략질을 하였는데 가난한 농민들이 호응하여 몇 달 안에 수만 명이 모였다.

　– 濮 강 이름 복.　濮州(복주) ; 今 山東省 鄄城 및 河南省 濮陽市 남부.

　– 王仙芝(?~878년) ; 소금 밀매업자. 875년 가뭄에 농민 3천여 명을 이끌고 起義하면서 天補平均大將軍을 자칭. 최초로 平均(平等)을 주창.

　– 曹州(조주) ; 山東의 지명.　冤 원통할 원.

　– 巢 집 소. 새 둥지.　黃巢(황소) ; 835~884년. 그 집안이 본래 소금 밀매업자였고 부호였었다.

　– 任俠(임협) ; 義俠(의협)과 같음.　第 ; 차례 제. 급제.

　– 販 팔 판. 매매하다. 싸게 매입하여 비싸게 파는 일.

　– 私鹽(사염) ; 허가 없이 몰래 제조한 소금.　剽 빠를 표. 빼앗다. 노략질하다.

【참고】 황소 – 과거 실패와 불평

　❖ 黃巢(황소)는 본래 소금 밀매업자의 아들로 지역의 큰 부자였었기에 과거에 응시할 준비도 할 수 있었다. 진사과에 급제하지 못했기에 정부에 반감을 가지는 것은 당연했다.

　황소가 지은 시를 읽어보면, 불평과 반항의 기분을 엿볼 수 있다.

　　쌀쌀한 서풍에 뜰에 가득 심겨졌지만
　　꽃향기가 차가우니 나비도 오지 못한다.

뒷날 내가 만약 靑帝가 된다면
너를 桃李와 함께 피도록 해주리라!

(颯颯西風滿院栽, 蕊寒香冷蝶難來.
他年我若爲靑帝, 報與桃花一處開.)

　　　　　　　　－《題菊花, 국화를 노래하다》－

기다리던 가을 팔구월이 되어
내 꽃이 피어나면 온갖 꽃은 죽으리라.
하늘에 뻗친 향기가 장안을 덮으리니
온 성에 가득 황금 갑옷으로 채우리라.

(待到秋來九月八, 我花開後百花殺.
沖天香陣透長安, 滿城盡帶黃金甲.)

　　　　　　　　－《不第後賦菊, 급제 못한 뒤 국화를 읊다》－

　소금 밀매업자는 나라의 단속을 피해 활동해야만 했기에 그들
은 살기 위해 뭉쳐야만 했었다. 황소는 소금 밀매업자들의 조직인
鹽幇(염방)의 우두머리로 왕선지의 반란에 참여한다.
　黃巢는 처음부터 天下를 차지할만한 雄才大略이 없었고 병법도
몰랐고 대중을 거느린다는 생각도 없었다. 불평분자들이 갖고 있
는 편협한 관념으로 세상을 바라보니 더더욱 화만 치밀기에 잔인
하고 포악했고 무고한 농민들을 마구 죽였다. 그러니 그 반군들에
게 무슨 기강이 있었겠는가?
　황소가 왕선지의 뒤를 이어 우두머리가 되어 황제를 칭하고 반

란이 수년간 지속된 것은 황소의 능력이 아니라 관군의 무능이 초래한 결과였다.

황소가 장안을 차지하고서 황제라 칭했지만 그저 노략질과 죽이는 일 외에는 할 일이 없었다. 가난한 농민들을 이끌고 봉기했지만 농민들을 위해 아무 조치도 없었다. 자신도 부자였지만 부자들의 재산을 빼앗는 과정을 즐겼다. 무고한 장안 백성들을 마구 죽여 피가 성 안에 가득하자 '성을 씻었다(洗城)'고 말한 사람으로, 野史에 8백만 명을 죽였다는 악명만 남겼을 뿐이었다.

황소는 결코 대장부가 아니었고 성공한 반란자도 아니었다. 물론 당나라의 멸망을 촉진시킨 결과를 가져왔지만 수백만의 백성들을 죽인 것조차 起義라는 이름으로 미화할 수는 없을 것이다.

(3) 仙芝攻陷汝・鄭・唐・鄧, 寇鄂州, 陷安州. 寇荆南, 與招討曾元裕, 戰於申州而大敗. 又大敗於黃梅, 斬之. 黃巢陷鄆・沂・濮, 掠宋・汴, 南渡陷洪・虔・吉・饒・信. 寇宣州, 入浙東, 爲鎭海節度使高騈所破. 遂趨廣南, 陷廣州. 出潭州, 北渡向襄陽, 敗於荆門. 復引而南, 陷宣州. 自采石渡江, 已而渡淮, 陷申州. 入潁・宋・徐・兗之境, 陷東都. 引而西, 入潼關. 入長安, 上出奔蜀. 巢僭號大齊皇帝. 諸道發兵赴援.

왕선지는 汝州(여주), 鄭州(정주), 唐州(당주), 鄧州(등주)를 공격하여 함락시키고 鄂州(악주)를 노략질하고 安州(안주)를 함락시켰다. 荊南(형남)에 침입하여 초토사인 증원유와 申州(신주)에서 싸웠으나 대패하였다. 이어 黃梅(황매)에서도 대패하면서 잡혀 죽었다.

황소는 鄆州(운주), 沂州(기주), 濮州(복주)를 함락시키고, 송주와 변주를 노략질하고, 남쪽으로 강을 건너 洪州(홍주), 虔州(건주), 吉州(길주), 饒州(요주), 信州(신주) 등을 함락시켰다. 선주를 노략질하고 절강 동쪽을 공격하다가 진해절도사 고병에게 격파당하였다. 황소는 이어 廣南(광남)으로 향하여 廣州(광주)를 함락하였다. 담주를 떠나 북으로 강을 건너 襄陽(양양)을 공격하였으나 荊門(형문)에서 패하였다.

황소는 다시 무리를 거느리고 남으로 나아가 宣州(선주)를 함락시켰다. 채석에서 장강을 건넜고 잠시 뒤 회수를 건너가 신주를 함락시켰다. 潁州(영주)로 진출하여 宋州(송주), 徐州(서주), 兗州(연주)의 땅을 지나 동도(낙양)을 함락시켰다. 무리를 이끌고 서쪽으로 나아가 동관을 통과하였다. 황소가 장안에 침입하자, 희종은 촉으로 出奔(출분)하였다. 황소는 대제황제라 참칭하였다. 각 도에서는 군대를 내어 황제를 도왔다.

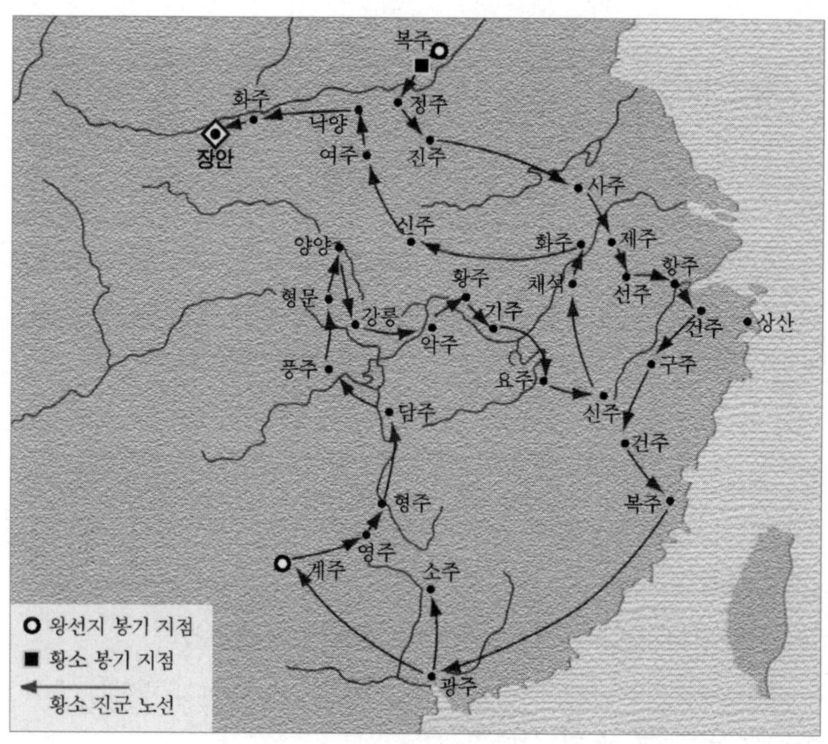

황소와 왕선지의 봉기도

어구 설명

○ 仙芝攻陷汝 · 鄭 · 唐 · 鄧, 寇鄂州, 陷安州. 寇荊南. 與招討曾元裕, 戰於申州而大敗. 又大敗於黃梅, 斬之. : 왕선지는 여주, 정주, 당주, 등주를 공격하여 함락시키고 악주를 노략질하고 安州를 함락시켰다. 형남에 침입하여 招討使인 曾元裕와 申州에서 싸웠으나 大敗하였다. 이어 黃梅에서도 대패하면서 잡혀 죽었다.

　- 汝州(여주), 鄭州(정주), 唐州(당주), 鄧州(등주). 鄂州(악주),

安州 ; 모두 地名.　荊南(형남) ; 양자강 중류 荊州.

- 曾元裕(증원유) ; 乾符 5年(878년)에 申州(今 河南 信陽)에서 王仙芝의 부대를 대파, 이어 黃梅(今 湖北 黃梅西北)에서 王仙芝를 사로잡아 죽였다. 증원유는 이 공으로 平盧節度使가 되었다.

○ 黃巢陷鄆·沂·濮, 掠宋·汴, 南渡陷洪·虔·吉·饒·信. 寇宣州, 入浙東, 爲鎮海節度使高駢所破. 遂趨廣南, 陷廣州. 出潭州, 北渡向襄陽, 敗於荊門. : 黃巢는 운주, 기주, 복주를 함락시키고, 송주와 변주를 노략질하고, 남쪽으로 강을 건너 홍주, 건주, 길주, 요주, 신주 등을 함락시켰다. 선주를 노략질하고 절강 동쪽을 공격하다가 鎮海節度使 高駢(고병)에게 격파 당하였다. 황소는 이어 廣南으로 향하여 廣州를 함락하였다. 담주를 출발하여 북으로 강을 건너 양양을 공격하였으나 형문에서 패하였다.

- 鄆 고을 이름 운.　沂 물 이름 기.　掠 노략질할 략(약).　汴 땅이름 변.　渡 물 건널 도.

- 虔 정성 건.　饒 넉넉할 요.　駢 나란히 할 변(병). 騈(속자). 인명용 한자의 이름은 騈(병)이다.

- 高駢(고병, 821∼887년) ; 渤海人. 조부 高崇文은 憲宗 때의 名將. 대대로 禁軍의 장군을 지냈다. 乾符(건부) 6年(879년) 黃巢의 軍隊가 長江 南岸을 따라 西進하자, 조정에서는 고병을 鎮海軍節度使에 임명했고, 高駢은 崔致遠(최치원)에게 〈討黃巢書檄文〉을 짓게 하였다. 고병 또한 시인으로 이름이 높았다.

- 廣州 ; 당시에도 광주는 당나라 최대의 무역항이었다. 황소는 廣州에서 아랍과 페르샤인, 유태인 등 외국상인 12만 명을 죽였

다는 기록이 있다.

- 潭 깊을 담. 연못. 襄 도울 양.

○ 復引而南, 陷宣州. 自采石渡江, 已而渡淮, 陷申州. 入穎·宋·徐·兗之境, 陷東都. 引而西, 入潼關. 入長安, 上出奔蜀. 巢僭號大齊皇帝. 諸道發兵赴援. : 황소는 다시 무리를 거느리고 남으로 나아가 宣州를 함락시켰다. 采石에서 長江을 건넜고 잠시 뒤 회수를 건너가 申州를 함락시켰다. 영주로 진출하여 송주, 서주, 연주의 당을 지나 東都(낙양)을 함락시켰다. 무리를 이끌고 서쪽으로 나아가 潼關을 통과하였다. 황소가 長安에 침입하자, 희종은 촉으로 출분하였다.(서기 880년) 황소는 大齊皇帝라 참칭하였다. 諸道에서는 發兵하여 황제를 도왔다.

- 淮 강 이름 회. 穎 이삭 영. 兗 바를 연, 고을 이름 연. 東都 ; 낙양. 潼關(동관) ; 관중으로 들어가는 요새지.

- 出奔(출분) ; 도망쳐 달아나다. 赴 나아갈 부. 援 당길 원. 돕다.

- 巢僭號大齊皇帝 ; 황소는 大齊皇帝라 참칭하면서 연호를 金統이라 하였다.(880년)

(4) 先是沙陀李國昌之子克用, 爲兵馬使, 戍蔚州. 大同軍諸將謀曰, 今天下大亂, 朝廷號令不復行於四方, 此乃英雄功名富貴之秋. 李振武名聞天下, 其

子勇冠諸軍. 若輔以擧事, 代北不足平也. 遣人潛詣
蔚州說克用, 克用趨雲州取之. 河東 · 招義討之而
大敗, 克用寇忻 · 代, 逼晉陽. 已而大爲盧龍兵所
破, 蔚朔兵亦討敗其父國昌. 父子亡走達旦. 朝廷赦
其罪, 召其兵討賊. 克用將沙陀來, 賊憚之曰, 鴉軍
至矣. 連破賊, 復長安. 巢焚宮室, 而遁至蔡州. 節
度秦宗權降之, 巢趨汴州. 克用等追擊大破之, 未幾
賊黨斬巢以降.

이에 앞서 사타족 이국창의 아들 이극용은 사타의 병마
사가 되어 울주를 지키고 있었다. 대동군의 여러 장수들이
서로 모의하였다. "지금 천하가 대란하고 조정의 호령은
사방에서 통하지 않고 있으니, 이야말로 영웅이 공명과 부
귀를 이룰 수 있는 때이다. 진무군의 절도사인 이국창의
명성은 천하에 알려졌고, 그 아들도 용감하기로는 여러 군
에서도 제일이다. 만약 우리가 이들 부자를 도와 거사한다
면 대주 이북의 땅은 쉽게 차지할 것이다."

(장수들은) 사람을 보내 몰래 울주에 가서 이극용을 설득
했고, 이극용은 운주로 달려가 이를 차지했다. 하동의 초
의절도사가 이극용을 토벌했으나 대패했고, 이극용은 흔
주와 대주를 침략하고 진양에 육박했으나 노룡절도사의
병력에 의해 대파 당하였다. 울삭의 군사도 그 아버지 이

국창 군사를 격파하였다. 이국창 부자는 달단족의 거주지역으로 도망쳤다.

조정에서는 이극용의 죄를 용서하면서 그의 병력을 불러 황소를 토벌케 하였다. 이극용이 사타족을 거느리고 들어오자, 황소의 반군은 "갈 까마귀 떼가 온다." 하면서 두려워하였다. 이극용은 반적을 연이어 격파하고 장안성을 회복하였다. 황소는 궁궐을 불태우고 채주로 숨어들었다. 채주의 절도사 진종권은 황소에게 투항했고, 황소는 汴州(변주)로 달아났다. 이극용 등은 황소군을 추격하며 대파하였고 얼마 안 있어 적의 무리는 황소를 죽이고 항복하였다.

어구 설명

○ 先是沙陀李國昌之子克用, 爲兵馬使, 戍蔚州. 大同軍諸將謀曰, 今天下大亂, 朝廷號令不復行於四方, 此乃英雄功名富貴之秋. 李振武名聞天下, 其子勇冠諸軍. 若輔以擧事, 代北不足平也. : 이에 앞서 사타족 李國昌의 아들 이극용은 兵馬使가 되어 蔚州를 지키고 있었다. 大同軍의 여러 장수들이 서로 모의하였다. "지금 天下가 大亂하고 朝廷의 號令은 四方에서 통하지 않고 있으니, 이야말로 영웅이 功名과 富貴를 이룰 수 있는 때이다. 振武절도사인 이국창의 명성은 천하에 알려졌고, 그 아들도 용감하기로는 여러 군에서도 제일이다. 만약 우리가 이들 부자를 도와 거사한다면 代州 이북의 땅은 쉽게 차지할 것이다."

- 李克昌 ; 본명 朱邪赤心, 沙陀族(사타족). 방훈의 난을 토벌한 공으로 성씨와 이름을 하사받았다. 振武節度使가 되어 雲中에 주둔하고 있었다.

- 李克用(이극용, 856~908년) ; 애꾸눈이라서 獨眼龍이라는 별칭. 어려서부터 용맹했고 특히 활을 잘 쏘았다. 황소의 난 진압에 공을 세워 晉王에 봉해졌음. 朱全忠과의 세력 다툼에서 패퇴. 이극용의 아들 李存勗(이존욱)은 뒷날 後唐을 건국.

- 蔚 풀 이름 울.   此乃英雄功名富貴之秋 ; 이는 영웅들이 공명과 부귀를 이룰 수 있는 때이다.

- 李振武 ; 진무절도사로 있는 李國昌.   其子 ; 李克用.   冠 ; 으뜸이다. 제일이다.

- 代北不足平也 ; 代州 以北은 평정하기에는 부족하다. 더 넓은 땅을 차지할 수도 있다는 뜻.

○ 遣人潛詣蔚州說克用, 克用趨雲州取之. 河東·招義討之而大敗, 克用寇忻·代, 逼晉陽. 已而大爲盧龍兵所破, 蔚朔兵亦討敗其父國昌. 父子亡走達旦. : (장수들은) 사람을 보내 몰래 울주에 가서 이극용을 설득했고, 이극용은 운주로 달려가 이를 차지했다. 河東의 招義절도사가 이극용을 토벌했으나 대패했고, 이극용은 흔주와 대주를 침략하고 진양에 육박했으나 盧龍(노룡)절도사의 병력에 의해 대파 당하였다. 울삭의 군사도 그 아버지 이국창을 격파하였다. 이국창 부자는 달단족의 거주지역으로 도망쳤다.(서기 880년)

- 潛 물에 잠길 잠. 몰래.   詣 이를 예. 가다. 도착하다.   趨 달

릴 추. 趨의 俗字.

 - 河東招義 ; 하동의 초의절도사. 당시 河東(今 山西省 太原市)의 초의절도사는 康傳圭.

 - 忻 기뻐할 흔.   達旦(달단) ; 韃靼族. 돌궐족의 갈래. 타타르족.

○ 朝廷赦其罪, 召其兵討賊. 克用將沙陀來, 賊憚之曰, 鴉軍至矣. 連破賊, 復長安. 巢焚宮室, 而遁至蔡州. 節度秦宗權降之, 巢趨汴州. 克用等追擊大破之, 未幾賊黨斬巢以降. : 朝廷에서는 그의 죄를 용서하면서 그의 병력을 불러 황소를 토벌케 하였다. 이극용이 사타족을 거느리고 들어오자, 황소의 반군은 "갈 까마귀 떼가 온다." 하면서 두려워하였다. 이극용은 반적을 연이어 격파하고 장안성을 회복하였다. 황소는 궁궐을 불태우고 채주로 숨어들었다. 절도사 秦宗權(진종권)은 황소에게 투항했고, 황소는 汴州(변주)로 달아났다. 이극용 등은 황소군을 추격하며 대파하였고 얼마 안 있어 적의 무리는 황소를 죽이고 항복하였다.

 - 憚 꺼릴 탄. 두려워하다.   鴉 갈 까마귀 아. 이극용의 별호가 鴉兒(갈 까마귀)였었다.

 - 復長安 ; 이극용은 中和 3年(883년)에 황소의 군을 격파하고 장안을 수복했다.

 - 秦宗權 ; 上蔡節度使. 황소에게 투항한 뒤 황소보다 더 잔혹하다고 소문이 났었다.

 - 未幾賊黨斬巢以降(미기적당참소이항) ; 얼마 안 있어 적의 무리들은 황소의 목을 베어 항복했다. 中和 4年(서기 884년)에 朱溫(주온, 주전충)은 黃巢을 대파하고 황소의 부장들은 거의 다 朱溫

에게 투항했다. 이해 6월 황소는 封丘(今 河南의 封丘)에서 李克用에게 패한 뒤, 泰山 근처 狼虎谷(山東의 지명)의 숲에서 부하에게 피살되었다.(서기 884년)

【참고】 黃巢(황소)의 난 실패 원인은?

❖ 黃巢는 山東에서 봉기하여 하남을 거쳐 안휘성 지역으로 이어서 절강성 지역을 휩쓸고서 복건성과 광동성을 거쳐 광서성과 호남성, 호북성을 거쳐 낙양과 장안에 들어갔는데 이러한 대 원정은 모택동의 長征만큼이나 먼 거리였다.

황소의 반군이 이처럼 전 중국을 휘젓고 돌아다닌 것은 황소의 난 초기에 황소 군사의 노략질이 관군의 노략질보다는 적었기 때문에 농민들의 저항이 크지 않았다는 점을 이유로 들고 있다. 그러나 그보다는 지방관이나 지방군사의 무능력과 진압을 지휘할 수 있는 인물이나 조직이 없었기 때문이었다.

황소의 난으로 당 왕조의 지배권은 사실상 무너졌다. 그러나 황소 역시 마찬가지였다. 황소는 장안에 들어가 황제를 칭한 이후 아무런 개혁이나 혁신적인 정책도 제시하지 않았다. 황소 자신이 사치와 음락에 빠졌고 지식인과 투항해온 관리들을 학살하였다. 황소는 부패한 지주나 관리들의 생활을 흉내 내었고 농민들의 어려움을 외면했으며 병졸이 굶주려도 마음을 주지 않았다. 결과적으로 농민대중의 계속적인 지지를 이끌어내지 못하고 농민과 단절되었다. 부하 장수 역시 공적을 과장하거나 배신하였다. 황소의 부장 朱溫(朱全忠)이 배신하자 관료 지주들도 따라 배신하며 지주

계층에서도 황소를 지지하지 않았다.

결국 황소는 과거에 낙방한 지식인으로서 또 소금 밀매업자가 갖고 있던 봉건체제에 대한 불평불만을 터트리면서 한바탕 약탈과 살육을 자행한 놀음판을 벌린 것에 불과했다. 황소의 난이 끝나면서 당나라도 멸망한다. 이어 五代의 혼란이 계속된다.

황소의 난으로 달라진 것은 없었다. 지배층의 새로운 각성이나 변화도 없었고 지식인들의 새로운 시대정신도 발현되지 않았다. 지주 또는 부유한 상인들이라 하여 이전과 다른 새 시대상을 꿈꾸지도 못했다.

後漢 말기 황건적의 난, 唐 말기 황소의 난 모두가 대규모의 농민 봉기라는 공통점이 있으나 그 결과도 마찬가지였다.

농민 봉기가 起義로서 성과를 거두기 위해서 지도자는 어떤 인식을 갖고 있어야 하는가?

기근이나 전쟁의 뒤에서 최소한의 의식주를 충족하기 위한 폭동인가? 아니면 지배계층의 압제와 착취에 대한 저항인가? 더 나아가 새로운 시대를 준비하고 실현하기 위한 의식적인 투쟁인가? 起義의 지도자에 따라 그 결과도 달라질 것이다.

(5) ○ 克用之至汴州也. 朱全忠襲之, 全忠者巢將朱溫也. 先爲巢所遣, 攻陷同 · 華. 尋以華州降, 賜名全忠, 爲宣武節度使. 館克用甚恭, 克用乘酒頗侵之. 全忠不平, 發兵圍驛攻之. 克用醉, 左右以水沃

其面告之. 克用乃張目援弓起而走. 會大雷雨晦冥,
扶醉乘電光縋城出. 汴人扼橋, 從者力戰得度而免.
克用還晉陽, 治甲兵, 表乞討全忠. 詔和解之, 不聽.
○ 上發成都還長安. ○ 秦宗權僭號.

○ 이극용이 행군하여 변주에 이르렀다. 주전충이 이극
용을 습격했는데 주전충은 황소의 부장 주온이었다. 앞서
황소에 의해 파견된 주온은 동주와 화주를 공격하여 함락
시켰었는데 곧이어 화주를 들어 (당에) 투항했고, 희종은
크게 기뻐하여, 그에게 全忠(전충)이라는 이름을 하사하고
선무군의 절도사를 삼았다.

객관에 든 이극용에게 심히 공대했지만 이극용은 술에
취해 주전충을 무시했다. 주전충은 이를 불평하면서 군대
를 풀어 객사를 포위하고 이극용을 공격했다.

이극용은 술에 취했고, 측근들은 얼굴에 물을 끼얹어 이
를 알렸다. 이극용은 바로 눈을 비벼 뜨고 활을 집고 일어
나 달아났다. 때마침 천둥이 크게 치고 비가 내리며 캄캄
했는데, 취해서 부축을 받으며 번개 불빛을 이용하여 밧줄
에 매달려 성을 벗어났다. 변주 군사들이 교량을 막았지만
부하들이 힘껏 싸워 위기를 벗어날 수 있었다. 이극용은
진양으로 돌아와 군사와 병기를 준비하고 주전충을 토벌
하겠다는 표문을 올렸다. 희종은 조서를 내려 화해하라고

했지만 따르지 않았다.
　○ 희종은 성도를 떠나 장안으로 환도했다.
　○ 진종권이 황제를 참칭했다.

어구 설명

○ 克用之至汴州也. 朱全忠襲之, 全忠者巢將朱溫也. 先爲巢所遣, 攻陷同·華. 尋以華州降, 賜名全忠, 爲宣武節度使. 館克用甚恭, 克用乘酒頗侵之. 全忠不平, 發兵圍驛攻之. : 이극용이 행군하여 변주에 이르렀다. 朱全忠이 이극용을 습격했는데 주전충은 황소의 부장 朱溫이었다. 앞서 황소에 의해 파견된 주온은 同州와 華州를 공격하여 함락시켰었는데 곧이어 華州를 들어(화주의 땅을 바치고) (唐에) 투항했고, 賜名은 全忠으로 宣武節度使가 되었다. 객관에 든 이극용에게 심히 恭待했지만 이극용은 술에 취해 주전충을 무시했다. 주전충은 이를 불평하면서 군대를 풀어 驛館을 포위하고 이극용을 공격했다.

　- 汴 땅이름 변. 河南省의 이름. 예로부터 '大梁' '汴州' '東京' 등으로 불렸다. 북송의 首都.

　- 朱全忠(852~912년) ; 乾符 4年(877년) 황소의 난에 가담. 戰功으로 大齊 政權의 同州防御使. 이후 唐軍에 패전하자, 견책이 겁나서 자신이 점령했던 華州를 들어 唐에 투항. 金吾衛大將軍을 제수 받고 '全忠'이란 이름을 받음. 이어 中和 3年(883년)에는 宣武節度使가 되었다.

- 巢將朱溫也 ; 황소의 부장 주온이다.　同州(馮翊郡), 華州(華陰郡) ; 陝西省의 지명.

- 館 객사 관. 客館, 객관에 유숙하다. 전에 주전충이 황소에게 투항한 秦宗權과 陳州에서 대치할 때 이극용의 도움으로 위기에서 벗어날 수 있었다. 이 때문에 주전충은 이극용에게 공손했고, 이극용은 주전충을 무시했다.

- 乘酒(승주) ; 술기운으로. 술에 취해.　侵 침노할 침. 무시하다.　圍 둘레 위. 에워싸다.

- 驛 ; 驛館(역관). 客舍(객사).

○ 克用醉, 左右以水沃其面告之. 克用乃張目援弓起而走. 會大雷雨晦冥, 扶醉乘電光縋城出. 汴人扼橋, 從者力戰得度而免. 克用還晉陽, 治甲兵, 表乞討全忠. 詔和解之, 不聽. : 이극용은 술에 취했고, 측근들은 얼굴에 물을 끼얹어 이를 알렸다. 이극용은 바로 눈을 비벼 뜨고 활을 집고 일어나 달아났다. 때마침 천둥이 크게 치고 비가 내리며 캄캄했는데, 취해서 부축을 받으며 번개 불빛을 이용하여 밧줄에 매달려 성을 벗어났다. 汴州 군사들이 교량을 막았지만 부하들이 힘껏 싸워 위기를 벗어날 수 있었다. 이극용은 晉陽으로 돌아와 군사와 병기를 준비하고 주전충을 토벌하겠다는 표문을 올렸다. 조서로 화해하라 했지만 따르지 않았다.(서기 884년의 사건)

- 左右 ; 측근.　沃 물댈 옥, 기름질 옥. 물을 퍼붓다.

- 張目 ; 눈을 부릅뜨다. 눈을 비벼 뜨다.　援 당길 원. 잡다. 晦 그믐 회. 어둡다.　冥 어두울 명.　縋 매어달 추.

– 扼 누를 액. 움켜쥐다.   扼橋(액교) ; 교량을 가로막다.

– 得度(득도) ; 생사의 위기를 건너다. 法度를 얻다. 출가하여
중이 되다.   免 면할 면. 벗어나다.

– 晉陽(진양) ; 지금 山西省의 省都인 太原市.

○ 上發成都還長安. 秦宗權僭號. : 희종은 成都를 떠나 長安으로
환도했다. 秦宗權이 황제를 참칭했다.(서기 885년)

– 還長安 ; 희종은 光啓 원년(서기 885년) 장안으로 환도했다.

– 秦宗權(진종권, ?~889년) ; 황소에게 투항한 뒤에서 상채절
도사라는 직명을 사용했던 진종권은 中和 4년(884년), 황소가 죽
은 뒤에 蔡州(上蔡)에서 稱帝하며 곳곳을 노략질했다. 그의 잔악
무도함은 황소보다 더했다. 光啓 3년(887년)에 종권은 전력을 다
해 汴州(변주, 開封)를 공격했지만 주전충에게 패했으며, 龍紀 원
년(889년)에 부장에게 생포되어 주전충에게 보내진다. 진종권은
장안에 보내져 참수되었다.

李克用(이극용)

(6)　○ 上之奔蜀也, 宦者田令孜實挾之, 自以爲功, 權自己出. 河中王重榮, 前作亂自立, 令孜遣朱玫等攻之. 重榮求救於克用, 克用方怨朝廷不罪全忠. 上言, 玫等與全忠相表裡, 欲共滅臣. 引兵赴河中, 京師震恐, 令孜劫上奔鳳翔. 朱玫追逼不及, 立肅宗玄孫襄王熅爲帝. 玫將王行瑜斬玫. 熅奔河中, 王重榮斬首送行在, 上還長安. 上在位十五年, 改元者五, 曰乾符·廣明·中和·光啓·文德. 日與宦官相處而已, 天下大亂, 盜賊蠭起. 豪傑因起其閒, 互相呑噬, 朝廷不能制. 上崩, 壽王立, 是爲昭宗皇帝.

희종이 촉으로 피난할 때, 환관 전영자는 실제로 황제를 끼고 있었던 것이지만 피난을 자신의 공이라 하면서 권력을 행사하였다. 하중절도사인 왕중영은 전에 반란을 일으켜 자립했었는데, 전영자는 주매를 파견하여 왕중영을 공격케 하였다. 왕중영은 이극용에게 구원을 요청했고, 마침 이극용은 조정에서 주전충을 처벌하지 않는 것을 원망하고 있었다. 이극용은 "주매 등이 주전충과 서로 한패가 되어 같이 나를 없애고자 합니다."라는 글을 올렸다.

(이극용이) 군사를 거느리고 하중으로 나가자, 장안은 두려워 떨며 공포에 싸였고, 전영자는 희종을 핍박하여 봉상

으로 달아났다. 주매는 황제를 따라가지 못하자, 숙종의 현손인 양왕 이온을 황제로 세웠다. 주매의 부장 왕행유가 주매를 죽였다. 이온이 하중으로 달아나자, 하중절도사 왕중영은 이온을 죽여 행재소로 보냈고, 희종은 장안으로 환도했다.

희종은 재위 15년에 개원은 5번을 했는데, 건부, 광명, 중화, 광계, 문덕이다. 희종은 날마다 환관들과 같이 놀기만 했을 뿐이고, 천하는 크게 어지러웠고 도적은 벌떼처럼 일어났다. 무장들은 그 틈을 타고 일어나 서로 빼앗고 잡아먹어도 조정에서는 통제하지 못했다. 희종이 죽고 수왕이 즉위하니, 이가 소종황제이다.

어구 설명

○ 上之奔蜀也, 宦者田令孜實挾之, 自以爲功, 權自己出. 河中王重榮, 前作亂自立, 令孜遣朱玫等攻之. 重榮求救於克用, 克用方怨朝廷不罪全忠. 上言, 玫等與全忠相表裡, 欲共滅臣. : 희종이 蜀으로 피난할 때, 환관 田令孜는 실제로 황제를 끼고 있었던 것이지만 피난을 자신의 공이라 하면서 권력을 행사하였다. 河中節度使인 王重榮은 전에 반란을 일으켜 자립했었는데, 전영자는 朱玫를 파견하여 왕중영을 공격케 하였다. 왕중영은 이극용에게 구원을 요청했고, 마침 이극용은 조정에서 주전충을 처벌하지 않는 것을 원망하고 있었다. 이극용은 "주매 등이 주전충과 서로 한패가 되

어 같이 나를 없애고자 합니다."라는 글을 올렸다.

　- 孜 힘쓸 자.　田令孜(전영자) ; 희종 즉위 이전부터 희종을 모시고 생활, 희종 즉위 이후 左神策軍 中尉가 되었다. 전영자는 문자를 읽고 쓸 줄 알아 희종이 놀이와 鬪鷄에 빠져 있는 동안 政事를 담당했다. 희종은 전영자를 '阿父'라 부르며 높였으니 전영자는 마음껏 賣官도 하고 작위도 팔았다.(鬻爵 죽작)

　- 挾 낄 협.　河中 王重榮(왕중영) ; 河中(山西 永濟)의 節度使. 玫 붉은 옥 매.　表裡(표리) ; 옷의 겉과 속. 한패거리.

○ 引兵赴河中, 京師震恐, 令孜劫上奔鳳翔. 朱玫追逼不及, 立肅宗玄孫襄王熅爲帝. 玫將王行瑜斬玫. 熅奔河中, 王重榮斬首送行在, 上還長安. : (이극용이) 군사를 거느리고 河中으로 나가자, 장안은 두려워 떨며 공포에 싸였고, 전영자는 희종을 핍박하여 봉상으로 달아났다. 朱玫는 황제를 따라가지 못하자, 肅宗의 玄孫인 襄王 李熅(이온)을 황제로 세웠다. 주매의 부장 王行瑜가 주매를 죽였다. 이온이 河中으로 달아나자, 하중절도사 王重榮은 이온을 죽여 행재소로 보냈고, 희종은 장안으로 환도했다.

　- 震恐(진공) ; 두려워하며 공포에 휩싸이다.　鳳翔(봉상) ; 지금의 陝西省 西部 宝鷄市의 縣.

　- 玄孫(현손) ; 손자의 손자.　熅 숯불 온.　瑜 아름다운 옥 유. 行在 ; 황제의 임시 거처.

○ 上在位十五年, 改元者五, 曰乾符·廣明·中和·光啓·文德. 日與宦官相處而已, 天下大亂, 盜賊蠭起. 豪傑因起其閒, 互相呑噬, 朝廷不能制. 上崩, 壽王立, 是爲昭宗皇帝. : 희종은 在位 15

년에 改元은 5번을 했는데, 乾符(건부), 廣明, 中和, 光啓(광계), 文德이다. 희종은 날마다 宦官들과 같이 놀기만 했을 뿐이고, 天下는 크게 어지러웠고 도적은 벌떼처럼 일어났다. 武將들은 그 틈을 타고 일어나 서로 잡아먹고 씹었는데 조정에서는 통제하지도 못했다. 희종이 죽고 壽王이 즉위하니, 이가 昭宗皇帝이다.

 - 乾 하늘 건. 相處(상처) ; 함께 지내다. 함께 놀다.

 - 蠭 벌 봉(蜂과 同字). 豪傑(호걸) ; 여기서는 '武將'의 의미. 본래 才智가 萬人 중에서 가장 뛰어나다면 英, 千人 중에서 뛰어난 정도이면 俊, 百人 중에서 뛰어나다면 豪, 十人 중에 뛰어나다면 傑(걸)이라는 풀이를 고려한다면, 여기의 호걸은 그저 힘이나 좀 쓰는 武將으로 도둑이라는 평가만 없으면 호걸이라 불린 것 같다.

 - 因起其閒 ; 그 틈을 타서 봉기하다. 呑 삼킬 탄. 噬 씹을 서.

 - 昭宗(소종) ; 懿宗의 七子, 僖宗의 아우. 在位 888~904년.

【참고】 唐詩⑽ – 晚唐의 시

❖ 만당은 당의 정치가 완전히 몰락하여 파국으로 치닫던 시기였다. 이러한 시대적 혼란은 현실을 시로 표현하면서 사회모순을 고발하는 시인들이 많이 나왔으며, 시인 개개인의 가치관의 혼란은 자신의 뜻을 잃고 문장의 아름다움이나 추구하려는 唯美主義(유미주의)에 빠지기도 하였다. 이 시대의 시풍을 中唐시절 韓愈(한유)나 孟郊(맹교) 같은 시인의 개성적이면서 독특한 시풍을 계

승하며 후세에 전승하려는 노력이 있었던 시기라고 의의를 부여하기도 한다.

사실 이 혼란의 시대에 이백이나 두보, 백거이 같은 대가가 나오지는 않았지만 개성적 표현을 중시한 杜牧(두목)이나 李商隱(이상은)이 있었으며, 시대적 참상을 묘사한 皮日休(피일휴, 843~883년?)와 杜荀鶴(두순학, 846~904년?)이 유명하다.

피일휴는 황소의 난에 직접 가담하였으나 난이 실패하면서 그도 피살되었다. 피일휴의 〈卒妻怨(졸처원), 병졸 아내의 원한〉이나 〈橡媼嘆(상온탄), 상수리 줍는 노파의 탄식〉은 당 말기의 비참함을 사실대로 전해주고 있다.

두순학은 杜牧의 서자라는 이야기가 있는데, 과거에 여러 번 실패했다가 46세에 겨우 합격했으나 불우한 생을 마쳤다. 두순학의 시는 황소의 난 이후의 사회상을 사실적으로 묘사하고 있다.

> 남편이 전사하고 혼자 지키는 초가에
> 다 헤진 삼베옷 흐트러진 머리카락.
> 뽕나무가 없어도 바쳐야 하는 세금
> 논밭이 묵어도 걷어가는 토지세.
> 늘 산나물 캐다가 뿌리째 삶으며
> 겨우 섶나무로 불을 지핀다.
> 이리 깊고 깊은 산속인데도
> 어쨌든 피할 수 없는 세금과 부역.
>
> (夫因兵死守蓬茅, 麻苧衣衫鬢髮焦.

桑柘廢來猶納稅,　田園荒後尙徵苗.
時挑野菜和根煮,　旋斫生柴帶葉燒.
任是深山更深處,　也應無計避征徭.）

　　　　　－《杜荀鶴의 〈山中寡婦 산중과부〉》－

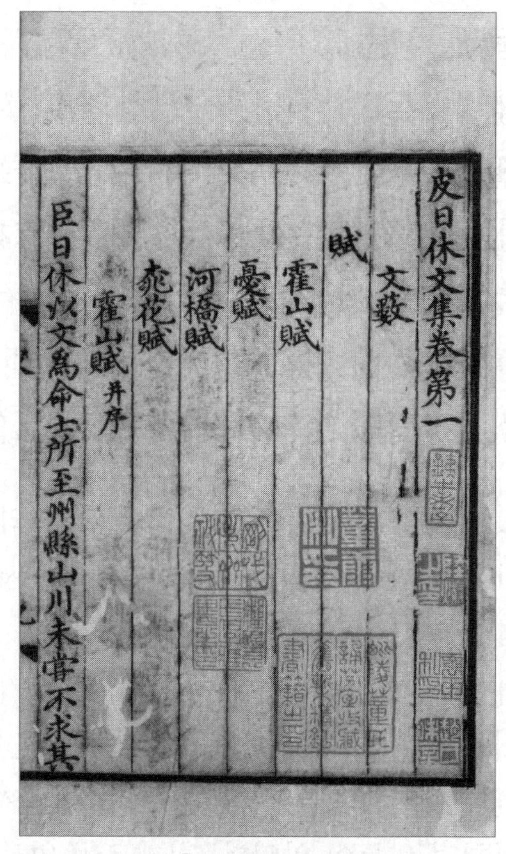

피일휴의 「피일휴문집(皮日休文集)」

2) 唐의 멸망

(1) 昭宗皇帝, 名傑, 僖宗之弟也. 僖宗大漸, 宦者立之爲太弟, 遂卽位, 後更名曄, 帝明粹有英氣, 喜文學. 以僖宗威令不振, 朝廷日卑, 有恢復前烈之志. 踐祚之始, 中外忻忻焉, 然而內制於宦寺, 外有强鎭, 初志竟不遂. ○ 越州董昌僭號. 昌先據杭州, 錢鏐爲兵馬使. 朝廷命昌帥浙東, 鏐領杭州. 至是昌稱帝於越, 詔鏐討之. ○ 鳳翔李茂貞·華州韓建·邠州王行瑜, 三鎭擧兵犯闕, 殺宰相, 謀廢立. 聞李克用來討, 乃去. 克用攻邠州斬行瑜, 將移兵岐華, 貴近恐沙陀太盛止之. 克用自隴西郡王, 進爵晉王, 引兵還晉陽. ○ 錢鏐克越州, 董昌伏誅.

소종황제의 이름은 傑(걸)이며, 희종의 아우이다. 희종의 병세가 크게 악화되자 환관들이 걸을 세워 황태제로 삼았는데 마침내 즉위하였고, 뒤에 이름을 曄(엽)으로 바꾸었는데 소종은 명철, 순수하고 영특한 기개가 있고 문학을 좋아하였다. (소종은) 희종 이래로 조정의 명령이 행해지지 않고 조정의 권위는 날마다 떨어지기에 전대의 위엄을 회복하려는 뜻이 있었다. 황제로 즉위하는 초기에 나라 안팎이 기뻐하였으나, 안으로는 환관의 견제와 밖으로는 강한 번진이 있어 초지를 끝내 펴지 못했다.

○ 월주의 동창이 제호를 참칭하였다. 동창은 앞서 항주에 웅거했었고, 전류는 병마사였었다. 조정에서는 동창에게는 절동의 군사를 거느리고, 전류는 항주의 군사를 거느리게 했었다. 이때 동창이 칭제하자, 황제는 조서를 내려 전류에게 동창을 토벌하라 했다.

○ 봉상부의 이무정과 화주의 한건, 그리고 빈주의 왕행유 등 삼진이 거병하여 범궐(대궐로 쳐들어 감)하고서 재상을 죽이고 황제를 폐립하려는 모의를 했다. 이들은 이극용이 토벌하러 온다는 말을 듣고서 곧 달아났다. 이극용은 빈주를 공격하여 왕행유를 죽이었고, 병력을 기주와 화주로 옮기려 했는데, 조정에서는 사타족(이극용)의 군사력이 너무 강성해지는 것이 두려워 이를 중지케 하였다. 이극용은 스스로 농서군왕이 되어 진왕에 봉해지자, 군사를 이끌고 진양(태원)으로 돌아갔다.

○ 항주 절도사 전류가 월주에서 싸워 이기면서 동창을 죽였다.

○ 昭宗皇帝, 名傑, 僖宗之弟也. 僖宗大漸, 宦者立之爲太弟, 遂卽位, 後更名曄. 帝明粹有英氣, 喜文學. : 昭宗皇帝의 이름은 傑이

며, 僖宗의 아우이다. 僖宗의 병세가 크게 악화되자 환관들이 傑을 세워 太弟로 삼았는데 마침내 즉위하였고, 뒤에 이름을 曄으로 바꾸었다. 昭宗은 명철, 순수하고 영특한 기개가 있고 문학을 좋아하였다.

　– 傑 뛰어날 걸.　僖宗之弟 ; 희종의 아우(異母弟)이다.

　– 漸 물 스며들 점. 점점. 차차. 심해지다. 大漸(대점) ; (임금의) 병환이 많이 나빠지다.

　– 曄 빛날 엽.　明粹(명수) ; 명석하고 雜된 마음이 없다.

○ 以僖宗威令不振, 朝廷日卑, 有恢復前烈之志. 踐祚之始, 中外忻忻焉, 然而內制於宦寺, 外有强鎭, 初志竟不遂. : (昭宗은) 僖宗 이래로 威令이 행해지지 않고 朝廷의 권위는 날마다 떨어지기에 前代의 위엄을 회복하려는 뜻이 있었다. 황제로 즉위하는 초기에 나라 안팎이 기뻐하였으나, 안으로는 환관의 견제와 밖으로는 강한 藩鎭(절도사)이 있어 初志를 끝내 펴지 못했다.

　– 日卑(일비) ; 날로 낮아지다.　恢 넓을 회. 넓히다.　前烈(전열) ; 앞 황제들의 공훈이나 큰 업적.

　– 祚 복 조. 天子의 자리.　踐祚(천조) ; 천자의 자리에 나아감. 忻 기뻐할 흔.　焉 어찌 언, 어조사 언. 終止辭.　然而(연이) ; 그렇지만.

　– 宦寺(환시) ; 환관.　竟不遂(경불수) ; 끝내 이루지 못하다.

○ 越州董昌僭號. 昌先據杭州, 錢鏐爲兵馬使. 朝廷命昌帥浙東, 鏐領杭州. 至是昌稱帝於越, 詔鏐討之. : 越州의 董昌이 帝號를 참칭하였다. 동창은 앞서 杭州에 웅거했었고, 錢鏐는 병마사였었

다. 朝廷에서는 동창에게는 浙東의 군사를 거느리고, 전류는 杭
州의 군사를 거느리게 했었다. 이때 동창이 칭제하자, 조서를 내
려 전류에게 동창을 토벌하라 했다.

  - 越州(월주) ; 會稽郡.　董 감독할 동.　董昌이 참칭한 것은 乾
寧 2년(895년)이었다.

  - 錢 돈 전. 성씨.　鏐 좋은 황금 류(유).　詔鏐討之(조류토지) ;
전류에게 동창을(之) 토벌하라 하명했다.

○ 鳳翔李茂貞・華州韓建・邠州王行瑜, 三鎭擧兵犯闕, 殺宰相,
謀廢立. 聞李克用來討, 乃去. 克用攻邠州斬行瑜, 將移兵岐華, 貴
近恐沙陀太盛止之. 克用自隴西郡王, 進爵晉王, 引兵還晉陽. : 鳳
翔府의 李茂貞과 華州의 韓建, 그리고 邠州의 王行瑜 등 三鎭이
擧兵하여 犯闕하고서 宰相을 죽이고 황제를 폐립하려는 모의를
했다. 이들은 李克用이 토벌하러 온다는 말을 듣고서 곧 달아났
다. 이극용은 邠州를 공격하여 왕행유를 죽이었고, 병력을 岐州
와 華州로 옮기려 했는데, 조정에서는 沙陀族(사타족)의 군사력
이 너무 강성해지는 것이 두려워 이를 중지케 하였다. 이극용은
스스로 隴西郡王이 되어 晉王에 봉해지자, 군사를 이끌고 晉陽
(太原)으로 돌아갔다.(乾寧 2년, 895년)

  - 翔 높이 나를 상.　茂 우거질 무.　李茂貞(856~924년) ; 원명
宋文通. 朱玫(주매)를 없앤 공적으로 희종으로부터 李茂貞이라는
성명을 하사받고 봉상절도사가 되었다.

  - 邠 나라 이름 빈.　瑜 아름다운 옥 유.　岐 갈림길 기. 고을
이름.

　－ 貴近(귀근) ; 高官과 近侍들. 조정.

○ 錢鏐克越州, 董昌伏誅. : 錢鏐가 越州에서 싸워 이기면서 董昌을 죽였다.

　－ 克 이길 극. 싸워 이기다.　伏誅(복주) ; 誅殺을 당하다.(피동)

【참고】 환관의 전횡(3)

❖ 14대 憲宗 이후 22대 昭宗까지 8대의 황제가 재위하는 기간에 2명의 황제가 환관에 의해 시해되었고, 7명의 황제가 환관에 의해 옹립되었다. 이를 본다면, 환관의 마음에 드는 황제, 곧 환관에 의해 배출된 '門生天子'라는 말이 실감이 난다.

文宗은 환관들에 통제되는 자신을 '後漢 獻帝만도 못하다'고 자탄하였고 자신의 뜻에 맞는 태자를 정하지도 못했다. 문종 때 감로지변에서 문신들이 대량 학살당한 것은 朝臣보다 환관의 우위를 증명하는 대 사건이었다. 牛李 당쟁이 오랫동안 계속된 것도 환관과 연관이 있고, 번진 절도사와 결탁한 환관들의 폐단은 이루 다 열거할 수가 없다.

환관 구사량이 말한 그대로 독서를 하지도 않고 유생들을 가까이 하지도 않으며 또 사치와 놀이에 빠진 황제가 되도록 이끌어야 하는 것이 환관의 임무였다. 황제란 먹고 놀기만 하는 사람이어야 하니 僖宗같은 황제가 제일 좋았을 것이다.

능력과 식견이 있는 선종도 환관의 악폐를 뿌리 뽑지 못한 이유는 무엇인가? 여러 가지 이유가 있겠지만 문제는 황제 자신의 식

견과 의지가 아니겠는가? 황제가 반듯하게 정사를 처리하려는 의
지와 능력이 있다면 어찌 환관이 발호하고, 환관이 태자를 어찌
바꾸거나 황제를 옹립할 수 있겠는가?

 사실 天下의 중심은 朝廷이고, 朝廷의 중심은 皇帝이다. 그런데
그 황제의 시작 곧 즉위가 잘못된다면, 어찌 황제가 제 역할을 하
고, 어찌 조정이 반듯할 수 있겠는가? 결론적으로 어리석고 우매
한 황제, 주색과 사냥과 놀이에 빠진 황제가 재위하는 한 악의 근
원인 환관을 제거하는 일은 전혀 불가능한 일이다.

 그렇다면 환관을 완전 제거- 대량 학살- 한 朱全忠은 어떠한
가? 주전충이 환관을 박살한 것은 당의 국가체질 개선을 위한 조
치가 아니었다. 환관과 황제 모두가 제거된다는 것은 곧 당의 멸
망이었다.

(2) ○ 初李克用屯渭北, 李茂貞·韓建憚之, 事朝
廷甚恭. 克用去, 二鎭復驕慢. 茂貞擧兵犯闕, 上出
奔華州. 克用遣援, 又聞朱全忠營洛陽迎駕, 茂貞與
建皆懼, 奉上還長安. 先是嘗令諸王將兵巡警, 又欲
使出四方撫慰藩鎭, 南北司用事者, 恐其不利於己,
交諫以爲不可, 上不得已罷之. 上在華時, 宦官劉季
述, 圍殺諸王十一人. 至是季述幽上於少陽院, 而立
太子裕.

○ 전에 이극용이 위수 북쪽에 주둔하고 있을 때, 이무정과 한건은 이극용을 두려워하여 매우 공손하게 조정을 섬겼다. 이극용이 (하동으로) 돌아가자, 이무정과 한건은 다시 교만해졌다. 이무정은 거병하여 궁궐을 점거했고 소종은 화주로 출분했다.(달아났다) 이극용이 원군을 보낸다 하고, 또 주전충이 낙양에 궁궐을 짓고 천자를 맞이하려 한다는 소식을 듣고 이무정과 한건은 두려워하며 황제를 받들어 모시고 장안으로 돌아왔다.

이보다 앞서 소제는 여러 왕들이 병력을 거느리고 (기내를) 순찰케 했었는데 이번에 여러 왕들을 사방으로 보내 번진을 위무케 하려 했으나 남사와 북사의 권력을 쥔 사람들이 자신들에게 혹 불리할지 모른다 생각하여 불가하다고 서로 간쟁을 해서 부득이 그만두었다. 소종이 화주(행재소)에 있을 때 환관 유계술은 황제 거처를 포위하고서 여러 종친의 왕 11명을 죽였었다. 이때 유계술은 소종을 소양원에 유폐시키고 태자 유를 옹립했다.

○ 初李克用屯渭北, 李茂貞 · 韓建憚之, 事朝廷甚恭. 克用去, 二鎭復驕慢. 茂貞擧兵犯闕, 上出奔華州. 克用遣援, 又聞朱全忠營洛陽迎駕, 茂貞與建皆懼, 奉上還長安. : 전에 李克用이 渭北에 주둔하고 있을 때, 李茂貞과 韓建은 이극용을 두려워하여 조정을 매

우 공손히 섬겼다. 이극용이 (河東으로) 돌아가자, 이무정과 한건
은 다시 교만해졌다. 이무정은 거병하여 궁궐을 점거했고 皇上은
華州로 출분했다. 극용이 원군을 보낸다 하고, 또 朱全忠이 洛陽
에 궁궐을 짓고 천자를 맞이하려 한다는 소식을 듣고 이무정과
한건은 두려워하며 황제를 받들어 모시고 장안으로 돌아왔다.

  - 李茂貞(856~924년) ; 奉上節度使.　克用去 ; 이극용은 河東
의 본진으로 돌아갔다.

  - 營 경영할 영. 짓다.　駕 멍에 가. 어가, 천자.　營洛陽迎駕 ;
낙양에 궁궐을 짓고 어가를 모시다.

○ 先是嘗令諸王將兵巡警, 又欲使出四方撫慰藩鎭, 南北司用事
者, 恐其不利於己, 交諫以爲不可, 上不得已罷之. 上在華時, 宦官
劉季述, 圍殺諸王十一人. 至是季述幽上於少陽院, 而立太子裕. :
이보다 앞서 昭帝는 여러 (宗親의) 王들이 병력을 거느리고 (畿內
를) 순찰케 했었는데 이번에 여러 왕들을 사방으로 보내 번진을
위무케 하려 했으나 南司와 北司의 권력을 쥔 사람들이 자신들에
게 혹 불리할지 모른다 생각하여 불가하다고 서로 간쟁을 해서
부득이 그만두었다. 소종이 華州(행재소)에 있을 때 환관 劉季述
은 황제 거처를 포위하고서 여러 宗親의 王 11명을 죽였었다. 이
때 유계술은 소종을 少陽院에 유폐시키고 太子 裕(유)를 옹립했
다.(光化 3년, 서기 900년 11월)

  - 巡 돌아다닐 순. 돌아보다.　警 경계할 경.　將兵巡警 ; 병사
를 거느리고 순찰하다.　南北司 ; 南司와 北司.

  - 用事 ; 권력을 장악하다. 감정대로 일을 처리하다.　不得已

(부득이) ; 하는 수없이. 마지못해.

- 劉 죽일 유. 季 끝 계. 막내. 述 지을 술. 劉季述 ; 환관. 희종을 옹립한 劉行深의 養子. 養父의 직위 左神策護軍中尉를 계승.

- 至是 ; 光化 3년(서기 900년), 11월. 幽 그윽할 유. 어둡다. 숨다. 유폐하다.

- 환관 유계술은 '廢昏立明(昏主를 폐위하고 明主를 옹립한다)'는 이유로 소종과 河皇后를 소양원에 유폐하고 태자를 영입하여 監國케 하는 궁중정변을 일으켰다.

(3) 同平章事崔胤, 說神策將, 討誅季述, 上復位, 宦官謀去胤. 時朱全忠有挾天子令諸侯之意, 胤以書召之, 全忠擧兵來. 宦者韓全誨等, 劫上如鳳翔. 全忠圍之, 李茂貞遂殺全誨等, 奉上還長安. 全忠以兵驅宦官, 盡殺之. 其出使外方者, 詔所在誅之. 存黃衣幼弱三十人, 備洒掃. 宦官自文宗已後, 廢置在其掌握, 至有定策國老·門生天子之號, 及是大被誅殺. 全忠由東平王, 進爵梁王還汴.

동평장사인 최윤은 신책군 장수를 설득하여 유계술을 죽였고, 소종은 복위하였으며 환관들은 최윤을 제거하려는 모의를 했다. 이때 주전충은 천자를 끼고 제후를 호령할 생각을 갖고 있었는데, 최윤이 편지를 보내 불러들이자 주전충은 군사를 거느리고 장안으로 들어왔다.

　환관인 한전회 등은 황제를 겁박하여 봉상으로 옮겨갔다. 주전충이 봉상을 포위하자, 이무정은 마침내 한전회 등을 죽이고 황제를 모시고 장안으로 되돌아왔다. 주전충은 군사를 동원해 환관을 몰아내 모두 죽여 버렸다. 환관 중 외지에 출장을 간 자는 조서를 내려 있는 곳에서 죽이게 했다. 어린 환관 30명을 남겨 청소 일을 하게 하였다.

　문종 이후로 황제의 폐위와 존치가 환관들에게 장악되어 있었기에 '국가 방책을 결정하는 원로(정책국노)' 나 '환관의 제자인 천자(문생천자)' 라고 하였는데, 이때에 모두 죽여 버렸다. 주전충은 동평왕에서 작위를 올려 양왕이 되어 변주로 돌아갔다.

어구 설명

○ 同平章事崔胤, 說神策將, 討誅季述, 上復位, 宦官謀去胤. 時朱全忠有挾天子令諸侯之意, 胤以書召之, 全忠擧兵來. : 同平章事인 崔胤은 神策軍(親衛軍) 장수를 설득하여 劉季述을 죽였고, 소종은 復位하였으며 宦官들은 최윤을 제거하려는 모의를 했다. 이때 朱全忠은 天子를 끼고 諸侯를 호령할 생각을 갖고 있었는데, 최윤이 편지를 보내 불러들이자 朱全忠은 군사를 거느리고 장안으

로 들어왔다.

- 胤 이을 윤, 맏이 윤. 맏아들. 崔胤은 神策將 孫德昭와 연합하여 환관 劉季述을 죽이고 昭宗을 復位시켰다.(天復 원년, 901년)

- 挾 낄 협. 자기편으로 만들다. 몸에 지니다. 挾天子令諸侯 ; 天子를 끼고 있으면서 천자의 명령으로 제후들에게 호령하다. 후한 말 曹操가 獻帝를 許都에 데리고 있으면서 호령했었다.

- 全忠擧兵來 ; 주전충에 하동에서 장안으로 들어온 것은 서기 901년이었다.

○ 宦者韓全誨等, 劫上如鳳翔. 全忠圍之, 李茂貞遂殺全誨等, 奉上還長安. 全忠以兵驅宦官, 盡殺之. 其出使外方者, 詔所在誅之. 存黃衣幼弱三十人, 備洒掃. : 환관인 韓全誨 등은 황제를 겁박하여 봉상부로 옮겨갔다.(천복 원년, 서기 901년) 주전충이 봉상을 포위하자(천복 2년, 서기 902년), 李茂貞은 마침내 한전회 등을 죽이고 황제를 모시고 長安으로 되돌아왔다.(천복 3년, 서기 903년) 주전충은 군사를 동원해 환관을 몰아 모두 죽여 버렸다. 환관 중 외지에 출장을 간 자는 조서를 내려 있는 곳에서 죽이게 했다. 어린 환관 30명을 남겨 청소 일을 하게 하였다.

- 誨 가르칠 회. 劫 위협할 겁. 如 ; 같다. ~로 가다. 鳳翔 (봉상) ; 李茂貞이 이곳 절도사였다.

- 全忠圍之 ; 주전충이 봉상을 포위하자, 鳳翔에는 식량이 끊어지게 된다.

- 驅 몰 구. 몰아내다. 以兵驅宦官 ; 군사들로 하여금 환관들

을 한 곳으로 몰아서.

　- 其出使外方者 ; 其는 환관. 환관 중 외방에 出使한 자.　出使 ;
업무로 출장을 가다.

　- 詔所在誅之 ; 조서를 내려 所在(출장지)에서 환관(之)을 죽이
다(誅).　黃衣 ; 宦官.

　- 幼弱(유약) ; 어린 사람.　幼 ; 人生十年曰幼.　弱 ; 年未二十曰弱.

　- 備 갖출 비. 대비하다.　洒 물 뿌릴 쇄.　掃 쓸 소.　洒掃(쇄
소) ; 청소하는 일.

○ 宦官自文宗已後, 廢置在其掌握, 至有定策國老 · 門生天子之
號, 及是大被誅殺. 全忠由東平王, 進爵梁王還汴. : 文宗 이후로
황제의 폐위와 존치가 宦官들에게 장악되어 있었기에 '국가 방책
을 결정하는 원로(定策國老)' 나 '환관의 제자인 천자(門生天子)'
라고 하였는데, 이때에 모두 죽여 버렸다. 주전충은 東平王에서
작위가 올라 梁王이 되어 변주로 돌아갔다.

　- 已後 ; 以後와 같음.　廢置 ; 廢位(폐위)와 存置(존치).

　- 在其掌握(재기장악) ; 그들(其 환관)에게 장악되어 있었다.
定策 ; 方策을 결정하다.　國老 ; 나라의 원로.

　- 門生 ; 門下生. 제자.　門生天子 ; 환관의 제자인 天子.　及是
; 이에 이르러.

【참고】 병졸에게 入墨(입묵)하기

　❖ 唐末의 절도사들이나 五代의 절도사들은 모두 능력껏 군사

를 모아 자신의 세력을 키웠다. 주전충은 농민을 강압하여 병졸로 만들고 병졸의 얼굴에 이름과 부대를 먹물로 새겼다. 그러니 그런 병졸은 어디로 도망을 가든 잡힐 수밖에 없었다.

주전충 이후 모든 절도사들이 병졸의 얼굴에 먹물을 새기면서 한번 군인이 되면 농민으로 다시 복귀할 수가 없었다. 이전에는 전쟁이 끝나면 돌아가 농민으로 살 수 있었지만, 이제는 군대에서 도망했다 하면 끼리끼리 모여 도적이 될 수밖에 없었다.

결국 사회가 불안하고 농업이 피폐해지며 국가 경제기반은 무너질 수밖에 없었다. 이런 이유만으로도 五代에는 전쟁의 폐해가 적고 병졸 징발이 적었던 강남이 중국 경제의 중심이 될 수 있었다.

(4) ○ 全忠威震天下, 有簒奪之志, 胤懼爲之備. 全忠表, 請除胤, 密使其黨殺之. 遂請上遷都東京, 促百官東行, 驅徙士民. 上謂侍臣曰, 鄙語云, 紇干山頭凍殺雀, 何不飛去生處樂, 朕今漂泊不知竟落何所, 泣下沾巾. 上至洛陽, 李茂貞等移檄, 以興復爲辭. 全忠將西討, 以上有英氣, 恐生變, 遣人入洛弑之.

주전충은 자신의 위세가 천하에 떨치자 황제의 자리를 찬탈하려는 마음을 품었고, 최윤은 두려워하며 이에 대비를 하였다. 주전충은 글을 올려 최윤을 제거해야 한다면서

도 몰래 그 무리를 시켜 최윤을 죽였다.(천우 원년, 904년)
그리고서는 소종에게 동경(낙양)으로 천도하자면서 백관
에게 낙양으로 갈 것을 재촉하고 백성들을 강제로 옮기도
록 했다.

  소종은 가까운 신하에게 "속어에 '흘간산 꼭대기는 참새
가 얼어 죽을 만큼 추운데, 왜 살기 좋은 곳으로 날아가지
않는가?' 라고 했는데, 짐은 오늘처럼 떠돌다가 끝내 어디
에 떨어질지 모르겠구나!"고 말하면서 눈물로 수건을 적시
었다. 소종이 낙양에 도착하자, 이무정 등은 격문을 보내
당의 중흥을 호소했다. 주전충은 서쪽으로 진격해 토벌하
려 했으나 영특한 소종이 변고를 일으킬 것을 걱정하여 사
람을 낙양에 보내 소종을 시해했다.

어구 설명

○ 全忠威震天下, 有篡奪之志, 胤懼爲之備. 全忠表, 請除胤, 密使
其黨殺之. 遂請上遷都東京, 促百官東行, 驅徒士民. : 朱全忠은 자
신의 위세가 天下에 떨치자 황제의 자리를 篡奪(찬탈)하려는 마
음을 품었고, 최윤은 두려워하며 이에 대비를 하였다. 주전충은
글을 올려 최윤을 제거해야 한다면서도 몰래 그 무리를 시켜 최
윤을 죽였다.(天祐 元年, 904년) 그리고서는 소종에게 東京(낙양)
으로 천도하자면서 백관에게 東行을 재촉하고 백성들을 강제로
옮기도록 했다.

- 篡 빼앗을 찬.　奪 빼앗을 탈.　懼 두려울 구. 두려워하다.
使 하여금 사. 시키다.

- 東京 ; 洛陽. 낙양에는 長安과 같은 관청(分司)을 운영했었다.
促 재촉할 촉.　驅 몰 구. 몰아내다. 핍박하다.

- 徙 옮길 사.

○ 上謂侍臣曰, 鄙語云, 紇干山頭凍殺雀, 何不飛去生處樂, 朕今
漂泊不知竟落何所, 泣下沾巾. 上至洛陽, 李茂貞等移檄, 以興復爲
辭. 全忠將西討, 以上有英氣, 恐生變, 遣人入洛弑之. : 昭宗은 가
까운 신하에게 "속어에 '흘간산 꼭대기는 참새가 얼어 죽을 만큼
추운데, 왜 살기 좋은 곳으로 날아가지 않는가?' 라고 했는데, 짐
은 오늘처럼 떠돌다가 끝내 어디에 떨어질지 모르겠구나!"고 말
하면서 눈물로 수건을 적시었다. 소종이 낙양에 도착하자, 李茂貞
등은 檄文을 보내 당의 중흥을 호소했다. 주전충은 서쪽으로 진격
해 토벌하려 했으나 영특한 소종이 변고를 일으킬 것을 걱정하여
사람을 낙양에 보내 소종을 시해했다.(천우 원년, 서기 904년)

- 鄙 인색할 비, 속될 비. 鄙語 ; 상말. 속된 말.

- 紇 명주실 흘. 묶다.　干 방패 간.　紇干山(흘간산) ; 山西省
大同(北魏의 수도, 中國北方의 요충지, 雲岡석굴 유명)의 서북쪽
에 있는 만년설로 덮인 산.

- 凍 얼을 동.　雀 참새 작.　何不飛去生處樂 ; 왜 살기 좋은 곳
으로 날아가지 않느냐?

- 漂 떠돌 표.　泊 배를 댈 박. 머무르다.　竟 다할 경. 끝내. 결
국은.　落何所 ; 어느 곳에 떨어질 것인가?

- 沾 적실 첨, 더할 첨. 移檄(이격) ; 격문을 띄우다.

- 復 돌아올 복. 원상태로 돌아가다. 되풀이 하다. 다시 부. 거듭하다. 辭 말씀 사. 말하다. 알리다. 사퇴하다. 以興復爲辭(이흥복위사) ; (唐이) 흥성한 상태로 돌아가기를 호소했다.

- 將 ; ~하려 하다. 英氣 ; 영특한 氣槪(기개). 生變 ; 변고를 일으키다.

(5) ○ 上自卽位, 非不夢想賢豪, 卒不用之. 嘗有朝士鄭綮, 好恢諧, 多爲歇後詩嘲時事. 上意其有所蘊, 手注班簿, 以爲相. 堂吏走告不信, 已而賀客至. 綮搔首曰, 歇後鄭五作宰相, 時事可知矣. ○ 上在位十七年, 改元者七, 曰龍紀·大順·景福·乾寧·光化·天復·天祐. 子立, 是爲哀皇帝.

○ 소종은 즉위 이래, 꿈에서라도 현인과 호걸을 등용할 생각을 하지 않았던 것은 아니지만 끝내 인재를 등용하질 못했다. 일찍이 조정에 정계란 사람이 농담을 잘하고 헐후시를 많이 지어 세상사를 조롱하고 했다. 소종은 그가 큰 뜻을 품고 있는 것을 알고 현직 관리 명부에 직접 적어두었다가 재상으로 삼았다. 중서성의 관리가 와서 알려도 믿지 않았는데 이어서 하객들이 들어왔다. 정계는 머리를 긁

으면서 말했다. "헐후시나 짓는 나를 재상으로 삼다니 세
상 꼴을 알만하구나!"

 ○ 소종은 재위 17년에 개원을 7번 했는데, 용기, 대순,
경복, 건녕, 광화, 천복, 천우이다. 아들이 즉위하니, 이가
애황제이다.

어구 설명

○ 上自卽位, 非不夢想賢豪, 卒不用之. 嘗有朝士鄭綮, 好恢諧, 多
爲歇後詩嘲時事. 上意其有所蘊, 手注班簿, 以爲相. 堂吏走告不
信, 已而賀客至. 綮搔首曰, 歇後鄭五作宰相, 時事可知矣. : 소종
은 즉위 이래, 꿈에서라도 현인과 호걸을 등용할 생각을 하지 않
았던 것은 아니지만 끝내 인재를 등용하질 못했다. 일찍이 조정
에 鄭綮(정계)란 사람이 농담을 잘하고 헐후시를 많이 지어 세상
사를 조롱(풍자)하고 했다. 소종은 그가 큰 뜻을 품고 있는 것을
알고 현직 관리 명부에 직접 적어두었다가 재상으로 삼았다. 중
서성의 관리가 와서 알려도 믿지 않았는데 이어서 하객들이 들어
왔다. 정계는 머리를 긁으면서 말했다. "헐후시나 짓는 나를 재상
으로 삼다니 세상 꼴을 알만하구나!"

 - 夢 꿈 몽. 夢想(몽상) ; 꿈에서까지 생각하다. 열망하다. 賢
豪(현호) ; 현인과 호걸.

 - 綮 고운비단 계. 恢 넓을 회. 諧 화할 해. 농담하다. 恢諧
(회해) ; 詼諧(회해)와 같음. 실없는 농담.

- 歇 쉴 헐　歇後詩(헐후시) ; 보통 앞뒤 두 문장으로 짜여지는 데 앞 문장에서 수수께끼처럼 상황을 설명하면, 뒤 문장에 그 답을 말하는 형식으로 일상생활에서 成語처럼 쓰이고 있다.

- 嘲 비웃을 조.　時事 ; 세상사. 시사적인 사건.　蘊 쌓을 온. 저축하다. 간직하다.　所蘊 ; 간직한 뜻.

- 注 물댈 주. 뜻을 두다. 기록하다. 풀이하다.　班簿(반부) ; 조정에 근무하고 있는 사람을 적어 놓은 장부.

- 堂吏 ; 中書省의 관리.　搔 긁을 소.　搔首 ; 머리를 긁다.　鄭五 ; 鄭綮 자신. 그 형제 서열이 다섯 번째라는 뜻.

○ 上在位十七年, 改元者七, 日龍紀 · 大順 · 景福 · 乾寧 · 光化 · 天復 · 天祐. 子立, 是爲哀皇帝. : 소종은 在位 17년에 改元을 7번 했는데, 龍紀, 大順, 景福, 乾寧, 光化, 天復, 天祐(천우)이다. 아들이 즉위하니, 이가 哀皇帝이다.

- 在位 十七年 ; 서기 888~904년.　哀皇帝 ; 昭宗의 아들 李祝 (이축), 재위 서기 904~907년. 廟號는 景宗.

【참고】 歇後語(헐후어)란?

❖ 헐후어는 중국 속담의 한 종류이다. 이는 중국어의 형식과 내용에서 아주 특색 있는 표현으로, 앞부분에 어떤 표현을 말하고 그 뒷부분에 수수께끼의 정답과도 같은 표현이 따라붙는다. 이는 우리말로 번역을 해도 충분한 보충설명이 없으면 알 수 없는 표현 방식이다.

어떤 사람을 "아홉째 동생(老九的兄弟 lǎo jiǔ de xiōngdi)"이라고 했다면, 그 뒤에 '성실한 사람'이라는 말이 이어진다. 곧 첫째 아들의 아홉째 동생은 그 집 형제 서열에서 '열째' 곧 '老十'인데, '老十'(lǎoshí)과 '老實(lǎoshí, 성실하다)'는 발음이 같기에 '성실하다'는 뜻으로 통한다.

또 "孔夫子搬家(공자가 이사를 간다)−淨是書(온통 책뿐이다)"라고 말하면, 내기나 도박에서 계속 잃는다는 뜻이다. 이는 書(shū)와 輸(shū 경기에서 지다. 내기해서 잃다)가 같은 발음이기 때문이다.

"사람이 몇이나 있으면 좋겠어?"라고 물었을 때, "그야 韓信이 用兵하기지!(韓信用兵)"라고 말하면, "多多益善이네!"라고 말한다. '韓信用兵− 多多益善' 이런 표현은 중국인들의 기지와 才學을 바탕으로 하는 속담의 일종이다.

(6) 哀皇帝, 初名祚. 昭宗有廢太子裕, 已壯, 全忠惡之, 祚以幼得立, 更名祝. 全忠殺裕等九人, 皆昭宗子. 全忠爲相國, 加九錫. 帝在位仍稱天祐, 不四年禪于梁, 尋被弑. 唐自高祖至是二十世, 凡二百九十年.

애황제의 처음 이름은 祚(조)이다. 소종에게는 폐태자인 裕(유)가 있었는데 이미 성인이 되었지만 주전충이 싫어하

였고, 조는 어리기에 즉위할 수 있었고, 이름을 祝(축)으로
바꾸었다. 주전충은 이유 등 9인을 죽였는데 모두 소종의
아들이었다. 주전충은 상국이 되었고 구석을 받았다.

애제는 재위 중에 연호 천우를 계속 사용했는데 4년이
안 되어 梁(양)나라에 선양하였고, 곧 시해당했다. 당은 고
조로부터 이때까지 20세에 총 290년이었다.

어구 설명

○ 哀皇帝, 初名祚. 昭宗有廢太子裕, 已壯, 全忠惡之, 祚以幼得
立, 更名祝. 全忠殺裕等九人, 皆昭宗子. 全忠爲相國, 加九錫. : 哀
皇帝의 처음 이름은 祚(조)이다. 昭宗에게는 廢太子인 裕(유)가
있었는데 이미 성인이 되었지만 주전충이 싫어하였고, 祚는 어리
기에 즉위할 수 있었고, 이름을 祝으로 바꾸었다.(서기 904년) 주
전충은 李裕 等 9인을 죽였는데 모두 昭宗의 아들이었다. 주전충
은 相國이 되었고 九錫을 받았다.(서기 905년)

 – 祚 복 조.   廢太子 裕(유) ; 昭宗 光化 3년(서기 900년 11월)
에 환관 유계술이 소종을 少陽院에 유폐시키고 太子 裕(유)를 옹
립했는데, 소종이 재 즉위하면서 裕를 폐위하였다.

 – 已壯 ; 이미 성인이 되다.   全忠殺裕等九人 ; 天祐 2年(905
년) 2月에 대학살을 감행했다.

○ 帝在位仍稱天祐, 不四年禪于梁, 尋被弑. 唐自高祖至是二十世,
凡二百九十年. : 애제는 在位 중에 연호 天祐를 계속 사용했는데

四年이 안 되어 梁나라(朱全忠)에 선양하였고, 곧 시해당했다. 당은 高祖로부터 이때까지 二十世에 총 二百九十年이었다.

- 仍 인할 잉. 그대로 따르다. 곧, 이에, 거듭. 稱天祐 ; 새 연호가 아니라 昭宗이 정한 연호. 천우 원년은 서기 904년.

- 禪 봉선할 선. 선양하다. 나라를 넘겨주다. 梁 ; 주전충은 즉위하면서 국호를 梁이라 한다. 역사에서는 五代의 梁나라를 後梁이라 한다.

- 二十世 ; 보통 周 황제 則天武后는 제외한다. 二百九十年 ; 서기 618~907년.

唐世系(당세계)

```
❶高祖 — ❷大宗 — ❸高宗
                    |
           ┌────────┴────────┐
         ❹中宗            ❺睿宗
                            |
         ❻玄宗 — ❼肅宗 — ❽代宗 — ❾德宗 — ❿順宗 — ⓫憲宗
                                                      |
                                          ┌───────────┼───────────┐
                                        ⓬穆宗      ⓰宣宗      ⓱懿宗
                                          |                       |
                              ┌──────┬──────┐          ┌──────┴──────┐
                            ⓭敬宗 ⓮文宗 ⓯武宗        ⓲僖宗      ⓳昭宗
                                                                    |
                                                                  ⓴哀帝
```

제**16**편
五代十國의 혼란

〖 時代 槪觀 〗

귀족 중심의 화려한 문화를 꽃피웠던 唐은 安史의 난 (755~763년) 이후 쇠락의 조짐이 뚜렷하게 나타나기 시작하여 黃巢(황소)의 亂(875~884년)에 의해 곧 멸망한다.

안사의 난 이후 지방 절도사들의 무력에 대한 통제력을 상실한 당나라는 내부적으로 환관의 발호에 의거 결정적으로 중흥이나 재기의 동력을 상실한다.

환관들은 文宗 이후 8代 황제 중 2명의 황제를 죽이고, 7명의 황제를 옹립한다. 환관과 朝臣들의 대립은 그만 두고서라도 절도사의 무력과 결합되어 있고 중앙군을 장악한 환관 앞에 황제는 허수아비에 불과했다. 거세된 남성으로 천시받는 이들 환관들에게 황제가 힘을 못 쓰고 朝臣들이 이들에게 아부하는 역사 장면은 마치 희극과도 같은 비극이었다. 이러한 시대에 무능한 황제의 즉위와 관료들의 당쟁은 빠질 수 없는 단골 메뉴였다.

서기 907년, 당나라를 멸망시킨 절도사 출신의 주전충은 後梁을 건국하는데, 이후 北宋의 건국(960년)까지 50여 년에 화북지방에서는 後梁(907~923년), 後唐(923~936년), 後晉(936~946년), 後漢(947~950년), 後周(951~960년)의 다섯 나라가 차례로 흥망을 이어간다. 그래서 이 시대를 五代라 통칭한다. 이 중 後唐, 後晉, 後漢은 漢族이 아닌 胡人에 의해 건국되었다.

그런데 5代 각국의 영토는 주로 화북 지역에 걸쳐 있었고 양자강 유역과 그 이남에는 10개 나라가 흥망을 거듭한다. 그리하여 이때의 중국을 五代十國이라 통칭한다.

이 시기에 五代를 정통으로 보는 이유는 명의상 唐을 계승하여 北宋으로 이어졌기 때문이고, 十國은 唐末 번진의 계승자로 후량이나 후당으로부터 책봉된 나라가 있었기 때문이다.

五代의 10國은 대개 唐末에 독립 상태를 유지했던 藩鎭(번진)에서 발전했거나(6개 나라) 새로 건국된(4개 나라) 지방정권이었다. 이들 중 北漢은 유일하게 화북의 한 모퉁이에서 北宋의 건국 이후까지 존속했다. 이들 10국은 거의 5대 전 기간에 걸쳐 존속했는데, 이는 남방이 북방에 비해 정치적으로 안정되었다는 뜻이며 이런 안정은 경제적 발전을 가져왔다.

이 五代十國 시대는 50여 년 밖에 안 되는 짧은 시기였지만 중국 사회에 큰 변혁을 준 시대였으며 과도기적 성격을 띠는 매우 중요한 시대였다.

五代의 정치는 武人의 지배체계가 계속되었지만 문신 관료들의 성장이라든지 황제 중심 체제의 대두 등은 그대로 북송으로 이어졌다.

이 五代의 마지막 정권이 後周인데 후주의 世宗은 南으로 10국의 하나인 南唐을 굴복시키고 북으로 거란과 대결할 정도로 군사적으로 성장하였으며 내정에서도 볼만한 치적을 쌓았다. 후주의 이런 성공은 그대로 北宋에 이어져 북송에 의한 중국통일의 기반을 제공하였다.

사회적으로는 이 시대를 거치면서 남북조 시대 이후 唐代까지 정치, 사회, 문화의 주체였던 문벌 귀족은 확실하게 소멸하였고 이를 대신하는 形勢戶(형세호)라는 대토지 소유계층이 등장하였다. 이들은 宋代에 사회의 주된 지배계층으로 활약한다.

한편 이 五代시기에 북방 이민족 중 거란족이 흥기하여 遼(요)나라를 세우면서 오대의 여러 나라와 대결한다. 오대와 북송 그리고 남송의 역사에서 이 거란과 여진족, 서하의 탕구트족, 그리고 몽고족은 五代와 북송, 남송과 긴밀하게 엮어진다. 비록 이 《十八史略》에서는 부차적인 설명으로 곳곳에 삽입되어 전체적 파악이 어렵지만 중국사에서 의미가 있는 활동을 계속했었다는 점을 꼭 염두에 두어야 한다.

〖 主要 年表 〗

서기	국명	주요 내용	비고
907	後梁	주전충 후량 건국. 개봉 도읍.	
912		주전충의 子 友珪, 殺父 즉위.	
918		王建, 高麗 건국.	
923	後唐	이존욱 개봉 함락, 후당 건국.	
926		발해 멸망.(699~926년)	
936	後晉	석경당 칭제, 후진 건국. 高麗 ; 後三國 통일.	
937		(十國) 南唐 건국(~975 존속).	
938		거란 연운 16주 차지.	
947		거란 화북 침공, 후진 멸망.	
	後漢	劉知遠 후한 건국.	
950		後漢 멸망.	
951	後周	郭威(곽위)칭제, 後周건국.	
954		後周 世宗 즉위(~959년).	
955		後周 世宗 불교 탄압.	
958		十國 중 南唐 臣服.	
960		후주 멸망, 조광윤 宋 건국.	

〖 五代十國의 흥망 〗

국명		건국자	수도	前　職
後梁	907~923	朱全忠	汴州(開封)	唐절도사
後唐	923~936	李存勗 이존욱	낙양	晉王, 절도사
後晉	936~947	石敬瑭 석경당	변주(개봉)	절도사
後漢	947~950	劉知遠 유지원	변주(개봉)	절도사
後周	951~960	郭 威 곽 위	변주(개봉)	절도사
吳	902~937	楊行密	揚州	淮南절도사
吳越	907~978	錢 鏐 전류	杭州	鎭海절도사
閩 민	909~945	王審知	福州	福建관찰사
(南)楚	907~951	馬 殷	長沙	武安절도사
前蜀	903~925	王 建	成都	州 자사
南漢	917~971	劉 隱	廣州	淸海절도사
荊南 형남	907~963	高季興	江陵	荊南절도사
後蜀	926~965	孟知祥	成都	四川절도사
南唐	937~975	李 昇 이변	金陵	唐室 후예 (吳를 승계)
北漢	951~979	劉 崇	太原	河東절도사

※ 건국 연대는 책봉, 또는 칭제 등에 따라 차이 있음.

제1장 절도사들의 나라

1) 後梁의 건국과 멸망

(1) 梁太祖皇帝, 初名溫, 姓朱氏, 碭山人, 朱五經之子也. 少無賴, 從黃巢爲盜, 降唐賜名全忠. 初鎭汴, 攻倂徐州·兗州·鄆州. 攻河北·河東諸郡, 屢與李克用交兵. 尋取河中晉·絳, 用兵華·岐. 東降靑州, 南取荊·襄. 橫行諸鎭間. 劫遷唐都於洛, 遂簒唐, 更名晃.

梁(양) 태조 황제의 처음 이름은 溫(온)이고, 성은 주씨로 탕산 출신이며, 주오경의 아들이다. 젊어서 일정한 일 없이 떠돌다가 황소를 따라 다니는 도둑이 되었으나 당에 투항한 뒤 전충이라는 이름을 받았다. 처음에는 변주에 주둔하고 있다가 서주, 연주, 운주 등을 공격하여 병합하였다. 하북과 하동의 여러 군을 공략하면서 이극용과 자주 교병(싸움)하였다.

이어 하중의 진주, 강주를 차지하고, 화주, 기주에서 용병하였다. 동으로는 청주를 굴복시키고, 남으로는 형주, 양주를 차지하면서 여러 절도사 지역을 누비고 다녔다. 황

後梁 太祖(태조) 朱全忠(주전충)

제(昭帝)를 협박하여 당의 도읍을 낙양으로 옮겼다가 마침내 당을 빼앗고 이름을 晃(황)으로 고쳤다.

어구 설명

○ 梁太祖皇帝, 初名溫, 姓朱氏, 碭山人, 朱五經之子也. 少無賴, 從黃巢爲盜, 降唐賜名全忠. 初鎭汴, 攻倂徐州·兗州·鄆州. 攻河北·河東諸郡, 屢與李克用交兵. : 梁 太祖 皇帝의 初名은 溫이고, 姓은 朱氏로 碭山 출신이며, 朱五經의 아들이다. 젊어서 일정한 일 없이 떠돌다가 黃巢를 따라 다니는 도둑이 되었으나 唐에 투항한 뒤 全忠이라는 이름을 받았다. 처음에는 汴州에 주둔하고

있다가 徐州, 兗州, 鄆州 등을 공격하여 병합하였다. 河北과 河東의 여러 군을 공략하면서 李克用과 자주 交兵하였다.

- 梁 들보 양(량). 주전충은 宣武절도사로 汴州(변주)에 주둔했었고 나중에 梁王에 책봉되었고, 그 선조가 살던 碭山(탕산)이 전국시대 梁에 속했기에 국호를 梁, 도읍을 卞京(開封, 현 하남성)으로 정했다. 역사에서는 이를 後梁, 또는 國姓을 따서 朱梁이라고 한다. 五代의 다섯 나라 중 강역은 가장 좁았으나 수명은 제일 길었다. 후량이 건국되었어도 唐末의 번진 세력은 그대로 존속했었다. 때문에 후량에서는 십 국에 해당되는 몇 나라들을 책봉하면서 공존하는 정책을 펼 수밖에 없었다.

- 碭 무늬 있는 돌 탕. 碭山 ; 지금은 安徽省 최북단 碭山市. 산동성의 서남쪽 끝이며 하남성의 동쪽 끝부분의 商丘市 일대.

- 朱五經 ; 이름은 誠. 五經敎授였다고 함. 無賴(무뢰) ; 일정한 직업이 없이 떠돌며 살다. 무뢰배.

- 倂 아우를 병. 병합하다. 兗 바를 연. 鄆 고을 이름 운.

- 交兵 ; 마주 싸우다. 交戰(교전) = 서로 전쟁을 함과 같은 뜻.

○ 尋取河中晉·絳, 用兵華·岐. 東降靑州, 南取荊·襄. 橫行諸鎭間. 劫遷唐都於洛, 遂簒唐, 更名晃. : 이어 河中의 晉州, 絳州를 차지하고, 華州, 岐州에서 용병하였다. 東으로는 靑州를 굴복시키고, 南으로는 荊州, 襄州(襄陽)를 차지하면서 여러 절도사 지역을 누비고 다녔다. 황제를 협박하여 당의 도읍을 낙양으로 옮겼다가 마침내 당을 빼앗고 이름을 晃(황)으로 고쳤다.〔이 사람이 後梁(후량)의 太祖(태조)다〕

- 河中 ; 하중절도사. 治所는 蒲州(포주, 지금의 山西省 永濟市 西南). 晉州, 絳州 등의 군사를 거느렸다.
- 絳 붉을 강. 華州 ; 潼關방어사의 治所.
- 岐 갈림길 기. 岐州 ; 鳳翔절도사의 治所.
- 靑州 ; 平盧절도사의 治所. 荊州(형주) ; 江陵에 본부를 둔 荊南절도사의 治所. 荊 ; 모형나무 형, 땅이름 형. 襄州 ; 襄陽절도사의 治所.
- 劫遷(겁천) ; 강제로 옮겨가다. 洛 강 이름 낙(락). 晃 밝을 황.

(2) 封其兄全昱爲王, 嘗罵之曰, 朱三汝作天子邪. 汝從黃巢作賊, 天子用汝爲四鎭節度使, 何負於汝. 奈何滅唐家三百年社稷. 自爲帝王, 行當族滅矣. 是時李克用王晉, 李茂貞王岐, 楊行密爲吳王, 王淮南. 行密已卒, 子渥代之. 王建王蜀, 錢鏐王兩浙. 王潮據閩, 已卒, 弟審知代之. 馬殷據湖南, 劉隱據廣, 皆自唐末以來, 割據諸州. ○ 梁主以馬殷爲楚王. ○ 蜀主王建稱帝.

(주전충은) 그의 형 전욱을 왕으로 봉했는데, 전욱이 어느 날 주전충을 욕하며 말했다. "셋째야! 네가 천자가 될 만하냐? 너는 황소를 따라다니는 도적이었는데도 천자가

너를 4진의 절도사로 만들어 주었는데, 너한테 무엇을 잘못했느냐? 어찌하여 당 황실 3백 년의 사직을 없애버렸느냐? 네 멋대로 제왕이 되었으니, 곧 멸족을 당할 것이다.

　이때에 이극용은 晉(진)에서 왕이었고, 이무정은 기주의 왕, 양행밀은 오왕으로 회남을 다스렸다. 양행밀이 죽고, 아들 양악이 그 자리를 대신했다. 왕건은 촉에서 왕을 했고, 전류는 절강의 동서에서 왕을 했다. 왕조는 민에 웅거하다가 죽은 뒤에는 동생 왕심지가 대신하였다. 마은은 호남에 웅거하였고 유은은 광주를 차지하고 있었으니 모두가 당 말 이래로 각 주에서 할거하였다.

　○ 양의 주전충은 마은을 초왕으로 삼았다.

　○ 촉주 왕건이 황제라 칭제했다.

어구 설명

○ 封其兄全昱爲王, 嘗罵之曰, 朱三汝作天子邪. 汝從黃巢作賊, 天子用汝爲四鎭節度使, 何負於汝. 奈何滅唐家三百年社稷. 自爲帝王, 行當族滅矣. : (주전충은) 그의 兄 全昱(전욱)을 王으로 봉했는데, 어느 날 주전충을 욕하며 말했다. "셋째야! 네가 天子가 될 만하냐? 너는 황소를 따라다니는 도적이었는데도 天子가 너를 4鎭의 절도사로 만들어 주었는데, 너한테 무엇을 잘못했느냐? 어찌하여 唐家 三百年의 社稷을 없애버렸느냐? 네 멋대로 제왕이 되었으니, 곧 멸족을 당할 것이다.

- 昱 빛날 욱.   罵 욕할 매.   朱三 ; 주전충은 형제 서열이 3번째.   汝作天子邪 ; 네가 천자가 될 수 있느냐?

- 四鎭節度使 ; 宣武, 宣義, 太平, 護國절도사.

- 何負於汝(하부어녀) ; 너에게 무슨 빚이 있느냐. 너에게 무엇을 잘못했느냐?

- 奈何(나하) ; 어찌. 왜?   行 ; (부사적 용법) 곧, 머지않아, 금방.   族滅(족멸) ; 滅族.

○ 是時李克用王晉, 李茂貞王岐, 楊行密爲吳王, 王淮南. 行密已卒, 子渥代之. 王建王蜀, 錢鏐王兩浙. 王潮據閩, 已卒, 弟審知代之. 馬殷據湖南, 劉隱據廣, 皆自唐末以來, 割據諸州. : 이때에 李克用은 晉에서 왕이었고, 李茂貞은 岐州의 왕, 楊行密은 吳王으로 淮南을 다스렸다. 楊行密이 죽고, 아들 楊渥이 그 자리를 대신했다. 王建은 蜀에서 왕을 했고, 錢鏐(전류)는 浙江의 동서에서 왕을 했다. 王潮는 閩(민)에 웅거하다가 죽은 뒤에는 동생 王審知가 대신하였다. 馬殷은 湖南에 웅거하였고 劉隱은 廣州를 차지하고 있었으니 모두가 唐末 以來로 각 주에서 할거하였다.

- 李克用(이극용) ; 唐末의 가장 强大한 번진절도사. 晉王.

- 王晉 ; 晉(河東, 지금의 山西省 일대)의 왕이 되다. 이때 王은 '왕 노릇을 하다' 라는 동사로 쓰였음.

- 李茂貞(이무정) ; 주전충의 대항 세력으로 존속.

- 楊行密 ; 淮南절도사. 吳王으로 淮南지방에 군림. 吳는 十國의 하나로 937년까지 존속.

- 渥 두터울 악. 젖다. 은혜.   王建 ; 서천절도사. 907년 唐이

망하자 칭제.   鏐 질이 좋은 황금 류.

  - 錢鏐(전류, 850~932년) ; 鎭海절도사. 十國 중 吳越國(893~978년 존속)의 건국자. 兩浙(양절) ; 절강 동쪽과 절강 서쪽. 지금의 浙江省 일대.

  - 王潮(왕조, 846~898년) ; 福建觀察使, 威武軍節度使. 十國 중 閩國(민국)의 건국자.   閩 종족 이름 민. 땅이름. 지금의 福建省 일대.

  - 馬殷(마은, 852~930년) ; 武安절도사로 潭州에 주둔. 十國의 楚(南楚)의 開國君王.   湖南(호남) ; 長沙 부근의 땅.

  - 劉隱(유은, 873~911년) ; 淸海軍節度使. 南海王에 被封.

○ 梁主以馬殷爲楚王. 蜀主王建稱帝 : 梁의 주전충은 馬殷을 楚王으로 삼았다. 蜀主 王建이 황제라 稱帝했다.(서기 907년)

(3) ○ 晉王李克用卒. 初克用有養子, 曰存孝, 最驍勇有功. 養子存信疾而譖之. 存孝懼禍而叛. 克用討獲囚歸, 惜其才, 意臨刑必有爲之請者. 諸將疾其能, 竟無一人言, 遂死. 又有薛阿檀, 亦勇, 密與存孝通, 恐事泄自殺, 自是克用兵勢寖弱. 唐末數爲汴人所攻, 失數州. 汴兵直抵晉陽城下, 克用登城備禦, 不遑寢食. 後汴兵再圍晉陽以疫還. 克用幾欲走, 會汴兵去而止.

진왕 이극용이 죽었다. 그 전에 이극용에게 존효라는 양
자가 있었는데 무용이 가장 뛰어났고 전공도 세웠었다. 또
다른 양자인 존신은 존효를 시샘하여 참소했다. 존효는 화
를 당할 것이 두려워 배반했다. 이극용은 존효를 치고 죄
수로 사로잡아 돌아오면서 그 재주가 아까워서 '형을 집행
하면 존효를 위해 사면을 청하는 자가 틀림없이 있으리
라.' 생각했다. 그러나 여러 장수들은 존효의 능력을 시샘
하여 끝내 한 사람도 말하는 자가 없어 그대로 죽였다.

또 설아단이란 자가 있었는데 마찬가지로 용감했지만 몰
래 존효와 내통했기에 일이 누설된 것이 두려워 자살했고
이때부터 이극용의 군세는 점점 약해졌다. 당 말기에 자주
변인(주전충의 군사)에게 공격을 당했고 여러 주를 잃었었
다. 주전충의 군사가 곧장 진양성 아래까지 들이닥쳐서 이
극용은 성에 올라 방어하느라고 먹고 잘 겨를도 없었다.
뒷날 주전충의 병력이 다시 진양을 포위했는데 전염병 때
문에 철수했다. 이극용은 거의 도주하려 했었으나 마침 주
전충의 병력이 물러가자 도주하지는 않았다.

○ 晉王李克用卒. 初克用有養子, 曰存孝, 最驍勇有功. 養子存信
疾而譖之. 存孝懼禍而叛. 克用討獲囚歸, 惜其才, 意臨刑必有爲之
請者. 諸將疾其能, 竟無一人言, 遂死. : 晉王 李克用이 죽었다. 그

전에 이극용에게 *存孝*라는 *養子*가 있었는데 아주 *武勇*이 뛰어났고 *戰功*도 세웠었다. 또 다른 *養子*인 *存信*은 존효를 시샘하여 참소를 했다. 존효는 화를 당할 것이 두려워 배반했다. 이극용은 존효를 치고 죄수로 사로잡아 돌아오면서 그 재주가 아까워서 '형을 집행하면 존효를 위해 사면을 청하는 자가 틀림없이 있으리라.' 생각했다. 그러나 여러 장수들은 존효의 능력을 시샘하여 끝내 한 사람도 말하는 자가 없어 그대로 죽었다.

– 晉王李克用卒 ; 908년에 죽었다. 그 자리를 아들 李存勗(이존욱)이 승계.

– 驍 날랠 효. 驍勇 ; 武勇이 뛰어남. 存信 ; 이극용의 또 다른 養子. 疾 병 질. 질투하다. 시샘하다.

– 譖 참소할 참. 懼 두려울 구. 叛 배반할 반. 獲 얻을 획. 사로잡다. 포획하다. 囚 가둘 수. 죄수.

– 意 ; 생각하다. 臨刑必有爲之請者 ; 형을 집행하려 하면(臨刑) 존효를(之) 위해(爲) 사면을 청하는 자가(請者) 틀림없이 있을 것이다(必有).

○ 又有薛阿檀, 亦勇, 密與存孝通, 恐事泄自殺, 自是克用兵勢寖弱. 唐末數爲汴人所攻, 失數州. 汴兵直抵晉陽城下, 克用登城備禦, 不遑寢食. 後汴兵再圍晉陽以疫還. 克用幾欲走, 會汴兵去而止. : 또 薛阿檀(설아단)이란 자가 있었는데 마찬가지로 용감했지만 몰래 존효와 내통했기에 일이 누설된 것이 두려워 자살했고 이때부터 이극용의 군세는 점점 약해졌다. 唐 말기에 자주 汴人(변인, 주전충)에게 공격을 당했고 여러 州를 잃었었다. 주전충의

군사가 곧장 晉陽城 아래까지 들이닥쳐서 이극용은 성에 올라 방어하느라고 먹고 잘 겨를도 없었다. 뒷날 주전충의 병력이 다시 진양을 포위했는데 전염병 때문에 철수했다. 이극용은 거의 도주하려 했었으나 마침 주전충의 병력이 물러가자 도주하지는 않았다.(이는 당이 망하기 전의 사건이다.)

 – 薛 맑은 대 쑥 설, 나라 이름 설. 阿 언덕 아. 아첨하다. 檀 박달나무 단. 泄 물이 샐 설.

 – 寖 잠길 침. 점점. 數 자주 삭. 汴 땅이름 변. 汴人 ; 주전충의 군사. 數 셈 수. 여럿.

 – 抵 거스를 저. 부딪치다. 밀어젖히다. 禦 막을 어. 遑 허둥거릴 황. 겨를. 바쁘다.

 – 晉陽(진양) ; 하동절도사 이극용의 본진. 并州(병주) – 지금 山西省의 省都인 太原. 하동절도사는 부근 10개 주의 병력을 통괄했다.

 – 疫 염병 역. 돌림병. 전염병. 幾 거의 기.

(4) 克用不能與汴人爭者累年, 悒悒以至于卒, 子存勖立. 時梁兵侵晉圍潞州, 晉李嗣昭閉城固守踰年, 梁築夾寨守之. 存勖與諸將謀曰, 朱溫所憚者先王耳. 聞吾新立, 以爲童子, 必有驕怠之心. 若簡精兵, 倍道趨之, 出其不意, 取威定霸. 在此一擧, 不

可失也. 帥兵發晉陽, 伏三垂岡下, 旦乘大霧, 直抵夾寨, 塡塹鼓譟而入. 梁兵大潰, 遂解潞圍.

이극용이 변인(주전충)과 여러 해 동안 싸워보지도 못하고 근심하다가 이때 죽자, 아들 이존욱이 뒤를 이었다. 그 무렵 주전충의 군사가 진에 쳐들어와서 노주를 포위하였는데, 진의 이사소는 성문을 닫고 굳게 지켜 해를 넘겼고 후량의 군사들은 협채를 쌓고 지키고 있었다.

존욱은 여러 장수와 협의하며 말했다. "주온이 무서워했던 사람은 선왕뿐이었다. 내가 새로 즉위했다는 것을 알고 어린애로 여기면서 틀림없이 교만하고 방심할 것이다. 만약 정병을 뽑아가지고 갑절로 빨리 추격하고 불의에 출격한다면, 우리가 위세를 잡고 패권을 결정지을 수 있다. 여기서 이 한 번의 출격을 실패해서는 안 된다."

(이존욱은) 군사를 거느리고 진양을 떠나서 삼수강 아래에 매복했다가 아침 짙은 안개를 이용하여 협채를 바로 공격하면서 참호를 메우며 요란하게 북을 치면서 진입하였다. 후량의 군사들이 궤멸되면서 드디어 노주의 포위가 풀렸다.

○ 克用不能與汴人爭者累年, 悒悒以至于卒, 子存勗立. 時梁兵侵

晉圍潞州, 晉李嗣昭閉城固守踰年, 梁築夾寨守之. ： 이극용이 汴人(변인, 주전충)과 여러 해 동안 싸워보지도 못하고 근심하다가 이때 죽자, 아들 이존욱이 뒤를 이었다. 그 무렵 주전충의 군사가 晉에 쳐들어와서 潞州(노주)를 포위하였는데, 晉의 李嗣昭(이사소)는 성문을 닫고 굳게 지켜 해를 넘겼고 후량의 군사들은 夾寨(협채)를 쌓고 지키고 있었다.

 – 累 포갤 루. 묶다. 累年 ; 여러 해. 悒 근심할 읍. 悒悒 ; 우울하여 마음이 편치 않은 모양.

 – 勗 힘쓸 욱. 勖과 같음. 李存勗(이존욱, 885~926년) ; 河東 節度使 李克用의 子. 沙陀人. 本姓 朱邪, 勇猛으로 이름 있음. 923년, 魏州(河北 大名府)에서 稱帝. 국호 唐(後唐). 923~926년 재위.

 – 梁兵 ; 후량 주전충의 군사. 潞 강 이름 노(로). 潞州 ; 上黨縣(今 山西省 長治市). 昭義절도사의 본진이 있던 곳.

 – 李嗣昭(이사소) ; 이존욱의 의형제. 踰 넘을 유. 넘기다.

 – 築 쌓을 축. 夾 좁을 협, 길 협. 寨 울짱 채, 울타리 채, 작은성 채, 성 채.

 – 夾寨(협채) ; 공격할 城의 아래에 길게 임시로 축조한 城. 상대가 급습을 못하게 하고 외부의 구원병을 차단하기 위한 목적으로 축조한다.

○ 存勗與諸將謀曰, 朱溫所憚者先王耳. 聞吾新立, 以爲童子, 必有驕怠之心. 若簡精兵, 倍道趨之, 出其不意, 取威定霸. 在此一擧, 不可失也. ： 存溫은 諸將과 모의하며 말했다. "朱溫이 무서워했던 사람은 先王뿐이었다. 내가 새로 즉위했다는 것을 알고 어린

애로 여기면서 틀림없이 교만하고 방심할 것이다. 만약 精兵을 뽑아가지고 갑절로 빨리 추격하고 불의에 출격한다면, 우리가 위세를 잡고 패권을 결정지을 수 있다. 여기서 이 한 번의 출격을 실패해서는 안 된다."

　- 朱溫 ; 朱全忠의 본명.　憚 꺼릴 탄.　先王 ; 이극용을 지칭. 以爲童子 ; 어린애로 여기다.

　- 驕怠(교태) ; 교만하고 태만(방심)하다.　簡 대쪽 간. 편지. 골라 뽑다. 揀은 簡과 동자.　倍 곱 배. 갑절, 두 배로(2배).

　- 倍道 ; 보통 사람보다 2배 빨리 가다.　趨 달릴 추. 추격하다. 出其不意 ; 갑자기 출격하다.

　- 取威定霸(취위정패) ; 위세를 얻고 패권을 잡는 것.　在此一擧 ; 이 한 번에 달렸다.

○ 帥兵發晉陽, 伏三垂岡下, 旦乘大霧, 直抵夾寨, 塡塹鼓譟而入. 梁兵大潰, 遂解潞圍. : (이존욱은) 군사를 거느리고 晉陽을 떠나서 三垂岡 아래에 매복했다가 아침 짙은 안개를 이용하여 夾寨를 바로 공격하면서 참호를 메우며 요란하게 북을 치면서 진입하였다. 후량의 군사들이 궤멸되면서 드디어 노주의 포위가 풀렸다.(서기 908년)

　- 伏 엎드릴 복. 매복하다.　岡 산등성이 강.　三垂岡(삼수강) ; 潞州의 지명.　旦 아침 단. 해 뜰 무렵.

　- 霧 안개 무.　抵 거스를 저. 막다. 밀어젖히다.　直抵 ; 직접 부딪치다. (우회공격이 아닌) 바로 공격하다.

　- 塡 메울 전.　塹 구덩이 참.　譟 시끄러울 조.　鼓譟(고조) ;

북을 요란하게 치다.   潰 무너질 궤.

(5) ○ 淮南將張顥·徐溫, 弑楊渥, 溫復殺顥, 將吏推立楊隆演. 徐溫自領昇州, 而以養子徐知誥, 往治之. ○ 梁以王審知爲閩王. ○ 梁以劉守光爲燕王, 守光者, 盧龍節度使仁恭之子也. 先是囚其父, 而自領軍府. ○ 梁夏州亂, 殺節度李彝昌, 以其族父仁福代之. 夏州李氏, 本姓拓跋, 上世自唐賜姓, 領鎭久矣. ○ 廣州劉隱卒, 弟巖代之. ○ 劉守光稱燕帝. ○ 鎭州王鎔·定州王處直, 推晉王爲盟主. 梁攻鎭州, 襲取諸郡. 晉王伐其兵於柏鄕, 大破之. 晉帥二鎭伐燕. 梁主救之, 大敗走歸.

○ 회남의 장수인 장호와 서온이 오왕 양악을 죽였는데, 서온이 다시 장호를 죽였으며, 장수와 문관들은 양융연을 추대했다. 서온은 스스로 승주를 차지하고서 양자 서지고를 보내 승주를 다스리게 하였다.

○ 후량은 왕심지를 민왕으로 봉했다.

○ 후량은 유수광을 연왕으로 봉했는데, 유수광은 노룡 절도사인 유인공의 아들이었다. 이보다 앞서 유인공은 아

버지를 가두어 두고 자신이 군부를 장악하였다.

○ 후량의 하주에서 반란이 일어나 절도사 이이창을 죽이자 그 집안사람 이인복이 대신하였다. 하주의 이씨는 본성이 탁발씨로 그 윗대에서 당으로부터 성을 하사받고 오랫동안 군진을 다스렸었다.

○ 광주의 (남해왕) 유은이 죽고, 아우 유암이 대신 차지했다.

○ 유수광이 燕帝(연제)를 칭했다.

○ 진주의 왕용과 정주의 왕처직은 진왕 이존욱을 추대하여 맹주로 삼았다. 후량이 진주를 공격하여 몇 개의 군을 차지했다. 진왕 이존욱은 후량의 군사를 백향에서 공격하여 대파하였다. 晉(진)의 이존욱은 진주와 정주의 군사를 거느리고 燕(연)을 공격하였다. 주전충은 연을 구원하러 왔으나 대패하고 돌아갔다.

어구 설명

○ 淮南將張顥·徐溫, 弑楊渥, 溫復殺顥, 將吏推立楊隆演. 徐溫自領昇州, 而以養子徐知誥, 往治之. 梁以王審知爲閩王. : 淮南의 장수인 張顥와 徐溫이 吳王 楊渥(양악)을 죽였는데, 서온이 다시 장호를 죽였으며, 將吏들은 楊隆演(양융연)을 추대했다. 徐溫은 스스로 昇州를 차지하고서 養子 徐知誥를 보내 승주를 다스리게 하였다. 後梁은 王審知를 閩王(민왕)으로 봉했다.

- 淮南 ; 楊行密은 회남절도사로 있다가 吳王이 되었고, 양행밀
이 죽자 아들 楊渥이 계승했었다.

- 渥 두터울 악. 젖다. 은혜. 楊渥 ; 吳王 楊行密의 아들. 顥
클 호.

- 將吏(장리) ; 장수와 文官. 隆 클 융(륭). 융성하다.

- 演 멀리 흐를 연. 徐溫(서온, 862~927년) ; 十國인 하나의
吳 楊行密의 신하. 나중에 吳의 국정을 장악.

- 昇州(승주) ; 十國의 하나인 南唐(937~975년)의 수도. 지금
의 南京市.

- 誥 고할 고. 알리다. 徐知誥(888~943년) ; 十國의 하나인
吳(南吳)의 大臣인 徐溫의 양자. 十國 중 가정 번성한 南唐의 開
國君主. 937~943년 재위. 李昪(이변)으로 改名.

- 王審知(왕심지, 862~925년) ; 898년에 王潮가 죽자, 왕조의
동생 王審知가 福建道 觀察使 겸 威武軍節度使가 되어 낭야왕이
봉해졌다. 後梁 開平 3年(909년) 閩王으로 다시 책봉을 받아
909~925년 재위.

○ 梁以劉守光爲燕王, 守光者, 盧龍節度使仁恭之子也. 先是囚其
父, 而自領軍府. 梁夏州亂, 殺節度李彝昌, 以其族父仁福代之. 夏
州李氏, 本姓拓跋, 上世自唐賜姓, 領鎭久矣. : 梁은 劉守光을 燕
王으로 봉했는데, 유수광은 盧龍節度使인 劉仁恭의 아들이었다.
이보다 앞서 유인공은 아버지를 가두어 두고 자신이 軍府를 장악
하였다. 梁의 夏州에서 반란이 일어나 節度使 李彝昌을 죽이자
그 族父인 李仁福이 대신하였다. 夏州의 李氏는 本姓이 拓跋(탁

발)씨로 그 윗대에서 唐으로부터 성을 하사받고 오랫동안 군진을 다스렸었다.

- 夏州 ; 夏綏(하수)절도사의 근거지. 지금의 陝西省 靖邊縣.

- 彛 떳떳할 이. 彝 ; 彛의 속자.   族父 ; 父親의 四寸 이상 백숙부 항렬. 집안 아저씨.

○ 廣州劉隱卒, 弟巖代之. 劉守光稱燕帝. 鎭州王鎔·定州王處直, 推晉王爲盟主. 梁攻鎭州, 襲取諸郡. 晉王伐其兵於柏鄕, 大破之. 晉帥二鎭伐燕. 梁主救之, 大敗走歸. : 廣州의 남해왕 劉隱이 죽고, 아우 劉巖이 대신 차지했다. 劉守光이 燕帝를 칭했다. 鎭州의 王鎔과 定州의 王處直은 晉王 이존욱을 추대하여 盟主로 삼았다. 후량이 鎭州를 공격하여 몇 개의 군을 차지했다. 晉王 이존욱은 후량의 군사를 柏鄕(백향)에서 공격하여 대파하였다. 晉의 이존욱은 鎭州와 定州의 군사를 거느리고 연을 공격하였다. 주전충은 燕을 구원하러 왔으나 대패하고 돌아갔다.

- 巖 바위 암. 鎭州 ; 河北의 常山郡. 鎔 녹일 용.

- 定州 ; 河北省의 지명. 王處直(왕처직, ?~922년) ; 義武절도사. 본래 이극용과 가까웠었다.

- 晉王 ; 이존욱. 伐 칠 벌. 정벌하다. 柏 측백나무 백.

- 二鎭 ; 鎭州와 定州. 梁主 ; 주전충. 救之 ; 之는 燕.

(6) 先是梁主已有疾. 至是憼憤曰, 我經營天下三十年, 不意大原遺孽, 更昌熾如此. 吾觀其志不小, 我死, 諸兒非彼敵也, 吾無葬地矣. 疾愈劇, 且加躁怒. 愛假子友文之妻, 將立友文爲嗣. 遂爲其子友珪所弑. 在位六年, 改元者二, 曰開平·乾化. 初以汴州爲東都開封府, 洛陽爲西都, 還都洛陽者凡四年. 友珪自立, 尋伏誅, 均王立.

　이보다 앞서 후량의 황제(주전충)는 이미 병이 들었었다. 이때 (참패를 하고서는) 창피도 하고 화가 나서 말했다. "내 천하를 경영한지 30년인데 대원에 버려진 자식(이존욱)이 이처럼 갈수록 번창할 줄은 몰랐다. 내가 볼 때 그 뜻이 결코 작지 않으니, 내가 죽으면 내 자식들은 저놈의 적수가 못되고 나는 묻힐 곳이 없을 것이다!"

　병이 더 위독해지자 더더욱 조급해지고 화를 내었다. 양자인 주우문의 처를 사랑하여 우문을 후계자로 세우려 하였다. 끝내 친아들 우규에 의해 피살되었다. 재위 6년에 개원을 2번 하였는데, 개평과 건화이다. 그 전에 변주를 동도 개봉부라 하고, 낙양을 서도라 하였는데 서울을 낙양으로 하고 환도한지 4년만이었다. 우규가 자립하였으나 곧 주살되고, 아우 균왕이 즉위하였다.

○ 先是梁主已有疾. 至是慙憤曰, 我經營天下三十年, 不意大原遺孽, 更昌熾如此. 吾觀其志不小, 我死, 諸兒非彼敵也, 吾無葬地矣. : 이보다 앞서 梁主(朱全忠)는 이미 병이 들었었다. 이때 (참패를 하고서는) 창피도 하고 화가 나서 말했다. "내 천하를 경영한지 30년인데 大原에 버려진 자식(이존욱)이 이처럼 갈수록 번창할 줄은(강대해질 줄은) 몰랐다. 내가 볼 때 그 뜻이 결코 작지 않으니, 내가 죽으면 내 자식들은 저놈의 적수가 못되고 나는 묻힐 곳이 없을 것이다!"

 - 梁主 ; 朱全忠.　慙 부끄러울 참.　憤 성낼 분. 흥분하다.　經營 ; 다스리다.　不意 ; 뜻밖에도.

 - 大原 ; 晉陽. 전국시대 晉의 영토. 지금 山西省을 지칭. 李克容의 근거지.　孽 서자 얼.

 - 更 다시 갱. 고칠 경. 더욱 더.　熾 성할 치. 불꽃이 세다.　昌熾(창치) ; 번창하다.

 - 諸兒 ; (주전충의) 여러 아들.　非彼敵也 ; 저쪽의(彼) 상대가(敵) 아니다(非~也).

 - 주전충은 일찍이 이존욱을 보고서는 "아들을 낳으려면 저 같은 아들이어야 한다. 이극용은 망하지 않을 것이다. 그런데 내 아들은 모두 강아지나 돼지들이로다."라고 탄식했었다.

○ 疾愈劇, 且加躁怒. 愛假子友文之妻, 將立友文爲嗣. 遂爲其子友珪所弑. 在位六年, 改元者二, 曰開平·乾化. 初以汴州爲東都開封府, 洛陽爲西都, 還都洛陽者凡四年. 友珪自立, 尋伏誅, 均王立.

: 병이 더 위독해지자 더더욱 조급해지고 화를 내었다. 양자인 朱友文의 妻를 사랑하여 友文을 후계자로 세우려 하였다. 끝내 아들 友珪에 의해 피살되었다. 在位 6년에 개원을 2번 하였는데, 開平과 乾化이다. 그 전에 汴州를 東都 開封府라 하고, 洛陽을 西都라 하였는데 낙양으로 환도한지 4년만이었다. 友珪가 自立하였으나 곧 주살되고, 아우 均王이 즉위하였다.

 – 愈劇(유극) ; 더욱 위독해지다.   躁 성급할 조.   躁怒(조노) ; 성급해서 화를 잘 내다.

 – 假子(가자) ; 養子. 義子. 의붓자식.   爲嗣(위사) ; 뒤를 잇다.

 – 在位六年 ; 907~912년.   朱友珪(주우규) ; 주전충의 三子. 均王 ; 朱友貞.

後梁 궁중생활을 묘사한 八達春遊圖(팔달춘유도)

(7) 均王, 名友貞, 初爲東都指揮使. 友珪簒弑, 起兵誅之, 而卽位於汴, 更名瑱. ○ 晉王入幽州, 執燕劉仁恭及守光, 歸斬之. ○ 梁賜荊南節度使高季昌爵爲王. ○ 契丹阿保機稱帝, 古東胡種也. 其國先在橫山南, 本鮮卑舊地. 元魏時自號契丹, 初大賀氏有八子, 號八部大人. 推一人爲主, 三歲一代. 唐開元中, 有邵固者, 統衆, 詔許襲王. 至是諸部以耶律翰里少子阿保機爲主, 幷奚·渤海諸國, 始建元不復受代. 國人謂之天皇王.

균왕의 이름은 우정인데 처음에는 동도(변주)지휘사였었다. 주우규가 주전충을 시해하고 찬탈하자 군사를 일으켜 주우규를 죽이고, 변주에서 즉위하고 이름을 瑱(진)으로 바꾸었다.

○ 진왕(이존욱)이 유주에 진입하여 燕王(연왕) 유인공과 유수광을 사로잡은 뒤 돌아가서 죽였다.

○ 후량이 형남절도사인 고계창에게 발해왕의 작위를 하사하고 왕에 봉했다.

○ 거란의 아보기가 칭제하였는데 옛 동호의 한 종족이었다. 그 나라는 그 전에 횡산의 남쪽에 있었는데 그곳은 본래 선비족의 옛 터전이었었다. 南北朝(남북조)의 元魏

(원위, 북위) 때부터 자신들을 거란이라 불렀는데 처음에 거란의 君主(군주)로 대하씨에게 8명의 아들이 있어 팔부대인이라 불렀었다. 그 중 한 사람을 추대하여 군주로 삼았는데 3년에 한 번씩 교대하였다.

당 개원 연간에 소고란 자가 통솔하고 있었는데 조서로 왕위의 세습을 허락하였다. 이때에 거란의 여러 부족들은 야율알리의 막내아들 아보기를 주군으로 삼고 奚族(해족)과 발해 등의 나라를 병합했으며 연호를 정하고 다시는 교대하지 않고 대대로 뒤를 이어 나가기로 했다. 그 나라 사람들은 (야율아보기를) 천황왕이라 불렀다.

어구 설명

○ 均王, 名友貞, 初爲東都指揮使. 友珪簒弑, 起兵誅之, 而卽位於汴, 更名瑱. 晉王入幽州, 執燕劉仁恭及守光, 歸斬之. 梁賜荊南節度使高季昌爵爲王. : 均王의 이름은 友貞인데 처음에는 東都(汴州)指揮使였었다. 주우규가 주전충을 시해하고 찬탈하자 군사를 일으켜 주우규를 죽이고, 변주에서 즉위하고 이름을 瑱으로 바꾸었다. 晉王(이존욱)이 幽州에 진입하여 劉仁恭과 劉守光을 사로잡은 뒤 돌아가서 죽였다. 後梁이 荊南節度使인 高季昌에게 발해왕의 작위를 주었다.

 - 均王 ; 朱全忠 三子. 朱友珪의 弟. 913 ~ 923년 재위.

 - 東都 ; 汴州, 開封府. 簒 빼앗을 찬. 瑱 귀막이 옥 진.

- 劉仁恭 ; 911년 燕王이라 칭제, 913년 멸망.

- 荊南節度使 高季昌 ; 발해왕에 피봉.(914년) 後唐이 건국 후에는 南平王에 피봉. 十國 중 하나.

○ 契丹阿保機稱帝, 古東胡種也. 其國先在橫山南, 本鮮卑舊地. 元魏時自號契丹, 初大賀氏有八子, 號八部大人. 推一人爲主, 三歲一代. : 契丹(거란)의 阿保機가 稱帝하였는데 옛 東胡의 한 종족이었다. 그 나라는 그 전에 橫山(復州)의 남쪽에 있었는데 그곳은 본래 鮮卑족의 옛 터전이었었다. 元魏(北魏) 때부터 자신들을 거란이라 불렀는데 전에 大賀氏에게 八子가 있어 八部大人이라 불렀었다. 그 중 한 사람을 추대하여 군주로 삼았는데 3년에 한 번씩 교대하였다.

- 契 맺을 계. 사람 이름 설. 종족 이름 글. 丹 붉을 단. 牧(木)丹의 경우 '모란' 으로 발음. 契丹을 계단, 글단으로 발음하지 않음. '글안' '글란' 이란 한글 표기도 틀린 것임. 契丹은 중국어로는 'qìdān', 우리말로는 '거란' 으로 표기. 英語의 Cathay는 중국을 의미하는 뜻도 있는데(예, Cathay Pacific 國泰航空은 中國太平洋航空의 뜻), Cathay는 본래 거란을 지칭하는 말이다.

- 契丹(거란) ; 이들은 때로는 흉노, 夷狄, 胡人으로 표기되어 일정한 한자식 표기나 지칭이 없던 미개한 종족이었다. 종족으로는 선비족의 한 갈래라 보면 된다. 契丹은 종족 이름으로도 사용되고 나라 이름으로도 사용되었다. 야율아보기가 나라를 세우고 칭제할 때는 국명이 '契丹' 이었지만 五代 後晉을 멸망시키고서는 936년부터 '大遼' 라 했다. 보통 '遼(요)' 라고 통칭한다.

- 阿保機 ; 耶律阿保機. 耶律은 성씨. 阿保機는 이름. 稱帝 ; 야율아보기는 907년에 '天皇帝' 라고 칭하다가 916년에 칭제. 918년에 臨潢府(今 內蒙古)에 定都했다.

- 東胡 ; 선비족의 일부. 東胡, 濊貊(예백), 肅愼(숙신 ; 여진족)은 漢대에 東北의 3대 민족이라 했다.

- 元魏 ; 탁발씨가 세운 魏나라. 남북조 시대의 北魏. 漢化정책의 일환으로 國姓을 元씨로 바꿨기에 元魏라 함.

- 三歲一代 ; 3년에 한 번 교대하다.

○ 唐開元中, 有邵固者, 統衆, 詔許襲王. 至是諸部以耶律幹里少子阿保機爲主, 幷奚·渤海諸國, 始建元不復受代. 國人謂之天皇王. : 唐 개원 연간에 邵固(소고)란 자가 통솔하고 있었는데 조서로 왕위의 세습을 허락하였다. 이때에 거란의 여러 부족들은 耶律幹里(야율알리)의 막내아들 阿保機를 主君으로 삼고 奚族(해족)과 渤海(발해) 등의 나라를 병합했으며 연호를 정하고 다시는 교대하지 않고 대대로 뒤를 이어 나가기로 했다. 그 나라 사람들은 (야율아보기를) 天皇王이라 불렀다.

- 開元中 ; 당 현종의 연호(713~741년). 邵 고을 이름 소. 邵固(소고) ; 부족장 이름. 襲 엄습할 습, 이을 습. 계위하다.

- 幹 관리할 알. 耶律阿保機(야율아보기) ; 916~926년 재위.

- 幷 어우를 병. 합치다. 奚 어찌 해. 熱河(열하) 지방에 살았던 종족 이름. 渤 바다 이름 발.

- 渤海(발해) ; 고구려 유장 大祚榮(대조영)이 건국한 나라. 926년에 거란에게 망했다.

– 不復受代 ; 다시는 (통치자의 자리를) 교대하지 않았다.　國
人 ; 그 나라 사람들.

(8)　○ 廣州劉巖稱越王, 已而稱帝, 改國號曰漢, 后
又更名龔.　○ 吳徐溫, 徙治昇州, 以徐知誥入輔吳
政.　○ 蜀主王建殂, 子宗衍立.　○ 吳主楊隆演卒,
弟溥普立.　○ 梁以錢鏐爲吳越國王.　○ 晉與梁連
歲交兵. 梁魏州降于晉. 晉王入魏, 拔德州·澶州.
○ 梁劉鄩襲晉陽, 不克而還. 攻鎮·定營, 晉師敗
之. 鄩攻魏州, 晉王又敗之. 梁又遣兵襲晉陽. 晉人
擊郤之. 晉克衛·磁·洛·相·邢·滄·貝州,
掠濮·鄆. 梁人決河以限晉.

○ 광주의 유암이 월왕이라 칭했다가, 곧 칭제하며 국호
를 한이라 고쳤다가 뒤에 다시 龔(공)으로 바꾸었다.
○ 오나라의 서온이 치소를 승주(금릉)로 옮겼고, 서지고
를 불러 오의 정치를 보좌토록 하였다.
○ 촉주 왕건이 죽었고, 아들 종연이 즉위했다.
○ 오주 양융연이 죽었고, 아우 부보가 즉위했다.
○ 후량은 전류를 오월국의 왕으로 봉하였다.

○ 진과 후량은 해마다 전쟁을 했다. 후량의 魏州(위주)가 진에 투항했다. 진왕(이존욱)이 위주에 입성하고 덕주와 전주를 차지했다.

후량의 유심이 진양을 습격했지만 이기지 못하고 돌아갔다. 진주와 정주의 병영을 공격했지만 진의 군사에게 패했다. 유심이 위주를 공격했지만 진왕(이존욱)에게 또 패배했다. 후량은 다시 군사를 보내 진양을 공격했지만 진인들이 싸워 물리쳤다. 이존욱의 진은 위주, 자주, 낙주, 상주, 형주, 창주, 패주를 차지했고 복주와 운주를 공격했다. 후량의 군사는 황하의 제방을 터서 진나라 군사의 진입을 막았다.

어구 설명

○ 廣州劉巖稱越王, 已而稱帝, 改國號曰漢, 后又更名龔. 吳徐溫, 徙治昇州, 以徐知誥入輔吳政. 蜀主王建殂, 子宗衍立. : 廣州의 劉巖이 越王이라 칭했다가, 곧 稱帝하며 國號를 漢이라 고쳤다가 뒤에 다시 龔(공)으로 바꾸었다. 吳나라의 徐溫이 治所를 昇州(승주, 금릉)로 옮겼고, 徐知誥를 불러 오의 정치를 보좌토록 하였다. 蜀主 王建이 죽었고, 아들 宗衍(종연)이 즉위했다.(서기 918년)

- 巖 바위 암. 越 넘을 월. 龔 공손할 공. 받들다. 殂 죽을 조. 衍 넘칠 연.

○ 吳主楊隆演卒, 弟溥普立. 梁以錢鏐爲吳越國王. 晉與梁連歲交兵. 梁魏州降于晉. 晉王入魏, 拔德州·澶州. : 吳主 楊隆演(양융연)이 죽었고, 아우 溥普(부보)가 즉위했다.(서기 920년) 후량은 錢鏐(전류)를 吳越國의 王으로 봉하였다. 晉과 후량은 해마다 전쟁을 했다. 후량의 魏州(위주=河北省)가 晉에 투항했다. 晉王(이존욱)이 위주에 입성하고 德州(山東省)와 澶州(전주)를 차지했다.

 – 楊隆演(양융연) ; 재위 908~920년. 년호 武義.　溥 넓을 부. 普 널리 보. 보통.　鏐 질이 좋은 황금 류.

 – 吳越國 ; 907~978년 존속. 十國 중 하나. 錢鏐(전류) ; 건국. 都城은 錢塘(전당. 杭州) 지금의 浙江省 지역을 지배.

 – 拔 뽑을 발. 정복하여 차지하다.　澶 물 고요할 전. 멋대로 할 澶.　澶州(전주) ; 山東省의 지명.

○ 梁劉鄩襲晉陽, 不克而還. 攻鎭·定營, 晉師敗之. 鄩攻魏州, 晉王又敗之. 梁又遣兵襲晉陽. 晉人擊卻之. 晉克衛·磁·洛·相·邢·滄·貝州, 掠濮·鄆. 梁人決河以限晉. : 후량의 劉鄩(유심)이 晉陽을 습격했지만 이기지 못하고 돌아갔다. 진주와 정주의 병영을 공격했지만 晉의 군사에게 패했다. 유심이 魏州를 공격했지만 晉王(이존욱)에게 또 패배했다. 후량은 다시 군사를 보내 晉陽을 공격했지만 晉人들이 싸워 물리쳤다. 이존욱의 진은 위주, 자주, 낙주, 상주, 형주, 창주, 패주를 차지했고 복주와 운주를 공격했다. 후량의 군사는 황하의 제방을 터서 晉나라 군사의 진입을 막았다.

 – 鄩 고을 이름 심.　營 ; 경영할 영. 만들다. 兵營.　鎭州 ; 王

鎔의 軍營. 定州 ; 王處直의 軍營.

 - 敗之 ; 적을(之) 패퇴시키다. 적을 물리쳤다. 擊 칠 격. 卻
물리칠 각. 邢 나라 이름 형. 땅이름.

 - 貝 조개 패. 掠 노략질할 략. 濮 강 이름 복. 決河(결하) ;
황하의 제방을 무너트리다.

 - 限 지경 한. 경계로 하다. 제한하다. 멈추다.

(9) 晉王攻拔其四寨. 已而大擧伐梁, 戰于胡柳. 晉
周德威敗死, 晉王收兵復戰, 大破梁軍. 晉築德勝南
北兩城, 梁攻之不克. 梁招討王瓚爲晉所敗, 梁河中
降晉. 鎭州將弑趙王王鎔, 晉王討平之. 先是吳·蜀
屢書勸晉王稱帝. 晉王自謂, 先王有遺言, 當務復唐
社稷. 旣而得傳國寶於魏州, 將佐皆賀, 勸進不已.
遂卽帝位於魏, 國號唐.

진왕(이존욱)이 후량을 공격하여 4개의 성채를 빼앗았
다. 곧이어 대 병력으로 후량을 치면서 호류에서 싸웠다.
진의 주덕위가 패하여 죽었으므로 진왕은 병력을 철수했
다가 다시 싸워 후량의 군대를 대파했다. 진은 덕승에 남
북으로 2개의 성을 쌓았는데 후량이 이를 공격했지만 이기
지 못했다. 후량의 초토사 왕찬이 진에게 패배하면서 후량

의 河中(하중)도 진에 항복했다. 진주의 장수가 조왕인 왕용을 시해하자, 진왕 이존욱이 토벌하여 평정하였다.

　이보다 앞서 오와 촉에서는 여러 번 진왕에게 칭제할 것을 권하는 글을 올렸었다. 진왕은 "선왕께서는 꼭 당의 사직을 부흥하는데 힘쓰라는 유언을 하셨다."고 말했었다. 그 뒤 魏州(위주)에서 唐(당)나라의 傳國(전국)의 보물 옥새를 얻었다는 말이 있자, 장수들이 모두 축하하며 제위에 오를 것을 계속 권했다. (이존욱은) 마침내 위주에서 제위에 오르고 국호를 당이라 하였다.

어구 설명

○ 晉王攻拔其四寨. 已而大擧伐梁, 戰于胡柳. 晉周德威敗死, 晉王收兵復戰, 大破梁軍. 晉築德勝南北兩城, 梁攻之不克. 梁招討王瓚爲晉所敗, 梁河中降晉. 鎭州將弑趙王王鎔, 晉王討平之. : 晉王이 후량을 공격하여 4개의 성채를 빼앗았다. 곧이어 대 병력으로 후량을 치면서 胡柳에서 싸웠다. 晉의 周德威가 敗死하여 晉王은 병력을 철수했다가 다시 싸워 梁軍을 대파했다. 晉은 德勝에 黃河를 끼고 南北으로 2개의 城을 쌓았는데 후량이 이를 공격했지만 이기지 못했다. 후량의 招討使 王瓚이 晉에게 패배하면서 후량의 河中도 晉에 항복했다.(서기 920년) 鎭州의 장수가 趙王인 王鎔을 시해하자, 晉王 이존욱이 토벌하여 평정하였다.(서기 921년)

- 寨 울타리 채. 성채.　胡柳(호류) ; 濮州(복주) 근처의 서쪽 지명.　德勝 ; 濮州 근처 황하의 나루터. 德勝口.

- 河中 ; 蒲州(포주)의 河中절도사. 絳州, 晉州 등 4개 州를 장악.

○ 先是吳·蜀屢書勸晉王稱帝. 晉王自謂, 先王有遺言, 當務復唐社稷. 既而得傳國寶於魏州, 將佐皆賀, 勸進不已. 遂卽帝位於魏, 國號唐. : 이보다 앞서 吳와 蜀에서는 여러 번 晉王이 稱帝할 것을 권하는 글을 올렸었다. 晉王은 "先王께서는 꼭 당의 사직을 부흥하는데 힘쓰라는 유언을 하셨다."고 말했었다. 그 뒤 魏州에서 전국의 옥새를 얻었다는 말이 있자, 장수들이 모두 축하하며 제위에 오를 것을 계속 권했다. (이존욱은) 마침내 魏州에서 제위에 오르고 국호를 唐이라 하였다.

- 屢書勸晉王稱帝. 晉王自謂, 先王 ; 이극용.　復 ; 회복하다. 재건하다.　既而(기이) ; 그 뒤, 잠깐 후에, 이윽고.

- 得傳國寶(득전국보) ; 나라에서 나라로 이어지는(傳國) 보물(寶, 옥새)을 얻었다. 처음에 어떤 승려가 이를 찾아내 보통 옥돌인 줄 알고 시중에 팔았었다고 한다. 이후 진왕 이존욱에게 헌상되었다고 한다.(서기 921년)

- 將佐(장좌) ; 장수. 고급 무장.　不已 ; 그치지 않다.

- 遂卽帝位於魏(수즉제위어위) ; 마침내 魏州에서 帝位에 오르다.

- 唐 ; 後唐. 923~935년 존속. 연호를 同光(동광)으로 고쳤다. 이존욱은 莊宗皇帝(장종황제)라 하였다.

(10) 遣李嗣源襲取梁鄆州, 梁以王彥章爲招討. 唐主戒德勝守者曰, 王鐵槍勇決, 謹之. 彥章果拔南城, 進拔諸寨, 至楊劉力攻, 不克而退. 梁遣彥章攻鄆, 唐主救之, 梁敗彥章死. 唐以嗣源爲前鋒, 五日入大梁. 梁主猶慮諸兄弟乘危謀亂, 盡殺之, 尋命其下殺己. 在位十一年, 改元者二, 曰貞明·龍德. 梁自太祖稱帝, 至是二世, 一十七年而亡.

(후당의 莊宗(장종) 이존욱은) 이사원을 보내 후량의 운주를 공격하여 빼앗으니, 후량의 友貞(우정)은 왕언장을 초토사로 임명했다. 당주는 덕승을 지키는 자에게 훈계하며 말했다. "왕철창(왕언장)은 용감하며 결단력이 있으니 그를 조심해야 한다." 왕언장은 과연 그대로 (덕승의) 남쪽 성을 점령했고 더 나아가 여러 성채를 차지하고서 양류에 이르러 전력 공격했으나 이기지 못하고 퇴각했다. 후량에서는 왕언장을 보내 운주를 공격했으나 당주(이존욱)가 구원하니 후량은 패전하였고 왕언장은 전사했다. 후당에서는 이사원을 전봉(선봉)으로 삼아 5일 만에 수도 대량에 진입했다. 후량의 주우정은 오히려 여러 형제들이 위기를 이용해 반란을 꾀할 것을 우려하여 형제들을 모두 죽였고, 얼마 있다가 아랫사람에게 자신을 죽이게 하였다. 주우정은 재위 11년에 2번 개원하였는데, 정명과 용덕이었다. 후량은

태조가 칭제한 이후 이때까지 2세(代) 17년 만에 망했다.

어구 설명

○ 遣李嗣源襲取梁鄆州, 梁以王彦章爲招討. 唐主戒德勝守者曰, 王鐵槍勇決, 謹之. 彦章果拔南城, 進拔諸寨, 至楊劉力攻, 不克而退. 梁遣彦章攻鄆, 唐主救之, 梁敗彦章死. : (後唐의 이존욱은) 李嗣源을 보내 후량의 鄆州(운주)를 공격하여 빼앗으니, 후량은 王彦章을 招討使로 임명했다. 唐主는 德勝을 지키는 者에게 훈계하며 말했다. "王鐵槍(철창 ; 왕언장)은 용감하며 결단력이 있으니 그를 조심해야 한다." 왕언장은 과연 그대로 (德勝의) 南城을 점령했고 더 나아가 여러 성채를 차지하고서 楊劉에 이르러 力攻했으나 이기지 못하고 퇴각했다. 후량에서는 왕언장을 보내 鄆州를 공격했으나 唐主(이존욱)가 구원하니 후량은 패전하였고 왕언장은 전사했다.

－ 李嗣源(이사원, 867~933년) ; 李克用의 養子. 나중에 이존욱의 뒤를 이어 제위에 올라 8년간(926~933년) 재위.

－ 彦 선비 언.　王彦章(왕언장, 863~923년) ; 後梁의 將軍. 용감하며 善戰하였고 후량에 끝까지 충성했다.

－ 槍 창 창. 銃(총).　王鐵槍(왕철창) ; 두 개의 창을 쓰는 용맹이 대단한 장수. 왕언장의 별명.　勇決(용결) ; 용감하고 결단력이 있다.

－ 南城 ; 德勝口의 南北 兩城 중 남쪽의 城.　楊劉(양류) ; 지명. 鄆 고을 이름 운.

○ 唐以嗣源爲前鋒, 五日入大梁. 梁主猶慮諸兄弟乘危謀亂, 盡殺之, 尋命其下殺己. 在位十一年, 改元者二, 曰貞明·龍德. 梁自太祖稱帝, 至是二世, 一十七年而亡. : 後唐에서는 李嗣源을 前鋒으로 삼아 五日 만에 수도 大梁에 진입했다. 후량의 주우정은 오히려 여러 형제들이 위기를 이용해 반란을 꾀할 것을 우려하여 형제들을 모두 죽였고, 얼마 있다가 아랫사람에게 자신을 죽이게 하였다. 주우정은 재위 11년에 2번 개원하였는데, 貞明과 龍德이었다. 후량은 太祖가 稱帝한 이후 이때까지 二世 17년 만에 망했다.

 - 大梁 ; 후량의 수도. 지금의 開封市. 五代 時期에 後唐을 제외한 後梁, 後晋, 後漢, 後周가 여기를 도읍으로 삼았었다. 뒷날 북송의 수도도 開封(東京)이었다.

 - 梁主 ; 朱友貞. 慮 생각할 여(려). 우려하다. 乘危謀亂(승위모란) ; 위기를 이용해 반란을 꾀하다.

 - 命其下殺己 ; 자신의 아랫사람 皇甫麟(황보린)에게 자신을 죽이라고 하다.

 - 在位十一年 ; 서기 913~923년. 梁自太祖稱帝 ; 서기 907년. 至是二世 ; 주전충을 살해하고 즉위한 朱友珪는 제외.

2) 後唐의 건국과 멸망

⑴ 唐莊宗皇帝, 名存勗, 沙陀人也. 本姓朱邪, 先世立功賜姓李. 父克用有勇略, 一目微眇, 號獨眼龍. 爲唐平黃巢, 立大功, 王于晉. 與朱氏爲仇, 暮年頗爲所蹙, 憂形於色. 存勗幼進言曰, 朱氏窮凶極暴, 人怨神怒, 極將斃矣. 吾家世襲忠貞, 大人當遵養時晦, 以待其衰, 奈何輕爲沮喪, 使羣下失望乎. 克用說. 臨終立爲嗣, 謂其下曰, 此子志氣遠大, 必能成吾事.

후당의 장종황제의 이름은 이존욱으로 사타 사람이다. 본성은 朱邪(주사)인데 윗대 조상이 공을 세워 이씨 성을 하사 받았다. 부친 이극용은 용기와 지략이 있고 눈 하나가 약간 애꾸눈이라서 '독안룡' 이라고 불렸다. 당을 위하여 황소의 난을 평정하며 큰 공을 세워 진의 왕이 되었다. 주전충과는 원수가 되었고 말년에 늘 주전충에 눌려 세력이 많이 위축되어 근심이 얼굴에 가득했다.

이존욱이 어렸을 때인데 아버지에게 "주씨는 더할 데 없이 흉악하고 포악하여 사람과 신이 모두 원망하고 분노하며 끝까지 갔으니 곧 죽을 것입니다. 우리 집안은 대대로 충성과 정절을 이어오고 있는데 아버님께서는 때에 따라

後唐 莊宗(장종) 李存勗(이존욱)

後唐 莊宗(장종) 李存勗(이존욱)

실력을 키우고 때로는 숨기면서 저쪽의 쇠퇴를 기다려야
하거늘, 어이하여 가벼이 기가 꺾이고 약해져서 여러 아랫
사람들로 하여금 실망하게 하십니까?"라고 말하였다. 이
에 이극용은 기뻐하였다. 임종에 이존욱을 후계자로 삼으
면서 아랫사람들에게 말했다. "이 애는 뜻과 기개가 원대
하니 틀림없이 내 소원을 이룰 것이다."

어구 설명

○ 唐莊宗皇帝, 名存勗, 沙陀人也. 本姓朱邪, 先世立功賜姓李. 父
克用有勇略, 一目微眇, 號獨眼龍. 爲唐平黃巢, 立大功, 王于晉.
與朱氏爲仇, 暮年頗爲所蹙, 憂形於色. : 後唐의 莊宗皇帝의 이름
은 存勗(존욱)으로 沙陀 사람이다. 본성은 朱邪(주사)인데 윗대
조상이 공을 세워 李氏 성을 하사 받았다. 부친 李克用은 용기와
지략이 있고 눈 하나가 약간 애꾸눈이라서 '獨眼龍' 이라고 불렸
다. 唐을 위하여 황소의 난을 평정하며 큰 공을 세워 晉의 王이
되었다. 朱全忠과는 원수가 되었고 말년에 세력이 많이 위축되어
근심이 얼굴에 가득했다.

– 莊宗皇帝 ; 재위 923~926년.　勗 힘쓸 욱.

– 沙陀(사타) ; 서 돌궐족의 한 갈래. 지금의 新疆의 준가르 분
지 동남쪽에서 유목생활을 했다. 甘肅省.

– 朱邪(주사) ; 부족의 이름인데 성씨로 대용됨. 朱邪盡忠(주사
진충)이 당 헌종 때 당에 투항해왔었다.

- 先世立功賜姓李 ; 唐 懿宗(의종) 때, 이존욱의 祖父 朱邪赤心은 龐勛(방훈)의 난 평정에 功을 세워 李氏 姓을 하사받고 이름을 國昌이라 했다.

- 微 작을 미.　眇 애꾸눈 묘.　獨眼龍(독안룡) ; 외눈박이 용. 이극룡의 별명.　平 ; 평정하다.

- 朱氏 ; 朱全忠.　仇 원수 구.　暮 해가 저물 모.　暮年 ; 末年.　頗 자못 파.　蹙 오그라들 축.

- 爲所蹙 ; 萎縮(위축)당했다.(피동)　憂形於色(우형어색) ; 근심이 안색에 나타나다. 얼굴에 수심이 가득하다.

○ 存勗幼進言曰, 朱氏窮凶極暴, 人怨神怒, 極將斃矣. 吾家世襲忠貞, 大人當遵養時晦, 以待其衰, 奈何輕爲沮喪, 使羣下失望乎. 克用說. 臨終立爲嗣, 謂其下曰, 此子志氣遠大, 必能成吾事. : 李存勗이 어렸을 때인데 아버지에게 "朱氏는 더할 데 없이 凶暴하기에 사람과 神이 모두 원망하고 분노하며 끝까지 갔으니 곧 죽을 것입니다. 우리 집안은 대대로 忠貞을 이어오고 있는데 아버님께서는 때에 따라 실력을 키우고 때로는 숨기면서 저쪽의 쇠퇴를 기다려야 하거늘, 어이하여 가벼이 기가 꺾이고 약해져서 여러 아랫사람들로 하여금 실망하게 하십니까?"라고 하였다. 이에 이극용은 기뻐하였다. 臨終에 이존욱을 후계자로 삼으면서 아랫사람들에게 말했다. "이 애는 뜻과 기개가 원대하니 틀림없이 내 소원을 이룰 것이다."

- 幼 어릴 유.　進言 ; 윗사람에게 말씀드리다.

- 朱氏 ; 朱全忠.　窮 다할 궁. 가난하다. 끝.　極 ; 다할 극.

끈.　窮凶極暴(궁흉극폭) ; 凶을 다하고 暴을 다하다.

－ 人怨神怒(인원신노) ; 人은 怨하고 神은 怒하다. 위의 窮凶極暴과 마찬가지로 병렬식 문장이며, 점점 서술을 강조하는 對句로 된 구절임. 곧 凶보다 더한 暴이며 人보다 높은 神임. 凶과 暴, 怨과 怒가 모두 상황이 점점 더 심각해지는 표현임.

－ 斃 넘어질 폐. 넘어져 죽다.　極將斃矣(극장폐의) ; 다하면 곧 끝이 난다.　忠貞(충정) ; 忠誠과 貞節.

－ 大人 ; 有德者. 父親.　遵 좇을 준. 따르다.　養 기를 양. 실력을 키우다.　時 ; 때로는.　晦 그믐 회. 어둡다. 감추다.

－ 遵養時晦(준양시회) ; 상황에 따라 실력을 키우고 때에 따라 능력을 감추다.

－ 以待其衰(이대기쇠) ; 그의(其) 쇠퇴(衰)를 기다려야(待) 하는데(以).　奈何(나하) ; 어찌하여.

－ 輕 가벼울 경. 가벼이.　爲 ; ~을 하다.　沮 마을 저.　喪 죽을 상. 잃다.　沮喪 ; 기가 꺾이고 약해지다.

－ 使 부릴 사. ~로 하여금.　羣下(군하) ; 여러 아랫사람.　失望乎 ; 실망시킵니까?　說 ; 말씀 설. 기쁠 열.

(2) 年十七嗣晉王位, 卽擧兵破梁, 解潞圍, 自是連勝. 梁祖歎曰, 生子當如李亞子. 吾兒豚犬耳. 存勗東幷幽州, 北卻契丹, 南與梁夾河百戰. 先是晉陽監

軍故唐宦者張承業, 爲晉王掊拾財賦, 召補兵馬. 攻
戰連年, 接應不乏, 皆承業力, 承業意在復唐宗社.
聞王將稱帝力諫, 知不可止, 慟哭曰, 諸侯血戰, 本
爲唐家, 今王自取之, 誤老奴矣. 悒悒成疾而卒.

(이존욱은) 나이 17세에 진왕의 자리를 계승하고서는, 곧 군사를 일으켜 후량을 격파하여 노주의 포위를 풀었고 이후로 전투에서 연승을 하였다. 주천충은 감탄하면서 말했다. "아들을 낳을 테면 꼭 이존욱과 같아야 한다. 내 자식들은 돼지나 개와 같다."

이존욱은 동쪽으로는 유주를 아우르고, 북쪽으로는 거란을 물리쳤으며, 남쪽으로는 황하를 사이에 두고 후량과 수없이 싸웠다.

이보다 앞서 진양의 감군이던 옛 당의 환관인 장승업은 晉王(진왕)을 위해 세금을 걷고 병사와 군마를 소집하고 보충해 주었다. 전투가 해마다 계속되었지만 보급 물자가 부족하지 않았던 것은 모두 장승업의 노력이었는데, 장승업의 뜻은 당나라의 종묘와 사직을 부흥하는데 있었다.

(장승업은) 진왕 이존욱이 장차 칭제하려는 것을 힘써 말렸지만 못하게 할 수 없다는 것을 알고 통곡하며 말했다. "여러 번진들이 혈전을 벌리는 것이 본디 당 황실을 위한 것이었으나 지금 제왕들은 스스로 황제의 자리를 차지하

려 하니 늙은 내가 잘못 생각했도다.” 장승업은 근심하고 근심하다 병이 되어 죽었다.

어구 설명

○ 年十七嗣晉王位, 卽擧兵破梁, 解潞圍, 自是連勝. 梁祖歎曰, 生子當如李亞子. 吾兒豚犬耳. 存勗東倂幽州, 北卻契丹, 南與梁夾河百戰. : (이존욱은) 나이 17세에 晉王의 자리를 계승하고서는, 곧 군사를 일으켜 후량을 격파하여 노주의 포위를 풀었고 이후로 전투에서 연승을 하였다. 주천충이 감탄하면서 말했다. “아들을 낳을 테면 꼭 李亞子(이존욱)와 같아야 한다. 내 자식들은 돼지나 개와 같다.” 이존욱은 동쪽으로는 幽州를 아우르고, 북쪽으로는 거란을 물리쳤으며, 남쪽으로는 황하를 사이에 두고 후량과 수없이 싸웠다.

 – 潞圍(노위) ; 潞州를 포위한 일. 후량이 노주를 포위하고 있었다. 李亞子 ; 이존욱의 어릴 때 이름.

 – 梁祖 ; 주전충. 倂 아우를 병. 합치다. 幽州(유주) ; 지금의 北京 일대. 卻 물리칠 각.

 – 夾河(협하) ; 황하를 끼고, 황하를 사이에 두고.

○ 先是晉陽監軍故唐宦者張承業, 爲晉王捃拾財賦, 召補兵馬. 攻戰連年, 接應不乏, 皆承業力, 承業意在復唐宗社. : 이보다 앞서 晉陽의 監軍이던 옛 唐의 환관인 張承業은 晉王을 위해 세금을 걷고 병사와 軍馬를 소집하고 보충해 주었다. 전투가 해마다 계

속되었지만 보급 물자가 부족하지 않았던 것은 모두 장승업의 노력이었는데, 장승업의 뜻은 당나라의 종묘와 사직을 부흥하는데 있었다.

　- 張承業(장승업) ; 宦官. 昭宗 때 晋에 河東監軍으로 파견되었었다. 李克用에게 신임을 받아 당이 멸망한 뒤에도 이극용과 이존욱을 도왔다.

　- 捃 주울 군. 주워갖다.　拾 주울 습.　捃拾(군습) ; 징수하다. 거둬들이다.　財賦(재부) ; 財貨와 賦稅.

　- 끔補(소보) ; 징집하여 보급하다.　接應(접응) ; 계속해서 수요에 맞춰주다.　乏 가난할 핍. 모자라다.

　- 宗社(종사) ; 宗廟(종묘)와 社稷(사직). 나라.

○ 聞王將稱帝力諫, 知不可止, 慟哭曰, 諸侯血戰, 本爲唐家, 今王自取之, 誤老奴矣. 悒悒成疾而卒. : (장승업은) 晋王 이존욱이 장차 稱帝하려는 것을 힘써 말렸지만 못하게 할 수 없다는 것을 알고 통곡하며 말했다. "여러 번진들이 血戰을 벌리는 것이 본디 唐 황실을 위한 것이었으나 지금 諸王들은 스스로 차지하려 하니 늙은 내가 잘못 생각했도다." 장승업은 근심하고 근심하다 병이 되어 죽었다.

　- 慟 서럽게 울 통.　慟哭(통곡) ; 痛哭(통곡)과 같음.　諸侯(제후) ; 여기서는 유력한 藩鎭들.

　- 今王 ; 지금 전국의 王者들.　誤 그릇될 오. 오해하다.　老奴(노노) ; 늙은 환관. 자신을 말함.

　- 悒 근심할 읍.　成疾而卒(성질이졸) ; 병이 되어 죽다. 장승업

은 스스로 식음을 전폐하고 굶어 죽었다.

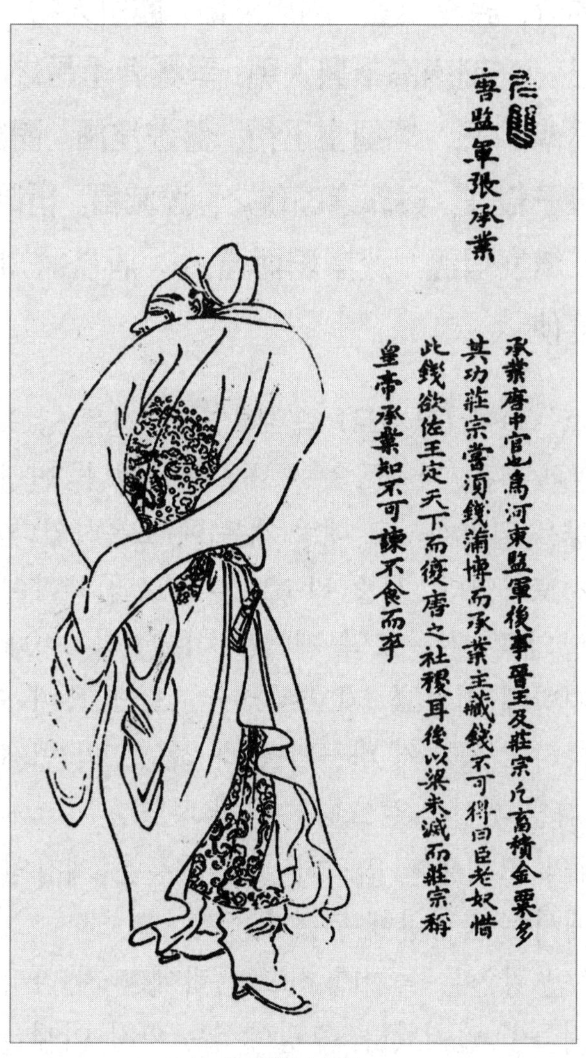

張承業(장승업)

(3) 王卽位. 改晉爲唐, 奉唐祀. 入汴滅梁, 都大梁, 已而遷雒陽. 侍中郭崇韜有謀略, 佐唐主成業. 至是權兼內外, 謀猷規益, 竭忠無隱, 薦引人物. 他相受成而已. ○ 荊南高季興入朝. 季興者季昌之改名也, 唐以爲南平王. ○ 蜀主王衍, 盤遊淫湎, 國亂盜起. 唐遣皇子繼岌, 與郭崇韜伐之, 遂滅蜀. 衍降, 唐赤其族. 繼岌信讒, 殺崇韜而還. ○ 唐以孟知祥爲西川節度使.

진왕(이존욱)이 (황제로) 즉위하였다. 진을 당으로 바꾸고, 唐(高祖 李淵) 황제들의 제사를 받들었다. 변경에 진입하여 후량을 멸망시키고 대량(개봉)에 도읍하였다가 곧 낙양으로 천도하였다. 시중 곽숭도는 지모와 책략이 뛰어났는데 후당의 황제를 도와 제업을 이룩했다. 이때 권세는 중앙과 지방에 미쳤고, 지모는 바르고도 도움이 되었으며 충성을 다하고 끝까지 바른말을 다 하였으며 인재를 천거하였다. 다른 재상들은 그냥 수용만 하였다.

○ 형남의 고계흥이 입조하였다. 계흥은 계창의 개명인데 후당에서는 남평왕에 봉했다.

○ 촉주인 왕연은 놀기만 하고 음락에 빠져 나라는 혼란했고 도적들이 일어났다. 후당에서는 황자 이계급과 곽숭도를 보내 토벌케 하였다. 왕연이 투항하자, 후당에서는

그 일족을 모두 죽였다. 계급은 참소를 믿어 곽숭도를 죽이고 귀환했다.

 ○ 후당은 맹지상을 서천절도사로 삼았다.

어구 설명

○ 王卽位. 改晉爲唐, 奉唐祀. 入汴滅梁, 都大梁, 已而遷雒陽. 侍中郭崇韜有謀略, 佐唐主成業. 至是權兼內外, 謀猷規益, 竭忠無隱, 薦引人物. 他相受成而已. : 진왕(이존욱)이 (황제로) 즉위하였다. 晉을 唐으로 국명을 바꾸고, 唐 황제들의 제사를 받들었다. 汴京에 진입하여 후량을 멸망시키고 大梁(開封)에 도읍하였다가 곧 낙양으로 천도하였다. 侍中 郭崇韜는 지모와 책략이 뛰어났는데 후당의 황제를 도와 帝業을 이룩했다. 이때 권세는 중앙과 지방에 미쳤고, 지모는 바르고도 도움이 되었으며 충성을 다하고 끝까지 바른말을 다 하였으며 인재를 천거하였다. 다른 재상들은 그냥 수용만 하였다.

 - 改晉爲唐 ; 국호 晉을 唐으로 바꾸다. 晉은 唐 皇帝의 封을 받은 나라. 後唐 ; 923~936년.

 - 唐 ; 李淵의 唐. 國姓이 李氏인 唐.   祀 제사 사. 그 이전 당나라 황제 제사를 지내다.

 - 雒 수리부엉이 낙(락), 강 이름 낙(락).   雒陽 ; 洛陽.

 - 韜 감출 도.   郭崇韜(곽숭도, ?~926년) ; 923년 이존욱이 칭제하며 兵部尚書가 되었다. 후량 수도 大梁〔개봉〕을 함락시키려

는 奇計를 내어 후량을 멸망시킨 공으로 侍中 겸 成德절도사가
되었다.

 - 佐 도울 좌. 보좌하다. 唐主 ; 이존욱. 權兼內外(권겸내외)
; 그 권력이 중앙과 지방에 미치다.

 - 猷 꾀 유. 謀猷(모유) ; 謀計, 計略. 지모와 책략. 規益(규
익) ; 바르고 도움이 되다.

 - 竭 다할 갈. 無隱(무은) ; 숨김이 없다. 해야 할 말은 숨김없
이 다 하다. 薦引(천인) ; 추천하다.

 - 他相 ; 다른 재상들. 受成(수성) ; 더 이상 손대거나 고칠 것
이 없어 그대로 수용하다.

○ 荊南高季興入朝. 季興者季昌之改名也, 唐以爲南平王. 蜀主王
衍, 盤遊淫湎, 國亂盜起. 唐遣皇子繼岌, 與郭崇韜伐之, 遂滅蜀.
衍降, 唐赤其族. 繼岌信讒, 殺崇韜而還. 唐以孟知祥爲西川節度
使. : 荊南의 高季興이 入朝하였다. 季興은 季昌의 改名인데 후당
에서는 南平王에 봉했다. 蜀主인 王衍은 놀기만 하고 淫樂에 빠
져 나라는 혼란했고 도적들이 일어났다. 후당에서는 皇子 繼岌과
郭崇韜를 보내 토벌케 하였다. 왕연이 투항하자, 후당에서는 그
일족을 모두 죽였다. 계급은 참소를 믿어 곽숭도를 죽이고 귀환
했다. 후당은 孟知祥을 西川節度使로 삼았다.

 - 荊南(형남, 924~963년 존속) ; 南平 또는 北楚라고도 부름.
十國의 하나. 지금의 湖北省의 江陵, 公安 일대 통치.

 - 高季興(고계흥, 858~929년) ; 原名 高季昌. 이존욱의 祖父
李國昌의 昌을 피해서 改名하였다.

- 衍 넘칠 연.　王衍(왕연, 919~925년 재위) ; 十國의 하나인 前蜀 건국자 王建의 子. 918년 王建이 죽자 즉위, 後主라 칭함. 亡國 군주.

- 盤 소반 반, 즐길 반.　盤遊(반유) ; 즐겨 놀다.　湎 빠질 면. 淫湎(음면) ; 淫樂에 빠지다.

- 岌 산 높을 급.　李繼岌(이계급) ; 925年에 封, 926年에 自殺.

- 遂滅蜀 ; 서기 925년.　赤 붉을 적. 모두 죽이다.　殺崇韜而 還 ; 곽숭도를 죽이고 귀환하다.(서기 926년)

- 孟知祥(874~933년) ; 이극용의 조카사위. 후당이 前蜀을 칠 때 공을 세워 西川절도사가 되었다. 933년 蜀王에 봉해졌는데 후 당의 혼란을 틈타 칭제, 국호 大蜀. 역사에서는 後蜀이라 한다.

(4) 唐帝自克梁後寖驕. 首以伶人爲刺史. 帝幼習音 律, 或時自傅粉墨, 與優人共戲, 優名謂之李天下. 嘗自呼曰李天下李天下. 優人敬新磨, 遽前批其頰, 帝失色. 新磨徐曰, 理天下只一人, 尙誰呼邪. 帝悅. 諸伶出入宮掖, 侮弄搢紳. 羣臣憤疾, 莫敢出氣, 亦 有反相附託, 納貨展轉, 以干恩澤. 蠹政害人, 恋爲 讒慝. 帝疎忌宿將, 不恤軍士. 數出遊獵, 蹂踐民田, 上下咨怨.

○ 당 황제는 후량을 멸망시킨 뒤로 점점 교만해졌다. 우선 악공을 자사에 임명하였다. 장종은 어려서부터 음율을 배웠는데 가끔은 스스로 분장을 하고 배우들과 같이 공연을 하였으며 예명을 이천하라고 하였다. 어느 날 스스로 "이천하! 이천하!"라고 불렀다. 배우인 경신마가 갑자기 앞으로 나가 황제의 뺨을 때렸고 황제의 낯빛이 변했다. 그러자 경신마가 천천히 말했다. "천하를 다스리는 분은 한 사람 뿐이신데, 理天下(이천하), 李天下(이천하)하고 둘을 부르셨습니다. 도대체 또 누구를 불렀습니까?" 하고 그럴 듯하니 듣기 좋게 말했으므로 이에 장종은 기분이 좋아서 기뻐했다.

여러 광대들이 궁궐을 출입하면서 고위관리들을 모욕하고 희롱하였다. 많은 신하들이 분노하고 미워했지만 감히 내색조차 못하거나 도리어 서로 부탁을 하거나 재물을 보내며 같이 붙어서 황제의 은총을 얻으려 했다. 정치를 병들게 하고 사람을 해치며 제멋대로 행동하거나 참소를 하였다. 장종 또한 노장들과 소원해지면서 기피하였고 군사들을 돌보지도 않았다. 자주 사냥을 나가 백성들의 경작지를 짓밟아 상하 모두가 탄식하며 원망하였다.

어구 설명

○ 唐帝自克梁後寖驕. 首以伶人爲刺史. 帝幼習音律, 或時自傅粉

墨, 與優人共戲, 優名謂之李天下. 嘗自呼曰李天下李天下. 優人敬
新磨, 遽前批其頰, 帝失色. 新磨徐曰, 理天下只一人, 尙誰呼邪.
帝悅. : 후당 황제는 후량을 멸망시킨 뒤로 점점 교만해졌다. 우
선 樂工을 刺史에 임명하였다. 장종은 어려서부터 音律을 배웠는
데 가끔은 스스로 분장을 하고 배우들과 같이 공연을 하였으며
예명을 李天下라고 하였다. 어느 날 스스로 "李天下! 李天下!"라
고 불렀다. 배우인 敬新磨가 갑자기 앞으로 나가 황제의 뺨을 때
렸고 황제의 낯빛이 변했다. 그러자 경신마가 천천히 말했다. "천
하를 다스리는 분은 한 사람 뿐이신데, 또 누구를 불렀습니까?"
이에 장종은 기뻐했다.

　─ 唐帝 ; 이존욱. 莊宗.　寢驕(침교) ; 점점 교만해지다.　寢 잠
길 침. 점점　刺史 ; 州의 행정 책임자.　首 ; 제일 먼저.

　─ 伶 영리할 영. 사환. 광대.　伶人 ; 樂工. 廣大.　音律 ; 음악.
傅 스승 부, 펼 부. 붙이다. 바르다.

　─ 粉墨(분묵) ; 분칠을 하고 눈썹을 그리다. 분장하다. 粉黛(분
대)와 같음.　優 넉넉할 우. 배우.

　─ 戲 희롱할 희. 놀다.　優名 ; 배우로서의 이름. 藝名.

　─ 敬新磨(경신마) ; 人名.　遽 갑자기 거.　批 칠 비. 손으로 때
리다.　頰 뺨 협. 얼굴의 양 옆.

　─ 理 다스릴 이(리).　理天下 ; 천하를 통치하다.　理(lǐ)와 李(lǐ)는
同音. 理天下할 분은 오직 李天下 한 사람인데 두 번 불렀다는 것은
또 다른 理天下가 있다는 뜻이냐? '절대로 아니다!' 라는 아부의 뜻.

　─ 尙誰呼邪(상수호야) ; 그런데 누구를 부른 것입니까?

○ 諸伶出入宮掖, 侮弄搢紳. 羣臣憤疾, 莫敢出氣, 亦有反相附託, 納貨展轉, 以干恩澤. 蠹政害人, 恣爲讒慝. 帝疎忌宿將, 不恤軍士. 數出遊獵, 蹂踐民田, 上下咨怨. : 여러 광대들이 궁궐을 출입하면서 고위관리들을 모욕하고 희롱하였다. 많은 신하들이 분노하고 미워했지만 감히 내색조차 못하거나 도리어 서로 부탁을 하거나 재물을 보내며 같이 붙어서 황제의 은총을 얻으려 했다. 정치를 병들게 하고 사람을 해치며 제멋대로 행동하거나 참소를 하였다. 장종 또한 노장들과 소원해지면서 기피하였고 군사들을 돌보지도 않았다. 자주 사냥을 나가 백성들의 경작지를 짓밟아 상하 모두가 탄식하며 원망하였다.

 - 宮掖(궁액) ; 궁궐. 侮 업신여길 모. 弄 희롱할 농(롱).

 - 搢 꽂을 진. 紳 큰 띠 신. 搢紳(진신) ; 笏(홀)을 큰 띠에 꽂은 사람. 높은 벼슬아치.

 - 憤疾(분질) ; 성을 내며 질시하다. 莫敢出氣(막감출기) ; 감히 기색을 표출할 수 없었다.

 - 納貨(납화) ; 재물을 보내다. 展轉(전전) ; 구르다. 붙고 떨어지고를 반복하다. 干 방패 간. 구하다. 참여하다.

 - 蠹 좀 두. 좀먹다. 해치다. 蟲 ; 蠹의 속자. 蠹政 ; 정치를 그르치다. 恣 방자할 자. 讒 참소할 참. 慝 사특할 특. 간사하다. 숨길 익(닉).

 - 疎 트일 소. 멀리하다. 忌 꺼릴 기. 忌避(기피)하다. 宿將(숙장) ; 전투 경험이 많은 장수. 老將.

 - 恤 구휼하다. 돌보다. 數 자주 삭. 遊獵(유렵) ; 사냥. 蹂 밟을 유. 踐 밟을 천. 咨 물을 자. 탄식하다.

(5) 魏博將戍瓦橋, 代歸, 復遣留屯貝州, 遂作亂,
奉趙在禮, 入據鄴都. 唐遣將李嗣源討之. 至城下,
軍士大譟曰, 將士從主上十年, 百戰以得天下. 今貝
州戍卒思歸, 主上不赦. 從馬直數卒喧競, 遽欲盡誅
其族. 我輩初無叛心, 但畏死. 今欲與城中合勢. 拔
白刃擁嗣源入城, 城中不受外兵, 逆擊之, 皆潰.

위박의 장졸들은 와교관을 지키다가 교대하고 돌아왔는
데 다시 패주에 주둔하라고 파견되니 반란을 일으켜 조재
례를 대장으로 받들고 업도를 점령하고 그곳에 웅거하였
다. 후당에서는 장수 이사원을 보내 토벌케 하였다. 이사
원의 군사가 성 아래에 이르자, 군사들이 크게 떠들며 말
했다. "우리 장사들은 천자를 따라 10년 이상 수많은 전투
를 겪었기에 지금 이 세상이 되었다. 지금 패주의 수졸들
이 고향에 가고 싶어도 주상은 허락하지 않고 있다. (전에)
종마직의 병졸 몇 명이 소란을 피웠다 하여 갑자기 그 일
족들을 모두 죽이려 했었다. 우리들은 애초부터 반란할 생
각은 없지만 죄도 없이 죽는 것이 두렵다. 지금 성 안과 합
세하는 것이 좋을 것이다."

이들이 칼을 빼들고 이사원을 옹립하고 성에 들어갔으나
성 안에서는 외부의 병사들을 받아들이지 않고 역습을 가
해 모두 흩어졌다.

○ 魏博將戍瓦橋, 代歸, 復遣留屯貝州, 遂作亂, 奉趙在禮, 入據鄴都. 唐遣將李嗣源討之. : 魏博의 장졸들은 瓦橋關을 지키다가 교대하고 돌아왔는데 다시 貝州에 주둔하라고 파견되니 반란을 일으켜 趙在禮를 받들고 鄴都에 웅거하였다. 後唐에서는 장수 李嗣源을 보내 토벌케 하였다.

－ 魏博(위박) ; 위박절도사. 魏州에 본진. 魏州는 지금의 河北省 大名, 魏縣, 河南省 일부와 山東省 일부 지역을 관할. 河北과 회수, 양자강을 연결하는 교통 요지. 이존욱도 여기에서 즉위하고 칭제했었다.

－ 戍 지킬 수. 瓦 기와 와. 瓦橋關 ; 주둔지 이름. 雄縣. 代歸 ; 교대하고 돌아오다. 貝州 ; 위박절도사 관할 내의 州.

－ 趙在禮 ; 人名. 관직은 效節指揮使. 據 의거할 거. 웅거하다.

－ 鄴都(업도) ; 지금의 河北省 邯鄲市(한단시) 부근. 趙在禮가 업도에 웅거하면서 시작된 사태는 결국 이존욱의 퇴위와 이사원의 즉위로 연결된다. 이 사태를 魏州兵變(위주병변)이라 한다. 後唐 同光 4年(926년).

－ 李嗣源(이사원, 867~933년) ; 李克用의 養子. 나중에 이존욱 뒤에 제위에 올라 926~933년 재위.

○ 至城下, 軍士大譟曰, 將士從主上十年, 百戰以得天下. 今貝州戍卒思歸, 主上不赦. 從馬直數卒喧競, 遽欲盡誅其族. 我輩初無叛心, 但畏死. 今欲與城中合勢. 拔白刃擁嗣源入城, 城中不受外兵, 逆擊之, 皆潰. : 城下에 이르자, 軍士들이 크게 떠들며 말했

다. "우리 將士들은 천자를 따라 10년 이상 수많은 전투를 겪었기에 지금 이 세상이 되었다. 지금 貝州의 戍卒들이 고향에 가고 싶어도 主上은 허락하지 않고 있다. (전에) 從馬直의 병졸 몇 명이 소란을 피웠다 하여 갑자기 그 일족들을 모두 죽이려 했었다. 우리들은 애초부터 반란할 생각은 없지만 죄도 없이 죽는 것이 두렵다. 지금 성 안(趙在禮의 반군)과 합세하는 것이 좋을 것이다." 이들이 칼을 빼들고 李嗣源을 옹립하고 성에 들어갔으나 성 안에서는 外兵들을 받아들이지 않고 역습을 가해 모두 흩어졌다.

　- 譟 시끄러울 조.　上十年 ; 10년이 넘게.　赦 용서할 사.　從馬直 ; 當直, 宿直서는 士卒. 親衛軍.

　- 數卒 ; 여러 명의 士卒.　喧 시끄러울 훤. 울어대다.　競 겨룰 경.　遽 갑자기 거.　畏 두려워할 외.

　- 拔 빼어들 발.　刃 칼날 인.　擁 안을 옹.　潰 무너질 궤. 흩어지다.

(6) 嗣源詭辭得出, 將召兵攻亂者. 安重誨曰, 公爲元帥, 不幸爲凶人所劫. 不若, 星行詣闕, 見天子, 庶可自明. 嗣源乃南趨相州, 譖者奏, 嗣源已叛. 嗣源上章自理, 遏不得通, 始疑懼. 石敬瑭曰, 安有上將與叛卒入城, 而佗日得保無恙者乎. 大梁天下都

會, 願先往取之, 始可自全. 康義誠曰, 主上無道,
軍民怨望. 公從衆則生, 守節必死. 嗣源乃以敬瑭爲
前鋒, 李從珂爲殿, 引兵入大梁.

이사원은 거짓말을 하여 성을 탈출하였고 병사를 소집하여 난동자들을 공격하려고 하였다. 안중회는 "공은 원수로 불행히도 흉인들에게 협박을 당했습니다. (반란자에 대한 공격은) 밤을 새워서라도 궁궐에 들어가 천자를 알현하여 자신을 해명하는 것만 못할 것입니다."라고 말했다. 이사원은 곧 남쪽 상주로 달려갔지만 참소하는 자는 '이사원이 반란을 일으켰다.'고 상주를 하였다. 이사원은 글을 올려 자신을 해명했지만 막는 자가 있어 황제에게 알려지지 않았고 이사원은 처벌을 두려워하게 되었다.

석경당은 "상장이 반졸과 함께 입성하고서도 뒷날 아무 탈이 없는 이가 어디에 있겠습니까? 대량은 천하의 도회지이오니 바라건대, 먼저 가서 차지하시면 비로소 자신을 보전할 수 있을 것입니다."라고 말했다.

강의성도 "주상은 무도하여 군민이 모두 원망하고 있습니다. 공께서 대중의 뜻을 따르며 살지만, 수절하면 틀림없이 죽을 것입니다."라고 말했다. 이사원은 곧 석경당을 전봉으로 삼고, 이종가를 후미 군대로 삼고서 군사를 이끌고 대량 땅에 진입하였다.

어구 설명

○ 嗣源詭辭得出, 將召兵攻亂者. 安重誨曰, 公爲元帥, 不幸爲凶
人所劫. 不若, 星行詣闕, 見天子, 庶可自明. 嗣源乃南趨相州, 譖
者奏, 嗣源已叛. 嗣源上章自理, 遏不得通, 始疑懼. : 이사원은 거
짓말을 하고서 성을 탈출하였고 병사를 소집하여 난동자들을 공
격하려고 하였다. 安重誨는 "公은 元帥로 不幸히도 凶人들에게
협박을 당했습니다. (반란자에 대한 공격은) 밤을 새워서라도 궁
궐에 들어가 天子를 알현하여 자신을 해명하는 것만 못할 것입니
다."라고 말했다. 이사원은 곧 南쪽 相州로 달려갔지만 참소하는
자는 '이사원이 반란을 일으켰다.'고 상주를 하였다. 이사원은
글을 올려 자신을 해명했지만 막는 자가 있어 황제에게 알려지지
않았고 이사원은 처벌을 두려워하게 되었다.

－詭 속일 궤.　得出 ; 빠져 나오다.　將 ; ~하려 하다.　召兵 ;
흩어진 군사들을 召集하다.

－誨 가르칠 회.　安重誨(안중회, ?~931년) ; 後唐 大臣. 어려
서부터 李嗣源를 따라 섬겼다.

－爲凶人所劫(위흉인소겁) ; 凶人에 의해 劫迫(겁박) 되었다.(피
동)　不若 ; ~하느니만 못하다.

－星行 ; 밤을 새워 가다.　庶 여러 서, 많을 서. 서민. 바라다.
바라건대.　庶可自明 ; 자신을 해명하는 것이 좋을 것 같다.

－趨 달릴 추.　上章 ; 글을 올리다.　自理 ; 자신의 일을 처리
하다.　遏 막을 알. 막히다.

○ 石敬瑭曰, 安有上將與叛卒入城, 而佗日得保無恙者乎. 大梁天

下都會, 願先往取之, 始可自全. : 石敬瑭은 "上將이 叛卒과 함께 入城하고서도 뒷날 아무 탈이 없는 이가 어디에 있겠습니까? 大梁은 天下의 都會地이오니 바라건대, 먼저 가서 차지하시면 비로소 자신을 보전할 수 있을 것입니다."라고 말했다.

  - 石敬瑭(석경당, 892~942년) ; 사타족 출신. 이사원의 사위. 이사원(後唐 明宗)을 섬겼고 절도사로 막강한 무력을 보유. 뒤에 後晉을 건국하고 936~942년 재위. 廟號 高祖.

  - 安 ; 어디?(의문대명사) 어떻게? 어찌?(反問의 의문부사) 安有 ; 어디 있습니까? 문장 끝의 ~乎까지.

  - 佗日(타일) ; 他日.   恙 근심 양. 無恙 ; 몸에 탈이 없음. 大梁(대량) ; 後梁의 수도. 지금의 開封市.

○ 康義誠曰, 主上無道, 軍民怨望. 公從衆則生, 守節必死. 嗣源乃以敬瑭爲前鋒, 李從珂爲殿, 引兵入大梁. : 康義誠도 "主上은 無道하여 軍民이 원망하고 있습니다. 公께서 대중의 뜻을 따르며 살지만, 守節하면 틀림없이 죽을 것입니다."라고 말했다. 이사원은 곧 석경당을 前鋒으로 삼고, 李從珂를 후미 군대로 삼고서 군사를 이끌고 대량 땅에 진입하였다.

  - 從衆則生, 守節必死 ; 무리의 의견을 따르면 살지만, 수절을 하면 죽는다.

  - 珂 흰 옥돌 가. 李從珂(이종가, 886~936년) ; 이사원의 養子. 뒷날 後唐의 潞王(노왕), 末帝(廢帝, 재위 934~936년).

  - 殿 큰 집 전. 궁궐. 절집(佛宇). 퇴각하는 군대의 후미에서 공격해오는 적을 막는 역할.

(7) 唐主如關東, 聞嗣源已據大梁, 諸軍離叛, 神色
沮喪, 歎曰, 吾不濟矣. 卽命旋師, 從馬直郭從謙,
帥兵攻帝於汜水, 唐主中流矢而殂. 稱帝僅三歲而
遇弑, 改元者一, 曰同光. 伶人斂樂器, 覆屍而焚之.
嗣源聞之痛哭, 乃入洛陽. 百官上牋勸進不許, 又三
請嗣源監國, 乃許之. 繼岌自蜀歸, 途聞內難, 至長
安自殺. 監國立, 是爲明宗皇帝.

　당주(장종)는 관동에 행차했었는데, 이사원이 이미 대량
을 점거했고 군사가 이반했다는 소식을 듣고 안색이 낙담
하면서 "나는 끝났구나!"라고 탄식했다. 즉시 군사를 돌렸
지만 종마직 곽종겸이 군사를 거느리고 범수에서 장종을
공격하였고, 장종은 유시(빗나간 화살)에 맞아 죽었다. 칭
제하고 겨우 3년에 시해를 당했고, 개원은 1번인데 동광이
라 했다. 악공 한 사람이 천자가 생전에 소중히 여기던 악
기를 모아 시신 위에 덮어 놓고 불태웠다.
　이사원은 이를 전해 듣고 통곡했고 바로 낙양으로 들어왔
다. 백관들이 글을 올려 제위에 오르라고 권했으나 허락하
지 않았는데 다시 세 번씩이나 이사원에게 감국할 것을 청
하니 비로소 허락했다. 장종의 아들 태자 계급은 촉에서 돌
아오는 도중에 나라의 재난을 듣고 장안에 들어와 자살했
다. 이사원이 감국으로 즉위하니, 이가 곧 명종황제이다.

어구 설명

○ 唐主如關東, 聞嗣源已據大梁, 諸軍離叛, 神色沮喪, 歎曰, 吾不濟矣. 卽命旋師, 從馬直郭從謙, 帥兵攻帝於氾水, 唐主中流矢而殂. 稱帝僅三歲而遇弑, 改元者一, 曰同光. 伶人斂樂器, 覆屍而焚之. : 唐主(莊宗)는 關東에 행차했었는데, 이사원이 이미 대량을 점거했고 군사가 이반했다는 소식을 듣고 안색이 낙담하면서 "나는 끝났구나!"라고 탄식했다. 즉시 군사를 돌렸지만 從馬直 郭從謙이 군사를 거느리고 氾水에서 장종을 공격하였고, 장종은 유시에 맞아 죽었다.(926년) 칭제하고 겨우 3년에 시해를 당했고, 개원은 1번인데 同光이라 했다. 악공 한 사람이 악기를 모아 시신 위에 덮어 놓고 불태웠다.

 – 如 ; 가다. 이르다. 만일.   關東(관동) ; 函谷關 혹은 潼關 以東의 華北 지역. 대개 山西, 河北, 河南 지역을 총칭.

 – 離叛(이반) ; 背叛(배반).   神色 ; 안색. 기색.   沮喪(저상) ; 기가 꺾이다. 낙담하다.

 – 不濟(부제) ; 이루지 못하다. 좋지 않다.   旋 돌 선. 돌리다. 旋師 ; 군사를 되돌리다. 본거지로 돌아가다.

 – 郭從謙(곽종겸) ; 伶人 出身, 藝名 郭門高. 낙양의 興敎門에서 後唐 莊宗(이존욱)을 습격, 살해하였다.

 – 氾 넘칠 범.   矢 화살 시.   殂 죽을 조.   中流矢而殂 ; 流矢(유시)에 맞아 죽다.(926년 興敎門의 變)   遇弑(우시) ; 시해를 당하다.

 – 斂 거둘 염(렴). 모아들이다.   覆 뒤집힐 복. 망하다. 덮을 부.

덮개. 覆 : 覆과 동자. 覆蓋(복개) ; 덮어가림. 뚜껑. 덮개. '부개'라 읽어야 하나, '복개'로 통용.

○ 嗣源聞之痛哭, 乃入洛陽. 百官上牋勸進不許, 又三請嗣源監國, 乃許之. 繼岌自蜀歸, 途聞內難, 至長安自殺. 監國立, 是爲明宗皇帝. : 이사원은 이를 전해 듣고 痛哭했고 바로 洛陽으로 들어왔다. 百官들이 글을 올려 제위에 오르라고 권했으나 허락하지 않았는데 다시 세 번씩이나 이사원에게 監國할 것을 청하니 비로소 허락했다. 태자 繼岌은 蜀에서 돌아오는 도중에 나라의 재난을 듣고 長安에 들어와 자살했다. 이사원이 監國으로 즉위하니, 이가 곧 明宗皇帝이다.

 ─ 痛 아플 통. 牋 장계 전. 勸進 ; 제위에 오를 것을 권하다. 監國(감국) ; 국사를 감독하다. 황제의 위치에 오름.

 ─ 繼岌(계급) ; 莊宗의 태자. 途 길 도. 道와 通用. 監國立 ; 감국으로 즉위하다.

(8) 明宗皇帝, 本胡人邈佶烈也. 爲晉王克用養子, 名嗣源. 莊宗滅梁, 嗣源功最高, 爲中書令・蕃漢馬步總管. 受命討鄴, 爲叛卒所推, 自鄴趨汴入洛, 遂卽位, 更名亶. ○ 契丹阿保機卒, 子德光立. ○ 閩王王審知卒, 子延翰立, 驕淫殘暴, 其下弑之, 而立其弟延鈞. 後稱帝, 更名璘. ○ 吳王楊溥稱帝. ○ 南

平王高季興卒, 子從誨立. ○ 楚王馬殷卒, 子希聲
立. 後希聲卒, 希範立. ○ 吳越王錢鏐卒, 子元瓘
立. ○ 夏州李仁福卒, 子彝超嗣. ○ 西川孟知祥倂
東川, 以知祥爲蜀王.

명종황제는 본래 호인출신으로 원 이름은 막길렬이었다.
진왕 이극용의 양자가 되어 이름을 사원이라 했다. 장종이
후량을 멸망시킬 때 이사원의 공이 가장 컸기에 중서령 겸
번한마보총관이 되었다. 업도의 반란을 토벌하라는 명을
받았다가 반졸들에게 추대되어 업도에서 나아가 변주(대
량)를 차지하였고, 낙양에 들어와 즉위하면서 이름을 단
(단)으로 고쳤다.

　○ 거란의 야율아보기가 죽고, 아들 덕광이 즉위했다.

　○ 민왕 왕심지가 죽고, 아들 연한이 즉위했는데 교만음란
하고 잔인포악하여 그 부하가 시해하고 그 동생 연균을 즉
위시켰다. 연균은 뒤에 칭제하고, 이름을 린으로 바꾸었다.

　○ 오왕 양부가 칭제했다.

　○ 남평왕 고계흥이 죽고, 아들 종회가 즉위하였다.

　○ 초왕 마은이 죽고, 아들 희성이 즉위했다. 뒤에 희성
이 죽자, 희범이 즉위했다.

　○ 오월왕인 전류가 죽고, 아들 원관이 즉위했다.

　○ 하주의 이인복이 죽고, 아들 이초가 뒤를 이었다.

○ 서천의 맹지상이 동천을 병합하였고 (후당은) 맹지상을 촉왕으로 삼았다.

어구 설명

○ 明宗皇帝, 本胡人邈佶烈也. 爲晉王克用養子, 名嗣源. 莊宗滅梁, 嗣源功最高, 爲中書令·蕃漢馬步總管. 受命討鄴, 爲叛卒所推, 自鄴趨汴入洛, 遂卽位, 更名亶. : 明宗皇帝는 본래 胡人출신으로 邈佶烈(막길렬)이다. 진왕 이극용의 養子가 되어 이름을 嗣源이라 했다. 莊宗이 후량을 멸망시킬 때 이사원의 공이 가장 컸기에 中書令 겸 蕃漢馬步總管이 되었다. 업도의 반란을 토벌하라는 명을 받았다가 叛卒들에게 추대되어 업도에서 변주(대량)를 차지하였고, 낙양에 들어와 즉위하면서 이름을 亶(단)으로 고쳤다.

ㅡ 明宗 ; 재위 926~933년. 선정을 베풀어 後周의 太祖 郭威(곽위), 後周의 世宗과 함께 五代의 황제 중 明君으로 알려졌다.

ㅡ 本胡人 ; 沙陀(사타)족 출신. 邈 멀 막. 佶 건장할 길.

ㅡ 蕃 우거질 번, 울타리 번. 중국변방의 소수민족. 蕃漢馬步總管(번한마보총관) ; 胡人과 漢人의 기마병과 보병의 총사령관.

ㅡ 討鄴 ; 河南 鄴都에 웅거한 趙在禮의 반란. 汴 내 이름 변. 大梁(開封). 亶 믿을 단. 진실.

○ 契丹阿保機卒, 子德光立. 閩王王審知卒, 子延翰立, 驕淫殘暴, 其下弑之, 而立其弟延鈞. 後稱帝, 更名璘. 吳王楊溥稱帝. 南平王高季興卒, 子從誨立. : 거란의 야율아보기가 죽고, 아들 德光이

즉위했다.(서기 926년) 閩王(민왕) 王審知가 죽고, 아들 延翰(연한)이 즉위했는데 교만음란하고 잔인포악하여 그 부하가 시해하고 그 동생 延鈞을 즉위시켰다.(서기 927년) 연균은 뒤에 稱帝하고, 이름을 璘(린)으로 바꾸었다. 吳王 楊溥가 稱帝했다. 南平王 高季興이 죽고, 아들 從誨(종회)가 즉위하였다.(서기 928년)

 - 阿保機 ; 耶律阿保機(야율아보기) ; 907년 3년에 한 번씩 교체하는 부족의 수령이 되어 9년을 연임한 뒤, 916년부터 세습왕위로 바꿔 칭제하고, 연호를 神策, 국호를 契丹(거란)으로 했다. 발해를 멸망시키고 그 해에 55세에 죽었다.(서기 926년)

 - 德光 ; 야율덕광. 遼나라 太宗, 재위 927~947년. 국호를 大遼(대요)로 바꾸었다.

 - 延 이끌 연. 翰 날개 한. 殘 해칠 잔. 殘惡(잔악). 鈞 서른근 균. 고르게 하다. 璘 옥빛 린.

 - 溥 넓을 부. 楊溥(양부, 900~938년) ; 五代 십국 중 하나인 吳(南吳)의 왕, 楊行密의 아들. 楊溥는 徐溫(남당 건국자 徐知誥의 養父)에 의해 옹립되어 국왕이 되었다가 921년에 칭제하며 順義로 개원했다가 927년에 제위에 올랐다.

○ 楚王馬殷卒, 子希聲立. 後希聲卒, 希範立. 吳越王錢鏐卒, 子元瓘立. 夏州李仁福卒, 子彝超嗣. 西川孟知祥併東川, 以知祥爲蜀王. : 楚王 馬殷이 죽고, 아들 希聲이 즉위했다. 뒤에 희성이 죽자, 希範이 즉위했다. 吳越王인 錢鏐(전류)가 죽고, 아들 元瓘(원관)이 즉위했다. 夏州의 李仁福이 죽고, 아들 彝超가 뒤를 이었다. 西川의 孟知祥이 東川을 병합하였고 (後唐은) 맹지상을 蜀王

으로 삼았다.

― 瓘 옥 이름 관.   彝 떳떳할 이.   蜀王 ; 세칭 後蜀(十國의 하
나. 934～965년 존속).

(9) ○ 唐秦王從榮驕狠, 自知時論不與, 常懼不得
爲嗣. 唐主寢疾, 遽率牙兵千人, 至端門下, 將入,
禁衛討之. 從榮兵潰, 走歸府, 皇城使斬之. 唐主悲
駭疾劇, 遂殂. 唐主性不猜忌, 與物無競. 登極之年,
已踰六十. 每夕於宮中, 焚香祝天曰, 某胡人, 因亂
爲衆所推. 願天早生聖人, 爲生民主. 在位八年, 改
元者二, 曰天成·長興. 內無聲色, 外無遊畋. 不任
宦官, 廢內藏庫. 賞廉吏, 治贓蠹. 雖不知書, 所行
暗合於道. 年穀屢豐, 兵革罕用. 校於五代, 粗爲小
康. 子宋王立, 是爲閔帝.

후당의 진왕 이종영은 교만하고 포악했기에 시론에 자신
에게 좋지 않은 것을 스스로도 알고 있으면서 후사가 되지
못할까 늘 두려워했다. 명종이 병석에 눕자, 갑자기 자신
의 병사 천여 명을 데리고 궁궐 남문에 도착해 침범하려
하자 금위군이 이들을 토벌하였다. 종영의 군사는 궤멸되

었고 자신의 원수부로 달아났으나 황성사에 의해 죽었다.

당주(명종)는 슬프고 놀라 병이 위독해졌고, 곧 죽었다. 명종은 천성적으로 남을 시기하지 않았고 남과 다투지도 않았다. 황제로 등극할 때 이미 60이 넘었었다. 매일 저녁 궁중에서 향을 피우며 "저는 호인으로 혼란할 때 여러 사람에 추대되었습니다. 하늘에서 빨리 성인을 보내시어 백성들의 주군이 되게 해주기를 바랍니다."라고 하늘에 축원하였다.

(명종은) 재위 8년에 개원을 두 번 했는데, 천성과 장흥이다. 궁궐에서는 잔치나 여색을 탐하는 일이 없었고, 밖으로 놀이나 사냥도 하지 않았다. 환관에게 정치를 맡기지도 않았고 사적으로 재물을 모아 두지도 않았다. 청렴한 관리에게 상을 내리고 뇌물을 받거나 국고 좀도둑을 처벌했다. 비록 글은 몰랐지만 하는 행동은 거의 다 도리에 적합하였다. 해마다 풍년이 들었고 전쟁도 거의 없었다. 五代 전체를 비교해 보면 이때 거의 평화를 이루었었다. 아들 송왕이 즉위하니, 이가 민제이다.

○ 唐秦王從榮驕狠, 自知時論不與, 常懼不得爲嗣. 唐主寢疾, 遽牽牙兵千人, 至端門下, 將入, 禁衛討之. 從榮兵潰, 走歸府, 皇城使斬之. : 後唐의 秦王 李從榮은 교만하고 포악했기에 時論에 자

신에게 좋지 않은 것을 스스로도 알고 있으면서 후사가 되지 못할까 늘 두려워했다. 명종이 병석에 눕자, 갑자기 자신의 병사 천여 명을 데리고 궁궐 남문에 도착해 침범하려 하자 금위군이 이들을 토벌하였다. 종영의 군사는 궤멸되었고 자신의 원수부로 달아났으나 皇城使에 의해 죽었다.

 - 李從榮(이종영, ?~933년) ; 明宗(李嗣源) 맏아들(長男). 天下兵馬大元帥로 병권을 장악하고 있었다.

 - 狼 개 싸우는 소리 한. 사납다.　時論不與(시론불여) ; 時論이 자신에게 있지 않다. 평판이 나쁘다. 세상이 자기를 지지하지 않음.

 - 寢疾(침질) ; 병석에 눕다.　牙 어금니 아, 대장의 깃발 아. 牙兵 ; 대장 휘하의 군사.　端門(단문) ; 궁궐의 남문.

 - 禁衛(금위) ; 禁中(궁궐)을 宿衛(숙위)하는 군사.　走歸府 ; 元帥府로 달아나 돌아가다.

○ 唐主悲駭疾劇, 遂殂. 唐主性不猜忌, 與物無競. 登極之年, 已踰六十. 每夕於宮中, 焚香祝天曰, 某胡人, 因亂爲衆所推. 願天早生聖人, 爲生民主. : 唐主(明宗)는 슬프고 놀라 병이 위독해졌고, 곧 죽었다. 명종은 천성적으로 남을 시기하지 않았고 남과 다투지도 않았다. 황제로 등극할 때 이미 60이 넘었었다. 매일 저녁 궁중에서 향을 피우며 "저는 胡人으로 혼란할 때 여러 사람에 추대되었습니다. 하늘에서 빨리 성인을 보내시어 백성들의 主君이 되게 해주기를 바랍니다."라고 하늘에 축원하였다.

 - 駭 놀랄 해.　悲駭疾劇(비해질극) ; 비통하고 놀라 병이 위독해지다.　猜忌(시기) ; 남을 시샘하거나 싫어하다.

- 競 겨룰 경. 다투다.   與物無競 ; 남과 다투지 않다.

- 踰 넘을 유.   早生聖人 ; 빨리 성인을 보내주시어.   爲生民主 ; 生民(백성들)의 主가 되다.

○ 在位八年, 改元者二, 曰天成·長興. 內無聲色, 外無遊畋. 不任宦官, 廢內藏庫. 賞廉吏, 治贓蠹. 雖不知書, 所行暗合於道. 年穀屢豐, 兵革罕用. 校於五代, 粗爲小康. 子宋王立, 是爲閔帝. ：(명종은) 在位 八年에 改元을 두 번 했는데, 天成과 長興이다. 궁궐에서는 잔치나 여색을 탐하는 일이 없었고, 밖으로 놀이나 사냥도 하지 않았다. 宦官에게 정치를 맡기지도 않았고 사적으로 재물을 모아두지도 않았다. 청렴한 관리에게 상을 내리고 뇌물을 받거나 국고 좀도둑을 다스렸다. 비록 글은 몰랐지만 하는 행동은 거의 다 도리에 적합하였다. 해마다 풍년이 들었고 전쟁도 거의 없었다. 五代 전체를 비교해 보면 이때 거의 소강을 이루었었다. 아들 宋王이 즉위하니, 이가 閔帝이다.

- 在位 八年 ; 서기 926∼933년.

- 聲色 ; 歌聲과 美色.   畋 밭갈 전. 사냥하다.   內藏庫(내장고) ; 황제 개인 재물을 축적하는 곳.

- 贓 장물 장. 훔친 물건. 뇌물을 받다.   蠹 좀 두.   贓蠹(장두) ; 뇌물을 받거나 국고를 축내다.

- 屢 여럿 누(루).   年穀屢豐(연곡누풍) ; 매년 곡식은 풍년이 들었다.   罕 그물 한. 드물다.   罕用 ; 거의 쓰지 않다.

- 校 학교 교. 세다. 헤아리다. 비교하다.   粗 거칠 조. 대략. 대강.   小康 ; 잠시 동안 세상이 태평한 때.

- 閔 가엽게 여길 민.   閔帝 ; 明宗 李嗣源 둘째아들. 재위
933∼934년.

(10) 閔帝, 名從厚, 明宗次子也. 卽位有志爲治, 然
不知其要, 寬柔少斷. ○ 蜀孟知祥稱帝. ○ 唐潞王
反於鳳翔, 擧兵長驅至洛陽, 閔帝出奔. 在位改元應
順, 數月而已. 潞王立.

민제의 이름은 종후로 명종의 작은 아들이었다. 즉위하
고서 선정을 베풀려는 뜻이 있었으나, 그 요체를 알지 못
하고 너그러울 뿐 결단력이 없었다.
　○ 촉의 맹지상이 칭제했다.
　○ 후당 노왕이 봉상에서 반기를 들고 군사를 이끌고 멀
리 낙양에 이르니 민제는 도망을 나와 피난했다. 재위하며
응순으로 개원하였으나 불과 몇 달이었다. 노왕이 즉위하
였다.

어구 설명

○ 閔帝, 名從厚, 明宗次子也. 卽位有志爲治, 然不知其要, 寬柔少
斷. 蜀孟知祥稱帝. 唐潞王反於鳳翔, 擧兵長驅至洛陽, 閔帝出奔.
在位改元應順, 數月而已. 潞王立. : 閔帝의 이름은 從厚(종후)로

明宗의 次子이었다. 卽位하고서 선정의 뜻이 있었으나, 그 요체를 알지 못하고 너그러울 뿐 결단력이 없었다. 蜀의 孟知祥이 稱帝했다.(서기 934년) 후당 潞王(노왕)이 鳳翔에서 반기를 들고 군사를 이끌고 멀리 낙양에 이르니 閔帝는 出奔했다. 在位하며 應順으로 개원하였으나 불과 몇 달이었다. 노왕이 즉위하였다.(서기 934년)

- 寬 너그러울 관.   柔 부드러울 유.   少斷(소단) ; 결단력이 적었다. 결단력이 없었다.

- 潞 강 이름 노(로).   潞州 ; 上黨縣(今 山西省 長治市). 昭義절도사의 본진이 있던 곳. 군사적 요지.

(11) 潞王, 名從珂, 本姓王氏, 明宗之養子也. 少從明宗, 征伐有功名, 得衆心, 用事者忌之. 從珂鎭鳳翔, 閔帝命移鎭河東. 將佐以爲, 離鎭必無全理, 乃移檄鄰道, 起兵入淸帝側. 從珂至陜, 諸軍皆迎降. 至洛, 宰相馮道等, 百官班迎. 遂卽位, 遣人鴆殺閔帝於衛州. ○ 蜀主孟知祥殂, 子昶立. ○ 夏州李彝超卒, 兄彝殷代之.

노왕의 이름은 종가인데, 본성은 왕씨로 명종의 양자였다. 어려서부터 명종을 따라다니며 정벌에 공을 세워 많은 사람들의 인심을 얻었지만 황제 측근의 권력자들은 종가를 꺼렸다.

  이종가가 봉상에 주둔하고 있는데 민제는 그를 하동의 군진으로 옮겨가라고 하였다. 이종가의 장수들은 '봉상의 군진을 떠나면 세력을 온전히 보전할 수가 없다.' 면서, 노왕은 마침내 곧 격문을 이웃 고을에 돌렸는데 기병하여 낙양에 들어가 황제의 좌우를 깨끗하게 하겠다고 하였다. 종가가 섬주에 도착하자, 모든 군사들이 환영하며 투항하였다. 낙양에 이르자, 재상 풍도 등 백관이 줄을 지어 맞이하였다. 이에 즉위하고서 사람을 위주에 보내 민제를 독살하였다.

  ○ 촉주 맹지상이 죽고, 아들 맹창이 즉위하였다.

  ○ 하주의 이이초가 죽고, 형인 이은이 대신하였다.

어구 설명

○ 潞王, 名從珂, 本姓王氏, 明宗之養子也. 少從明宗, 征伐有功名, 得衆心, 用事者忌之. : 潞王의 이름은 從珂인데, 本姓은 王氏로 明宗의 養子였다. 어려서부터 明宗을 따라다니며 정벌에 功을 세워 衆心을 얻었지만 황제 측근의 권력자들은 종가를 꺼렸다.

  - 李從珂(이종가, 886~936년) ; 재위 934~936년.   用事者 ; 황제 측근의 朱弘昭 같은 인물.

○ 從珂鎭鳳翔, 閔帝命移鎭河東. 將佐以爲, 離鎭必無全理, 乃移

檄鄰道, 起兵入淸帝側. 從珂至陝, 諸軍皆迎降. 至洛, 宰相馮道等, 百官班迎. 遂卽位, 遣人鴆殺閔帝於衛州. : 李從珂가 鳳翔에 주둔하고 있는데 閔帝는 그를 河東의 군진으로 옮겨가라고 하였다. 이종가의 장수들은 '봉상의 군진을 떠나면 세력을 온전히 보전할 수가 없다.' 면서, 곧 격문을 이웃 고을에 돌렸는데 기병하여 낙양에 들어가 황제의 좌우를 깨끗하게 하겠다고 하였다. 종가가 섬주에 도착하자, 모든 군사들이 환영하며 투항하였다. 낙양에 이르자, 재상 馮道(풍도) 등 백관이 줄을 지어 맞이하였다. 이에 즉위하고서 사람을 衛州에 보내 민제를 독살하였다.

  ― 全理 ; 保全할 方法.   檄 격문 격.   鄰 이웃 린.   入淸帝側 ; 수도에 들어가 황제의 좌우를 깨끗하게 하겠다.

  ― 陝 고을 이름 섬. 중국 陝西省(섬서성)의 약칭. 陜(땅이름 합, 좁을 협)과 다른 글자임.

  ― 陝州(섬주) ; 지금 하남성의 三門陝市. 여기를 지나면 낙양까지 평탄한 지형이다.   迎降(영항) ; 환영하면서 항복하다.

  ― 馮 성씨 풍. 탈 빙.   馮道(풍도, 882~954년) ; 5대의 전 왕조에서 13명의 황제를 섬긴 정치가. 40여년 관직 생활을 하면서 역대에 걸쳐 將相, 三公, 三師의 자리를 거쳤기에 중국 역사에서 不倒翁(부도옹, 오뚜기)라고 일컬어진다.

  ― 百官班迎 ; 백관이 줄을 지어(班) 맞이하다.   鴆殺(짐살) ; 독살하다.

○ 蜀主孟知祥殂, 子昶立. 夏州李彝超卒, 兄彝殷代之. : 蜀主 孟知祥이 죽고, 아들 맹창이 즉위하였다. 夏州의 李彝超가 죽고, 兄

인 彰殷이 대신하였다.

- 彰 밝을 창.   彝 떳떳할 이.   殷 성할 은.

【참고】 유능한 馮道(풍도)? 아니면 대표적인 간신?

❖ 馮道(풍도)는 당 희종 때(882년) 출생하여 後周의 顯德 元年
(954년)에 73세에 죽었다. 그는 5대의 다섯 왕조에서 관직생활 40
여 년 동안 13명의 황제를 섬겼는데 역대 왕조에서 將相이나 三
公, 三師 등 최고급 관직을 역임했다. 이 정도면 不倒翁(부도옹,
오뚝이)라는 별명이 딱 어울릴 것이다.

5代 시대에 왕조 교체는 물론 황제의 교체가 모두 무력에 의해
결정되었다. 무력은 논리를 수반하지 않고, 무력의 행사는 감정에
의해 결정이 된다. 이존욱은 악공을 자사에 임명하기도 했는데 이
는 고관에 대한 人事 역시 감정에 의해 처리되었다는 뜻이다. 그
런 상황에서 後梁에서 관직생활을 시작한 풍도는 후당의 이존욱
(장종)- 이사원(명종)- 이종후(민제)- 이종가(노왕)에 이르는 4대
를 섬겼다.

石敬瑭(석경당)이 거란의 도움으로 後晉을 건국하자, 풍도는 재
상에 재 등용되고 거란에 사신으로 가서 우호 관계 수립에 공헌하
였고 한때는 후진의 군정대권을 장악하고 있었다.

나중에 거란의 太宗이 後晉을 멸망시키자(947년), 遼(요)의 태종
과 면담을 한 뒤 遼나라의 太師 자리에도 취임한다. 풍도가 요에
출사하고 있는 동안 요에서는 漢人에 대한 학살이 없었다고 한다.

전날 石敬瑭의 부하였던 劉知遠(유지원)이 칭제하고 後漢을 건

국하면서(947년) 원로들을 초빙하는데 풍도는 後漢의 太師가 된다. 다시 유지원의 부하였던 郭威(곽위)가 기병하여 찬탈하고 後周를 건국하자(951년), 풍도는 中書令이 되었다가 954년에 73세에 죽는다. 後周에서 가장 영특했다는 世宗은 풍도의 죽음을 애도하며 3일간 조회를 쉬기도 한다.

종래의 忠이라는 개념으로 볼 때 충신은 두 왕조를 섬길 수는 없다. 그러나 풍도에게는 그런 관념이 없었다. 그가 태어난 곳이 長樂郡(지금 河北省 冀縣)이기에 '長樂老'라 자칭했던 풍도는 歐陽脩(구양수)의 표현에 그대로라면 '염치를 모르는 물건'일 것이다. 사실 그 정도로 능수능란하게 난세를 살았으니 처세의 달인이라 불러야 하겠지만, 어찌 보면 최고의 간신 늙은이가 아니겠는가?

그러나 다른 일면에서 보면 풍도는 事親, 濟民, 행정, 인재 등용 면에서 우수했고 君子였으며 모든 사람들로부터 존경을 받았다고 한다. 그간 재직하는 동안 나라의 기본 행정은 흔들리지 않았다. 풍도는 10년 단위로 나라가 바뀌는 그 난세에도 장장 22년간에 걸쳐 《九經》의 간행이라는 대규모 국가적 편찬사업을 추진했었다.

사실 五代와 같이 오로지 무력에 의해 모든 것이 결정되는 격랑 속에서 살아남으려면 누구나 나름대로의 방책을 취했다. 그런 시대 상황에서 '忠誠'이나 '正直' 또는 어떤 名分에 집착해서 살았다면 생존이야 혹 가능했을지 몰라도 무엇을 할 수 있었겠는가?

풍도 같은 사람이 나올 수 있었고 그가 존재할 수 있었던 것은 그 시대적 산물일 것이다. 그의 유능함이나 성실성, 아부 또는 몰염치, 奸智(간지)나 忠良 등의 단순한 평가 척도로는 측량할 수 없는 그 시대 상황을 전체적으로 인정하며 그를 평가해야 할 것이다.

(12) ○ 閩人殺其王璘, 而立其子繼鵬, 更名昶. ○ 唐主初與河東節度使石敬瑭素不相悅, 唐主立, 敬瑭不得已入朝. 尋歸鎭, 陰爲自全之計. 唐主移之, 遂反, 求援於契丹. 契丹敗唐兵, 立敬瑭爲晉帝, 引兵向洛陽. 唐主自焚死, 在位不三年. 改元者一, 曰淸泰. 唐自莊宗至是四主, 凡一十四年.

○ 민인들이 그 왕인 왕린을 죽이고 그 아들 왕계붕을 즉위케 했는데, 왕계붕은 이름을 王昶(왕창)으로 바꾸었다.

○ 당주 노왕은 처음부터 하동절도사인 석경당과 평소에 서로 싫어하였는데 노왕이 후당의 황제로 즉위하자 석경당은 부득이 입조하였다. 곧이어 자기의 본진으로 돌아가서는 은밀히 자신을 보전할 계획을 꾸몄다. 노왕이 석경당을 이동시키자, 드디어 반란을 일으키면서 거란에 도움을 요청했다. 거란은 후당의 군사를 격파하고 석경당을 晉(후진)의 황제로 옹립하고 군사를 이끌고 낙양으로 향했다. 당주 노왕은 스스로 불타 죽었는데, 재위는 3년이 안 되었다. 개원을 한 번하였는데 청태이다. 후당은 장종으로부터 이때까지 4명의 군주에 총 14년이었다.

어구 설명

○ 閩人殺其王璘, 而立其子繼鵬, 更名昶. : 閩人들이 그 왕인 王
璘을 죽이고 그 아들 王繼鵬을 즉위케 했는데, 왕계붕은 이름을
王昶(왕창)으로 바꾸었다.

 - 閩 종족 이름 민.   璘 옥빛 린(인).   王璘 ; 재위 926～935년.
鵬 붕새 붕. 새 중에서 가장 크다는 상상속의 새.

 - 王昶 ; 閩의 康宗. 재위 935～939년.

○ 唐主初與河東節度使石敬瑭素不相悅, 唐主立, 敬瑭不得已入
朝. 尋歸鎭, 陰爲自全之計. 唐主移之, 遂反, 求援於契丹. 契丹敗
唐兵, 立敬瑭爲晉帝, 引兵向洛陽. : 唐主 노왕은 처음부터 河東節
度使인 石敬瑭과 평소에 서로 싫어하였는데 후당의 황제로 즉위
하자 석경당은 부득이 입조하였다. 곧이어 자기의 본진으로 돌아
가서는 은밀히 자신을 보전할 계획을 꾸몄다. 노왕이 석경당을
이동시키자, 드디어 반란을 일으키면서 거란에 도움을 요청했다.
거란은 후당의 군사를 격파하고 석경당을 晉(後晉)의 황제로 옹
립하고 군사를 이끌고 낙양으로 향했다.

 - 唐主 ; 潞王 이종가.   瑭 옥 이름 당.   素不相悅 ; 평소에 서
로 좋아하지 않았다.   陰 ; 몰래. 은밀히.

 - 唐主移之 ; 노왕은 석경당을 河東절도사에서 天平절도사로
이동발령을 내었다.

 - 契丹敗唐兵 ; 석경당은 거란병의 도움을 받아 후당을 격파했
다.(서기 936년)

 - 立敬瑭爲晉帝 ; 石敬瑭은 즉위하며 후진을 건국.(서기 936년)

○ 唐主自焚死, 在位不三年. 改元者一, 曰淸泰. 唐自莊宗至是四主, 凡一十四年. : 唐主는 스스로 분신하여 죽었는데, 재위는 3년이 안 되었다. 개원은 한번 하였는데 淸泰이다. 후당은 莊宗으로부터 이때까지 4명의 군주에 총 14년이었다.

 - 唐主自焚死(당주자분사) ; 노왕은 성루에 불을 지르고 스스로 타 죽었다고 한다.

 - 在位不三年 ; 서기 934~936년.   莊宗(이존욱)~凡一十四年 ; 서기 923~936년.

제2장 五代의 종결 과정

1) 後晉과 거란

(1) 晉高祖皇帝, 姓石氏, 名敬瑭, 沙陀人, 唐明宗之壻也. 初與從珂皆勇力善鬪, 事明宗皆有功, 內相忌. 從珂稱帝, 敬瑭自河東來朝, 將佐皆勸留之. 時久病骨立, 唐主不以爲虞, 遂得歸鎭. 公主在洛陽, 辭歸, 唐主醉曰, 何不且留遽歸, 欲與石郎反邪. 敬瑭聞之益懼. 尋命移鎭鄆州, 敬瑭拒命. 唐主發兵討之.

후진 고조황제의 성은 석씨이고, 이름은 경당이며 사타족으로 후당 명종의 사위이다. 처음에 종가와 함께 둘 다 용력이 있고 전투를 잘했으며, 명종을 섬겨 공을 세웠지만 마음속으로는 서로 시기하고 있었다.

이종가(노왕)가 칭제하자, 석경당은 하동에서 내조하였고, 고위 장수들은 모두 석경당을 억류하라고 권했다. 석경당은 그때 병든 지 오래라서 뼈만 앙상하였기에 황제가 걱정하지 않아 자기 본진으로 돌아갈 수 있었다. 그때 공주는 낙양에 와 있었는데 돌아가겠다고 인사를 하자, 황제

가 술에 취해 말했다. "왜 더 머물지 않고 갑자기 돌아가느
냐? 석서방하고 반란이라도 일으키려 하느냐?" 석경당은
이 말을 듣고 더욱 겁이 났다. 얼마 뒤에 운주의 군진으로
옮겨 가라고 하자, 석경당은 명을 거부하였다. 당주(후당
노왕)는 군사를 내어 석경당을 공격하였다.

後晉 高祖 石敬瑭(석경당)

어구 설명

○ 晉高祖皇帝, 姓石氏, 名敬瑭, 沙陀人, 唐明宗之壻也. 初與從珂皆勇力善鬪, 事明宗皆有功, 內相忌. : 後晉 高祖皇帝의 姓은 石氏이고, 이름은 敬瑭이며 沙陀人으로 후당 明宗의 사위이다. 처음에 從珂와 함께 둘 다 勇力이 있고 전투를 잘했으며, 明宗을 섬겨 공을 세웠지만 마음속으로는 서로 시기하고 있었다.

 - 晉 ; 현재 중국 山西省의 별칭으로 쓰이는데, 이는 지금의 산서성이 옛 춘추 시대 이후로 제후국 晉의 영토이기 때문이다. 晉은(최초 도읍지는 今 山西省 翼城市) 山西省 외에 河北省의 대부분을 점유했다가 기원 前 403년에 周의 威烈王이 韓, 趙, 魏의 3국으로 분할을 승인한다. 이를 三家分晉이라 하는데, 곧 戰國시대의 시작이며 司馬光의 《資治通鑑》도 여기서부터 시작한다.

 - 後晉 ; 존속기간 936～947년. 司馬氏의 晉朝와 구분하여 後晉 또는 石晉이라 통칭. 中國人들은 歷史上 최초로 소수민족 政權의 冊立을 받은 傀儡(괴뢰) 정권으로 인식.

 - 沙陀人 ; 사타족. 사타족은 朱全忠 이후 五代시대에 광범위하게 유포되었다. 沙陀－甘肅省.

 - 壻 사위 서. 婿와 同字.   從珂(종가) ; 明宗의 아들.

 - 鬪 싸울 투. 손에 병장기를 들고 싸우는 뜻. 鬭는 本字. 鬪는 俗字. 鬦는 鬪의 약자.

○ 從珂稱帝, 敬瑭自河東來朝, 將佐皆勸留之. 時久病骨立, 唐主不以爲虞, 遂得歸鎮. 公主在洛陽, 辭歸, 唐主醉曰, 何不且留遽歸, 欲與石郎反邪. 敬瑭聞之益懼. 尋命移鎮鄆州, 敬瑭拒命. 唐主發兵

討之. : 從珂(潞王)가 稱帝하자, 석경당은 河東에서 來朝하는데 고위 장수들은 모두 석경당을 억류하라고 권했다. 석경당은 그때 병든 지 오래라서 뼈만 앙상하였기에 唐主가 걱정하지 않아 자기 본진으로 돌아갈 수 있었다. 그때 공주는 낙양에 와 있었는데 돌아가겠다고 인사를 하자, 唐主가 술에 취해 말했다. "왜 더 머물지 않고 갑자기 돌아가느냐? 석서방하고 반란이라도 일으키려 하느냐?" 석경당은 이 말을 듣고 더욱 겁이 났다. 얼마 뒤에 鄆州의 군진으로 옮겨 가라고 하자, 석경당은 명을 거부하였다. 唐主는 發兵하여 석경당을 공격하였다.

  － 從珂 ; 후당의 潞王.　　自河東來朝 ; 석경당은 河東절도사였다.　將佐(장좌) ; 고위직의 장군.

  － 皆勸留之 ; 모두가 석경당을 억류하라고 권했다.　骨立(골립) ; 몸이 말라 뼈만 앙상함.

  － 虞 헤아릴 우. 염려하다. 경계하다.　公主 ; 후당 明宗의 女. 석경당의 妻. 魏國公州.　洛陽 ; 後唐의 도읍.

  － 何不 ; 왜 ~하지 않는가?　且 또 차. 다시 더. 잠깐.　遽 갑자기 거.　欲 ; ~하려 하다.

  － 石郎 ; 석경당.　邪 간사할 사. 어조사 야.(疑問語氣를 표현) 益懼 ; 더 겁이 났다.

  － 唐主發兵討之 ; 936년 5월에 석경당이 후당에 반기를 들자, 후당에서는 군사를 보내 석경당을 포위했고 포위된 석경당은 거란에 파병을 요청한다.

(2) 桑維翰爲敬瑭草表, 稱臣於契丹, 事以父禮, 約
事捷割地. 劉知遠以爲, 太過, 厚賂金帛, 足致其兵,
不必許以土田, 恐異日大爲中國之患, 敬瑭不聽. 表
至, 契丹主大喜, 將騎五萬而來, 與唐兵戰於晉陽,
大敗之. 契丹主立敬瑭爲帝, 國號晉. 割幽·薊·
瀛·莫·涿·檀·順·新·嬀·儒·武·雲·
應·寰·朔·蔚十六州與之. 契丹以晉主南下, 又
破唐兵至潞州. 契丹北還, 晉主引而南. 唐將校皆飛
狀以迎, 唐主殂. 晉主入都洛, 已而還汴.

상유한이란 사람이 석경당을 위해 표문의 초안을 작성했
는데, 거란에 대하여 신하를 자칭하면서 부친에 대한 예의
로 섬기되 싸움에서 이기면 땅을 베어줄 것을 약속하였다.
유지원은 너무 지나치다면서 금과 비단을 넉넉히 주면 그
병력을 불러들일 수 있는데 땅을 주기로 약속할 필요가 없
으며 아마 뒷날 크게 중국의 걱정거리가 될 것이라 하였지
만 석경당은 듣지 않았다.

표문이 도착하자, 거란의 태종인 耶律阿保機(아율아보
기)는 크게 기뻐하면서 기병 5만을 거느리고 내려와 후당
의 군사와 진양에서 싸워 크게 이겼다. 거란의 태종은 석
경당을 제위에 올리고, 국호를 후진이라 하였다. 후진은

유주·계·영·막·탁·단·순·신·규·유·무·운·응·환·삭·울주의 16주를 거란에게 주었다. 거란은 진주(석경당)와 함께 남하하여 후당의 군사를 노주에서 다시 대파하였다. 거란군은 북으로 돌아갔고, 진주 고조(석경당)는 병력을 이끌고 남하하였다. 후당의 장교들은 모두 급 문서를 올리며 환영하였고 후당의 황제[李嗣源(이사원)]는 죽었다. 석경당은 도읍 낙양에 들어갔다가 얼마 있다가 변주로 돌아갔다. 변주로 도읍을 옮겼다.

桑維翰(상유한)

어구 설명

○ 桑維翰爲敬瑭草表, 稱臣於契丹, 事以父禮, 約事捷割地. 劉知遠以爲, 太過, 厚賂金帛, 足致其兵, 不必許以土田, 恐異日大爲中國之患, 敬瑭不聽. : 桑維翰(상유한, 文官)이 敬瑭을 위해 表文의 초안을 작성했는데, 거란에 대하여 稱臣하며 父친에 대한 禮로 섬기되 싸움에서 이기면 割地할 것을 약속하였다. 劉知遠은 너무 지나치다면서 金帛을 넉넉히 주면 그 병력을 불러들일 수 있는데 땅을 주기로 약속할 필요가 없으며 아마 뒷날 크게 중국의 걱정거리가 될 것이라 하였지만 석경당은 듣지 않았다.

– 桑 뽕나무 상.　維 밧줄 유.　翰 날개 한.　桑維翰(상유한, 898~946년) ; 書記. 後晉 大臣. 宰相 역임. 짧은 키에 긴 얼굴을 가진 매우 괴상하게 생긴 사람이었다. 거울에 자신의 모습을 비춰 보면서 '7자 몸뚱이가 1자의 머리만 못하구나!' 라고 탄식했다고 한다. 거란의 침입으로 나라가 망하는 순간에 끝까지 大臣의 체통을 지켰다고 한다.

– 草 ; 시작하다. 초안을 잡다.　稱臣 ; 신하라 자칭하다.

– 事以父禮 ; 父에 대한 禮로 섬기다. 건국 후 석경당은 거란에 대하여 자신을 '兒皇帝' 라 자칭하고, 자신보다 10살 아래인 거란 태종에게 '父皇帝' 라 호칭하고, 거란에서는 석경당을 '晉帝' 로 불렀다.

– 約 묶을 약. 약속하다.　捷 이길 첩. 전리품. 싸움에 이기다. 割 나눌 할. 잘라주다.

– 劉知遠(유지원, 895~948년) ; 太原 출생의 사타족. 이사원

(후당 明宗)의 부하. 석경당의 막료. 936년 석경당의 거병을 촉구. 석경당의 割地에는 반대. 後晋의 여러 절도사 역임. 후진이 멸망하자 後漢 건국, 947~948년 재위. 後漢의 高祖가 된 사람.

　- 太過 ; 너무 지나치다. 분에 넘치다.　賂 뇌물을 줄 뇌(뢰). 賄 뇌물 회. 賄賂는 뇌물을 주다. 受賂는 뇌물을 받다.

　-厚賂金帛 ; 金과 비단(帛)을 넉넉하게 주다.　致 보낼 치. 招致하다. 불러들이다.　土田 ; 땅.

　- 大爲中國之患 ; 크게 중국의 걱정거리가 되다.

○ 表至, 契丹主大喜, 將騎五萬而來, 與唐兵戰於晉陽, 大敗之. 契丹主立敬瑭爲帝, 國號晉. 割幽·薊·瀛·莫·涿·檀·順·新·嬀·儒·武·雲·應·寰·朔·蔚十六州與之. : 表文이 도착하자, 거란의 태종은 크게 기뻐하면서 騎兵 五萬을 거느리고 내려와 後唐의 군사와 晉陽에서 싸워 크게 이겼다. 契丹의 태종은 敬瑭을 제위에 올리고, 國號를 晉이라 하였다. 후진은 유주, 계, 영, 막, 탁, 단, 순, 신, 규, 유, 무, 운, 응, 환, 삭, 울주의 16주를 거란에게 주었다.

　- 契丹主 ; 당시 遼의 太宗 耶律德光.(재위 927~947년)

　- 契丹主立敬瑭爲帝 ; 거란군은 936년 9월에 남하하여 후당 군사를 대파한다. 석경당은 11월에 거란의 책봉을 받아 즉위한다.

　- 十六州 ; 연운 16주 ; 幽州(유주 또는 燕州라고도 함. 今 北京), 薊州(계주, 今 天津 부근), 瀛州(영주, 今 河北 河間), 莫州(막주, 今 河北 任丘), 涿州(탁주, 今 河北省 涿州), 檀州(단주, 北京 근처), 順州(순주, 今 北京市 順義區), 新州(신주, 今 河北 涿鹿탁

록), 嬀州(규주, 河北省), 儒州(유주, 今 北京市 延慶), 武州(무주, 今 河北 宣化), 蔚州(울주, 今 河北 蔚縣), 應州(응주, 今 山西 應縣), 寰州(환주, 今 山西省), 朔州(삭주, 今 山西 朔州), 雲州(운주, 今 山西 大同).

- 後晉에서는 약속대로 937년에 연운 16주를 거란에게 할양했다.

○ 契丹以晉主南下, 又破唐兵至潞州. 契丹北還, 晉主引而南. 唐將校皆飛狀以迎, 唐主殂. 晉主入都洛, 已而還汴. : 契丹은 晉主(석경당)와 함께 南下하여 후당의 군사를 潞州에서 다시 대파하였다. 契丹軍은 북으로 돌아갔고, 晉主는 병력을 이끌고 남하하였다. 後唐의 將校들은 모두 급 문서를 올리며 환영하였고 후당의 황제는 죽었다. 晉主는 도읍 낙양에 들어갔다가 얼마 있다가 汴州로 돌아갔다.

- 狀 형상 상. 문서 장. 飛狀(비장) ; 문서를 빨리 보내다. 화살에 끼워 급히 보내는 글을 飛書라고 한다.

- 唐主殂 ; 후당의 潞王 李從珂(이종가)는 936년 윤 11월에 종루에 불을 지르고 스스로 불타 죽었다.

- 已而還汴 ; 얼마 있다가 汴州로 돌아가다. 낙양에서 후당을 멸망시키고, 937년에 汴州(開封)으로 가서 定都했다.

【참고】 석경당은 漢奸(한간, 매국노)인가?

❖ 중국어 사전에서 漢奸(hànjiān)은 '매국노' 란 뜻이다. 이러한 漢奸의 가장 대표적 인물이 여진족 金나라에 대한 북벌을 반대하

며 화친책을 주장한 南宋의 秦檜(진회, 1090~1155년)이다. 진회는 북송이 '정강의 변(1127년)'으로 멸망하고 남송이 건국된 뒤로 19년 동안 2차례 재상을 역임하면서 북벌을 주장하는 충신 岳飛(악비)를 모함하고 죽게 하여 악명을 후세에 길이 남겼다. 지금도 중국인들은 이름에 '檜(전나무 회)' 자를 쓰지 않는다고 한다.

사실 漢人들의 자존심으로 생각한다면 북방 소수민족의 책봉을 받으며 나라를 건국했다는 자체가 부끄럽고, 長城 이남의 땅을 베어주었기에 북방 민족을 방어할 방어선 자체가 없어진 셈이다. 특히 여진족의 金과 몽고족의 元이 모두 幽州(燕州, 北京)에 도읍하고 중국을 침략하거나 지배하였다. 다시 말해, 석경당이 할양한 연운 16주는 이후 400여 년 이민족의 지배를 받기도 하였지만 동시에 이민족의 남침 근거지가 되었다.

석경당 이후 그 연운 16주를 회복하려는 노력은 석경당 이후에 後晉에서 바로 시작되었다. 후진의 出帝(少帝)는 거란에 대항하다가 결국 멸망한다. 이후 後周의 世宗도 연운 16주를 수복하려 했으나 실패하면서 죽고, 後周 또한 곧 멸망한다(960년).

北宋은 여진족의 金과 연합했지만 더 큰 재앙을 불러왔고 북송의 멸망과 남송의 위축을 불러왔다. 이 연운 16주는 결국 明이 건국된(1368년) 이후에야 漢族의 땅으로 정착된다. 따라서 石敬瑭은 한족을 배반한 매국노라는 평가를 받을만하다.

그러나 석경당의 입장에서 보면 꼭 그렇지도 않을 것이다.

우선 그는 漢族이 아닌 사타족이다. 말하자면, 그 자신이 북방 이민족으로 그들은 강한 자 앞에 굴복하며 아들(子)을 칭하고 父로 섬기겠다는 것은 당연하면서도 부끄럽지 않은 관습이었다. 말하자면, 석경당에게는 한족과 북방 이민족이라는 구분이 머릿속에 들어 있지 않았다. 그리고 그는 후당 이종가에게 포위되어 생존이 어려운 막다른 골목에 처했었다. 따라서 그는 위기 모면의 방편으로 거란에 도움을 요청했던 것이다.

하여튼 석경당의 연운 16주 할애는 中國史에 엄청난 파장을 몰고 온 중대한 사건이었다.

(3) ○ 吳徐知誥稱帝, 奉吳主溥爲讓皇. 初徐溫命知誥治昇州, 致繁富, 城市府舍甚盛. 溫自徙居之, 知誥入廣陵輔吳政. 溫卒, 知誥以中書令鎭昇, 而留其子輔吳政. 廣金陵城, 吳加知誥大元帥, 封齊王, 備殊禮, 至是遂受吳禪. 知誥本徐州李氏子也, 自謂唐後, 國號唐, 尋復姓李, 更名昇, 是爲南唐. ○ 契丹改國號大遼. ○ 閩王曦弑其主昶而自立. ○ 吳越王錢元瓘卒, 子弘佐嗣. ○ 南漢主劉龑, 又更名龔, 尋殂, 子玢立. ○ 晉主在位不七歲殂. 改元者一, 曰天福. 齊王立, 是爲出帝.

○ 오의 서지고가 칭제하면서 오주 양부로부터 '자리를 양위한 황제' 라 일컬었다. 그전에 서온은 서지고에게 승주를 다스리게 했었는데 (승주가) 크게 부유해지면서 도시와

저택들이 매우 번성하였다. 서온은 승주에 옮겨와 살면서 (서기 931년) 서지고를 오의 서울 광릉에 보내 오나라의 정치를 돕게 하였다. 서온이 죽은 뒤, 서지고는 중서령으로서 승주에 주둔하면서 아들을 보내 오나라의 정치를 보필토록 하였다. (서지고는) 승주의 금릉성을 크게 넓혔고, 오나라에서는 서지고를 대원수로 높이고 제왕으로 봉하면서 특별한 예로 대우했었는데 이때에 드디어 오왕에게서 왕위를 선양 받았다. 서지고는 본래 서주 이씨의 아들이라 하여 스스로 당의 후손이라 말하면서 국호를 당으로 하고, 얼마 뒤 다시 이씨로 돌아가면서 이름도 변으로 고쳤는데 이 나라가 남당이다.

　○ 거란이 국호를 대요로 고쳤다.

　○ 민왕인 왕희가 조카 왕창을 죽이고 제위에 올랐다.

　○ 오월왕인 전원관이 죽고, 아들 홍좌가 뒤를 이었다.

　○ 남한의 왕인 유공이 또 이름을 엄으로 바꾸었다가 얼마 안 있어 죽고, 아들 유분이 즉위했다.

　○ 후진의 황제 석경당이 재위 7년이 안 되어 죽었다. 한 번 개원을 하였는데 천복이다. 齊王(제왕)이 즉위하니, 이를 出帝(출제)라고 한다.

어구 설명

○ 吳徐知誥稱帝, 奉吳主溥爲讓皇. 初徐溫命知誥治昇州, 致繁富,

城市府舍甚盛. 溫自徙居之, 知誥入廣陵輔吳政. : 吳의 徐知誥가 稱帝하면서 吳主 楊溥(양부)를 '讓皇(양황, 양위한 황제)'이라 일컬었다. 그전에 徐溫은 徐知誥에게 昇州를 다스리게 했었는데 (승주는) 크게 부유해지면서 도시와 저택들이 매우 번성하였다. 서온은 승주에 옮겨와 살면서(서기 931년) 서지고를 오의 서울 廣陵에 보내 吳의 政治를 돕게 하였다.

- 徐知誥(서지고, 888~943년) ; 徐溫의 養子. 937년 칭제. 南唐의 개국 군주. 재위 937~943년. 吳(南吳)가 멸망하자, 本姓을 되찾고 제위에 올라 南唐이라 하고 李昪(이변)으로 改名. 즉위 후 善政을 폈고 국력도 증강. 方士들의 丹藥에 중독되어 943년 사망.

- 溥 넓을 부. 楊行密이 건국한 十國 중 하나인 吳의 王 楊傅(양부)는 서기 927년 稱帝했었다.

- 讓皇(양황) ; 양위한 황제. 徐溫(서온, 862~927년) ; 양행밀의 신하로 楊溥(양부)를 옹립한 뒤 吳의 국정을 장악.

- 昇州(승주) ; 지금의 南京. 致 보낼 치. 힘쓰다. 이룩하다. 도달하다. 繁 많을 번.

- 城市(성시) ; 도시. 시내. 城內. 府舍(부사) ; 관청 건물. 대저택. 廣陵(광릉) ; 隋나라의 江都. 지금의 揚州(양주).

○ 溫卒, 知誥以中書令鎭昇, 而留其子輔吳政. 廣金陵城, 吳加知誥大元帥, 封齊王, 備殊禮, 至是遂受吳禪. 知誥本徐州李氏子也, 自謂唐後, 國號唐, 尋復姓李, 更名昪, 是爲南唐. : 서온이 죽은 뒤, 徐知誥는 中書令으로서 승주에 주둔하면서 아들을 보내 吳의 정치를 보필토록 하였다. (서지고는) 승주의 金陵城을 크게 넓혔

고, 吳에서는 서지고를 大元帥로 높이고 齊王으로 봉하면서 특별한 예로 대우했었는데 이때에 드디어 吳王에게서 왕위를 선양 받았다. 서지고는 본래 徐州 李氏의 아들이라 하여 스스로 唐의 후손이라 말하면서 國號를 唐으로 하고, 얼마 뒤 다시 이씨로 돌아가면서 이름도 昇(변)으로 고쳤는데(서기 939년) 이 나라가 南唐이다.

- 溫卒 ; 徐溫은 서기 927년에 죽었다. 以中書令鎭昇 ; 中書令으로 昇州에 주둔하다.

- 廣金陵城 ; 금릉성(今 南京)을 넓히다.

- 本徐州李氏子也 ; 서지고의 본 고향은 徐州(今 江蘇省)이지만 그 조상에 대해서는 확실한 근거가 없다.

- 昇 기뻐할 변. 南唐 ; 937~975년. 十國의 가장 융성했던 국가. 定都 金陵. 남당의 後主 李煜(이욱)은 문인으로 유명.

○ 契丹改國號大遼. 閩王曦弑其主昶而自立. 吳越王錢元瓘卒, 子弘佐嗣. 南漢主劉龑, 又更名龔, 尋殂, 子玢立. 晉主在位不七歲殂. 改元者一, 曰天福. 齊王立, 是爲出帝. : 거란이 국호를 大遼(대요)로 고쳤다. 閩王인 王曦(왕희)가 조카 王昶(왕창)을 죽이고 제위에 올랐다.(서기 939년) 吳越王인 錢元瓘이 죽고, 아들 弘佐가 뒤를 이었다.(서기 941년) 南漢의 왕인 劉龑(유공)이 또 이름을 龔(엄)으로 바꾸었다가 얼마 안 있어 죽고, 아들 劉玢(유분)이 즉위했다. 晉主 석경당이 在位 7년이 안 되어 죽었다.(942년) 한 번 개원을 하였는데 天福이다. 齊王이 즉위하니, 이가 出帝이다.

- 曦 햇빛 희. 昶 밝을 창. 龑 공손할 공. 龔 高明할 엄. 玢 옥의 무늬 분. 晉主 ; 석경당.

- 出帝 ; 이름은 石重貴. 少帝라고도 부름. 재위 942~947년.

【참고】 十國의 경제적 안정

❖ 中原이 빈번한 왕조 교체와 계속되는 혼전으로 대 파괴를 겪고 있는 동안 중국 남쪽의 十國들은 대체로 평온을 유지하면서 인구가 늘고 문화와 경제도 발전하였다. 우선 十國의 평균 수명이 五代에 비교가 되지 않을 만큼 길었다. 이러한 정치적 안정 속에서 각국의 군주들은 '保境息民(보경식민, 국경을 유지하면서 백성들을 쉬게 하다)'에 힘썼다.

이들 십국의 지역에는 황소의 난 이후 또 거란의 침입이나 계속되는 전란을 피해 북방으로부터 인구 유입이 꾸준히 계속되어 생산인구가 크게 늘어났다. 중국 남방은 중원보다 자연 조건이 좋을 뿐만 아니라 농업기술의 진보가 상당히 빨랐다. 벼농사에서는 이앙법이 완전 보급되어 생산량이 늘었고 벼농사의 一年二毛作이 가능해졌다. 또 輪作(윤작)에 의한 二年三毛作이 보급되었다.

남부에서는 면화재배에 따른 면직물 공업이 발달하였다. 또 차 재배가 일반화되면서 생산증가와 함께 거래가 크게 늘어 경제적으로도 윤택해졌다.

十國의 이러한 경제적 번영의 대표적 국가는 吳越國과 南唐이었다. 특히 이 두 나라는 長江의 중하류에서 전쟁이 가장 적었고 농민들은 평온 속에 생업에 종사할 수 있었다. 이 지역은 옛 당나라 군비의 대부분을 부담했었지만 당의 통일 지배가 무너진 이후 7, 80년간은 그러한 착취에서 벗어나 휴식할 수 있었다.

오월국은 황제라 칭하지 않고 五代의 각국에 稱臣하면서 평온을 유지할 수 있었다. 錢元瓘과 아들 錢弘佐 때에는 10년 치 부세가 축적되어 있어 전국의 조세를 3년 동안 면제하였다. 오월은 北宋이 건국된 뒤, 太宗 때 국가를 들어 송과 합쳐 나라의 파괴를 면할 수 있었다. 때문에 杭州는 수도 개봉부에서 볼 때 '모든 것이 풍족한 지상의 천당' 일 수밖에 없었다.

5대 10국

(4) 出帝, 名重貴, 高祖兄子也. 高祖臨終, 命幼子重睿, 拜宰相馮道, 欲其輔立. 景延廣議以國家多難, 宜立長君. 遂立重貴, 延廣用事. ○ 南唐主李昪殂, 子璟立. ○ 閩王之弟王延政據建州, 稱殷帝. ○ 南漢主劉玢之弟弘熙, 弑玢而自立, 更名晟. ○ 閩朱文進弑其主王曦而自立. 殷主延政遣兵討之, 閩人殺文進, 傳首於殷. 殷改國號曰閩. 唐人攻拔建州, 延政出降, 閩亡. 唐攻福州, 不克, 後吳越遣兵取之.

출제의 이름은 석중귀로 고조 석경당의 조카이다. 고조는 임종하면서 어린 아들 중선에게 명하여 재상 풍도에게 절을 올리게 하여 풍도가 보필하며 옹립해주기를 바랬었다. 경연광은 국가가 다난한 만큼 장성한 황제를 세우는 것이 마땅하다고 주장하였다. 마침내 중귀가 즉위하였고, 경연광은 권력을 장악했다.

○ 남당의 임금 이변이 죽고, 아들 이경이 즉위하였다.

○ 민왕의 아우 왕연정이 건주에 웅거하여 殷帝(은제)를 자칭했다.

○ 남한의 임금 유분의 아우 홍희가 유분을 죽이고 즉위하여 이름을 晟(성)으로 바꾸었다.

○ 閩(민)의 주문진이 그 나라 왕인 왕희를 죽이고 스스로 즉위하였다. 은나라의 왕 왕연정(왕희의 아우)은 군사를 보내 토벌케 하였는데 민 사람들이 주문진을 죽이고 그 머리를 은에 보냈다. 은은 국호를 원래의 민으로 바꾸었다. 남당이 군사가 쳐들어 와 건주[殷(은)이라고 일컬었던 지방]를 점령하자 연정은 항복하고, 민은 멸망했다. 남당이 복주를 공격하였으나 이기지 못했는데 뒤에 오월에서 군사를 보내 복주를 차지하였다.

어구 설명

○ 出帝, 名重貴, 高祖兄子也. 高祖臨終, 命幼子重睿, 拜宰相馮道, 欲其輔立. 景延廣議以國家多難, 宜立長君. 遂立重貴, 延廣用事. : 出帝의 이름은 石重貴로 高祖 석경당의 조카이다. 高祖는 臨終하면서 어린 아들 重睿에게 명하여 宰相 馮道에게 절을 올리게 하여 풍도가 보필하며 옹립해주기를 바랐었다. 景延廣은 國家가 多難한 만큼 장성한 황제를 세우는 것이 마땅하다고 주장하였다. 마침내 중귀가 즉위하였고, 경연광은 권력을 장악했다.

 – 出帝 ; 석경당의 조카. 재위 942~947년. 거란에 대하여 稱臣을 거부하여 거란의 3차례 침입을 받아 결국 947년 멸망.

 – 睿 아름다운 옥 선.　馮道(풍도) ; 위 【참고】에서 상술.　景延廣 ; 後晋의 天平(천평)의 절도사 大臣.

○ 南唐主李昇殂, 子璟立. 閩王之弟王延政據建州, 稱殷帝. 南漢

主劉玢之弟弘熙, 弑玢而自立, 更名晟. : 南唐의 임금 李昪이 죽고, 아들 李璟이 즉위하였다.(서기 943년) 閩王의 아우 王延政이 建州에 웅거하여 殷帝를 자칭했다. 南漢의 임금 劉玢의 아우 弘熙가 유분을 죽이고 즉위하여 이름을 晟으로 바꾸었다.

 - 璟 옥 광채 날 경(영). 李璟 ; 南唐의 2代 君主. 在位 943~961년. 명필이면서 문인으로 유명.

 - 王延政(왕연정) ; 閩國의 君主 王審知의 아들. 南漢主 劉弘熙 自立 ; 서기 943년. 晟 밝을 성.

○ 閩朱文進弑其主王曦而自立. 殷主延政遣兵討之, 閩人殺文進, 傳首於殷. 殷改國號曰閩. 唐人攻拔建州, 延政出降, 閩亡. 唐攻福州, 不克, 後吳越遣兵取之. : 閩의 朱文進이 왕 王曦를 죽이고 스스로 즉위하였다. 殷나라의 왕 王延政은 군사를 보내 토벌케 하였는데 민 사람들이 朱文進을 죽이고 그 머리를 殷에 보냈다. 殷은 국호를 원래의 閩으로 바꾸었다. 南唐이 군사가 쳐들어 와 建州를 점령하자 延政은 항복하고, 민은 멸망했다.(서기 945년) 남당이 福州를 공격하였으나 이기지 못했는데 뒤에 吳越에서 군사를 보내 복주를 차지하였다.

 - 朱文進 ; 인명. 王曦(왕희) ; 閩國의 왕. 재위 939~944년. 殷 성할 은. 나라 이름.

 - 唐人 ; 여기서는 南唐. 閩亡 ; 서기 945년.

【참고】 南唐의 융성

❖ 南唐의 성립은 十國 중 吳國의 權臣 徐溫에서부터 시작한다. 徐溫은 吳國(南吳)의 開國功臣으로 뒷날 吳의 實權을 장악한다. 그에게 여러 아들이 있었지만 養子 徐知誥를 편애하면서 자신의 지위를 넘겨주었다.

徐溫이 죽은(927년) 뒤에 세워지고 역시 吳의 실권을 장악하면서 937년에 吳의 선양을 받아 처음에는 국호를 齊라고 하였다가 939年 국호를 唐(역사에서는 南唐), 수도 금릉, 성명을 李昇(이변)으로 고친다.

남당 전성기의 판도는 지금의 江蘇省과 安徽省(안휘성)을 중심으로 淮河(회하) 이남과 福建, 江西, 湖南, 湖北省의 일부까지 당시에도 경제의 중심지라 할 수 있는 곳을 차지하고 있었다. 그리하여 十國 중 경제적, 또 문화적으로도 가장 번성한 나라였었다. 盛唐의 문학 풍조나 유학이 남당의 경제적 번영과 함께 융성하였었다. 그러다가 後周의 남침에 대패하면서(서기 958년) 국운이 꺾이고 稱臣하였었는데, 북송이 건국되면서 北宋에 다시 칭신할 수밖에

南唐 後主 李煜(이욱)

없었다.

남당 최후의 왕 後主 李煜(이욱)은 宋에 入朝를 거절하다가 송의 침입으로 잡혀가고 나라는 망한다.(975년) 특히 後主 李煜은 中國文學史에서 詞人으로 유명하며 그의 작품은 지금도 많은 사람들이 언급하고 있다.

(5) ○ 初晉高祖事契丹甚謹, 至少主卽位, 景延廣主議, 告哀不復稱臣, 契丹大怒. 延廣又囚其回圖使, 已而遣歸, 大言曰, 歸語而主. 先帝爲北朝所立, 故稱臣奉表, 今上乃中國所立, 爲鄰稱孫足矣. 翁怒則來戰, 孫有十萬橫磨劍相待. 桑維翰屢請遜辭以謝契丹, 每爲延廣所沮.

그 전에 후진의 고조는 거란을 섬기는데 매우 공손한 입장을 취했으나 少主(현 황제인 出帝)가 즉위하면서 경연광은 논의를 마음대로 주도하였는데, 고조의 죽음을 알리면서 다시는 신하라 칭하지 않았기에 거란에서는 크게 화를 내었다.

경연광은 또 거란의 회도사를 잡아 가두었다가 나중에 돌려보내면서 큰소리를 쳤다. "돌아가 너의 주군에게 말하라! 우리 선제는 북조의 도움을 받아 즉위하였기에 칭신

(스스로 신하라 일컬음)하면서 표문을 올렸지만 지금 황상은 우리 중국에서 모신 분이시니 이웃나라에 대하여 손자(先制가 아버지로 섬겼음을 비꼬아 한 말)라 칭하는 것으로 족하다. 할아버지가 화가 났다면 와서 싸우면 되나니, 이 손자는 칼 10만 자루를 갈아 놓고 기다리고 있다.” 상유한은 여러 번 겸손한 글로 거란에 사과하자고 청했지만 매번 경연광에 의해 저지되었다.

어구 설명

○ 初晉高祖事契丹甚謹, 至少主卽位, 景延廣主議, 告哀不復稱臣, 契丹大怒. : 그 전에 後晉의 高祖(석경당)는 거란을 섬기는데 매우 공손한 입장을 취했으나 少主(出帝)가 즉위하면서 景延廣은 논의를 마음대로 주도하였는데, 高祖의 죽음을 알리면서 다시는 신하라 칭하지 않았기에 거란에서는 크게 화를 내었다.

 - 謹 삼갈 근. 조심하다. 신중하다.   少主(出帝) ; 石重貴.   景延廣 ; 출제를 강력히 옹립한 절도사.   囘 ; 回의 고자. 돌 회. 돌다. 둘레.

 - 主議 ; 회의를 주관하다. 論議를 주도하다.   不復稱臣 ; 다시는 신하라 칭하지 않았다.

○ 延廣又囚其回圖使, 已而遣歸, 大言曰, 歸語而主. 先帝爲北朝所立, 故稱臣奉表, 今上乃中國所立, 爲鄰稱孫足矣. 翁怒則來戰, 孫有十萬橫磨劍相待. 桑維翰屢請遜辭以謝契丹, 每爲延廣所沮. : 경연광은 또 거란의 回圖使를 잡아 가두었다가 나중에 돌려보내

면서 큰소리를 쳤다. "돌아가 너의 주군에게 말하라! 先帝는 北朝의 도움을 받아 즉위하였기에 稱臣하면서 表文을 올렸지만 지금 皇上은 우리 중국에서 모신 분이시니 이웃나라에 대하여 孫子라 칭하는 것으로 족하다. 할아버지가 화가 났다면 와서 싸우면 되나니, 손자는 칼 10만 자루를 갈아 놓고 기다리고 있다." 桑維翰은 여러 번 겸손한 글로 契丹에 사과하자고 청했지만 매번 경연광에 의해 저지되었다.

 ─ 囚 가둘 수.　回圖使(회도사) ; 후진과 거란 사이의 무역을 주관하는 관리. 貿易官(무역관). 경연광은 회도사 喬榮을 가두었고 거란의 상인들을 죽이고 그들의 화물을 몰수하기도 했다.

 ─ 已而(이이) ; 얼마 뒤.　遣歸(견귀); 돌려보내다.　大言 ; 큰소리를 치다.　而主 ; 너의 君主. 而는 汝(너 여).

 ─ 北朝 ; 북쪽의 나라. 거란을 지칭.　今上 ; 지금 전지의 황제. 爲鄰稱孫足矣 ; 이웃이니 손자라 하는 것으로 족하다.

 ─ 翁 늙은이 옹. 할아버지. 석경당이 아들을 자칭했으니 지금의 황제는 遼의 황제의 손자에 해당하는데 이를 비꼬아서 상대방에게 '늙은이가 화가 나면 ~하라'고 말한 것이다.

 ─ 孫 ; 손자, 後晋 황제.　十萬橫磨劍 ; 10만 자루의 칼을 갈아 눕혀 놓고.　相待 ; 기다리다.

 ─ 桑維翰(상유한) ; 최초에 거란에 대하여 稱臣한다는 표문을 쓴 사람.　遜 겸손할 손.　沮 막을 저.

(6) 於是契丹入寇渡河. 晉主自將, 及遣李守貞等, 分道擊之, 契丹敗走. 契丹再至相州引還. 晉主又自將追之, 契丹旋兵南下, 晉人擊之, 契丹又敗走. 晉主旣再勝, 意契丹不足畏. 契丹主大擧入寇, 晉將杜威降. 契丹遣兵入汴, 執晉主以歸其國. 在位五年, 改元者一, 曰開運. 晉自高祖至是再世, 一十二年而亡.

이에 거란이 침입하여 황하를 건넜다. 후진의 황제(出帝)는 직접 군사를 거느리면서 이수정 등을 보내 양쪽으로 공격하였고 거란은 패해서 돌아갔다. 거란이 다시 상주까지 침입했다가 되돌아갔다. 후진 황제는 직접 거란군을 추격했고, 거란은 군사를 돌려 남하하였으나(싸웠으나), 후진의 군사가 타격하니 거란은 또 패주하였다.

후진의 출제는 이미 2차례나 승리하였기에 거란을 두려워할 것이 없다고 생각하였다. 그런데 거란의 태종이 대거 침입하자 후진의 장수 두위가 투항하였다. 거란은 군사를 나누어 수도 변주(대량)에 진입하여 후진의 출제를 잡아 자기 나라로 돌아갔다. 출제는 재위 5년에 개원은 1번 하였는데 개운이라 하였다. 후진은 고조로부터 이때까지 2대 12년 만에 멸망하였다.

어구 설명

○ 於是契丹入寇渡河. 晉主自將, 及遣李守貞等, 分道擊之, 契丹敗走. 契丹再至相州引還. 晉主又自將追之, 契丹旋兵南下, 晉人擊之, 契丹又敗走. : 이에 거란이 침입하여 황하를 건넜다. 후진의 황제(出帝)는 직접 통솔하면서 李守貞 等을 보내 양쪽에서 공격하였고 거란은 패해 돌아갔다. 거란이 다시 相州까지 침입했다가 되돌아갔다. 후진 황제는 직접 거란을 추격했고, 거란은 군사를 돌려 남하하였으나(싸웠으나), 후진의 군사가 타격하니 거란은 또 패주하였다.

 — 渡河 ; 황하를 건너다.   晉主自將 ; 후진의 황제 자신이 통솔하다.   李守貞(?~949년) ; 나중에는 杜威와 함께 거란에 투항한다.

 — 契丹敗走 ; 거란은 3차에 걸쳐 후진에 침입하는데 1차 침략은 서기 944년이었다.

 — 契丹又敗走 ; 거란의 2차 침입은 서기 945년이었다.

○ 晉主旣再勝, 意契丹不足畏. 契丹主大擧入寇, 晉將杜威降. 契丹遣兵入汴, 執晉主以歸其國. 在位五年, 改元者一, 曰開運. 晉自高祖至是再世, 一十二年而亡. : 후진의 出帝는 이미 2차례나 승리하였기에 거란을 두려워할 것이 없다고 생각하였다. 거란의 태종이 大擧 침입하자 후진의 장수 杜威가 투항하였다. 거란은 군사를 나누어 수도 변주(대량)에 진입하여 후진의 출제를 잡아 자기 나라로 돌아갔다. 출제는 재위 5년에 개원은 1번 하였는데, 開運이라 하였다. 후진은 高祖로부터 이때까지 2대 12년 만에 멸망하였다.

 — 契丹主大擧入寇 ; 出帝 開雲 3年, 서기 946년이었다.

- 晉將杜威降 ; 두위는 싸움도 하지 않고 거란에 투항하였다. 두위는 사전에 거란에 상금과 지위를 요구했었다.

- 執晉主 ; 947년 1월에 出帝는 잡혀가서 974년까지 생존했다.

- 在位 五年 ; 서기 943~947년. 再世 ; 2代. 一十二年而亡 ; 서기 936~947년.

(7) 契丹主入大梁, 胡騎四出剽掠, 謂之打草穀. 丁壯斃鋒刃, 老弱委溝壑, 自東西兩畿, 及鄭 · 滑 · 曹 · 濮, 數百里間, 財帛殆盡. 契丹主謂判三司劉昫曰, 契丹兵應有優賜. 遂括都城士民錢帛, 遣使者數千人, 括於諸州, 皆迫以嚴誅, 人不聊生. 括至, 初無頒給, 皆欲輦歸. 中外怨憤, 皆思逐之, 所在盜起. 契丹主曰, 我不知中國難治如此. 居汴三月而還. 晉劉知遠, 先一月, 卽位於晉陽.

거란의 태종이 수도 대량에 들어와서는 거란의 기병을 사방으로 보태 약탈을 시켰는데, 이를 '타초곡'이라 불렀다. 젊은이는 칼끝에 죽었고, 노약자는 구덩이에 버려졌으며, 도성에서 낙양까지의 땅이나 정주, 활주, 조주, 복주의 수백 리 안의 재물이 모두 없어졌다. 거란의 태종은 후진의 판삼사인 유구에게 말했다. "거란의 병사들에게 응당 융숭한 포상이 있어야 한다.”

 드디어 도성 백성들의 돈과 비단을 징발했고 사자 수천 명을 지방에 보내어 모든 주현의 재물을 거둬들였는데 거역하는 사람을 잔혹하게 죽이며 협박하였기에 백성들은 마음 놓고 살 수가 없었다. 거두어들인 재물을 처음에는 (병사들에게도) 나누어 주지 않고 수레에 실어가려고 하였다. 내외에서 원망하며 분노를 터트렸고 곳곳에서 도적이 일어났다. 거란 태종이 말했다. “나는 중국을 다스리기가 이렇게 어려운 줄을 몰랐다.” 거란 태종은 변주에 3개월을 머무르다가 돌아갔다. 후진의 유지원은 이보다 한 달 앞서 진양에서 즉위하였다.

어구 설명

○ 契丹主入大梁, 胡騎四出剽掠, 謂之打草穀. 丁壯斃鋒刃, 老弱委溝壑, 自東西兩畿, 及鄭·滑·曹·濮, 數百里間, 財帛殆盡. 契丹主謂判三司劉昫曰, 契丹兵應有優賜. : 거란의 태종이 수도 大梁에 들어와서는 거란의 기병을 사방으로 보태 약탈을 시켰는데, 이를 ‘打草穀’이라 불렀다. 젊은 장정은 칼끝에 죽었고, 노약자는 구덩이에 버려졌으며, 도성에서 洛陽 사이의 지역이나 鄭州, 滑州, 曹州, 濮州(복주)의 수백 리 안의 재물이 모두 없어졌다. 거란의 태종은 判三司인 劉昫에게 말했다. “거란의 병사들에게 응당 융숭한 포상이 있어야 한다.”

- 大梁 ; 後晋의 수도 汴州.   四出 ; 사방으로 보내다.   剽 빠를 표. 위협하다. 掠 노략질할 략(약).

- 剽掠(표략) ;협박하여 약탈하다. 剽盜.   打 때릴 타. ~을 하다. 남과 관련된 행위를 하다. 중국어에서 打는 英語의 動詞 do 만큼이나 활용이 다양하다.

- 打草 ; 풀을 베다.   打草穀 ; 풀과 곡식을 거둬들이다. 재물을 마구 약탈하다. 胡民族(호민족)은 공략한 지방에 얼마간의 군사를 내어놓아, 수풀을 모조리 베어 버리어, 백성이 달아나 숨을 곳이 없게 했으므로, 이것을 타조곡, 즉 풀이나 곡식을 베어 버린다고 한 것이다.   斃 넘어질 폐. 죽다.

- 鋒 칼 끝 봉. 刃 칼날 인.   鋒刃 ; 칼.   委 맡길 위. 버려지다.   溝 봇도랑 구. 작은 물길.   壑 골 학. 골짜기. 도랑.

- 兩畿 ; 大梁(後晋의 수도)과 洛陽 사이. 또는 洛陽과 長安의 사이.(직선거리 350Km 정도, 서울~부산과 비슷한 거리.)

- 財帛 ; 재물과 비단(옷감).   殆 위태로울 태. 거의 ~에 가깝다.   盡 다할 진. 없어지다.

- 契丹主 ; 거란 太宗. 태종은 後晋을 멸망시키고 귀국하자마자 (947년 2월) 곧 죽었다.(46세) 태종의 아버지 야율아보기는 발해를 멸망시키고 곧바로 죽었다.(926년)

- 判三司 ; 鹽鐵(염철)의 전매. 度支(탁지)와 戶部(호부)를 감독하는 관리, 곧 최고위 재정 담당자.   昫 햇볕으로 따뜻할 구(후).

- 優賜(우사) ; 우월한 賞賜. 융숭한 포상이나 대우.

○ 遂括都城士民錢帛, 遣使者數千人, 括於諸州, 皆迫以嚴誅, 人

不聊生. 括至, 初無頒給, 皆欲輦歸. 中外怨憤, 皆思逐之, 所在盜起. 契丹主曰, 我不知中國難治如此. 居汴三月而還. 晉劉知遠, 先一月, 卽位於晉陽. : 드디어 도성 백성들의 돈과 비단을 징발했고 使者 수천 명을 지방에 보내어 모든 주현의 재물을 거둬들였는데 사람들을 잔혹하게 죽이며 협박하였기에 백성들은 마음을 놓고 살 수가 없었다. 거두어들인 재물을 처음에는 (병사들에게도) 나누어 주지 않고 수레에 실어가려고 하였다. 내외에서 원망하며 분노를 터트렸고 곳곳에서 도적이 일어났다. 거란 태종이 말했다. "나는 중국을 다스리기가 이렇게 어려운 줄을 몰랐다." 거란 태종은 변주에 3개월을 머무르다가 돌아갔다. 後晉의 劉知遠은 이보다 한 달 앞서 晉陽(진양)에서 즉위하였다.(서기 947년)

 - 括 묶을 괄. 담아서 싸다.　嚴誅(엄주) ; 혹독하게 죽이다. 聊 의지할 요(료). 애오라지. 聊生(요생) ; 안심하고 살다.

 - 頒 나눌 반. 하사하다.　輦 손수레 연. 나르다.

 - 劉知遠(유지원, 895~948年) ; 처음에 이사원(후량 명종)의 부하에서 立身. 석경당 아래에서 中書令을 거쳐 944년 幽州招討使로 太原王에 피봉.

 - 晉陽(진양) ; 별칭 幷州. 山西省의 省都 太原.

2) 後漢의 단명

(1) 漢高祖皇帝, 姓劉氏, 初名知遠, 沙陀人也. 事晉祖敬瑭於兵閒, 功最多. 晉祖在河東, 唐潞王移之鎭鄆. 知遠曰, 明公久將兵, 得士卒心. 今據形勝之地, 士馬精强. 若稱兵傳檄, 帝業可成, 奈何以一紙制書, 自投虎口. 遂拒命. 唐遣將攻之, 不克. 晉祖擧兵, 滅唐入洛陽. 知遠時爲侍衛馬軍都指揮使, 分漢兵入營, 館契丹兵於寺, 城中肅然.

후한 고조황제의 성은 유씨이고, 초명은 지원이며 사타 사람이다. 후진 고조 석경당의 부하 장수로 戰功(전공)이 가장 많았다. 후진 고조가 하동절도사로 있을 때 후당의 노왕이 경당을 운주의 절도사로 옮겨가라고 하였다. 이에 유지원이 말했다. "명공께서는 오랫동안 군사를 거느리면서 사졸의 신망을 얻었습니다. 지금 아주 좋은 땅에 웅거하면서 군사들은 훈

劉知遠(유지원)

련이 잘 되었고 강합니다. 만약 거병하면서 격문을 띄우면 황제가 될 수 있는데, 어찌하여 견제하려는 문서 한 장 때문에 스스로 범의 아가리(虎口)에 들어가려 합니까?" 이에 석경당은 명령을 거부했다.

　후당에서는 장수를 보내 이들을 공격하였지만 이기지 못했다. 석경당은 군사를 거느리고 후당을 멸망시키고 낙양에 입성하였다. 그때 유지원은 시위마군도지휘사가 되어 한인 병사들은 군영에 있게 하고 거란의 병사들은 절에 머물게 하니 성 안이 조용했다.

어구 설명

○ 漢高祖皇帝, 姓劉氏, 初名知遠, 沙陀人也. 事晉祖敬瑭於兵間, 功最多. 晉祖在河東, 唐潞王移之鎭鄆. 知遠曰, 明公久將兵, 得士卒心. 今據形勝之地, 士馬精强. 若稱兵傳檄, 帝業可成, 奈何以一紙制書, 自投虎口. 遂拒命. : 後漢 高祖皇帝의 姓은 劉氏이고, 初名은 知遠이며 沙陀 사람이다. 後晉 高祖 石敬瑭의 부하 장수로 戰功이 가장 많았다. 후진 高祖가 河東절도사로 있을 때 후당의 潞王(노왕)이 鄆州의 절도사로 옮겨가라고 하였다. 이에 劉知遠이 말했다. "明公께서는 오랫동안 군사를 거느리면서 士卒의 신망을 얻었습니다. 지금 아주 좋은 땅에 웅거하면서 군사들은 훈련이 잘 되었고 강합니다. 만약 거병하면서 격문을 띄우면 帝業을 이룰 수 있는데, 어찌하여 견제하려는 문서 한 장 때문에 스스

로 호구에 들어가려 합니까?" 이에 석경당은 명령을 거부했다.

- 漢 ; 後漢. 劉知遠은 사타족이지만 자신이 後漢 明帝(57~75년 재위)의 아들인 淮陽王 劉昞(회양왕 유병)의 후손이라면서 국호를 漢이라 하였다.

- 兵閒 ; 閒은 여기서는 사이 間. 兵間 ; 군사업무.   晉祖 ; 後晉 始祖 석경당.   在河東 ; 하동절도사로 있었다.

- 唐潞王 ; 후당 마지막 황제 이종가. 석경당의 妻男.   久將兵 ; 오랫동안 군사를 거느렸다.

- 形勝(형승) ; 지리적 利點이 많음. 경치가 좋음.   稱 일컬을 칭, 저울 칭.   稱兵 ; 擧兵(거병)하다.

- 傳檄(전격) ; 격문을 사방에 보내다.   柰 어찌 내. 나락(지옥) 나.   奈何(내하) ; 어찌하여.

- 一紙制書 ; 세력을 견제하려는 한 장의 글.   虎口 ; 極危險之地.

○ 唐遣將攻之, 不克. 晉祖擧兵, 滅唐入洛陽. 知遠時爲侍衛馬軍都指揮使, 分漢兵入營, 館契丹兵於寺, 城中肅然. : 後唐에서는 장수를 보내 이들을 공격하였지만 이기지 못했다. 석경당은 군사를 거느리고 후당을 멸망시키고 낙양에 입성하였다. 그때 유지원은 侍衛馬軍都指揮使가 되어 漢人 兵士들은 군영에 있게 하고 거란의 병사들은 절에 머물게 하니 성 안이 조용했다.

- 晉祖 ; 후진의 高祖.   漢兵 ; 자신이 지휘하는 병력.

- 館 집 관. 사람이 일상적인 생활을 하지 않는 건물. 客舍. 묵다. 투숙하다.

― 契丹兵 ; 당시 석경당을 도우려 들어왔는데 이들을 낙양의 天宮寺에 머물게 했다. 漢人과 거란의 군사를 나누어 주둔케 하여 충돌을 예방했다.

― 肅 엄숙할 숙. 肅然(숙연) ; 엄숙한 모양.

(2) 後晉祖以知遠鎭河東. 晉祖殂, 遺命以知遠入輔政, 晉人匿之, 知遠由是怨朝廷. 契丹連入寇, 晉雖以知遠爲行營都統, 知遠不行. 契丹滅晉入大梁, 知遠稱帝於晉陽. 契丹去, 乃發太原入洛, 遂入汴, 國號漢. 後更名暠. ○ 契丹主耶律德光歸, 至殺胡林而死. 剖腹實鹽載去, 人謂之帝𦙍. 子兀欲立. ○ 楚王馬希範卒, 子希廣立. ○ 吳越王錢弘佐卒, 弘倧立. 其下廢之, 而立弘俶. ○ 漢主殂, 在位一年, 改元乾祐. 子周王立, 是爲隱帝.

후진의 고조는 유지원을 하동절도사로 임명했다. 후진 고조는 죽으면서 유지원에게 조정에 들어와 新帝(신제)의 정치를 보필하라고 유언하였지만, 후진의 측근들은 유지원에게 이를 숨겼고 유지원은 이 때문에 조정을 원망하였다. 거란은 연이어 쳐들어왔고 후진에서는 유지원을 행영

도통(총사령관)으로 삼았지만 지원은 임무를 실행하지 않았다. 거란은 후진을 멸망시키고 수도 大梁(대량)에 들어왔고, 유지원은 진양에서 칭제했다. 거란이 본국으로 돌아가자, 곧 태원(진양)을 출발하여 낙양을 거쳐 드디어 汴州(변주)에 입성하고, 국호를 漢(후한)이라 했다. 뒤에 이름을 暠(고)로 고쳤다.

　○ 거란의 태종 야율덕광이 귀국하다가 살호림이란 곳에서 죽었다. 그의 배를 가르고 소금을 가득 채워 수레에 싣고 갔는데 사람들은 '황제 말린 고기' 라고 불렀다. 둘째 아들 올욕이 즉위했다.

　○ 초왕 마희범이 죽고, 아들 희광이 즉위했다.

　○ 오월왕인 전홍좌가 죽고, 홍종이 즉위했다. 신하들이 그를 폐위하고 홍숙을 세웠다.

　○ 후한 고조가 죽었는데, 재위 1년에 개원은 건우였다. 아들 주왕이 즉위하니, 이가 은제이다.

어구 설명

○ 後晉祖以知遠鎭河東. 晉祖殂, 遺命以知遠入輔政, 晉人匿之, 知遠由是怨朝廷. 契丹連入寇, 晉雖以知遠爲行營都統, 知遠不行. 契丹滅晉入大梁, 知遠稱帝於晉陽. 契丹去, 乃發太原入洛, 遂入汴, 國號漢. 後更名暠. : 後晉의 高祖는 劉知遠을 河東절도사로 임명했다. 후진 고조는 죽으면서 유지원에게 조정에 들어와 정치

를 보필하라고 유언하였지만, 후진의 측근들은 이를 숨겼고 유지원은 이 때문에 朝廷을 원망하였다. 거란은 연이어 쳐들어왔고 후진에서는 유지원을 行營都統으로 삼았지만 知遠은 임무를 실행하지 않았다. 거란은 후진을 멸망시키고 수도 大梁에 들어왔고, 유지원은 晉陽에서 칭제했다. 거란이 본국으로 돌아가자, 곧 太原(晉陽)을 출발하여 洛陽을 거쳐 드디어 汴州에 입성하고, 國號를 漢(後漢)이라 했다. 뒤에 이름을 暠로 고쳤다.

 － 晉祖殂 ; 후진 고조가 죽었다. 석경당은 서기 942년에 죽었다. 匿 숨을 닉(익). 숨기다.

 － 怨 원망할 원. 契丹連入寇 ; 거란은 944년부터 946년까지 3차에 걸쳐 침입하였다.

 － 行營 ; 본 주둔지가 아닌 부대를 인솔하고 나가 주둔하는 곳. 都統(도통) ; 전체를 통솔하다.

 － 知遠稱帝於晉陽 ; 서기 947년. 入汴 ; 汴州(大梁)에 入城하다.(서기 947년 6월) 暠 밝을 고(호). 희다.

○ 契丹主耶律德光歸, 至殺胡林而死. 剖腹實鹽載去, 人謂之帝羓. 子兀欲立. 楚王馬希範卒, 子希廣立. 吳越王錢弘佐卒, 弘倧立. 其下廢之, 而立弘俶. : 契丹의 태종 耶律德光이 귀국하다가 殺胡林이란 곳에서 죽었다. 그 배를 가르고 소금을 채워 싣고 갔는데 사람들은 '帝王의 羓(황제 말린 고기)'라고 불렀다. 둘째 아들 兀欲(올욕)이 즉위했다. 楚王 馬希範이 죽고, 아들 希廣(희광)이 즉위했다. 吳越王인 錢弘佐(전홍좌)가 죽고, 弘倧(홍종)이 즉위했다. 신하들이 그를 폐위하고 弘俶(홍숙)을 세웠다.

- 耶律德光(야율덕광) ; 遼의 태종.　殺胡林 ; 殺狐林(살호림). 狐을 胡로 고쳐 쓴 것 같다. 태종은 947년에 죽었다.

- 剖 쪼갤 부. 가르다.　實 ; 열매. 채우다. 내용이 알차다.　載 실을 재. 운반하다.

- 粑 포 파. 소금에 절여 말린 고기.　兀 우뚝할 올.　兀欲(올욕) ; 姓 耶律, 漢文 名은 阮(완). 遼의 世宗, 재위 947~951年.

- 楚王 馬希範 卒 ; 서기 947년.　錢弘佐卒 ; 서기 948년.　倧 ; 옛 神人의 이름 종.　俶 정돈할 숙. 뛰어날 척.

○ 漢主殂, 在位一年, 改元乾祐. 子周王立, 是爲隱帝. : 漢主가 죽 었는데, 재위 一年에 改元은 乾祐였다. 아들 周王이 즉위하니, 이 가 隱帝이다.

- 漢主殂 ; 유지원은 948년 정월에 죽었다.　乾 마를 건. 하늘 건. 건괘(주역 64괘 중 첫번째 괘).　祐 도울 우.

- 隱 숨을 은.　隱帝 ; 유승우. 18세 즉위. 재위 948~950년.

(3) 隱帝, 名承祐, 年十八卽位. ○ 先是漢祖以弟崇 尹太原, 爲留守河東節度使. 崇與郭威有隙, 至是威 爲樞密使侍中執政. 崇爲自全之計, 選募勇士, 招納 亡命, 繕甲兵, 實府庫, 罷上供財賦, 朝廷詔令, 多 不稟承. ○ 荊南高從誨卒, 子寶融知軍府. ○ 河中 李守貞反, 郭威督諸軍, 討克之, 守貞自殺. ○ 漢以

郭威爲鄴都留守. ○ 楚王馬希廣之兄希萼, 殺希廣 而自立.

은제의 이름은 승우인데, 나이 18세에 즉위했다.

○ 이보다 앞서 후한의 고조(유지원)는 동생 유숭을 태원을 다스리는 유수 겸 하동절도사로 삼았다. 유숭과 곽위는 사이가 좋지 않았는데 이때 곽위는 樞密使兼侍中(추밀사 겸시중)이 되어 정권을 장악하고 있었다. 유숭은 자신을 지키기 위하여 용사를 모집하고 망명자들을 받아들이며, 무기를 손질하고 창고를 채우면서(양식을 저축함) 조정에 올리는 세금(공물)을 보내지 않았으며 조정의 명령에 보고하지 않을 때도 많았다.

○ 형남의 절도사 고종회가 죽고, 아들 보융이 군부를 장악했다.

○ 하중의 절도사 이수정이 반란을 일으켰는데 곽위가 군사를 거느리고 나가 토벌하니 이수정은 자살했다.

○ 후한은 곽위를 업도의 유수에 임명했다.

○ 초왕 마희광의 형인 희악이 희광을 죽이고 즉위했다.

어구 설명

○ 隱帝, 名承祐, 年十八卽位. 先是漢祖以弟崇尹太原, 爲留守河東節度使. 崇與郭威有隙, 至是威爲樞密使侍中執政. 崇爲自全之

計, 選募勇士, 招納亡命, 繕甲兵, 實府庫, 罷上供財賦, 朝廷詔令, 多不稟承. : 隱帝의 이름은 承祐인데 나이 18세에 즉위했다. 이보다 앞서 후한의 고조(유지원)는 동생 劉崇을 太原을 다스리는 留守 겸 河東節度使로 삼았다. 劉崇과 郭威는 사이가 좋지 않았는데 이때 곽위는 樞密使侍中이 되어 정권을 장악하고 있었다. 유숭은 자신을 지키기 위하여 勇士를 모집하고 망명자들을 받아들이며, 무기를 손질하고 창고를 채우면서 조정에 올리는 세금을 보내지 않았으며 조정의 명령에 보고하지 않을 때도 많았다.

– 崇 ; 劉崇(유숭, 895~954년). 사타족. 後漢高祖 劉知遠의 아우. 隱帝(劉承祐) 在位時에 河東節度使로 太原에 주둔. 951년에 십국 중 하나인 北漢을 건국. 재위 951~954년. 이름을 旻(민)으로 고침.

– 尹 다스릴 윤, 벼슬 윤. 큰 도시의 행정책임자.   尹太原 ; 태원의 市長.

– 郭 성곽 곽. 둘레.   威 위엄 있을 위.   郭威(곽위, 904~954년) ; 五代의 後周 建國. 재위 951~954년.

– 隙 틈 극.   選募(선모) ; 선발하여 모집하다.   招納(초납) ; 불러들이다.   繕 손 보아 고칠 선.

– 府庫 ; 관청의 창고.   罷 그만둘 파. 방면하다.   令 ; 命令(명령).   稟 줄 품. 아뢰다. 창고 늠(름).   稟承 ; 상관의 지시를 받다. 보고를 올리다.

○ 荊南高從誨卒, 子寶融知軍府. 河中李守貞反, 郭威督諸軍, 討克之, 守貞自殺. 漢以郭威爲鄴都留守. 楚王馬希廣之兄希萼, 殺希

廣而自立. : 荊南의 高從誨가 죽고, 아들 寶融이 군부를 장악했다. 河中의 李守貞이 반란을 일으켰는데 郭威가 군사를 거느리고 나가 토벌하니 이수정은 자살했다. 後漢은 郭威를 鄴都留守에 임명했다. 楚王 馬希廣의 형인 希萼(희악)이 希廣을 죽이고 즉위했다.

　- 荊南 高從誨 卒 ; 서기 948년.　知 ; 일을 담당하다.

　- 河中 李守貞 ; 後晉 出帝(少帝) 때 거란에 투항했다가 秦王 자칭하다가 후한이 건국된 이후 하중절도사가 되었다가 반란을 일으켰다가(서기 948년) 이듬해에 자살했다.

　- 鄴都 ; 鄴城, 지금의 河北省 邯鄲市(한단시) 부근. 위박절도사의 근거지. 곽위는 950년에 鄴都留守가 되었다. 거란이 공격해 내려오는 데 대비한 것이다.

　- 萼 꽃받침 악. 蕚 ; 萼의 속자.　殺希廣而自立 ; 서기 950년.

(4)　○ 漢主自卽位以來, 同平章事楊邠總機政, 樞密使郭威主征伐, 侍衛指揮使史弘肇典宿衛, 三司使王章掌財賦. 邠頗公忠, 弘肇察京師, 道不拾遺. 章捃拾遺利, 供饋不乏, 國家相安. 弘肇嘗謂, 天下須用長槍大劍, 安用毛錐子. 章曰, 若無毛錐, 財賦何由取辨. 章輕文人, 嘗曰, 此輩握算不知縱橫, 何益於用. 漢主左右嬖倖, 寖用事, 親戚干政. 邠等每裁抑之, 漢主益壯, 厭爲大臣所制.

後漢은 高祖(유지원)가 즉위한 이후로 동평장사인 양빈은 국가 기무를 총괄하고, 추밀사 곽위는 군사 정벌을 주관하였으며, 시위지휘사인 사홍조는 궁궐과 황제를 호위를 하였고, 三司使(삼사사)의 왕장이 국가 재정업무를 장악하고 있었다.

양빈은 매우 공정하고 성실했으며 사홍조가 수도를 순찰하니 길에 떨어진 물건을 줍는 사람이 없었다. 왕장은 사소한 이익까지 챙기기에 모든 공급이 부족하지 않았고 나라는 상당히 안정되었다. 사홍조는 전에 "천하에는 오직 긴 창과 큰 칼이 필요할 뿐이며 붓은 어디에 써먹겠는가?"라고 말했다. 그러자 왕장이 말했다. "만약 붓이 없다면 나라의 재물을 어떻게 조달하겠는가?

왕장도 문인을 경시하였는데, 전에 "이 사람들은 주판을 쥐고서도 계산을 못하니 등용해야 무슨 도움이 되는가?"라고 말했다. 그러나 후한 은제 좌우의 총신들이 점차 권력을 휘두르게 되고 친척들이 정치에 간여하였다. 은제는 나이가 들수록 대신들에게 견제되는 것을 싫어하였다.

어구 설명

○ 漢主自卽位以來, 同平章事楊邠總機政, 樞密使郭威主征伐, 侍衛指揮使史弘肇典宿衛, 三司使王章掌財賦. : 漢主(유지원)가 卽位한 이후로 同平章事인 楊邠은 국가 기무를 총괄하고, 樞密使 郭威는 군사 정벌을 주관하였으며, 侍衛指揮使인 史弘肇는 궁궐

과 황제를 호위를 하였고, 三司의 王章이 국가 재정업무를 장악하고 있었다.

  - 邪 나라 이름 빈. 楊邪(?~950년). 樞密使 : 軍政의 총 책임자. 재상과 同列. 肇 시작할 조. 비롯되다.

  - 史弘肇 ; 군공으로 고위직에 올랐는데, 범죄자는 경중을 불문하고 무조건 사형을 시켰다. 文臣을 철저히 무시했다.

  - 典 법 전. 주관하다. 전당 잡(히)다. 宿 잘 숙. 오래되다. 거듭하다. 지키다. 宿衛(숙위) ; 지키며 호위하다.

  - 三司 ; 唐에서는 御使臺, 中書省, 門下省을 三司라 했으나, 여기서는 국가의 재정을 담당하는 부서.

○ 邪頗公忠, 弘肇察京師, 道不拾遺. 章捃拾遺利, 供饋不乏, 國家相安. 弘肇嘗謂, 天下須用長槍大劍, 安用毛錐子. 章曰, 若無毛錐, 財賦何由取辦. : 양빈은 매우 공정하고 성실했으며 사홍조가 수도를 순찰하니 길에 떨어진 물건을 줍는 사람이 없었다. 왕장은 사소한 이익까지 챙기기에 모든 공급이 부족하지 않았고 나라는 상당히 안정되었다. 사홍조는 전에 "천하에는 오직 긴 창과 큰 칼이 필요할 뿐이며 붓은 어디에 써먹겠는가?"라고 말했다. 그러자 왕장이 말했다. "만약 붓이 없다면 나라의 재물을 어떻게 조달하겠는가?

  - 頗 자못 파. 매우. 제법. 公忠 ; 공평하고 성실하다. 察京師 ; 수도를 순찰하다. 拾遺(습유) ; 떨어진 물건을 줍다.

  - 捃 주울 군. 捃拾 ; 챙기다. 遺利 ; 남이 버려둔 이익. 供 ; 공급. 饋 먹일 궤. 음식을 대접하다.

－ 乏 가난할 핍. 부족하다.　須 모름지기 수.　長槍大劍 ; 긴 창과 큰 칼.　錐 송곳 추.　毛錐子 ; 모필 송곳, 곧 붓을 뜻함.

－ 辨 분별할 변. 두루 편. 갖출 판(辦과 通).　何由取辨 ; 어떻게 처리하는가?

○ 章輕文人, 嘗曰, 此輩握算不知縱橫, 何益於用. 漢主左右嬖倖, 寖用事, 親戚干政. 邠等每裁抑之, 漢主益壯, 厭爲大臣所制. : 王章도 文人을 경시하였는데, 전에 "이 사람들은 주판을 쥐고서도 계산을 못하니 등용해야 무슨 도움이 되는가?"라고 말했다. 후한 은제 좌우의 총신들이 점차 권력을 휘두르게 되고 친척들이 정치에 간여하였다. 은제는 나이가 들수록 대신들에게 견제되는 것을 싫어하였다.

－ 章 ; 王章.　輕 ; 경시하다.　此輩 ; 이 사람들.

－ 握算(악산) ; 주산(주판)을 쥐다.　縱橫(종횡) ; 가로, 세로를 맞추다. 계산하다.　左右 ; 측근.

－ 嬖倖(폐행) ; 황제의 총애를 받는 내시와 같은 소인들.　親戚干政 ; 친척들이 정치에 간여하다.

－ 裁 마를 재. 옷감을 재단하다.　抑 누를 억.　裁抑(재억) ; 못하게 制裁하고 抑制하다.

－ 益壯(익장) ; 더 나이가 먹다.　厭 싫을 염.　爲大臣所制 ; 大臣에게 견제 당하다.

(5) 楊邠嘗議事於前曰, 陛下但禁聲. 有臣等在. 漢

主積不能平, 左右因譖之. 乾祐三年, 殺邠·弘肇·
章, 遣密詔, 欲殺郭威於鄴. 將佐勸威入朝自訴, 威
引大軍至. 漢主遣兵拒之, 或降, 或不戰而還. 漢主
爲亂兵所弑. 威白太后, 迎武寧節度贇. 未至, 聞契
丹入寇, 遣威將兵擊之. 威至澶州, 將士大譟, 裂黃
旗以被威體, 共扶抱之, 呼萬歲震地. 擁威·南行,
遂代漢. 漢二世, 四年而亡.

양빈은 전에 국정을 의논하다가 앞으로 나가 말했다.
"폐하께서는 다만 말씀만 없으면 됩니다. 우리들이 있습니
다." 은제는 울분이 쌓여도 풀 수가 없었고 측근들은 이를
알고 그들을 참소했다. 건우 3년에 양빈, 사홍조, 왕장 등
을 죽이고 밀조를 내려 곽위를 업도에서 죽이려 하였다.
 측근 장수들은 곽위에게 입조하여 억울함을 호소하라고
권했고 곽위는 대군을 이끌고 수도에 이르렀다. 은제는 군
사를 출동시켜 막으려 했으나 곽위에게 투항하거나 싸우
지도 않고 돌아오는 자도 있었다. 은제는 난병에 의해 시
해 되었다. 곽위는 태후에게 무녕절도사인 유빈을 영입하
려 했다. 유빈이 도착하지 않았는데 거란이 쳐들어온다는
소식이 왔고 (조정에서는) 군사를 거느리고 적을 격퇴하라
고 곽위를 보냈다.
 곽위가 전주에 이르렀을 때, 장사들이 크게 웅성거리면

서 황기를 찢어 곽위의 몸을 감싸 모두가 떠받들면서 만세
를 부르는 소리가 땅을 흔들었다. 곽위를 옹위하고 남으로
돌아가서 서울로 들어가서 드디어 후한을 교대하였다. 후
한은 황제 2명, 4년 만에 망했다.

어구 설명

○ 楊邠嘗議事於前日, 陛下但禁聲. 有臣等在. 漢主積不能平, 左
右因譖之. 乾祐三年, 殺邠·弘肇·章, 遣密詔, 欲殺郭威於鄴. ：
楊邠은 전에 국정을 의논하다가 앞으로 나가 말했다. “陛下께서
는 다만 말씀만 없으면 됩니다. 우리들이 있습니다.” 은제는 울분
이 쌓여도 풀 수가 없었고 측근들은 이를 알고 그들을 참소했다.
乾祐 3年에 楊邠, 史弘肇, 王章 등을 죽이고 密詔를 내려 郭威를
鄴都에서 죽이려 하였다.

 – 禁聲 ; 말을 하지 않다.   譖 참소할 참.   乾祐三年 ; 서기 950
년. 隱帝는 고조 유지원의 연호를 계속 사용했다.

○ 將佐勸威入朝自訴, 威引大軍至. 漢主遣兵拒之, 或降, 或不戰
而還. 漢主爲亂兵所弑. 威白太后, 迎武寧節度贇. 未至, 聞契丹入
寇, 遣威將兵擊之. ： 측근 장수들은 곽위에게 入朝하여 억울함을
호소하라고 권했고 곽위는 大軍을 이끌고 수도에 이르렀다. 은제
는 군사를 출동시켜 막으려 했으나 곽위에게 투항하거나 싸우지
도 않고 돌아오는 자도 있었다. 은제는 亂兵에 의해 시해 되었다.
곽위는 太后에게 武寧節度使인 劉贇(유빈)을 영입하려 했다. 유

빈이 도착하지 않았는데 거란이 쳐들어온다는 소식이 왔고 (조정에서는) 군사를 거느리고 적을 격퇴하라고 곽위를 보냈다.

 ─ 將佐 ; 高位 장수.   漢主爲亂兵所弑 ; 은제는 亂兵들에게 시해 당했다.   太后 ; 고조 유지원의 황후.

 ─ 贇 예쁠 빈(윤) ; 유지원의 아우 劉崇의 아들.

○ 威至澶州, 將士大譟, 裂黃旗以被威體, 共扶抱之, 呼萬歲震地. 擁威·南行, 遂代漢. 漢二世, 四年而亡. : 곽위가 澶州(전주)에 이르렀을 때, 將士들이 크게 웅성거리면서 黃旗를 찢어 곽위의 몸을 감싸 모두가 떠받들면서 만세를 부르는 소리가 땅을 흔들었다. 곽위를 옹위하고 남으로 가서 드디어 후한을 교대하였다. 후한은 황제 2명, 4년 만에 망했다.

 ─ 澶 물 고요할 전. 멋대로 할 단.   澶州 ; 山東省의 서쪽의 지명, 하남성 濮陽市 지역. 북송나라에서는 澶淵郡. 여기서 북송과 遼는 '澶淵의 盟'을 체결하는데 무력적으로 허약한 송의 굴욕이었다.

 ─ 裂黃旗 ; 황색 기를 찢어서. 황색은 천자를 상징.   被威體 ; 郭威의 몸을 감싸다. 덮다.(郭威를 천자에 비기어 이것을 입힌 것이다.)

 ─ 扶 도울 부. 떠받치다.   抱 안을 포.   呼萬歲震地(호만세진지) ; 만세를 부르는 소리가 땅을 흔든다.

 ─ 擁 안을 옹. 떼를 지어 모이다.   四年而亡 ; 947~950년.

3) 後周와 五代의 종결

⑴ 周太祖皇帝, 姓郭氏, 名威, 太原人也. 唐莊宗有宮人柴氏, 歸其家擇姻, 一日窺于門, 見有疾走而過者. 柴氏大驚, 問何人. 告者曰, 從馬軍使郭雀兒也. 柴氏欲嫁之, 父母不肯曰, 汝帝左右人, 當嫁節度使, 奈何嫁此人. 柴氏堅不嫁他人, 竟歸威. 漢祖鎭河東, 威爲孔目官. 契丹在汴, 威勸漢祖擧兵, 遂成帝業. 漢隱帝時, 威專主征伐. 隱帝欲殺之, 不克, 威擁兵入汴, 已而出禦契丹, 軍士擁還汴.

후주 태조 황제는 성이 곽씨이고, 이름은 威(위)인데, 태원 출신이다. 당 장종(이존욱)의 궁인이었던 시씨는 본가에 돌아와 혼인할 사람을 고르고 있었는데 하루는 문밖을 바라보다가 빠르게 뛰어가는 사람을 보았다. 시씨는 깜짝 놀라며 누구냐고 물었다. 어떤 사람이 종마군사인 곽작아라고 일러주었다.

시씨가 그 사람에게 시집가려 하자, 부모가 싫어하며 말했다. "너는 황제를 모셨던 사람이니 당연히 절도사에게 시집가야 하는데, 왜 그런 사람에게 시집가려 하느냐?" 시씨는 굳이 타인에게 시집가지 않겠다고 하였고 결국은 곽위에게 시집갔다. 후한의 고조 유지원이 하동절도사로 있

을 때 곽위는 공목관이었
다.

거란이 후진의 도읍인
변주에 침입했을 때, 곽위
는 한조에게 거병할 것을
권유했고 유지원은 제위
에 올랐다. 후한 은제 때,
곽위는 오직 정벌만을 담
당했었다. 은제가 곽위를

後周 太祖 郭威(곽위)

살해하려 했으나 성공하지 못했고, 곽위는 군사를 거느리
고 변주에 입성하였다가, 곧 거란을 방어하러 출정했으나
군사에게 옹위되어 도성으로 귀환했다.

어구 설명

○ 周太祖皇帝, 姓郭氏, 名威, 太原人也. 唐莊宗有宮人柴氏, 歸其
家擇姻, 一日窺于門, 見有疾走而過者. 柴氏大驚, 問何人. 告者曰,
從馬軍使郭雀兒也. : 後周 太祖 皇帝는 姓이 郭氏이고, 이름은 威
(위)인데, 太原출신이다. 唐 莊宗(이존욱)의 宮人이었던 柴氏는
본가에 돌아와 혼인할 사람을 고르고 있었는데 하루는 문밖을 바
라보다가 빠르게 뛰어가는 사람을 보았다. 柴氏는 깜짝 놀라며 누
구냐고 물었다. 어떤 사람이 從馬軍使인 郭雀兒라고 일러주었다.
 - 後周(951~960年) ; 太祖 郭威 건국(951년)~북송 태종 조광

윤에 의해 멸망.(960년) 首都, 開封.

  - 太祖 皇帝 ; 재위 951~954년. 唐 莊宗 ; 후당 건국자 이존욱.(재위 924~926년)

  - 柴 땔나무 시. 울타리. 宮人柴氏 ; 후당 건국자 이존욱의 妃嬪(비빈)이었는데, 이존욱이 죽고 명종이 즉위하면서 궁에서 내보낸 여인이었다.

  - 擇姻(택인) ; 혼인할 사람을 고르다. 窺 엿볼 규. 내다보다. 疾走(질주) ; 빨리 달리다.

  - 雀 참새 작. 郭雀兒(곽작아) ; 몸이 장대한 郭威의 젊었을 때 별명. 목에다 참새를 入墨했기에 雀兒란 별명을 얻었다.

○ 柴氏欲嫁之, 父母不肯曰, 汝帝左右人, 當嫁節度使, 奈何嫁此人. 柴氏堅不嫁他人, 竟歸威. 漢祖鎮河東, 威爲孔目官. : 柴氏가 그 사람에게 시집가려 하자, 父母가 싫어하며 말했다. "너는 황제를 모셨던 사람이니 당연히 절도사에게 시집가야 하는데, 왜 그런 사람에게 시집가려 하느냐?" 柴氏는 굳이 他人에게 시집가지 않겠다고 하였고 결국은 곽위에게 시집갔다. 후한의 고조 유지원이 하동절도사로 있을 때 곽위는 孔目官이었다.

  - 嫁 시집갈 가. 肯 옳이 여길 긍. 帝左右人 ; 황제의 측근. 황제를 모신 사람. 歸 ; 시집가다. 몸을 의탁하다.

  - 漢祖 ; 유지원. 河東절도사였었다. 孔目官(공목관) ; 각 관청의 문서를 맡아보는 담당관.

○ 契丹在汴, 威勸漢祖擧兵, 遂成帝業. 漢隱帝時, 威專主征伐. 隱帝欲殺之, 不克, 威擁兵入汴, 已而出禦契丹, 軍士擁還汴. : 거란

이 후진의 도읍인 汴州에 침입했을 때, 곽위는 漢祖에게 거병할 것을 권유했고 유지원은 帝位에 올랐다. 후한 隱帝 때, 郭威는 오직 征伐만을 담당했었다. 은제가 곽위를 살해하려 했으나 성공하지 못했고, 곽위는 군사를 거느리고 변주에 입성하였다가, 곧 거란을 방어하러 출정했으나 軍士에게 옹위되어 도성으로 귀환했다.

 – 已而 ; 얼마 뒤.　禦 막을 어.　汴 ; 汴京. 河南省 開封市.

【참고】 곽위는 과부만 좋아했는가?

　❖ 後周 太祖인 郭威(곽위)에게는 柴(시)皇后와 楊淑妃, 張貴妃, 董(동)德妃가 있었는데 이들 모두가 결혼 경력이 있는 과부들이었다. 이는 황제로서 매우 특이한 경우라고 한다.

　시황후는 본래 後唐 莊宗 이존욱의 비빈이었는데 明宗 李嗣源이 즉위한 뒤에 궁궐의 비용을 줄이려는 취지에서 본가로 내보내졌다.

　柴氏는 出宮된 뒤에 고향에 돌아와 馬步軍使라는 하급직위에 있는 곽위를 만났고 곽위에게 시집을 가겠다고 결심한다. 부모는 황제를 모실 정도의 미인인 딸이 절도사 같은 높은 사람과 결혼하기를 바랐지만 시씨는 곽위만을 고집했다. 시씨는 궁에서 갖고 나온 재물의 반을 부모에게 주고 나머지 절반을 가지고 곽위와 결혼했다. 곽위 또한 미인이면서 마음 씀씀이가 넓은 시씨를 아주 좋아했다.

　柴氏는 賢淑했고 언어나 예절이 모두 뛰어난 여인으로 곽위의 나쁜 술버릇과 도박을 즐기는 버릇을 지속적으로 타일렀다고 한다. 그리하여 곽위는 고위직으로 승진할 수 있었으나 시씨는 곽위가 황제가 되기 전에 병사했다. 곽위는 황제가 된 뒤 柴氏를 聖穆皇后(성목황후)로 추존했다. 곽위는 시씨의 조카인 柴榮을 養子로 맞이하고 신임했는데 이 사람이 태조 곽위의 뒤를 이은 五代의 名君 世宗이다.

(2) 時已迎贇於徐州, 乃以漢太后令, 廢贇爲湘陰公, 威爲監國, 尋卽位. 自謂周虢叔之後, 國號周. 贇崇子也, 崇初聞隱帝遇害, 欲起兵南向. 及聞迎立贇, 則曰, 吾兒爲帝, 吾復何求. 贇廢死, 崇乃稱帝於晉陽, 所有幷·汾·忻·代·嵐·憲·隆·蔚·沁·遼·麟·石十二州之地. 謂其臣曰, 顧我是何天子, 汝等是何節度使邪. 是爲北漢, 遣子承鈞伐周, 不克. 遣使乞師於契丹, 契丹策命北漢主, 更名旻.

이때 이미 서주에 있는 유빈을 모시러 보냈었지만, 바로 후한 태후의 분부대로 유빈을 폐하여 상음공으로 삼았고 곽위를 감국에 임명하였는데 곽위는 곧 즉위하였다. 곽위는 자신이 주나라 괵숙의 후손이라 하여 나라 이름을 周

(주)라 하였다.

유빈은 한고조 유지원의 아우 유숭의 아들인데, 유숭은 처음에 은제가 시해를 당했다는 소식을 듣고 기병하여 남으로 가려고 했었다. 그러다가 유빈을 영입하여 세우려 한다는 소식을 듣고서는 "내 아들이 황제가 된다면, 내가 다시 무얼 바라겠는가?"라고 말했다. 유빈이 폐위되고 죽었다는 소식을 듣자, 유숭은 진양에서 칭제했고, 병주, 분주, 흔주, 대주, 남주, 헌주, 융주, 울주, 심주, 요주, 인주, 석주 등 12주를 차지했다.

유숭은 신하들에게 말했다. "생각해 보면 나는 무엇을 하는 천자이고, 너희들은 무슨 절도사인가?" 이 나라가 北漢(북한)인데 유숭은 아들 승균을 보내 후주를 토벌하려 했으나 성공하지 못했다. 사신을 거란에 보내 파병을 애걸했고 거란에서는 북한의 황제를 책봉해 주었고, 유숭은 이름을 민으로 바꾸었다.

어구 설명

○ 時已迎贇於徐州, 乃以漢太后令, 廢贇爲湘陰公, 威爲監國, 尋卽位. 自謂周虢叔之後, 國號周. : 이때 이미 徐州에 있는 劉贇(유빈)을 모시러 보냈었지만, 바로 後漢 太后의 令에 의거 贇을 폐하여 湘陰公(상음공)으로 삼았고 곽위를 監國에 임명하였는데 곽위는 곧 즉위하였다. 곽위는 자신이 周나라 괵숙의 후손이라 하여

나라 이름을 周라 하였다.

 － 贇 예쁠 빈(윤), 문채 날 빈(彬과 通함).   湘 강 이름 상.   虢
나라 이름 괵.   虢叔 ; 周 文王의 아우. 괵숙의 후손을 郭公이라
불렀다고 한다.

○ 贇崇子也, 崇初聞隱帝遇害, 欲起兵南向. 及聞迎立贇, 則曰, 吾
兒爲帝, 吾復何求. 贇廢死, 崇乃稱帝於晉陽, 所有幷·汾·忻·
代·嵐·憲·隆·蔚·沁·遼·麟·石十二州之地. ：유빈은 유숭
의 아들인데, 유숭은 처음에 隱帝가 시해를 당했다는 소식을 듣
고 기병하여 남으로 가려고 했었다. 그러다가 유빈을 영입하여
세우려 한다는 소식을 듣고서는 "내 아들이 황제가 된다면, 내가
다시 무얼 바라겠는가?"라고 말했다. 유빈이 폐위되고 죽었다는
소식을 듣자, 유숭은 晉陽에서 칭제했고, 幷州(병주), 汾(분), 忻
(흔), 代(대), 嵐(남), 憲(헌), 隆(융), 蔚(울), 沁(심), 遼(요), 麟
(인), 石州(석주) 등 12주를 차지했다.(서기 951년)

 － 崇 높을 숭.   劉崇(유숭) ; 후한의 건국자인 유지원의 아우.
후한 이후 河東절도사로 太原에 웅거하거 있었다. 951년 칭
제.(재위 951～954, 世祖) 後漢의 계승을 주장.   遼에 책봉을 받
고 侄皇帝(질황제)라 칭했다.

 － 幷 어우를 병.   幷州 ; 今 山西省의 省都인 太原. 汾 클 분.
忻 기뻐할 흔.   嵐 아지랑이 남(람).

 － 憲 법 헌.   蔚 풀 이름 울.   沁 물이 스며들 심.   遼 멀 요
(료).   麟 기린 인(린).

○ 謂其臣曰, 顧我是何天子, 汝等是何節度使邪. 是爲北漢, 遣子

承鈞伐周, 不克. 遣使乞師於契丹, 契丹策命北漢主, 更名旻. : 유숭은 신하들에게 말했다. "생각해 보면 나는 무엇을 하는 천자이고, 너희들은 무슨 절도사인가?" 이 나라가 北漢인데 유숭은 아들 승균을 보내 후주를 토벌하려 했으나 성공하지 못했다. 사신을 거란에 보내 파병을 애걸했고 거란에서는 북한의 황제를 책봉해 주었고, 유숭은 이름을 민으로 바꾸었다.

 ─ 北漢 ; 유숭이 북한이라고 한 것이 아니라, 嶺南(영남)에도 漢(한)이 있으므로, 후세의 史家(사가)들이 이것을 北漢(북한)과 南漢(남한)으로 구별하여 일컬은 것이다. 前周(전주)와 後周(후주)도 역시 마찬가지다.

(3) 契丹述軋, 殺兀欲而自立. 述律討殺述軋而代之. ○ 楚自希廣·希萼以來, 相攻奪無寧歲. 其下又廢希萼, 而立希崇. 南唐遣邊鎬擊楚, 希崇降. 南唐遷馬氏之族于金陵, 楚亡. ○ 故楚將劉言, 自朗州攻潭, 邊鎬走. 言取湖南, 請命于周, 周以言鎭朗, 王逵鎭潭. 逵襲殺言於朗, 以周行逢守朗, 逵還潭. 後又以行逢鎭潭, 逵自居朗. ○ 周主在位三年殂, 改元者一, 曰廣順. 晉王立, 是爲世宗皇帝.

○ 거란의 술알은 아버지 올욕을 죽이고 제위에 올랐다.

(그 동생) 술율이 술알을 죽이고 자리를 대신했다.

○ 초나라는 희광과 희악 이후 서로 치고 **뺏**기에 평안한 세월이 없었다. 그 신하가 또 희악을 폐위하고 희숭을 옹립하였다. 남당에서 변호를 보내 초를 공격하자, 희숭은 항복했다. 남당은 마씨의 일족을 금릉으로 이주시켰고, 초는 망했다.

○ 멸망한 초의 장수 유언이 낭주에 있다가 담주를 공격하니 남당의 장수 변호는 도망했다. 유언은 호남을 차지하고서 후주에 임명을 요청했고, 후주에서는 유언을 낭주절도사로, 왕규를 담주절도사로 임명하였다. 왕규는 낭주를 습격하여 유언을 죽였고 주행봉에게 낭주를 수비케 하고, 왕규는 담주로 돌아왔다. 뒤에 다시 주행봉에게 담주를 지키게 하고, 왕규는 스스로 낭주에 주둔했다.

○ 후주 태조 곽위는 재위 3년에 죽었는데, 개원은 1번이었는데 광순이다. 진왕 榮(영)이 즉위하니, 이가 세종황제이다.

어구 설명

○ 契丹述軋, 殺兀欲而自立. 述律討殺述軋而代之. 楚自希廣 · 希萼以來, 相攻奪無寧歲. 其下又廢希萼, 而立希崇. 南唐遣邊鎬擊楚, 希崇降. 南唐遷馬氏之族于金陵, 楚亡. : 거란의 述軋은 아버지 兀欲을 죽이고 제위에 올랐다. (그 동생) 述律이 述軋을 죽이

고 자리를 대신했다. 楚는 希廣과 希萼(희악) 이후 서로 치고 뺏기에 평안한 세월이 없었다. 그 신하가 또 希萼을 폐위하고 希崇을 옹립하였다. 南唐에서 邊鎬를 보내 楚를 공격하자, 希崇은 항복했다. 南唐은 馬氏의 일족을 金陵으로 이주시켰고, 楚는 亡했다.(서기 951년)

─ 述 지을 술. 말하다. 軋 삐걱거릴 알. 述軋(술알) ; 兀欲(올욕)의 아들. 아버지를 죽이고 즉위.

─ 兀欲(올욕) ; 遼 世宗. 947~951 재위. 述律(술율) ; 중국식 이름은 耶律阮(야율완), 遼의 穆宗.(재위 951~969년)

─ 楚(초) ; 南楚. 馬隱(마은)이 초에 봉해지고부터 차차 세력을 뻗어, 後梁(후량)의 太祖(태조)가 왕에 봉했다. 본래 馬隱이 건국. 수도 長沙. 이로부터 4대 44년에 멸망했다.(907~951년 존속)

─ 萼 꽃받침 악. 寧歲 ; 편안한 세월.

─ 南唐 ; 南吳를 이어 937~975년 존속. 十國의 하나. 수도 金陵. 先主 李昇(이변) → 中主 李璟 → 後主 李煜(이욱).

─ 邊 가장자리 변. 鎬 솥 호. 馬氏之族 ; 楚의 왕족. 馬隱의 후손.

○ 故楚將劉言, 自朗州攻潭, 邊鎬走. 言取湖南, 請命于周, 周以言鎭朗, 王逵鎭潭. 逵襲殺言於朗, 以周行逢守朗, 逵還潭. 後又以行逢鎭潭, 逵自居朗. : 멸망한 楚의 장수 劉言이 朗州에 있다가 潭州를 공격하니 남당의 장수 邊鎬는 도망했다.(서기 952년) 劉言은 湖南을 차지하고서 後周에 임명을 요청했고, 後周에서는 劉言을 朗州절도사, 王逵(왕규)를 潭州절도사로 임명하였다. 왕규는 낭주를 습격하여 유언을 죽였고 周行逢에게 朗州를 수비케 하고,

왕규는 담주로 돌아왔다. 뒤에 다시 주행봉에게 담주를 지키게
하고, 왕규는 스스로 낭주에 주둔했다.(서기 953년)

 － 劉言 ; ?～953. 楚의 武平節度使.   潭 깊을 담. 潭州.   請命
于周 ; 後周에 임명해 내달라고 요청하다.

 － 周以言鎭朗 ; 후주에서는 유언을 낭주에 주둔하게 하다.   逵
큰길 규.   王逵(?～956년) ; 절도사.

 － 周行逢 ; 人名.

○ 周主在位三年殂, 改元者一, 日廣順. 晉王立, 是爲世宗皇帝. :
후주 태조는 재위 3년에 죽었는데, 개원은 1번이었는데 廣順이
다. 晉王이 즉위하니, 이가 世宗皇帝이다.

 － 周主 ; 太祖 곽위. 在位三年 ; 951～953년.   殂 죽을 조.

(4) 世宗皇帝, 名榮, 本姓柴氏, 周祖妻兄柴守禮之
子也. 周祖無子, 故養之. 周初領節鎭, 已而尹開封,
封晉王. 周主臨終, 命晉王聽政, 尋卽位. 北漢主聞
周主殂, 大喜, 請兵於契丹. 契丹遣將楊袞將萬騎,
北漢主自將三萬人來. 周主欲自將禦之, 羣臣皆諫.
主曰, 崇幸大喪, 輕朕年少新立, 此必自來, 朕不可
不往. 以吾兵力之强破崇, 如山壓卵耳. 馮道力爭,
惟王溥勸行.

　세종황제의 이름은 영이며, 본성은 시씨로 후주 태조의 처형인 시수례의 아들이다. 후주 태조가 아들이 없어 영을 양자로 삼았다. 영은 후주 초에는 절도사로 군사를 지휘하였고, 곧 개봉부윤이 되었다가 진왕에 봉해졌다. 태조는 임종 전에 진왕에게 정치를 대리하라 명했는데, 곧이어 (세종이) 즉위하였다.

　북한의 유숭은 후주의 태조가 죽었다는 소식을 듣고 크게 기뻐하며 거란에 원병을 요청하였다. 거란에서는 장수 양곤에게 1만기를 주어 파병하였고 유숭은 직접 3만을 거느리고 남쪽으로 내려왔다.

　후주 세종은 직접 군사를 거느리고 적을 방어하려 하니 여러 신하들이 모두 말렸다. 세종은 "유숭은 우리의 대상(先帝께서 돌아가신 것)을 다행으로 생각하면서 내가 어리고 새로 즉위했다 하여 깔보아 이번에 틀림없이 원정을 나올 것이니, 짐이 불가불 원정해야 한다. 막강한 우리 군사가 유숭을 격파하는 것은 마치 산으로 계란을 누르는 것과 같다."라고 말했다. 풍도도 애써 말렸는데 오직 왕부만이 황제의 원정을 권했다.

어구 설명

○ 世宗皇帝, 名榮, 本姓柴氏, 周祖妻兄柴守禮之子也. 周祖無子, 故養之. 周初領節鎭, 已而尹開封, 封晉王. 周主臨終, 命晉王聽政,

尋卽位. : 世宗皇帝의 이름은 榮이며, 本姓은 柴氏로 후주 太祖의 妻兄인 柴守禮의 아들이다. 후주 태조가 無子하기에 양자로 삼았다. 周初에는 절도사로 군사를 지휘하였고, 곧 개봉부윤이 되었다가 晉王에 봉해졌다. 태조는 臨終 전에 晉王에게 정치를 대리하라 명했는데, 곧이어 (세종이) 즉위하였다.

　- 世宗皇帝 ; 在位 6年(954∼959년). 태조 郭威(곽위)의 손위 처남의 아들, 곧 처조카. 아들이 없는 곽위가 거두어 養子로 삼았다. 젊었을 때 茶 販賣 종사하여 世事 經驗 많았다. 英特하고 특이한 외모에 騎射에 능했으면서도 書史黃老의 대략을 알고 있었으며 신중한 성격에 말수가 적었다. 5代의 名君, 억불정책으로 불교 탄압.

　- 妻兄 ; 처의 오빠.　柴 섶 시. 땔나무.　領節鎭 ; 절도사로 부대를 지휘했다. 柴榮은 澶州節度使로 있었다.

　- 尹開封 ; 수도 개봉을 다스리다.

○ 北漢主聞周主殂, 大喜, 請兵於契丹. 契丹遣將楊袞將萬騎, 北漢主自將三萬人來. : 北漢의 유숭은 후주의 태조가 죽었다는 소식을 듣고 크게 기뻐하며 거란에 원병을 요청하였다. 거란에서는 장수 楊袞에게 萬騎를 주어 파병하였고 유숭은 직접 3만을 거느리고 남쪽으로 내려왔다.

　- 北漢主 ; 北漢 건국자 劉崇(유숭, 世祖), 後漢 高祖 유지원의 아우. 周主 ; 후주 태조 곽위.　殂 곤룡포 곤.

○ 周主欲自將禦之, 羣臣皆諫. 主曰, 崇幸大喪, 輕朕年少新立, 此必自來, 朕不可不往. 以吾兵力之强破崇, 如山壓卵耳. 馮道力爭, 惟王溥勸行. : 후주 세종은 직접 군사를 거느리고 적을 방어하려

하니 여러 신하들이 모두 말렸다. 세종은 "劉崇은 우리의 大喪(先帝께서 돌아가신 것)을 다행으로 생각하면서 내가 어리고 새로 즉위했다 하여 깔보아 이번에 틀림없이 원정을 나올 것이니, 짐이 불가불 원정해야 한다. 우리 막강한 군사가 유숭을 격파하는 것은 마치 산으로 계란을 누르는 것과 같다."라고 말했다. 馮道도 애써 말렸는데 오직 王溥만이 親征을 권했다.

─ 禦 막을 어.　諫 간할 간. 간쟁하다. 바른 도리로 충간하다. 幸 다행 행. 다행이라 여기다.　大喪 ; 國喪.

─ 壓 누를 압.　卵 알 란(난).　馮道(풍도) ; 5代에서 13명의 황제를 섬긴 不倒翁(부도옹, 오뚝이). 풍도에 대한 평가는 매우 분분하다.

─ 惟 오직 유.　王溥(왕부, 922~982년) ; 後周 太祖, 世宗, 恭帝, 北宋 太祖(조광윤)까지 두 나라 4조의 재상을 역임. 왕부는 1만여 권의 장서를 보관하면서 정치보다 역사 편찬에 정력을 기울였는데 《唐會要》와 《五代會要》를 저술하여 역사 서술에서 '會要體'를 열었다. 《唐會要》는 全書 100卷에 514항목에 관하여 唐나라 제도의 변천과 그 실제 운용과 예를 서술한 책이다.

(5) 北漢主軍于高平. 周前鋒擊之, 北漢兵卻. 主慮其遁去, 趣諸軍亟進. 後軍未至, 衆心危懼, 而主志氣益銳. 合戰未幾, 周右軍將樊愛能·何徽先遁, 右軍潰, 步軍千餘解甲降. 主見軍勢危, 自引親兵, 犯矢石督戰. 宿衛將趙匡胤曰, 主危如此, 吾屬何得不致死. 又謂禁兵將張永德曰, 賊氣驕, 可破也. 公引兵乘高, 西出爲左翼, 我爲右翼以擊之. 國家安危, 在此一擧.

북한의 세조(유승)는 고평에 주둔하였다. 후주의 선봉이 이를 공격하니 북한의 군사는 퇴각했다. 후주 세종은 적이 물러나는 것을 고려하여 군사들에게 빨리 진격하라고 재촉하였다. 후군이 아직 도착하지 않았기에 후주의 군사들은 두려움이 있었지만 세종의 용기는 더욱 드높았다. 전투가 시작되고 얼마 안 되어 후주의 우군장인 번애능과 하휘가 먼저 도주하니, 우군이 궤멸되면서 보군 1천여 명이 포위되어 투항했다.

후주 세종은 군세가 위험한 것을 보고 몸소 호위병을 이끌고 날아오는 화살과 돌을 무릅쓰고 독전하였다. 숙위장인 조광윤이 말했다. "우리 황제가 저처럼 위험한데도 우리가 죽지 않을 수 있겠는가!" 그리고 금병장인 장영덕에게 말했다. "적들이 교만해졌으니 격파할 수 있소. 공은 군사를 이끌고 높은 곳으로 가서 서쪽으로 좌익이 되어 공격하고 나는 우익으로 적을 공격하겠소! 국가의 안위가 이 한 번의 공격에 달렸소이다."

어구 설명

○ 北漢主軍于高平. 周前鋒擊之, 北漢兵卻. 主慮其遁去, 趣諸軍亟進. 後軍未至, 衆心危懼, 而主志氣益銳. 合戰未幾, 周右軍將樊愛能·何徽先遁, 右軍潰, 步軍千餘解甲降. : 北漢의 세조는 高平에 주둔하였다.(世宗 顯德 元年, 서기 954년) 後周의 前鋒이 이를 공격하니 北漢의 군사는 퇴각했다. 후주 세종은 적이 물러나는 것을 고려하여 군사들에게 빨리 진격하라고 재촉하였다. 後軍이 아직 도착하지 않았기에 후주의 군사들은 두려움이 있었지만 세종의 志氣는 더욱 드높았다. 전투가 시작되고 얼마 안 되어 후주의 右軍將인 樊愛能과 何徽가 먼저 도주하니, 右軍이 潰滅되면서 步軍 1천여 명이 포위되어 투항했다.

 − 軍 ; 진을 치다. 주둔하다. 군을 지휘하다. 여기서는 동사로 쓰였다.   前鋒 ; 선봉 공격부대.

 − 卻 물리칠 각. 물러나다. 도리어. 却의 本字.   主 ; 후주의 세종.   遁 달아날 둔.   遁去(둔거) ; 도망치다.

 − 趣 달릴 취. 재촉할 촉. 여기서는 촉.   亟 빠를 극. 자주 기.   亟進 빨리 공격하다.   危懼(위구) ; 두려워하다.

 − 益銳(익예) ; 더욱 용감했다.   合戰 ; 전투를 시작하다.   未幾(미기) ; 얼마 안 되어.   樊 울타리 번. 성씨.

 − 何 어찌 하. 여기서는 성씨.   徽 아름다울 휘.   遁 달아날 둔.   潰 무너질 궤.

○ 主見軍勢危, 自引親兵, 犯矢石督戰. 宿衛將趙匡胤曰, 主危如此, 吾屬何得不致死. 又謂禁兵將張永德曰, 賊氣驕, 可破也. 公引

兵乘高, 西出爲左翼, 我爲右翼以
擊之. 國家安危, 在此一擧. : 후
주 세종은 軍勢가 위험한 것을
보고 몸소 호위병을 이끌고 날아
오는 화살과 돌을 무릅쓰고 督戰
하였다. 宿衛將인 趙匡胤이 말했
다. "우리 皇上이 저처럼 위험한
데도 우리가 죽지 않을 수 있겠
는가!" 그리고 禁兵將인 張永德

趙匡胤(조광윤)

에게 말했다. "적들이 교만해졌으니 격파할 수 있소. 公은 군사를
이끌고 높은 곳으로 가서 서쪽으로 좌익이 되어 공격하고 나는
우익으로 적을 공격하겠소! 國家의 安危가 이 한 번의 공격에 달
렸소이다."

 - 犯 범할 범. 무릅쓰다. 矢 화살 시. 矢石 ; 화살과 돌.

 - 匡 바로잡을 광, 클 광. 胤 이을 윤, 맏아들 윤.

 - 趙匡胤(조광윤, 927~976년) ; 후주 건국 이후 중앙 禁軍의 장
수. 匡國軍節度使 역임. 禁軍의 總將領. 960년 34세에 宋 건국.
太祖, 재위 960~976년.

 - 吾屬(오속) ; 우리들. 何得不致死 ; 어찌 싸우다 죽지 않을
수 있겠는가? 張永德(928~1000년) ; 後周 太祖 郭威의 사위.

(6) 永德從之, 各將二千人進戰. 匡胤身先士卒, 馳

犯其鋒. 士卒死戰, 無不一當百. 北漢兵大敗, 楊袞
不敢救. 北漢主晝夜北走, 僅得入晉陽. 周主收樊愛
能·何徽, 及所部軍使以上七十餘人, 責之曰, 汝輩
非不能戰, 正欲以朕爲奇貨, 賣與劉崇耳. 悉斬之,
自是驕將惰卒, 始知所懼, 不行姑息之政矣. 張永德
盛稱趙匡胤智勇, 權殿前都虞侯.

장영덕이 그대로 따라 주니, 각자 2천 명 병사를 거느리고 나가 싸웠다. 조광윤은 몸소 사졸보다 앞서 달려 나가 적을 공격하였다. 사졸들이 필사적으로 싸우니 일당백을 못하는 병졸이 없었다. 북한의 군사가 대패하니 (거란의) 양곤도 감히 구원할 수가 없었다. 북한의 세조(유승)는 밤낮을 북으로 도주하여 겨우 진양에 들어갈 수 있었다.

후주 세종은 번애능과 하휘와 그에 소속된 군사 이상 70여 명을 잡아놓고 문책하였다. "너희들은 싸울 수 없었던 것이 아니라, 바로 나를 값비싼 물건으로 생각하여 유숭에게 팔아넘기려 했다." 모두를 참수하니, 이로부터 건방진 장수나 게으른 병졸들이 두려움을 처음으로 알게 되었고 임시방편으로 일을 처리하지 않게 되었다. 장영덕이 조광윤의 지용을 크게 칭찬하여 조광윤을 임시 전전도우후로 삼았다.

어구 설명

○ 永德從之, 各將二千人進戰. 匡胤身先士卒, 馳犯其鋒. 士卒死戰, 無不一當百. 北漢兵大敗, 楊袞不敢救. 北漢主晝夜北走, 僅得入晉陽. : 장영덕이 그대로 따라 주니, 각자 2천 명 병사를 거느리고 나가 싸웠다. 조광윤은 몸소 士卒보다 앞서 달려 나가 적을 공격하였다. 사졸들이 필사적으로 싸우니 一當百을 못하는 병졸이 없었다. 北漢의 군사가 大敗하니 (거란의) 楊袞(양곤)도 감히 구원할 수가 없었다. 北漢의 세조는 밤낮을 北으로 도주하여 겨우 晉陽에 들어갈 수 있었다.

 − 馳 달릴 치.   犯 ; 저촉하다. 공격하다.   死戰 ; 필사적으로 싸우다.

 − 無不 ; ~하지 않는 것이 없다. 모두 ~이다.(例, 無不可 ; 안될 것이 없다.)   僅 겨우 근.

○ 周主收樊愛能・何徽, 及所部軍使以上七十餘人, 責之日, 汝輩非不能戰, 正欲以朕爲奇貨, 賣與劉崇耳. 悉斬之, 自是驕將惰卒, 始知所懼, 不行姑息之政矣. 張永德盛稱趙匡胤智勇, 權殿前都虞侯. : 후주 세종은 樊愛能(번애능)과 何徽(하휘)와 그에 소속된 軍使 이상 70여 명을 잡아놓고 문책하였다. "너희들은 싸울 수 없었던 것이 아니라, 바로 나를 값비싼 물건으로 생각하여 유승에게 팔아넘기려 했다." 모두를 참수하니, 이로부터 건방진 장수나 게으른 병졸들이 두려움을 처음으로 알게 되었고 임시방편으로 일을 처리하지 않게 되었다. 張永德이 趙匡胤의 智勇을 크게 칭찬하여 조광윤을 임시 殿前都虞侯로 삼았다.

- 收 거둘 수. 약탈하다. 달아나지 못하게 잡다.   所部 ; 소속 된. 欲 ; ~하려 하다. 다음의 耳까지 해당.

- 奇貨(기화) ; 아주 귀한 물건. 아주 좋은 상품.   賣與 ; 팔아 넘겨주다.   惰 게으를 타.

- 始知所懼 ; 처음으로 두려움을 알았다.   姑息(고식) ; 임시방 편으로 일을 처리하다. 苟且取安.

- 盛稱 ; 많이 칭송하다. 크게 칭찬하다.   權 ; 저울질하다. 權 道(임시방편). 임시로 대리하다.

- 虞 헤아릴 우. 虞侯(우후) ; 武官직명.

- 殿前都虞侯(전전도우후) ; 殿前(전전)의 모든 班直(반직)·보 병·기병을 감독 훈련하는 總帥(총수).

(7) 周主謂侍臣曰, 兵務精不務多. 農夫百, 未能養 戰士一. 奈何浚民之膏血, 養此無用之物乎. 乃命大 簡諸軍, 又詔諸道, 募天下壯士, 咸遣詣闕. 命匡胤 選其尤者, 爲殿前諸班. 其騎步諸軍, 各命將帥選 之. 由是士卒精强, 所向克捷. ○ 周攻北漢, 汾· 遼·憲·嵐·石·沁·忻州, 皆入于周. 周主攻晉 陽, 不克, 引軍還. ○ 北漢主劉旻殂, 子鈞立. ○ 周 伐蜀, 取秦·階·成·鳳州.

후주의 세종이 신하에게 말했다. "군사는 오직 정예주의로 나가야지, 다수를 따라가서는 안 된다. 백 명의 농부가 전사 한 사람을 부양하지 못한다. 왜 백성들의 고혈을 짜다가 이 쓸모없는 병사를 부양해야 하는가?" 이에 모든 군사들을 선별하라 명령했고, 각 도에서는 천하의 장사들을 모아 모두 대궐로 보내도록 하였다. 조광윤에게 명하여 그 중에서도 우수한 자를 선별하여 친위군의 각 반에 배치하였다. 각 기병과 보병도 각 부대에서 장수가 선발토록 하였다. 이로 인해 사졸은 정병강군이 되어 가는 곳마다 이길 수 있었다.

○ 후주가 북한의 분주, 요주, 헌주, 남주, 석주, 심주, 흔주를 공격하여 후주의 영토로 만들었다. 세종이 진양을 공격하였으나 이기지 못하고 회군하였다.

○ 북한의 세조 유민이 죽고, 아들 유균이 즉위하였다.

○ 후주가 촉을 치고 진주, 계주, 성주, 봉주를 빼앗았다.

○ 周主謂侍臣曰, 兵務精不務多. 農夫百, 未能養戰士一. 奈何浚民之膏血, 養此無用之物乎. 乃命大簡諸軍, 又詔諸道, 募天下壯士, 咸遣詣闕. 命匡胤選其尤者, 爲殿前諸班. 其騎步諸軍, 各命將帥選之. 由是士卒精强, 所向克捷. : 후주의 세종이 신하에게 말했다. "군사는 오직 정예주의로 나가야지, 다수를 따라가서는 안 된

다. 백 명의 농부가 전사 한 사람을 부양하지 못한다. 왜 백성들의 고혈을 짜다가 이 쓸모없는 병사를 부양해야 하는가?" 이에 모든 군사들을 선별하라 명령했고, 각 도에서는 天下의 壯士들을 모아 모두 대궐로 보내도록 하였다. 조광윤에게 명하여 그중에서도 우수한 자를 선별하여 친위군의 각 반에 배치하였다. 각 기병과 보병도 각 부대에서 장수가 선발토록 하였다. 이로 인해 士卒은 정병강군이 되어 가는 곳마다 이길 수 있었다.

— 務 일 무. 권장하다. 힘쓰게 하다. 未能 ; ～하지 못하다. 浚 깊을 준. 도랑을 치다. 빼앗다.

— 膏 살찔 고. 膏血 ; 기름과 피. 백성들이 애써 이룩한 이익이나 재산. 簡 대쪽 간. 가리다. 선발하다. 조사하다.

— 咸遣詣闕(함견예궐) ; 모두 대궐로 보내다. 尤 더욱 우. 훌륭한 사람. 뛰어난 것. 捷 이길 첩. 克捷 ; 싸움에 이기다.

○ 周攻北漢, 汾·遼·憲·嵐·石·沁·忻州, 皆入于周. 周主攻晉陽, 不克, 引軍還. 北漢主劉旻殂, 子鈞立. 周伐蜀, 取秦·階·成·鳳州. : 후주가 北漢의 분주, 요주, 헌주, 남(람)주, 석주, 심주, 흔주를 공격하여 후주의 영토로 만들었다. 세종이 晉陽을 공격하였으나 이기지 못하고 회군하였다. 北漢의 세조 劉旻이 죽고, 아들 유균이 즉위하였다. 후주가 촉을 치고 秦州, 階州, 成州, 鳳州를 빼앗았다.(서기 955년)

— 劉旻(유민) ; 원 이름 劉崇을 개명한 이름.(951～954 재위)

— 汾州(분주), 遼(요), 憲(헌) 嵐(남), 沁(심), 忻(흔) ; 모두 地名. 晉陽 ; 북한의 都城. 劉旻 ; 劉崇의 改名.

(8) ○ 周伐南唐, 唐遣兵拒於壽州而敗. 周主自將, 大敗唐兵於正陽. 唐將皇甫暉 · 姚鳳, 保淸流關. 主命趙匡胤, 倍道襲之, 擒暉 · 鳳, 克滁州. 周師取揚 · 泰 · 光 · 舒蘄州. 唐兵拒周師, 復取泰州, 攻揚州. 周主命匡胤屯六合, 唐兵來攻, 奮擊大破之. 將士有不致力者, 匡胤陽爲督戰, 以劍斫其皮笠. 明日遍閱其笠, 有劍跡者數十人, 皆斬之. 由是部兵莫敢不盡死.

후주가 남당을 정벌하자, 후당에서는 군사를 보내 수주에서 막았으나 패퇴하였다. 세종은 직접 군사를 거느리고 정양에서 후당의 군사를 대파하였다. 후당의 장수 황보휘와 요봉은 청류관을 지키고 있었다. 세종은 조광윤을 2배로 빨리 달려 청류관을 기습게 하여 황보휘와 요봉을 생포하고 저주를 차지하였다. 후주의 군사들은 양주, 태주, 광주, 서주, 기주를 빼앗았다.

후당의 병력이 후주의 대군을 막으면서 다시 태주를 수복하고 양주를 공격하였다. 이보다 앞서, 후주 세종은 조광윤에게 육합현에 주둔하게 하였는데, 후당의 군사들이 공격해오자 조광윤은 분전하여 크게 이겨 격퇴시켰다. 장사들 중에 힘써 싸우지 않는 자가 있으면 조광윤은 겉으로는 독전하는 척 하면서 그 투구에 칼자국을 남겼다. 다음

날 그 투구를 검열하여 칼자국이 있는 자 수십 명을 모두
참수하였다. 이로부터 조광윤의 소속 병사들은 필사적으
로 싸우지 않을 수 없었다.

어구 설명

○ 周伐南唐, 唐遣兵拒於壽州而敗. 周主自將, 大敗唐兵於正陽.
唐將皇甫暉·姚鳳, 保淸流關. 主命趙匡胤, 倍道襲之, 擒暉·鳳,
克滁州. 周師取揚·泰·光·舒蘄州. : 후주가 南唐을 정벌하자,
후당에서는 군사를 보내 壽州에서 막았으나 패퇴하였다. 세종은
직접 군사를 거느리고 正陽에서 후당의 군사를 대파하였다. 후당
의 장수 皇甫暉(황보휘)와 姚鳳(요봉)은 淸流關을 지키고 있었다.
세종은 趙匡胤을 2배로 빨리 달려 청류관을 기습케 하여 황보휘
와 요봉을 생포하고 滁州(저주)를 차지하였다. 후주의 군사들은
揚州, 泰州, 光州, 舒州, 蘄州(기주)를 빼앗았다.

 − 壽州(壽縣) ; 安徽省 六安市 관할의 현. 安徽省의 中北部, 淮
河의 南岸에 위치. 暉 빛 휘. 姚 예쁠 요. 성씨.

 − 保 ; 지키다. 방어하다. 滁 강 이름 저. 蘄 풀 이름 기.

○ 唐兵拒周師, 復取泰州, 攻揚州. 周主命匡胤屯六合, 唐兵來攻,
奮擊大破之. 將士有不致力者, 匡胤陽爲督戰, 以劍斫其皮笠. 明日
遍閱其笠, 有劍跡者數十人, 皆斬之. 由是部兵莫敢不盡死. : 후당
의 병력이 후주의 대군을 막으면서 다시 泰州를 수복하고 揚州를
공격하였다. 후주 세종은 趙匡胤에게 六合에 주둔하게 하였는데,

唐兵이 공격해오자 조광윤은 분전하여 크게 이겨 적을 격퇴시켰다.(서기 956년) 將士들 중에 힘써 싸우지 않는 자가 있으면 조광윤은 겉으로는 督戰하는 척 하면서 그 皮笠을 칼로 찍었다. 다음 날 그 투구를 모두 검열하여 칼자국이 있는 자 수십 명을 모두 참수하였다. 이로부터 그 소속의 병사들은 필사적으로 싸우지 않을 수 없었다.

 ─ 揚州 ; 江蘇省의 상업 도시. 江蘇省의 중남부, 長江 하류의 북안이며, 江淮 평원의 남쪽, 長江 삼각주의 북쪽에 위치. 長江과 京杭 대운하가 만나는 곳. 唐이후 제일의 무역항.

 ─ 屯 진칠 둔. 머무르다.　六合 ; 양주 부근의 지명. 지금 남경시의 일부.　奮 떨칠 분. 분발하다.

 ─ 致力(치력) ; 끝까지 다하다. 힘을 쓰다.　陽 ; 거짓으로.　斫 벨 작. 찍다. 칼자국을 내다.

 ─ 皮 가죽 피.　笠 삿갓 립.　遍 두루 편.　閱 검열할 열. 조사하다.

(9) 周主還大梁, 留兵圍壽州. 唐兵復江北諸州. 周守將皆棄去, 并兵攻壽州. 周主復自將如壽, 唐人以城降. 周主還大梁. 已而復自將攻濠·泗, 皆降. 進攻楚州, 遣兵取揚·泰. 周主克楚州, 還至揚州. 唐主遣使, 盡獻江北地, 周主乃還. 唐主更名景, 去帝

號, 奉周正朔.

후주의 세종은 대량으로 돌아오면서 수주성을 포위하게 할 군사를 남겨 두었다. 후당의 군사가 강북의 여러 주를 수복하였다. 후주의 수장들은 모두 성을 버린 뒤 군사를 모아 수주를 공격하였다. 후주 세종도 다시 군사를 거느리고 수주에 가자, 후당에서는 성을 들어 투항하였다.

후주의 세종은 대량으로 돌아왔다. 얼마 있다가 다시 직접 군사를 거느리고 호주와 사주를 공격하니 모두 투항하였다. 세종은 초주를 공격하면서 군사를 보내 양주와 태주를 점령했다. 세종이 초주를 차지하고 양주로 돌아왔다. 후당의 중주는 사신을 보내 장강 이북의 땅을 모두 헌납하였고 세종은 이를 승락하고 환도하였다. 후당의 왕은 이름을 경으로 바꾸고, 제호를 버리고 후주의 역법을 받아들였다.(후주의 속국이 되었다.)

여구 설명

○ 周主還大梁, 留兵圍壽州, 唐兵復江北諸州. 周守將皆棄去, 并兵攻壽州. 周主復自將如壽, 唐人以城降. : 후주의 세종은 大梁으로 돌아오면서 壽州를 포위할 군사를 남겨 두었다. 후당의 군사가 강북의 여러 주를 수복하였다. 후주의 守將들은 모두 성을 버린 뒤 군사를 모아 壽州를 공격하였다. 후주 세종도 다시 군사를

거느리고 수주에 가자, 후당에서는 성을 들어 투항하였다.

－ 大梁；後周의 國都.　圍 둘레 위. 지키다.　棄 버릴 기.　幷
兵(병병)；병력을 합치다.　如；가다.

○ 周主還大梁. 已而復自將攻濠·泗, 皆降. 進攻楚州, 遣兵取
揚·泰. 周主克楚州, 還至揚州. 唐主遣使, 盡獻江北地, 周主乃還.
唐主更名景, 去帝號, 奉周正朔. : 후주의 세종은 大梁으로 돌아왔
다. 얼마 있다가 다시 직접 군사를 거느리고 濠州와 泗州를 공격
하니 모두 투항하였다. 세종은 楚州를 공격하면서 군사를 보내
揚州와 泰州를 점령했다. 세종이 楚州를 차지하고 揚州로 돌아왔
다. 후당의 中主는 사신을 보내 장강 이북의 땅을 모두 헌납하였
고 세종은 환도하였다. 후당의 왕은 이름을 景으로 바꾸고, 帝號
를 버리고 후주의 역법을 받아들였다.(후주의 속국이 되었다. 이
는 서기 958년의 사건이었다.)

－ 濠 해자 호, 강 이름 호.　泗 물 이름 사.　盡 다할 진.

－ 獻 바칠 헌.　唐主；元宗(中主), 재위 943~961년.

－ 正朔(정삭) ; 正은 1년의 시작인 正月. 朔(초하루 삭)은 한 달
의 시작인 초하루. 正朔은 책력인데 새 왕조가 바뀌면 책력을 새
로 반포하였다. 南唐이 後周의 책력을 사용하겠다는 것은 신하로
서의 복종을 약속한 것이다.

(10) ○ 朗州王逵, 爲潘叔嗣所殺. 將吏迎潭州周行
逢入朗, 行逢倂潭·朗有之. ○ 南漢主劉晟殂,

子鎭立. ○ 周主自將伐契丹, 取瀛·莫·易州. 離
京四十二日, 而關南悉平. 議趨幽州, 會不豫而止.
以瓦橋關爲雄州, 盆津關爲霸州, 置戍而還, 往還
六十日. ○ 趙匡胤, 先是爲殿前都指揮使, 從攻淮
南, 又從征契丹. 至是爲殿前都點檢.

○ 낭주의 절도사 왕규는 그의 부하 반숙사에게 피살되
었다. 장수들은 담주의 주행봉을 낭주의 절도사로 영입하
기로 하였기에, 주행봉은 담주와 낭주를 소유하였다.

○ 남한의 왕 유성이 죽고, 아들 유창이 즉위하였다.

○ 후주 세종은 직접 거란을 정벌하여 영주, 막주, 역주
를 회복하였다. 도성을 떠나 42일에 와교관 이남의 땅을
모두 수복하였다. 유주까지 진격하자고 의논을 하였으나
마침 세종이 몸이 아파 그만두었다. 와교관을 웅주라 하고
익진관을 패주라 이름을 고쳐 수비병을 두고 귀환(개선)하
였는데 가고 돌아오는데 60일이 걸렸다.

○ 조광윤은 이보다 앞서 전전도지휘사가 되었는데, 혹
은 세종을 따라 회남 원정에 참여했었고, 또 거란 원정에
도 종군하였다. 이에 전전도점검에 임명되었다.

어구 설명

○ 朗州王逵, 爲潘叔嗣所殺. 將吏迎潭州周行逢入朗, 行逢併潭·

朗有之. 南漢主劉晟殂, 子鋹立. : 朗州의 王逵는 潘叔嗣에게 피살되었다. 將吏들은 潭州의 周行逢을 낭주로 영입하기로 하였기에, 周行逢은 潭州와 朗州를 소유하였다. 南漢의 왕 劉晟이 죽고, 아들 유창이 즉위하였다.

　－潘 뜨물 반. 소용돌이치다. 성씨.　周行逢；武平절도사.　併 아우를 병.　鋹 날카로울 창.

○ 周主自將伐契丹, 取瀛 · 莫 · 易州. 離京四十二日, 而關南悉平. 議趨幽州, 會不豫而止. 以瓦橋關爲雄州, 益津關爲霸州, 置戌而還, 往還六十日. : 후주 세종은 직접 거란을 정벌하여 瀛州(영주), 莫州(막주), 易州(역주)를 회복하였다. 도성을 떠나 42일에 와교관 이남의 땅을 모두 수복하였다. 幽州까지 진격하자고 의논을 하였으나 마침 세종이 몸이 아파 그만두었다. 瓦橋關을 雄州라 하고 益津關을 霸州(패주)라 하여 수비병을 두고 귀환(개선)하였는데 가고 돌아오는데 60일이 걸렸다.

　－瀛 바다 영. 莫 없을 막. 저물 모.　易 바꿀 역. 쉬울 이. 瀛州, 莫州, 易州；석경당이 할양한 연운 16주의 일부.

　－關；瓦橋關 今 河北省 雄縣. 瓦橋關 서쪽은 保定府이고, 북쪽으로는 幽州(북경)에 연접. 군사상 요지.

　－霸 으뜸 패. 우두머리. 覇(동자). 覇(속자)

　－悉 모두 실. 전부.　趨 달릴 추. 추격하다.　不豫(불예)；황제의 병환.

○ 趙匡胤, 先是爲殿前都指揮使, 從攻淮南, 又從征契丹. 至是爲殿前都點檢. : 趙匡胤은 이보다 앞서 殿前都指揮使가 되었는데

세종을 따라 淮南 원정에 참여했었고, 또 거란 원정에도 종군하
였다. 이에 殿前都點檢에 임명되었다.

 - 殿前都指揮使 ; 중앙 禁軍의 총사령관에 해당.   殿前都點檢
(전전도점검) ; 文, 武臣 중 최고 직위.

(11) ○ 周主在位六年殂, 改元者一, 曰顯德. 周主
在藩韜晦, 及卽位, 首破高平之寇, 人始服其英武.
號令嚴明, 人莫敢犯, 攻城對敵, 矢石落左右, 略不
動容. 應機決策, 出入意表. 又勤於政事, 發姦摘伏,
聰察如神. 閒暇則召儒者讀史, 商搉大義. 性不好絲
竹珍玩之物. 常言, 朕必不因喜賞人, 因怒刑人. 文
武參用, 各盡其能. 人畏其明, 而懷其惠. 故能破敵
廣地, 所向無前. 登遐之日, 遠近哀慕. 子梁王立,
是爲恭帝.

후주 세종은 재위 6년에 죽었는데, 개원은 한 번이며 현
덕이라 하였다. 세종이 鎭州(진주)의 절도사로 있을 때는
능력을 드러내지 않았으나, 즉위한 뒤에 먼저 고평에서 적
을 격파하였는데 무인으로서의 영명한 자질에 모두가 탄
복하였다. 세종의 호령은 엄하면서도 명확하여 누구도 감
히 범할 수 없었으며, 화살과 돌이 좌우에 빗발쳐도 담략

이 있어 낯빛이 변하지 않았다. 기미를 보아 책략을 결정하고 보통 사람들의 의표를 넘나들었었다. 정사에도 부지런하여 간사하거나 숨긴 의도를 찾아내고 집어내었으며 총명과 통찰력은 귀신과도 같았다.

틈틈이 유학자를 불러 역사(史書)를 읽으면서 대의를 같이 논했다. 천성이 풍악이나 진기한 물건이나 놀이를 좋아하지 않았다. 늘 "짐은 절대로 기쁘다고 상을 주거나 화가 났다고 형벌을 내리지 않을 것이다."라고 말했다. 문무를 골고루 헤아려 등용하여 각자 능력을 다하게 하였다. 누구나 황제의 명석한 통찰을 두려워하면서도 그 덕을 사모하였다. 그렇기 때문에 적을 격파하고 영토를 넓힐 수 있었으며 그가 가려는 길에 적이 없었다. 세종이 승하하자, 원근의 모두가 슬퍼하며 추모하였다. 아들 양왕이 즉위하니, 이가 공제이다.

어구 설명

○ 周主在位六年殂, 改元者一, 曰顯德. 周主在藩韜晦, 及卽位, 首破高平之寇, 人始服其英武. 號令嚴明, 人莫敢犯, 攻城對敵, 矢石落左右, 略不動容. 應機決策, 出入意表. 又勤於政事, 發姦摘伏, 聰察如神. : 후주 세종은 재위 6년에 죽었는데(서기 959년), 개원은 한 번이고 顯德이라 하였다. 세종이 절도사로 있을 때는 능력을 드러내지 않았으나, 즉위한 뒤에 먼저 高平에서 적을 격파하

였는데 무인으로서의 영명한 자질에 모두가 탄복하였다. 세종의 호령은 엄하면서도 명확하여 누구도 감히 범할 수 없었으며, 화살과 돌이 좌우에 빗발쳐도 담략이 있어 낯빛이 변하지 않았다. 기미를 보아 책략을 결정하고 보통 사람들의 의표를 넘나들었었다. 정사에도 부지런하여 간사하거나 숨긴 의도를 찾아내고 집어내었으며 총명과 통찰력은 귀신과도 같았다.

  − 世宗 在位 六年 ; 954∼959년. 顯 나타날 현. 드러나다.

  − 在藩 ; 藩鎭에 있을 때 鎭營절도사로도 근무했었다.

  − 韜 감출 도. 晦 그믐 회. 韜晦 ; 능력을 드러내지 않다.

  − 首 ; 먼저. 첫째로. 高平之寇 ; 현덕 원년에 北漢 劉崇이 침입하여 高平에 주둔했던 일. 이때 거란군도 침입했었다.

  − 人莫敢犯 ; 누구나 감히 범할 수 없었다. 略不動容 ; 膽略(담략)이 있어 낯빛이 바뀌지 않았다.

  − 應機決策(응기결책) ; 기미를 보아 책략을 결정하다. 意表(의표) ; 뜻 밖. 意外. 예상 밖. 出入意表 ; 의표를 넘나들다.

  − 摘 딸 적. 따다. 집어내다. 發姦摘伏(발간적복) ; 간사한 의도를 찾아내고 숨긴 뜻을 드러내게 하다.

  − 聰察如神(총찰여신) ; 총명과 통찰 능력은 신과도 같았다.

○ 閒暇則召儒者讀史, 商推大義. 性不好絲竹珍玩之物. 常言, 朕必不因喜賞人, 因怒刑人. 文武參用, 各盡其能. 人畏其明, 而懷其惠. 故能破敵廣地, 所向無前. 登遐之日, 遠近哀慕. 子梁王立, 是爲恭帝. : 틈틈이 유학자를 불러 역사를 읽으면서 大義를 같이 논했다. 천성이 풍악이나 진기한 물건이나 놀이를 좋아하지 않았

다. 늘 "朕은 必히 기쁘다고 상을 주거나 화가 났다고 형벌을 내리지 않을 것이다."라고 말했다. 文武를 골고루 헤아려 등용하여 각자 능력을 다하게 하였다. 누구나 황제의 明察을 두려워하면서도 그 덕을 사모하였다. 그렇기 때문에 적을 격파하고 영토를 넓힐 수 있었으며 그가 가려는 길에 적이 없었다. 세종이 (39살에) 승하하자, 원근의 모두가 슬퍼하며 추모하였다. 아들 梁王이 즉위하니, 이가 恭帝이다.

- 間 사이 간. 틈 한. 暇 겨를 가. 商 헤아릴 상. 장사. 搉 두드릴 각. 商搉(상각) ; 토의하다. 의견을 교환하다.

- 絲竹(사죽) ; 악기, 음악. 가무. 珍 보배 진. 珍奇한 것. 玩 희롱할 완. 장난감. 玩賞하다.

- 朕 나 짐. 신분에 구애 없는 自稱이었으나 진시황 때부터 황제만의 자칭이 되었다.

- 因喜賞人(인희상인) ; 기분이 좋다 하여 남에게 상을 주다. 因怒刑人(인노형인) ; 화가 났다고 하여 형벌을 내리다.

- 參 ; 간여할 참. 헤아리다. 비교하다. 별 이름 삼. 文武參用(문무참용) ; 문무를 필요에 따라 활용하다. 문신, 무신을 공평하게 등용하다.

- 懷 품을 회. 懷其惠 ; 그러한 덕을 사모하다. 破敵廣地 ; 적을 격파하고 영지를 넓히다.

- 所向無前 ; 가려는 곳 그 앞에 적이 없다. 遐 멀 하. 登遐(등하) ; 먼 길을 가다. 죽다. 昇遐(승하)하다.

- 遠近哀慕(원근애모) ; 멀리 있어 잘 모르는 사람이나 가까이

있어 잘 아는 사람도 슬퍼하며 추모하였다.

　- 梁王 ; 柴宗訓(953～973년). ; 後周 世宗의 四子. 959년에 梁王에 피봉. 같은 해 6월 세종이 죽자, 7살의 어린 나이에 즉위. 이듬해(960년) 조광윤에게 선양. 재위 반년.

(12) 恭帝, 名宗訓, 七歲卽位. ○ 以趙匡胤爲歸德節度使. 明年春, 鎭·定言契丹入寇, 遣匡胤將兵禦之. 至陳橋驛, 軍士擁還策立. 周主在位半年, 遂禪于宋. 周自太祖至是三世, 實二姓, 十年而亡.

　공제의 이름은 종훈으로 7세에 즉위하였다. 조광윤을 귀덕절도사에 임명했다. 다음 해 봄에 진주와 정주에서 거란이 쳐들어온다는 급보가 있어 조광윤을 보내 군사를 거느리고 나가 방어하게 하였다. 조광윤의 군이 진교역에 이르자, 군사들은 조광윤을 옹위하고 돌아와 황제로 내세웠다. 후주 황제는 재위 반년에 송나라에 선양하였다. 후주는 태조로부터 이때까지 3세지만, 실제로는 두 성씨 郭氏(곽씨)와 柴氏(시씨)는 10년 만에 망했다.

어구 설명

　○ 恭帝, 名宗訓, 七歲卽位. 以趙匡胤爲歸德節度使. 明年春, 鎭·

定言契丹入寇, 遣匡胤將兵禦之. 至陳橋驛, 軍士擁還策立. 周主在位半年, 遂禪于宋. 周自太祖至是三世, 實二姓, 十年而亡. : 恭帝의 이름은 宗訓으로 七歲에 卽位하였다. 趙匡胤을 歸德節度使에 임명했다. 明年 春에 鎭州와 定州에서 契丹이 쳐들어온다는 급보가 있어 조광윤을 보내 군사를 거느리고 나가 방어하게 하였다. 조광윤의 군이 陳橋驛에 이르자, 軍士들은 조광윤을 옹위하고 돌아와 황제로 내세웠다. 후주 황제는 재위 반년에 宋에 선양하였다. 후주는 태조로부터 이때까지 三世나, 실제로는 두 성씨에 十年에 망했다.

- 恭 공손할 공.　歸德(귀덕) ; 汴京(변경)의 동쪽.　明年春 ; 960년.　鎭定 ; 鎭州와 定州.

- 陳橋驛 ; 수도 개봉 북쪽 교외의 驛館. 今 河南 封丘 東南 陳橋鎭.

- 實二姓 ; 실제로는 두 성씨(郭氏와 柴氏).　十年而亡 ; 서기 951∼960년.

【참고】 면죄 보증서 – 단서철권

❖ 후주의 세종이 그렇듯 英明한 황제였으나 40세를 못 채우고 죽은 것도 운명이고, 그 뒤를 7세의 아들이 계승했다는 것도 비극이다. 후주의 정예군을 총 지휘하고 또 그만한 신망을 한몸에 받고 있는 조광윤에게 7세의 柴宗訓(시종훈)은 너무 미약한 존재였다.

황제의 자리를 평화롭게 양도하는 선양(禪讓) 절차를 밟았을 때, 그 이전에 선양을 했던 황제들은 거의 다 죽어야만 했다.

조광윤은 宋을 건국한 뒤에 선양을 한 시종훈을 鄭王으로 봉했고, 세종의 황후 苻氏(부씨)를 높여 周太后라 부르게 하였다. 조광윤은 후주 태조인 郭威(곽위)의 후손과 세종 柴榮(시영)의 후손들을 房州(방주, 今 湖北省 房縣)로 옮겨 살게 하였다.

특히 조광윤은 柴氏의 일족을 절대로 죽이지 않겠다는 약속을 하였고 이를 공표하였다. 조광윤은 丹書鐵券(단서철권, 면죄를 보장하는 내용을 철판에 붉은 글씨로 새긴 보증서)을 만들어 그 일족에게 주었다.

단서철권에는 "柴氏의 子孫들이 罪를 짓더라도 형벌에 처할 수 없다. 부득이 형벌에 처할 수 있는 것은 반역을 꾀한 범죄에만 해당되는데 이 경우에도 감옥에서 죽일지언정 거리에서 처형되지 않으며 그 일족이나 후손에게 연좌할 수 없다."고 분명히 밝히고 있다. 물론 이 문건은 송 태조 이후 북송 전 시대에 걸쳐 효력이 보장되었다.

방주로 이주한 시종훈은 開寶 6年(973년) 20세에 죽었다. 전해오는 이야기로는 그곳 방주태수가 조정에 잘 보이려고 죽였다고 한다. 하여튼 소식을 들은 태조는 크게 슬퍼하면서 素服으로 發喪하고 10일 동안 朝會를 쉬는 등 극진한 예를 갖추었고 '恭皇帝'라는 廟號(묘호)를 올리고 後周 世宗의 慶陵 옆에 安葬했다.

〔 五代諸國의 興亡圖 〕

五代國名	始祖	國都	興起年代	滅亡年代
後梁	朱全忠	開封	907	923
後唐	李存勗	洛陽	923	936
後晋	石敬塘	開封	936	946
後漢	劉知遠	開封	947	950
後周	郭 威	開封	951	960

색인(索引)

[신완역]

십팔사략 下卷(上)

唐 · 五代十國

초판 인쇄 ‖ 2013년 11월 5일
초판 발행 ‖ 2013년 11월 10일

역주(譯註) ‖ 진기환
디 자 인 ‖ 이명숙 · 양철민
발 행 자 ‖ 김동구
발 행 처 ‖ 명문당(1923. 10. 1 창립)
주   소 ‖ 서울시 종로구 윤보선길 61 (안국동)
　　　　　　우체국 010579-01-000682
전   화 ‖ 02)733-3039, 734-4798(영), 733-4748(편)
팩   스 ‖ 02)734-9209
Homepage ‖ www.myungmundang.net
E—mail ‖ mmdbook1@hanmail.net
등   록 ‖ 1977.11. 19. 제1~148호

ISBN 978-89-7270-670-0 (94150)
ISBN 978-89-7270-052-4 (세트)
정   가 ‖ 25,000원

* 낙장 및 파본은 교환해 드립니다.
* 불허복제